UTB **2631**

Eine Arbeitsgemeinschaft der Verlage

Böhlau Verlag · Köln · Weimar · Wien
Verlag Barbara Budrich · Opladen · Farmington Hills
facultas.wuv · Wien
Wilhelm Fink · München
A. Francke Verlag · Tübingen und Basel
Haupt Verlag · Bern · Stuttgart · Wien
Julius Klinkhardt Verlagsbuchhandlung · Bad Heilbrunn
Lucius & Lucius Verlagsgesellschaft · Stuttgart
Mohr Siebeck · Tübingen
Orell Füssli Verlag · Zürich
Ernst Reinhardt Verlag · München · Basel
Ferdinand Schöningh · Paderborn · München · Wien · Zürich
Eugen Ulmer Verlag · Stuttgart
UVK Verlagsgesellschaft · Konstanz
Vandenhoeck & Ruprecht · Göttingen
vdf Hochschulverlag AG an der ETH Zürich

Urs Haeberlin

Grundlagen der Heilpädagogik

Einführung in eine wertgeleitete
erziehungswissenschaftliche Disziplin

Urs Haeberlin, Prof. Dr. phil., Jahrgang 1937, ist emeritierter Ordentlicher Professor für Heilpädagogik an der Universität Freiburg (Schweiz). Er war und ist Leiter verschiedener Nationalfondsprojekte zu Integrationsfragen sowie Autor zahlreicher wissenschaftlicher Publikationen.

Im vorliegenden Lehrbuch hat er sein bekanntes Buch »Heilpädagogik als wertgeleitete Wissenschaft« gründlich überarbeitet, ergänzt und mit Kontrollaufgaben versehen.

1. Auflage 2005

Bibliografische Information der Deutschen Nationalbibliothek

Die Deutsche Nationalbibliothek verzeichnet diese Publikation in der Deutschen Nationalbibliografie; detaillierte bibliografische Daten sind im Internet über http://dnb.d-nb.de abrufbar.

ISBN 978-3-8252-2631-2

Alle Rechte vorbehalten
Copyright © 2005 by Haupt Verlag
Jede Art der Vervielfältigung ohne Genehmigung des Verlages ist unzulässig
Printed in Germany

www.haupt.ch

Inhaltsverzeichnis

1 Heilpädagogik als Wertgeleitete Pädagogik 11
  1.1 Eine erziehungswissenschaftliche Disziplin 11
    1.1.1 Abgrenzung zu Heilung und Therapie 16
      1.1.1.1 Heilung 16
      1.1.1.2 Therapie 16
    1.1.2 Andere Bezeichnungen des Fachs 18
      1.1.2.1 Sonderpädagogik 19
      1.1.2.2 Pädagogik der Behinderten 20
      1.1.2.3 Weitere Bezeichnungen in Europa 20
    1.1.3 Geschichte der wichtigsten Fachbezeichnungen 21
      1.1.3.1 Heilpädagogik 21
      1.1.3.2 Sonderpädagogik 25
      1.1.3.3 Behindertenpädagogik 26
  1.2 Warum Wertgeleitete Pädagogik? 26
    1.2.1 Neue Bedrohung Behinderter 26
    1.2.2 Grundwerte der Heilpädagogik 31
  1.3 Heilpädagogik als Haltung 35
    1.3.1 Grenzen der Wissenschaft 35
    1.3.2 Merkmale des Dialogischen 36
    1.3.3 Personalistische Haltung 40
    1.3.4 Normalisierung als Ziel 46
  1.4 Hat Heilpädagogik Zukunftschancen? 51
    1.4.1 Die Heilpädagogik tangierende Weltprobleme 52
      1.4.1.1 »Bevölkerungsexplosion« und Ängste vor drohendem ökologischem Kollaps 52
      1.4.1.2 Die regional ungleiche Bevölkerungsentwicklung und damit verbundene Ängste 53
      1.4.1.3 Verschiebung der Altersstruktur und dadurch entstehende Ängste 55
      1.4.1.4 Migration und Angst vor dem »Kampf der Kulturen« 57
      1.4.1.5 Relativierung von anthropologischen Gewissheiten und Angst vor dem »künstlichen Menschen« 58
    1.4.2 Herausforderungen durch den Kapitalismus 60
    1.4.3 Trotz allem Wertgeleitete Heilpädagogik! 63
      1.4.3.1 Anerkennung der Abhängigkeit 63
      1.4.3.2 Gemeinschaft und Bindung 65

1.5 Gefahren des Behinderungsbegriffs 67
   1.5.1 Aufteilung nach Behinderungsarten als Problem 67
   1.5.2 Institutionenfixierter Behinderungsbegriff 72
      1.5.2.1 Individuum- und institutionenbezogene Sicht 72
      1.5.2.2 Finanzorganisatorische Einflüsse – Beispiel Schweiz..... 75
      1.5.2.3 Der variierende Anteil der Sonderschüler 76
      1.5.2.4 Gefahren der Stigmatisierung 77
1.6 Meinungen über das »Menschenwesen« 82
   1.6.1 Erziehung – durch Meinungen geprägt 82
   1.6.2 Meinungen über Behinderte 84
   1.6.3 Wertbasis 85
   1.6.4 Gesellschaft 87
   1.6.5 Die Sinnfrage zwischen Realität und Utopie 91
   1.6.6 Keine behindertenspezifischen Menschenbilder 92
1.7 Testfragen 94

2 Die Geschichte misslingender Solidarisierung 99
2.1 Griechische und römische Antike 99
2.2 Mittelalter 102
2.3 Barockzeitalter: Pädagogischer Realismus 103
   2.3.1 Wolfgang Ratke 106
   2.3.2 Jan Amos Comenius 107
   2.3.3 Zusammenfassende und ergänzende Bemerkungen ... 111
2.4 Pädagogik des Pietismus 113
   2.4.1 Beispiel: August Hermann Francke 114
   2.4.2 Zusammenfassung der Bedeutung
         für die Heilpädagogik 117
2.5 Aufklärung: Autonomie durch Bildung 118
   2.5.1 Aufklärung als epochenunabhängige Haltung 119
   2.5.2 Voraussetzungen für die Aufklärungsepoche 120
   2.5.3 Frühe Aufklärung in England: John Locke 121
   2.5.4 Deutsche Aufklärungspädagogen: Philanthropen 125
   2.5.5 Zusammenfassende und ergänzende Bemerkungen ... 126
   2.5.6 Jean Jacques Rousseau – nicht nur Aufklärer 127
2.6 Neuhumanismus: Klassische Bildungstheorie 128

2.7 Romantik: Zurück zur funktionalen Erziehung 130
2.8 Herbartianismus: Geplantes Lehren 132
2.9 Reformpädagogik: Aufbruch und Bedrohung 133
    2.9.1 Die Jugendbewegung 137
    2.9.2 Heilpädagogik und Reformpädagogik 139
2.10 Von der Wirtschaftswundereuphorie zum Globalisierungsschock der Gegenwart 143
    2.10.1 Verdrängung des Schrecklichen 144
    2.10.2 Wirtschaftspolitische Ängste: Effizienz 145
    2.10.3 Gesellschaftskritik: Emanzipatorische Pädagogik 147
    2.10.4 Ende des Wirtschaftswachstums: Pädagogischer Antirationalismus 150
    2.10.5 Die neue Unübersichtlichkeit und deren Folgen 151
2.11 Testfragen 155

3 Anthropologie: misslingende Solidarisierung 159

3.1 Theologisch-fundamentalistische Reduktion 159
    3.1.1 Darstellung am Beispiel des Pietismus 159
    3.1.2 Bewertung aus heilpädagogischer Sicht 160
3.2 Rationalistisch-utilitaristische Reduktion 160
    3.2.1 Darstellung am Beispiel der Aufklärung 160
    3.2.2 Bewertung aus heilpädagogischer Sicht 162
3.3 Reduktion im Natur-Geist-Dualismus 163
    3.3.1 Beispiel: Anthropologie von Max Scheler 163
    3.3.2 Bewertung aus heilpädagogischer Sicht 165
3.4 Biologistische Reduktion im Evolutionismus 166
    3.4.1 Beispiel: Anthropologie von Arnold Gehlen 166
    3.4.2 Bewertung aus heilpädagogischer Sicht 167
3.5 Entwicklungs- und lernpsychologische Reduktion 168
    3.5.1 Beispiel: Anthropologie von Heinrich Roth 168
    3.5.2 Bewertung aus heilpädagogischer Sicht 171
3.6 Testfragen 172

4 Wissenschaftstheorie und Heilpädagogik ... 173

4.1 Wissenschaftstheorie: Aufgaben und Probleme ... 173
    4.1.1 Praxis und Theorie ... 173
    4.1.2 Erkenntnis mit Wissenschaftsanspruch ... 177
        4.1.2.1 Unterscheidung zwischen Objekttheorie und Metatheorie ... 177
        4.1.2.2 Minimalkriterien für Wissenschaftlichkeit ... 178
        4.1.2.3 Objektivität, Wertfreiheit und Verallgemeinerung ... 179
    4.1.3 Bedeutungsspektrum von »Wissenschaftstheorie« ... 181
        4.1.3.1 Indizien für Zusammenhänge mit Menschenbildern ... 182

4.2 Kernproblem: Wissenschaftliche Wertebegründung ... 183
    4.2.1 Unhaltbar gewordene normative Positionen ... 184
        4.2.1.1 Erziehungslehren mit theologischen Grundlagen ... 184
        4.2.1.2 Wertphilosophisch begründete Erziehungslehren ... 186
        4.2.1.3 Curriculumforschung der sechziger Jahre ... 188
        4.2.1.4 Schlussfolgerung ... 189

4.3 Geisteswissenschaftliche Position: Sinnverstehen ... 190
    4.3.1 Hermeneutik als geisteswissenschaftliche Methode ... 191
    4.3.2 Die philosophische Begründung der Methode ... 193
    4.3.3 Wissenschaftstheoretisches Kernproblem: Intuition ... 195
    4.3.4 Varianten der geisteswissenschaftlichen Position ... 196
        4.3.4.1 Ethnomethodologie ... 196
        4.3.4.2 Phänomenologie ... 197
        4.3.4.3 Dialektik ... 198
    4.3.5 Das implizite Menschen- und Gesellschaftsbild ... 199

4.4 Kritische Theorie: Ideologiekritik ... 200
    4.4.1 Merkmale Kritischer Theorie: Beispiel Horkheimer ... 203
    4.4.2 Das implizite Menschen- und Gesellschaftsbild ... 207

4.5 Kritischer Rationalismus: Hypothesenprüfung ... 208
    4.5.1 Rückblick auf Positivismus und Neopositivismus ... 208
        4.5.1.1 Anmerkung zum »Positivismusstreit« ... 210
    4.5.2 Der Kritische Rationalismus ... 211
        4.5.2.1 Kritischer Rationalismus und »gute« Heilpädagogen? ... 215
    4.5.3 Das implizite Menschen- und Gesellschaftsbild ... 219

4.6 Beispiele aus der Vielfalt ungeklärter Positionen ... 221
    4.6.1 Konstruktivismus ... 221
    4.6.2 Systemtheorie ... 222

4.6.3 Qualitative Forschung 223
4.6.4 Handlungsforschung 225
4.7 Schlussfolgerungen für die Heilpädagogik 226
    4.7.1 Annäherungs- und Auflösungsprozesse 226
    4.7.2 Wertgeleiteter Kritischer Rationalismus 228
    4.7.3 Wertgeleiteter Methodenpluralismus 230
    4.7.4 Dialektik zwischen Wissenschaft und Praxis 231
4.8 Testfragen 235

5 Die Tradition Wertgeleiteter (Heil-)Pädagogik 237

5.1 Pestalozzis gesellschaftskritische Grundlegung 237
    5.1.1 Hinweise zur Biographie von J.H. Pestalozzi 237
    5.1.2 Dilemma zwischen Gesellschaft und Sittlichkeit 240
        5.1.2.1 Komplikation: das doppelte Verständnis
               von »Zustand« 241
        5.1.2.2 Der tierische Zustand 242
        5.1.2.3 Der gesellschaftliche Zustand 243
        5.1.2.4 Der sittliche Zustand 246
    5.1.3 Widersprüchliche Funktionen von Erziehung 248

5.2 Paul Moor: Äußerer Halt und Innerer Halt 254
    5.2.1 Zur Biographie von Paul Moor 254
    5.2.2 Die Grundwerte: Religiosität und Ganzheitlichkeit ... 256
        5.2.2.1 Religiosität auf emotionaler Grundlage 256
        5.2.2.2 Ganzheit von Gefühl und Intellekt 259
    5.2.3 Der »Innere Halt« als leitende Zielvorstellung 262
        5.2.3.1 Innerer Halt unter biologischem Aspekt 265
        5.2.3.2 Innerer Halt unter moralischem Aspekt 266
        5.2.3.3 Innerer Halt unter sinngebendem Aspekt 272
    5.2.4 Zur Klassifikation der Haltschwächen 278

5.3 Heinrich Hanselmann: Wider die Entganzung 282
    5.3.1 Zur Biographie von Heinrich Hanselmann 282
    5.3.2 Die Grundwerte in Hanselmanns Menschenbild 285
        5.3.2.1 Ideologische Offenheit 285
        5.3.2.2 Religiosität 286
        5.3.2.3 Ganzheitlichkeit 287
        5.3.2.4 Politische Freiheit 288
        5.3.2.5 Gemeinschaft 289
    5.3.3 Psychologische und soziologische Annahmen 290

	5.3.4 Die Bedeutung des Gefühls	295
	5.3.5 Das Dialogische	296
	5.3.6 Anmerkungen zum biologistischen Denken	302
	5.3.7 Anmerkungen zum heilpädagogischen Konzept	304
5.4	Die Frage nach der Wissenschaftlichkeit	308
5.5	Testfragen	309

6 Berufsethik für die Heilpädagogik ... 311

- 6.1 Grundtypen ethischer Argumentation ... 311
  - 6.1.1 Reiner Konsequentialismus und Utilitarismus ... 311
  - 6.1.2 Eingeschränkter Konsequentialismus und Deontologie ... 314
  - 6.1.3 Weitere Ethiktypen ... 315
    - 6.1.3.1 Verhandlungsethiken ... 315
    - 6.1.3.2 Tugendethiken ... 316
- 6.2 Anwendung auf die Heilpädagogik ... 318
  - 6.2.1 Grenzen einer utilitaristischen Berufsethik ... 318
  - 6.2.2 Grenzen einer deontologischen Berufsethik ... 326
- 6.3 Hoffnung: Ethik der anerkannten Abhängigkeit ... 330
- 6.4 Ethische Prinzipien und Tugenden in der Heilpädagogik ... 338
  - 6.4.1 Ideologische Offenheit ... 339
  - 6.4.2 Differenzierender Speziesismus und Lebensrecht ... 339
  - 6.4.3 Bildbarkeit und Bildungsrecht ... 341
  - 6.4.4 Selbständigkeit und Lebensqualität ... 343
  - 6.4.5 Pädagogische Effizienzkontrolle und Selbstkritik ... 345
- 6.5 Schlusswort ... 346
- 6.6 Testfragen ... 347

Abschlusstest ... 349

Literaturverzeichnis ... 359

Personenverzeichnis ... 371

Sachverzeichnis ... 377

1 Heilpädagogik als Wertgeleitete Pädagogik

1.1 Eine erziehungswissenschaftliche Disziplin

Inhaber der ersten Universitätsprofessur für Heilpädagogik in Europa war Heinrich Hanselmann (1885-1960). Sein Lehrstuhl war 1931 an der Universität Zürich geschaffen worden. Heilpädagogik ist somit eine junge wissenschaftliche Disziplin. Bis zu diesem Zeitpunkt war sie ein Arbeits- und Lehrgebiet gewesen, mit dem sich unter wissenschaftlicher Perspektive vorwiegend Mediziner, insbesondere Psychiater, befasst hatten. Erst in den Publikationen von Hanselmann wurde eindeutig geklärt, dass es sich bei der Heilpädagogik in erster Linie um eine erziehungswissenschaftliche Disziplin handelt.

In seiner »Einführung in die Heilpädagogik« definierte Hanselmann Heilpädagogik als »die Lehre vom Unterricht, von der Erziehung und Fürsorge aller jener Kinder, deren körperlich-seelische Entwicklung dauernd durch individuale und soziale Faktoren gehemmt ist. Solche Faktoren sind: 1. Mindersinnigkeit und Sinnesschwäche (blinde, sehschwache, taube, schwerhörige, taubblinde Kinder), 2. Entwicklungshemmung des Zentralnervensystems (leichter, mittel- und schwer geistesschwache Kinder), 3. Neuropathische und psychopathische Konstitution, körperliche Krankheit, Verkrüppelung, Umweltfehler (schwererziehbare Kinder)« (Hanselmann 1976, 12). Bemerkenswert an dieser Definition ist der Einbezug der Aufgabe der »Fürsorge« in die Heilpädagogik; diese wird heute eher von andern Berufen wie beispielsweise der Sozialarbeit wahrgenommen. Die Definition berücksichtigt bereits das heute zentrale Postulat, dass Behinderungen nicht nur als individuelles Problem gesehen werden dürfen, sondern dass es sich oft auch um ein soziales Phänomen handelt. Die von Hanselmann vorbereitete Sicht auf das Soziale hat sich in der heutigen heilpädagogischen Fachwelt nahezu zu einem allgemeinen Konsens darüber entwickelt, »dass bei Behinderungsprozessen nicht die Ebene der gesundheitlichen Schädigung oder Beeinträchtigung, sondern der sozialen Benachteiligung die entscheidende Rolle spielt« (Waldschmidt 2004, 365).

Hanselmanns Schüler und Nachfolger Paul Moor (1899-1977) verdeutlichte immer wieder, dass Heilpädagogik nichts anderes als Pädagogik, und zwar Pädagogik unter erschwerten Bedingungen sei. Er zählte sowohl Erziehung in und außerhalb der Schule als auch Schulunterricht im engeren Sinne zur Pädagogik, hielt aber in Bezug zu Hanselmanns Definition fest, dass »Fürsorge etwas anderes sei als Erziehung«. Er definierte: »Heilpädagogik ist die Lehre von der Erziehung derjenigen Kinder, deren Entwicklung durch individuale oder soziale Faktoren dauernd gehemmt ist« (Moor 1965, 11). Mit dieser gegenüber Hanselmann eingeengten Definition hatte Moor die Heilpädagogik von der Sozialarbeit als je eigene Disziplin und je eigenes Berufsfeld getrennt. Die grundsätzliche Übereinstimmung der Auffassungen von Moor und Hanselmann ist im Rahmen eines Symposiums zum hundertsten Geburtstag von Paul Moor wie folgt umschrieben worden:

> »Die wesentlichen Elemente pädagogischer Kontinuität bei Heinrich Hanselmann und Paul Moor möchte ich prägnant in einem einzigen Begriff zusammenführen, dem der *Menschlichkeit*: Hanselmann und Moor repräsentieren eine Heilpädagogik mit menschlichem Antlitz; eine Heilpädagogik, die jeden Menschen mit gütigem Humor oder taktvoller erzieherischer Zurückhaltung annimmt und bejaht; eine Heilpädagogik, die gerade deshalb auch ein leises Lächeln ins Angesicht der Menschen zaubern kann.« (Reissel 2000, 15)

Aufbauend auf Heinrich Hanselmann hat Moor die Heilpädagogik definitiv der Erziehungswissenschaft zugeordnet. In diesem Selbstverständnis hat sich die deutschsprachige Heil- bzw. Sonderpädagogik seither weiterentwickelt. So heißt es im 1999 erschienenen »Wörterbuch Heilpädagogik«: »Heilpädagogik weist auf die enge Verbindung zur Pädagogik hin, denn ›Heilpädagogik ist Pädagogik und nichts anderes‹ (Moor). Der Begriff Heilpädagogik akzentuiert das pädagogische Moment und hebt den pädagogischen Auftrag hervor« (Bundschuh u.a. 1999, 125). In den aktuellen Einführungen in die Heil- bzw. Sonderpädagogik wird dies heute in der Regel als nicht bestrittener Sachverhalt dargestellt. Allerdings ist diesbezüglich auch immer wieder eine gewisse Orientierungslosigkeit festzustellen. Mit der konsequent pädagogischen Orientierung scheinen einzelne Vertreter von heil- und sonderpädagogischen Fachrichtungen gelegentlich Mühe zu haben. Immer wieder verlockt die Zuordnung zu prestigeträchtigeren Disziplinen wie Psychologie und Psychotherapie. Damit droht sich immer wieder einmal das pädagogische Sehen und Denken aus der Heilpädagogik zu verflüchtigen. Dies kann zur Folge haben, dass eine pädagogische Gesamtsicht verloren geht und nur noch einzelne Teilziele und Teilhandlungen der Erziehung als relativ eigenständige therapeutische Disziplinen behandelt werden: Esstherapie, Reittherapie, Segeltherapie u.v.a.m.. Wir haben es als Folge der fehlenden pädagogischen Gesamtsicht »mit einer inflationären Entwicklung im Bereich der Therapien zu tun« (Dörr; Günther 2003, 25).

Man kann nicht übersehen, dass die Heilpädagogik oft Schwierigkeiten mit ihrer Eigendefinition als Disziplin hatte und hat. Immer wieder wurde das Bedürfnis deutlich, sich nicht nur als eine Teildisziplin der Erziehungswissenschaft verstehen zu müssen, sondern eine eigenständige Disziplin zu sein. Erst aus heutiger Sicht wird deutlich, dass diese Problematik mit der lange nicht explizit gemachten Unterscheidung zwischen der Eigenständigkeit der heilpädagogischen Berufe und der Eigenständigkeit einer wissenschaftlichen Disziplin zusammenhängt. Zu Beginn des neuen Jahrhunderts ist nun erstmals die Frage nach der »Heilpädagogik als Profession und als Disziplin« als Titel eines wissenschaftlichen Fachbeitrages in einer heilpädagogischen Fachzeitschrift verwendet worden (Ackermann 2004). Damit ist in der Heilpädagogik mit einer gewissen Verzögerung eine Thematik aufgegriffen worden, welche innerhalb ihrer – oft ungeliebten – »Mutterdisziplin« Erziehungswissenschaft bereits zu Beginn der neunziger Jahre (Tenorth 1990, 1994) diskutiert worden ist (vgl. dazu auch Moser 2003).

Seit den siebziger Jahren hatte sich die Mehrheit der deutschsprachigen Heil- und Sonderpädagogen auf den Oberbegriff der Behinderung konzentriert und das Fachgebiet als besondere Hilfe bei der Erziehung und Unterrichtung von behinderten Kindern definiert. Die Hoffnung auf eine möglichst eigenständige Disziplin schien damit in Erfüllung zu gehen. In der mehrmals aufgelegten »Einführung in die Behindertenpädagogik« von Bleidick und Hagemeister wird in Anlehnung an Überlegungen der Bildungskommission des Deutschen Bildungsrats (1973) formuliert: »Als behindert gelten Personen, die infolge einer Schädigung ihrer körperlichen, seelischen oder geistigen Funktionen so weit beeinträchtigt sind, dass ihre unmittelbaren Lebensverrichtungen oder ihre Teilnahme am Leben der Gesellschaft erschwert werden« (Bleidick; Hagemeister 1992, 12).

Bei dieser Art des Definierens treten insbesondere die folgenden besonderen Aspekte in den Vordergrund: Erstens wird in dieser Definition gesagt »als behindert gelten ....«. Mit dieser Wendung wird der Begriff der Behinderung relativiert. Es wird dem jeweiligen sozialen Umfeld überlassen, ob es ein bestimmtes Merkmal als »Behinderung« zu betrachten gedenkt. Damit wird auch die Möglichkeit berücksichtigt, dass ein bestimmtes Merkmal im einen sozialen Umfeld als Behinderung gilt und im andern nicht. Zweitens wird in dieser Definition der Begriff der Behinderung vom Begriff der Schädigung getrennt. Die Schädigung ist gleichsam der objektive Tatbestand, Behinderung hingegen die in einem bestimmten sozialen Umfeld auftretende Folgeerscheinung. Die Behinderung ist somit nicht gleich konstant wie die Schädigung. Drittens unterscheidet die Definition zwischen Schädigungen der körperlichen, seelischen und geistigen Funktionen. Durch den Einbezug von »seelisch-geistigen« Schädigungen neben den »körperlichen« bzw. organischen Schädigungen werden die Definitionskriterien schwierig; eine »seelische« oder »geistige« Schädigung ist selbstverständlich einer Beobachtung nicht gleich zugänglich wie eine – oft medizinisch nachweisbare – organische Schädigung. Viertens wird in der Definition gesagt, dass eine Erschwerung der unmittelbaren Lebensverrichtung oder/und der Teilnahme am Leben der Gesellschaft vorliegen müsse, wenn bei vorliegender Schädigung von einer daraus folgenden Behinderung gesprochen wird. Damit wird deutlich, dass Behinderung eine individuelle und eine soziale Seite hat (vgl. Haeberlin 2002, 25f.). Behinderung ist auch aus sozialwissenschaftlicher Perspektive zu betrachten.

Bei der behindertenpädagogischen Sichtweise ergibt sich allerdings die Notwendigkeit, von der allgemeinen Definition eine spezielle Definition abzugrenzen, welche Behinderung als pädagogisches Problem fasst. Das Abgrenzungsmerkmal wird darin gefunden, dass ein pädagogisches Problem nur dann vorzuliegen scheint, wenn »ein Kind aufgrund seiner Behinderung nicht mit den ›üblichen‹ Mitteln erzogen und unterrichtet werden kann« (Bleidick; Hagemeister 1992, 27). Die auf den pädagogischen Bereich bezogene Definition von Behinderung lautet nun: »Als behindert im pädagogischen Sinne gelten Kinder, Jugendliche und Erwachsene, deren Lernen und deren soziale Eingliederung erschwert sind. Gegenstand der Behindertenpädagogik ist das Lernen und die soziale Eingliederung angesichts erschwerten Lernens und erschwerter sozialer Eingliederung« (Bleidick; Hagemeister 1992, 29).

Mit der skizzierten behindertenpädagogischen Definition von Behinderung ist bis zu einem gewissen Grad der Schritt zum sozialwissenschaftlichen Betrachten von Phänomenen gemacht worden. In ziemlich konsequenter Weise ist der Schritt zur sozialwissenschaftlichen Betrachtungsweise des Behinderungsbegriffs im Jahre 1980 von der Weltgesundheitsorganisation (WHO 1980, 1998) gemacht worden (vgl. Heimlich 2003, 133). Die Weltgesundheitsorganisation hatte 1980 eine Unterscheidung zwischen *impairment* (Schädigung), *disability* (Beeinträchtigung) und *handicap* (Behinderung) empfohlen. Damit war die Trennung zwischen der individuellen Schädigung und der daraus allenfalls entstehenden Behinderung als soziale Kategorie vollzogen. Folgendes Beispiel kann die drei Phasen im Behinderungsprozess etwas deutlicher machen: »Ein Kind wird beispielsweise mit dem ›Impairment‹ Taubheit geboren. Das kann dazu führen, dass es gar keine oder keine hinreichende Sprachkompetenz erwirbt, was eine ›Disability‹ bedeuten würde in der Verständigung auf der personalen Ebene. Eine mögliche und wahrscheinliche Folge wäre ein ›Handicap‹ in der Lebensführung, da ein Leben entsprechend der Interessen und Anlagen nur erschwert möglich wäre« (Goebel 2002, 15). Diese Einteilung wurde von der WHO 1997 mit der ICIDH 2 modifiziert, weil man noch deutlicher die sozialen Konsequenzen von Schädigungen hervorheben wollte: »1) *impairments* (function and structure) betreffen organische Schädigungen und funktionelle Störungen; 2) *activity* (activity limitation) definiert das Maß der persönlichen Verwirklichung; 3) *participation* (participation restriction) beschreibt die Teilhabe am Leben der Gesellschaft. *Kontextfaktoren* (persönliche wie Alter, Umweltfaktoren wie Arbeitsplatz) beeinflussen alle drei Dimensionen« (Bleidick 2001a, 59).

Seit den siebziger Jahren gibt es auch ein nicht nur formal sozialwissenschaftliches, sondern zugleich auch gesellschaftskritisches Verständnis von »Behindertenpädagogik«. Es handelt sich um das Verständnis von Autoren, die sich ausdrücklich auf marxistisch-materialistische Grundlagen berufen. Diese »Materialistische Behindertenpädagogik« (z.B. Jantzen 1987, 1990) entwirft »ein Konzept, in dem ›Behinderung‹ Ausdruck und Ergebnis eines Verhältnisses zwischen dem/der Behinderten und ihrer/seiner Umwelt ist. Bei der Benennung macht es sich diese theoretische Richtung zunutze, dass für ›behindert‹ zwei Lesarten möglich sind: ›behindert sein‹ und ›behindert werden‹. So versteht diese theoretische Richtung die Behindertenpädagogik als eine allgemeine Pädagogik mit und für Menschen, die durch unangemessene Verhaltensweisen in ihrem Lebens- und Lernumfeld behindert bzw. von diesem isoliert werden« (Rödler 1999, 35).

In bewusst herausfordernder Weise wird in amerikanischen Forschungsarbeiten unter der Bezeichnung »Disability Studies« die sozialwissenschaftliche Betrachtungsweise verabsolutiert. Zurzeit ist diese amerikanische Forschungsrichtung in der deutschsprachigen Heilpädagogik entdeckt worden. Sie wird mit großem Interesse als ein Forschungszweig aufgegriffen, »der sich quer stellt zu den traditionellen Zielen und Methoden der etablierten Heil-, Behinderten- und Sonderpädagogik und der nach dem argumentativen Muster der Gender Studies konstatiert, dass körperliche und geistige Behinderung ein soziokulturelles Konstrukt und keine individuell-organische oder mentale Deformation sei« (Weinmann 2003, 10). Es ist in der heilpädagogischen Fachliteratur sogar das Postulat zu finden, die »Disability Studies« als neue akademische Disziplin zu behandeln (Waldschmidt 2004, 367). Ob es sich um eine der vielen Modeströmungen in der Heilpädagogik handelt oder um einen wissenschaftlichen Schritt zu etwas Dauerhaftem, wird sich erst im Rückblick entscheiden lassen.

1.1.1 Abgrenzung zu Heilung und Therapie

1.1.1.1 Heilung

Das Wort »Heilung« war ursprünglich nur im medizinischen Sinne gebräuchlich. Es meint die Wiederherstellung eines erkrankten Organismus. Die medizinische Vorstellung vom Ziel heilpädagogischer Arbeit hatte in der medico-pädagogischen Tradition (Erläuterung weiter hinten) Platz. Im vorliegenden Buch wird die Position vertreten, dass Heilpädagogik eine wertgeleitete Pädagogik ist, die für Leistungsschwache und Behinderte Partei nimmt. Bei dieser Sichtweise kann medizinische »Heilung« kein Ziel einer heilpädagogischen Wissenschaft und Praxis sein. Als Pädagogen haben wir es ohnehin häufig mit Behinderungen und Abweichungen zu tun, welche im medizinischen Sinne nur gelegentlich heilbar (im Sinne der organischen Wiederherstellung) sind.

Hielte man an der Vorstellung der medizinischen Heilung fest, müsste man auf die Vorschläge von Rudolf Allers zurückgreifen. Er nahm in seinem Buch »Heilerziehung bei Abwegigkeit des Charakters« (1937) die Unterscheidung zwischen »Heilpädagogik« und »Sonderpädagogik« vor. Die Bezeichnung »Heilpädagogik« sollte für Behinderungen reserviert bleiben, bei welchen eine echte Heilung im medizinischen Sinn erzielt werden kann. Die Bezeichnung »Sonderpädagogik« sollte dann verwendet werden, wenn keine Heilung der Schädigung im medizinischen Sinn möglich ist (z.B. Blindheit, Taubheit). Aus pädagogischer Sicht ist eine solche Trennung deshalb nicht sinnvoll, weil sich die pädagogischen Maßnahmen nach diesem medizinischen Kriterium nicht grundsätzlich voneinander unterscheiden lassen.

1.1.1.2 Therapie

Die Methoden des Heilens werden in der Medizin traditionellerweise »Therapien« genannt. Therapieren in der ursprünglichen Bedeutung ist eine ärztliche und keine pädagogische Tätigkeit. Therapien im medizinischen Sinne des Wortes können lediglich günstigere Voraussetzungen dafür schaffen, dass ein Kind erzogen und unterrichtet werden kann. Dennoch hat das medizinische Therapieverständnis in der Heilpädagogik eine lange Tradition. Dies trifft insbesondere auf die Betreuung von Menschen mit Geistiger Behinderung zu, welche seit Ende des 19. Jahrhunderts während langer Zeit unter der Obhut der Psychiatrie erfolgte. Damit wurde Geistige Behinderung vorwiegend als Krankheit verstanden, von der sich ein Zustand der »Gesundheit« abgrenzen lässt.

Mit der Entstehung der Psychiatrie als medizinisches Spezialgebiet ist der Begriff »Therapie« auch auf den seelisch-geistigen Bereich ausgedehnt worden. In der Psychiatrie wird, wie in der traditionellen Medizin, zwischen Kausaltherapie und Symptomtherapie unterschieden. Dem Anspruch der *Kausaltherapie* fühlt sich beispielsweise die psychoanalytisch orientierte Psychotherapie verpflichtet. Diese wird bis heute von vielen medizinisch ausgebildeten Psychiatern bevorzugt. Sie arbeitet nach einem Ursache-Wirkungs-Modell des Seelenlebens, wie es ursprünglich von Sigmund Freud entwickelt worden war. Allerdings kann der Beweis für das Ursache-Wirkungs-Verhältnis nie gleich schlüssig erbracht werden wie in der auf das Organische bezogenen Medizin. Der *Symptomtherapie* fühlen sich neuere, mehr von der nicht-medizinischen Psychologie herkommende Psychotherapierichtungen verpflichtet. Besonders deutlich zeigt sich die Symptomorientierung in der Verhaltenstherapie. Bei einer symptomtherapeutischen Arbeitsweise wird auf die Suche nach den Ursachen einer seelisch-geistigen Störung entweder ganz verzichtet, oder die Kenntnis der Ursachen wird für den Erfolg einer Therapie nicht besonders stark gewichtet. In der Verhaltenstherapie wird angenommen, dass man durch den Aufbau neuer Verhaltensstrukturen bzw. neuer seelisch-geistiger Strukturen eine Person von psychischem Leiden befreien kann, ohne die Ursache zu kennen.

Mit den im Vergleich zur medizinischen Kausaltherapie aufgeweichten Therapiebegriffen in der neueren Psychiatrie und Psychologie ist die Abgrenzung zwischen den Begriffen »Therapie« und »Erziehung« schwierig geworden. In der symptomorientierten Verhaltenstherapie geht es beispielsweise um den Aufbau von neuen Verhaltensweisen – um einen Verhaltensaufbau geht es selbstverständlich auch in der Erziehung. Die Verwischung der Grenzen zwischen Therapie und Erziehung in der Heilpädagogik ist heute teilweise schon sehr weit fortgeschritten. Es scheint, dass sich der Begriff »Therapie« in vielen heilpädagogischen Institutionen eingebürgert hat, obschon sich diese Institutionen eigentlich als pädagogische Einrichtungen verstehen. Der Begriff scheint »die heilpädagogische Arbeit weitgehend ›salonfähig‹ gemacht« (Theunissen 1991, 137) zu haben. Altbekannte Tätigkeiten in pädagogischen Einrichtungen wie »Malen, Schwimmen, Spielen, Essen, Freizeitgestaltung, Ferienfreizeiten usw. werden als Maltherapie, Spieltherapie, Schwimmtherapie, Esstherapie, Freizeittherapie, Reisetherapie bezeichnet und mit (pseudo-)wissenschaftlicher Dignität versehen« (Theunissen 1991, 137).

Die Verwischung der Grenzen zwischen Psychotherapie und Erziehung bedeutet für das Selbstverständnis der Heilpädagogik als Wertgeleitete Pädagogik stets eine Gefahr. Wenn sich Therapie nicht ursachenorientiert versteht, sondern störende Symptome durch den Aufbau von neuem Verhalten zu beseitigen versucht, ist Therapie auch Erziehung und darf nicht den Zielen der Erziehung entgegenwirken. Als Heilpädagoge oder Heilpädagogin mit pädagogischer Verantwortung für das anvertraute Kind sollte man sich deshalb davor hüten, Kinder an Therapeuten abzugeben, ohne zu wissen, ob diese Spezialisten ebenfalls in der Richtung der eigenen erzieherischen Bemühungen arbeiten.

Die Abgrenzung zwischen psychiatrisch-psychologischen Therapien und (heil)pädagogisch-therapeutischen Maßnahmen ist außerordentlich schwierig geworden. Es ist zu befürchten, dass es sich teilweise um berufspolitisch motivierte Abgrenzungen handelt, die nicht immer sachlich zu begründen sind. Als Faustregel für eine Abgrenzung hat Kobi den folgenden Vorschlag gemacht: Wenn Therapie primär auf Linderung von subjektivem Leiden ausgerichtet ist, dann ist sie noch nicht als Erziehung zu betrachten, sondern sie schafft Voraussetzungen für die Erziehung. Wenn Therapie primär auf den Aufbau von neuen seelisch-geistigen Strukturen eines Menschen hinarbeitet, dann ist diese Therapie vorwiegend Erziehung und gehört *auch* unter die Kontrolle der Heilpädagogen und Heilpädagoginnen, die ja Erziehungsspezialisten sind (Kobi 1983, 294ff.).

Mit dem Begriff »Therapie« sollte in der Heilpädagogik vorsichtiger umgegangen werden, als dies heute der Fall ist. Die wichtige Tätigkeit des Erziehens wird sonst immer weiter abgewertet. Dies zeigt sich heute beispielsweise schon deutlich im Erziehungsbereich der heilpädagogischen Heime, in denen die Arbeit der Erzieher und Erzieherinnen gelegentlich als die am wenigsten professionalisierte und häufig auch vergleichsweise am schlechtesten bezahlte Arbeit gewertet wird. Man sollte im Interesse der betroffenen Kinder und Eltern wieder eher darauf hinwirken, dass Erziehung die allerwichtigste Tätigkeit im heilpädagogischen Bereich wird.

1.1.2 Andere Bezeichnungen des Fachs

Fach und Arbeitsfeld, welche im vorliegenden Buch »Heilpädagogik« heißen, tragen im deutschen Sprachraum unterschiedliche Bezeichnungen. Der Wirrwarr der Begriffe, welche dieses Fachgebiet benennen, ist weitgehend aus geschichtlichen Entwicklungen erklärbar. Bevor die Geschichte des Begriffs »Heilpädagogik« und der ihn konkurrenzierenden Bezeichnungen skizziert wird, soll erläutert werden, welche Vor- und Nachteile die beiden wichtigsten, dem Begriff »Heilpädagogik« entgegengesetzten Begriffe haben.

1.1.2.1 Sonderpädagogik

Mit diesem Wort wird das Aussondern betont, was den heutigen Bemühungen um Integration nicht entgegenkommt. Es bindet die heilpädagogische Tätigkeit »an eigenständige Institutionen wie Sonderkindergärten, Sonderschulen, Behindertenwerkstätten und Behindertenheime«; Heilpädagogik ist aber heute »vor die Aufgabe gestellt, außerhalb von festen institutionellen Strukturen tätig zu werden« (Heimlich 2004, 256). Allerdings wird die Bezeichnung oft mit dem Argument verteidigt, dass damit nicht Aussonderung, sondern eine besondere Pädagogik für Kinder mit besonderen Problemen gemeint sei.

Der Begriff »Sonderpädagogik« ist in Deutschland praktisch identisch geworden mit dem Begriff »Sonder*schul*pädagogik«. An den deutschen Universitäten sind lange Zeit nur Sonderschullehrer und -lehrerinnen, jedoch keine außerschulischen Heilpädagogen und Heilpädagoginnen ausgebildet worden. Eine solche Einengung auf Lehrerausbildung entspricht nicht der Tradition der Heilpädagogik von Hanselmann und Moor; für sie bezog sich die Heilpädagogik stets auch auf außerschulische Berufsfelder wie Heimerziehung, Erziehungsberatung, Früherziehung, ambulante pädagogisch-therapeutische Maßnahmen. Die Ersetzung des Begriffs »Heilpädagogik« durch »Sonderpädagogik« ist bei einer Weiterführung dieser Tradition wegen seines einengenden Bezuges zur Sonderschule nicht ohne weiteres zu empfehlen.

In Deutschland gibt es neben der auf die Sonderschule konzentrierten »Sonderpädagogik« eine mehr auf die Heimerziehung von Geistig Behinderten ausgerichtete »Heilpädagogik«. Eine Zusammenführung dieser beiden institutionell meist getrennten Ausbildungsstränge ist bisher auf große Schwierigkeiten gestoßen. Denn es müssten hierbei schwierige bildungs- und berufspolitische Statusprobleme gelöst werden. Erwähnenswert ist, dass sich die Fachzeitschrift »Vierteljahresschrift für Heilpädagogik und ihre Nachbargebiete« im Editorial zu ihrer Neukonzeption ab 2004 ausdrücklich zu einem Ziel in dieser Sache bekannt hat: »Sie setzt dem Auseinanderdriften von Heil- und Sonderpädagogik als Folge von berufspolitischem und wissenschaftsgeschäftigem Partikularismus Grenzen und verbindet die Einzeldisziplinen zu einer Einheit. Sie erinnert sich an die Unteilbarkeit von pädagogischer Tätigkeit und überwindet deshalb die falsche Grenze zwischen ›Sonderpädagogik‹ in der Schule und ›Heilpädagogik‹ außerhalb der Schule bzw. ›Sozialpädagogik für Behinderte‹.« (Haeberlin u.a. 2004, 253)

1.1.2.2 Pädagogik der Behinderten

Diese Bezeichnung hat den Vorteil, dass alle Personen, die aus unterschiedlichen Gründen eine besondere Erziehung brauchen, mit einem einzigen Begriff zusammengefasst werden. Dies entspricht der Tendenz von Wissenschaftlern zum Klassifizieren und Vereinfachen. Dabei stellen sich jedoch schwierige Fragen: Können so verschiedene Phänomene wie etwa Blindheit, Geistige Behinderung, Schulversagen, Sprachstörung und Verhaltensstörung mit *einem* einzigen Begriff zusammengefasst werden, ohne dass diese Vereinfachung den Betroffenen schadet? Ist die Öffentlichkeit bereit, den Behindertenbegriff so ausgedehnt zu verstehen? In der Regel verbindet die Öffentlichkeit das Wort »Behinderung« mit Körper- und Sinnesbehinderung, vielleicht auch noch mit Geistiger Behinderung.

Eine Behinderung hat nach gängiger Alltagsmeinung vermutlich stets eine organische Schädigung zur Ursache, sei es eine Schädigung von Sinnesorganen, von Gliedmaßen oder des Zentralen Nervensystems. Dass im Sprachgebrauch der Behindertenpädagogik als Fachdisziplin auch Menschen als »behindert« bezeichnet werden, die dies ohne organische Schädigung geworden sind, zeigen Kategorien wie »Lernbehinderte« oder »Verhaltensgestörte«, denen heute bekanntlich eigene Sonderschulen gewidmet sind. Die Übertragung des organisch-ursachenorientierten Schädigungsdenkens auf solche Kategorien von Menschen birgt Gefahren in sich, auf die an späteren Stellen noch mehrmals eingegangen wird.

1.1.2.3 Weitere Bezeichnungen in Europa

Der Begriff *Orthopädagogik* ist in den Niederlanden und teilweise in Frankreich gebräuchlich. Die holländische Orthopädagogik versteht sich als Allgemeine Pädagogik mit eigenen Akzentsetzungen. Der holländische Orthopädagoge Vliegenthart stand ganz in der Linie der Heilpädagogik von Hanselmann und Moor. Auch in der »Einführung in die Orthopädagogik« von ter Horst (1983) wird der anthropologisch-pädagogische Ansatz von Paul Moor vertreten.

Der Oberbegriff *Rehabilitationspädagogik* wurde seit Anfang der siebziger Jahre in der ehemaligen DDR verwendet. Der Begriff war eng mit dem auf diesem Gebiet in der ehemaligen DDR einflussreichsten Vertreter, Klaus-Peter Becker, verbunden. Entgegen den anfänglichen Erwartungen ist der Begriff nach dem Zusammenbruch der DDR nicht verschwunden, sondern er ist an mehreren deutschen Universitäten übernommen worden. In einem von angesehenen Autoren verfassten neuen Handbuch zu Grundfragen der Sonderpädagogik (Leonhardt; Wember 2003) wird dem Begriff der Rehabilitation eine wichtige Funktion für die zukünftige Fachentwicklung zugesprochen. Es wird angemerkt, dass zwar »die bei Becker noch selbstverständliche Orientierung an sozialistischen Idealen nicht mehr konsensfähig« sei, aber abgesehen davon weise Beckers Vorschlag »in eine überaus konstruktive Richtung: Rehabilitation sei eben auch mit pädagogischen Mitteln zu betreiben« (Wember 2003, 25).

Schließlich ist die Bezeichnung *Defektologie* für die Sowjetunion und andere ehemalige Ostblockländer typisch; ob sich der Begriff auch nach den Umwälzungen im Ostblock noch lange erhalten wird, ist bis heute nicht sicher abzusehen.

1.1.3 Geschichte der wichtigsten Fachbezeichnungen

1.1.3.1 Heilpädagogik

Eine wissenschaftliche Disziplin, die mit dem Wort »Heilpädagogik« bezeichnet wurde, entstand erstmals im 19. Jahrhundert. Der Begriff ist vermutlich von Georgens und Deinhardt im Jahre 1861 zum ersten Mal verwendet worden. In die von da an immer häufiger als »Heilpädagogik« benannte Disziplin flossen drei unterschiedliche historische Entwicklungen ein, welche dem Fach ein sehr heterogenes Gesicht gaben. Deshalb wurde im Laufe des zwanzigsten Jahrhunderts immer wieder nach einem alternativen Begriff gesucht. Speck (1991a) beschreibt die drei mit dem Wort »Heilpädagogik« bezeichneten unterschiedlichen Ansätze unter den Begriffen *heilende Erziehung, Medico-Pädagogik* und *Heilserziehung*. Unter Bezugnahme auf das Kapitel »Heilpädagogik – eine komplexe Tradition« in Speck (1991a, 35-40) werden nachfolgend die drei Ansätze skizziert.

Die Vorstellung von einer *heilenden Erziehung* stammt aus der Aufklärungspädagogik. Vor der Aufklärungsepoche im 18. Jahrhundert war bereits im 17. Jahrhundert von Comenius der Begriff »Heilmittel« (lateinisch Remedium) im Sinne von Erziehungsmaßnahmen verwendet worden; gemeint waren pädagogische Maßnahmen, die zur Anwendung kommen, wenn die üblichen Methoden in der Erziehung nicht mehr fruchten (vgl. den heutigen englischen Begriff »*remedial education*«). Im »Krebsbüchlein« (1777) des Aufklärungspädagogen Salzmann, der den so genannten Philanthropen angehörte, ist von »Erziehungsfehlern« die Rede, welche zu »Kinderfehlern« führen; diese sind mit den systematisch eingesetzten, typischen Erziehungsmitteln der Aufklärung wie Lob und Tadel zu »heilen«. Der Aufklärungspädagoge A.H. Niemeyer hatte 1796 ein Buch verfasst, welches den Titel »Pädagogisch-moralische Heilkunde« trug; darin wird die Übertragung eines ursprünglich nur in der Medizin gebräuchlichen Begriffs auf das Gebiet der Pädagogik in ausschließlich pädagogischer Bedeutung deutlich sichtbar. In dem von V.E. Milde, einem weiteren deutschen Aufklärungspädagogen, verfassten »Lehrbuch der allgemeinen Erziehungskunst« (1811) werden die Begriffe »Heilkunde«, »Heilmethode« und »Heilmittel« ebenfalls in einer ins Pädagogische übertragenen Bedeutung verwendet. Auch Herbart, der nach der relativ kurzen romantischen Gegenbewegung in der Mitte des 19. Jahrhunderts die Aufklärungspädagogik mit großem Einfluss auf die Schulpädagogik fortsetzte, knüpfte an die aufklärerische Lehre von der Heilung von Kinderfehlern an. Für die spätere Entwicklung der Heilpädagogik im Schulwesen ist von besonderer Bedeutung, dass er auch schulorganisatorische Maßnahmen als »Heilmittel« vorschlug. Für Kinder, welche den Fehler des langsameren Lernens hatten, schlug er die Schaffung von besonderen »Übungsklassen« vor. Damit war von Herbart die Idee der Einrichtung von Hilfsklassen für schwache Schüler vorformuliert, welche gegen Ende des 19. Jahrhunderts realisiert wurde.

Mit schwerwiegenden Folgen für die Entwicklung der Heilpädagogik als Wissenschaftsdisziplin wurde die vorher rein pädagogische Lehre vom pädagogischen Heilen am Ende des 19. Jahrhunderts vom Mediziner (Psychiater) Ludwig von Strümpell aufgegriffen. Dieser publizierte 1890 ein wissenschaftliches Lehrbuch mit dem Titel »Pädagogische Pathologie oder die Lehre von den Fehlern der Kinder« (1910: 4. Auflage). Sein Lehrbuch ist für die Entwicklung der Heilpädagogik als Fachdisziplin deshalb wichtig, weil er in die Tradition des »pädagogischen Heilens« von *leichten* Kinderfehlern (im Sinne von unerwünschtem Verhalten) auch die Vorstellung des »Heilens« von ernsthaften Gebrechen und Schädigungen einführte. In seinem Lehrbuch werden mehr als 300 »Kinderfehler« behandelt; *einerseits* findet man in seiner Kinderfehlerliste Erscheinungen wie albernes, altkluges, aufgeregtes u.ä. Verhalten, *andererseits* behandelt Strümpell aber auch psychopathologische Erscheinungen und Behinderungen wie »Zwangshandlungen«, »Blindheit«, »Stottern« u.a. Damit kam es zur Vermischung von aufklärerischer Pädagogik und medizinischer Psychopathologie/Kinderpsychiatrie unter dem Namen »Heilpädagogik« (Haeberlin 2002, 53).

Die Vorstellung von einer heilpädagogischen Wissenschaft, welche sich mit ausschließlich pädagogischen Mitteln zur Heilung von Kinderfehlern befassen sollte, wurde von da an mit Vorstellungen von medizinischem Heilen vermischt; dies konnte dazu führen, dass der Begriff »Heilpädagogik« auch von zahlreichen Medizinern, insbesondere von Psychiatern, beansprucht wurde. Für die medizinisch orientierte Heilpädagogik verwendet Speck in Anlehnung an einen französischen Begriff das Wort »Medico-Pädagogik«.

Mit dem Begriff »Medico-Pädagogik« ist eine schon vor dem Erscheinen des Buches von Strümpell bestehende Tradition gemeint, in welcher es von Anfang an um die Verbindung von Medizin und Pädagogik ging, wobei in der Regel der Medizin Priorität eingeräumt wurde. Diese Tradition ist in der Aufklärungszeit insbesondere in Frankreich entstanden; dort gibt es den Begriff »médico-pédagogie« bis heute. Die für die Heilpädagogik folgenreiche Verbindung von Medizin und Pädagogik wurde durch die vor allem für die Entwicklung der Geistigbehindertenpädagogik bedeutungsvollen Franzosen Itard und Séguin begründet (Haeberlin 2002, 57ff.). Ein bekannter deutschsprachiger Vertreter des medico-pädagogischen Ansatzes war Johann Jakob Guggenbühl, eine ebenfalls für die Geschichte der Geistigbehindertenpädagogik sehr bedeutsame Person. Er war Arzt und hoffte in der wissenschafts- und fortschrittsgläubigen Aufklärungstradition auf die Heilung des Schwachsinns (damalige Bezeichnung für Geistige Behinderung) durch eine Kombination von medizinischen und pädagogischen Mitteln. 1841 gründete er auf dem Abendberg bei Interlaken eine »Heilanstalt für Kretinen und blödsinnige Kinder«. Die jeweils vorgeführten Heilungen waren spektakulär und umstritten; man vermutet, dass er unter dem Zwang, Erfolge vorweisen zu müssen, auch durch Verwahrlosung sekundär geistig behinderte Kinder in seine Anstalt aufgenommen hatte, bei welchen sich dann auch »Heilungserfolge« einstellen konnten.

Die medizinisch dominierte Heilpädagogik war in der ersten Hälfte des 20. Jahrhunderts in den deutschsprachigen Ländern stark verbreitet. Zahlreiche Psychiater und Psychopathologen beanspruchten das Wort »Heilpädagogik« für die Medizin. Einflussreiche Mediziner, welche das Wort »Heilpädagogik« verwendet haben, waren im zwanzigsten Jahrhundert beispielsweise A. Homburger, M. Isserlin und H. Asperger. In seinen Vorlesungen über Psychopathologie des Kindesalters (1926) definierte Homburger Heilpädagogik als »Lehre von der Verknüpfung der

Erziehung und des Unterrichts mit Maßnahmen, welche auf Heilung, Besserung und Ausgleich gesundheitlicher Mängel abzielen«. Isserlin definierte in einem Vortrag (1925) Heilpädagogik als »angewandte Psychopathologie«, wobei die Psychopathologie der »wissenschaftliche Boden sei, auf welchem Heilpädagogik erwächst«. Asperger publizierte noch 1952 ein Buch mit dem Haupttitel »Heilpädagogik« und dem Untertitel »Einführung in die Psychopathologie des Kindes für Ärzte, Lehrer, Psychologen, Richter und Fürsorger« (Speck 1991a, 37). In der medico-pädagogischen Tradition steht auch die heute immer wieder in neuen Auflagen erscheinende »Heilpädagogik« von Meinertz und Kausen (1. Auflage 1961). Bei Kobi (1983) finden sich Hinweise auf zahlreiche weitere Werke, die in der medizinischen Tradition standen: »Inhalt, Betrachtungsmodus, Zielorientierung und Diktion der genannten Werke entsprechen denn auch eher einer pädagogisierten Kinderpsychopathologie und psychiatrischen Therapeutik als einer grundlegend und konsequent pädagogischen Ausrichtung, und sie liegen daher – entgegen dem plakatierten pädagogischen Anspruch – weitaus stärker in der kinderpsychiatrischen Tradition von Homburger (1926) bis Lutz (1978 ff.)« (Kobi, 1983, 108).

Mit dem Begriff *Heilserziehung* ist eine Deutung des Wortes »Heilpädagogik« bezeichnet, welche von theologischer Seite her vertreten wurde. Bekanntester Vertreter einer Heilpädagogik als *Heils*pädagogik war der katholische Theologe Linus Bopp. Er publizierte 1930 das Buch »Allgemeine Heilpädagogik in systematischer Grundlegung und mit erziehungspraktischer Einstellung«. Der Ansatz von Bopp wurde auch vom Schweizer Heilpädagogen Eduard Montalta vertreten. Die theologische Deutung des Wortes »Heilpädagogik« drückt sich darin aus, dass es um die *Erziehung zum Heil* im religiösen Sinne geht (vgl. die von Bopp hervorgehobene Analogie zum Wort »Heiland«). Eine analoge Deutung des Wortes »Heilpädagogik« hat der protestantische Theologe L. Schlaich vorgenommen. Auch er formulierte, dass Heilerziehung zum »Heil der Seele« führe (Haeberlin 2002, 63ff.).

Alle drei skizzierten, widersprüchlichen Strömungen haben sich des Oberbegriffs »Heilpädagogik« bedient, nachdem er im Jahre 1861 erstmals geprägt worden war. Aus diesem Grunde verbirgt sich, historisch gesehen, unter diesem Oberbegriff etwas mehrfach Widersprüchliches. Obschon teilweise von alternativen Oberbegriffen verdrängt, hat sich jedoch der Begriff »Heilpädagogik« bis heute am Leben erhalten. Es scheint sogar, dass die Häufigkeit seiner Verwendung wieder zunimmt. Beispielsweise gibt es an der Universität zu Köln eine »Erziehungswissenschaftlich-Heilpädagogische Fakultät«. Mehrere Institute an deutschen Universitäten konnten sich nie entschließen, den Begriff »Heilpädagogik« ganz fallen zu lassen; sie nennen sich verschiedentlich »Institut für Heil- und Sonderpädagogik«. Von den bekanntesten deutschsprachigen Fachzeitschriften benennen sich drei nach dem Begriff »Heilpädagogik«: Zeitschrift für Heilpädagogik, Heilpädagogische Forschung, Vierteljahresschrift für Heilpädagogik und ihre Nachbargebiete.

1.1.3.2 Sonderpädagogik

In den sechziger Jahren wurde in West-Deutschland auf Universitätsebene fast durchwegs der Begriff »Sonderpädagogik« eingeführt. Die Hauptgründe waren *erstens* das Unbehagen über die geschilderten Probleme des Begriffs »Heilpädagogik« und *zweitens* der intensive Ausbau des Schulwesens für »behinderte« Schüler unter dem Begriff »Sonderschulen«. Der Begriff »Sonderpädagogik« passte besser mit dem Begriff »Sonderschule« zusammen. Bestehende Institute für Heilpädagogik, in welchen Sonderschullehrer ausgebildet wurden, wurden mehrheitlich in »Institute für Sonderpädagogik« umbenannt. Die Einführung des neuen Begriffs »Sonderpädagogik« als Wissenschaftsbezeichnung geschah vermutlich in Deutschland auch mit einer standespolitischen Absicht: Es ging um die Begründung der Eigenständigkeit einer bestimmten Lehrergruppe, nämlich derjenigen der Sonderschullehrer.

Zugleich differenzierte sich das Gesamtgebiet der Sonderpädagogik in so viele Einzeldisziplinen aus, wie sich Sonderschultypen bildeten: Sonderschulen für Geistigbehinderte, für Lernbehinderte, für Verhaltensgestörte, für Sprachbehinderte, für Blinde und Sehbehinderte, für Gehörlose und Hörbehinderte, für Körperbehinderte. So entwickelte sich eine Reihe von Sonderpädagogiken, welche den wissenschaftlichen Überbau der Sonderschularten darzustellen haben: Geistigbehindertenpädagogik, Lernbehindertenpädagogik usw.

In Deutschland bedeutete somit der Wechsel zum Oberbegriff »Sonderpädagogik« zugleich eine Reduktion des Fachs auf »Sonder*schul*pädagogik«. Der weite Bereich der vorschulischen und der außerschulischen Heilpädagogik wurde von den sonderpädagogischen Ausbildungsstätten für mehrere Jahrzehnte fallengelassen und anderen Berufszweigen überlassen: Sozialpädagogik, Heilpädagogische Fachschulen und Fachhochschulen für Heimerziehung, paramedizinische Logopädie u.a. Diese Reduktion auf den Schulbereich und die Betonung der Absonderung sprechen gegen die Einführung des Begriffs »Sonderpädagogik«, wenn man an die Idee einer Einheit von schulischer und außerschulischer Heilpädagogik festhalten will; außerdem wird heute eher der Integrations- als der Absonderungsaspekt betont.

1.1.3.3 Behindertenpädagogik

Zu Beginn der siebziger Jahre begann sich ein Begriff durchzusetzen, von dem man sich zunächst eine elegante Lösung aller bisherigen Unklarheiten und Missverständnisse versprach. Mit dem Erscheinen des Buches »Pädagogik der Behinderten« von Ulrich Bleidick (1972) schienen sämtliche deutschspachigen Wissenschaftler in unserem Fachgebiet vom Alptraum der unklaren Begrifflichkeit befreit zu sein.

Inzwischen sieht man jedoch die Nachteile dieses pauschalen Behindertenbegriffs klarer. Es ist kaum einsichtig zu machen, warum der Geistigbehinderte und der Körperbehinderte in die gleiche Kategorie gehören sollen wie die soziale Konstruktion des »Verhaltensauffälligen« oder des »Lernbehinderten« (der ja einfach ein Schulversager oder ein Opfer der versagenden Schule ist). Unter dem Begriff »Behinderung« wird zuviel Verschiedenartiges zusammengefasst. Trotz des Erfolges des Begriffs »Behindertenpädagogik« haben sich nur wenige Institutionen nach diesem Begriff umgetauft; die meisten sind bei »Heilpädagogik« oder »Sonderpädagogik« geblieben; neuerdings wird auch wieder vermehrt der Begriff der »Rehabilitation« in verschiedenen Zusammensetzungen aufgegriffen.

1.2   Warum Wertgeleitete Pädagogik?

1.2.1   Neue Bedrohung Behinderter

Seit den achtziger Jahren sind wieder Tendenzen zu beobachten, welche die Würde und sogar das Lebensrecht von Menschen mit schweren Behinderungen verstärkt bedrohen.

> »Der medizinische Fortschritt hat uns Möglichkeiten an die Hand gegeben, mit denen scheinbar das gesunde, das nichtbehinderte Leben machbar geworden ist. Ob es sich um pränatale Diagnostik handelt, die schon bei geringen Anzeichen für eine Missbildung beinahe regelhaft eine Abtreibung nach sich zieht, oder um künstliche Befruchtung, die nur um den Preis der Tötung von Embryonen gelingt: In beiden Fällen nimmt man es hin, dass menschliches Leben getötet wird und dafür gelegentlich neues, ›besseres‹ Leben entsteht.« (Antor 1991, 217)

Damit droht sich eine Entwicklung anzubahnen, welche einem Dammbruch gleicht. Die Bedrohung der Würde und des Lebensrechts behinderter und auffälliger Menschen ist die Folge eines weit verbreiteten

Menschenbildes. Dieses klassifiziert Mitmenschen nach Kriterien wie »gesund«-»krank«, »intakt«-»defekt«, »normal«-»anormal«, »mehr Mensch«-»weniger Mensch«, »erwünschter Mensch«-»unerwünschter Mensch«. Unter fanatisierenden Bedingungen kann diese verbreitete Sichtweise bis zu Vorstellungen von der »Heilung« der Welt führen, die in der Tötung der Schwachen, Kranken, Gebrechlichen, Behinderten und Auffälligen besteht. Zum verhängnisvollen Ende gedacht und in die Tat umgesetzt wurde das Menschenbild des »Normalen«, »Gesunden« und »Starken« unter der nationalsozialistischen Herrschaft Deutschlands. Ihre dogmatisierte und ideologisierte selektionistische Denkweise propagierte die Ausrottung von geistig behinderten Menschen. Von deutschen Wissenschaftlern wurde schon 1920 »die Freigabe der Vernichtung lebensunwerten Lebens« empfohlen (Binding und Hoche 1920).

Im Jahre 1934 mussten fast alle traditionellen heilpädagogischen Fachzeitschriften ihr Erscheinen in Deutschland einstellen; neu erschien dafür die Zeitschrift »Die deutsche Sonderschule«, deren erste Ausgabe vom Gehörlosenlehrer Paul Ruckau mit einem Aufruf zur Anpassung an den Nationalsozialismus eingeleitet wurde (Möckel 1991, 87). Mit diesem symbolischen Akt der Unterwerfung der Heil- bzw. der Sonderpädagogik unter die menschenverachtende Ideologie des Nationalsozialismus wurde ein während langer Zeit totgeschwiegener Verrat unseres Berufsstands an seiner Verantwortung für die Menschenwürde eingeleitet.

Es ist lange nicht untersucht worden, wie die selektionistische und menschenverachtende Ideologie des Nationalsozialismus auch das Denken vieler Sonderschullehrer und Heilpädagogen geprägt hatte. Dies wird nun deutlich in aktuellen Studien von schriftlichen Schülerbeurteilungen durch damalige Sonderschullehrer: »In nicht seltenen Fällen konstatierten die beurteilenden Lehrer neben der charakterlichen Auffälligkeit eine wie auch immer definierte ›geistige Minderwertigkeit‹, welche die Bewertung einer völligen ›Nutzlosigkeit‹ des betreffenden jungen Menschen entsprechend verstärkte. Gesellte sich zu ›Charakterschwäche‹ und ›geistige Minderleistung‹ auch noch eine Beeinträchtigung der im Nationalsozialismus hoch geschätzten Körperlichkeit, so konnte mit einem vernichtenden Urteil gerechnet werden« (Ellger-Rüttgardt 2004, 353). Es ist erschreckend, wie manche Sonderschullehrer, die offensichtlich mehr als nur Mitläufer des Nationalsozialismus waren, in »unheilpädagogischer« Weise Berichte über Schüler verfassen konnten. Dies illustriert der Antrag einer Hamburger Hilfsschule aus dem Jahre 1937 auf die vorzeitige Entlassung eines Schülers mit der folgenden, an das Schulamt gerichteten Begründung: »Der Schüler R., geb. 22.03.22, ..., Schüler der 4. Klasse, ein geistig völlig minderwertiger Mensch, durch rechtsseitige Lähmung in seinen Bewegungen behindert, durch seinen Jähzorn für die Klasse und damit auch für die ganze Schule eine sehr große Belastung und Gefahr, hat heute in seiner unberechenbaren Wut einen Mitschüler mit seinem Griffelkasten schwer am Kopf verletzt. Diesen Schüler habe ich sofort in die Poliklinik schicken müssen. Auf Grund dieses Vorfalles habe ich den Schüler R. mit dem heutigen Tage beurlaubt und beantrage gleichzeitig die Befreiung vom Schulbesuch bis zu seiner Entlassung Ostern 1937. Die Mutter ist benachrichtigt« (Ellger-Rüttgardt 2004, 353).

Im nationalsozialistischen Deutschland wurden schließlich ab 1939 bis zum Kriegsende Tausende von geistig behinderten Kindern und Jugendlichen in sogenannte »Kinderfachabteilungen« eingeliefert und umgebracht. Der Tötungsvorgang wurde in den amtlichen Dokumenten als »Behandlung« bezeichnet, die für die Tötungen eingerichteten »Kinderfachabteilungen« sogar in »Heilanstalten« umbenannt (vgl. Schmeichel 1982). Zwar hatte sich die Hilfsschullehrerschaft in der Regel gegenüber der Forderung der »Vernichtung lebensunwerten Lebens« ablehnend verhalten, aber die Frage der Sterilisation zwecks »Verhütung erbkranken Nachwuchses« war schon vor 1933 auf deren breite Zustimmung gestoßen, womit sie eigentlich doch »bereits, vielleicht mehr unbewusst als bewusst, gedanklich die Vernichtung ›Nutzloser‹ vollzogen hatten« (Ellger-Rüttgardt 2003, 241). In diesem Zusammenhang sei auch auf Martin Breitenbach hingewiesen, der vor und nach dem Machtantritt der Nationalsozialisten eine wichtige Position im Hilfsschulverband hatte und »bereits 1915 im ›Bund zur Erhaltung und Mehrung der deutschen Volkskraft‹ nicht nur die Forderung nach Unfruchtbarmachung ›geistig minderwertiger Elemente‹ erhoben, sondern bereits die Frage nach dem Lebensrecht behinderter Menschen aufgeworfen hatte« (Ellger-Rüttgardt 2003, 240).

Es hat lange gedauert, bis sich die deutschsprachige Sonderpädagogik mit der Frage zu beschäftigen begann, welche Lehren man aus den Ereignissen während der nationalsozialistischen Herrschaft ziehen sollte. Wenn das »lange Schweigen nach 1945 auf eine starke Traumatisierung auch der Berufsgruppe der Sonderpädagogen hindeutet« (Ellger-Rüttgardt 1991, 89), dann ist zu hoffen, dass neue Tendenzen zur Entwürdigung von Menschen mit Behinderungen heute nicht vom Schweigen durch eine Traumatisierung begünstigt werden.

Historische Ereignisse wiederholen sich zwar nie in der gleichen Form, es ist jedoch beunruhigend, dass die Verhinderung und Beseitigung von »unwertem geistig behindertem Leben« erneut mit wissenschaftlichem Ernst diskutiert wird. Als in der Heilpädagogik und bei Behindertenverbänden erstmals Sätze aus dem Buch »Praktische Ethik« des australischen Philosophen Peter Singer bekannt wurden, war man erschrocken, empört und zutiefst verunsichert. Sätze von Singer der folgenden Art wurden mit Kopfschütteln und voller Angst vor den Folgen herumgereicht: »Sofern der Tod eines geschädigten Säuglings zur Geburt eines anderen Kindes mit besseren Aussichten auf ein glückliches Leben führt, dann ist die Gesamtsumme des Glücks größer, wenn der behinderte Säugling getötet wird.« (Singer 1984, 183) Dem kann mit Bezug auf die rasanten Entwicklungen von Biotechnologien mit immer größerer Realitätsnähe angefügt werden: Je mehr Fortschritte Gentechnologie, Technologie der Pränatalen Diagnostik, Präimplantationsdiagnostik und Stammzellenforschung machen werden, umso weniger wird in Zukunft eine Tötung *nach* der Geburt in Betracht gezogen werden müssen. »Minderwertiges Leben« wird immer häufiger schon *vor* der Geburt durch selektionierenden Schwangerschaftsabbruch oder bereits durch Manipulationen bei der Auswahl von Embryonen beseitigt werden können. Zunehmend wird die Frage diskutiert, ob zwischen der selektionierenden Beseitigung von potentiell behindertem Leben *vor* der Geburt und einer Tötung *nach* der Geburt ein qualitativer Unterschied besteht. Wenn wir uns am Postulat orientieren, dass es »normal ist, dass menschliches Leben in extremster Form verschieden sein darf und soll«, ist die Entwertung und Entwürdigung von behinderten Menschen in beiden Fällen allein dadurch gegeben, dass zwischen qualitativ wertvollerem und wertloserem menschlichem Leben unterschieden wird.

Die von Singer formulierte und heute in breiten Kreisen zustimmend aufgenommene Philosophie des Präferenz-Utilitarismus vertritt die Ansicht, dass ein Mensch nur dann Anspruch auf Leben und Lebenserhaltung hat, wenn ein Minimum an Intelligenz, Explorationsdrang, Selbstbewusstsein, Zeitgefühl, Kommunikationsfähigkeit vorhanden ist. Dies führt Singer beispielsweise zu folgenden Schlussfolgerungen, welche in der Heilpädagogik und bei Behindertenverbänden auf sehr großes Unverständnis gestoßen sind: Viele Tiere würden weit besser funktionieren und kämen deshalb den Kriterien des Menschseins näher als schwer behinderte Menschen. Schweine, Kühe und Hühner hätten mehr Fähigkeiten zur Kontaktaufnahme und zur Kommunikation sowie mehr Neugierverhalten, als die meisten schwer behinderten menschlichen Wesen zeigten. Es sei deshalb nicht rational begründbar, warum man die Schweine, Kühe und Hühner töten dürfe, schwer behinderte Menschen jedoch nicht (dargestellt nach Stolk 1988).

Mit derart provokativ formulierten Sätzen droht die Entwertung und Entwürdigung von Behinderten durch eine moderne philosophische Strömung wieder an jenen Punkt vorzudringen, an dem sie für Menschen mit Behinderungen zur tödlichen Bedrohung werden könnte. Verschiedentlich wird beim Lesen der Texte von Singer deutlich, dass zu den Kindern, die vor der Geburt abgetrieben oder nach der Geburt getötet werden sollten, bereits Kinder mit Down-Syndrom (Mongolismus) gezählt werden. An Singers Gedankengänge schlossen Diskussionen darüber an, ob Tötung von behindertem Leben bis ein Jahr oder nur bis drei Monate nach der Geburt (z.b. Anstötz 1989) oder nur vor der Geburt zu erlauben sei. Natürlich vermögen solche Diskussionen am zugrunde liegenden qualitativ selektionierenden und damit entwürdigenden Menschenbild nichts Grundsätzliches zu ändern. Durch die skizzierten Entwicklungen im Denken über das Lebensrecht von Menschen mit schweren Behinderungen ist für die Heilpädagogik im Verlaufe der vergangenen zwei Jahrzehnte erneut eine Situation entstanden, »in der nichts mehr so ist, wie es einmal war. Bisher konnte sie darauf vertrauen, dass niemand öffentlich der Geltung ihrer Basisnorm widersprechen würde, wozu neben dem Lebensrecht auch gesellschaftliche Integration gehört« (Antor 1991, 218-219). Man bedenke, dass bereits wieder volkswirtschaftliche Rechnungen darüber aufgestellt werden, welche Personalkosten der Staat sparen kann, wenn Mütter voraussichtlich behinderte Kinder abtreiben (Möckel 1991). Damit deutet sich an, dass in Zukunft wieder unter Rechtfertigungsdruck geraten könnte, wer sich dazu entschließen möchte, ein geschädigtes Kind zur Welt zu bringen. Wir würden uns dann jener inhumanen Situation nähern, »in der nicht mehr die Tötung, sondern das Weiterleben gerechtfertigt werden müsste« (Antor 1991, 221).

Seit Bekanntwerden der provokativen Thesen von Singer haben sich die Biowissenschaften rasch weiterentwickelt. Wir werden vom Vorwärtsdrängen der Genforschungen und der Anwendungsmöglichkeiten biomedizinischer Technologien geradezu überrannt. Diese bleiben im sozialen Raum keineswegs neutral, sondern entfalten eine normative Wirkung und drohen damit unsere Werthaltungen bezüglich der Frage des Wertes verschiedenartigsten Lebens in einem schleichenden Prozess zu verändern (vgl. Antor 2003). Als Folge der unaufhaltsamen Fortschritte der Präimplantationsdiagnostik (PID) und der Stammzellenforschung steht zur Zeit die Frage im Zentrum kontroverser Ethikdiskussionen, »ob der in vitro befruchteten Eizelle Menschenwürde zukomme«: »Beide Technologien implizieren den so genannten Verbrauch menschlicher Embryonen. Während die PID die Verwerfung geschädigter Embryonen impliziert, greift die Forschung an embryonalen Stammzellen auf totipotente Zellen zurück, die im Reagenzglas vervielfältigt, aber im Dienste der Forschung an ihrer menschlich-biologischen Entwicklung gehindert werden. Geht man davon aus, dass dem frühen Embryo eine uneingeschränkte Würde zukommt, dann liegt hier eindeutig eine unzulässige Instrumentalisierung für fremde Zwecke vor. Durch diese Techniken, so sagen die Kritiker, werden der moralische Status des vorgeburtlichen Lebens und seine Schutzwürdigkeit massiv in Frage gestellt« (Dederich 2004, 264).

1.2.2 Grundwerte der Heilpädagogik

Die Bedrohung von Würde und Lebensrecht behinderter Menschen wird sich immer wieder in irgendeiner Form manifestieren, solange man sich am Leitbild vom »normalen« Menschen orientiert. Die Bedrohung durch das Leitbild der »Normalität« könnte nur in einer humanen Umwelt aufgehoben werden. In einer humanen Umwelt würden Werte wie Gleichheit und Würde *jedes* Menschen und Nächstenliebe zu *jedem* Menschen die Unterscheidung zwischen »anormal« und »normal« verbieten. In einer humanen Welt gäbe es zwar verschiedenartigste Menschen, aber niemand würde als »nicht normal« wahrgenommen. Bezüglich der Verschiedenheit schwer behinderter Menschen im Vergleich mit dem Durchschnitt wäre »Zutrauen in Künftiges« und »Hoffnung auf Entwicklung« eine »Grunddimension menschlichen Seins« (vgl. Leyendecker 1992, 658).

Zwar sind Würde und Lebensrecht behinderter Menschen heute wieder verstärkt in Frage gestellt, aber ebenso intensiv sind – insbesondere auch aus Kreisen von Heilpädagoginnen und Heilpädagogen – Bekenntnisse zu den menschlichen Grundprinzipien der »Hoffnung« und der »Verantwortung« (vgl. Leyendecker 1992) und damit verbunden des partnerschaftlichen Zutrauens zu *jedem* Menschen vernehmbar. Auch in den Zeiten der schlimmsten Bedrohung der Würde und des Lebens Behinderter – im nationalsozialistischen Deutschland – gab es Menschen, die, von Menschlichkeit und Nächstenliebe erfüllt, den bedrohten Menschen beizustehen versuchten. Aufgrund der historischen Forschungen von Sieglind Ellger-Rüttgardt wissen wir heute, dass bis zu ihrer gewaltsamen Auflösung am 30. Juni 1942 in vielen jüdischen

Schulen Deutschlands heilpädagogische Grundsätze gelebt und realisiert wurden. »Ungeachtet der ins Unermessliche steigenden Belastung der in Deutschland verbliebenen jüdischen Gemeinschaft hielt diese am Gebot der Zedaka, der Nächstenliebe, fest – auch auf dem Gebiet der Behindertenarbeit« (Ellger-Rüttgardt 2003, 244). Dass sich in einer der dunkelsten Zeiten europäischer Geschichte gerade bei der von den Nationalsozialisten mit letzter Grausamkeit verfolgten jüdischen Minderheit eine zutiefst heilpädagogische Grundhaltung erhalten konnte, lässt doch auch auf den nicht ausrottbaren guten Kern im menschlichen Wesen hoffen.

»Mit wie hoher Verantwortlichkeit und unverbrüchlicher Treue sich die jüdische Schicksalsgemeinschaft ihrer schwächsten Glieder annahm, wird schließlich belegt durch die Tatsache, dass im Januar 1939 eine jüdische Hilfsschule in Berlin eingerichtet wurde, die all jene Hilfsschüler jüdischer Herkunft aufnahm, die aus den staatlichen deutschen Hilfsschulen nach dem Novemberpogrom 1938 endgültig ausgeschlossen worden waren« (Ellger-Rüttgardt 2003, 244). Wie die Leiterin über ihre Arbeit in dieser Schule berichtet, unterscheidet sich in leicht erkennbarer Grundsätzlichkeit von den menschenverachtenden Tönen nationalsozialistischer Äußerungen über Kinder mit »Geistesschwäche«: »Mit der Erziehung und dem Unterricht geistesarmer Kinder ist eine große und schwere Verantwortung in unsere Hände gelegt, aber wie beglückend ist es, solch arme, von der Natur stiefmütterlich behandelte Geschöpfe geistig so weit wie möglich zu fördern, ihnen Sonne und Liebe zu geben, dass sie davon zehren, wenn sie in den Kampf des Lebens hinausgeschickt werden« (Margarete Lasch 1940, 320).

Das wohl bekannteste Beispiel aus der nationalsozialistischen Zeit für gelebte heilpädagogische Grundwerte durch Angehörige der jüdischen Gemeinschaft ist der polnische Arzt und Pädagoge Janusz Korczak. Er begleitete die von ihm betreuten Waisenkinder aus dem Warschauer Ghetto in den Tod im Konzentrationslager, obschon man ihm, dem berühmten Doktor Korczak, das Leben schenken wollte. Seine Liebe zu »seinen« Waisenkindern und sein Verantwortungsbewusstsein waren größer als die Furcht vor dem eigenen Tod im Konzentrationslager.

Korczak war nicht nur Arzt und Pädagoge, er war auch Dichter; seine naiv-dichterische Beschreibung der Haltung, die sein Denken und Empfinden prägte, kann durch gelehrte Worte nicht ersetzt werden:

> »Ich danke Dir, Gott, dass Du das Schwein und den Elefanten mit dem langen Rüssel geschaffen hast, dass Du die Blätter und die Herzen gezackt hast. Dass Du den Negern schwarze Gesichter und den Rüben die Süße gabst. Ich danke dir für die Nachtigall und die Wanze. Dafür, dass die Menschen Busen haben,

dass der Fisch an der Luft erstickt, dass es Blitze gibt und Kirschen, dass Du auf eine höchst wunderliche Art uns zur Welt kommen heißt, dass Du den Steinen, dem Meer und dem Menschen das Denken gegeben hast... .« (aus: »Unter vier Augen mit Gott – Gebete eines Menschen, der nicht betet« nach Dauzenroth 1978, 74)

In diesen poetischen Worten drückt sich ein Denken und Empfinden aus, das Mitmenschen nicht einteilt in Kategorien wie nützlich und nichtnützlich, schön und hässlich, klug und dumm, weiß und schwarz, gläubig und ungläubig, christlich und unchristlich, wertvoll und wertlos, meinesgleichen und seinesgleichen, Mensch und Untermensch, behindert und nicht-behindert... In diesen Worten ist das Geheimnis enthalten, das der Entwertung und Entwürdigung behinderter Menschen entgegenzutreten vermag.

Der extreme Gegensatz zu Korczaks Denken und Empfinden kommt in einem Interview mit einem zeitgenössischen, nationalsozialistischen Funktionär, Franz Paul Stangl, dem Kommandanten im Vernichtungslager Treblinka und Mitverantwortlichen für den Mord an 580'000 Menschen, zum Ausdruck: »...›Also, sie fühlten, dass die Juden nicht Menschen waren?‹ ›Ware‹, sagte er tonlos, ›sie waren Ware‹...« (Dauzenroth 1978, 53) – Solange wir Menschen klassifizieren, z.B. in Jude-Nichtjude, in behindert-nichtbehindert, in Katholik-Protestant, in Kommunist-Nichtkommunist, stehen wir immer in der Gefahr, einem Teil der Menschen die Geschöpflichkeit abzuerkennen und diese Menschen als »Ware« zu behandeln.

Die latente Bedrohung von Würde und Leben behinderter Menschen ist erst dann aufgehoben, wenn in unserer Umwelt die Meinung aufgegeben wird, dass es qualitativ minderwertiges Leben gibt. Alles Denken und Handeln unserer Umwelt müsste von den folgenden Grundwerten getragen sein: vom Wert der Unverletzlichkeit von jeglichem menschlichen Leben, vom Wert der Gleichwertigkeit aller Menschen bei extremster individueller Verschiedenartigkeit und vom Wert der unverlierbaren Würde jedes Menschen (Haeberlin 1990a). Solches Denken und Handeln hat einen außerrationalen Kern: Es basiert auf dem Vertrauen darauf, dass in *jedem* Mitmenschen, auch wenn er von den Fachleuten als »schwer« oder gar »schwerst« behindert bezeichnet wird, eine einmalige Ganzheit angelegt ist, die sich entfalten darf und soll und die wir nicht durch medizinisch-technisches Know-how zerstören dürfen. Es ist die Überzeugung, dass jeder Mensch Teil der Schöpfung ist.

Selbstverständlich enthält die Überzeugung von der Geschöpflichkeit *jedes* Menschen auch den Grundsatz des Rechtes jedes Menschen auf

Erziehung und Bildung. Selbst die schwerste Behinderung ist kein Grund zur Aufhebung dieses Rechts. Allerdings ist der Erziehungs- und Bildungsbegriff gesellschaftlich so normiert, dass ihn unsere Gesellschaft auf einen Teil von Behinderten nicht anzuwenden weiß. Dies ist jedoch kein Nachweis der Erziehungs- und Bildungsunfähigkeit von Menschen mit schweren Behinderungen, sondern lediglich ein Hinweis auf die partielle Integrationsunfähigkeit unserer normierten Gesellschaft.

Das Wort »Heilpädagogik« ist vor dem skizzierten Werthintergrund nicht in erster Linie die Bezeichnung für ein pädagogisch-psychologisches Spezialistentum, das der Gesellschaft die oft als peinlich empfundene Betreuung von Behinderten abzunehmen gelernt hat und nach Möglichkeit den Nachweis erbringen sollte, dass auch Behinderte nützliche Menschen sein können. Sondern das Wort »Heilpädagogik« soll in erster Linie Bezeichnung für wertgeleitetes Denken und Empfinden sein. Es soll auch eine Bezeichnung für die Achtung vor der Schöpfung sein, die Annahme jedes Menschen als Person und Partner bedeutet.

Der Heilpädagoge, die Heilpädagogin – als Oberbegriff für Sonderschullehrerinnen, Heimerzieherinnen, Logopädinnen u.a.m. verwendet – soll Anwalt dieses Denkens und Empfindens sein; aber niemand soll der Meinung sein, es für sich gepachtet zu haben. Als Anwälte übernehmen Heilpädagoginnen und Heilpädagogen, sei es im Berufsfeld der Schule, der Heimerziehung, der Logopädie, die Verantwortung für die Erhaltung der Würde der ihnen anvertrauten behinderten oder auffälligen Kinder, Jugendlichen und Erwachsenen. Alle leiden in diesen Berufsfeldern unter den die Welt weiterhin beherrschenden gesellschaftlichen Idealen von Stärke, Gesundheit, Ungleichheit und Leistungsfähigkeit. Aber man sollte diesem Leiden nicht erliegen und sich nicht in eine abgeschiedene Ersatzwelt von hilflosen Behinderten zurückziehen. Wer dies tut, hört auf, mit wirksamen politischen Mitteln dagegen zu kämpfen, dass in Zukunft wieder einmal behinderte Menschen als »unwertes Leben« getötet werden. Heilpädagogen müssen Anwälte der Schwachen, Behinderten und Benachteiligten und notwendigerweise nicht nur erzieherisch, unterrichtend und pflegerisch, sondern auch politisch tätig sein. Sie kämpfen mit geeigneten politischen Mitteln gegen Tendenzen der Unwürde und des Unrechts gegenüber gesellschaftlich ausgesonderten Menschen.

Die Leitbilder des »Gesunden« und »Starken« beherrschen nach wie vor die Umwelt. In dieser Umwelt ein behindertes Kind zur Welt zu bringen, bedeutet für eine Mutter fast immer Leid und Verzweiflung.

Aus dem Leid betroffener Eltern müssen professionelle »Behindertenhelfer« die Tatsache akzeptieren lernen, dass Behindertsein vor dem Hintergrund herrschender gesellschaftlicher Werte stets als Unrecht empfunden wird und dass die hingeworfene Redewendung professioneller Helfer vom »Annehmen der Behinderung« für die Betroffenen oft blanker Zynismus bedeuten kann (Haeberlin 1988b, 4). Wenn es betroffenen Eltern nach langen inneren Kämpfen gelingt, in ihrer Situation eine Chance zu erkennen, dann gilt es, von diesen Eltern zu lernen. Welchen Schritt vollbringt jene Mutter, die es ihrem behinderten Kind zu danken weiß, dass sie von den einseitigen Wertvorstellungen unserer Leistungsgesellschaft befreit worden ist und »andere Wertvorstellungen für ihr ganzes Leben bekommen habe« (Beuys 1984, 60)!

Wenn wir in unserer pädagogischen Ungeduld individuelle Entwicklung manchmal nicht wahrnehmen können, dann liegt der Grund nicht im »Behinderten«, sondern in *uns*, die den anderen Menschen immer noch nicht in seinem So-Sein erkennen und als Partner mit einer eigenen Ganzheit akzeptieren können. Die Vision der Gleichheit und Würde aller Menschen lässt sich immer nur höchst unvollkommen realisieren. Die Hauptsache ist, immer wieder auf den Weg zu einem menschenwürdigen Denken und Handeln aufzubrechen und die Suche nach Menschlichkeit nicht aufzugeben.

1.3   Heilpädagogik als Haltung

1.3.1   Grenzen der Wissenschaft

Seit den siebziger Jahren des 20. Jahrhunderts sind in den erziehungswissenschaftlichen Disziplinen Begriffe wie »erzieherische Haltung« u.ä. als unbrauchbar abgelehnt worden, da dadurch etwas rational Nicht-Fassbares bezeichnet wird. Die moderne Wissenschaft lehnt mit einsichtigen Begründungen schwammige Begriffe wie z.B. »Heilpädagogische Haltung« ab. Sie ist dazu verpflichtet, derartigen Begriffen grundsätzlich zu misstrauen und nach ihrer Definierbarkeit zu fragen. Wissenschaftliche Definierbarkeit des Begriffs »Heilpädagogische Haltung« heißt, beobachtbare Verhaltensweisen jener Pädagogen und Pädagoginnen angeben zu können, welchen »Heilpädagogische Haltung« zugesprochen werden soll. Woran erkennt man, ob jemand diese oder jene Haltung hat? Moderne Wissenschaft versucht, hierfür beobachtbare Kriterien zu finden, z.B. in Bezug auf »Zuwendungsverhalten«. Derartige operationale Definitionen bedeuten notwendigerweise eine Reduktion des ganzheitlichen Begriffs der Haltung, sind dafür aber in der Angabe von Kriterien präziser. Durch die Präzision können sie für die Diskussion des zu komplexen Sachverhaltes hilfreich und klärend sein. Allerdings wird man bei einer derart präzisierten Beobachtung und Aufzählung von definierten Formen des Zuwendungsverhaltens immer wieder auf die Frage stoßen, was denn *hinter* dem präzisierten Verhalten liege, das offenbar nur bestimmte Personen zeigen. Trotz wissenschaftlicher Klarheit der Beobachtung wird man immer wieder auf das Problem stoßen, dass hinter dem Verhalten nicht beobachtbare und nicht präzise definierbare »Persönlichkeitsvariablen« verborgen sind. Damit wären wir wieder beim wissenschaftlich unfassbaren Sachverhalt der »Haltung«.

So gesehen, wird Heilpädagogik zu einer schwer fassbaren menschlichen Haltung oder – wie man es möglicherweise auch nennen kann – zu einer »Weltanschauung«. Da sich Wissenschaft von Derartigem gerne abzugrenzen pflegt, wundert es nicht, dass Beschreibungen der Haltung von Heilpädagogen und Heilpädagoginnen eher in Publikationen *ohne* Wissenschaftsanspruch zu finden sind. So berichtet beispielsweise der Lehrer-Schriftsteller Jürg Jegge in einem privat gehaltenen Erzählstil über die Entwicklung eines Pädagogen zur Haltung, die der Haltung praktizierter Heilpädagogik nahe kommt: »Mein Vater, der immer ein begeisterter und anspruchsvoller Lehrer gewesen war, begann in den letzten zwei, drei Jahren vor seiner Pensionierung, seine Lehrerrolle nicht mehr gar so ernst zu nehmen. Und da lernte er ein ganz neues Gefühl kennen: ›Meine Schüler haben mich gern.‹ (...) Da wurde es aber höchste Zeit, dass er in Pension ging, denn er hatte begonnen, an einem grundlegenden christlich-abendländisch-kommunistisch-kapitalistischen Dogma zu rütteln, nach welchem der Mensch ein Wesen ist, das man schinden muss, sonst schaut nichts dabei heraus« (Jegge 1987, 174). In seiner Schriftsteller-Sprache hat Jegge den Feind der »echten« erzieherischen Haltung als »Siegfried-Komplex« bezeichnet; dieser zwinge den Lehrer dazu, sich in erster Linie als Helden und erst in zweiter Linie als Menschen zu verstehen. »Wenn sich dieser Siegfried-Krampf einmal löst, geschieht etwas Ähnliches wie in den Ferien, nur dauerhafter: Dieser Mensch wird etwas fröhlicher, etwas trauriger vielleicht auch, etwas freier, etwas entspannter« (Jegge 1987, 174).

1.3.2 Merkmale des Dialogischen

Im Sinne einer Anregung wird nachfolgend eine Philosophie skizziert, welche dem Gegenstück zum »Siegfried-Komplex« auf die Spur kommen kann: Martin Bubers Philosophie vom Dialogischen Prinzip. Buber weist auf Merkmale hin, welche Kommunikationspartner zu einem echten Dialog befähigen. Es handelt sich auch um Merkmale jenes Heilpädagogen, der Erziehung, Bildung, Betreuung und Therapie als Dialog mit Partnern auffasst; es sind Merkmale der »Heilpädagogischen Haltung«. Die drei wichtigsten Merkmale des Dialogischen Prinzips sind nach Buber »Annahme des Partners«, »Vertrauen in das Potential des Partners« und »Echtheit im Gespräch«.

Annahme des Partners: In diesem Zusammenhang spricht Buber von der »personalen Vergegenwärtigung« oder auch vom »Innewerden eines andern Menschen«: »Solch ein Innewerden ist aber unmöglich, wenn und solange der andere mir das abgelöste Objekt meiner Betrachtung oder Beobachtung ist, denn ihr gibt sich diese Ganzheit und gibt sich diese ihre Mitte nicht zu erkennen; es ist erst möglich, wenn ich zu dem andern elementar in Beziehung trete, wenn er mir also Gegenwart wird. Darum bezeichne ich das Innewerden in diesem Sinne als personale Vergegenwärtigung« (Buber 1979, 284). Der Annahme des Partners im Sinne der »personalen Vergegenwärtigung« steht die menschliche Tendenz im Wege, Denken, Fühlen und Verhalten des anderen Menschen vorwiegend auf die eigenen Probleme und Wünsche zu beziehen und deshalb den anderen Menschen eher als Teil von sich selbst anstatt als eigenwertige Ganzheit zu sehen. Diese Tendenz macht aus Gesprächen Monologe: »Das weitaus meiste von allem, was sich heute unter Menschen Gespräch nennt, wäre richtiger, in einem genauen Sinn, als Gerede zu bezeichnen« (Buber 1979, 282).

Bezogen auf die Heilpädagogik für schwer mehrfachbehinderte Menschen wird vor dem Hintergrund des Grundsatzes der personalen Vergegenwärtigung beispielsweise von Fröhlich die Notwendigkeit betont, »sich zunächst einmal ganz auf das *eine* Kind einzulassen. Pauschalierungen, Typisierungen, einfache Zuordnungen zu bestimmten ›Behinderungsbildern‹ werden nur selten den Bedürfnissen eines Kindes gerecht. Gerade bei Kindern mit schwersten Behinderungsformen würde ein einfaches Feststellen der derzeitigen Fähigkeit und des derzeitigen Entwicklungsstandes nur ein sehr vordergründiges Bild ergeben« (Fröhlich 1989, 9). Schon bei Heinrich Hanselmann finden wir das Anliegen der vorbehaltlosen Annahme des anderen Menschen als Partner; dieses Anliegen bedeutete für ihn – ganz im Sinne der Philosophie des Dialogischen von Buber – Respektierung des eigenen Ichs jedes Partners: »Die andern Menschen haben auch ein Ich, jeder hat sein Ich, und für jeden ist sein Ich ihm das nächste, was er hat. Er hat mit seinem Ich dieselbe Freude und dieselbe Plage wie wir« (Hanselmann 1933, 83).

Vertrauen in das Potential des Partners: Die größte Gefahr des Dialogischen sieht Buber in der menschlichen Tendenz zur »Auferlegung«; dies ist die Beeinflussung des anderen Menschen ohne Rücksichtnahme auf seine ihm innewohnenden Potentiale und Ziele. Die »Auferlegung« ist Ausdruck des Glaubens an die Machbarkeit des anderen Menschen. Dieser Glaube ist mit dem Dialogischen Prinzip unvereinbar. Der diesem Prinzip folgende Erzieher »kann nicht auferlegen wollen, denn er glaubt an das Wirken der aktualisierenden Kräfte, d.h. er glaubt, dass in jedem Menschen das Rechte in einer einmaligen und einzigartig personhaften Weise angelegt ist; keine andere Weise darf sich diesem Menschen auferlegen, aber eine andere Weise, die dieses Erziehers, darf und soll das Rechte, wie es eben hier werden will, erschließen und dazu helfen, dass es sich entfalte« (Buber 1979, 289). Erziehung in diesem Sinne nennt Buber die »erschließende« Erziehung.

Was in der Philosophie Bubers »Erschließung« heißt, drückte Hanselmann mit dem pädagogischen Begriff »erzieherisches Helfen« aus; davon grenzte er den Begriff der »Vergewaltigung durch Erziehung« ab, welche »aus der Selbstsucht und Machtsucht des Erziehers stammt« (Hanselmann 1954, 125). Ein Erzieher, der sich als Machthaber und Vergewaltiger verhält, kann nicht wartend erschließen, sondern er fühlt sich »durch das Kind gestört, angegriffen, bedrängt und verdrängt, während er doch Herrscher sein will und ›sehen will, wer Meister ist‹« (Hanselmann 1954, 125).

Als Grunddimensionen menschlichen Seins hat Leyendecker (1992) das »Zutrauen in Künftiges« und die »Hoffnung auf Entwicklung« bezeichnet, womit er ebenfalls auf Bubers Prinzip der erschließenden Erziehung verweist. Das Prinzip des »Zutrauens« hat sich nach Leyendecker in der jüngsten Zeit insbesondere bezüglich der Personengruppe der Schwerstbehinderten empirisch bewährt, indem sich den Kindern, die früher als nicht bildungsfähig angesehen wurden, mit der Aufnahme in die Sonderschule im Einzelfall nicht für möglich gehaltene Entwicklungsperspektiven eröffneten. »Voraussetzung dafür ist, dass grundsätzlich bei jedem schwerstbehinderten Kind Entwicklung für möglich gehalten wird; auch wenn die nüchterne Rationalität dazu zunächst keine Begründung und exakte Prognose zu geben vermag« (Leyendecker 1992, 659).

Echtheit: Einem dialogischen Verhältnis zwischen Menschen steht nach Buber die Tendenz zum »Scheinen« im Sinne des Vortäuschens von Wunschbildern im Wege. Den Menschen mit überwiegender Tendenz zu »Echtheit« nennt er den »Wesensmenschen«. »Der Wesensmensch sieht den andern so an, wie man eben jemanden ansieht, mit dem man sich persönlich abgibt; es ist ein ›spontaner‹, ein ›unbefangener‹ Blick, er ist zwar selbstverständlich nicht unbeeinflusst von der Absicht, sich dem andern verständlich zu machen, aber er ist unbeeinflusst von einem Gedanken darüber, welche Vorstellung von der Beschaffenheit des Blickenden er in dem Augenblick erwecken kann/soll« (Buber 1979, 278).

Der Zwiespalt des Menschen zwischen Sein und Scheinen, zwischen Echtheit und dem Spielen einer Rolle ging gleichsam wie ein Leitmotiv auch durch die Schriften von Heinrich Hanselmann. Er stellte als Grundwiderspruch des Menschen eine »mehr oder weniger bewusste Spaltung der Persönlichkeit in zwei Lebenshaltungen, in ein geheimes Ich-selbst und in ein nach außen gewendetes ›Verkehrs-Ich‹« fest (Hanselmann 1951, 47). Dieser Zwiespalt muss in Heilpädagogischer Haltung immer wieder zu Gunsten der Echtheit überwunden werden können, damit unsere Begegnung mit dem Kind erschließend und partnerschaftlich bleiben kann.

Bedenkt man, dass dialogisches Leben im Sinne »Heilpädagogischer Haltung« als Partner nur Menschen ohne Abgrenzungshaltung kennen darf und dass jede Unterscheidung zwischen Kategorien von Menschen, z.B. zwischen Schwer-, Leicht- und Nicht-Behinderten, schon die Zerstörung des Dialogischen Prinzips bedeutet, gelangt man zur Einsicht, dass »Heilpädagogische Haltung« eine Lebensweise ist, die im Gegensatz zu allen üblichen Bewertungen und Gepflogenheiten in unserer gesellschaftlichen Welt steht. Weil der Gegensatz zwischen Heilpädagogischer Haltung und den üblichen Werthaltungen in unserer Welt besteht, muss immer noch ausdrücklich betont werden, dass »Schwerste Behinderung nicht als Minusvariante des Menschen, sondern als menschliche Daseinsform, die es anzunehmen gilt«, anzusehen sei (Bach 1991, 13).

Wenn sich das dialogische Verständnis von Pädagogik als allgemein gültig in unseren Köpfen, aber noch mehr in unseren Herzen durchsetzen würde, wären Hinweise darauf, dass auch »Schwerste Behinderung als menschliche Daseinsform anzunehmen« sei, unnötig. Mit Blick auf Menschen mit schwerster Behinderung wird gelegentlich der Begriff »basale« Pädagogik verwendet. Damit ist das gemeint, was hier als »dialogische« Pädagogik skizziert worden ist. In einer von Menschen mit schwerster Behinderung her konzipierten »basalen« Pädagogik wird »Voraussetzungslosigkeit zur zentralen Forderung an die Pädagogik« (Fröhlich 2003, 679). Es ist Aufgabe »basaler« Pädagogik sicherzustellen, dass Menschen auch unter schwierigsten Bedingungen ein Recht auf

Entfaltung ihrer Persönlichkeit haben, ein Recht auf Partizipation an allgemeinen Bildungsgütern und vor allem ein Recht auf Gemeinschaft mit anderen in diesen Lern- und Entwicklungsverhältnissen (Fröhlich 2003, 679). Wenn ein solches »basales« Verständnis von Pädagogik zum allgemein gültigen Verständnis von Pädagogik würde, könnte sich die heute übliche Bewertung von Schulen für unterschiedlich leistungsfähige Kinder umdrehen.

1.3.3 Personalistische Haltung

Unter dem Begriff »Personalismus« fasst Kobi (1985) Denkweisen zusammen, die sich an der Gleichwertigkeit aller Menschen orientieren und die alle von Menschen geborenen Wesen, auch bei extremster Verschiedenartigkeit, als Personen im Sinne von gleichwertigen Partnern betrachten.

Kobi verknüpft sein Anliegen mit einer eigenwilligen Interpretation der historischen Entwicklung der christlichen Denkweise. Er interpretiert die Geschichte des Christentums als allmählichen Abfall von einer ursprünglichen personalistischen Haltung im Sinne einer nicht unterscheidenden Nächstenliebe und einer zunehmenden Hinwendung zur Überbewertung des rationalistischen und egoistischen Leistungsmenschen. Wenn auch Kobis Sichtweise der Entwicklung vom Urchristentum zum Kirchenchristentum romantisierend (i.S. von »die Vergangenheit verherrlichend«) wirkt, regen seine Gedankengänge das Nachdenken über Heilpädagogische Haltung an:

Begrifflich wird von Kobi zwischen »Person« und »Persönlichkeit« unterschieden. Er vermutet, dass im heutigen Alltag unter dem Begriff »Persönlichkeit« häufig die Wertschätzung eines Menschen aufgrund seiner allgemein anerkannten, entwickelten Charakterstärke und/oder seines öffentlichen Ansehens zum Ausdruck gebracht werde. Auch in der modernen Psychologie werde unter »Persönlichkeit« in der Regel eine bewertbare Ausformung und Differenzierung des Menschen verstanden, wobei allerdings in der Persönlichkeitspsychologie der Aspekt des öffentlichen Ansehens ausgeklammert bleibe. Persönlichkeit ist ein Ergebnis der Entwicklung eines Menschen. Der Mensch ist nicht automatisch eine positiv zu bewertende Persönlichkeit. Persönlichkeit im gesellschaftlich positiv bewerteten Sinne erhält häufig den Aspekt der »gesunden« Persönlichkeit. Mit diesem Persönlichkeitsbegriff kann die moderne Psychologie ohne weiteres auch von »gestörter«, »kranker« u.ä. Persönlichkeit sprechen. In ihrer Persönlichkeit fehlentwickelte Menschen werden ausgegrenzt und außerhalb der »Normalität« gesehen.

Im Alltagsverständnis wie im Verständnis der modernen Persönlichkeitspsychologie scheint somit unter Persönlichkeit etwas Normatives, etwas vor dem kulturellen und gesellschaftlichen Hintergrund Bewertbares gemeint zu sein. Deshalb kann es auch »abnorme« Persönlichkeiten geben. Der Begriff »Persönlichkeit« dient somit heute häufig der Beurteilung von Menschen bezüglich ihrer Ausdifferenzierung und Entwicklung auf eine gesellschaftlich normierte Vorstellung hin. Im Alltag werden Menschen als solche *mit* Persönlichkeit und solche *ohne* Persönlichkeit klassifiziert; oder es wird zwischen positiv zu bewertenden Persönlichkeiten und negativ zu bewertenden Persönlichkeiten unterschieden.

In Abgrenzung zu diesem Persönlichkeitsbegriff will Kobi den Begriff »Person« nur dann verwenden, wenn damit keine Klassifikationen und Bewertungen verbunden sind, die sich aus gesellschaftlichen Wertvorstellungen ergeben. Den Begriff »Person« reserviert er für die jedem einzelnen Menschen mögliche Entfaltung zu einem einmaligen Wesen, das nicht an fest vorformulierten Normen und gesellschaftlich bewertbaren Erziehungszielen gemessen werden darf. Person ist und wird man, ohne dass man dies von außen beeinflussen kann. Personalismus lehnt die Idee von der Machbarkeit und der Bewertbarkeit eines Menschen ab; personalistisches Denken orientiert sich am So-Sein und an der Selbstentfaltung jedes einzelnen Menschen.

Diese begriffliche Klärung veranlasst Kobi zur These, dass »die in Psychologie und Soziologie geläufigen Begriffsauffassungen nicht an die pädagogisch-heilpädagogische Thematik heranzuführen vermögen« (Kobi 1985, 276). Die Bedeutung des Wortes »Person« oder »Persönlichkeit« habe sich im Verlaufe der Geschichte in einem für die Anliegen personaler Pädagogik negativen Sinne verändert. Diese Veränderung stellt Kobi am Beispiel der Entwicklung vom urchristlichen Denken zum heutigen »Persönlichkeitsdenken« dar. Er unterscheidet in dieser Entwicklung folgende Phasen:

Erste Phase: Die Imago-Dei-Lehre: In der schon in der frühen christlichen Dogmatik nachweisbaren Imago-Dei-Lehre findet Kobi die ursprüngliche Bedeutung des von ihm postulierten Person-Begriffs. Die personalistische Haltung im Urchristentum gründet seiner Meinung nach auf der Lehre von der Gottebenbildlichkeit des Menschen. Nach dieser Lehre ist die Seele *jedes* Menschen das Ebenbild Gottes, woran individuell unterschiedliche Veranlagungen und Potenzen nichts ändern. Der Mensch wird in erster Linie in seinem Sein, wie er eben ist, ernst genommen und als Ebenbild Gottes verehrt.

Kobis Interpretation der Entwicklung dieses Personbegriffs in den ersten Jahrhunderten nach Christus findet sich im Text folgendermaßen zusammengefasst: »›Persona est naturae rationalis individua substantia‹ (die Person ist die unteilbare Substanz eines vernünftigen Wesens), so lautet eine viel zitierte Formel von Boethius (480-525), worin die Bestimmung der Person als ganz machende, unteilbare Einheit von Körper und Seele jenen Ausdruck fand, der sich durch die ganze Scholastik hindurch erhielt und in den Grundzügen auch noch in – zumindest christlich orientierten – Entwürfen zur Pädagogischen Anthropologie nachweisbar ist« (Kobi 1985, 276).

Der Gedanke der Ganzheitlichkeit jedes Menschen ist nach Kobi ein zentraler Gedanke und ein wichtiges Anliegen jeder Form von personalistischem Denken geblieben. Allerdings mussten personalistische Weltanschauungen dieses Anliegen vielfach gegen zersetzende Tendenzen, die sich in einer anderen Entwicklung des Person-Begriffs abzeichneten, verteidigen, beispielsweise in der modernen Zeit auch gegen die rationalistischen Wissenschaftsauffassungen. In der urchristlichen Tradition wird nach Kobis Sichtweise die Gottebenbildlichkeit aller Menschen als Gnade und Aufgabe zugleich gesehen; die Pädagogik in dieser Tradition versteht Menschenbildung ursprünglich als die »Erfüllung eines göttlichen Auftrags«, als »Gottesdienst in brüderlich/schwesterlicher Verpflichtung« (Kobi 1985, 276). In einem später erschienenen Beitrag zu dieser Thematik wird es folgendermaßen ausgedrückt: »Caritative Zuwendung zu meinesgleichen und Menschenbildung entsprechen der Erfüllung eines göttlichen Auftrages, sind Gottesdienst in geschwisterlicher Verpflichtung« (Kobi 2001, 165).

In Konkurrenz zu dieser urchristlichen Tradition habe sich jedoch bereits relativ früh auch innerhalb des Christentums eine andere Tradition zu entwickeln begonnen, die dem ursprünglichen Persona-Begriff einen anderen Person-Begriff (im Sinne von »Persönlichkeit« nach den Begriffsdefinitionen von Kobi) entgegenstellt.

Zweite Phase: Vom Substanz- zum Potenz- und Beziehungsbegriff der Person: Im Verlaufe der weiteren Entwicklung des christlichen und abendländischen Denkens hat sich nach Kobi eine Wandlung des Person-Begriffs vollzogen. Die gewandelte Auffassung sieht in der Person eines Menschen immer weniger die in Gnade empfangene Gottebenbildlichkeit; immer mehr wird der Mensch als Produkt von Erziehung und Bildung und damit als Werk seiner selbst gesehen. Der Mensch gilt nicht mehr zwingend als Ebenbild Gottes, sondern er steht als eigenständiges Wesen in Beziehung zu Gott. Er kann und muss diese Beziehung als selbstverantwortliches Wesen mit seinen Fähigkeiten und Potenzen gestalten; er kann grundsätzlich auch aus der Beziehung zu Gott heraustreten. Diese Entwicklung des Menschenbildes sieht Kobi bereits bei mittelalterlichen Denkern wie Cusanus (1401-1650) und Bruno (1548-1600) vorgezeichnet. Von späteren Denkern wird anstelle der Beziehung des Menschen zu Gott auch von der Beziehung zu einer Idee oder auch zu sich selbst gesprochen (Kobi nennt z.b. Kant und Fichte).

Damit sieht Kobi die Entwicklung zu jener Vorstellung von einer Person vorgezeichnet, die schließlich in die Reduktion des amerikanischen Selfmademans mündete. Bei dieser den amerikanischen Pragmatismus ausdrückenden Sichtweise entspricht der Persönlichkeit ein Menschenbild, das die Begabung, Tüchtigkeit und Potenz des erfolgreichen Individuums in den Vordergrund stellt. Bezüglich der Persönlichkeitsentwicklung gelten die Devisen »Make the best of it!« und »Weder der Tellerwäscher noch der Millionär sind etwas Besonderes; aus einem Tellerwäscher einen Millionär zu machen: that's the point!«

Das Ergebnis dieser Entwicklung des Menschenbildes für die Pädagogik fasst Kobi folgendermaßen zusammen: »Pädagogik ist hier wie dort die Lehre von der Selbsterschaffung und Herstellbarkeit des Menschen; Erziehung ist angewandte Psychologie als manipulativer Umgang mit der ›Essenz‹ menschlichen Seins. Der Mensch ist selbst zum Schöpfer geworden, der sich die Götter nach seinem Bilde imaginiert« (Kobi 1985, 278).

Im Rahmen dieses gewandelten Menschenbildes können sich natürlich Menschen mit geringer Potenz und geringer Kraft zur Eigenleistung, beispielsweise Menschen mit geistiger Behinderung, nicht zur »Persönlichkeit« erheben. Schon die Vorstellung vom autonomen Menschen bei Kant oder das neuhumanistische Leitbild von der allseitig gebildeten Persönlichkeit drängen Menschen mit Behinderungen ins Abseits und in ein Untermenschentum. »Der Idiot wird vis-à-vis der ethischen Hochgemutheit zur Unperson, von der aus es nur noch eines psycho-logischen Schritts bedarf zur ›Ballastexistenz‹« (Kobi 1985, 277).

So erklärt sich für Kobi aus der historischen Entwicklung, dass sich in der heutigen Welt zwei unvereinbare Person-Begriffe gegenüberstehen. Kobi schlägt vor, den Begriff »Person« für die ursprüngliche Bedeutung, also die Imago-Dei-Lehre, zu reservieren und nicht der neuen Definition von Person durch den Präferenz-Utilitarismus zu folgen. Aus diesem Grunde fasst er alle damit verwandten pädagogischen Denkweisen als »Personalismus« zusammen und beurteilt diese mit Blick auf die Heilpädagogik wie folgt:

»Die Bedeutung des Personalismus in der Heilpädagogik liegt in erster Linie in seiner sinngebenden und damit prinzipiell lebensbejahenden und lebenserhaltenden Kraft. In seiner existentiellen Ausrichtung ist er appellativ ermahnend, aufmerksam machend, erweckend; zurückhaltend jedoch bezüglich essentieller Aussagen und Machenschaften. Personalismus ist in dieser Konsequenz der personalen Freiheit verpflichtet, die er in ›reiner‹, d.h. ideologie- und machtfreier Form zu bewahren trachtet. Er vertritt die Partei der parteilos Vereinzelten. ...Maß- und Massenkonfektion bezüglich der menschlichen Daseinsgestaltung ist wider die personale Würde. Sowohl Durchschnitts- als auch Idealnormen treten damit in ihrem mitunter kollektivistischen bzw. ideologischen Zwangscharakter gegenüber individualen und funktionalen Normen in den Hintergrund. Damit wird auch dem aus absolutistischer Sicht ›Abnormen‹ eine prinzipielle Existenzmöglichkeit eingeräumt.« (Kobi 1985, 292)

Personalismus ist das, was auch als »Heilpädagogische Haltung« bezeichnet werden kann; er lässt sich beispielsweise auch im Dialogischen Prinzip von Martin Buber erkennen. Dialogische Haltung im Sinne von Buber baut auf der Überzeugung auf, dass in jedem Menschen eine Ganzheit angelegt ist, deren Entfaltung sinnvoll ist. Kobi bestätigt dies in einem gewissen Sinne, indem er den Personalismus auf die Imago-Dei-Lehre zurückführt. Der Glaube daran, dass jeder Mensch ein Ebenbild Gottes ist, ermöglicht die Bereitschaft zur Annahme jedes Menschen in seinem So-Sein, unbesehen davon, wie der Mensch sich darstellen kann und wie er von einer Durchschnitts- oder Wunschnorm abweicht. Allerdings würde die Interpretation dieser Aussage in eine meines Erachtens falsche Richtung gehen, wenn diese besagen würde, personale Heilpädagogik setze die Zugehörigkeit zu einer kirchlich verwalteten Religion voraus.

Kobi verweist auf einen der wenigen Philosophen, die in ihrem Denken den behinderten Menschen berücksichtigt und einen Beitrag zur Heilpädagogik geleistet haben: Hans Eduard Hengstenberg (1966). In dessen philosophischem Werk findet man interessante Hinweise auf personalistisches Denken. Er bezeichnet als »Person« das, was jedem Menschen zum vornherein gegeben ist.

Ein in unserem Zusammenhang interessanter Beleg für Hengstenbergs personalistisches Menschenbild ist seine Darstellung der möglichen gesellschaftlichen Motive zur heilpädagogischen Hilfe. Er unterscheidet zwischen sozial-utilitären, altruistischen und personalen Motiven. Beim Vorherrschen von *sozial-utilitären Motiven* geht es um das Ziel der Entlastung der Gesellschaft von störenden Individuen und um das Nützlich-Machen von Behinderten. *Altruistische Motive* konzentrieren sich auf das Ziel, Behinderte weitgehend selbständig zu machen.

Diese Motive legen den Akzent nicht auf die Gesellschaft, sondern auf die Betroffenen, wobei es unter dieser Perspektive doch immer noch darum geht, den Behinderten sich als in der Gesellschaft nützlichen Menschen erleben zu lassen. Erst bei den *personalen Motiven* handelt es sich um die Zuwendung zur Person aus Achtung und Ehrfurcht vor der Person als solcher.

Es kann in Anlehnung an einen Hinweis von Walter Thimm (2001, 81) ergänzt werden, dass in der neueren heilpädagogischen Diskussion, insbesondere in der Schwerstbehindertenpädagogik ähnliche Argumentationen mit Rückgriff auf phänomenologische Ansätze zu finden sind (z.B. Fornefeld 1998).»Unter Rückgriff u.a. auf den jüdischen Religionsphilosophen Lévinas kann dabei das ›Herausgehen aus sich selbst‹ als die eigentliche Grundvoraussetzung gesehen werden, ›die Annäherung an den Nächsten‹ zu leisten, ›Differenz als Nicht-Differenz‹ zu gestalten (Lévinas 1985)« (Thimm 2001, 81).

Obschon es scheint, dass Personalismus die einzige Denkweise und Haltung ist, in welcher die Würde und das Lebensrecht jedes Menschen dauerhaft verankert bleibt, gilt gleichzeitig die Einsicht, dass niemand zu personalistischem Denken, Empfinden und Handeln gezwungen werden kann. Damit deuten sich Grenzen des Personalismus an: Sie liegen vor allem darin, dass diese Haltung im individuellen Fühlen und Denken verankert und der kollektiven Verbreitung nicht zugänglich ist. Es ist nicht möglich, einen Staat zu gründen, der jedem Mitglied die personalistische Denkweise vorschreibt. Er kann höchstens vorschreiben, dass unter anderem *auch* personalistische Denkweisen zugelassen sind, d.h. dass Denk- und Glaubensfreiheit bestehen soll. Damit werden aber auch gegen-personalistische Denkweisen und damit die Gefahr der Abwertung von Menschen mit Behinderungen und anderen Normabweichungen zugelassen. So gesehen, befindet sich der personalistisch orientierte Mensch in einer ambivalenten Situation zwischen Sinnfindung im Glauben an die Würde jedes Menschen und der Verzweiflung über Verstöße dagegen in der konkreten Gesellschaft.

Personalismus unterliegt – gerade in Anbetracht der erwähnten Ambivalenz – stets der Gefahr, von Fehlentwicklungen betroffen zu werden: entweder von Fehlentwicklungen zu einem verhärteten religiösen Dogmatismus, der nur noch die Annahme Gleichgesinnter als würdige Personen praktizieren lässt; oder von Fehlentwicklungen zu einem unverbindlichen Privatismus, der Rückzug in einen kleinen Kreis von Gleichgesinnten und Abkapselung von den Problemen der Welt bedeutet.

Der größte Mangel vieler personalistischer Positionen muss meines Erachtens in der fehlenden Einbettung in eine Gesellschaftstheorie gesehen werden. Ein personalistisches Menschenbild, das nicht auf einer Auseinandersetzung mit den gesellschaftlichen Bedingungen, unter denen alle Menschen leben, basiert, kann außerordentlich gefährlich werden. Denn es bleibt beim privaten idealistischen Glauben an das Gute im Menschen, der nicht erkennen kann, dass gesellschaftliche Automatismen Menschen zu ganz anderen Denk- und Verhaltensweisen veranlassen können als zu personalistischen. Personalismus hat häufig die Tendenz, a-politisch zu werden, weil Politik eine schmutzige Sache ist. Wenn er a-politisch wird, kann er zum Spielball anderer Denkweisen werden. Programmatisch heißt dies, dass in Überlegungen zum Menschenbild für die Heilpädagogik auch Überlegungen zur Gesellschaft, in der sich Heilpädagogik ereignet, mit aufgenommen werden müssen.

1.3.4 Normalisierung als Ziel

Allgemein gültiges Ziel der Wertgeleiteten Heilpädagogik ist die Hilfe zu höchstmöglicher Selbständigkeit und Lebensqualität für jeden Menschen. Jeder Mensch soll unabhängig von Behinderung oder Abweichung in einem Zustand des »Glücklichseins« leben dürfen.»›Glücklichsein‹ ist nach Hahn die Balance zwischen größtmöglicher Unabhängigkeit, die der eigenen Verantwortung angemessen ist, und der Abhängigkeit von anderen Menschen, die ausschließlich der eigenen Bedürfnisbefriedigung dient« (Seifert 1994, 223). Dass Selbstbestimmung einen wesentlichen Aspekt für das individuelle Glück darstellt, begründet Hahn unter anderem mit dem Argument, dass Menschen mit Entzug der Möglichkeit zur Selbstbestimmung bestraft werden: »Seit Urzeiten bestraft man in allen menschlichen Gesellschaften und Kulturen durch Entzug von Selbstbestimmungsmöglichkeiten, durch den Entzug von Autonomie – also durch Freiheitsentzug. Andere haben Macht, bestimmen über ihn. Er ist von ihnen abhängig. Dem Straftäter nimmt man etwas weg, was wesenhaft Menschsein ausmacht –, um ihm Gefühle des Unwohlseins zuzufügen« (Hahn 1994, 81). Angesichts der oft institutionell unnötig verstärkten negativen Lebensqualität von Behinderten und deren verhinderten Glücklichseins durch soziale Abhängigkeit (Hahn 1981) sind von Bank-Mikkelsen und Bengt Nirje die Postulate der »Normalisierung« formuliert worden.

Zwar wird der Zielbegriff der Normalisierung im deutschen Sprachraum vorwiegend in der Geistigbehindertenpädagogik verwendet; er ist aber auf alle anderen Bereiche der Heilpädagogik anwendbar. Bei diesem Begriff geht es um ein Leben für Behinderte, das demjenigen der nicht-behinderten Menschen möglichst ähnlich ist. Mit »normal« ist somit gemeint: so ähnlich zum Leben der Mehrheit aller Menschen im gleichen Land wie möglich. »Das Normalisierungsprinzip bedeutet, dass man richtig handelt, wenn man für alle Menschen mit geistigen oder anderen Beeinträchtigungen oder Behinderungen Lebensmuster und alltägliche Lebensbedingungen schafft, welche den gewohnten Verhältnissen und Lebensumständen ihrer Gemeinschaft oder ihrer Kultur entsprechen oder ihnen so nahe wie möglich kommen« (Nirje 1994, 13).

Diese Zielsetzung ist immer wieder kritisiert worden, weil sie vom Durchschnittsleben der Menschen ausgehe und dieses unkritisch hinnehme. Die Zielsetzung wird oft als zu einfach und zu wenig reflektiert empfunden. Dennoch hat gerade die Einfachheit und Naivität der Zielsetzung auf die Wirklichkeit der heilpädagogischen Versorgung revolutionierend gewirkt. Die einfache Idee der Normalisierung hat in den vergangenen Jahren zunächst die Geistigbehindertenpädagogik und dann die ganze Heilpädagogik, insbesondere aber die Heime für Geistigbehinderte und für schwer Mehrfachbehinderte tief gehend verändernd beeinflusst. »Als ein umfassendes Konzept für das politisch-rechtliche, administrative, pädagogische und soziale Handeln hat das Normalisierungsprinzip Reformen bewirkt, neuen Modellen, z.B. des gemeindenahen Wohnens und Arbeitens, von offenen Hilfen, der Erwachsenenbildung, und Zielsetzungen wie z.B. Selbstbestimmung den Weg bereitet« (Beck 2001, 85).

Bengt Nirje fasste in seinem Rückblick auf die 25-jährige Geschichte des Normalisierungsprinzips anlässlich der Verleihung des Ehrendoktortitels an der Universität Freiburg (Schweiz) dessen Nutzen für Behinderte folgendermaßen zusammen:

> »1. Die Forderung nach der Verwirklichung normaler Lebensbedingungen in der Gemeinschaft hat wichtige Veränderungen im Leben von Menschen mit schweren und schwersten mehrfachen Behinderungen zur Folge. – 2. Das Beharren auf der Tatsache, dass das Heranwachsen geistig behinderter Menschen zu ernst zu nehmenden Erwachsenen respektiert werden muss, bringt wichtige Veränderungen im Leben von Menschen mit einer mittelschweren oder einer leichten Behinderung mit sich. Normalisierung verlangt von der Gesellschaft, den behinderten Menschen die gleichen staatsbürgerlichen Rechte zuzugestehen. – 3. Die Verankerung des Normalisierungsprinzips im Verstehen der tief greifenden Konsequenzen der Verwirklichung der gleichen Würde, des Rechtes, verschieden zu sein und des Rechtes jedes Menschen auf den gleichen Respekt wie jeder andere, bringt bedeutungsvolle Veränderungen in allen Kulturmustern mit sich, nicht nur für Personen mit geistiger Behinderung.« (Nirje 1994, 32)

Die Idee des Normalisierungsprinzips stammt zwar aus Skandinavien, ist jedoch über amerikanische Autoren in das deutschsprachige Europa gelangt. Bereits im dänischen »Gesetz über die Fürsorge für geistig Behinderte« von 1959 wurde das Ziel der Geistigbehindertenpädagogik formuliert als »die Erfüllung der Pflicht der Gesellschaft, für den geistig Behinderten ein Dasein zu schaffen, das so nahe am Normalen wie möglich ist, egal ob dieses Dasein ganz oder teilweise in Institutionen oder draußen in der Gesellschaft gelebt werden muss« (vgl. Thimm 1985, 17f.). Der Däne Bank-Mikkelsen hat dies konkretisiert:

> »Als Ziel einer modernen Betreuung von geistig Behinderten sehen wir die möglichst weit gehende ›Normalisierung‹ ihrer Lebensbedingungen an. Für Kinder bedeutet die Normalisierung, dass sie in einer ihnen gemäßen, wenn möglich in der gewohnten Umgebung leben und spielen, in den Kindergarten und später in geeignete Schulen gehen. Erwachsene sollen das Recht haben, ihr Elternhaus zu verlassen, angelernt oder beruflich angeleitet zu werden und schließlich einer geregelten Beschäftigung nachzugehen. Für Kinder wie für Erwachsene gehört eine sinnvolle Freizeitgestaltung und Erholung zur Gestaltung eines normalen Lebens. So streben wir die Eingliederung der Behinderten in die Gemeinschaft auf jede nur mögliche Weise an.« (zit. nach Thimm 1985)

Als Folge wurde in Dänemark 1980 die traditionelle Sonderfürsorge für Behinderte aufgehoben. Es wird seither im Gesetz nicht mehr von Behinderten o.ä. gesprochen, sondern von Menschen mit individuellen Problemen, für deren Lösung sie Hilfe benötigen. Diese Hilfe soll weit gehend dezentralisiert sein und in den Gemeinden, d.h. in überschaubaren Lebenszusammenhängen gegeben werden. Eine parallele Entwicklung gab es in Schweden, wo die Normalisierungsidee durch Bengt Nirje in einem Programm von acht Postulaten konkretisiert wurde:

1. Normaler Tagesrhythmus: Schlafen, Aufstehen, Anziehen, Mahlzeiten, Wechsel von Arbeit und Freizeit – der gesamte Tagesrhythmus ist demjenigen altersgleicher Nicht-Behinderter anzupassen.

> »Es bedeutet aufzustehen, sich anzuziehen und sich mit sinnvollen Tätigkeiten zu beschäftigen, auch wenn man schwerst geistig und körperlich behindert ist; es bedeutet, unter normalen Bedingungen essen zu können, auch wenn dies manches Mal außerhalb der normalen Essenszeiten nötig wird. Oft müssen die Mahlzeiten zwar trotz Normalisierung in großen Gruppen eingenommen werden, aber in der Regel lässt sich das Essen in einem familiären Rahmen genießen, entspannt, harmonisch und zufrieden. Bei einem normalen Tagesrhythmus soll auch darauf geachtet werden, dass Menschen trotz geistiger Behinderung daheim nicht früher als ihre jüngeren Geschwister zu Bett gehen müssen, oder dass sie im Heim nicht infolge Personalmangels schon bei Tageslicht ins Bett gebracht werden.« (Nirje 1994, 18)

2. Normaler Wochenrhythmus: Unter diesem Prinzip ist beispielsweise auf eine klare Trennung der Bereiche Arbeit, Freizeit und Wohnen zu achten, wie dies bei den meisten Menschen der Fall ist. Das bedeutet auch Ortswechsel und Wechsel der Kontaktpersonen. Es bedeutet ferner, täglich Phasen der Arbeit zu haben, nicht nur einmal wöchentlich eine Stunde Beschäftigungstherapie, sowie bei Heimaufenthalten eine Verlagerung von Aktivitäten außerhalb des Heims.

»Gewöhnlich sind die Menschen in einer bestimmten Wohnumgebung zuhause, ihre Schule und ihre Arbeitsstätte befinden sich an einem anderen Ort, und ihre Freizeitaktivitäten spielen sich an unterschiedlichen Schauplätzen ab. Es scheint demzufolge widersinnig, dass einem behinderten Menschen sowohl der Unterricht als auch die Therapien und die Freizeitaktivitäten im selben Gebäude, seinem ›Heim‹, angeboten werden. ... Das Zuhause ist der ganz persönliche Bereich, wo man sich selbst sein und das Leben nach familiären oder individuellen Mustern gestalten kann; es ist der Ort, der einem Geborgenheit und Intimität vermittelt. Schule und Arbeitsplatz ihrerseits übernehmen größtenteils unpersönliche Aufgaben der kulturellen und sozialen Bildung und Formung des Menschen, ermöglichen ihm die Assimilierun des kulturellen Erbes und die Anpassung an soziale Normen und Werte. Die Freizeit bietet eine Mischung von persönlichen und unpersönlichen Funktionen: Einerseits ermöglicht sie eine freie Wahl der Aktivitäten und Ausdruck der eigenen Persönlichkeit, andererseits fordert sie Wechselbeziehungen mit und Anpassung an andere Menschen.« (Nirje 1994, 18)

3. Normaler Jahresrhythmus: Unter diesem Aspekt kann man feststellen, dass es für die meisten Menschen wiederkehrende wichtige Ereignisse wie Ferien, Verreisen, Besuche, Familienfeiern gibt; somit haben unter Beachtung des Normalisierungsprinzips auch bei Behinderten solche im Jahresverlauf wiederkehrende Ereignisse stattzufinden.

»Charakteristisch für einen normalen Jahresrhythmus sind nicht nur der Wechsel der Jahreszeiten sowie spezielle Familientraditionen, sondern auch gesellschaftliche Ereignisse und Festlichkeiten sowie Riten und Bräuche im Rahmen nationaler und religiöser Feiertage. Solche Feierlichkeiten und Anlässe im Ablauf des Jahres wirken sich aus auf Aktivitäten und Erfahrungen, auf das Essen und die Kleidung, das Leben drinnen und draußen, wie es sich z.B. bei Sportveranstaltungen, bei kulturellen Ereignissen, bei Festen und Feiern innerhalb von Gemeinden und Kirchen beobachten lässt. ...
Die meisten Menschen betrachten es als Selbstverständlichkeit, wenigstens einmal im Jahr in die Ferien zu verreisen, um ihre Lebensweise zu verändern sowie körperlich und geistig aufzutanken. In Skandinavien hat sich das Reisen – auch das Reisen ins Ausland – für schwer und schwerstbehinderte Menschen als sinn- und wertvolle Erfahrung erwiesen.« (Nirje 1994, 20)

4. Normale Erfahrungen im Ablauf des Lebenszyklus: Unter diesem Aspekt sollen die Angebote für Behinderte und deren Behandlung klar auf das jeweilige Lebensalter bezogen sein. Auch der geistig behinderte Mensch soll Anrecht auf Behandlung als Kind, als Jugendlicher, als Erwachsener, als Senior usw. haben. Beispielsweise sollen »geistig behinderte Erwachsene nicht in den gleichen Verhältnissen in Institutionen leben müssen wie als Kinder und Jugendliche, denn dies würde ihnen ständig vor Augen halten, dass man sie noch immer als abhängige Kinder betrachtet« (Nirje 1994, 20). Der Zustand des Erwachsenseins von geistig Behinderten wird beispielsweise dadurch ernst genommen und verbessert, dass ihnen Erwachsenenbildungsprogramme angeboten werden.

> »Z.B. können folgende Angebote das kulturelle und soziale Leben dieser Menschen bereichern: Jahres- oder Kurz-Kurse für geistig behinderte Erwachsene an Volkshochschulen oder Community-Colleges, von Erwachsenenbildungsorganisationen durchgeführte Abendkurse, leichtverständliche Lesebücher zum Kaufen oder bei Stadtbibliotheken auszuleihen, Nachrichten oder Zeitschriften für Erwachsene in vereinfachter Sprache, aber mit erwachsenengerechten Inhalten. Von entsprechenden Möglichkeiten sollten geistig behinderte Menschen auch im Sport Gebrauch machen können. Kurse für Versammlungs-Techniken sollten die Teilnehmer befähigen, ihre eigenen Klubs und Komitees zu gründen und zu führen.« (Nirje 1994, 21)

5. *Normaler Respekt vor dem Individuum und dessen Recht auf Selbstbestimmung:* Dieses Prinzip bezieht sich auf die Respektierung der individuellen Bedürfnisse. Behinderte sollen so weit wie möglich in die Ermittlung ihrer eigenen Bedürfnisse einbezogen werden. Wünsche, Entscheidungen und Willensäußerungen Behinderter sind nicht nur zur Kenntnis zu nehmen, sondern auch zu berücksichtigen.

> »Dieser zentrale Aspekt des Prinzips impliziert, dass auch Menschen, welche sich nicht verbal äußern können oder sich nur mit großen Schwierigkeiten auszudrücken vermögen, einfühlende Aufmerksamkeit geschenkt werden muss. Es bedeutet auch eine angemessene Respektierung des persönlichen Besitzes der Behinderten; wenn möglich sollten leicht behinderte Menschen ihre Kleider und ihre Möbel selber kaufen können. Im Heim sollten sie Gelegenheit haben, einen Ausschuss zu bilden, dessen Vertreterinnen und Vertreter an den Diskussionen der Betreuerinnen und Betreuer über Regeln, Routinen und spezielle Anlässe teilnehmen können.« (Nirje 1994, 22-23)

6. *Normale sexuelle Lebensmuster ihrer Kultur:* Unter dem Normalisierungsprinzip gesehen, haben geistig behinderte Jungen und Mädchen, Männer und Frauen gleiche Bedürfnisse nach geschlechtlichen Kontakten wie alle andern Menschen. Diese sind ihnen somit zu ermöglichen.

> »Wir wissen, dass Sinnlichkeit und Sexualität zum Leben gehören, dass sie stets in unterschiedlicher Intensität und Erscheinungsform Teil eines Menschen sind, von der Kindheit bis ins hohe Alter. Wir wissen auch, dass die

Liebe ein wertvolles Gut ist, das man verschenken und gleichzeitig weiterentwickeln darf und das unter guten Bedingungen über lange Zeit gehütet werden kann. Wir wissen zudem, dass ein neugeborenes Kind ein neues Geschöpf ist, das erwünscht, geliebt und angemessen gepflegt sein will. Diese drei unterschiedlichen Aspekte des Lebens und ihre Beziehung zu den sexuellen Mustern der Kultur einer Gesellschaft sind wichtige Elemente der Sexualerziehung und der Entwicklung sozialer Kompetenzen. Auch geistig behinderte Menschen müssen davon erfahren und damit umzugehen lernen.« (Nirje 1994, 24)

7. Normale ökonomische Lebensmuster und Rechte im Rahmen gesellschaftlicher Gegebenheiten: Unter diesem Aspekt bedeutet Normalisierung, im Rahmen der sozialen Gesetzgebung einen angemessenen wirtschaftlichen Standard für alle sicherzustellen. Neben der Sicherung des Lebensunterhaltes sollte geistig Behinderten auch ein gewisser Geldbetrag als Taschengeld für Privatausgaben zur Verfügung stehen.

»Für geistig behinderte Menschen gilt das gleiche gesetzlich verbürgte Recht auf finanzielle Hilfe wie für alle anderen Menschen auch. Sie sollen auch von allen anderen ökonomischen Ersatzleistungen so weit als nötig profitieren können. Dies umfasst Kinderfreibeträge, persönliche Rente, Altersbeihilfe und Minimallöhne. Obwohl ein großer Teil dieser Zuschüsse für Unterkunft und Verpflegung aufgewendet werden muss, haben auch behinderte Menschen das Recht auf ein angemessenes Taschengeld für ihren persönlichen Gebrauch.« (Nirje 1994, 25)

8. Normale Umweltmuster und -standards innerhalb der Gemeinschaft: Unter diesem Aspekt sollen im Hinblick auf Größe, Lage, Ausstattung usw. in Einrichtungen für Geistigbehinderte solche Maßstäbe angewendet werden, die man auch für ›Normale‹ für angemessen hält.

»Die Nutzung der Angebote auf dem regulären Wohnungsmarkt – mit Anpassungen an die Bedürfnisse der behinderten Bewohnerinnen und Bewohner –, der öffentlichen Schulen und Arbeitsplätze – entsprechend ihren Verwendungszwecken eingerichtet – und der öffentlichen Verkehrsmittel erweist sich auch vom ökonomischen Standpunkt aus als zweckmäßig. Auch für schwer- und schwerstbehinderte sowie mehrfachbehinderte Menschen ist ein normaler Zugang zum Gemeinwesen, seinen unterschiedlichen Aktivitäten und Interessenschwerpunkten sowie seinem weiteren Umfeld wichtig. Dafür mögen ab und zu spezielle Transportdienste nötig werden.« (Nirje 1994, 26)

1.4 Hat Heilpädagogik Zukunftschancen?

Oft wird darauf hingewiesen, dass wir zunehmend in einer »Leistungsgesellschaft« leben, in welcher heilpädagogische Werte kaum Platz finden (z.B. Bundschuh 2002). Die These von der »modernen Leistungsgesellschaft« kann man aber – zumindest oberflächlich – mit Fakten der folgenden Art in Frage stellen: Ein deutsches Menschenleben dauert durchschnittlich 650'000 Stunden. Davon sind heute nur noch gerade 55'000 Stunden Erwerbsarbeit. Rund 300'000 Stunden werden hingegen als »Freizeit« verbracht (Guggenberger 2001, 105). Die Anzahl der Urlaubsreisen hat sich innerhalb von 30 Jahren verdreifacht und die Ausgaben für Urlaub haben sich versiebenfacht (Heiderich; Rohr 1999, 63f.). Unter dem Eindruck solcher Zahlen erscheint es ratsam, auf den weit verbreiteten Begriff der »modernen Leistungsgesellschaft« zu verzichten. Dieser Begriff ist zu oberflächlich und dient eher der Verschleierung von zentralen gesellschaftlichen Grundwidersprüchen, die es zu durchschauen gilt.

1.4.1 Die Heilpädagogik tangierende Weltprobleme

1.4.1.1 »Bevölkerungsexplosion« und Ängste vor drohendem ökologischem Kollaps

Vor 10'000 Jahren gab es auf der Erde etwa fünf Millionen Menschen (nicht einmal die Zahl der heutigen Bevölkerung der Schweiz). Vor nur 300 Jahren lag die Erdbevölkerung noch weit unter einer Milliarde. Vor 200 Jahren wurden eine Milliarde und vor 70 Jahren zwei Milliarden erreicht. In den vergangenen 70 Jahren ist die Erdbevölkerung von zwei auf fünf Milliarden angestiegen. In 30 Jahren werden wir bei acht Milliarden sein (Ulrich 2001, 23); die nächste Verdoppelung gegenüber heute wird ewa im Jahr 2050 erwartet.

Die sich aus der sogenannten »Bevölkerungsexplosion« abzeichnende Zukunftsperspektive für das Leben auf der Erde erscheint düster. Vorbild für die meisten Länder Asiens, Afrikas und Südamerikas wird auch in Zukunft der Stand der Produktion und Konsumation in den technisch hoch entwickelten Ländern sein. Alle möchten verständlicherweise einen ähnlichen wirtschaftlichen Stand erreichen. »Sie pochen hierbei auf ihr gutes Recht, z.B. den Dreck in die Atmosphäre entlassen zu dürfen, den wir schon immer und seit mehreren Jahrhunderten auf diese Weise entlassen. Es ist andererseits offensichtlich, dass man unser Wohlstandsmodell nicht ungestraft auf die ganze Erde ausdehnen kann und dass das, was dadurch droht, die Erde sprengen und zu einer Ökologie- und Klimakatastrophe führen kann, ja letzten Endes zum Kollaps des gesamten Biosystems« (Radermacher 2000, 83).

Angesichts allgemeiner Ressourcenverknappung infolge der Bevölkerungsentwicklung wird die Heilpädagogik zunehmend unter den Zwang geraten, ihr Engagement und den daraus entstehenden Aufwand an

Mitteln für eine kleine Minderheit von hilfsbedürftigen Menschen zu legitimieren. Auch wer die Zukunft der Behindertenhilfe grundsätzlich hoffnungsvoll sieht, muss im Auge behalten, dass bezüglich der Einstellung gegenüber Behinderten »der Zeitgeist ambivalent, und damit labil« ist und bleiben wird (Wocken 2000, 304). Was eine Wendung zu Ungunsten heilpädagogischer Grundwerte bewirken könnte, ist »die Heraufbeschwörung einer globalen Situation der Ressourcenknappheit, die den Vielen nicht in gleichem Masse das Überleben sichern kann und die brisante Frage nach der Verteilung dieser knappen Ressourcen aufwirft« (Dederich 2000, 110). Dederich weist nach, dass das für Menschen mit Behinderungen bedrohliche Argument, die vorhandenen Ressourcen würden nicht mehr für alle ausreichen, auch früher aufgetaucht und beispielsweise bereits 1916 vom Psychiater Forel verwendet worden ist – »eine Schlussfolgerung, die in die Postulierung einer Gefahr der Überwucherung der ›Kulturmenschheit (...) durch inferiore Menschenmassen infolge deren großen Fruchtbarkeit‹, also eine Gefährdung des Höherwertigen und Gesunden durch das Minderwertige und Kranke, mündete« (Dederich 2000, 110).

1.4.1.2 Die regional ungleiche Bevölkerungsentwicklung und damit verbundene Ängste

Im Jahre 1950 lebte in allen Industriestaaten zusammen mit 813 Millionen Einwohnern fast ein Drittel der Weltbevölkerung. Heute umfassen die gleichen Staaten mit 1,19 Milliarden Einwohnern nur noch weniger als einen Fünftel der Weltbevölkerung von rund sechs Milliarden. Es wird damit gerechnet, dass die heutigen Industriestaaten im Jahre 2050 mit 1,17 Milliarden Einwohnern nur noch 13% der dann 10 Milliarden umfassenden Weltbevölkerung beheimaten werden.

Auf der einen Seite lassen sinkende Fertilitätsquoten in allen Regionen der Welt zwar erwarten, dass sich die Bevölkerungszunahme stärker als prognostiziert abflachen dürfte. In den Entwicklungsländern lag die Gesamtfruchtbarkeitsrate um 1960 noch bei sechs Kindern je Frau, während sie in den entwickelten Ländern längst unter drei gesunken war. Innerhalb von 40 Jahren ist sie bis zum Jahr 2000 auch in den Ländern der 3. Welt auf die Hälfte, d.h. auf drei gesunken, während sie in den entwickelten Industrieländern nun gerade noch bei 1,6 liegt. Klammert man China aus, wo eine rigorose Geburtenkontrolle eingeführt worden ist, liegt die durchschnittliche Fruchtbarkeitsquote der restlichen Entwicklungsländer bei 3,7 Kindern je Frau (Ulrich 2001, 32). In den meisten Entwicklungsländern zeigen sich im Verlaufe der letzten Jahre deutliche Veränderungen des Kinderwunsches; ein Paradebeispiel der diesbezüglichen Forschung ist Kenia, wo die gewünschte Kinderzahl innerhalb von 15 Jahren (1978 bis 1993) von 7,2 auf 3,9 gesunken ist. Als Folge oft unwirksamer Empfängnisverhütung wird häufig das Mittel der in vielen dieser Länder illegalen Abtreibung gewählt. »Von weltweit 46 Mio. Abtreibungen 1995 fanden 36 Mio. in Entwicklungsländern statt, davon allein 10 Mio. in China. [...] In den Entwicklungsländern endete Mitte der 90er Jahre durchschnittlich jede vierte Schwangerschaft in einer Abtreibung« (Ulrich 2001, 41).

Auf der anderen Seite hat aber die weltweit zunehmende Lebenserwartung und abnehmende Säuglingssterblichkeit bisher verhindert, dass die sinkende Geburtenrate die exponentielle Zunahme der Weltbevölkerung hätte stoppen können. In allen Entwicklungsländern zusammengenommen ist seit den fünfziger Jahren bis heute die Lebenserwartung bei Geburt von 40,9 auf 63,3 Jahre gestiegen und die Säuglingssterblichkeit je 1'000 von 178 auf 63 gesunken; in allen entwickelten Industrieländern zusammengenommen ist in der gleichen Zeit die Lebenserwartung von 66,6 auf 74,9 Jahre gestiegen und die Säuglingssterblichkeit je 1'000 von 58 auf neun gesunken (Ulrich 2001, 28). Für Deutschland findet man beispielsweise die folgenden Hinweise: »Die durchschnittliche Lebenserwartung 1997 betrug bei Frauen in den alten Bundesländern 79,7 Jahre, in den neuen Bundesländern 77,8 Jahre. Bei den Männern waren es 73,4 bzw. 70,3. Prognosen sagen, dass bis zum Jahr 2010 die Lebenserwartung bei Frauen auf etwa 81 Jahre, bei Männern auf 75 Jahre ansteigen wird« (Heiderich; Rohr 1999, 40).

Wir müssen davon ausgehen, dass die Bevölkerungszunahme in den Entwicklungsländern noch während vieler Jahrzehnte andauern wird. Ebenso wird es noch lange dauern, bis sich ihre Altersstruktur derjenigen der technisch entwickelten Länder angleichen wird. Heute sind beispielsweise noch 50% der afrikanischen Bevölkerung jünger als 18 Jahre; demgegenüber gehören in den entwickelten Ländern nur noch 20% der Bevölkerung zu dieser Altergruppe. »Trotz der oft beklagten Altenlast in Industriestaaten dürfen wir nicht übersehen, dass der Anteil der Bevölkerung im arbeitsfähigen Alter an der gesamten Bevölkerung bei uns beträchtlich größer ist als in Entwicklungsländern. Die höhere Jugendlast in Entwicklungsländern würde weniger ins Gewicht fallen, wenn jene Jugendlichen, die jedes Jahr ins arbeitsfähige Alter kommen, selbst ihren Lebensunterhalt verdienen und produktiv tätig werden könnten« (Ulrich 2001, 36).

Die weiter andauernde soziale Not und Armut in großen Teilen der Welt wird für die Legitimation der Wertgeleiteten Heilpädagogik eine zunehmende Herausforderung bedeuten, wenn sie am Postulat des Anspruchs ausnahmslos aller Hilfebedürftigen auf Hilfe festhalten will. Die Zweifel an der Berechtigung dieser kostenintensiven Pädagogik für eine kleine Minderheit von Behinderten vorwiegend in den reichen Industrieländern könnten angesichts des Elends Vieler zunehmen. Auch könnte in einer breiteren Öffentlichkeit der Industrieländer das Bild vom vollen Rettungs-Boot heraufbeschworen werden. Das bedrohliche Bild vom vollen Rettungs-Boot, dessen Insassen nur eine Chance haben, wenn sie die sich nicht im Boot Befindlichen ertrinken lassen, könnte immer mehr zur Rechtfertigung von politischem Handeln zum Nachteil von Hilfebedürftigen herangezogen werden. Wiesotzki meint, dass diese Überlegung, die zwar nicht explizit ausgesprochen wird, bereits 1993 zu einer Änderung des Deutschen Grundgesetzes geführt habe. Durch Änderung des Paragraphen 16 in den Paragraphen 16a des Grundgesetzes werde das Recht auf Asyl entscheidend eingeschränkt. »In eine ähnliche Richtung gehen Überlegungen, Gesundheitsleistungen der Krankenkassen entsprechend dem Lebensalter (...) einzuschränken. Ebenfalls in diese Richtung zielt seit Anfang der neunziger Jahre die Diskussion, das grundgesetzlich garantierte Recht auf Leben für Schwerstbehinderte einzugrenzen« (Wisotzki 2000, 24).

1.4.1.3 Verschiebung der Altersstruktur und dadurch entstehende Ängste

Die Zunahme des Anteils an alten Menschen in unseren technisch hoch entwickelten Ländern ist ein viel beschriebenes Phänomen. Darstellungen des Bevölkerungsaufbaus zeigen, dass er sich in diesen Ländern vom ursprünglichen Bild einer Pyramide zunehmend zum Bild eines Pilzes verändert. In der als vorbildlich seriös geltenden Neuen Zürcher Zeitung fand man die Veränderung der Altersstruktur mit Blick auf die von Amerika zu uns überschwappende Anti-Aging-Medizin in folgende journalistisch ironisierte Kurzformel gebracht: »Zu Beginn des 20. Jahrhunderts lag die durchschnittliche Lebenserwartung bei 47 Jahren. Wer hingegen 1997 geboren wurde, kann mit 76,5 Jahren rechnen. Und laut Anti-Aging-Experten wird es im Jahr 2050 selbstverständlich sein, über 100 Jahre alt zu werden. Viele Leute werden sogar ihren 120. Geburtstag feiern können.« Die journalistisch aufbereitete Formulierung der Zukunftsvision der Anti-Aging-Bewegung tönt provokativ: »Mit sechzig aussehen wie vierzig, mit siebzig eine neue Firma gründen, mit achtzig einen Marathon bestreiten, mit neunzig ein Studium absolvieren und am hundertsten Geburtstag mit den Ururenkeln Fußball spielen – all dies sind keine utopischen Phantastereien mehr. Dank Molekularbiologie, Genetik, Medizin und Technik scheint der ewige Jungbrunnen in greifbarer Nähe. Sein Name: Anti-Aging-Medizin« (Neue Zürcher Zeitung 184/2001). Demgegenüber fand man allerdings im gleichen Zeitraum im Wirtschaftsteil der ZEIT eine etwas weniger positiv aussehende Realität für älter werdende Arbeitnehmer dargestellt: »Wissenschaftliche Untersuchungen zeigen aber, wie schlecht die deutsche Wirtschaft auf die Veränderung der Altersstruktur vorbereitet ist. Mitarbeiter über 45, gar über 50 Jahren gelten – soweit es keine Führungskräfte sind – vielfach als Ballast. Wann immer eine konjunkturelle Krise, ein Strukturwandel oder eine Fusion die Reduzierung der Belegschaft erfordert, werden zunächst die älteren Mitarbeiter in die Frührente geschickt« (Die Zeit 11/2001).

Zwar sind der Gesundheitszustand und damit die Möglichkeit zu einem relativ unabhängigen Leben der heutigen »jungen Alten« zwischen 65 und 75 oder gar 80 bedeutend besser, als es früher auf Menschen in diesem damals hohen Alter zutraf, aber dafür gibt es heute auch eine sehr viel größere Zahl an »alten Alten«, welche von der Hilfe, Pflege und Zuwendung anderer abhängig werden (Schneider 2000, 53ff.). An der Bereitschaft der zukünftigen jungen Generationen hierzu wird gelegentlich gezweifelt. Zurzeit scheint es, dass sich »die Beziehungen zwischen der jüngeren und der älteren Generation generell zu weniger Harmonie entwickelt haben« dürften (Heidereich; Rohr 1999, 42). Es kann vermutet werden, dass die Sprache der Jungen etwas über die eher negative Einschätzung der älteren Generation verraten dürfte: »›Rentnerschwemme‹, ›Kukident-Generation‹, ›Altenbombe‹, ›Krampfadergeschwader‹, ›Langlebigkeitsrisiko‹, ›Traue keinem über 30‹. Dem musste Roman Herzog entgegenhalten, dass das Alter ›kein almosengespeister Wartesaal des Todes‹ sei« (Heidereich; Rohr 1999, 41f.).

Es ist vermutlich für die Zukunft einer Wertgeleiteten Heilpädagogik von großer Bedeutung, wie sich die Einstellung der kommenden jungen Generationen zu den Alten entwickeln wird, die in immer größerer Zahl von der Bereitschaft zur Unterstützung durch die Jüngeren abhängig sein werden. Wenn Altsein und die damit verbundene Abhängigkeit als Folge der zunehmenden finanziellen Belastung der arbeitenden Bevölkerung zum Stigma werden sollte, wären Stigmatisierungen von anderen abhängigen und kostenaufwendigen Menschen kaum vermeidbar.

1.4.1.4 Migration und Angst vor dem »Kampf der Kulturen«

Nur wenige Themen werden heute mit so großer emotionaler Betroffenheit diskutiert wie das Thema »Ausländer«. Wenn man den Ausländeranteil rein quantitativ erfasst, ist eigentlich die steigende Angst vor einer Bedrohung durch Immigranten kaum berechtigt. Im Jahre 1996 lag der Anteil an Ausländern nur in wenigen europäischen Ländern über 5%: Schweden 6%, Frankreich 6,8%, Deutschland 8,9%, Belgien 8,9%, Österreich 9%, Schweiz 19,3%, Luxemburg 33% (Opitz 2001, 266). Es scheint, dass nicht die Tatsache der Immigration an sich, sondern das fehlende Vertrauen in kulturell Andersartiges und die Furcht vor neuem religiösem Fundamentalismus in Verbindung mit Nationalismus den zunehmenden Vorbehalten gegenüber Immigranten zu Grunde liegen. Diese Entwicklung in der Einstellung gegenüber Ausländern findet eine gewisse Begründung darin, dass in den vergangenen Jahren häufig kriegerische Auseinandersetzungen im Anschluss an ethnisch-religiöse oder nationalistische Konflikte stattgefunden und zu Migrationsbewegungen geführt haben. Diese Tatsache erklärt auch, warum die 1996 in Huntingtons Buch »The Clash of Civilization« (»Kampf der Kulturen«) publizierten Thesen in Europa mit großem Interesse und teilweiser Zustimmung aufgenommen worden sind (Huntington 1998). Huntington hat in seiner Sammlung von Materialien zur Stützung seiner These vom Kampf der Kulturen unter anderem beunruhigende demographische Hinweise für die zunehmende Bedrohung durch die Islamische Kultur zusammengetragen; so weist er beispielsweise nach, dass sich der Unterschied zwischen dem prozentualen Anteil der Jugendlichen (15-24 jährig) in den muslimischen Ländern und dem Anteil an Jugendlichen in Europa, den USA und Russland enorm vergrößert hat und entsprechend groß bleiben wird (Huntington 1998, 183). Insbesondere Deutschland hat einen gegenüber andern europäischen Ländern großen Anteil an Muslimen – nur in Frankreich ist er höher (Heidereich; Rohr 1999, 152); dies mag erklären, warum die Nachfrage nach der deutschen Übersetzung dieses Buches sofort nach deren Erscheinen offenbar größer war als in andern Ländern. Zwar sind Huntingtons Thesen unter Wissenschaftlern umstritten, aber die Angst davor, dass wir von Menschen mit andersartigem kulturellem und religiösem Hintergrund unterwandert und angegriffen werden, dürfte mit hoher Wahrscheinlich das aktuelle Bewusstsein nicht nur vieler Deutscher, sondern insgesamt vieler Westeuropäer und Amerikaner prägen. Die Ereignisse in Amerika am 11. September 2001 und die in den Jahren danach folgenden terroristischen Anschläge werden inzwischen von vielen Menschen als Beleg dafür interpretiert, dass die Angst berechtigt ist.

Die pauschale Ablehnung von kultureller Andersartigkeit und damit von Ausländern wird mit hoher Wahrscheinlichkeit als Reaktion auf den 11. September 2001 und die folgenden, islamistischen Terrorgruppen zugeschriebenen Anschläge enorm zunehmen. Bei den abgelehnten und damit stigmatisierten Immigranten wird es sich sehr häufig um sozial benachteiligte Menschen handeln, deren Kinder ganz besonders auf eine gerechte und von den in diesem Buch skizzierten Grundwerten geleitete Pädagogik angewiesen wären. Die Angst vor dem »Kampf der Kulturen« wird vermutlich eine der schwierigsten Barrieren auf dem Weg zum vorurteilsfreien Zusammenleben im Sinne der Wertgeleiteten Heilpädagogik darstellen. Wie mit Immigranten umgegangen wird, wird auf Dauer auch zum Indikator für die Zukunftschancen der Heilpädagogik als Haltung.

1.4.1.5 Relativierung von anthropologischen Gewissheiten und Angst vor dem »künstlichen Menschen«

Mit der kopernikanischen Wende wechselte unsere Kultur in einen Zustand, in welchem sich eindeutige Sichtweisen der Welt und des Menschen relativierten. Man musste erkennen und anerkennen, dass die Erde nicht das Zentrum der Welt darstellt, sondern ein kleiner Planet in unserem Sonnensystem ist, und dass die Sonne ein durchschnittlicher Stern unter Milliarden anderer Sterne ist. Dies war einer der ersten Schritte auf dem Weg in die Relativierung aller vermeintlichen Gewissheiten. Er hat die Menschen »aus der als behütet und privilegiert angesehenen Rolle und Vorstellung, das Zentrum zu sein, um das sich alles dreht, in den Zustand der Verlorenheit, des Ungewissen und des Untergeordneten, zu einer Existenz auf einem kleinen und einsamen Planeten irgendwo im weiten All« versetzt (Radermacher 2000, 77).

Seither läuft ein unaufhaltbarer Prozess des Verlustes von vermeintlichen Gewissheiten und des dadurch erzwungenen Umdenkens der Menschen. Einer der dramatischsten Umdenkprozesse in neuerer und neuster Zeit wurde durch die darwinistischen Thesen ausgelöst, wonach die über viele Jahrhunderte tradierte Gewissheit, eine ausgewählte, einzigartige, von der übrigen Natur prinzipiell abgehobene Art zu sein, jeder Begründung entbehre. »Unser genetisches Material ist zu 95% identisch mit dem unserer nächsten Verwandten im Tierreich (Bonobos, Schimpansen).« (Radermacher 2000, 79).

Das Festhalten an der tradierten theologischen Konstruktion des Menschen als einmaliges Ebenbild Gottes (von Peter Singer »Speziesismus« genannt) wird immer problematischer; und der Schritt zur Ablehnung des Speziesismus, wie er in der präferenz-utilitaristischen Ethik gemacht wird, scheint unvermeidlich geworden zu sein. Wir Heilpädagogen stemmen uns zwar mit letzter Kraft gegen diesen Verlust, weil wir den Dammbruch zur Selektion von Menschen mit Behinderungen bis hin zu Menschen mit kleinsten unerwünschten Merkmalen fürchten. Aber wir scheinen zunehmend anerkennen zu müssen, dass die Heilpädagogik wahrscheinlich erst eine gesicherte Zukunft haben kann, wenn sie die relativierte Sicht des Tier-Mensch-Problems akzeptieren kann.

Die rasante Entwicklung der Genwissenschaft macht zunehmend wahrscheinlicher, dass Zeugung und genetische Ausstattung der zukünftigen Generationen durch Technologien weitestgehend beeinflussbar und berechenbar werden. Zwar gelten jene Fortpflanzungsmediziner noch als wissenschaftliche Außenseiter, welche bereits im Sommer 2001 angekündigt hatten, in wenigen Monaten den ersten lebensfähigen Embryo zu klonen. Aber solche Ankündigungen unterstützen Zukunftsvisionen, an welche man noch vor wenigen Jahrzehnten nicht hätte denken können. »Glaubt man den neuen Utopikern, dann stehen wir an der Schwelle zu einem neuen Zeitalter. Wir sind Zeuge einer dramatischen Epochenzäsur; rapide verlieren die alten Weltbilder an Gültigkeit, während am Horizont die Umrisse einer Hypermoderne sichtbar werden, in der vertraute, scheinbar naturwüchsige Grenzen verschwinden – die Grenzen zwischen Mensch und Maschine, Technik und Natur, Geist und Materie. [...] Nach Jahrtausenden erzwungener Demut könne der Mensch sein biologisches Schicksal in die Hand nehmen und sich nach seinem eigenen Bild erschaffen« (Die Zeit Onlineausgabe 12/2001).

Damit scheinen sich die seit der Aufklärung zunehmend ansteigenden Hoffnungen auf wissenschaftliche Entzauberung aller vermeintlichen Geheimnisse in einer Dimension zu erfüllen, an welche man beim Aufbruch zum Fortschritt wahrscheinlich doch kaum gedacht haben dürfte. Wir beginnen uns zu fragen, ob Ansichten, wie sie beispielsweise von den »Extropianern« um den kalifornischen Philosophen Max More öffentlich vertreten werden, weiterhin als Fantastereien einer Sekte bagatellisiert werden können. Für sie bedeutet die neue Gentechnik eine der größten Hoffnungen »auf dem Weg in den hypermodernen Sonnenstaat, in ein Reich der Freiheit ohne Krankheit und Tod, Alter und Sorge« (Die Zeit Onlineausgabe 12/2001). Aber nicht nur diese kalifornische Gruppe, sondern eine zunehmend sich vergrößernde Zahl von weiteren

Personen in Europa und in den USA beginnt damit zu rechnen, dass wir nun bald vom »Zufall der Biologie« oder von der »Biologie des Zufalls« erlöst sein werden und das Schicksal der weiteren Evolution selbst in die Hand nehmen können.

Die Vorstellung von der Selbsterschaffung der zukünftigen Generationen ist eine Herausforderung für die zukünftige Wertgeleitete Heilpädagogik. Denn diese Vorstellung wird sich die Erschaffung von Generationen ohne Behinderte, Leistungsschwache und unerwünscht Abweichende zum Ziel setzen und damit diametral der Auffassung von Normalität als Vielfalt und Verschiedenheit entgegenstehen.

1.4.2 Herausforderungen durch den Kapitalismus

Als lohn- und konsumabhängige Menschen unterliegen wir der Fremdbestimmung durch kapitalistische Gesetzmäßigkeiten. Als Folge der Globalisierung der Märkte und der Kommunikationsmittel sowie des Gebrauchs neuer Technologien hat sich allerdings der alte Kapitalismus gegenüber den früheren Beschreibungen (vgl. Haeberlin 2003, 50) zu einem modernen »flexiblen Kapitalismus« (Sennett 2000) verändert. Die im alten Kapitalismus eingesetzten Mittel zur Produktivitäts- und Mehrwertsteigerung waren Betriebshierarchien, starre Organisationsstrukturen, Betriebsbürokratien und Routinearbeit. Der taylorisierten Routinearbeit im alten Kapitalismus sollten wir keinesfalls nachtrauern. Gleichwohl wird erkennbar, dass die Zeitpläne im alten Kapitalismus vielen Arbeitenden Orientierungsperspektiven gaben. Die Bedeutung der Zeitdimension spiegelte sich im individuellen Bewusstsein der Arbeitenden. Diese begannen auch im privaten Leben die Zeit zu planen. Beispielsweise wurde über große Zeitspannen in Baugenossenschaften für Eigenheime gespart. Damit konnte sich innerhalb der kapitalistischen Arbeitsstrukturen ein individueller Lebenssinn entwickeln.

Im modernen »flexiblen Kapitalismus« ist der an Zeit und Ort orientierte Lebenszusammenhang der Arbeitenden zerstört. Flexibilität bezüglich Zeit, Ort und Arbeitsstrukturen ist zur modernen Qualifikation geworden. Der individuelle Lebenssinn verflüchtigt sich zunehmend. Richard Sennett charakterisiert den flexiblen Kapitalismus mit den Merkmalen: Diskontinuierlicher Umbau von Institutionen, Flexible Spezialisierung der Produktion, Konzentration der Macht ohne Zentralisierung.

Der diskontinuierliche Umbau von Institutionen zeigt sich in der Regel am sichtbarsten in Personaleinsparungen. Die kapitalistische Rechtfertigung des sog. »Re-engineering« lautet: mehr mit weniger leisten. Es gibt allerdings Hinweise, dass dieses Ziel nur selten erreicht wird. Der tiefere Grund für den diskontinuierlichen Umbau von Betrieben liegt vermutlich viel eher im Hunger nach Mehrwertabschöpfung. Im neuen Kapitalismus geht es dabei oft um den Mehrwert von Aktien: »Eine solche Reorganisation von Institutionen sendet das Signal aus, der Wandel sei echt, und wie wir nur allzu gut wissen, steigen im Laufe einer Umstrukturierung häufig die Aktien solcher Unternehmen, als sei jede Art von Wandel erstrebenswerter als eine Weiterführung des Bisherigen. Bei der Funktionsweise moderner Märkte ist das Aufbrechen von Organisationen gewinnträchtig« (Sennett 2000, 63).

Flexibilität in der Spezialisierung der Produktion ist im neuen Kapitalismus erforderlich, weil sich die Nachfrage nach modifizierten und neuen Produkten in zunehmender Beschleunigung verändert. Unter der Bezeichnung »Multioptionsgesellschaft« hat Peter Gross beschrieben, wie wir seit den 60er Jahren in wenigen Jahrzehnten unser Leben an die in absurde Dimensionen beschleunigte Produktherstellung und –vermarktung anpassen mussten (Gross 1994). Unter dem Deckmantel einer neuen Freiheit sind wir unter einen verschärften ökonomischen Zwang geraten, uns an die beschleunigte Produktion und Vermarktung in Arbeits- und Freizeit anzupassen. Ein Betrieb bleibt in der Multioptionsgesellschaft nur konkurrenzfähig, wenn er gleichsam über Nacht eine neue, den Marktbedürfnissen angepasste Produktepalette auf den Markt bringen kann. Dadurch können sich unter Umständen die Aufgaben von Arbeitern und Angestellten innerhalb von wenigen Tagen völlig verändern. Darauf müssen sie sich flexibel einstellen; sie müssen bereit sein, »das Prinzip ›so haben wir es schon immer gemacht‹ zu verwerfen, erstarrte Unternehmensformen zugunsten der Innovation aufzubrechen und die Binnenstruktur von Unternehmen durch die wechselnden Forderungen der Außenwelt bestimmen zu lassen: all dies erfordert die Akzeptanz entschiedenen, abrupten, irreversiblen Wandels« (Sennett 2000, 65).

Am schlechtesten durchschaubar ist im neuen Kapitalismus das, was das Wortspiel »Konzentration ohne Zentralisierung« beinhaltet. Firmen sind heute globalisierte Netzwerke, an deren Knotenpunkten Teams in Teilfirmen arbeiten. Wie das Netzwerk zusammengehalten wird, ist schwer überschaubar. »Konzentration ohne Zentralisierung« bedeutet keinen Abbau von zentralisierter Macht; sondern diese wird lediglich anders ausgeübt. »Die neuen Informationssysteme liefern der Führungsetage in Wirklichkeit ein umfassendes Bild, so dass der einzelne wenig Möglichkeiten hat, sich innerhalb des Netzwerks zu verstecken; ....«

(Sennett 2000, 69). »Kontrolle lässt sich ausüben, indem Produktions- oder Gewinnvorgaben für eine breite Spanne von Gruppen innerhalb der Organisation gemacht werden. Jede Einheit kann dann frei entscheiden, wie sie diese Vorgaben verwirklichen will. Dies ist jedoch eine vorgegaukelte Freiheit. Flexible Organisationen setzen nur selten leicht erreichbare Ziele; gewöhnlich stehen die Einheiten unter Druck, weit mehr zu produzieren oder zu verdienen, als in ihrer unmittelbaren Macht steht« (Sennett 2000, 71).

Im flexiblen Kapitalismus hängt eine erfolgreiche Berufsbiographie nicht mehr in erster Linie von der individuellen Leistung ab, sondern vielmehr von der Bereitschaft zu vielfältiger Flexibilität in der Lebensgestaltung. Das Motto im neuen Kapitalismus lautet »nichts Langfristiges« und »keine Bindung an einen Ort oder eine Region«. Flexibilität meint auch die Bereitschaft, auf Vertrauen zu einem Arbeitgeber, Firmenloyalität, Entwicklung gegenseitiger Verpflichtung und Vertiefung von Bindungen zu anderen Menschen am Arbeitsplatz zu verzichten. Flüchtige Formen von Gemeinsamkeiten in Arbeitsteams sind für den flexiblen Kapitalismus wichtiger als langfristige Bindungen. Die neue arbeitsethische Tugend im flexiblen Kapitalismus lautet: mit einem immer wieder wechselnden Ensemble von Personen kurzfristig und in oberflächlicher Beziehung zusammenarbeiten können. Wer sich flexibel den Fiktionen der Teamarbeit anpassen kann, wird eher Erfolg haben, als wer sich noch nach dem Arbeitsethos des alten Kapitalismus gradlinig leistungs- und karriereorientiert verhält.

Angesichts solchen Wandels stellt sich die Frage, ob für den neuen Kapitalismus die Theorie der Schule, die seit etwa 30 Jahren aus sozialwissenschaftlicher Sicht für die Schulforschung als gültig betrachtet wird, revidiert werden muss. Seit den 70er Jahren gehen wir davon aus, dass Schule der Reproduktion der Sozialstruktur einer Gesellschaft dient. Die von Fend (1980) unterschiedenen Reproduktionsfunktionen der Schule sind Qualifikation, Selektion bzw. Allokation und Integration bzw. Legitimation. Die Qualifikationsfunktion bezieht sich auf das durch Schule vermittelte Wissen und Können, das in den gesellschaftlich zugewiesenen Positionen notwendig sein wird. Die Selektionsfunktion bezieht sich auf die Verteilung von Zugangsberechtigungen zu weiterführenden Schulen und zu Berufsausbildungen; sie ist damit gleichzeitig Allokation, d.h. Platzierung im beruflichen und sozialen Gefüge. Die Integrationsfunktion ist erfüllt, wenn den Schulentlassenen die ihnen zugewiesenen sozialen Positionen als gerechtfertigt erscheinen. Deshalb auch der Begriff »Legitimationsfunktion«.

Durch die Brille solcher Schultheorie konnte die Sonderschule, insbesondere jene für Lernbehinderte, als Einrichtung für Kinder aus sozial benachteiligten Familien erkannt werden. Sie hat bisher meist perfekt die Funktionen der Qualifikation, der sozialen Platzierung und der gesellschaftsschützenden Integration von beruflich und sozial Benachteiligten erfüllt. Im flexiblen Kapitalismus sind jedoch die sozialen Positionierungen weniger transparent und weniger eindeutig geworden. Reklame und Medien, Nivellierung und Uniformierung von Kleidung und Konsumgütern, Gleichheitsfiktionen in der Urlaubsanimation u.a.m. vermitteln den Eindruck einer klassenlosen Gesellschaft. In Wirklichkeit nähern wir uns nicht der klassenlosen Gesellschaft, sondern einer extrem ungleichen Verteilung von Einkommen und Vermögen. Aber viel mehr Menschen als früher hoffen darauf, durch Flexibilität und Risikobereitschaft zu Bill Gates werden zu können. Die Wahrscheinlichkeit ihres Scheiterns und sozialen Abstiegs ins gesellschaftliche Nichts ist zugleich unendlich hoch geworden. Eine Höhere Schulbildung bleibt gleichwohl Voraussetzung dafür, dass am Gerangel um die Chancen zum Anschluss an die neue Klasse der Superreichen teilgenommen werden kann. Schule behält ihre Selektionsfunktion, verliert jedoch zunehmend Garantien für die in der Schule erfolgreich Selektionierten.

Die Zunahme an jungen Erwachsenen mit einer Höheren Schulbildung verringert die beruflichen Chancen der Sonderschul- und Hauptschulabgänger gegenüber früher noch mehr. Vielen Abgängern von Gymnasien und Realschulen bleibt nichts anderes übrig, als Jobs für weniger Qualifizierte zu übernehmen. Sonder- und Hauptschüler werden noch mehr benachteiligt. Der Übertritt von heilpädagogisch betreuten und »geförderten« Jugendlichen ins Erwachsenenalter wird zunehmend ein Übergang in die Arbeitslosigkeit. Die Ausübung der Selektions- und Allokationsfunktion durch die Sonderschule bleibt deshalb weiterhin gefragt. Mit einer Befreiung der Sonderschulen von negativen Vorurteilen ist kaum zu rechnen.

1.4.3 Trotz allem Wertgeleitete Heilpädagogik!

1.4.3.1 Anerkennung der Abhängigkeit

In Diskussionen zur heilpädagogischen Ethik wird mit Recht unermüdlich die Gefahr eines präferenz-utilitaristischen Dammbruchs hervorgehoben. Der Philosoph Alasdair MacIntyre (2001) gibt im Buch »Die Anerkennung der Abhängigkeit« Hinweise, wie die Gefahr vielleicht überwunden werden könnte.

Trotz Aufhebung einer scharfen Grenze zwischen Mensch-Tier bewertet MacIntyre Behinderte und Gebrechliche anders als der beispielsweise von Peter Singer vertretene Präferenz-Utilitarismus. Was der Mensch neben Anderem mit den ihm nahe stehenden Tierarten gemeinsam hat, ist die Tatsache der zeitweisen Abhängigkeit von andern Speziesangehörigen. Ein neugeborener Mensch ist genauso abhängig wie neugeborene höhere Säugetiere. Die Entwicklung des zunächst total abhängigen Menschen wird sich jedoch in der Regel von derjenigen der Tiere unterscheiden. Menschen gelangen in der Regel zur relativen Unabhängigkeit eines zum Überlegen fähigen Subjekts.

Unabhängigkeit des Subjekts ist uns nicht anders möglich, als mit Abhängigkeit zu beginnen. Abhängigkeit von Fürsorge und Pflege gilt für Menschenkind und Kinder höherer Säugetiere. Und sie werden später in der Regel andern Abhängigen wieder Fürsorge zukommen lassen. Menschen können jedoch in der Regel über Abhängigkeit und Fürsorge nachdenken. Auf der Dialektik von Abhängigkeit und Unabhängigkeit baut MacIntyre eine Ethik auf, in welcher die Annahme und Achtung von behinderten und gebrechlichen Menschen zentral ist. Jeder Mensch ist auf dem Weg zur Unabhängigkeit zunächst auf die Hilfe durch andere Menschen angewiesen. Kein Mensch weiß, ob er in späteren Jahren zeitweise wieder in Abhängigkeit geraten wird, weil er krank, behindert oder alt wird. So ist es eine Grundkategorie menschlichen Erlebens, sich in einem Zusammenhang des gegenseitigen Gebens und Nehmens zu verstehen. Wer unabhängig geworden ist, ist aufgrund dessen, dass ihm beim Übergang von der Abhängigkeit zur Unabhängigkeit geholfen worden ist, in der Pflicht, seinerseits wieder abhängige Menschen zu unterstützen.

Das durch solches Geben und Nehmen moralisch gute Leben von Menschen ist allerdings auf ein Leben in überschaubaren Gemeinschaften angewiesen. Diese dürfen nicht durch ein Gefälle der Ungleichheit und der Machtverteilung geprägt sein. Der flexible Kapitalismus bietet für die Entwicklung eines Gemeinschaftsnetzes von Abhängigkeit und Unabhängigkeit äußerst ungeeignete gesamtgesellschaftliche Rahmenbedingungen. Notwendig wäre ein gemeinschaftliches Netzwerk von anerkannter Abhängigkeit. Darin müsste jedes Individuum – auch wenn es sich um eine schwer behinderte, kranke oder aus anderen Gründen abhängig gewordene Person handelt – Anerkennung erhalten. Die Beziehungen zu Schwerkranken und schwer Behinderten werden damit konstitutiv für eine überschaubare Gemeinschaft des selbstverständlichen Gebens und Nehmens. Es bleibt kaum ein Zweifel daran, dass die

These, anerkannte Abhängigkeit als gemeinsames Gut habe nur in überschaubaren Gemeinschaften eine Chance, unser Nachdenken über die Zukunft der Heilpädagogik nachhaltig beeinflussen muss.

1.4.3.2 Gemeinschaft und Bindung

Wertgeleitete Pädagogik hat in Gemeinschaften mit intakten sozialen Bindungen eine Chance. Der flexible Kapitalismus basiert nicht auf solchen Gemeinschaften. Aber eine seiner unbeabsichtigten Folgen ist »die Sehnsucht der Menschen nach der Verwurzelung in einer Gemeinde«. (Sennett 2000, 189f.) Mit dem »Zurück zum Wir« reagiert der menschliche Selbstschutz gegen den neuen Kapitalismus. Damit treten wir allerdings auch in den Gefahrenbereich eines Vorurteils gegen andere erzeugenden Wir-Gefühls ein. Wertgeleitete Pädagogik durch Gemeinschaftsbildung wird zur Gratwanderung. Auf der einen Seite lauern die Gefahren der Enge, Intoleranz und Ablehnung des Andersartigen in Gemeinschaften; auf der anderen Seite drohen Unverbindlichkeit, Bindungsarmut und Entwurzelung im kapitalistischen Team. – Dies ist die Gratwanderung des sog. »Kommunitarismus«.

Namhafte amerikanische Wissenschaftler gehören inzwischen der kommunitaristischen Bewegung an. Der Soziologe Etzioni – selbst Anhänger dieser Bewegung – umschreibt Kommunitarismus als »eine Bewegung für eine bessere moralische, soziale, politische Umwelt. Kommunitarier wollen Einstellungen verändern und soziale Bande erneuern, wollen das öffentliche Leben reformieren« (Etzioni 1998, 277). Den Weg sieht er in der Stärkung von »sozialen Netzwerken, die von den Gemeinschaften in den Wohnvierteln, am Arbeitsplatz und in den ethnischen Clubs und Verbänden angeboten werden. Sie verbinden die Individuen, die sonst auf sich gestellt wären, zu Gruppen, deren Mitglieder sich umeinander kümmern und mithelfen, eine zivile, soziale, moralische Ordnung aufrechtzuerhalten« (Etzioni 1998, 278).

Trotz aller Gefahren, die in Gemeinschaftsideologien lauern, betrachte ich die Bildung von Gemeinschaften, welche durch die Tugend der Anerkennung der Abhängigkeit zusammengehalten sind, als fast die einzige Chance für Dialog, Partnerschaft und Inklusion, die das eigentliche Ziel Wertgeleiteter Heilpädagogik sein müssen. Inklusion ereignet sich am ehesten unter den Bedingungen einer gemeinschaftlichen Pädagogik. Der Gemeinschaftsbegriff bedarf sicherlich weiterer Klärungen. So wird beispielsweise das Konzept der Anwaltschaft bzw. Stellvertretung zu reflektieren sein. Verträgt sich das Gemeinschaftliche mit professionellen heil- und sonderpädagogischen Experten, welche die Anwaltschaft unter Umständen mit Standespolitik verknüpfen? Oder sollte ein Zurück zur Gemeinschaftlichkeit auch ein Zurück zur nicht-professionalisierten Hilfe bedeuten?

Die Priorität des Gemeinschaftlichen gibt Anhaltspunkte für die Zukunftsgestaltung: Die Idee von heil- und sonderpädagogischen und rehabilitativen Grossbetrieben sollten wir endgültig aufgeben. Schulen und pädagogische Institutionen müssen integrative Einrichtungen von überschaubarer Größe sein. Wohnortnähe der pädagogischen Betreuung muss für alle Kinder Priorität haben. Weder separierter noch integrierter Unterricht für behinderte Kinder soll durch lange Transportwege erkauft werden. Das Verhältnis zwischen den professionellen und den nicht-professionellen Mitgliedern einer pädagogischen Gemeinschaft muss neu überdacht werden; wir Professionellen müssen uns für das Engagement der Nicht-Professionellen in einer Gemeinschaft öffnen. Wir müssen gesetzliche Grundlagen erkämpfen, welche ein breites Spektrum von pädagogischen Gemeinschaften zulassen.

Eine schwierige Aufgabe wird es sein, die Entstehung von intoleranten, geschlossenen und nach außen stigmatisierenden Gemeinschaften zu verhindern. Hierzu gibt es keine Handlungsrezepte. Mit Ambivalenzen müssen wir auch in Zukunft leben. Manche Pervertierung der Gemeinschaftsidee lässt sich erst im Rückblick erkennen. Beispielsweise ist im Rückblick heute eindeutig erkennbar, dass die nationalsozialistische Form des Gemeinschaftlichen eine Pervertierung war. In der nationalsozialistischen Ideologie ist die Gemeinschaftskategorie dazu verwendet worden, »einer totalitären Ausgrenzung alles Fremden maßgeblich den Weg« zu öffnen (Honneth 1997, 17). Noch reicht bezüglich eines anderen Beispiels die Distanz nicht ganz aus, um das Gemeinschaftliche in den ehemals kommunistischen Ländern einzuordnen. Bei Besuchen in der DDR konnte man zweifelsohne wohnortnahe Gemeinschaftlichkeit beobachten. Wer Erfahrungen mit dem Gemeinschaftlichen der gegenseitigen Abhängigkeit in der DDR hatte, musste wohl zunächst Schwierigkeiten mit dem flexiblen Kapitalismus haben. Dennoch sollte rückgerichtete Sehnsucht nicht zum Gemeinschaftsmythos werden. Vielmehr muss die Instrumentalisierung des Gemeinschaftsbedürfnisses durch das DDR-Regime erkannt werden.

Weder die Angst vor den Weltproblemen noch die Bedrohlichkeiten des modernen Kapitalismus sollten uns daran hindern, an die Zukunft der Wertgeleiteten Pädagogik und der daran orientierten Heilpädagogik zu glauben. Als Ausbildner, Forscher oder Praktiker in heilpädagogischen Feldern können wir dadurch einen Beitrag leisten, dass wir in

Ausbildungsinstitutionen, Schulen und heilpädagogischen Institutionen das Element des Gemeinschaftlichen mehr als bisher betonen und uns innerhalb von Gemeinschaften längerfristig engagieren.

1.5 Gefahren des Behinderungsbegriffs

1.5.1 Aufteilung nach Behinderungsarten als Problem

In der *Allgemeinen Heilpädagogik* werden in der Regel Fragen behandelt, welche für Theorie und Praxis der Erziehung unter erschwerten Umständen von behinderungsübergreifendem, allgemeinem Interesse sind. Im Wesentlichen (ohne Anspruch auf Vollständigkeit) handelt es sich um Themen der folgenden Art: übergeordnete Ziele der heilpädagogischen Tätigkeiten; übergeordnete Fragen zum Menschenbild in den heilpädagogischen Arbeitsfeldern; Systematik der Heilpädagogik als Ganzes; geschichtliche Entwicklungen im Bereich der Heilpädagogik; Analyse von Begriffen wie z.b. Erziehung, Bildung, Therapie, Entwicklung; Fragen zur Wissenschaftstheorie und zu den Forschungsmethoden in der Heilpädagogik. Es gibt Fragestellungen, welche sich überhaupt nur aus einer übergeordneten Perspektive stellen; dies betrifft beispielsweise die Frage nach der Systematik der ganzen Heilpädagogik als Wissenschaft (z.B. die Gliederung in Teildisziplinen der Speziellen Heilpädagogik, Abgrenzung gegen Nachbarwissenschaften wie Psychologie oder Sozialarbeit).

In der *Speziellen Heilpädagogik* treten Fragen in den Vordergrund, welche sich im Zusammenhang mit spezifischen Behinderungen wie beispielsweise mit einer Sprachstörung, mit einer Geistigen Behinderung, mit einer Körperbehinderung oder mit einer Sinnesschädigung stellen. Es ist heute zur Regel geworden, dass die Teilgebiete der Speziellen Heilpädagogik nach Behinderungsarten aufgegliedert werden. Es werden folgende Gebiete voneinander unterschieden: Körperbehindertenpädagogik, Sehbehindertenpädagogik, Blindenpädagogik, Hörbehindertenpädagogik, Gehörlosenpädagogik, Geistigbehindertenpädagogik, Lernbehindertenpädagogik, Sprachbehindertenpädagogik, Verhaltensgestörtenpädagogik.

Man ist sich heute weitgehend einig darüber, dass die Aufteilung der Heilpädagogik in Fachdisziplinen nach Behinderungsarten »nicht naturgegeben ist, international unterschiedlich gehandhabt wird und letztlich vor dem Hintergrund des bestehenden Sonderschulsystems gesehen werden muss« (Grohnfeldt 1992, 73). Man kann zudem feststellen, dass es innerhalb der Sonderschulen für bestimmte Behinderungsarten oft Vermischungen und scheinbare Fehleinweisungen gibt; so weist beispielsweise Grohnfeldt darauf hin, dass »seit jeher der hohe Anteil von verhaltens- und sprachauffälligen Kindern in Lernbehindertenschulen bekannt« sei (1992, 74). Die traditionelle Meinung, bei den »Lernbehinderten« handle es sich um eine definitorisch gut abgrenzbare Gruppe von Kindern mit nachgewiesenem Mangel an intellektueller Begabung ist durch Forschungsergebnisse längst in Frage gestellt: Wenn in vielen Schulklassen die Schülerleistungen mit zuverlässigen Schulleistungstests erhoben und mit den Zeugnisnoten verglichen werden, zeigt sich ein irritierendes Bild: In den Schulleistungstests genau gleich leistungsstarke Schüler erhalten in der einen Klasse ungenügende und in der andern Klasse sehr gute Noten. Ob ein Kind zum »schwachen Schüler« wird und in der Folge zur Einweisung in eine Sonderklasse für Lernbehinderte angemeldet wird, hängt in einem enorm hohen Maße davon ab, wo es die Schule in welcher Klasse besucht und ob es aus einer einheimischen oder einer Immigrantenfamilie stammt (vgl. Bless, Kronig 1999; Haeberlin u.a. 2004; Kronig 2001, 2003)! In groß angelegten Untersuchungen sind die Intelligenzquotienten (IQ) und die Schulleistungen in Regelklassen und in Sonderklassen erhoben worden (Haeberlin, Bless, Moser, Klaghofer 2003, Kronig, Haeberlin, Eckhart 2000). Sowohl die IQ als auch die Ergebnisse in Schulleistungstests der »lernbehinderten« Sonderschüler erreichen diejenigen der Regelschüler mit guter Intelligenz und guten Schulleistungen; umgekehrt findet man Regelschüler mit IQs und Ergebnissen in Schulleistungstests, die fast denjenigen der schwächsten »lernbehinderten« Sonderschüler entsprechen. Was spricht da für die klare Erkennbarkeit eines »Lernbehinderten«? Schließlich geben Entwicklungen der Zusammensetzung der Schüler in Sonderklassen während der letzten zwei Jahrzehnte weitere Hinweise auf die Unklarheit des Behindertenbegriffs insbesondere im Zusammenhang mit der Sonderschule für »Lernbehinderte« (Kronig, Haeberlin, Eckhart 2000): Im Verlaufe der letzten zwei Jahrzehnte sind immer weniger einheimische Kinder, jedoch eine extrem zunehmende Zahl an ausländischen Kindern in die Sonderklassen für Lernbehinderte eingewiesen worden. Warum sollte es plötzlich weniger erkennbare »Lernbehinderte« inländischer Herkunft und dafür eine weit überproportionale Zunahme an erkennbaren »Lernbehinderten« ausländischer Herkunft geben?

Speck (1991a) stellt fest, dass das Wort »Behinderung« in einem heilpädagogischen Werk erstmals von Egenberger (1958) verwendet worden ist. Man spricht somit in der Heilpädagogik erst seit gut 30 Jahren von

»Behinderten«; vorher gab es für die Betroffenen andere Bezeichnungen. Der Begriff wurde jedoch von Egenberger nicht definiert und eher im Sinne von »Schädigung« gebraucht. Im selben Buch taucht übrigens erstmals der Begriff »Lernbehinderung« auf.

Zum zentralen Oberbegriff der gesamten Heilpädagogik wurde »Behinderung« bzw. »Behindertenpädagogik« durch Ulrich Bleidick in seinem 1972 erschienenen Hauptwerk »Pädagogik der Behinderten«. Der Begriff gilt seither in der deutschsprachigen Heilpädagogik als konstituierender Zentralbegriff: Eine Behinderung führt zu einer Behinderung der Erziehung und macht dadurch eine entsprechende Erziehung der Behinderten erforderlich. Es handelt sich nach Bleidick deshalb um einen *pädagogischen* Begriff, weil es sich um eine Behinderung der Erziehung handelt. Behinderung als allgemeiner Begriff und Erziehungsbehinderung sind keine sich deckenden Begriffe; es gibt auch erzieherisch bedeutungslose Behinderungen.

In jüngster Zeit hat Bleidick versucht, einer Verabsolutierung des von ihm favorisierten Oberbegriffs »Behindertenpädagogik« entgegenzuwirken. Insbesondere stellt er richtig, dass er keine Autonomie der Behindertenpädagogik begründen will, und nähert sich wieder der Position von Paul Moor an: »Bildung und Erziehung ist Pädagogik und nichts anderes« (Moor 1965, 273). Es gibt keine wesensmäßigen Unterschiede zwischen der ›allgemeinen‹ und der ›behindertengemäßen‹ Erziehung.« (Bleidick 2001b, 62)

Der Begriff der Behinderung weist unklare Abgrenzungskriterien auf und ist mit verschiedenen Merkmalen der Relativität belastet. Deshalb handelt es sich im strengen Sinne nicht um einen wissenschaftlichen, sondern – wie Bleidick (2001a, 59) selbst bemerkt – um einen sozialrechtlichen Begriff. Daraus ergibt sich, dass »Behinderung nicht in erster Linie eine Eigenschaft des Individuums als vielmehr ein Etikett ist, das von kulturellen Erwartungshaltungen sowie von den Institutionen sozialer Kontrolle zugeschrieben wird« (Bleidick 2001a, 59). Als sozial zugeschriebenes Etikett typisiert der Begriff oft in eher pauschaler Weise Aspekte, durch welche betroffene Menschen vom Durchschnitt abweichen. Nachfolgend werden einige Stichworte aufgegriffen, welche bei einer kritischen Diskussion des Behinderungsbegriffs immer wieder auftauchen: Behinderungsparadigmen, Kontextabhängigkeit von Behinderungen, Stigmatisierungsgefahren, Mehrfachbehinderung.

Unter dem Stichwort *Behinderungsparadigmen* sind immer wieder die verschiedenen möglichen theoretischen Sichtweisen der Entstehung von Behinderungen diskutiert worden. Der meistzitierte Aufsatz im Rahmen dieser Diskussion ist derjenige von Bleidick (1977). Er äußerte die Ansicht, dass heute vier Behinderungsparadigmen miteinander konkurrieren: (1) In der Sichtweise des individualtheoretischen (oder medizinischen) Paradigmas ist Behinderung durch eine Schädigung oder Anomalie des Individuums verursacht. (2) In der Sichtweise des interaktionistischen Paradigmas wird Behinderung durch einen Zuschreibungsprozess bzw. eine Etikettierung durch die soziale Umwelt verursacht. In Schulklassen beispielsweise werden häufig von einem schwachen Schüler auch Merkmale von Verhaltensstörungen erwartet, was dazu führen kann, dass diese Zuschreibungen tatsächlich auffälliges Verhalten zum Ergebnis haben. (3) In der Sichtweise des systemtheoretischen Paradigmas wird Behinderung durch die Eigengesetzlichkeiten des Schulsystems (oder anderer gesellschaftlicher Systeme) verursacht. Beispielsweise wird ein Kind »lernbehindert«, weil im Schulsystem die Leistungsanforderungen nach einem Lehrplan definiert sind und das Schulsystem für Kinder, welche diese Anforderungen nicht erfüllen, ein Subsystem »Sonderschule« zur Verfügung stellt. (4) In der Sichtweise des gesellschaftstheoretischen Paradigmas wird Behinderung durch sozioökonomische Benachteiligungen verursacht. Beispielsweise konnte seit den 60er Jahren immer wieder nachgewiesen werden, dass Kinder aus Arbeiterfamilien in Sonderschulen für Lernbehinderte überproportional vertreten sind; seit einigen Jahren verschiebt sich die Benachteiligung auf die Ausländerkinder (Kronig, Haeberlin, Eckhart 2000).

Bezüglich des Merkmals der *Kontextabhängigkeit* von Behinderungen wird von Speck (1991a) darauf hingewiesen, dass Behinderung als pädagogischer Begriff (Behinderung der Erziehung) nur vom jeweiligen sozialen Kontext (vom sozialen Umfeld) her definiert werden kann. Dies führt zu den verschiedenen Aspekten der Relativität von Behinderung (vgl. Haeberlin 2002). Die Einsicht in das Faktum der Kontextabhängigkeit führt zur Klage darüber, dass es keine »klare«, »objektive«, »verbindliche« Abgrenzung zwischen behindert und nicht-behindert gibt.

Auf die *Stigmatisierungsgefahren* des pauschalen Behinderungsbegriffs ist in den letzten Jahren immer wieder aufmerksam gemacht worden. Ich habe beispielsweise speziell auch im Zusammenhang mit der typologisierenden Zuweisungsdiagnostik und mit unseren Bemühungen um die Schaffung einer integrationsfähigen Regelschule auf diesen Punkt hingewiesen (Haeberlin 1990c). Auch Speck stellt die Gefahr eindrücklich dar:

»Gibt es ›den‹ Behinderten? Die Versuchung, einen Menschen mit einer Behinderung generalisierend als ›Behinderten‹ zu bezeichnen, ist groß. Es gibt verschiedene Analogien: Wer krank ist, gilt als Kranker; die alten Mitbürger werden zu den ›Alten‹. Wie belastend derartige attributive Generalisierungen sind, wird etwa an der Stigmatisierung ›Straffälliger‹ deutlich. Es erscheint daher höchst zweifelhaft, Menschen mit einer Behinderung einfach als ›Behinderte‹ zu bezeichnen, mag die Behinderung auch noch so augenfällig sein. Die Klassifizierung als ›Behinderter‹ erweist sich als Anmaßung einerseits und Belastung andererseits.« (Speck 1991a, 112)

Der Begriff *Mehrfachbehinderung* ist relativ jung, obschon es das *Phänomen* schon immer gegeben hat. Die Notwendigkeit seiner Einführung scheint eine Folge der Profilierungstendenzen der für die einzelnen Behinderungsarten zuständigen Fachleute zu sein. Die Abgrenzungstendenzen der spezialisierten »Behindertenpädagogen« – im Sinne der Zuständigkeit für *eine* der anfangs erwähnten neun Behinderungsarten – haben zur Abgrenzung einer *zehnten* Behinderungsart geführt: die Mehrfachbehinderung.

Häufig ist der Begriff der »Mehrfachbehinderung« an den Begriff der »Schwersten Behinderung« gekoppelt. Es wird darauf hingewiesen, dass es im Bereich der »Schwersten Behinderungen« fragwürdig sei, eine derart umfassende und komplexe Behinderung überwiegend oder sogar ausschließlich einer einzelnen Schädigung zuzuschreiben oder an einer einzelnen der neun üblichen Behinderungsarten festzumachen. Vielmehr gelte es, gerade die Komplexität von Behinderung in den Vordergrund der Betrachtung zu stellen. Der Blick in ein relativ neues Handlexikon der Behindertenpädagogik zeigt die Definitionsproblematik deutlich, wenn man liest, Schwerstbehinderung »meine immer eine schwere Form der Mehrfachbehinderung, als Kumulierung verschiedener Behinderungsformen: Geistige und Körperbehinderung sowie Sinnesschädigung« (Fornefeld 2001, 132). Die Verbindung der Begriffe »Mehrfachbehinderung« und »Schwerste Behinderung« zum Begriff »Schwerstmehrfachbehinderung« kann unzutreffende Vorstellungen bewirken; dies kann die Assoziation nahelegen, »es handele sich hier um ein additives Phänomen, das auch mit isolierten Verfahrensweisen angegangen werden könne – wobei das wechselseitige Beziehungsgeflecht der verschiedenen Beeinträchtigungen und der Bereiche des Emotionalen, Kognitiven und Somatischen unter dem Begriff ›Mehrfachbehinderung‹ leicht übersehen wird« (Bach 1991, 7).

Gerade beim Nachdenken über die Mehrfachbehinderung im Bereich der schwersten Behinderung kommt man zum Ergebnis, dass sich eigentlich keine heilpädagogische Aufgabenstellung nur auf *eine* Behinderungsart reduzieren lässt. Praktisch alle scheinbar auf eine Behinderungsart reduzierten Beeinträchtigungen sind eigentlich bezüglich der heilpädagogischen Aufgaben bereits »Mehrfachbehinderungen«. Die Abgrenzung der »Schwerstmehrfachbehinderungen« von den übrigen, oft zu isoliert betrachteten Behinderungsarten ist weniger in der Komplexität einer schwersten Behinderung als in der lebenslangen und extrem starken sozialen Abhängigkeit (vgl. Hahn 1981) der betroffenen Menschen zu sehen. Die soziale Abhängigkeit bezieht sich im Bereich der schwersten Behinderungen auf die fundamentalsten alltäglichen Lebensvollzüge (z.b. Toilette, Essen, Verständigung).

1.5.2 Institutionenfixierter Behinderungsbegriff

1.5.2.1 Individuum- und institutionenbezogene Sicht

Menschen mit auffälligen Schwächen im intellektuell-kognitiven Bereich wurden im 19. und 20. Jahrhundert abwechselnd mit Begriffen wie »Geistesschwache«, »Schwachsinnige« und schließlich »Geistigbehinderte« klassifiziert. Von der Psychiatrie wurden diese Menschen im zwanzigsten Jahrhundert nach Schweregraden unterteilt: Debilität, Imbezillität und Idiotie. Weitere Unterteilungen erwiesen sich aus schulorganisatorischer Sicht als zweckmäßig: Die in Hilfsschulen eingewiesenen Schüler wurden mit der Bezeichnung »Leicht Debile« versehen. Seit einigen Jahrzehnten hat sich im deutschen Sprachbereich, in deutlicher Abwendung von den psychiatrischen Begriffen, ein neues schulorganisatorisches Begriffssystem durchgesetzt, welches zwischen »Geistiger Behinderung« und »Lernbehinderung« zu unterscheiden pflegt. Im französischen Sprachbereich gibt es bis heute keine treffende Übersetzung für den Begriff der »Lernbehinderung«. So heißen Kinder, die in deutschsprachigen Ländern als »Lernbehinderte« bezeichnet werden, in französischsprachigen Ländern weiterhin »débils légers« (=leicht Debile).

Die verwirrende Begriffslage ist ein Indiz für die Relativität der Phänomene, welche mit dem Sammelbegriff »Behinderung« bezeichnet werden. Es scheint eine epochen- und regionenübergreifende Tendenz zu sein, eine Minderheit von Menschen abzugrenzen, welche im intellektuellen Bereich auffällig und folgenschwer beeinträchtigt sind. Dieser Tendenz folgend könnten wir pauschal von Menschen mit einer »intellektuellen Behinderung« sprechen. Seit es eine mit der allgemeinen Schulpflicht versehene Volksschule gibt, bedeutet eine »intellektuelle Behinderung« in der Regel, dass das betroffene Kind dem Unterricht in einer auf den Durchschnitt ausgerichteten Volksschulklasse nicht folgen kann und deshalb in eine Sonderschulklasse für Lernbehinderte oder in eine Sonderschulklasse für Geistigbehinderte einzuweisen ist. Unter dem schulorganisatorischen Aspekt stellt sich die Frage, ob eine »intellektuelle Behinderung« eher als individuelle Schädigung des betroffenen Kindes oder eher als Folge der Störung des durchschnittsorientierten Regelklassenunterrichts durch das betroffene Kind zu sehen ist. Beide Sichtweisen sind möglich.

Die *eine* Sichtweise deutet das intellektuelle Versagen als eine Behinderung eines Kindes im schulischen Lernen; die *andere* Sichtweise deutet dasselbe als eine Behinderung des »üblichen« Unterrichtsbetriebs in einer Regelklasse im Sinne einer Störung der Schule durch ein Kind. Bei Betonung der *ersten* Deutung wird die Ursache der Behinderung in einer Hirnschädigung gesucht; diese ist allerdings medizinisch nur gelegentlich nachweisbar. Bei Betonung der *zweiten* Deutung stellt sich das Phänomen der Behinderung anders dar: Die Schule, wie sie heute organisiert ist, wird durch ein Kind in ihrem Funktionieren gestört, d.h. die Schule als gesellschaftliche Institution wird behindert. Sie behebt die Störung mit organisatorischen Maßnahmen; es werden für die störenden Kinder spezielle Schulklassen (Sonderklassen) bereitgestellt. Die Schule löst somit Probleme, die durch zu stark vom Durchschnitt abweichende Kinder entstehen, mit einer organisatorischen Aussonderung der betroffenen Kinder.

Am Beispiel »intellektuelle Behinderung« wird ersichtlich, dass es grundsätzlich zwei Möglichkeiten zu geben scheint, welche den Prozess auslösen können, der einen Menschen als »Behinderten« aktenkundig machen kann. Der Prozess kann *einerseits* dadurch ausgelöst werden, dass ein Mensch ein feststellbares Merkmal wie z.B. ein »mongoloides« Aussehen oder eine medizinisch nachweisbare Krankheit aufweist. Der Prozess kann *andererseits* auch erst dadurch ausgelöst werden, dass das Funktionieren einer Institution, insbesondere der Schule, gestört wird. So gibt es Kinder, von welchen man von früher Kindheit an aufgrund von Erfahrungen mit vergleichbaren Fällen weiß, dass sie – beispielsweise wegen einer Schädigung im Zentralen Nervensystem – keine Regelschule besuchen werden: Es sind in unserem heutigen, behindertenpädagogischen Sprachgebrauch in der Regel die »Geistigbehinderten«. Es gibt aber auch Kinder, welche bis zum Schuleintritt nicht auffällig sind, nicht als behindert gelten und sich erst einige Zeit nach Schuleintritt als Schulversager zeigen: Es sind in unserem behindertenpädagogischen Sprachgebrauch vorwiegend die »Lernbehinderten«.

Im Bereich der Sprachbehinderungen wäre hierzu ein analoges Beispiel die sogenannte »Legasthenie« bzw. die »Lese-Rechtschreibstörung«. Wenn man diese Störung nach den restriktiven Kriterien der Internationalen Klassifikation psychischer Störungen (ICD-10) definieren würde, wären weniger als 1% eines Jahrgangs »Legastheniker« (Dilling, Mombour, Schmidt 1999). In der derzeitigen Schulpraxis gelten jedoch 15 bis 20% eines Jahrgangs als schulische Risikokinder, d.h. als lese-rechtschreibschwache oder jedenfalls förderbedürftige Kinder (Probst 2003, 245). Ohne Schulpflicht wären viele dieser Kinder überhaupt nicht auffällig oder »behindert« geworden. Im Nachhinein ist auch für diese Kinder versucht worden, ein Merkmal – »Legasthenie« – zu konstruieren, welches die Störung des normalen Unterrichts aus einer Schädigung des Kindes zu erklären versucht.

Der Erklärung von nicht vorausgesehenem Schulversagen dient häufig die nachträgliche Bestimmung des Intelligenzquotienten des betroffenen Kindes. Die Störung des Unterrichts und die Notwendigkeit einer Einweisung in die Sonderschule für Lernbehinderte wird durch das Merkmal eines Intelligenzmangels erklärt. Davon kann aber erst gesprochen werden, nachdem das Kind veranlasst worden ist, die Aufgaben eines Intelligenztests zu lösen, der sich seinerseits wieder, wie die Schulleistungsnormen der Regelschule, am Durchschnitt anderer Kinder orientiert.

Ins Allgemeine gehoben, sind wir auf oft vernachlässigte Aspekte der Relativität von Behinderungen gestoßen: Ob ein Mensch behindert ist, kann davon abhängen, welche gesellschaftliche Einrichtung in welcher Form und vor welchem Hintergrund durch ihn gestört wird. Im Unterschied zum intellektuell-kognitiven Bereich kann beispielsweise ein schulerfolgsbeschenkter Gymnasiast im Musikunterricht relativ stark durch Nichts-Können und auch durch Frechheiten stören; das bringt ihm in der Regel nie den Begriff »musisch behindert« und eine Sonderschulung ein. Ich kenne auch Gymnasiasten, die im Turnunterricht absolute Versager sind, aber nie mit dem Begriff »körperbehindert« belegt worden sind.

Es ist auch zu bedenken, dass sich unter den bei uns als »Lernbehinderte« bezeichneten schwachen Schülern in den entsprechenden Sonderklassen kaum jemals Kinder aus Familien mit höherer Schulbildung befinden. Dies legt den Verdacht nahe, dass »Lernbehinderung« ohne nachweisbare organische Schädigung möglicherweise eher ein soziales Phänomen ist; natürlich ist dies *auch* ein Aspekt der Relativität von Behinderung. Die Chance beispielsweise eines türkischen Gastarbeiterkindes, lernbehindert, d.h. Hilfsschüler zu werden, ist unendlich viel größer als die entsprechende Chance beispielsweise des Kindes einer Gymnasiallehrerfamilie. Unter den bei uns als »Geistigbehinderte« bezeichneten Sonderschülern hingegen, über deren organische Schädigung häufig eindeutige Aussagen gemacht werden können, befinden sich in der Regel Kinder aus Familien unterschiedlichster Bildungsgrade.

1.5.2.2 Finanzorganisatorische Einflüsse – Beispiel Schweiz

Die Schweiz ist ein Musterbeispiel für föderalistische Verhältnisse. Soll etwas Allgemeines über die Schweiz erzählt werden, muss in der Regel darauf hingewiesen werden, dass beinahe alles in jedem der 26 Kantone (Länder) unterschiedlich geregelt ist. Jeder Kanton gestaltet sein Schulwesen selbst. Bei dieser föderalistischen Struktur ist es nicht erstaunlich, dass kaum jemand den Überblick hat, wie in jedem einzelnen Kanton die Schule und die Sonderschule genau gegliedert sind und wie die verschiedenen Sonderschularten heißen. Für die traditionellen Hilfsklassen sind unter anderem folgende Namen bekannt: Kleinklassen, Förderklassen, Sonderklassen B, Spezialklassen, Sonderklassen für Lernbehinderte usw. In der französischsprachigen Schweiz ist die Hilfsschule weniger ausgebaut als in den deutschsprachigen Regionen. In der italienischsprachigen Schweiz gibt es keine Hilfsschulen. Im Kanton Zürich sind die Sonderschularten am stärksten ausdifferenziert worden; aber gerade dieser Kanton versucht heute, wieder von der differenzierten Gliederung wegkommen.

Schon die Vielfalt der Sonderschularten in der Schweiz ist ein Hinweis auf die Relativität und institutionelle Abhängigkeit von Merkmalen, die Sonderschuleinweisung bedeuten können. Während der Jahrzehnte nach dem Zweiten Weltkrieg hat sich ein für die ganze Schweiz gültiges Strukturmerkmal des Sonderschulwesens gebildet, welches durch auf einer Eigenart der Finanzierung beruht. Das Volksschulwesen untersteht den Kantonen und Gemeinden und wird von diesen finanziert; da der Bund nicht an der Finanzierung beteiligt ist, hat er keinen Einfluss auf inhaltliche Bestimmungen. Die Schulgesetzgebung ist kantonal und dem langen Prozess einer kantonalen Volksabstimmung unterworfen; wegen des schwierigen und langen Weges bei der Schaffung neuer Gesetze gibt es Kantone mit fast 100jährigen Schulgesetzen. Das Sonderschulwesen hat sich in dieser föderalistischen Gesamtsituation zu einer Ausnahme entwickelt; es ist gesamtschweizerisch teilweise durch das eidgenössische Invalidenversicherungsrecht strukturiert worden.

Dies wird besonders deutlich am Beispiel der bereits diskutierten Unterscheidung zwischen Geistiger Behinderung und Lernbehinderung: Sonderschulen für Geistigbehinderte werden seit 1948 von der schweizerischen Invalidenversicherung (IV), also vom Bund, finanziert, Sonderschulen für Lernbehinderte (Hilfsschulen) hingegen im Rahmen der allgemeinen Volksschulen von Gemeinden und Kantonen. Ist der Bund an der Finanzierung beteiligt, kann er auch Vorschriften machen; dies traf während Jahrzehnten auf den Bereich der Sonderschulen für Geistigbehinderte zu, wobei die IV zwischen Sonderklassen für schulbildungsfähige und für praktisch bildungsfähige Geistigbehinderte unterscheidet. Das schweizerische Invalidenversicherungsrecht legte aufgrund von Kostenberechnungen die Geistige Behinderung bei einem IQ unter 75 fest; Lernbehinderung als nicht IV-berechtigte Behinderung liegt somit darüber. Lernbehinderte besuchen die traditionellen Hilfsschulklassen, heute eben häufig »Sonderklassen für Lernbehinderte« genannt. Schweizerische Lernbehinderte (Hilfsschüler) und Geistigbehinderte decken sich aus diesem Grunde nicht mit den entsprechenden Personengruppen in anderen Ländern. Dieser Sachverhalt kann einen wesentlichen Aspekt der Relativität und Institutionenfixierung von Behinderungsbegriffen illustrieren. Grenzziehungen zwischen Behinderungsarten können sich als willkürlich bzw. als administrativer Akt erweisen. Nachdem in einer Volksabstimmung entschieden worden ist, dass sich die Invalidenversicherung von der Sonderschulfinanzierung zurückziehen wird, könnte sich in Zukunft die Grenze zwischen Geistiger Behinderung und Lernbehinderung wieder verschieben. Vermutlich wird aber die willkürliche Grenzziehung, welcher finanzielle Überlegungen zu Grunde lagen, noch sehr lange erhalten bleiben. Denn sie gibt der Zuteilungsdiagnostik eine gewisse äußere Sicherheit. Ohne die alten, eigentlich finanziell strukturierten Diagnosekriterien werden bis auf weiteres Unsicherheiten beim Abgrenzen zwischen Geistiger Behinderung und Lernbehinderung bestehen.

1.5.2.3 Der variierende Anteil der Sonderschüler

Der Anteil von Schülern in Sonderklassen an der Gesamtschülerzahl liegt je nach Region zwischen 1% und 8%. Die regionale Streuung ist wiederum ein deutlicher Hinweis auf einen Aspekt der Relativität und auf die institutionellen Verflechtungen von Behinderungsdefinitionen. In Regionen mit einem großen sonderpädagogischen Angebot ist der Anteil an Hilfs- und Sonderschülern, insbesondere an Lernbehinderten, größer als in anderen Regionen. Die Quote der Sonderschüler im nicht von der Invalidenversicherung finanzierten Volksschulbereich ist in der Schweiz in den 80er und 90er Jahren kontinuierlich um mehr als 20% gesunken, was teilweise zu schulorganisatorischen Problemen und zu Überlebensängsten von Sonderschulen, insbesondere von Klassen für Lernbehinderte, geführt hatte. Dass diese Abnahme während einiger Zeit größer war als der allgemeine Schülerrückgang, weist erneut auf einen Aspekt der Relativität und der institutionalisierten Willkür von Behinderungsdefinitionen hin. Dieser Hinweis verstärkt sich, wenn man sich die Entwicklungen im Verlaufe der 90er Jahre anschaut: Die Abnahme der Schüler in Sonderklassen für Lernbehinderte wurde trotz Integrationsbewegung gestoppt, es zeigte sich sogar eher wieder eine Zunahme. Diese erklärt sich daraus, dass nun extrem überproportional viele Ausländerkinder in die Klassen für Lernbehinderte eingewiesen werden.

Diese Beispiele relativ willkürlicher, meist organisatorisch legitimierter Aussonderung von Menschen als Behinderte deuten an, dass unsere gesellschaftlichen Institutionen dem für Behinderte beängstigenden Trend, Menschen zu klassifizieren, auszusondern und damit auch einer möglicherweise entwürdigenden Stigmatisierung zuzuführen, bisher keine Bremswirkung entgegenzusetzen haben. Die Tendenz, neue Probleme durch Aussonderung zu lösen, hat nicht abgenommen.

1.5.2.4 Gefahren der Stigmatisierung

Ein Stigma im Sinne von Goffman ist ein besonderes Merkmal, welches einer Person in bestimmten Situationen von einer Bezugsgruppe als negativ abweichendes Merkmal zugeschrieben wird (vgl. zum Stigma-Begriff Haeberlin 2001b; Haeberlin 2003; Haeberlin, Niklaus 1978). »Normalität« und »Stigmatisierung« sind somit nicht feste Eigenschaften, sondern Perspektiven der Betrachtung von Personen. Merkmale der Behinderung können durch eine typologisierende Zuschreibung der Umwelt relativ leicht zu stigmatisierenden Merkmalen werden. Negative Typologisierungen von Menschen können leicht zu deren Abwertung und Entwürdigung durch die Umwelt führen. Im Folgenden werden einige Gefahren skizziert, wie sogar die heil- bzw. sonderpädagogische Umwelt die Typologisierung Stigmatisierung und damit latente Entwürdigung und Entsolidarisierung zu unterstützen droht.

Bürokratisierung

Behindertenhilfen sind in unserer gesellschaftlichen Umwelt institutionalisiert. Institutionen der Behindertenhilfe werden planbar, kontrollierbar, kostenmäßig berechenbar, optimierbar, d.h. bürokratisch verwaltbar gemacht. Als Beispiel dient nachfolgend das mit Integrationsideen konfrontierte Sonderschulwesen.

Die Schule ist seit der Einführung der allgemeinen Schulpflicht eine zentrale gesellschaftliche Institution (vgl. Diederich, Tenorth 1997; Haeberlin 2001a). Als solche hat sie die Tendenz, die bei der Lösung ihrer Aufgaben auftretenden Probleme durch eine bürokratisch organisierte Ausdifferenzierung von relativ selbständigen kleineren Subsystemen zu lösen. So gesehen, kann die Schaffung eines Sonderschulsystems als bürokratisierte Ausdifferenzierung eines kontrollierbaren Subsystems interpretiert werden.

Heute ist die Schulbürokratie teilweise mit Integrationsideen konfrontiert, die ihre Begründung in der Vision einer menschenwürdigen Gesellschaft haben. Diese Vision beinhaltet »die Erwartung, dass in naher Zukunft eine Allgemeine Pädagogik entsteht, die das Problem der ›Gleichheit in der Verschiedenheit‹ (Annedore Prengel) zwischen den zahlreichen Kulturen, den unterschiedlichen Geschlechtern und den vielfältigen Fähigkeiten der Menschen thematisiert« (Heimlich 2003). Die Schulbürokratie wird jedoch nicht von einer visionären Sicht der Gesellschaft, sondern von einer realen, marktwirtschaftlich funktionierenden Leistungsgesellschaft bestimmt, die sich als »flexibler Kapitalismus« (Sennett 2000) und als »Multioptionsgesellschaft« (Gross 1994) beschreiben lässt. Diese benötigt Herstellung, Selektion und Erhaltung von produktions- und konsumationsfördernder Leistungsmotivation und -fähigkeit durch die Schule. Merkmale wie Schulleistungsschwäche und Intelligenzschwäche werden in dieser Gesellschaft häufig zu negativen Zuschreibungen. Dies erleben Abgänger von Sonderschulen beim Übertritt ins Berufsleben (Haeberlin 1998; Riedo 2000).

Die Schulbürokratie wird unter dem Erwartungsdruck dieser Gesellschaft bei der Organisation von Integrationsmaßnahmen die Tendenz beibehalten, die Vorstellung von »Integrationsfähigkeit« mit der Vorstellung von »Leistungsfähigkeit« zu verknüpfen. Integration im Sinne der Vision einer menschenwürdigen Gesellschaft würde jedoch auf dem Wert der Gleichwertigkeit aller Menschen bei unterschiedlichsten, zum Teil sogar im Produktionsprozess kaum verwertbaren Leistungspotentialen basieren. Dieser Wert steht im Widerspruch zu anderen Werten einer marktwirtschaftlich funktionierenden Gesellschaft.

Es ist deshalb zu befürchten, dass die Schulbürokratien den Integrationsgedanken nicht in seiner visionären Konsequenz aufnehmen können, sondern nur organisatorisch und in erster Linie unter dem Aspekt der bürokratischen Verwaltbarkeit realisieren werden (Haeberlin 1997).

Das Subsystem Sonderschule würde einfach durch ein neues Subsystem, beispielsweise durch ein bürokratisch durchorganisiertes Stütz- und Förderlehrersystem, ersetzt. Der Zweck dieses neuen Subsystems wäre die Angleichung der Schulleistungen von bisherigen Sonderschülern an das Leistungsniveau von Regelschülern. Damit wäre die mit der bisherigen bürokratischen Trennung zwischen Regel- und Sonderschulwesen verbundene latente und extrem stigmatisierende Vorstellung von »integrationsfähigen« und »integrationsunfähigen« Kindern und Jugendlichen nicht überwunden. Die Selektion und Separation derjenigen, die trotz erhöhter Bemühungen und bürokratisch organisierter Maßnahmenpakete »integrationsunfähig« bleiben, dürften dann noch gravierendere Folgen für die Entwertung dieser Menschen haben, als es beim derzeitigen Stand der Separation bereits der Fall ist. Die Restgruppe der »Integrationsunfähigen« wären die endgültig negativ selektionierten Menschen. Diese wären schnell als »minderwertig« abgestempelt, da sie trotz teurer Integrationsmaßnahmen für die Gesellschaft eine finanzielle Last bedeuten. Solche Gefahren könnten sich in naher Zukunft im Rahmen »des Prozesses neoliberaler Globalisierung in historisch einzigartiger Weise potenzieren« (Görg 2004, 109).

Bürokratisch organisierte Heil(Sonder)pädagogik, auch wenn sie sich reformiert und an neuen Gedanken orientiert, hat immer die Tendenz, sich zur latenten Bedrohung der Würde behinderter Menschen zu entwickeln. Je bürokratisierter Heil(Sonder)pädagogik ist, umso bedrohlicher, stigmatisierender und menschenunwürdiger kann sie werden.

Professionalisierung

Auch Berufsleute in Bereichen der Heil- und Sonderpädagogik stehen unter dem Druck der marktwirtschaftlichen Leistungsgesellschaft, ihre berufliche Identität *in* dieser Gesellschaft zu suchen. Professionelle »Behindertenhelfer und -helferinnen« können sich dem Druck schwer widersetzen, berufliche Identität durch Anpassung an die Kaufkraft- und Flexibilitätsmentalität zu suchen. Damit droht ihnen die Gefahr, Behinderte für berufspolitische Profilierung zu instrumentalisieren. Sichtbar wird dies beispielsweise an der Übernahme der universalisierten Redewendung von der »Kundenorientierung«. Damit ordnet sich auch die Heilpädagogik in wirtschaftliche und marktorientierte Kategorien ein und hofft damit, das Image der weltfremden und ökonomisch wenig honorierten Nächstenliebe verlieren zu können. Aber »weil die Kundenrolle ökonomisch bestimmt ist, ist mit ihr auch eine *Ökonomisierung* der Beziehung verbunden« (Voswinkel 2004, 150).

Solche Entwicklungen können zur Folge haben, dass die Identität der heilpädagogischen Berufe häufig einseitig in prestigezentriertem Spezialisten- und Therapeutentum, in berufspolitischer Engstirnigkeit und in prestigebewahrendem Bürokratentum gesucht wird. Der Grund für diese von mir vermutete Entwicklungstendenz in den heilpädagogischen Berufsfeldern liegt wohl darin, dass sie Befriedigung des Anspruchs auf höhere Professionalisierung, auf gesellschaftliches Ansehen und auf höhere Salärstufen bedeuten kann. Der Weg in berufspolitisch ausgebautes und verteidigtes, mehr prestigezentriertes als qualifikationsbegründetes Spezialistentum ist verlockend. Aber es ist zu befürchten, dass sich die Wahl dieses Weges zuungunsten der Menschen mit Behinderungen und Auffälligkeiten auswirken könnte. Im Kampf um Prestige und Einkommen könnte es sich ereignen, dass sich zu viele prestigezentrierte Spezialisten und Spezialistinnen des behinderten Menschen bemächtigen. Dies bedeutet, dass Behinderungen als besondere, für prestigezentrierte Spezialisten geeignete Merkmale gesehen werden können, was der berufsfeld- und institutionsorientierten Typologisierung und der damit verbundenen Stigmatisierung Vorschub leisten kann.

Folgende These muss ernsthaft bedacht werden: Auch von professionellen Heilpädagoginnen und Heilpädagogen (Sonderschullehrerinnen, Logopädinnen, Therapeuten) kann eine latente Bedrohung der Würde durch unbeabsichtigte Stigmatisierung behinderter Menschen ausgehen. Es gilt zu verhindern, dass eine mehr und mehr prestigezentriert professionalisierte Umwelt zunehmend bedrohlich, stigmatisierend und menschenunwürdig wird.

Institutionalisierung

Institutionen für Behinderte können Eigengesetzlichkeiten entwickeln, die ihre Begründung längst nicht immer in der Bewahrung der Würde behinderter Menschen finden. Das Leben in Institutionen kann sich infolge ihrer Eigengesetzlichkeiten oft weit vom Leben der Menschen außerhalb der Institutionen entfernen.

Vergleicht man die Situation von Mitarbeitern und Mitarbeiterinnen in Heimen für Geistigbehinderte mit derjenigen der Bewohner dieser Heime, so wird deutlich, was mit der Bedrohung der Würde behinderter Menschen durch Institutionalisierung gemeint ist: »Der Heimbewohner stößt ständig an die Grenzen seiner Welt. Er findet sich in seinem System der Abhängigkeit beim Wohnen, beim Arbeiten, bei seinem privaten Tun. Sein Leben ist ein programmiertes Leben: andere denken für ihn, andere planen für ihn, andere handeln für ihn« (Biskamp 1986, 348).

Die Bewohner sind ihrer Situation und ihren Mitbehinderten, Erziehern und Pflegern ausgeliefert und in ihrer Würde bedroht.

Diagnostizierung

Es gilt in der Heil- und Sonderpädagogik meist als normal und fachlich erforderlich, dass Kinder, Jugendliche und Erwachsene Kategorien von Behinderungen zugeordnet werden: Geistigbehinderte, Lernbehinderte, Autisten, Verhaltensgestörte, Sprachbehinderte u.a.m.. Diese typologisierende Art von Diagnose sagt zwar über den jeweiligen Menschen als einmaliges Individuum äußerst wenig aus. Sie erleichtert aber die bürokratisierte Zuteilung der Betroffenen zu einer Sonderschulart oder zu einer Heimart; und sie enthält selbst ein stigmatisierendes Element. Sie ist in erster Linie Zuteilungsdiagnostik. Die Organisation des Sonderschul- und Behindertenwesens liefert dem Diagnostiker weitgehend die diagnostische Klassifikation.

Diese Zuteilungsdiagnostik steht im Verdacht, ein Menschenbild zu verfestigen, in welchem zufällig entstandene, bürokratische Strukturen zu festen Wesensmerkmalen von Menschen gemacht werden. So kann es zum Wesen eines Kindes werden, dass dieses ein typischer Hilfsschüler, ein typischer Schüler der Sonderklasse für praktisch-bildungsfähige Geistigbehinderte, ein typischer Gymnasiast usw. ist. Wer als Typ einer negativ geachteten Schulart zugeteilt ist, wird damit automatisch Träger eines Stigmas. Zuteilungsdiagnostik ist somit auch eine Art Stigmaverteilung. Das umgekehrte und menschenwürdigere Vorgehen wird allmählich unnötig: nämlich aus einer differenzierten, entwicklungsorientierten Beschreibung eines Individuums und dessen Umwelt seine individuell günstigste Erziehungs- und Unterrichtsform abzuleiten und die Schule für dieses einmalige Kind individuell zu gestalten.

Typologisierungen der genannten Art prägen das Denken in unserer gesellschaftlichen Umwelt. Die schulformbezogene Typologisierung ist im gesamten gesellschaftlichen Leben nur ein Beispiel. Andere Beispiele wären: der typische Ausländer, der typische Österreicher, der typische Jude usw. Typologisierungen können auch immer wieder einmal eine selektionistische und utilitaristische Ethikdiskussion auslösen. Eine typologisierende Pauschaldiagnose wie etwa »Schwer geistigbehindert« hat auch in einem Menschenbild Platz, welches menschliches Leben mit schwerwiegendsten Konsequenzen qualitativ bewertet. Die Schritte von einer scheinbar nur beschreibenden Zuteilungsdiagnostik zur qualitativen Bewertung von Zuteilungskategorien bleiben oft unbemerkt und in einer Zone zwischen humanistischer und selektionistischer Weltanschauung. So stellt die typologisierende Diagnostik, auf die sich viele Fachleute im Behindertenwesen stützen, selbst eine latente Stigmatisierung und Bedrohung der Würde behinderter Menschen dar.

Durch die Zuteilungsdiagnostik geschieht eine eigentümliche Annäherung der Begriffe »Behinderung« und »Sonderschulbedürftigkeit«. Die Diagnose einer bestimmten Behinderungsform entspricht zugleich der Zuordnung zu einer Sonderschulart. Die mögliche Mehrperspektivität des Behinderungsbegriffs wird bei einer solchen Festlegung der diagnostischen Kategorien gar nicht mehr sichtbar. Ohne Schulpflicht wären viele der »sonderschulbedürftigen« Kinder nicht diagnostiziert worden und damit nicht »behindert« geworden.

Wertgeleitete Heilpädagogik muss eine Diagnostik anstreben, die pauschale Typologisierungen vermeidet, jede Klassifikation als relativ erkennt, und die der Einmaligkeit eines Kindes gerecht wird, wenn sie auch theoriegeleitetes Klassifizieren nie ganz vermeiden wird. Es kann sich nicht um eine Diagnostik handeln, die in einem Diagnosebogen mit ein paar typologisierenden Begriffen endet und aktenreif gelocht wird. Es muss sich um differenzierte Beschreibungen des Entwicklungsstandes, des situativen Verhaltens, des Verhältnisses zu Anforderungen der Umwelt und der Beziehung zu erzieherischen und unterrichtlichen Erwartungen handeln. Es ist eine Diagnostik, die grundsätzlich unfertig bleibt und die sich nur in Bruchstücken in einem Lehrbuch beschreiben lässt. Obschon sie entwicklungspsychologische, sozialpsychologische und pädagogisch-evaluative Kompetenz erfordert, erschöpft sie sich nie in der Fachkompetenz, sondern findet ihren emotionalen und ethischen Rückhalt in der Vision eines heilpädagogischen Menschenbildes.

1.6   Meinungen über das »Menschenwesen«

1.6.1   Erziehung – durch Meinungen geprägt

Meinungen über das Wesen des Kindes prägen das Erziehen, Unterrichten und Therapieren. *Eine* Meinung mit langer Tradition geht davon aus, das Kind sei ein unvernünftiges Wesen, welches durch Eingriffe der Erwachsenen zur Vernunft geführt werden muss. Eine *andere* Meinung mit ebenfalls langer Tradition geht davon aus, dass im Kind das von der Unvernunft der Erwachsenen verschonte Wesen zu finden ist; es soll von der Unvernunft der Erwachsenen verschont und seiner »natürlichen« Entwicklung überlassen werden.

Handlungsleitende Meinungen über das Wesen des Kindes im Speziellen und des Menschen im Allgemeinen werden auch als »Menschenbilder« bezeichnet. Der automatisierte Rückgriff auf solche Grundmeinungen ermöglicht »spontanes« Handeln in unvorhersehbaren Erziehungssituationen. Wir wären handlungsunfähig, hätten sich keine solchen Automatismen entwickelt. Aber Distanznahme und Reflexion *nach* dem scheinbar »spontanen« Handeln in Praxissituationen sind aus der Sicht Wertgeleiteter Pädagogik wesentlich. Nur so können wir uns vor nichtbewusstem Befangensein in Ideologien schützen.

Die leitenden, oft nicht-bewussten »Menschenbilder« bewegen sich traditionellerweise zwischen den beiden angedeuteten Polen extremer Grundmeinungen. Auf der *einen* Seite wird davon ausgegangen, dass jedes Kind von Natur aus »gut« ist und sich deshalb am besten entwickeln kann, wenn man der Natur ihren Lauf lässt. Auf der *anderen* Seite wird angenommen, dass das Kind seinem Wesen nach und von Natur aus eine »böse«, »verdorbene« oder »unvernünftige« Minusvariante des Menschseins ist, die durch eingreifende Erziehung ins Positive gewendet werden muss. In der christlichen Tradition spielt dabei oft die biblische Erzählung vom Sündenfall eine theologisch begründende Rolle. Die Aufklärungszeit hat zwar die christlich-theologische Sicht abgelehnt, aber im Kind immer noch nur eine zu überwindende Vorstufe des vernunftgesegneten Erwachsenenseins gesehen.

Normierende, nicht-bewusste Menschenbilder haben eine Entlastungsfunktion für spontanes Handeln. Wer das spontane Verhalten im Erziehungsalltag nicht durch einen Filter vorsortiert und ohne Reflexion »spontane« Reaktionen zeigt, ist erziehungsunfähig. Verinnerlichte Vorstellungen vom sogenannten »natürlichen« Wesen des Menschen und von seinem Entwicklungsziel sind notwendig; nur auf dieser Grundlage kann man erzieherisch spontan handeln. Dieses Handeln erhält jedoch seine Richtung und seine Konsistenz zumindest teilweise aus dem die so genannte Spontaneität steuernden Menschenbild, von dem Erziehende im Augenblick des Handelns häufig kein Bewusstsein haben.

Nicht die Tatsache, dass in der Praxis auf der Grundlage von Menschenbildern gehandelt wird, ist zu kritisieren, sondern der Umstand, dass häufig nicht-bewusst bleibt, durch welches Menschenbild das spontane erzieherische Handeln vorstrukturiert wird. Möglicherweise wird die Motivation zum Bewusstwerden des handlungsleitenden Menschenbildes dadurch unterdrückt, dass Erziehende durch die Entdeckung solcher Grundmeinungen in innere Widersprüche geraten können, die sich beispielsweise aus einem latenten, aus dem Bewusstsein verdrängten Konflikt zwischen Idealen aus der Jugendzeit und Realitäten im Schul- und Gesellschaftssystem entwickelt haben. Unter dem Druck der Alltagsroutine und möglicherweise auch in nicht-bewusster Abwehr latenter Konflikte in der eigenen Persönlichkeitsstruktur besteht häufig die Gefahr, dass über das ideale und möglicherweise abweichende reale Menschenbild keine Rechenschaft mehr abgelegt wird. Unter diesen Bedingungen können nicht-bewusste Menschenbilder den Charakter von nicht mehr revidierbaren Vorurteilen annehmen, die einer Korrektur durch neue Einsichten nicht mehr zugänglich sind. Daraus kann dann jener Erzieher-, Lehrer- und Therapeutentyp resultieren, der in Routine erstarrt ist und keine Kritik erträgt.

1.6.2 Meinungen über Behinderte

Schon das Unterscheiden zwischen Normalität und Nicht-Normalität kann Ausdruck eines Menschenbildes sein. Das Bedürfnis nach Typologisierung, Klassifizierung und nach Ursachenzuschreibung aufgrund der Unterscheidung zwischen Normalität und Nicht-Normalität hat in unserer Geschichte schon zu verheerenden Folgen für behinderte und abweichende Menschen geführt: So ermöglichte die Beantwortung der Ursachenfrage durch Hinweise auf Dämonen, die sich des Behinderten bemächtigt haben, Exorzismen und Verbrennungen auf dem Scheiterhaufen. In unserem Jahrhundert führte die unheilvolle Verknüpfung von biologistisch-selektionistischen Ideen im Nationalsozialismus zu den Massenvernichtungen behinderter Menschen in Deutschland. Die fatalen Folgen von vereinfachenden Klassifizierungen und Ursachenzuschreibungen für behinderte Menschen können grob an zwei Grundmeinungen über den behinderten Menschen erläutert werden:

Auf der einen Seite gibt es die Grundmeinung, dass Behindertsein als Abnormität des betroffenen Individuums zu erklären ist. Aufgrund dieses Bildes vom Behinderten erscheinen behinderte Menschen als »anormal«, »krank«, »defekt«. Da sich der »Defekt« häufig nicht beheben lässt, haben die professionellen »Behindertenhelfer« (u.a. die Heilpädagogen und Heilpädagoginnen) dafür zu sorgen, dass der »anormale« Mensch die »normalen« Menschen wenigstens nicht belästigt. Ein derartiges Behindertenbild kann relativ leicht zur Resignation führen, da eine »Reparatur« beispielsweise einer geistigen Behinderung im Sinne des »Gesund-« und »Normalmachens« nicht in Frage kommt.

Auf der anderen Seite gibt es die dem skizzierten anlage- und defektorientierten Behindertenbild entgegengesetzte Grundmeinung, dass Behindertsein als Produkt der sozialen Umwelteinflüsse und des gesellschaftlichen Systems zu erklären ist. Dieses Menschenbild scheint den Glauben daran zu beinhalten, dass man Behinderungen aus der Welt schaffen könne, wenn die Entstehung von sozialen Vorurteilen verhindert würde. Der behinderte Mensch als real hilfsbedürftiges Individuum kann dabei zur Nebensache werden, weil die eigentliche Aufgabe der »Behindertenhilfe« einseitig in der Gesellschaftsveränderung gesehen wird. Damit kann auch diese extreme Grundmeinung durch Vernachlässigung der individuellen Bedürfnisse von Menschen mit Behinderungen behindertenfeindlich werden.

Durch Verabsolutierung und Pauschalisierung tragen beide Grundmeinungen über Behinderung die Gefahr von fanatisierenden Vorurteilen in sich. Wo Fanatismus und Fundamentalismus im Spiel sind, wird die Schranke zur Verletzung von menschlichem Leben relativ leicht durchbrochen. Jedes Menschenbild, das den Verstoß gegen die Grundwerte der Unverletzlichkeit und der Gleichwertigkeit aller Menschen bei größter Unterschiedlichkeit zulässt, kann Wertgeleitete Heilpädagogik gefährden. Im Leistungsschwachen und im Behinderten soll weder ein abnorm veranlagter noch ein von der Umwelt abnorm gemachter Mensch gesehen werden, sondern er soll nichts anderes als ein menschliches Wesen wie alle sein. Als Grundsatz für ein vorurteilsresistentes »Menschenbild« soll deshalb gelten, dass im behinderten Menschen in erster Linie der Mensch gesehen wird und nicht seine Abnormitäten. Es wäre möglicherweise ratsam, auf den Begriff der Behinderung überhaupt zu verzichten.

1.6.3 Wertbasis

Mit der aus der Aufklärung stammenden Grundmeinung, dass das Kind ein von Natur aus »unvernünftiges« Wesen ist und zur Vernunft der Erwachsenen gebracht werden muss, sind auch Entscheidungen für Werte gefällt: Ein zentraler Wert ist in diesem Fall die Rationalität, nach welcher unsere gesellschaftliche Welt funktionieren soll. Mit der von Rousseau und vielen pädagogischen Reformbewegungen vertretenen Grundmeinung, dass das Kind gegenüber dem Erwachsenen das noch »vernünftigere« Wesen ist, wird eine Entscheidung für den Wert des Außerrationalen gefällt. Es ist noch nie einem Philosophen gelungen, die Allgemeingültigkeit derartiger Grundwerte intersubjektiv zwingend nachvollziehbar zu beweisen. Es ist aber auch noch keinem noch so gewalttätigen und absolutistischen Regime gelungen, derartige Grundwerte einer Bevölkerung aufzuzwingen und auf Dauer den individuellen Glauben an andere als die öffentlich zugelassenen Grundwerte zu verbieten.

Der zentralen Bedeutung von Wertentscheidungen steht die Tatsache gegenüber, dass diese Entscheidungen weder durch rationale Argumentation allein noch durch irgendwelche Gewaltanwendung bei den einzelnen Menschen herbeigeführt werden können. Seine Wertentscheidungen kann letztlich nur jeder einzelne Mensch kennen, denn er kann sich notfalls auch verstellen und nach außen scheinbar andere Werte als die eigenen vertreten. Wertentscheidungen haben immer einen außerrationalen Charakter; sie sind nicht nur im Intellekt, sondern auch in der Emotionalität, im individuellen Glauben, im »Herzen« verankert. Sie haben damit auch den Charakter einer »Privatsache«, die gegen Argumente oder Angriffe verteidigt wird. Ist jemand emotional davon eingenommen, dass für ihn Werte der Ungleichwertigkeit und der Lebensuntauglichkeit von behinderten Menschen Gültigkeit haben, so kann es sich als unmöglich erweisen, ihm argumentativ und logisch zwingend zu beweisen, dass diese Werte »falsch« sind und dass er sich für behindertenfreundliche Werte entscheiden muss.

Es wäre schon viel erreicht, wenn sich alle Menschen dem Postulat verpflichtet fühlten, die ihr Handeln leitenden Werte offen zu formulieren und einem Gespräch zugänglich zu machen. Auch dieses Postulat basiert jedoch auf einer bestimmten Wertentscheidung: dem Wert der rationalen Argumentation und der Transparenz. Da es eine Wertentscheidung und keine empirisch überprüfbare Tatsache ist, liegt es im Ermessen des jeweiligen Gesprächspartners, ob er das Postulat nach Offenlegung von Werten und Menschenbildern für verpflichtend oder für seinen Interessen widersprechend annehmen will oder nicht.

Die Grundwerte der hier vertretenen Wertgeleiteten Heilpädagogik sind der Wert der Unverletzlichkeit von jeglichem menschlichen Leben, der Wert der Gleichwertigkeit aller Menschen bei extremer Verschiedenheit und der Wert der unverlierbaren Würde jedes Menschen. Ein rein rational-argumentativer Beweis für die »Richtigkeit« oder »Wahrheit« dieser Werte kann nicht erbracht werden. Jeder Versuch einer Argumentation ohne Rückgriff auf andere, nicht begründbare Entscheidungen wird sich als Scheinbegründung entlarven lassen.

Es lässt sich zusammenfassend festhalten: Menschenbilder enthalten grundlegende Wertentscheidungen. Die Gültigkeit von Wertentscheidungen lässt sich nicht mit den Methoden des intersubjektiv nachvollziehbaren Argumentierens allein beweisen. Man kann Menschen weder ausschließlich mit wissenschaftlichen Argumenten für Wertentscheidungen überzeugen noch kann man sie zur Übernahme von Wertentscheidungen mit Gewalt zwingen.

1.6.4 Gesellschaft

Der Mensch befindet sich im modernen, marktwirtschaftlichen Prozess von Produktion und Konsumation in Abhängigkeit von verselbständigten ökonomischen Gesetzmäßigkeiten. Wäre das Konsumieren und Produzieren nicht durch die Mehrheit der Bevölkerung sichergestellt, würde dieser Kreislauf in sich zusammenbrechen. Menschliches Verhalten ist unter Annahme der Gesetzmäßigkeiten von Produktion und Konsumation in hohem Maße vorhersagbar. Somit erfordern die marktwirtschaftlichen Prozesse einen Menschentyp, der nicht in erster Linie ein frei handelndes und entscheidendes Wesen ist (vgl. Haeberlin 2003).

Mit dem Beispiel der Entwicklungen auf dem Gebiet von elektronischen Geräten können die Gesetzmäßigkeiten illustriert werden, denen Menschen unterliegen: Damit die Produktion andauernd wächst, müssen fortwährend möglichst viele Geräte produziert und verkauft werden. Die Marktkonkurrenz zwingt jeden Betrieb, möglichst mehr Geräte in kürzerer Fertigungszeit als die anderen Betriebe herzustellen, um diese beim Konsumenten möglichst billiger, aber trotzdem mit Gewinn absetzen zu können. Damit wird die Anzahl der hergestellten Geräte einer Modellgeneration immer größer; trotz Verbreitung in immer größeren Käuferschichten ist notwendigerweise der potentielle Absatzmarkt einmal erschöpft. Die Produktionsbetriebe sind gezwungen, rechtzeitig »verbesserte« Gerätemodelle auf den Markt zu bringen, die (obschon die bisherigen ihren Dienst evtl. noch erfüllen) beim Konsumenten wieder abgesetzt werden. Dabei ist zu bedenken, dass die Produkte nur gekauft werden, wenn es genügend Konsumenten gibt, die als Arbeitskräfte in Produktionsbetrieben so viel von der an sich »wertlosen« Substanz »Geld« erhalten, dass sie außerhalb ihrer Arbeitszeit konsumieren können.

Im Laufe des zwanzigsten Jahrhunderts hat sich die Produktherstellung und -vermarktung kontinuierlich beschleunigt. Auf der individuell-psychischen Ebene werden fortlaufend Anpassungen menschlicher Motivationen und Lebensmuster an die beschleunigte Produktherstellung und -vermarktung erforderlich. Die Anpassung an Produktion und Vermarktung ist die Kehrseite der aufklärerischen Befreiung von stabilen Traditionen. Zu Beginn des 21. Jahrhunderts ist nun die fast totale Demontage aller gesellschaftlich tradierten Verbindlichkeiten und Gewissheiten erreicht. Dies suggeriert den Individuen die Gewährleistung eines Maximums an Freiheit für individuelle Wünsche. Der Soziologe Peter Gross (1994) nennt diesen Zustand »Multioptionsgesellschaft«, welche zugleich »Miniobligationsgesellschaft« ist.

Der Wandel zur Multioptionsgesellschaft zeigt sich auf allen Ebenen: bei den Wünschen nach Waren, bei den Berufswünschen, beim Kinderwunsch, beim Wunsch nach Lebensstilen, beim Wunsch nach Auswahl aus einer Vielfalt von Antworten zur Sinnfrage. Auch Religionen, Weltanschauungen, Ethiken werden in der Multioptionsgesellschaft als Wahlmöglichkeiten zur Verfügung gestellt und mit Werbeaufwand zur individuellen Entscheidung angeboten. Der Hunger nach Individualisiertem und Neuem ist unersättlich geworden. Er wird zu einem großen Teil mittels Transformationen ehemals kollektiver Gewissheiten in individualisierte Optionen gestillt. Sogar die Transformation natürlicher Bedingtheiten in Optionen wird möglich; beispielsweise werden Zeugung und Geburt machbar (z.B. Geschlechtsoption).

Der Wandel zur Multioptionsgesellschaft zeigt sich in der Herstellung und Vermarktung von fortwährend optisch veränderten und variierten Produkten. Die Innovationszyklen für neue Produktmodelle sind in einer rasanten Beschleunigung; ihre Zerfallszeit wird immer kürzer (Gross 1994, 45). Die Vermarktung benötigt Konsumenten, die andauernd Wünsche nach scheinbar neuartigen Produkten realisieren. Je kurzfristiger der Wechsel und je mehr Optionen produziert werden, umso intensiver muss die Vermarktung den Wunsch nach Produktindividualisierung ausnützen. Die Menge an Gütern vergrößert sich durch die beschleunigte Verkürzung der Zerfallszeit in bald unvorstellbare Dimensionen: Bei der jetzigen Beschleunigung und einem angenommenen jährlichen Wachstum des Sozialprodukts von vier Prozent würde allein in der Bundesrepublik Deutschland im Jahr 2060 ein größeres Gütervolumen erzeugt, als gegenwärtig die gesamte Welt produziert (Gross 1994, 46).

Seit dem Umbruch zur Moderne sind fortlaufend Demokratisierungsbewegungen im Gange. Solche finden heute in einer Situation statt, in welcher sich die Multioptionsgesellschaft grenzenlos und weltweit zur Schau stellt. Daraus resultiert ein gewaltiger Realisierungsdruck zur demokratisierten Teilhabe an Optionen durch immer mehr Menschen. Dies führt zu einem weltweiten Umverteilungsdruck. Die extremen, weltumspannenden Differenzen zwischen Arm und Reich lassen den gesellschaftlichen Wandel als unaufhaltsamen Fortschritt zur Katastrophe erscheinen. Einerseits gibt es eine Minderheit von Ländern, in welchen die Multioptionsgesellschaft für den größeren Teil der Bevölkerung realisiert ist. Andererseits gibt es eine Mehrheit von Ländern, in welchen Teilhabe an Optionen nur für eine Minderheit realisierbar ist; fast alle Bewohner dieser Länder nehmen jedoch via Massenmedien die

Möglichkeiten der Multioptionsgesellschaft wahr und leben in der Hoffnung, dass eine Teilhabe an den Optionen möglich wird. Deshalb ist ein weltweit sichtbares Merkmal des gesellschaftlichen Wandels eine neue Form von Völkerwanderung.

Ungleichheiten bezüglich der Teilhabe sind die Triebkraft für die Beschleunigungsdynamik von Produktion und Vermarktung. Die Reichen streben nach dem Individuellen um jeden Preis. Die weniger Reichen befriedigen das Streben nach Individuellem durch den Erwerb des ehemals Individuellen, jedoch schon Uniformisierten. Die Armen der Welt hoffen auf Teilhabe an der Multioptionsgesellschaft, obschon die Hoffnung für einen großen Teil nie in Erfüllung gehen kann.

Das Streben von immer mehr Menschen nach Erfüllung individueller Wünsche ermöglicht eine Steigerung der Produktion. Sie erzeugt aber auch andauernd neue Ungleichheiten und Differenzen in der tatsächlichen Realisierbarkeit des Wunsches nach dem Besonderen, zwischen Reichen, weniger Reichen und Armen. Zwar sind die Differenzen am deutlichsten sichtbar im Blick auf die armen und die reichen Länder. Die Aufrechterhaltung der Differenz zwischen Reichen und weniger Reichen und einer Minderheit in Armut ist jedoch auch innerhalb der Multioptionsgesellschaften für deren Dynamik erforderlich.

Zusammengefasst lautet die Diagnose des gesellschaftlichen Wandels in den letzten Jahrzehnten: Die beschleunigte und bald totale Herauslösung des Denkens und Handelns aus gesellschaftlich-kulturellen Verbindlichkeiten und Gewissheiten lässt den Bedarf nach individuellen Optionen und Angeboten explodieren. Deshalb ist für den gesellschaftlichen Wandel ein Bedarf an kontinuierlich kurzfristigeren Innovationen im Waren- und im Ideenbereich typisch, wie er in früheren Phasen der kapitalistischen Gesellschaft in diesem Ausmaß noch nicht feststellbar war. Die vermeintliche Freiheit zu unbeschränkten Innovationen und zu individuellen Optionen ist – von der ökonomischen Rückseite her gesehen – gewandelte Anpassung der individuell-psychischen Strukturen an den Beschleunigungsschub in der Produktion.

Die so funktionierende Gesellschaft ist *nicht* in erster Linie auf jene Werte angewiesen, die zugunsten einer humaneren Gesellschaft und damit auch zugunsten der Behinderten wünschenswert sind. Die marktwirtschaftlichen Prozesse setzen motivationssteuernde Werte voraus, welche Produktion und Konsumation aufrechterhalten; dies sind Werte des Habens und Immer–mehr–haben–Wollens. Sie sichern ab, dass die Spirale von Produktion und Konsumation nicht zum Stillstand kommt. Hierzu sind ichzentrierte Motive der Konsumenten notwendig. Die neoliberalen Globalisierungsprozesse fördern solche Motivationen vermehrt, so dass sich »die bürgerliche Gesellschaft im Projekt der neoliberalen Globalisierung dem Zustand, den die frühbürgerlichen Philosophen ihr doch als Naturzustand entgegengesetzt hatten, dem des ›homo homini lupus‹ nähert« (Görg 2004, 110).

Dies hat sich auch in demokratischen Gesellschaftsformen nie grundsätzlich geändert, obschon darin definitionsgemäß die Werte der Gleichheit und Gerechtigkeit verankert sein sollen. Gesellschaftlich gesehen, ist das Gleichheitsprinzip in demokratischen Gesellschaftsformen dadurch charakterisiert, dass die ichzentrierte Bedürfnisbefriedigung für alle Beteiligten möglichst im gleichen Maße eingeschränkt sein sollte und dass alle im Rahmen von gesetzlichen Schranken ihren Egoismus im gleichen Maße ausleben können sollten (vgl. Haeberlin 2003). Die Menschen in einer demokratischen Gesellschaft mit marktwirtschaftlichem Charakter benötigen eine besonders gut entwickelte Intelligenz, mit welcher sie die ichzentrierten Absichten anderer stets so rechtzeitig erkennen können, dass ein erneutes Abgleiten in höhere Grade der Ungleichheit verhindert wird.

Bereits findet man in der Literatur den Begriff »kognitiver Kapitalismus«, der Intelligenz im Dienste »einer auf Wissensproduktion und -konsumation, auf Kreativität und immaterieller Arbeit basierenden Ökonomie des Postfordismus« (Holert 2004, 128) neu und differenzierter zu erfassen hat. Besonders gefährdet sind diejenigen, welche eine niedrige Intelligenz haben, im Produktionsprozess nicht rationell einsetzbar und damit auch als Konsumenten unbrauchbar sind. Zu diesem Personenkreis gehören in der Regel Behinderte, in ganz besonderem Maße die Geistigbehinderten.

Eine radikale Umgestaltung der skizzierten Verhältnisse scheint unmöglich, es sei denn, dies werde durch Verstöße gegen den Grundwert der Unverletzlichkeit menschlichen Lebens versucht, wie es in realsozialistischen Staaten im zwanzigsten Jahrhundert geschehen ist. Mit dem Verstoß gegen einen Grundwert können die Grundwerte der Wertgeleiteten Heilpädagogik jedoch nicht allgemeingültig gemacht werden! Es gibt kein einleuchtendes Motiv dafür, dass mit Gütern und Privilegien gesegnete Menschen freiwillig und aus eigener Einsicht auf die für sie vorteilhafte Gesellschaftsstruktur verzichten sollten.

Wir halten zusammenfassend fest: Das heilpädagogisch wünschbare Menschenbild steht im Widerspruch zum realen Menschenbild, welches Garant für das Fortbestehen unserer Produktions- und Konsumationsgesellschaft zu sein scheint. Eine grundlegende Veränderung dieser Gesellschaft scheint nicht denkbar ohne Verstoß gegen den Grundwert der Unverletzlichkeit menschlichen Lebens. Es ist deshalb paradoxerweise ein heilpädagogischer Grundwert, der uns zum Akzeptieren – jedoch nicht zum Verschleiern – des Widerspruchs zwischen idealen und realen Menschenbildern nötigt.

1.6.5 Die Sinnfrage zwischen Realität und Utopie

Der ökonomische Mechanismus in unseren Gesellschaften funktioniert mit Hilfe der psychischen Verfassung von Menschen, welche in erster Linie für den eigenen Profit und den Vorteil der Befriedigung wirtschaftlich produzierter Bedürfnisse motiviert sind. Demokratisches Leben in dieser ökonomischen Realität bedeutet eine Herausforderung für die Sinnbedürftigkeit der Menschen. Welcher Sinn kann darin gesehen werden, dass demokratisches Zusammenleben in marktwirtschaftlichen Gesellschaften nichts anderes als ein endloser, reglementierter Kampf zwischen ichzentrierten Menschen und Menschengruppen ist?

Die Erfahrung der Notwendigkeit, ein als sinnlos erscheinendes Leben als das bestmögliche Leben akzeptieren zu müssen, macht die Auseinandersetzung mit der Sinnfrage zu einem menschlichen Grundbedürfnis. Es kann aufgrund von zwischenmenschlichen Erfahrungen vermutet werden, dass Menschen neben allen natürlichen und gesellschaftlich entstandenen Grundbedürfnissen auch ein Grundbedürfnis nach Sinn haben. Das Grundbedürfnis nach Sinn ist, wie die Grundentscheidung für Werte, an den einzelnen Menschen gebunden.

Der Sinn kann zwar vom Einzelnen in der Befriedigung gesellschaftlich produzierter Bedürfnisse gesucht werden. Es wird sich aber immer wieder ereignen, dass Menschen an dieser Sinngebung zweifeln und sich als nicht marktwirtschaftlich determinierte Subjekte verstehen möchten. Der Schritt zu dieser Art von Auseinandersetzung mit dem Sinn ist nicht erklärbar und nicht voraussagbar. Sinnfindung ist, wie die Wertentscheidung, nicht machbar. Wertentscheidung und Sinnfindung sind zwei zusammengehörende Aspekte eines individuellen Prozesses.

Die Antwort auf die Sinnfrage in der existentiellen Bedeutung des Wortes lässt sich weder aus der gesellschaftlichen Realität noch aus Grundwerten wie Unverletzlichkeit, Gleichwertigkeit und Würde ableiten. Den Schritt zu jener Sinnfindungshaltung, die als »human« bezeichnet werden könnte, kann niemand aus eigener Verstandeskraft tun; sondern jeder Einzelne muss für sich das Beglückende jener Haltung erleben, die man nicht erzwingen kann und die man immer wieder verliert, weil man die gesellschaftlichen Aufgaben erfüllen muss.

Sinnfindung kann über zwei Erfahrungen gehen: *Erstens* ist es dem Menschen möglich, die Erfahrung geistiger Freiheit in dem Sinne zu machen, dass er sich mit Hilfe seiner spezifisch menschlichen Intelligenz außerhalb der gesellschaftlichen Unfreiheit denkt und sich das Leben in einer utopischen Situation als autonomes Subjekt vorstellt. Aber trotz Denken von Freiheit kann der Mensch die gesellschaftlichen Fesseln nicht ablegen. Deshalb ist er *zweitens* immer von neuem auf die Erfahrung angewiesen, dass es Momente im Leben geben kann, in denen eine Ich-Du-Beziehung einen Sinn gibt, der keine kritischen Fragen mehr zulässt. Es geht um die Sinnfindung im Dialogischen.

Allerdings darf dies nicht zur Meinung veranlassen, man könne durch Flucht in Ich-Du-Beziehungen über den Schatten der gesellschaftlichen Unfreiheiten und Verpflichtungen springen. Diese Meinung würde zu esoterischen, realitätsblinden und damit politisch missbrauchbaren Heilpädagogen und Heilpädagoginnen führen. Gerade die Erkenntnis, dass gesellschaftliche Gesetzmäßigkeiten ganze Menschengruppen an den Rand drängen und vom Dialog ausschließen können und dass sich diese Gesellschaft nicht grundlegend ändern lässt, verpflichtet dazu, das gesellschaftliche Übel so klein wie möglich zu halten; und das kleinste Übel ist vermutlich die demokratisch-marktwirtschaftliche Gesellschaft, die sich in Richtung einer idealen Demokratie weiterentwickeln kann. Zum heilpädagogisch wirksamen Menschenbild gehört deshalb auch die Verpflichtung, sich im Rahmen der verfügbaren Möglichkeiten politisch zugunsten der Demokratieentwicklung zu engagieren. Vermutlich ist in dieser Gesellschaftsform die Gefahr der Entsolidarisierung gegenüber Randgruppen wie beispielsweise Geistigbehinderten noch am geringsten; sie ist allerdings keineswegs gebannt.

1.6.6 Keine behindertenspezifischen Menschenbilder

Weil Menschen im Akzeptieren des Widerspruchs auch immer gesellschaftlich deformierte Wesen sind, besteht das Bedürfnis, Menschengruppen auszusondern. Dies geschieht auch dann, wenn beispielsweise für Behinderte ein anderes Menschenbild angewandt wird als für die übrigen Menschen. Ein Menschenbild speziell für Behinderte würde den Grundwerten der Wertgeleiteten Heilpädagogik widersprechen. Die Einführung des Sammelbegriffs »Behinderte« für alle Menschen, mit denen sich die Heilpädagogik beschäftigt, bedeutet in diesem Sinne keinen Fortschritt zur Wertgeleiteten Heilpädagogik. Die Leichtfertigkeit, mit der diese Menschenkategorie so benannt wurde, zeigt, dass auch die professionellen Heilpädagogen und Heilpädagoginnen noch weit entfernt von der gelebten heilpädagogischen Haltung sind und die Bequemlichkeit der leichten Benennung und Typisierung anderer Menschen dem emotionalen Wagnis des Wartens auf Erschließung ihrer einmaligen Ganzheit vorziehen. Dies ist jedoch kein Anlass zur Verzweiflung; denn als Wesen, die den Sinn im Widerspruch zwischen gesellschaftlicher Realität und erträumter Utopie finden müssen, können Erziehende die Lebenshaltung Wertgeleiteter Pädagogik nie besitzen, sondern immer nur erstreben und ersehnen – in Momenten der dialogischen Erfüllung allerdings auch erleben.

Lösungen zur den Testfragen auf den folgenden Seiten:

1=b	7=c	13=d	19=c	25=b	31=d	37=d	43=a	49=d	55=d
2=d	8=b	14=a	20=c	26=c	32=b	38=a	44=d	50=c	56=c
3=a	9=a	15=b	21=d	27=d	33=c	39=b	45=b	51=c	57=a
4=d	10=d	16=a	22=a	28=d	34=c	40=c	46=a	52=a	58=b
5=c	11=a	17=c	23=a	29=b	35=d	41=c	47=a	53=b	59=b
6=a	12=b	18=a	24=c	30=a	36=c	42=b	48=b	54=a	60=d

58 und mehr richtig = sehr gut
54 bis 37 richtig = gut
47 bis 53 richtig = genügend
weniger als 47 richtig = nochmals aufmerksam durcharbeiten

1.7 Testfragen

Sie können überprüfen, wie aufmerksam Sie das Kapitel gelesen haben, indem Sie a, b, c oder d als das am meisten Zutreffende markieren.

1	Für die Heilpädagogik von Hanselmann ist der folgende Begriff typisch: a) Behinderung b) Entwicklungshemmung c) Fehler d) Erziehungshemmung	a	b	c	d
2	Heilpädagogik = Lehre vom Unterricht, von der Erziehung und Fürsorge aller jener Kinder, deren körperlich-seelische Entwicklung dauernd durch individuale und soziale Faktoren gehemmt ist. – Diese Definition stammt von a) Moor b) Bleidick c) Speck d) Hanselmann?	a	b	c	d
3	Heilpädagogik = die Lehre von der Erziehung derjenigen Kinder, deren Entwicklung durch individuale oder soziale Faktoren dauernd gehemmt ist. Diese Definition stammt von a) Moor b) Bleidick c) Bopp d) Montalta?	a	b	c	d
4	Wer hat 1885-1960 gelebt? a) Pestalozzi b) Fröbel c) Herbart d) Hanselmann	a	b	c	d
5	Die Heilpädagogik griff anfangs des 21. Jahrhunderts eine bereits vorher in der allgemeinen Erziehungswissenschaft diskutierte Frage auf: die Frage nach dem Verhältnis zwischen Profession und a) Berufsprestige b) Lebenswelt c) Disziplin d) Sonderschule	a	b	c	d
6	Bleidick definiert Behinderung als variable Folge einer ...... a) Schädigung b) Beeinträchtigung c) Fehlentwicklung d) Hirnverletzung	a	b	c	d
7	Als behindert im pädagogischen Sinne gelten Kinder, Jugendliche und Erwachsene, deren Lernen und deren soziale Eingliederung erschwert sind. Diese Definition stammt von a) Moor b) Speck c) Bleidick d) Kobi	a	b	c	d
8	Wie kann der Schritt der Weltgesundheitsorganisation zur Unterscheidung zwischen *impairment*, *disability* und *handicap* charakterisiert werden? Als a) medizinisch b) sozialwissenschaftlich c) ethnologisch d) juristisch	a	b	c	d
9	Eine materialistische Behindertenpädagogik vertritt a) Wolfgang Jantzen b) Otto Speck c) Ulrich Bleidick d) Heinz Bach	a	b	c	d
10	Wie wird Behinderung in den amerikanischen Forschungsarbeiten mit der Bezeichnung »Disability Studies« zur Hauptsache betrachtet? a) psychologisch b) psychiatrisch c) philosophisch d) sozialwissenschaftlich	a	b	c	d
11	Wer machte die Unterscheidung zwischen »Heilpädagogik« für medizinisch heilbare Erscheinungen und »Sonderpädagogik« für medizinisch nicht heilbare Erscheinungen? a) Allers b) Strümpell c) Hanselmann d) Heinrichs	a	b	c	d
12	Welche Therapierichtung ist am stärksten am Modell der Kausaltherapie orientiert? a) Gesprächstherapie b) Psychoanalyse c) Verhaltenstherapie d) Gestalttherapie	a	b	c	d
13	Welches Merkmal charakterisiert den *pädagogischen* Therapiebegriff gegenüber dem medizinischen am ausgeprägtesten? a) Heilen b) Ursachen bekämpfen c) Helfen d) Aufbau von Strukturen	a	b	c	d
14	Am *problematischsten* ist die Erklärung von »Behinderung« aus einer »Schädigung« für a) Lernbehinderung b) Sehbehinderung c) Hörbehinderung d) Geistige Behinderung?	a	b	c	d
15	In welchem Land wird anstatt von Heilpädagogik von Orthopädagogik gesprochen? a) Russland b) Holland c) England d) Österreich	a	b	c	d

		a b c d
16	An welcher Universität heißt unser Fach »Rehabilitationspädagogik«? a) Humboldt Universität Berlin b) Universität Zürich c) Universität München d) Universität Wien	a b c d
17	Die erstmalige Verwendung des Begriffs »Heilpädagogik« geht zurück auf a) Moor und Hanselmann b) Pestalozzi c) Georgens und Deinhardt d) Kobi und Schneeberger	a b c d
18	Der Begriff »Heilpädagogik« wurde erstmals verwendet im Jahr a) 1861 b) 1835 c) 1798 d) 1931	a b c d
19	Der Pädagoge Comenius sprach im 17. Jahrhundert von »Heilmitteln« (lateinisch Remedium) zur Heilung von Kinderfehlern. Er meinte damit: a) Heilkräuter b) magische Beschwörungen c) pädagogische Maßnahmen d) Hypnosen	a b c d
20	Eine der folgenden Eigenschaftszuschreibungen für Geistig Behinderte geht auf die typische Sichtweise der Aufklärungsepoche zurück: a) hilfsbedürftig b) unselbständig c) krank d) andersartig	a b c d
21	In der Aufklärungsepoche wurde vom »Heilen von Kinderfohlern« gesprochen. Welches von den nachfolgenden Beispielen ist typisch für einen solchen Kinderfehler? a) Erbrechen b) Schielen c) Stottern d) Fluchen	a b c d
22	Johann Friedrich Herbart brachte in Anlehnung an die aufklärerische Kinderfehlerlehre das folgende »Heilmittel« in die pädagogische Diskussion: a) spezielle Übungsklassen b) Sitzenbleiben c) leichtes Schlagen d) Beten	a b c d
23	Das Lehrbuch »Pädagogische Pathologie oder die Lehre von den Fehlern der Kinder«(1890) ist von a) von Strümpell b) Niemeier c) Allers d) Asperger	a b c d
24	1841 wurde bei Interlaken eine »Heilanstalt für Kretinen und blödsinnige Kinder« gegründet und zwar von a) Pestalozzi b) Itard c) Guggenbühl d) Wichern	a b c d
25	Welcher der folgenden Namen kann eindeutig _nicht_ zur Tradition der Heilserziehung gezählt werden. a) Montalta b) Bleidick c) Bopp d) Schlaich	a b c d
26	»Für die Betreuung behinderter, aber für das Volksleben noch aussichtsvoller Schüler haben wir in angemessener Form verantwortungsbewusst zu wirken; das völlig Unwerte auszumerzen verlangt die Selbsterhaltungspflicht der Nation.« – Aus welchem Jahr stammt dieses Zitat? a) 1845 b) 1894 c)1934 d) 1971	a b c d
27	»Viele Tiere funktionieren besser und kommen deshalb den Kriterien des Menschseins näher als schwerbehinderte Menschen.« – Welche Philosophie könnte diesen Satz am ehesten vertreten? a) Materialismus b) Existentialismus c) Kantianismus d) Präferenzutilitarimus	a b c d
28	Welcher Begriff ist mit dem Dialogischen Prinzip _un_vereinbar? a) Bindung b) personale Vergegenwärtigung c) Erschließung d) Auferlegung	a b c d
29	Für das nicht bewertete So-Sein eines Menschen verwendet Kobi den Begriff a) Wesen b) Person c) Existenz d) Persönlichkeit	a b c d
30	Kobi leitet seine Vorstellung von Personalismus aus einer alten Lehre ab: a) Imago-Dei-Lehre b) Fiat-Lux-Lehre c) Buddhismus d) Schamanismus	a b c d

		a	b	c	d
31	Hengstenberg analysierte Motive zum heilpädagogischen Helfen. Welche Motive sind von Hengstenberg *nicht* genannt worden? a) sozial-utilitäre b) altruistische c) personale d) berufspolitische Motive	a	b	c	d
32	Welche für die moderne Heilpädagogik wichtige Zielsetzung wird von Bengt Nirje vertreten? a) Integration b) Normalisierung c) Entpsychiatrisierung d) Pädagogisierung	a	b	c	d
33	Einer der folgenden Begriffe ist *un*typisch für das Normalisierungsprinzip. a) sexuelle Lebensmuster b) Tagesrhythmus c) Gottesdienst d) Lebenszyklus	a	b	c	d
34	In welchem Jahr ist das Buch von Binding und Hoche »Die Freigabe der Vernichtung lebensunwerten Lebens« erschienen? a) 1835 b) 1882 c) 1920 d) 1985	a	b	c	d
35	Mit dem Begriff »personale Vergegenwärtigung« meint Martin Buber a) Heilung b) Religion c) Belehrung des Kindes d) Annahme des Partners	a	b	c	d
36	Hanselmann sprach von einer »Spaltung der Persönlichkeit in zwei Lebenshaltungen, in ein geheimes Ich-selbst und in ein nach außen gewendetes xxx« – Welchen Begriff verwendet er für xxx? a) Wesens-Ich b) Existenz-Ich c) Verkehrs-Ich d) Egozentrum	a	b	c	d
37	Der Philosoph Alasdair MacIntyre schrieb ein für die ethische Grundlegung der Heilpädagogik wichtiges Buch mit dem Titel »Die Anerkennung der ....« a) menschlichen Freiheit b) Einfachheit c) Toleranz d) Abhängigkeit	a	b	c	d
38	Kommunitarismus fordert Rückkehr zur Gemeinschaft. Dies ist notwendig für die Heilpädagogik, beinhaltet aber die Gefahr der a) Intoleranz b) Naivität c) Emotionalität d) Apathie	a	b	c	d
39	»Jedes Kind entwickelt sich von Natur aus richtig.« – Dieser Satz drückt folgendes aus: a) eine sichere Wahrheit b) eine handlungsleitende Meinung c) eine Tatsache d) eine Utopie	a	b	c	d
40	»Die Werte ›Ungleichwertigkeit‹ und ›Lebensuntauglichkeit‹ von behinderten Menschen‹ sind gemäß wissenschaftlichen Untersuchungen falsch.« – Für diese Aussage gilt: a) noch Forschung nötig b) stimmt c) stimmt nicht d) ist nahezu bewiesen	a	b	c	d
41	»Alle Kinder in Klassen für Lernbehinderte haben einen tieferen IQ und zeigen schlechtere Schulleistungen als Regelschüler.« – Dies stimmt a) völlig b) nur für den IQ c) nicht d) nur für Ausländer	a	b	c	d
42	Die aktuellen Veränderungen in den Klassen für Lernbehinderte sind am zutreffendsten umschrieben mit a) weniger Schüler b) mehr Ausländer c) mehr Mädchen d) bessere Lernerfolge	a	b	c	d
43	Das Wort »Behinderung« wurde in einem heilpädagogischen Werk erstmals verwendet von a) Egenberger (1958) b) Bleidick (1972) c) Homburger (1928) d) Hanselmann (1941)	a	b	c	d
44	Gestützt auf die »Pädagogik der Behinderten« von Bleidick werden neun Behinderungsarten voneinander unterschieden. Welche gehört *nicht* dazu? a) Körperbehinderung b) Sehbehinderung c) Hörbehinderung d) Bewegungsbehinderung	a	b	c	d
45	»Behinderung ist durch eine Schädigung des Individuums verursacht.« – Welchem der Paradigmen nach Bleidick entspricht dieser Satz? a) interaktionistisches b) individualtheoretisches c) systemtheoretisches d) homöostatisches	a	b	c	d

46	Im interaktionistischen Paradigma werden »Behinderungen« erklärt als a) soziale Etikettierung b) vererbt c) Kindheitstrauma d) Unfallfolge	a	b	c	d
47	»Ein von einer Bezugsgruppe einem Menschen zugeschriebenes ...... Merkmal wird ›Stigma‹ genannt.« – Was ist bei den Punkten einzusetzen? a) negativ bewertetes b) unästhetisches c) auffälliges d) virtuell abweichendes	a	b	c	d
48	»Der Begriff ›Mehrfachbehinderung‹ ist häufig an den Begriff ›.......‹ gekoppelt.«– Setzen Sie ein: a) Hörbehinderung b) Schwerste Behinderung c) Rollstuhlabhängigkeit c) Geburtsgebrechen	a	b	c	d
49	Martin Hahn (1981) hat eine schwere Behinderung charakterisiert als a) Schicksalsschlag b) Lebensereignis c) negative Befindlichkeit d) soziale Abhängigkeit	a	b	c	d
50	Der typische Hilfsschüler wurde ursprünglich nicht »lernbehindert« genannt, sondern a) a-intellektuell b) agil c) leicht debil d) cerebral gestört	a	b	c	d
51	»Behinderung ist Folge eines/einer ....« – Welcher Begriff ist einzusetzen? a) komplizierten Geburt b) schweren Unfalls c) Schädigung d) psychischen Defekts	a	b	c	d
52	Das schweizerische Invalidenversicherungsrecht legt Geistige Behinderung fest bei einem IQ a) unter 75 b) unter 65 c) unter 55 d) unter 85	a	b	c	d
53	Der Anteil von Schülern in Sonderklassen an der Gesamtschülerzahl liegt zwischen 1% und a) 4% b) 8% c) 12% d) 16%	a	b	c	d
54	»(xxx) ist ein Merkmal, welches einer Person als Eigenschaft zugeschrieben wird.« – Was kann für (xxx) *nicht* eingesetzt werden? a) Ein Stigma b) Bosheit c) Fleiß d) Prestige	a	b	c	d
55	Was kann heilpädagogische Berufspolitik für Behinderte bedrohlich machen? a) Gewalttätigkeit gegen Behinderte b) Lieblosigkeit c) Disqualifizierung d) Instrumentalisierung der Behinderten	a	b	c	d
56	Spontanes Handeln in der heilpädagogischen Praxis a) entspringt dem hohlen Bauch b) ist immer gut c) ist von Vormeinungen geleitet d) ist vorurteilsfrei.	a	b	c	d
57	»Man muss die richtigen Werte für die Heilpädagogik beweisen, so dass sie von allen Menschen akzeptiert werden.« – Diese Aussage ist eine a) fehlerhafte Argumentation b) Wahrheit c) Lüge d) alte Weisheit.	a	b	c	d
58	Was ist von den Möglichkeiten am zutreffendsten? Wertentscheidungen sind a) zu beweisen b) offen zu legen c) zu glauben d) zu vermeiden	a	b	c	d
59	Aus der Sicht Wertgeleiteter Heilpädagogik sollten wir ein Menschenbild speziell für Behinderte a) suchen b) vermeiden c) in Theorien einbauen d) wissenschaftlich fundieren	a	b	c	d
60	»Bildung und Erziehung ist Pädagogik und nichts anderes« - Welcher Heilpädagoge wird gerne mit diesem Satz in Verbindung gebracht? a) August Aichhorn b) Rudolf Steiner c) Eduard Montalta d) Paul Moor	a	b	c	d

2 Die Geschichte misslingender Solidarisierung

Eine Geschichte der Einstellung zu und Hilfe für Menschen mit Behinderungen ist bis heute nicht in einem Gesamtzusammenhang geschrieben worden. Begriffe wie Krüppel, Gebrechliche, Anormale, Abwegige usw. deuten darauf hin, dass in der europäischen Kulturgeschichte eine eher negative Einstellung gegenüber behinderten Menschen vorherrscht. Der Gedanke einer partnerschaftlichen Betreuung aller Menschen mit Behinderungen im Sinne der in diesem Buch vertretenen Heilpädagogik geht nicht weit in die Vergangenheit zurück.

2.1 Griechische und römische Antike

Zur Situation Behinderter im griechischen und im römischen Reich findet man zwar in den meisten Einführungsbüchern zur Heilpädagogik übereinstimmende Aussagen; aber die Autoren beziehen sich – wenn sie nicht einfach aus andern Einführungsbüchern abschreiben – auf zwei Quellenstudien von deutschen Autoren aus den frühen zwanziger Jahren (Malbin 1922; Kirmsse 1922). Um die aufkommende nationalsozialistische Rassenlehre und die damit verbundene Lehre vom lebenswerten und -unwerten Leben zu stützen, suchten damals deutsche Historiker und Ethnologen bei den Völkern der klassischen Antike, aber auch bei Naturvölkern Beweise dafür, dass in – nach nationalsozialistischem Wortgebrauch – »gesunden« Völkern mit gebrechlichen und kranken Menschen weniger human umgegangen wurde, als es von der christlichen Ethik verlangt wird.

Angesichts des Erkenntnisinteresses jener Zeit könnte in Zweifel gezogen werden, ob die heute immer wieder gemachten Aussagen über die Behandlung von Behinderten in der klassischen Antike objektiv zutreffend sind. Allerdings ist nicht anzunehmen, dass die Ergebnisse der damaligen Recherchen falsch sind, da die entsprechenden Textstellen bei den griechischen und römischen Autoren tatsächlich vorliegen. Es kann kaum bezweifelt werden, dass das Fehlen von Solidarität mit behinderten Menschen in den Wurzeln europäischen Denkens über diese verankert ist: Die Einstellung gegenüber Behinderten war in der klassischen Antike mit Sicherheit nicht positiv. Eine gesellschaftliche Solidarisierung fand nur mit Kriegsinvaliden statt, deren Behinderung als ehrenvolles Merkmal interpretiert werden konnte. Sogar die medizinisch-ethischen Grundsätze von Hippokrates enthielten Grenzen der ärztlichen Pflicht zur Solidarität mit schwer Kranken.

Eine vertiefte historische Forschung nach modernen wissenschaftlichen Maßstäben wäre dennoch wünschenswert, damit wir uns nicht auf Untersuchungen aus einer ideologisch sehr belasteten Zeit angewiesen sind. Malbin (1922) knüpfte an die nationalsozialistische Programmschrift der Professoren Binding und Hoche »Die Freigabe der Vernichtung lebensunwerten Lebens« an. Er beschreibt in seinem Aufsatz zahlreiche Beispiele von sog. Naturvölkern, welche Menschen mit Behinderungen als »unwertes« oder »unbrauchbares« Leben vernichteten. Den Übergang zur griechischen und römischen Antike bildet der folgende Satz: »Die gleiche Selbstverständlichkeit beim Ausmerzen unwerten Lebens wie bei den Naturvölkern finden wir bei denen des Altertums.« (Malbin 1922, 131) Zunächst belegt er mit verschiedenen Textstellen bekannter griechischer und römischer Philosophen, dass allgemein die Abtreibung von unerwünschten Kindern bei den Griechen und Römern empfohlen war. Beispiel eines Belegzitats von Aristoteles: »Wenn aber in der Ehe wider Erwarten Kinder erzeugt werden, so soll die Frucht abgetrieben werden, bevor sie Empfindung und Leben hat.« Plato soll Hebammen ausdrücklich gestattet haben, die Abtreibung der Frucht vorzunehmen. In Rom soll die Abtreibung so verbreitet gewesen sein, dass »besonders in der spätrömischen Zeit, als das Land verarmt war, Ehemänner, die durchaus Kinder haben wollten, Wächter zur Bewachung der Schwangeren, sog. Bauchhüter, anstellen mussten« (Malbin 1922, 132).

Im Anschluss an die Belege für die allgemeine Einstellung der Römer und Griechen zur Abtreibung bringt Malbin Belege dafür, dass in der Antike unerwünschte Kinder nicht nur abgetrieben, sondern auch nach der Geburt noch getötet oder ausgesetzt worden sind; dies geschah insbesondere dann, »wenn sie aus irgendeinem Grunde nach ihrer Anschauung keine Daseinsberechtigung hatten« (Malbin 1922, 133). Nachfolgend wird eine längere Textstelle von Malbin wiedergegeben:

> »Gehen wir nunmehr zu den uns vom Altertum bekannten geschichtlichen Tatsachen über, so ist das lykurgische System in Sparta wohl das markanteste Beispiel dafür, wie alles Leben zielbewusst vernichtet wurde, das der Erhaltung eines gesunden und wehrfähigen Volkskörpers nicht irgendwie dienen konnte. Dieses System unterstützte die natürliche Zuchtwahl noch durch eine künstliche. Neugeborene Kinder wurden bei den Spartanern von den Stammesältesten besichtigt. Nur die Kräftigsten wurden aufgezogen; schwache und missgestaltete Kinder wurden ausgesetzt oder in einen tiefen Abgrund am Berg Taygetos geworfen. Ein straffes Abhärtungssystem, dem die Jugend beider Geschlechter gleich nach ihrer Geburt unterworfen wurde, setzte die Zuchtwahl energisch fort. Wer sich nicht allen schädlichen Einflüssen ungestraft aussetzen konnte, kam dabei erbarmungslos um. – In Athen wollten Plato und Aristoteles ebenfalls bewusste Rassenzüchtung

getrieben wissen. Beide haben wohl die Grundprinzipien ihres sozialhygienischen Systems bei Lykurg entlehnt. Unter anderem verlangte Plato in seinem ›Staat‹, dass nur die tüchtigsten Kinder ›Staatswärterinnen‹ zur Pflege übergeben, schwache dagegen ›an einem geheimen Ort versteckt‹, d.h. ausgesetzt werden sollten. Bei Kindern, welche von Bürgern gezeugt worden waren, die das staatlich festgesetzte Zeugungsalter überschritten hatten, sollte man nach ihm es so halten, ›als wenn keine Nahrung für diese Neugeborenen vorhanden wäre‹. Das kam der Aufforderung gleich, sie verhungern zu lassen. In seinem ›Theaetet‹ machte Plato es der Hebamme zur Pflicht, zu bestimmen, ob das Neugeborene wirklich ein Kind sei oder nicht. Aristoteles wünscht, dass kein verkrüppeltes Kind aufgezogen werden soll; das Gesetz soll die Aussetzung dieser verkrüppelten Neugeborenen vorschreiben. Im alten Rom gestattete das Gesetz der 12 Tafeln die augenblickliche Tötung missgestalteter Kinder. Auch nach einem dem Romulus zugeschriebenen Gesetz durften solche umgebracht werden, nachdem sie von fünf Zeugen als Missgeburt erklart worden waren. Nach einem anderen Gesetz des Begrunders Roms durften Mädchen bis zu drei Jahren ausgesetzt werden.« (Malbin 1922, 136)

Auch bei der Schrift von Kirmsse (1922) handelt es sich um eine Auseinandersetzung mit dem Buch von Binding und Hoche. Kirmsse scheint allerdings eine gewisse Distanz zur nationalsozialistischen Lehre vom »lebensunwerten Leben« Behinderter gehabt zu haben. Er trat relativ deutlich für das Lebens- und Erziehungsrecht Geistigbehinderter ein, welche er selbst als Anstaltsleiter betreute. Auch er beschreibt ähnliche Details über den Umgang der Griechen und Römer mit behinderten Menschen wie Malbin:

»Im alten Hellas, in Griechenland, wo die Schönheit in reinster Form lange als oberstes Gesetz in Kunst und Ästhetik dominierte, wo die missgestalteten und hochgradig schwachsinnigen jungen Kinder in den Schluchten des Taygetos einem grausamen Tod überliefert wurden, fehlt trotzdem der zu einem tragischen Dasein verurteilte Morio nicht. So lange strenge Klassizität in Sitte und Kunst herrschte, war das geistig und körperlich Hässliche verpönt, als aber die Verfallsperiode eintrat, fand man daran eine, einem verflachten Geschmacke entsprechende Lust und Freude. Der Morio beginnt seine Laufbahn als komische Figur zur Erheiterung eines, den Höhepunkt seines Genius überschrittenen Volkes. Zunächst ist es die figürliche Kunstfertigkeit der alten Griechen späterer Periode, die uns eine Anschauung davon vermittelt, in welcher Weise die Künstler den Schwachsinnigen dargestellt haben. In verschiedenen Kunst-Altertumsmuseen, insbesondere in dem Nationalmuseum zu Athen, befinden sich zahlreiche hellenistische Groteskköpfe, die verschiedene Typen und Grade des Schwachsinns in vollendeter Wirklichkeit widerspiegeln. (...) Diese Morionen, Narren, waren mit der Zeit so beliebt geworden im Römerreich, dass die Damen der feinen Gesellschaft, allerdings ebenfalls erst in der Niedergangsepoche Roms, sie als Spielzeug, Tischgenossen und Vergnügungsobjekt auffassend bevorzugten.

Diese Art von Schwachsinnigen war darum so gesucht, dass findige Sklavenhalter einen regelrechten Markt (forum morionum) veranstalteten, wo die tiefstehenden Geistesschwachen mit Spitz-, Turm-, Wasserköpfen u. dgl. aus der ganzen bekannten Welt zusammengeschleppt und sehr teuer verkauft wurden,...« (Kirmsse 1922, 84)

In einem in den 1980er Jahren erschienenen Sammelband zur Geschichte der einzelnen Teildisziplinen der Heilpädagogik wird die negative Einstellung gegenüber Behinderten im klassischen Altertum bestätigt (Solarová 1983). Aus der Verherrlichung von Macht und Stärke ergebe sich die Gleichsetzung von Kriegsinvaliden mit Helden. Man findet auch in diesem Buch eindeutige Zitate von bekannten griechischen Autoren. So beispielsweise Plato: »Die Kinder der untüchtigen Eltern und etwaige verkrüppelte Kinder der tüchtigen werden sie an einen geheimen Ort bringen ... so müssen sie mit dem Kinde verfahren, als sei keine Nahrung für dasselbe vorhanden.« Vom Begründer der modernen Humanmedizin und deren ethischen Grundsätzen, Hippokrates, stammt folgender Satz: »Der Arzt, der die Methode der Heilung kennt, muss nur solche Kranke behandeln, wenn sie jung und arbeitsfreudig sind ... unheilbaren Fällen muss man überhaupt ausweichen, zumal wenn man eine annehmbare Ausflucht hat.« (Meyer 1983, 87)

Etwas korrigierend wirkt einzig der Hinweis von Otto Speck auf das von Seneca geäußerte Wohlwollen: »Wie gegensätzlich die Einstellungen waren, geht auch daraus hervor, dass beispielsweise im alten Sparta missgebildete und schwerschwachsinnige Kinder gewaltsam aus der Gesellschaft entfernt und in Schluchten geworfen wurden, während Seneca im alten Rom empfahl, den Schwachsinnigen ins Haus aufzunehmen und ihm eine menschenwürdige Behandlung angedeihen zu lassen.« (Speck 1979, 57) Nach Meyer (1983) handelte es sich bei Seneca jedoch um eine individuelle Ausnahmeerscheinung, die ohne Konsequenzen für die allgemeine negative Einstellung zu Behinderten in der römischen Antike war.

2.2 Mittelalter

Auch über die Einstellung zu und den Umgang mit Behinderten in den verschiedenen Epochen des Mittelalters gibt es keine fundierte, systematische Forschung. Aber es scheint festzustehen, dass die Verbreitung der christlichen Religion keinen breiten Solidarisierungsprozess ausgelöst hatte, wie eigentlich zu erwarten wäre. Obschon das Christentum eine neue Lehre und Ethik unter die Menschen gebracht haben sollte, scheint sich die Einstellung zu Menschen mit Behinderungen, Entstellungen und Hässlichkeit (Hoyningen-Süess; Amrein 1995) im Verlaufe des Mittelalters nicht entscheidend gebessert zu haben. Im Sammelband zur Geschichte der heilpädagogischen Teildisziplinen von Solarová wird dazu gesagt: »Grundsätze wie Nächstenliebe oder Schutz der Schwachen, wie sie vor allem die frühen, sozial noch homogenen Christengemeinden verfolgten, wurden mit zunehmender Gleichsetzung von Staats- und Kircheninteressen immer mehr verdrängt.« (Meyer 1983, 90) Gerade im Mittelalter scheinen sich viele Vorurteile über Behinderte und Entstellte verfestigt zu haben, die das Denken breiter Bevölkerungsgruppen bis heute beeinflussen (vgl. Haeberlin 2002, 46); es handelt sich insbesondere um »die Verquickung des Abnormen und Anomalen mit dem Bösen, und zwar bis hin zur Dämonisierung des gebrechlichen Kindes«, um »die Verquickung der Ursachenfrage mit der Schuldfrage« und um »die Projektion der Ursache in den transzendenten Bereich« (Kobi 1983, 214f.).

Ein sehr negatives Bild von der Stellung des Behinderten im Mittelalter schildert Meyer. Die scheinbar caritativen Aufnahmen von Behinderten in Klöstern seinen an Schenkungen gebunden gewesen.:

»Unheilbare Krankheiten oder Anomalien wurden als Hexenwerk angesehen, was in den Hexenprozessen in der Regel auch unter Zuhilfenahme grausamster Foltermethoden ›bewiesen‹ werden konnte. Wie sehr pervertierte sexuelle Motive diese Verfahren beherrschten, mag schon daraus ersichtlich werden, dass die angeklagten Frauen den ›Richtern‹ in ausführlichster Weise ihr sexuelles Verhalten und ihre sexuellen Phantasien berichten mussten; ihre nackten Körper wurden als ›Beweismittel‹ genauestens in Augenschein genommen, selbst die Schamhaare wurden ihnen unter Kontrolle des Gerichts abrasiert, damit dort keine Hexerei-Hilfsmittel wie Amulette verborgen werden konnten. Welche Folgen sich aus diesem Wahn ergaben, zeigt, dass 1494 in Osnabrück 160 psychisch und geistig Behinderte als Hexen und Schwärmer auf dem Scheiterhaufen verbrannt wurden. (...) Auch vereinzelte ›soziale‹ Taten Armen oder Behinderten gegenüber können nicht darüber hinwegtäuschen, dass das Mittelalter ein ›soziales Bewusstsein‹ nicht besaß. Zwar fehlen in beinahe keinem geschichtlichen Abriss der Behindertenpädagogik Hinweise auf mehr oder weniger stark Behinderte, die in Klöstern Zuflucht fanden, doch verfolgten diese Aufnahmen nicht zuletzt auch eigennützige Interessen.« (Meyer 1983, 91)

2.3 Barockzeitalter: Pädagogischer Realismus

Das 17. Jahrhundert ist in der Kunst- und Kulturgeschichte als das Barockzeitalter bekannt. Der Geist dieses Jahrhunderts ist beispielsweise eingefangen im Simplicissimus-Roman von Grimmelshausen. Die Kunst des Barockzeitalters neigte bekanntlich zum Pompösen, das typische Musikinstrument war die Orgel; die Musik stammte beispielsweise von auch heute gern gehörten Komponisten wie J. S. Bach und G. F. Händel. In dieser Zeit begann aber auch der Siegeszug des neuzeitlichen Rationalismus. Mit der neuen Gewichtung des rationalistischen Denkens wurde jedoch kein pädagogischer Solidarisierungsprozess zugunsten von beispielsweise geistigbehinderten Kindern eingeleitet. Die von Comenius und von Ratke in die moderne Pädagogik eingeführte Vorstellung vom rationell organisierten und damit leicht verwaltbaren Schulsystem mit homogenen Jahrgangsklassen und vorgeschriebenen Lehrmitteln prägt bis heute das staatliche Schulwesen der europäischen Länder. Mit ihrer Grundlegung des modernen pädagogisch-didaktischen Denkens sind neue Formen der Entsolidarisierung mit »Unvernünftigen« und »Unbrauchbaren« sichtbar geworden. Die damals einsetzende und in der Aufklärung des 18. und 19. Jahrhunderts sich weiter verstärkende pädagogische Machbarkeitsideologie konnte bis heute immer wieder jene heilpädagogische Haltung verhindern, welche ohne die Absicht des Vernünftig- und Nützlichmachens jedes Kind als gleichwertigen Partner mit seinen ihm eigenen Entwicklungspotentialen annimmt.

Wissenschaftsgeschichtlich vollzog sich im 17. Jahrhundert der definitive Umbruch zur rationalistischen Weltanschauung der Neuzeit und zum modernen empirisch-wissenschaftlichen Denken. Die exakten Naturwissenschaften gewannen an Bedeutung; wichtige Entdeckungen und Erfindungen veränderten die Weltsicht grundlegend. Mit diesen wissenschaftshistorischen Entwicklungen begann auch für die Pädagogik eine neue Epoche. Die Veränderungen im pädagogischen Denken lassen sich mit folgenden Hauptmerkmalen charakterisieren: Abwendung von der bisherigen einseitigen Orientierung am Vorbild der klassischen Antike; Hinwendung zu einer neuen Lebensnähe und Sachbezogenheit; Ablösung der Sprachfächer durch Unterrichtsfächer mit direktem Sachbezug (Realfächer), zusammenfassbar in der Formel: vom bloßen Sprachunterricht zum Unterricht an den Sachen; die Verdrängung der bisherigen ausschließlich lateinischen Lehrbücher durch Bücher in der Muttersprache, zusammenfassbar in der Devise: vom Lateinunterricht zum Unterricht in der Muttersprache; die Suche nach neuen, »naturgemäßen« Lehrmethoden.

Das pädagogische Umdenken im 17. Jahrhundert kann zwar einerseits als eine wichtige historische Voraussetzung dafür verstanden werden, dass sich später bestimmte behindertenpädagogische Ideen entwickeln konnten. Andererseits lässt sich jedoch auch zeigen, dass mit dem Entstehen des modernen, vorzugsweise rationalistischen pädagogischen Denkens einer Wertgeleiteten Heilpädagogik mit deren Parteinahme für Leistungsschwache und Behinderte bis heute wirksame Grenzen gesetzt worden sind. Zweifelsohne wurde im 17. Jahrhundert die pädagogisch bahnbrechende Idee formuliert, dass *alle* Kinder, auch die behinderten, erziehungs- und bildungsberechtigt und -befähigt sind. Insbesondere bei den beiden bekanntesten Pädagogen des 17. Jahrhunderts, W. Ratke (1571-1635) und J. A. Comenius (1592-1670), findet man den Gedanken der Bildungsbedürftigkeit und der Bildbarkeit *aller* Menschen formuliert, welcher später die Entstehung der Heilpädagogik als spezialisierte Pädagogik überhaupt erst ermöglichte.

Zwei Grundgedanken prägten das epochale pädagogische Umdenken im 17. Jahrhundert: Neben dem Gedanken der Bildungsbedürftigkeit und der Bildsamkeit *aller* Menschen ist es der Gedanke, dass für jeden Menschen die geeignete Erziehungs- und Bildungs*methode* gefunden werden muss und kann. Erst die Verbindung dieser beiden Grundgedanken ermöglichte, dass Misserfolge in Erziehung und Bildung nicht mehr allein auf die fehlende Begabung des Kindes zurückgeführt werden, sondern auch auf eventuell für das Kind unangemessene Erziehungs- und Lehrmethoden. Einerseits hätte sich ohne diese epochale Wendung zur Bildsamkeit aller und zu ihrer Abhängigkeit von den pädagogischen Methoden Ende des 19. Jahrhunderts die Heilpädagogik im heutigen Sinne nicht entwickeln können. Andererseits begünstigte die neue Methodengläubigkeit die Verbreitung einer pädagogischen Machbarkeitsideologie, welche ihrerseits wieder einen wesentlichen Beitrag an die Entsolidarisierung gegenüber allen, welche trotz pädagogischer Methoden nicht gleich vernünftig wie alle zu machen waren, leistete.

Ein typisches pädagogisches Postulat des 17. Jahrhunderts lautet, dass die Erziehungs- und Lehrmethoden der natürlichen Entwicklung des Kindes angepasst werden müssen. Ein zentraler pädagogischer Begriff heißt: Naturgemäßheit. Dieser Begriff wird in den folgenden Jahrhunderten zu einem Grundbegriff der Pädagogik. Der Begriff kann aber so vieldeutig verstanden werden, dass er immer wieder zu Verwirrung und Unklarheiten Anlass gegeben hat. Der Hintergrund der Unklarheit ist immer der gleiche geblieben, wie ihn das 17. Jahrhundert verursacht hatte. Der Begriff der Naturgemäßheit erhielt nämlich im 17. Jahrhundert eine doppelte Bedeutung: Einerseits ist damit gemeint, dass *im* einzelnen Menschen von Natur aus Gesetzmäßigkeiten des Erkennens, des vernünftigen Denkens und des Lernens angelegt sind. Andererseits sind damit die in der *äußeren* Natur ablaufenden Gesetzmäßigkeiten (Wachstum der Pflanzen, Tages-, Jahresrhythmus usw.) gemeint. Das Typische für den Begriff der Naturgemäßheit ist die ungeklärte Parallelsetzung der beiden Bedeutungen; d.h. es wird angenommen, dass man aus den Gesetzmäßigkeiten in der äußeren Natur auf die Gesetzmäßigkeiten im einzelnen Menschen schließen könne. Diese Parallelsetzung von innerer und äußerer Natur wird auch als die These der Übereinstimmung von Mikrokosmos und Makrokosmos bezeichnet. Analogieschlüsse von der äußeren Natur auf die innere Natur des Menschen werden auch heute noch von vielen Pädagogen gemacht (Beispiele: Schulanfang im Frühling oder im Herbst; Vergleich der Erzieherin mit einer Gärtnerin).

2.3.1 Wolfgang Ratke

Als Grundprinzip der Entwicklung in der äußeren Natur sah Wolfgang Ratke (1571-1635) die Entwicklung vom Einfachen zum Komplizierten (z.B. vom Samen zum Baum). Im Fortschreiten vom Einfachen zum Komplizierten und vom Bekannten zum Unbekannten sah er auch das Grundprinzip einer naturgemäßen Lehrmethode.

Die konkreten Schlussfolgerungen stellte er in einem 13-Punkte-Programm zusammen, mit welchem er beim Fürsten von Anhalt-Köthen um Anerkennung seiner Ideen warb:

> »Damit durch Gottes Gnade was jetzo mit großer Arbeit und Überdruß der Jugend ... kaum in vier Jahren, hierdurch in einem Jahr, und zwar mit viel geringer Mühe und Unkosten, auch besserer Lust, verrichtet und erlernet würde, welche Sach dann, gründlich davon zu reden, auf nachfolgende Punkten beruhen will: 1. Dass die Lehrkunst ein gemeines durchgehendes Werk sei, davon niemand, er sei Knab oder Mägdlin, ausgeschlossen werde; zum wenigsten, bis dass sie recht und fertig lesen und schreiben lernen. (...) 4. Dass alles der Ordnung der Natur gemäß geschehe, welche in allen ihren Verrichtungen von dem Einfältigern und Schlichtern zu dem Großen und Höheren, und also von dem Bekannten zu dem Unbekannten zu schreiten pfleget. (...) 8. Dass alle Unterweisung zuersten in der Muttersprach geschehe, und wenn der Lehrjünger derselbigen mächtig worden, alsdann erst zu andern Sprachen, der der Gottseligkeit und gemeinem Wesen vorträglich, zugelassen werde. 9. Dass ohne Zwang und Widerwillen aller geschehe, und derowegen kein Lehrjünger des Lernens halben von seinem Praeceptore, aber wohl Mutwillens und Bosheit halben von einem andern, darzu bestellten Aufseher geschlagen und gestraft werde. (...) 13. Dass wie die Knaben durch Männer, also auch die Mägdlein durch tüchtige Weibspersonen unterwiesen und in guter Zucht gehalten werden.« (Ratke 1957, 79)

Bei der Beschreibung der »naturgemäßen Methode« skizziert Ratke einige konkrete Richtlinien, die bis heute für jeden guten Didaktiker verbindlich sein sollten: Jeder einzelne Lerninhalt soll so gründlich erarbeitet werden, dass darauf aufgebaut werden kann; deshalb ist Übung und Wiederholung ein wichtiges pädagogisches Prinzip. Die Kenntnis der Sachen hat der Benennung mit Sprache voranzugehen. Lernen soll nicht unter Zwang geschehen. Das Kind soll zum Lernen motiviert werden; seine Ermüdungskurve soll berücksichtigt werden.

Ratke hatte die Gelegenheit, in Köthen mit Hilfe des Fürsten ein Schulwesen nach seinen Vorstellungen aufzubauen. Besonders wichtig waren für ihn die Ausbildung von Lehrern und die Herstellung von Schulbüchern. Der Glaube an die Lehrmethode war eng an den Glauben an das Instrument von methodisch aufgebauten Schulbüchern gekoppelt. In den Ratkes Unternehmungen kann man den Beginn der Massenherstellung von Schulbüchern sehen. Hierfür wurde in Köthen eine besondere Druckerei eingerichtet, welche unter der Leitung von Ratke stand. Es handelt sich um das erste deutschsprachige Verlagsunternehmen für die Herstellung von Schulbüchern. Bereits nach sechs Jahren scheiterte Ratke allerdings mit seiner pädagogischen Unternehmung aus bisher noch nicht erforschten Gründen.

Ratke war von seinen pädagogischen Entdeckungen so überzeugt, dass er seine Hoffnungen auf Machbarkeit durch Pädagogik in einer Sprache formulierte, die naivste Methodengläubigkeit verrät. In seinen Anpreisungen wird der Glaube an die Machbarkeit mit rational geplanten pädagogisch-didaktischen Maßnahmen deutlich. Es ist der Beginn jenes Denkens, welches dem Phänomen des nicht Planbaren und nicht Machbaren ratlos gegenübersteht. Wenn man bedenkt, dass Heilpädagogik immer wieder an die Grenzen des pädagogisch Planbaren und Machbaren stößt und sich auch jenseits dieser Grenzen bewähren muss, ist das pädagogische Denken der Moderne schon in seinen historischen Wurzeln nur zu einem Teil eine Stütze des heilpädagogischen Denkens; zum andern Teil ist es auch Grundlage für eine neue Entsolidarisierung mit Leistungsschwachen und Behinderten.

2.3.2 Jan Amos Comenius

Die Interessen von Jan Amos Comenius (1592-1670) galten in erster Linie der Theologie. Er baute den pädagogischen Optimismus seiner Epoche und den Gedanken der Naturgemäßheit in ein umfassendes theologisches Gedankengebäude ein. Die Grundlage seines pädagogischen Systems bildet eine theologische Geschichtsphilosophie, in welcher Unterricht und Bildung des Menschen existentielle Bedeutung und geradezu den Charakter eines Gottesdienstes erhalten.

Comenius war überzeugt, dass die christliche Kirche als religiöse Gemeinschaft nur durch eine neue Pädagogik erneuert werden kann: »Wenn es für das verderbte Menschengeschlecht eine Heilung gibt, dann liegt sie vor allem in einer vorsichtigen und sorgfältigen Erziehung (educatio) der Jugend, genau wie zur Erneuerung eines Gartens neue Sträucher gepflanzt und die Setzlinge, damit sie wachsen und gedeihen, sorgfältig gepflegt werden müssen.« (Comenius 1966, 21) Im Gegensatz zu den Ideen Luthers ist für Comenius der Mensch der Offenbarung nicht passiv ausgeliefert; sondern er kann durch geeignete pädagogische Maßnahmen dafür offen gemacht werden. Und im Gegensatz zum späteren Pietismus kommt nach Auffassung von Comenius das Kind nicht schon als verdorbenes Wesen zur Welt, sondern es wird durch die Gesellschaft verdorben, wenn es davor nicht durch Erziehung und Bildung bewahrt wird. Der Glaube an die Machbarkeit durch pädagogische Mittel ist bei Comenius stärker als bei Ratke mit der Hoffnung auf religiöse Bekehrung durch Pädagogik verbunden.

Trotz der religiösen Einbettung fallen in seinem pädagogischen Werk wie bei Ratke die grenzenlose Hoffnung und das blinde Vertrauen in die geplanten Methoden des Erziehens und Lehrens auf. Neben seinen hier nicht erwähnten theologischen Büchern hat er denn auch eine ganze Zahl von pädagogischen Schriften verfasst; die bekanntesten sind: Große Didaktik (Didactica magna), Die geöffnete Sprachtür, Informatorium der Mutterschul, Orbis sensualium pictus (Welt in Bildern). Sein bekanntestes pädagogisches Werk, die Didactica Magna oder Große Didaktik, stellt sich auf der ersten Seite vor als »die vollständige Kunst, alle Menschen alles zu lehren«.

Für die Begründung seiner didaktischen Leitsätze sucht Comenius fast immer einen Vergleich mit Vorgängen in der äußeren Natur. Dies entspricht der bereits erwähnten These von der Übereinstimmung von Mikrokosmos und Makrokosmos. In den ersten Kapiteln der Großen Didaktik gibt er der Pädagogik folgende Richtlinien: (1) Wenn die Bildung gelingen soll, dann hat sie im frühesten Kindesalter zu beginnen. Er begründet dies mit dem Naturvergleich, dass auch das Aufpfropfen von Ästen nur an jungen Pflanzen gelingen könne. (2) Für die Bildung sollen institutionalisierte Schulen zuständig sein, die darauf spezialisiert sind. Damit legte er den Grundstein für Institutionalisierung, Spezialisierung und Professionalisierung in der Pädagogik. In Anwendung der Mikrokosmos-Makrokosmos-These sucht er auch hierzu Natur-Analogien:

»...meistens ist es so, dass ein Wald entweder Tannen oder Zedern oder Eichen in reichem Maße wachsen lässt, dass aber andere Baumarten dort nicht ebenso gedeihen. ... Nochmehr aber kommt das, was wir hier sagen wollen, in unserem Körper zum Ausdruck: Ein jegliches Glied muss zwar von der aufgenommenen Nahrung etwas bekommen; doch wird nicht etwa jedem Glied sein Anteil roh geliefert und die Verarbeitung und Zubereitung selbst überlassen. Sondern es gibt spezielle Glieder, die gleichsam als Werkstätten für diese Aufgaben bestimmt sind, um die Speisen zum Nutzen des ganzen Körpers aufzunehmen, zu verarbeiten, zu verdauen und erst die so zubereitete Nahrung den übrigen Gliedern zukommen zu lassen. So bildet der Magen die Säfte, die Leber das Blut, das Herz den Geist des Lebens, das Gehirn den der Seele. ... Wie also Werkstätten das Handwerk, Kirchen die Frömmigkeit, Gerichtshöfe die Gerechtigkeit bewahren und verwalten, sollten so nicht auch Schulen das Licht der Weisheit entzünden, reinhalten und vermehren und im ganzen Körper der Menschengemeinschaft ausbreiten?« (Comenius 1966, 55)

(3) Die Schulen müssen die *gesamte* Jugend erfassen. Aus heilpädagogischer Sicht ist von Interesse, dass Comenius insbesondere auch die Erfassung der Schwachen hervorhebt. (4) Die Schulbildung muss allesumfassend sein. Sie ist für Comenius allesumfassend, wenn sie auf drei Bildungsziele ausgerichtet ist: Weisheit, Frömmigkeit, Sittlichkeit. (5) In der Schule muss die »naturgemäße« Methode angewandt werden. »Können wir die (Anordnung) richtig treffen, so ist es nicht schwerer, eine beliebig große Schülerzahl alles zu lehren, als mit Hilfe der Werkzeuge, über welche die Buchdruckerkunst verfügt, täglich tausend Bogen mit zierlicher Schrift zu bedecken.« (Comenius 1966, 77) (6) Die Bildung muss vor Beginn des Erwachsenenalters abgeschlossen sein. (7) Die Schule muss sich auf den Klassenunterricht beschränken. Damit wird Rationalisierung der Bildung erreicht.

Bis in viele konkrete Einzelheiten hat Comenius die »natürliche Lehrmethode« beschrieben. Das meiste gehört noch heute zu den grundlegenden Prinzipien des Schulunterrichts. Ich gebe im Folgenden eine Auswahl von Comenius' Ausführungen: Alles muss zur rechten Zeit gelehrt werden. Dies bedeutet u.a.: Bildung beginnt in der frühen Kindheit; die Schulstunden am Morgen sind die fruchtbarsten; der Lehrstoff muss unter Berücksichtigung des Alters der Kinder ausgewählt werden. Die Kenntnis des Stoffes muss vor seiner Formung und Einordnung erfolgen. Daraus folgt u.a.: Es müssen Lehrmittel und Lehrbücher vorhanden sein; dem Sprachunterricht muss die Bildung des Erkenntnisvermögens vorausgehen; der Gebrauch der Sprache ist vor der Grammatik zu erlernen; die Einzelbeispiele müssen vor den allgemeinen Regeln gezeigt werden. Es soll nur ein Stoff nach dem anderen angeboten werden. Der Unterricht hat bei den elementaren Grundlagen eines Gebietes zu beginnen:»Der Stoff ist so anzuordnen, dass alle späteren Studien nichts Neues hinzufügen, sondern nur eine besondere Ausgestaltung des Früheren sind.« (Comenius 1966, 94) Der Unterricht muss in genau unterteilten Schritten vorgehen. Daraus ergeben sich Forderungen nach einer Klasseneinteilung, nach einem Zeitplan und nach strikter Einhaltung der Zeit- und Stoffpläne. Der Schüler muss durch Weckung seines Lerneifers auf das Lernen vorbereitet werden. Der Unterricht muss vom Leichten zum Schweren fortschreiten, d.h. vom Bekannten zum Unbekannten, vom Naheliegenden zum Entfernten, von der Muttersprache zur Fremdsprache. Der Unterricht soll sich auf Weniges beschränken. Es müssen sinnliche Anschauungsmittel verwendet werden. Der Nutzen des gegenwärtig Gelernten soll sichtbar gemacht werden.

Typisch für den Glauben des 17. Jahrhunderts an die nicht nur rationale, sondern auch rationelle Machbarkeit ist die Idee eines ökonomisch organisierten Unterrichts für möglichst viele Schüler. Dies schlägt sich bei Comenius in folgenden Empfehlungen nieder: Eine ganze Klasse (bis 100 Schüler) soll von *einem* Lehrer unterrichtet werden. Der Lehrer soll zur Erhaltung der Aufmerksamkeit folgende Ratschläge beachten: (1) Aspekt der Unterhaltung und Nützlichkeit; (2) Einstimmung am Anfang der Unterrichtsstunde zur Weckung des Interesses; (3) Reiches Anschauungsmaterial; (4) Kontrollfragen während des Vortrags; (5) Lob der aufmerksamen Schüler; (6) Fragemöglichkeiten für die Schüler schaffen. Ein Lehrbuch, welches nach den Gesichtspunkten der natürlichen Methode aufgebaut ist, soll für die ganze Klasse gelten.

Mit der Einführung der Vorstellung eines möglichst ökonomisch organisierten Unterrichts in großen Schulklassen mit Einheitslehrbüchern ist ein für individualisierendes, heilpädagogisches Vorgehen eher hinderliches Denken der Lehrpersonen und Bildungspolitiker begründet worden. Der Gedanke eines ökonomisch organisierten und damit leicht verwaltbaren Schulsystems mit homogenen Jahrgangsklassen und vorgeschriebenen Lehrmitteln prägt das staatliche Schulwesen bis heute.

Comenius hatte als einer der ersten Pädagogen erkannt, dass der Erfolg geplanter Bildungsprozesse davon abhängt, wie früh mit der Bildung begonnen wird. Folgerichtig hat er sich als einer der ersten Pädagogen mit Vorschulpädagogik beschäftigt. In seiner Schrift »Informatorium der Mutterschul« gibt er den Eltern Anleitungen, wie sie ihre Kleinkinder auf das spätere Lernen in der Schule vorbereiten können. Elementarunterricht heißt für ihn, dass bereits das Kleinkind elementare Kenntnisse für den Unterricht in höheren Schulen erwirbt.

2.3.3 Zusammenfassende und ergänzende Bemerkungen

Die Pädagogik des 17. Jahrhunderts hat zwar der späteren Heilpädagogik mit einigen Grundgedanken den Weg bereitet, aber sie hat keine Solidarität mit Leistungsschwachen, »Unvernünftigen« und Behinderten gebracht hat. Mit der Begründung des modernen pädagogischen Denkens hat sie auch einen gewissen Beitrag zur Entsolidarisierung geleistet, deren Nährboden vor allem in der beginnenden pädagogischen Machbarkeitsideologie zu sehen ist. Sie konnte im Laufe der Zeit oft auch jene heilpädagogische Haltung verhindern, welche nicht beabsichtigt, aus dem Kind etwas – oft das Unmögliche – zu machen, sondern das Kind mit seinen ihm eigenen Entwicklungspotentialen anzunehmen und auf seine ihm mögliche Entwicklung zu warten.

Wenn man *ergänzend* mitberücksichtigt, was teilweise außerhalb der »offiziellen« Pädagogik festzustellen ist, kann man die folgenden konkreten Leistungen im 17. Jahrhundert für die spätere Entwicklung der Heilpädagogik bzw. heilpädagogischer Teildisziplinen festhalten: Es lassen sich erste Versuche der Lautspracherziehung gehörloser Kinder nachweisen. Man weiß, dass es in Spanien, England und in den Niederlanden bereits bedeutende Gehörlosenlehrer gab. Es ist nicht auszuschließen, dass diese Versuche durch die Hinwendung zur muttersprachlichen Bildung ausgelöst geworden sind. Die Gehörlosenpädagogik gilt als die älteste Form spezialisierter Heilpädagogik. Es liegen aus dem 17. Jahrhundert einzelne Berichte über die erfolgreiche Unterrichtung von Blinden vor. Wohlhabende Eltern ließen gelegentlich ihre blinden Kinder durch Hauslehrer unterrichten. Ganz vereinzelt sind Berichte über die Behandlung von Sprachstörungen wie Stottern und Stammeln zu finden. Der neue Glaube an die Beeinflussbarkeit des Kindes durch Erziehung legte den Grundstein für die Lehre von der pädagogischen Behandlung von Kinderfehlern. Diese Lehre war später im 18. Jahrhundert insbesondere bei den Pädagogen der Aufklärung verbreitet. Dabei geht es um die »Heilung« der Kinder von unerwünschtem Verhalten wie z.B. Unartigkeit, Naschhaftigkeit, Frechheit usw. mit den Mitteln der Belohnung und der Bestrafung. Würde man von der theologischen Verankerung absehen, wäre der pädagogische Realismus des 17. Jahrhunderts der direkte Vorläufer der Pädagogik der Aufklärung. Ansätze zu einer Pädagogik der Geistigbehinderten gibt es im 17. Jahrhundert nicht. Die Ratlosigkeit der neuen Didaktiker gegenüber diesen schweren Formen der »Unvernünftigkeit« war zu groß!

Für das Verständnis der Entwicklungen in den nachfolgenden Jahrhunderten ist es wichtig, nochmals deutlich auf die Widersprüchlichkeit zwischen weltlicher Diesseitsfreude und religiös-schwärmerischer Jenseitsorientierung im 17. Jahrhundert hinzuweisen. Die Widersprüchlichkeit erklärt sich im Wesentlichen aus vorausgegangenen Ereignissen: *Einerseits* sind viele Ideen aus der Reformation verstehbar. Diese hatte eine verstärkte Jenseitsorientierung, eine Absage an die weltlichen Freuden, eine extreme Kunstfeindlichkeit und eine Verstärkung des Askesegedankens gebracht. *Andererseits* stützte man sich im 17. Jahrhundert aber auch auf die Tradition von Humanismus und Renaissance. In dieser geistigen Tradition spielte die verstärkte Diesseitsorientierung eine entscheidende Rolle. Vielleicht ist gerade wegen dieser Widersprüchlichkeiten der geistigen Traditionen das 17. Jahrhundert das Jahrhundert des Absolutismus, des Fanatismus und des Dogmatismus geworden (Reble 1964, 95). Überall wurde versucht, die Widersprüchlichkeiten gewaltsam zu lösen.

In Abhängigkeit davon, ob sich in einem Land oder in einer Region eher die Ideen der Renaissance oder die Ideen der Reformation durchsetzen konnten, wurde die Aufklärung als radikale Fortsetzung der Befreiungsbewegung vom Außerrationalen, Irrationalen und oft auch Emotionalen durch menschliche Vernunft früher oder aber erst viel später erreicht. In England, Frankreich und Holland ist eine direkte Fortsetzung der Ideen der Renaissance zu den Ideen der Aufklärung zu beobachten. In diesen Ländern hat somit die Aufklärungsbewegung bereits beim Übergang vom 16. ins 17. Jahrhundert begonnen. In diesen Ländern hat sich eine bruchlose Entwicklung von der Renaissance zur Aufklärung vollzogen. In großen Teilen Deutschlands und auch der Schweiz wurde die weitere Entwicklung vorerst stärker durch die Idee der protestantischen Askese geprägt. Kennzeichnend für diese Entwicklung waren ein extremer Puritanismus und unterschiedlichste religiöse Strömungen. In diesen Ländern wurden die Ideen der lebensfrohen Renaissance teilweise fanatisch abgeblockt; die Bewegung, welche sich am protestantischen Askesegedanken orientierte, war der Pietismus. Es handelt sich um eine gegen den Aufklärungsgeist aus England, Frankreich und Holland gerichtete Strömung. Unter diesen Bedingungen setzte sich die Aufklärung in den deutschsprachigen Ländern erst im Laufe des 18. Jahrhunderts endgültig durch.

2.4 Pädagogik des Pietismus

Pietistische Weltanschauung vereinigt eine stark betonte Frömmigkeit mit einem ebenfalls stark betonten Ethos der Pflicht zum harten Arbeiten. Unter heilpädagogischer Perspektive ist der Widerspruch zwischen der Idee christlicher Nächstenliebe für arme, verwahrloste und behinderte Kinder und Jugendliche auf der einen Seite und der Intoleranz gegenüber abweichendem Verhalten, das derartige Kinder und Jugendliche oft zeigen, auf der anderen Seite das auffälligste Merkmal des pietistischen Weltbildes. Bekannte deutsche Pietisten waren August Hermann Francke (1663-1727) und Graf von Zinzendorf (1700-1760).

Man kann das pietistische Denken als von drei widersprüchlichen Merkmalen geprägt charakterisieren: (1) *Grundsätzliches Misstrauen gegenüber der menschlichen Natur*. Während im Zentrum des Pädagogischen Realismus des 17. Jahrhunderts die Idee der »Naturgemäßheit« und der damit verbundene Glaube an die natürliche Entwicklung des Kindes stehen, ist für den Pietisten die Natur des Menschen verdorben, und seine »Naturgemäßheit« kann nicht mehr als Kompass für den richtigen Weg gewertet werden. (2) *Betonung der persönlichen religiösen Erfahrung auf der Basis des Gefühls*. Trotz des Misstrauens gegenüber der Natur des Menschen wird der Aspekt des Gefühlshaften sehr hoch bewertet. Der Weg zum Glauben läuft für den Pietisten nicht über den Intellekt, sondern über das Gefühl. Der Pietismus hat damit auch spätere extrem gefühlsbetonte Strömungen beeinflusst wie beispielsweise den der deutschen Klassik vorausgegangenen Sturm und Drang und dann insbesondere die Romantik im 19. Jahrhundert. (3) *Bewährung von Glauben und Religiosität des einzelnen in harter und gewissenhafter Arbeit*. Arbeit im diesseitigen Leben wird als notwendige Voraussetzung für das Leben im Jenseits gesehen. Trotz der Gefühlsbetontheit ist der Pietist ein sehr arbeitsamer Mensch. Muße und Freizeit sind ihm verdächtig und führen in die verdorbene Natürlichkeit zurück. Strenge Zucht ist die Devise, die nicht als Gegensatz zur Gefühlsbetontheit gesehen wird.

Diese widersprüchlichen Merkmale des pietistischen Denkens gehen in der pietistischen Pädagogik mit entsprechend widersprüchlichen Einstellungen zum Kind einher: mit einer starken Gewichtung von Gehorsam und Zucht und der Forderung an den Erzieher, die natürlichen Bedürfnisse und Antriebe des Kindes so früh wie möglich zu brechen und zu unterdrücken; mit einer intensiven Pflege des kindlichen Gefühlslebens zwecks Ermöglichung religiöser Schwärmerei und persönlicher

Offenbarungserlebnisse; und mit einer außergewöhnlichen Betonung von harter Erziehung zu Arbeit und Fleiß. Auf der Grundlage dieser widersprüchlichen Einstellungen zum Kinde und zum Menschen hat sich eine Form von missionarischer Pädagogik entwickelt, die bis ins zwanzigste Jahrhundert die Erziehung in Heimen mit pietistischer Gründungsgeschichte geprägt hat. Die Bedeutung pietistischer Pädagogik ist für die Entwicklung stationärer heilpädagogischer Institutionen und einer gewissen Form von »Heimklima« nicht zu unterschätzen. Auffällig viele Pietisten haben sich um die Erziehung von benachteiligten Kindern wie z.B. Waisen bemüht; zum Teil fußte die Hinwendung zu benachteiligten Kindern vermutlich auf der Grundlage eines missionarischen Eifers, der sich nicht unbedingt kindgerecht in unserem heutigen Sinne auswirkte. Von den pietistischen Pädagogen ist eine Erziehungsauffassung von pädagogischer Hilfe als die Idee von der Rettung verdorbener Seelen begründet worden, welche bis heute den Geist vieler heilpädagogischer Institutionen prägt.

2.4.1 Beispiel: August Hermann Francke

Den missionarischen Eifer, durch Erziehung die Seelen der Kinder zu retten, drückt der einflussreichste pietistische Pädagoge, August Hermann Francke (1663-1727), in der Darstellung seines Waisenhauses in Halle folgendermaßen aus:

> »Es sollen die Informatores vornehmlich und in allen Dingen auf den Hauptzweck sehen, nämlich die Kinder zu einer wahren, lebendigen Erkenntnis Gottes und ihres Heilandes Jesu Christi zu bringen und daher gewiss wissen, dass eine jegliche Seele, die man ihrer Pflege anvertraut, ihnen auf ihre Seele gebunden wird, also, dass Gott eines jeglichen Kindes Blut von ihrer Hand fordern wird, das durch ihre Schuld und mutwillige Verwahrlosung verlorengeht.« (Francke 1957b, 78)

Francke wandte sich mit einem dem Pietismus eigenen Fanatismus gegen die dogmatisch gewordene und veräußerlichte Orthodoxie des Protestantismus in Deutschland. Dem Dogmatismus wollte er das individuelle, persönliche religiöse Erlebnis entgegenstellen. Der Glaube soll zu einer ganz persönlichen Angelegenheit des Gefühls werden. Im Zentrum dieser Religiosität stehen die persönliche Herzensbekehrung und das Erlebnis der Offenbarung. Wie die meisten Pietisten kann Francke in seiner Autobiographie seine eigene Bekehrung örtlich und zeitlich genau festlegen und darüber berichten: Während eines Aufenthaltes in der Lüneburger Heide im Jahre 1687 soll er – gemäß eigenem Bericht – aus der Verzweiflung über seine theologischen Studien die »Gnade der Bekehrung« plötzlich erfahren haben. Er beschreibt in seiner Autobiographie, wie er den Unterschied zwischen dem Wissen um Begriffe der Religion und dem emotionalen, religiösen Erlebnis gemerkt habe. An der persönlichen Überzeugung, dass in seinem Zeitalter Glaube in bloßes Wissen und in Rationalität entleert sei, verzweifelte er, und er fand dann, wie viele Pietisten, in den gefühlshaften Offenbarungserlebnissen die innere Erlösung.

»Da erhörete mich der Herr, der lebendige Gott, von seinem heiligen Thron, da ich nicht auf meinen Knien lag. So groß war seine Vaterliebe, dass er mir nicht nach und nach solche Zweifel und Unruhe des Herzens wieder benehmen wollte, daran nur wohl hätte genügen können, sondern damit ich desto mehr überzeugt und meiner verirrten Vernunft ein Zaum angelegt würde, gegen seine Kraft und Treue nichts einzuwenden, so erhörte er mich plötzlich.« (Lorenzen 1957, 134)

Diese gefühlsüberschwängliche Darstellung des Offenbarungserlebnisses ist typisch für Pietisten; es wird erwartet, dass man schildern kann, wann und wie die Bekehrung durch das Wunder der Offenbarung »über einen hereingebrochen« ist. Weil das Offenbarungserlebnis nur über das Gefühl erreichbar ist, spielt in der pietistischen Pädagogik die emotionale Erziehung eine zentrale Rolle, obschon die Erziehung zur Arbeit und die pädagogische Strenge und Zucht einer emotionalen Erziehung nach modernem Verständnis im Wege zu stehen scheint.

Mit der Gründung des später weltbekannten Waisenhauses in Halle im Jahre 1698 führte Francke den Geist des Pietismus in die pädagogische Wirklichkeit der Heimerziehung ein. In seiner Schrift über »Ordnung und Lehrart im Waisenhaus« (1702) kommt die Strenge der pietistischen Erziehung bereits in den organisatorischen Merkmalen zum Ausdruck. Im Unterrichtsplan werden an die Arbeitskraft des Kindes ungewöhnlich hohe Anforderungen gestellt. Der Stundenplan sieht sieben Arbeitsstunden vor; daneben gibt es eine größere Anzahl von Erholungsstunden, von Francke »Rekreationsstunden« genannt. Bei diesen Rekreationsstunden handelt es sich aufgrund unseres heutigen Verständnisses von Schulunterricht aber wiederum um verkappte Arbeitsstunden, da als Erholung beispielsweise Unterricht in Naturkunde oder Werkarbeit gilt. Das pietistische Ziel ist, das Kind vor unnützem Spielen und Müßiggang zu bewahren. Was wir in unserem heutigen Verständnis unter Spiel verstehen, war bei den Pietisten als verderblicher Müßiggang verpönt. Durch strenge Beaufsichtigung auch während der Freizeit soll das Kind vor Schaden durch die verdorbene Welt und durch seine eigene Veranlagung zur Verdorbenheit bewahrt werden. In der »Ordnung und Lehrart im Waisenhaus« sind viele aussagekräftige Beispiele für die pädagogische Haltung im Pietismus zu finden:

> »Vor der nötigen Bestrafung sollen sie [die Lehrer U.H.] zu Gott herzlich seufzen, dass er ihnen dazu die nötige Weisheit gebe, damit sie solche nicht aus fleischlichem Zorn, sondern in erbarmender Liebe, als Väter, verrichten mögen, und dass er auch dazu seinen Segen und sein Gedeihen geben wolle, damit der gesuchte Endzweck, nämlich der Kinder Besserung möchte erhalten werden.« (...) »Wenn aber das eine oder das andere Kind etwas Grobes perciret, sollen die Praeceptores es in ein Büchlein umständlich einschreiben und es bei der Visitation, die wöchentlich geschieht, dem Inspectori zeigen, damit die Bestrafung nach dessen Anordnung nebst einer öffentlichen Erinnerung geschehen, und es also bei den Kindern einen desto größeren Nachdruck geben möge.« (...) »Von den Lüsten der Jugend sind insgemein alle Kinder, jedoch besonders diejenigen, bei denen sie sich bei den herannahenden Jünglingsjahren am meisten zu äußern anfangen, mit aller Sorgfalt abzumahnen, damit beizeiten der Grund einer wahrhaftigen Verleugnung allen ungöttlichen Wesens in ihren Seelen gepflanzt werde. Es ist ihnen endlich besonders aus dem Grunde des göttlichen Wortes zu zeigen, wie sie in der Welt nichts verleugnen können, das sie nicht in Christo viel herrlicher sollten wiederfinden, damit sie von der Beschaffenheit des wahren Christentums zugleich einen rechten Grund erlangen mögen.« (...) »Den Kindern, die sonst vor den Türen betteln gegangen sind oder noch gehen, muss fleißig inculciret werden, wie hochnötig es sei, dass sie ja nicht ihr Leben lang das Bettelbrot essen, sondern etwas Nützliches lernen, damit sie ihrem Nächsten dienen und ihr Leben nach dem Willen Gottes führen, wozu ihnen denn auch Hoffnung gemacht werden kann, dass man sich ihrer annehmen wolle, sie auf ein gutes Handwerk zu bringen, wenn sie Gott fürchten und fleißig lernen.« (Francke 1957, 80f.)

Besonders deutlich werden die Grundgedanken der pietistischen Erziehung in Franckes pädagogischer Hauptschrift »Kurzer und einfältiger Unterricht, wie Kinder zur wahren Gottseligkeit und christlichen Klugheit anzuführen sind« (1702) dargestellt. Darin wird in der Beurteilung der »Natur des Menschen« durch Francke der Unterschied zwischen dem pietistischen und dem aufklärerischen Menschenbild besonders deutlich. Die Aufklärer glauben an einen naturgegebenen Trieb des Menschen zur Vernünftigkeit; der Pietist Francke zeigt durchgehend ein tiefes Misstrauen gegenüber der menschlichen Natur. Nach pietistischem Menschenbild stehen dem Menschen seine natürlichen Triebe im Wege; er muss sie schon in früher Kindheit mit Hilfe des strengen Erziehers überwinden lernen. Unter Voraussetzung dieses Menschenbildes werden der pädagogische Gedanke des frühzeitigen Brechens des kindlichen Eigenwillens und das Ziel des Erlernens von Askese durch Arbeit unmittelbar verständlich.

Der Pietist ist gegenüber dem Kinde zur Strenge verpflichtet, weil er der Meinung ist, dass die natürlichen Triebe dem Menschen den Weg zur Offenbarung verbauen und dass durch ihre Eliminierung der Zugang zum Offenbarungserlebnis vorbereitet werden könne:

»Doch muss ihnen der Grund des Christentums so einfältig und kindlich, als es immer sein will, beigebracht werden. Hieran ist es aber keineswegs genug (sonst würden sie nicht mehr tun, als dass sie wie die Papageien etwas nachlallten), sondern sie müssen auch gewöhnt werden, dass sie still sein und ihren Willen brechen, auch muss man mit aller Liebe, Sanftmut und Geduld dahin trachten, dass sie der Wirkung des heiligen Geistes, welcher in den kleinen Kindern nicht müßig ist, Raum geben, und einige gute Flämmlein der göttlichen Liebe und wahren Bruderliebe in ihren jungen Herzen wirken lassen.« (Francke 1957a, 18)

Im Zentrum der pietistischen Pädagogik steht selbstverständlich die religiöse Erziehung. Da aber das Offenbarungserlebnis nicht durch Erziehung direkt erzwungen werden kann, konzentriert sich die religiöse Erziehung auf strenge katechetische Unterweisung, auf Bewahrung vor Spiel und Müßiggang und auf Gewöhnung an Askese durch Arbeit. Aus dem Pietismus sind häufig erfolgreiche Geschäftsleute hervorgewachsen, da diese an eine strenge Arbeitsdisziplin gewöhnt worden waren. Außerdem wird im Pietismus – ähnlich wie in der Aufklärung – intellektuelle Bildung viel stärker als früher auf den Erwerb von für das Leben Brauchbarem und Nützlichem ausgerichtet gesehen; in diesem Sinne versteht sich Franckes Begriff der »christlichen Klugheit«.

2.4.2 Zusammenfassung der Bedeutung für die Heilpädagogik

Zusammenfassend kann man die unmittelbare Bedeutung des Pietismus für die Entwicklung einer heilpädagogischen Betreuung von Kindern und Jugendlichen in folgende Punkte auflisten:

(1) Pietistische Pädagogen haben sich mit der Schaffung von speziellen Einrichtungen um die Erziehung von benachteiligten Kindern bemüht. Sie haben damit heilpädagogische Praxis begründet.

(2) Durch den Pietismus ist eine teils religiös-schwärmerische und teils repressiv-unterdrückende pädagogische Grundhaltung entstanden, welche bis heute einen Teil der heilpädagogischen Institutionen in ihrem Geiste bestimmt hat. Es ist die Grundhaltung, welche die Idee der Hilfe für das Kind als Idee der Rettung von verdorbenen Seelen begreift.

(3) Neben dem Willen zum Helfen und der oft außerordentlich hohen persönlichen Einsatzbereitschaft seitens der Erzieher sind aus dem Pietismus auch Gefahren überliefert: Da das Kind in erster Linie als hilfs-

bedürftiges, verdorbenes Wesen gesehen wird, dem man Strenge und liebevolle Zurechtbiegung schuldet, kann auffälliges, störendes Verhalten des Kindes nur negativ interpretiert werden. Auf das Kind so einzugehen, dass man sein störendes Verhalten nicht negativ bewertet und es als sprachlose Mitteilung an uns zu interpretieren versucht, ist bei der skizzierten Grundhaltung kaum möglich.

Parallel zur Entwicklung zur rationalistischen Moderne mit deren Machbarkeitsideologie sind durch dogmatisch-religiöse Strömungen wie den Pietismus des 17./18. Jahrhunderts andere Formen der Entsolidarisierung mit »Verdorbenen« und »Unbrauchbaren« begünstigt worden (vgl. Haeberlin 1991a). Das auffälligste Merkmal des pietistischen Weltbildes ist unter heilpädagogischer Perspektive der augenfällige Widerspruch zwischen der Idee christlicher Nächstenliebe für arme, verwahrloste und behinderte Kinder auf der einen Seite und der Intoleranz gegenüber abweichendem Verhalten, das derartige Kinder und Jugendliche oft zeigen, auf der anderen Seite. Auf der Grundlage solcher widersprüchlicher Welt- und Menschenbilder hat sich eine Form von »Heilpädagogik« entwickelt, die mit der missionarisch-dogmatischen Idee von der Rettung »verdorbener Seelen« bis in unser Jahrhundert die Erziehung in zahlreichen heilpädagogischen Institutionen geprägt hat. Der Beitrag des Pietismus an das Misslingen einer Solidarisierung besteht darin, dass Kinder durch seine dogmatisch-religiöse Brille generell als verdorbene Wesen gesehen werden, welche man durch pädagogische Strenge zurechtbiegen muss. Auffälliges, störendes, »anormales« Verhalten kann durch diese Brille nur negativ gewertet, aber nicht positiv als sinnstiftendes Signal für die Situation eines Kindes interpretiert werden. Solidarische heilpädagogische Haltung würde sich jedoch darin zeigen, dass »störendes« Verhalten nicht nur verurteilt, sondern auch als sprachlose Mitteilung eines sinnsuchenden Partners verstanden würde.

2.5 Aufklärung: Autonomie durch Bildung

Kunst- und kulturgeschichtlich handelt es sich bei der Aufklärungsepoche um das Rokoko-Zeitalter. Der bekannteste deutsche Schriftsteller der Aufklärung ist G. E. Lessing; berühmte Komponisten dieser Zeit sind J. Haydn und W. A. Mozart. Aufklärung als Weltanschauung steht in direkter Gegnerschaft zum Pietismus. Ihre höchsten Prinzipien sind Vernunft und Nützlichkeit. Der Pietismus überschneidet sich mit dem Weltbild der Aufklärung im Nützlichkeitsprinzip; hingegen lehnt der Pietismus die positive aufklärerische Bewertung der autonomen Vernunft ab und zieht sich auf eine emotional-religiöse Position zurück. In der Aufklärungspädagogik zeigte sich die im 17. Jahrhundert einsetzende pädagogische Machbarkeitsideologie in ausgereiften Formen; diese steht seither immer wieder einer Haltung im Wege, welche ohne die Absicht des Vernünftig- und Nützlichmachens auch jedes geistig behinderte und nicht »vernünftig und nützlich machbare« Kind als Partner mit seinen ihm eigenen Entwicklungspotentialen annimmt.

2.5.1 Aufklärung als epochenunabhängige Haltung

Unter dem Begriff »Aufklärung« versteht eine menschliche Grundhaltung. Diese ist in der Aufklärungsepoche in breiten Bevölkerungskreisen zum Durchbruch gekommen; es hat aber in früheren Jahrhunderten schon Strömungen gegeben, welche Merkmale der aufklärerischen Haltung zeigten. Die berühmteste Umschreibung der aufklärerischen Haltung geht auf Kant zurück, der 1784 eine Schrift »Was ist Aufklärung?« geschrieben und Aufklärung als »Ausgang des Menschen aus seiner selbstverschuldeten Unmündigkeit« definiert hatte. Der Mensch mit aufklärerischer Haltung befreit sich von allen von der Vernunft nicht geprüften oder prüfbaren Banden, die ihn in seiner Unmündigkeit festbinden, d.h. von Glaube und Religion, von Traditionen und überlieferten Gewohnheiten des Denkens, von Meinungen, die nicht auf ihre Wahrheit geprüft sind, sowie von Vorurteilen, die im Wesen des Menschen verwurzelt zu sein scheinen. Aufklärung als Haltung hat immer den Charakter einer kämpferischen, ablehnenden Haltung gegenüber dem Bestehenden. Sie fühlt sich selbstsicher aufgrund der Souveränität der autonomen Vernunft jedes Menschen. Aufklärer glauben, dass durch das alleinige Vertrauen in die Vernunft ein steter Fortschritt des Menschen zu seinem Glück möglich wird.

Jede aufklärerische Grundhaltung weist zwei Tendenzen auf: (1) die Tendenz zur Kritik an der Vergangenheit und (2) die Tendenz zur Neugestaltung der Zukunft. Gegenüber der Vergangenheit hat Aufklärung eine reinigende und oft zerstörerische Wirkung. Mit allem Außer- und Irrationalen wird abgerechnet. Alle Dimensionen des Lebens, auch die Dimension des Trieb- und Gefühlslebens, werden der Vernunft untergeordnet. Das wichtigste Mittel für die Neugestaltung der Zukunft ist das vernünftige Argumentieren. Der Glaube an die Kraft des Argumentierens basiert auf der Überzeugung, dass es eine für alle Menschen verbindliche Vernunftwahrheit gibt, an der jeder zur Vernünftigkeit entschiedene Mensch teilhaben kann. Das vernünftige Gespräch ist deshalb ein zentrales Erziehungsmittel.

Aufklärung hat gegenüber dem Verständnis der Vergangenheit eine a-historische Tendenz und beurteilt diese von der Gegenwart her. Ihr Interesse ist auf die Gegenwart und die Zukunft gerichtet. Aufklärung hat auch immer eine Breitentendenz, weil nur durch die Teilhabe vieler Menschen an der Vernünftigkeit der Fortschritt möglich wird. Die Ausbreitung der aufklärerischen Haltung ist nur möglich durch Bildung und Erziehung; Aufklärung ist eine pädagogische Bewegung.

2.5.2 Voraussetzungen für die Aufklärungsepoche

Eine wichtige Voraussetzung für die Breitenentwicklung der Aufklärung im 18. Jahrhundert war die vorausgegangene, epochale Umgestaltung des Weltbildes: In das 15. und 16. Jahrhundert fielen wichtige Entdeckungen. Tradierte Vorstellungen von der Erde und vom Universum mussten revidiert werden. Die Erde musste man sich nun – bewiesen durch vernünftige Argumente und Experimente – als frei im Raum schwebenden Körper vorstellen, der sich täglich um die eigene Achse dreht. Die Sonne wurde zum Mittelpunkt der sich drehenden Planeten, die Erde zu einem unter anderen Planeten. Es wurde der Beweis erbracht, dass uns unsere Sinneserfahrungen täuschen können, wenn wir sie nicht experimentell geplant einsetzen. Von nun an konnte sich der Mensch sich nicht mehr auf seine Sinne allein, sondern nur auf vernünftig und planmäßig überprüfte Sinneswahrnehmungen verlassen. Damit wurden die beiden modernen Formen der Wissenschaft begründet, die unter der Bezeichnung Empirismus und Rationalismus die Wissenschaftsgeschichte prägten.

Der *Empirismus* war wesentlich durch die wissenschaftlichen Leistungen von Galileo Galilei (1564-1642) begründet. Dessen unerschrocken aufklärerische Haltung wurde von den Autoritäten gefürchtet. Die von ihm eingeführte neue wissenschaftliche Denkweise geht davon aus, dass wir allein durch systematisches Beobachten und Messen von Tatsachen zu neuen, zuverlässigen Erkenntnissen kommen können. Dahinter steckt die Meinung, dass man durch genaues Messen und Beobachten zu einem fortschreitend genaueren Abbild der Dinge kommen kann; d.h. dass die Wahrheit in den Dingen versteckt ist und mit vernunftgeleiteter Beobachtung mit geradlinig zunehmendem Fortschritt gefunden werden kann. Der *Rationalismus*, als der empiristischen Denkweise entgegengesetzte Position, war von Descartes (1596-1650) begründet worden. Bezüglich des Glaubens an die menschliche Vernunft mit dem Empirismus identisch, geht der Rationalismus davon aus, dass die Wahrheit nicht in den Tatsachen selbst versteckt ist und nicht durch Beobachtung gefunden werden kann, sondern dass sie in der menschlichen Vernunft liegt. Empirismus und Rationalismus sind erst im zwanzigsten Jahrhundert durch den Philosophen und Wissenschaftstheoretiker K. R. Popper zu einer Wissenschaftsposition vereinigt worden, die heute »Kritischer Rationalismus« genannt wird.

2.5.3 Frühe Aufklärung in England: John Locke

Die englische Aufklärung war der Aufklärungsepoche auf dem Kontinent um etwa 100 Jahre vorausgegangen. Francis Bacon (1561-1626) hatte den Durchbruch zur aufklärerischen Wissenschaft vollzogen. Als Denkmethode hatte er die Induktion eingeführt; danach geht Erkenntnis von der Beobachtung einzelner Tatsachen zu allgemeingültigen Gesetzmäßigkeiten. Wissenschaft muss sich für systematische Beobachtungen des Experimentes bedienen. Bacon war ein Exponent des Empirismus. Mit der empirisch-experimentellen Erkenntnismethode kann die Wissenschaft aus der Sicht Bacons immer weiter zur Erkenntnis der gültigen Wahrheit fortschreiten. Damit begründete er den modernen Glauben an Fortschritt durch Wissenschaft.

Im Bereich der *Pädagogik* gilt John Locke (1632-1704) als führender englischer Aufklärer. Er war in erster Linie Arzt, schrieb aber auch philosophische und pädagogische Werke. Er forderte, dass jeder Mensch nach eigener vernünftiger Entscheidung handeln müsse und deshalb ein Recht auf Erziehung zur Vernunft habe. Man bedenke, dass dies zu einer Zeit war, in der auf dem Kontinent meist der Landesfürst entscheiden konnte, welcher Religion die Untertanen anzugehören hatten!

Der Pädagogik von John Locke liegt das Menschenbild der »tabula rasa« zugrunde. Die Psyche des Kindes wird mit einer glattgestrichenen Wachstafel verglichen, in die man hineinschreiben kann, was man als Erzieher beabsichtigt. Der Vergleich mit einer Schreibtafel kommt der Idee der Machbarkeit mit pädagogischen Mitteln entgegen. Er ist gegen die Vorstellung von dem Menschen angeborenen »Ideen« bzw. »Vorstellungen« gerichtet (ideae innatae). In der menschlichen Seele gibt es nach Locke keine angeborenen Vorstellungen und Ideen; sondern der Mensch bringt nur das Vermögen und das Verlangen mit, zu Vorstellungen zu kommen. Angeboren sind nach Locke zudem das Verlangen nach Glück und die Tendenz zur Vermeidung von Unglück und Elend. Zum Glück gelangt der Mensch mit Hilfe seiner Vernunft. Sie hilft ihm, das auszuwählen, was dem eigenen Glück nützt. Dieses kombinierte Nützlichkeits- und Vernunftdenken entspricht den Grundanschauungen der aufklärerischen Philosophie des Utilitarismus.

Das Kind muss allerdings zur Vernunft erzogen werden; es ist nicht von Geburt an ein vernünftiges Wesen. Seine pädagogischen Überlegungen hat Locke in den »*Gedanken über Erziehung*« (1693) aufgeschrieben. Dieses Buch beginnt mit einem Bekenntnis zum optimistischen aufklärerischen Grundgedanken, dass das Kind durch Erziehung zur Vernünftigkeit und zum Glück gebracht werden kann.

Bezüglich der *körperlichen Erziehung* stellt Locke den Grundsatz auf, dass eine vernunftgeleitete Erziehung nichts gegen die Natur unternehmen soll. Der Leitsatz »Nichts gegen die Natur unternehmen« ist für ihn identisch mit dem Leitsatz »Nichts gegen die Vernunft unternehmen«. Von Natur aus ist nach Lockes Auffassung unser Körper vernünftig. Weil die zeitgenössische körperliche Erziehung mehrheitlich gegen die Natur gerichtet ist (z.B. Einschnüren der Kinder, falsche Verzärtelung usw.), fordert er in diesem Bereich eine vernunftgeleitete Zurückgewöhnung. An vielen Beispielen illustriert er die kulturbedingten Abirrungen von der Natur: Kinder werden zu warm gekleidet; Mützen bezeichnet er als unnatürlich, weil die Natur auf dem Kopf doch Haare habe wachsen lassen u.v.a.m..

Als bestes Mittel für die körperliche Erziehung empfiehlt er die Abhärtung; in diesem Zusammenhang findet man drastische Ratschläge: »Ich rate ferner, seine Füße jeden Tag in kaltem Wasser zu waschen und seine Schuhe so dünn machen zu lassen, dass sie durchlässig sind und Wasser einlassen, wenn er damit in Berührung kommt.« (Locke 1966, 10) Bezüglich der Gewöhnung an asketisches Essen sagt er: »Ich glaube nicht, dass alle Menschen gleichen Appetit haben; manche haben von Natur aus einen starken und manche einen schwächeren Magen. Aber das glaube ich, dass manche durch Gewohnheit zu Feinschmeckern und Fressern werden, die es von Natur aus nicht waren.« (Locke 1966, 15)

Die *geistige Erziehung* hat den vernünftigen, sittlich autonomen Menschen zum Ziel. Weil in Lockes Menschenbild das Kind zwar zur Vernunft vorbestimmt, aber von Geburt an nicht schon ein vernünftiges Wesen ist, gehören auf den Weg zur Vernunft Gehorsam, Konsequenz und Strenge. Der Erwachsene darf dies verlangen, weil er ein vernünftiges Wesen ist. Er hat die Pflicht, das Kind vernünftig zu machen. Dadurch ist die Autorität des Erziehers gerechtfertigt. Sie ist nur von der Vernunft her, nicht von persönlichen Leidenschaften und Affekten zu begründen: »Wer nicht daran gewöhnt wird, seinen Willen der Vernunft anderer zu unterwerfen, solange er jung ist, wird sich kaum dazu verstehen, sich seiner eigenen Vernunft zu unterwerfen, wenn er in dem Alter ist, dass er sich ihrer bedienen kann.« (Locke 1966, 26)

Für die Autorität des vernünftigen Erwachsenen gilt, dass er die Erziehungsmittel nur nach Kriterien der Vernunft auswählt; diesen Kriterien entspricht die Körperstrafe *nicht*. Derartige unvernünftige Mittel hält Locke ohnehin für nicht notwendig, wenn man vom Kind in frühester Kindheit Gehorsam verlangt.

In Anbetracht des scheinbaren Widerspruchs zwischen Gehorsams- und Autoritätsforderung einerseits und der Forderung nach Natürlichkeit andererseits ist der Begriff der »*Natürlichkeit*« zu klären: »Der Natur gehorchen« heißt für den typischen Aufklärungspädagogen nicht, »die natürlichen Triebe zu berücksichtigen«; sondern das Kind muss durch Erziehung zu seiner ihm gemäßen Natur geführt werden. Natur bezeichnet also ein pädagogisches Ziel. Sie ist für den Aufklärer identisch mit dem, was er als Vernunft bezeichnet. Deswegen gilt längst nicht alles, was ein Kind »von Natur« aus an Bedürfnissen hat, als »natürlich«. Locke unterscheidet zwischen natürlichen Bedürfnissen, die der Vernunft entsprechen: Diese sind durch den Erzieher zu fördern; und natürlichen Bedürfnissen, die der Vernunft widersprechen: Diese sind durch den Erzieher frühzeitig zu unterdrücken. Typisch ist, dass die Vernunft entscheidet, was als »natürlich« zu gelten hat.

Unter dem Aspekt des aufklärerischen Naturbegriffs wird die Zivilisationskritik von Rousseau verstehbar. Schon Locke weist immer wieder darauf hin, dass eine falsche Zivilisation unvernünftige Triebe der Menschen künstlich fördere und züchte. Beispielsweise sei das vernunftadäquate Bedürfnis nach Kleidung das natürliche Bedürfnis nach Schutz vor der Witterung; das von der Zivilisation geförderte unvernünftige Bedürfnis sei jedoch häufig Eitelkeit und Putzsucht:

> »Was wir an Kleidung auf unserem Körper tragen aus Gründen des Anstandes, der Warmhaltung und des Schutzes, wird den Kindern durch die Torheit oder Verirrung der Eltern zu andern Zwecken empfohlen. Man macht sie zu Gegenständen der Eitelkeit und des Ehrgeizes. Man weckt in einem Kinde das Verlangen nach einem neuen Anzug, weil er stattlich aussieht; und wenn das kleine Mädchen aufgeputzt ist in seinem neuen Kleid und Kopfputz, was kann seine Mutter weiter tun als es lehren, sich selbst zu bewundern, indem sie es ›meine kleine Königin‹ oder ›mein Prinzesschen‹ nennt? So lehrt man die Kleinen, auf ihre Kleidung stolz zu sein, ehe sie sich anziehen können. Und warum sollten sie nicht in Zukunft ihren Wert nach der äußeren Eleganz einschätzen, die sie dem Schneider oder der Putzmacherin verdanken, wenn ihre Eltern sie so früh dazu angeleitet haben?« (Locke 1966, 27)

Bezüglich der Erziehungsziele zeigt sich Lockes aufklärerische Haltung darin, dass er die zu erwerbenden Kenntnisse in letzter Priorität seiner Zielhierarchie nennt. Seine Erziehungsziele werden in der folgenden

Reihenfolge dargestellt: Tugend, Lebensklugheit, Lebensart, Kenntnisse. Unter *Tugend* versteht er die sittliche Grundhaltung des Menschen. Sie besteht aus: a) einem einfachen deistischen Bekenntnis ohne weiteres religiöses Grübeln: »Lass sie (die Kinder, U.H.) wissen, dass Gott, der alles so wohl für sie bestellt hat, die Nacht gemacht, damit sie um so besser und ruhiger schlafen können, dass sie unter seinem Schutz stehen und es im Dunkeln nichts gibt, was ihnen Schaden zufügen könnte.« (Locke 1966, 109), b) aus der Liebe zur Wahrheit: »Lass ihn wissen, dass zwanzig Vergehen leichter verziehen werden können als eine Verletzung der Wahrheit zu dem Zwecke, ein Vergehen durch eine Ausflucht zu verdecken.« (Locke 1966, 110) und c) aus der Nächstenliebe: »Und wenn du ihm beizeiten beibringst, andere zu lieben und mit Güte zu behandeln, so legst du damit einen dauerhaften Grund zu einem ehrenwerten Manne.« (Locke 1966, 110) Die *Lebensklugheit* erläutert Locke mit folgenden Worten: »Unter Lebensklugheit verstehe ich die Fähigkeit eines Mannes, seine Geschäfte in dieser Welt geschickt und mit Umsicht zu führen.« (Locke 1966, 110) Die gute *Lebensart* besteht im gesitteten, höflichen, weltmännischen Umgang in Gesellschaften. Bei der Vermittlung von *Kenntnissen* schließlich soll der Aspekt der Brauchbarkeit für das Leben im Vordergrund stehen. Unnütze Gelehrsamkeit wird abgelehnt:

> »Wenn ich bedenke, was für ein Wesen man um ein bisschen Latein und Griechisch macht, wie viele Jahre man damit zubringt und dass aller Lärm und alle Geschäftigkeit doch zu nichts führt, so kann ich mich kaum des Gedankens erwehren, dass die Eltern der Kinder immer noch unter der Furcht vor der Rute des Schulmeisters stehen, die sie als einziges Instrument der Erziehung ansehen, als ob eine oder zwei Sprachen alles wären.« (Locke 1966, 118)

Auch Lockes Ausführungen zur Unterrichtsmethode und zu den Erziehungsmitteln sind charakteristisch für das Aufklärungsdenken. Der *Unterrichtsmethode* liegt die einfache Annahme zugrunde, dass das Kind anlagemäßig empfänglich ist für Lob und Anerkennung auf der einen Seite und bereit zur Vermeidung von Tadel und Abweisung auf der anderen Seite. Insbesondere der Wunsch nach Lob und Anerkennung muss im Unterricht methodisch ausgenützt werden. Damit fördert man den Ehrgeiz und das Interesse. Die methodische Grundregel der Aufklärungspädagogik heißt, dass das Kind alles gern und freiwillig lernen soll. Somit besteht die Kunst des Unterrichtens zur Hauptsache in der Weckung des Interesses des Kindes. Auch in dieser Beziehung wird der aufklärerische Glaube daran deutlich, dass alles machbar sei, wenn man die richtigen Mittel findet: »Wenn sie von sich aus nicht oft genug gut aufgelegt sind, sollte man sie zu guter Stimmung überreden, bevor man sie an eine Arbeit setzt. Das ist, glaube ich, keine schwere Sache für einen verständigen Erzieher, der den Charakter seines Schülers studiert hat und sich ein bisschen Mühe gibt, seinen Kopf mit passenden Gedanken zu erfüllen, so dass sie ihm die jeweilige Aufgabe schmackhaft machen.« (Locke 1966, 52)

Bezüglich der *Erziehungsmittel* ist erwähnenswert, dass Locke die Körperstrafe als ungeeignet für das Ziel des aufgeklärten Menschen ablehnt und auch nicht jede Art der Belohnung für angemessen hält. Belohnungen durch Befriedigung eines unvernünftigen Bedürfnisses, z.B. Abgabe eines Leckerbissens, verhindern die Erziehung zum vernünftigen Menschen. Belohnung und Bestrafung haben durch Appelle an die Ehre zu erfolgen; somit sind angemessener Lohn und angemessene Strafe das verbale Lob und der verbale Tadel. Im echt aufklärerischen Sinne ist für Locke das ernsthafte, vernünftige Argumentieren mit dem Kinde das beste Erziehungsmittel.

2.5.4 Deutsche Aufklärungspädagogen: Philanthropen

Eine typische Aufklärungspädagogik entstand etwa um 1770 in Deutschland. Die Vertreter nannten sich Philanthropen (»Menschenfreunde«). Bekannte Philanthropen waren u.a. Johann Bernhard Basedow (1724-1790), Christian Gotthilf Salzmann (1744-1811), Joachim Heinrich Campe (1746-1818), Ernst Christian Trapp (1745-1818) und Friedrich Eberhard von Rochow (1734-1805). Bekannte pädagogische Aufklärer in der Schweiz waren beispielsweise die beiden Züricher Gymnasiallehrer Bodmer und Breitinger. Die Pädagogik der deutschsprachigen Aufklärung unterschied sich nicht grundsätzlich von derjenigen John Lockes.

Die Philanthropen entwickelten die Lehre von der Behebung unerwünschter Kinderfehler durch pädagogische Mittel wie Lob und Belohnung weiter und beeinflussten teilweise die Gestaltung der Internatserziehung. Bekannt war das Internat von Basedow, in welchem Kinder und Jugendliche nach Grundsätzen der Aufklärungspädagogik erzogen und unterrichtet wurden. Über die Ordnung in seinem Erziehungsinternat namens »Dessauer Philanthropin« schreibt Basedow beispielsweise:

> »Die gewöhnlichen Bestrafungen für Fehler und Laster sind eine Verminderung der Meritenpunkte; die Verwandlung einer Studienstunde in die Stunde einer Handarbeit; Langeweile in einem ganz ledigen Zimmer, wo man nicht aus dem Fenster sehen kann und in der Nähe das angenehme Geräusch der sich

vergnügenden oder studierenden Jugend gehört wird; ein Fallhut, ein Kinderstuhl und hölzernes Gerät bei Tische; einige Zeit Versetzung in die Umstände eines Famulanten, doch auf solche Weise, dass die Reinlichkeit und Gesundheit gar nichts und das Fortkommen der Studien so wenig als möglich dabei leide usw. Man wird hieraus leicht sehen, welcherlei Belohnungen hier vorkommen. Sinnlich angenehme Belohnungen aber (außer der Befreiung von verdienter Strafe) werden niemals erteilt, ohne dass der Belohnte verbunden ist, irgendeinen (nämlich seinen Freund), zwei oder mehr andre gute Freunde (deren Wahl er hat) daran teilnehmen zu lassen. Doch der Mangel der Wahlfähigkeit zu solchen Teilnahmen ist eine Strafe. Die größte Belohnung ist für die Erwachsenen auf einige Zeit die Ehre, in der Direktion entweder als Auskultanten oder in gewissen Umständen auch als Mitstimmende zu sitzen.« (Basedow 1965, 217)

Dies ist eine Beschreibung dessen, was mit der Lehre von der Behebung von Kinderfehlern mit pädagogischen Heilmitteln gemeint ist. Die Heilmittel sind die skizzierten Belohnungen und Bestrafungen.

Die aufklärerische Kinderfehlerlehre hat im Verlaufe des 19. Jahrhunderts zu einem eingeengten und eher entsolidarisierenden Verständnis von Heilpädagogik geführt. Im Vordergrund stand dabei der Gedanke der Machbarkeit mit geeigneten pädagogischen Mitteln. Dabei ging es zunächst um die Beseitigung von unerwünschtem kindlichem Verhalten; später wurde diese aufklärerische Kinderfehlerlehre auch auf ernsthafte Behinderungen angewendet, was teilweise zu Missverständnissen führte.

2.5.5 Zusammenfassende und ergänzende Bemerkungen

Das pädagogische Denken der Moderne ist ohne Aufklärung nicht verstehbar. Befruchtend für die Entwicklung (heil-)pädagogischer Ideen sind der große pädagogische Optimismus mit dem Glauben an die Machbarkeit des Kindes durch Erziehung, die entschiedene Forderung nach Bildung für alle und im Speziellen die Kinderfehlerlehre. Die Aufklärungsbewegung hatte zwar erstmals auch ein wissenschaftliches Interesse an der Geistigen Behinderung, jedoch in der Hoffnung, dass die medizinische Wissenschaft zu Erkenntnissen kommen werde, welche eine Heilung der als Krankheit verstandenen Geistigen Behinderung ermöglichen würde. Vor diesem Hintergrund sind beispielsweise die Bemühungen des Schweizers Guggenbühl zu sehen, der unbedingt Erfolge mit geistig Behinderten vorweisen wollte und schließlich als »Scharlatan« bezeichnet wurde. Für Menschen, die unheilbar »unvernünftig« sind, hat die Aufklärung naturgemäß kein angemessenes Verständnis. Mit dem wissenschaftlichen und pädagogischen Optimismus war ein ausgeprägtes Nützlichkeitsdenken verbunden; auch dieses hat die Heilpädagogik bis in die heutigen Tage hinein geprägt. Nach aufklärerischem Verständnis haben Erziehungsbemühungen mit behinderten Kindern dann Erfolg, wenn sie zu nützlichen Menschen geformt worden sind. Damit deutet sich wiederum an, dass Aufklärungsdenken der misslingenden Solidarisierung mit »Unvernünftigen« und »Unbrauchbaren« wenig entgegenzusetzen hat.

Dennoch kann nicht übersehen werden, dass die Epoche der Aufklärung nicht nur für die Entwicklung der gesamten Pädagogik, sondern auch für die weitere Entwicklung der Erziehung und Unterrichtung von Kindern mit Behinderungen und Auffälligkeiten eine mehrfache Bedeutung hat: Eine direkte Linie zur Verhaltensauffälligenpädagogik beginnt bei der aufklärerischen *Lehre von den Kinderfehlern* und deren Behebung mit Erziehungsmitteln, insbesondere mit Lob und Belohnung. Der Gedanke der Volksschule für alle ist charakteristisch für das Denken der Aufklärung. Die Realisierung dieses Gedankens war natürlich eine wesentliche Voraussetzung für das spätere Postulat, dass auch Behinderte in das Recht und die Pflicht auf Schulung und Bildung eingeschlossen werden konnten. Das pädagogische Denken der Aufklärung war geprägt durch Erziehungsoptimismus und Nützlichkeitsdenken; unter diesem Aspekt ist insbesondere die Entstehung von speziellen Schulen für Blinde, Gehörlose und Verwahrloste zu sehen, die man zu nützlichen Gliedern der Gesellschaft erziehen zu können hoffte. Aus der Entwicklung des fortschrittsorientierten Wissenschaftsverständnisses lässt sich vermutlich das erwachende wissenschaftliche Interesse an der Erforschung der Geistigen Behinderung erklären. Hingegen war es dem aufklärerischen Denken nicht möglich, Geistige Behinderung als eine normale Variante menschlichen Seins anstatt als Krankheit wahrzunehmen.

2.5.6 Jean Jacques Rousseau – nicht nur Aufklärer

Rousseau (1712-1778), der berühmte Philosoph und Pädagoge der französischsprachigen Aufklärung, war nur zu einem Teil ein Aufklärer im engen Sinne. Er vertrat in seinem schillernden Werk auch gegenaufklärerische Tendenzen, die gerade nicht die Vernunft, sondern das Gefühl in den Vordergrund stellen. Diese Widersprüchlichkeit hat Rousseau zum Anreger verschiedenster, späterer Strömungen, die eher antiaufklärerisch waren, gemacht: Er war Kultfigur für den Sturm und Drang von Goethe und Schiller, für die deutsche Romantik im ersten Drittel des 19. Jahrhunderts, aber auch noch für die Kulturkritik der Reformpädagogik zu Beginn des zwanzigsten Jahrhunderts.

Im Zentrum von Rousseaus Denken steht – wie bei den anderen Aufklärern – der Naturbegriff. Während für den typischen Aufklärer aber die Gleichsetzung von Natur mit Vernunft gilt, gibt Rousseau seinem Naturbegriff den Charakter des Außerrationalen und nur der Emotionalität Zugänglichen. Die Natur übersteigt die Vernunft des Menschen. Sie kann deshalb mit dem Verstand nicht voll erfasst werden. Deswegen gibt es für Rousseau neben dem Verstand einen anderen Zugang zur Natur: das Gefühl. Damit unterscheidet er sich von der Aufklärung.

Seine pädagogischen Gedanken schrieb er im Roman »Emile« nieder. Darin will er an einem erfundenen Beispiel zeigen, wie das Kind durch Abschirmung von den Einflüssen der Gesellschaft und Kultur zur Natur zurückgeführt werden kann. Die Erziehung soll sich an der natürlichen Entwicklung des Kindes, wie sie ohne Einfluss der Kultur abläuft, orientieren. Pädagogischer Leitsatz ist: »Man muss verhindern, dass etwas getan wird.« Im direkten Gegensatz etwa zum pietistischen Menschenbild geht Rousseau davon aus, dass der Mensch von Natur aus gut ist und erst durch die gesellschaftlichen Einflüsse verdorben wird.

Mit seiner Vorstellung von Natürlichkeit befand er sich in der Nähe einer biologistischen und ansatzweise selektionistischen Denkweise, die mit schwachen und gebrechlichen Kindern nichts anzufangen weiß und einen weiteren Schritt im Entsolidarisierungsprozess gegenüber Leistungsschwachen und Behinderten bedeutet. So lässt sich sagen, dass Rousseau mit seiner Vorstellung von natürlicher Entwicklung einerseits das entwicklungspsychologische Verständnis für das Kind außerordentlich gefördert, dass er aber andererseits damit den Zugang zum Kind mit Abweichungen von der Entwicklungsnorm eher verbaut hat.

2.6 Neuhumanismus: Klassische Bildungstheorie

Eine Bewegung gegen Ende des 18. Jahrhunderts wurde durch eine erneute Betonung der Orientierung an der klassischen Antike eingeleitet. Da dies auch schon auf die geistesgeschichtliche Strömung des Humanismus im 15./16. Jahrhundert zugetroffen hatte, wird diese Bewegung als »Neuhumanismus« bezeichnet. Die Anfangsphase war der »philologische Neuhumanismus«. Ihm ging es um eine Rückbesinnung auf das Erlernen der griechischen Sprache, damit die antike Welt wieder lebendig werden kann. Als Vorbild wurde der gebildete Mensch der griechischen Klassik neu entdeckt. Die Vorbereitung dieser Gedanken ging insbesondere auf Joachim Winkelmann zurück, der zwei Schriften publiziert hatte: 1764 »Geschichte der Kunst des Altertums« und 1775 »Gedanken über die Nachahmung der griechischen Werke in Malerei und Bildhauerei«. Auf ihn geht auch die bekannte Italiensehnsucht der deutschen Klassiker zurück.

Die Bewegung des Neuhumanismus prägte insbesondere auch die deutschklassische Literaturepoche. Es ist an so berühmte Namen wie Klopstock, Lessing, Wieland, Herder, insbesondere aber Schiller und Goethe zu erinnern. Auch für die deutsche Klassik sind 1. die Rückorientierung zur Antike und 2. die Orientierung am klassischen Humanitätsbegriff wesentliche Bestandteile. Die Orientierung an der Antike wurde allerdings von den Exponenten der deutschen Klassik durch andere Aspekte ergänzt. Die Idee des klassischen Humanitätsbegriffs, wie er von den deutschen Klassikern vertreten wurde, stammt von Johann Gottfried Herder (1744-1803). Die berühmtesten Vertreter des klassisch-idealistischen Neuhumanismus waren sicherlich Friedrich Schiller (1759-1805) und Johann Wolfgang von Goethe (1749-1832). Folgenreich für die Entwicklung des Humanitätsbegriffs in der Pädagogik war jedoch Wilhelm von Humboldt (1767-1835). Er gilt als der Begründer des humanistischen Gymnasiums. Die neuhumanistische Bildungstheorie ist durch ihre schwerpunktmäßige Ausrichtung auf den Ausbau des Höheren Bildungswesens gekennzeichnet.

Wichtige Probleme, mit denen sich die klassisch-idealistische Strömung des Neuhumanismus beschäftigt hat, sind Fragen der Individualität, der Freiheit des Menschen, des Wesens eines menschlichen Genies, der klassischen Humanität im Bildungswesen, der Kunst als vollendeter Ausdruck des Menschen u.ä. Bei dieser Art der Problemsicht konnten kaum neue Anstöße für eine Solidarisierung mit Leistungsschwachen und Behinderten und für heilpädagogisches Denken entstehen. Schon die Orientierung am Weltbild der klassischen Antike macht deutlich, dass die klassische Epoche des Neuhumanismus wenig Bedeutung für ein verbessertes Verständnis für Behinderte hatte, sondern eher einen Beitrag für den permanenten Entsolidarisierungsprozess in der europäischen Geschichte leistete. Aus heilpädagogischer Sicht ist deshalb die gefeierte deutsch-klassische Literaturepoche kein Fortschritt zu »humanerem« Denken; so findet man bei Goethe vermutlich kaum eine Textstelle, in der ein Engagement für Behinderte und sozial Benachteiligte zum Ausdruck gebracht wird.

Neben den berühmten und gefeierten Vertretern der Klassik gab es jedoch Außenseiter, die sich für die Erziehung und Ausbildung der Schwächeren und der durch Industrialisierungsfolgen Verwahrlosten einsetzten. Zeitgenossen von Goethe und Schiller wie beispielsweise Johann Heinrich Pestalozzi (1746-1827) hatten in ihrem Außenseitertum erkannt, dass der Alltag der Massen zunehmend vom sozialen Elend durch die Industrialisierung geprägt wurde. Von den Klassikern selbst erfahren wir kaum etwas über die durch die sich verschlechternden sozialen Zustände entstehenden Probleme für jene Bevölkerungsteile, die am neuhumanistischen Bildungsbürgertum nicht teilnehmen konnten. Die Klassik war eine einseitig elitäre und dem Bildungsbürgertum zugewandte Strömung. Unter den sozialpolitisch engagierten Zeitgenossen des Neuhumanismus war sicherlich Pestalozzi eine herausragende Gestalt. Er gehörte zu den Gesellschaftskritikern, die den elitären Charakter des Neuhumanismus und die unmerkliche Entstehung einer Bevölkerung in neuartiger Armut – als Folge der beginnenden Industrialisierung – erkannten und dagegen anzukämpfen versuchten. Er entdeckte die soziale und gesellschaftliche Dimension einer misslingenden Erziehung und wurde gleichsam zu einem Prototyp des sozial- und gesellschaftskritisch engagierten Pädagogen. Seine gesellschaftsphilosophischen und anthropologischen Gedanken verdienen in einer Einführung in die Wertgeleitete Heilpädagogik einen besonderen Platz.

2.7 Romantik: Zurück zur funktionalen Erziehung

Die gesamte Epoche der Romantik ist dadurch gekennzeichnet, dass sie als starke Gegenreaktion gegen die Aufklärung und den sich ebenfalls als aufklärerisch verstehenden Neuhumanismus der Priorität von Vernünftigkeit das Irrationale, Emotionale und Nicht-Berechenbare entgegensetzte. Typisch für die Romantik ist die starke Betonung von Gefühl, Phantasie und aus dunkeln Traditionen gewachsene Volkstümlichkeit (Märchen), besonders in der Spätromantik eine fast übertriebene Idealisierung der frühen Kindheit. Die bekanntesten Vertreter der Romantik in Literatur und Musik sind Brentano, Novalis, Eichendorff, Schumann und Mendelssohn.

Was die Entwicklung von pädagogischen Ideen anbelangt, ist ein deutlicher Unterschied zwischen der Frühromantik und der Spätromantik festzustellen. Der typische Frühromantiker hatte im Grunde genommen kein pädagogisches Denken, sondern er war auf sich selbst bezogen. Der Frühromantiker sieht sich als Genie, das nie älter wird und ohne erzieherische Hilfe zum Genie geworden ist. Wichtig ist die spontane Entwicklung und nicht die Erziehung. Deshalb kümmert sich die Frühromantik – ähnlich wie schon der einseitig entwicklungsorientierte Rousseau – wenig um Kinder und Jugendliche, die sich nicht ohne intensive pädagogische Hilfe entwickeln können. Das Ideal des Frühromantikers ist vorwiegend der genialische Künstler, der in Gefühlen schwelgt und alles Bürgerliche ablehnt. Solidarität mit Schwachen und Behinderten hat dabei kaum Platz. Im Gegensatz zur eher resignierenden Spätromantik hofft der Frühromantiker auf eine Zukunft, in der das Bürgertum überwunden und eine neue Welt entstehen wird. Aber schon bei den Frühromantikern ist die Sehnsucht zurück in die Kindheit spürbar, die sich dann bei den Spätromantikern stark zuspitzt. Die Frühromantik sieht das Kind nicht als ein Ergebnis von Erziehung, sondern als ein Produkt der Natur, das sich nur dann zum genialen Menschen entwickeln wird, wenn sich das Kind ausleben kann. Es sind die auf die Spitze getriebenen Gedanken von Rousseau vorherrschend, dass das Kind durch Erziehung höchstens verdorben werden könne. Die bekanntesten Frühromantiker innerhalb der deutschen Literatur sind Novalis, Schlegel, Wackenroder, Tieck.

Zumindest in der Frühromantik fand der durch Rousseau begründete biologistische Entsolidarisierungsprozess seine Fortsetzung. In der Spätromantik hingegen wurden eher auch heilpädagogisch bedeutsame Gedanken formuliert. Der Spätromantiker ist eigentlich schon wieder zum Bürgertum zurückgekehrt, er versucht sich wehmütig und heimlich ins bürgerliche Leben einzugliedern. Die frühromantische Hoffnung auf die zukünftige Welt der genialischen Menschen ist bei den Spätromantikern nicht mehr lebendig. Deswegen wird für den Spätromantiker die Vergangenheit am wichtigsten; das Mittelalter wird zur paradiesischen Zeit hochstilisiert. Anstelle der genialischen Ablehnung des Spießbürgertums bleibt den Spätromantikern nur noch eine traurige Sehnsucht, die sich am deutlichsten in den Gedichten von Eichendorff zeigt. In der Spätromantik wird die Kindheit noch höher bewertet als in der Frühromantik. Der Spätromantiker fühlt sich jedoch auch zur aktiven Erziehung verpflichtet. Während die Frühromantik den Menschen in einem Durchgangsstadium in eine neue, genialische Welt sah, sieht die Spätromantik im Menschen einen von der heilen Welt der Vergangenheit Abgefallenen. Das Kind muss durch Erziehung wieder zur besseren Vergangenheit zurückgeführt werden. Das nicht rational denkende Volk als Träger der Kultur, zu dem das Kind zurückzuführen ist, wird entdeckt. Die neue Bedeutung von Volksmärchen für Kinder geht auf diese Strömung zurück.

Bei Jean Paul (1763-1825), einem pädagogischen Autor der Romantik, finden sich folgende Grundgedanken: Die Erziehung durch traditionelles Brauchtum und durch den gesunden Volksgeist ist wichtiger als eine bewusst geplante Erziehung. In einer gesunden Kultur ist die funktionale Erziehung (die nicht geplante) wichtiger als die intentionale (die absichtlich geplante). Die Erziehung muss davon ausgehen, dass das Kind von Natur aus gut ist. Eine heitere Stimmung im Umgang mit dem Kind ist das Allerwichtigste. Das Gefühlsklima gewinnt große Bedeutung. In diesem Zusammenhang entdeckt Jean Paul die wichtige Bedeutung des Spiels für das Kind.

Diese Gedanken sind teilweise von Friedrich Fröbel (1782-1852) weiterverfolgt worden. Fröbel ist allgemein bekannt als Begründer des Kindergartens im heutigen Sinne. Besonders bekannt ist bis heute seine Ausrichtung auf spezielle Formen des Spiels geblieben. Er ging in seiner Theorie des Spiels von der Annahme aus, dass die Kugel die Urform aller Formen und damit der Wahrnehmung (bzw. Anschauung) sei. Aus diesem Grunde gehen die von ihm vorgeschlagenen Spielzeuge auf die Kugelform zurück.

2.8 Herbartianismus: Geplantes Lehren

Für die Entwicklung der Schulpädagogik des 19. Jahrhunderts blieben sowohl die kulturkritischen Ideen Rousseaus als auch die rationalitätsfeindlichen Strömungen der Romantik eher bedeutungslos. Vor allem die Schulpädagogik der zweiten Hälfte des 19. Jahrhunderts, wie sie in den entstehenden Lehrerbildungsanstalten vermittelt wurde, war geprägt vom Pädagogen und Philosophen *Johann Friedrich Herbart* (1776-1841). Seine Pädagogik kann als eine Fortsetzung bzw. Wiederaufnahme der Aufklärungspädagogik verstanden werden. Im Sinne der Aufklärung griff er die Gedanken der rational durchgeplanten Erziehung und Unterrichtung auf, in der nichts dem Zufall überlassen werden soll. Die Entwicklung der rationalistischen, an den Erfolg geplanter Erziehung glaubenden Pädagogik des 19. Jahrhunderts ist als direkte Fortsetzung des Pädagogischen Rationalismus des 17. Jahrhunderts und der rationalistischen Machbarkeitspädagogik der Aufklärung des 18. Jahrhunderts zu verstehen. Gegenbewegungen unterschiedlicher Ausprägung wie Pietismus, Sturm und Drang oder Romantik hatten den »Fortschritt« einer rationalistischen, am Fortschrittsglauben der modernen, rationalistisch-empirischen Wissenschaft orientierten Pädagogik nur unwesentlich aufgehalten.

Auf der Grundlage der pädagogischen Gedanken von *Herbart* entwickelte sich in der zweiten Hälfte des 19. Jahrhunderts in der »offiziellen« Pädagogik, die vorwiegend Schulpädagogik war, eine starre, rationalistisch durchgeplante Schuldidaktik, die weder dem Lehrer noch dem Schüler Gestaltungsfreiheit ließ. Aufbauend auf Herbarts Ideen dominierten die »Herbartianer« teilweise weit in das 20. Jahrhundert hinein die Lehrerbildungsanstalten in Deutschland und in der Schweiz. Bekannte Herbartianer waren T. Ziller (1817-1882) und W. Rein (1847-1929). Jede Unterrichtsstunde musste sich an einen vorgegebenen formalen Ablauf halten. Von den Herbartianischen Formalstufen durfte kein Lehrer abweichen. Der Glaube an die Planbarkeit von Erziehung und Unterricht und an die Machbarkeit des Kindes durch systematisch geplante Belehrung hatte sich erneut verstärkt; so kann man im Herbartianismus die ungebremste Fortsetzung der Aufklärungspädagogik erkennen, welche von den gegenläufigen Strömungen der Romantik kurz unterbrochen worden war.

Daneben tauchten allerdings in der zweiten Hälfte des 19. Jahrhunderts neue Kritiker der Zivilisation und des aufklärerischen Vernunftbegriffs auf, am bekanntesten Friedrich Nietzsche. Eine etwas anders geartete Kritik an der Gesellschaft des 19. Jahrhunderts finden wir auch in den Werken der Vertreter der Literatur des Naturalismus wie z.B. von G. Hauptmann und H. Ibsen. Die sich anbahnende Zivilisationskritik mündete zu Beginn des 20. Jahrhunderts in eine eigentliche Rousseau-Renaissance, für die ein neuer Irrationalismus, Emotionalismus und neue Vorstellungen vom Genialen im Menschen typisch waren. Die Zivilisationskritik führte im Erziehungsbereich zu großen Umbrüchen.

Die Bedeutung des Herbartianismus für die Heilpädagogik liegt vorwiegend auf dem Einfluss auf die Didaktik der Ende des 19. Jahrhunderts entstehenden Hilfsschulen. Herbart hatte selbst schon den Gedanken vorformuliert, dass man für diejenigen Kinder, bei welchen die üblichen didaktischen Maßnahmen zu wenig wirkungsvoll sind, spezielle Schulklassen mit der Möglichkeit zur Anwendung einer auf diese Kinder angepassten Unterrichtsmethode einrichten sollte. Realisiert wurde allerdings diese Idee erst viele Jahre nach Herbarts Tod.

2.9 Reformpädagogik: Aufbruch und Bedrohung

Die Gegenbewegung zum Rationalismus und zur aufklärerbischen Machbarkeitsgläubigkeit im 19. Jahrhundert ist einerseits als Kulturkritik und andererseits als eine breite Reformbewegung zu beschreiben. Als Gegenreaktion auf die rationalistische Pädagogik wird von den Reformpädagogen die Ablehnung einer geplanten Erziehung und Unterrichtung überbetont. Erneut steht die Idee der Selbstentfaltung des Kindes nach dem Muster der Frühromantik am Beginn dieser Reformbewegung, die mit dem berühmten Schlagwort »Das Jahrhundert des Kindes« eingeleitet wird. Die reformpädagogische Bewegung ist eingebettet in eine viel breitere Bewegung, die sich von den Zwängen des rationalistisch orientierten Bürgertums zu befreien versuchte und nach neuen naturnäheren Lebensformen (Jugendbewegung, Wandervogelbewegung) strebte. Auch die schon in der Romantik zu beobachtende Hinwendung zum gewachsenen Brauchtum des Volkes als Gegenpol zum geschichtslosen Rationalismus der Aufklärung ist wieder deutlich zu beobachten; aus dieser Orientierung zur Volksnähe resultieren zahlreiche neue Projekte der Volksbildung und der Volkshochschule.

Die der Reformbewegung am Anfang des 20. Jahrhunderts schon gegen Ende des 19. Jahrhunderts vorausgegangene Kulturkritik ist verbunden mit Namen wie Jakob Burkhardt und Friedrich Nietzsche. Es handelte sich um zwei sehr unterschiedliche Typen von Kulturkritik. Jakob Burkhardt sah durch die Vermassung der Bildung den klassischen Humanismus gefährdet und setzte vom Standpunkt des elitären Humanisten mit der Kritik an der verflachenden Kultur an. Nietzsches Kulturkritik war radikaler und richtete sich sowohl gegen die Verflachung von Bildung in der Aufklärungstradition als auch gegen das humanistische Bildungsideal. Nietzsche kritisierte die gesamte abendländische Kultur als Entwicklung zur dekadenten Mittelmäßigkeit. Er hoffte auf einen neuen Übermenschen, der im Sinne eines genialen Wesens die Menschheit beherrschen und aus der Krise der Abendländischen Kultur herausführen kann.

Das kulturkritische und gleichzeitig elitäre Denken von Friedrich Nietzsche hatte entscheidende Auswirkungen auf das neue pädagogische Denken zu Beginn des 20. Jahrhunderts, für welches zwei Punkte entscheidend wurden: die Kritik und Ablehnung aller bisherigen Bildungs- und Erziehungstheorien *einerseits*, eine radikale Philosophie des menschlichen Rechts auf ein Sich-Ausleben *andererseits*. Diese beiden Punkte charakterisieren die Revolutionäre Pädagogik um die Jahrhundertwende. Deren erste Repräsentantin war Ellen Key (1849-1926). Im Jahre 1900 erschien ihr Buch »Das Jahrhundert des Kindes«. Bis 1926 waren davon 36 Auflagen verkauft. Das bestehende Schul- und Bildungswesen wird radikal Form abgelehnt. Die bisherigen Schulen haben das Kind unterdrückt. Alles muss vom Kinde aus umgestaltet werden.

Der skizzierte Hintergrund der neuen, revolutionären Pädagogik bot keinen zwingenden Anhaltspunkt dafür, sich mit Schwachen und Behinderten zu solidarisieren und sich für heilpädagogische Ideen zu engagieren. Mit der Hinwendung zum Begriff der Natürlichkeit und dem damit verbundenen Biologismus von Rousseau sowie zur Vorstellung eines genialen Übermenschen von Nietzsche ist eine gleichzeitige Hinwendung zum Schwachen, zum »lebensuntauglichen« behinderten Menschen eher verbaut. Kobi (1983) sieht sogar in bestimmten Ausprägungen der revolutionären Pädagogik die Vorbereitung der späteren Praxis der Vernichtung von »lebensunwertem« Leben:

> »Ja, man stößt ausgerechnet bei den entschiedensten Reformern auf reaktionäre Äußerungen, die in erschreckender Weise faschistische Anschauungen der dreißiger Jahre vorwegnehmen. So propagiert die Fanfarenbläsrin der neuen Zeit, Ellen Key (1849-1926), in ihrem epochemachenden Werk ›Das Jahrhundert des Kindes‹ (1900) spartanische Euthanasie-Praktiken: ›Während die heidnische Gesellschaft in ihrer Härte die schwachen oder verkrüppelten Kinder aussetzte, ist die christliche Gesellschaft in der ›Milde‹ so weit gegangen, dass sie das Leben des psychisch und physisch unheilbar kranken und missgestalteten Kindes zur stündlichen Qual für das Kind selbst und seine Umgebung verlängert. Noch ist in der Gesellschaft ... die Ehrfurcht vor dem Leben nicht groß genug, als dass man ohne Gefahr das Verlöschen eines solchen Lebens gestatten könnte.‹ L. Gurlitt (1855-1931) stellt in seiner ›Erziehungslehre‹ (1909) fest: ›Wir dürfen nicht die Minderwertigen mit gleicher Liebe behandeln wie die Tüchtigen ... ‹« (Kobi 1983, 210)

Es ist beängstigend, wie nah die zitierten Äußerungen bei Sätzen aus der programmatischen, bereits nationalsozialistischen Schrift der beiden deutschen Universitätsprofessoren Binding und Hoche von 1920 sind. Sie schrieben 1920 unter dem Titel »Die Freigabe der Vernichtung lebensunwerten Lebens«:

> »Es gab eine Zeit, die wir jetzt als barbarisch betrachten, in der die Beseitigung des lebensunfähig Geborenen und Gewordenen selbstverständlich war; dann kam die jetzt noch laufende Phase, in welcher schließlich die Erhaltung jeder noch so wertlosen Existenz als höchste sittliche Forderung galt; eine neue Zeit wird kommen, die von ihrem Standpunkt einer höheren Sittlichkeit aus aufhören wird, die Forderungen eines überspannten Humanitätsbegriffs und seiner Überschätzung des Wertes der Existenz schlechthin mit schweren Opfern dauernd in die Tat umzusetzen.« (zit. nach Schmeichel 1982, 87f.)

Wie schon in früheren antirationalistischen und auf einem emotionalisierten und biologisierten Naturbegriff basierenden Strömungen zeigt sich auch in der Reformpädagogik eine Ambivalenz und Widersprüchlichkeit bezüglich der Solidarität mit Leistungsschwachen und Behinderten. Es scheint weder automatisch zum Wesen des aufklärerischen Rationalismus noch zum Wesen des romantisierenden Anti-Rationalismus zu gehören, dass Partei für Schwache und Benachteiligte ergriffen wird. Die Frage, ob und wie sich Solidarität entwickeln und durchsetzen kann, ist bisher von keiner epochemachenden Strömung eindeutig beantwortet worden.

Die Reformpädagogik war in sich ohnehin eine vielfältige und von Widersprüchen geprägte Strömung. Das Einheitliche an ihr war die Kritik an der traditionellen, rationalistischen Pädagogik. Diese Kritik konnte aber je nach Autor von ganz unterschiedlichen Punkten ausgehen und damit auch in unterschiedliche Richtungen weisen. So kann man mindestens die folgenden Brennpunkte voneinander unterscheiden, von welchen aus die Kritik geführt wurde: (1) von der Unterdrückung des Kindes her durch den einseitigen Intellektualismus in den Schulen, den unmenschlichen Begriff von Schulzucht und Disziplin sowie den Druck und den Zwang, der im Schulsystem selbst liegt; (2) vom Gedanken der Volksgemeinschaft her, verstanden als Gemeinschaft der natürlich gewachsenen, ursprünglich deutschen (germanischen) Kultur; mit dieser zweiten Strömung wurde der Grund gelegt für das spätere rassistische Denken, das durch den Abbau des Rationalen und den Aufbau einer irrationalen Volks- und Bodenmystik in der nationalsozialistischen Ideologie möglich wurde; (3) von der Bedeutung des Gefühls her; dabei geht es vor allem auch um die Vorstellung von Kunst, die nichts mit Intellektualismus zu tun haben soll. In der Pädagogik erwächst daraus die Kunsterziehungsbewegung mit dem Postulat: Jedes Kind kann und soll sich künstlerisch ausdrücken. Das Volk muss vermehrt zum künstlerischen Ausdruck animiert werden (Entstehung der Idee des Heimatwerks). Die Kunsterziehungsbewegung war eng verbunden mit Ideen der Jugendbewegung. Diese verstärkte die Tendenz zu künstlerischer Betätigung des Volkes. In diesem Rahmen entstanden Bewegungen, von denen wir bis heute zehren: die Gymnastikbewegung (z.B. Rhythmik von Dalcroze), die musikpädagogische Bewegung (z.B. Förderung der Volksmusik, Singwochen, Liedersammlungen wie Otto v. Greyerz: Röseligarten), die Laientheaterbewegung. In diesem Rahmen ist auch die neue Aufsatzerziehung erwähnenswert: der freie Aufsatz. (4) Es gab auch Pädagogen, die sich von der Religion und Charaktererziehung einen Weg aus der Kulturkrise erhofften (Friedrich Wilhelm Foerster).

Die positiven Auswirkungen der Kunsterziehungsbewegung auf Entwicklungen in der heilpädagogischen Praxis liegen auf der Hand. So ist etwa eine pädagogische Praxis bei geistigbehinderten Kindern kaum mehr denkbar ohne intensive Berücksichtigung von Rhythmik, Musik und freiem künstlerischem Gestalten. Auch sind die von Peter Petersen (1884-1952) begründeten Jena-Plan-Schulen noch heute geeignet für heilpädagogischen Unterricht in Integrationsklassen und harren der

Übernahme in die öffentlichen Schulen. Petersen hatte den »Jena-Plan« seit 1924 an seiner Universitätsschule erprobt. In diesem Schulmodell werden die Jahrgangsklassen abgeschafft; stattdessen wird von Gruppen gesprochen. Jede Jena-Plan-Schule hat vier Stammgruppen: die Untergruppe mit den Kindern des 1.-3. Schuljahres, die Mittelgruppe mit den Kindern des 4.-6. Schuljahres, die Obergruppe mit den Heranwachsenden des 7.-8. Schuljahres und die Jugendlichengruppe für das 9.-10. Schuljahr. Es gibt kein Sitzenbleiben, sondern jedes Kind kommt nach drei Jahren in die nächste Gruppe. Der traditionelle Stundenplan wird durch den Wochenarbeitsplan ersetzt. Wichtig ist, dass die Schule an der Alltagswelt der Kinder anknüpft. Die Wochenarbeit wird umklammert von der Wochenanfangsfeier und der Wochenendfeier. Zentral ist die Arbeit in Kleingruppen. Sie wird ergänzt durch Wahlkurse, Gestaltungskurse und durch den Sporttag. »Zwar werden die Leistungsanforderungen nicht negiert, aber sie sind eingebettet in ein Gemeinschaftsleben, das sich in Gruppenarbeit, Gesprächen, Spiel und Feier zeigt. Die Jahrgangsklasse wird durch die Stammgruppe abgelöst, die jeweils drei Schülerjahrgänge umfasst. Mammutschulen werden abgelehnt, da sie Erziehung fast unmöglich machen.« (Beckmann 1976, 207) Bezüglich der heilpädagogischen Frühförderung ist natürlich auch auf die Leistungen von M. Montessori (1870-1952) hinzuweisen.

2.9.1 Die Jugendbewegung

Um die epochale Aufbruchstimmung zu charakterisieren, in welche die Reformpädagogik eingebettet war, soll kurz auf das Phänomen der damaligen Jugendbewegung eingegangen werden. Zwar kann man auch schon den Sturm und Drang und die Frühromantik als Formen von Jugendbewegungen sehen. Aber vermutlich war die Jugendbewegung zu Beginn des zwanzigsten Jahrhunderts innerhalb unserer Geschichte doch das erste maßgebliche und für breite Entwicklungen folgenreiche Eingreifen der Jugend in den Kulturbereich. Die damaligen Jugendlichen erstrebten eine Wandlung der Gesamtkultur. Die Gründung erfolgte um die Jahrhundertwende durch den Berliner Karl Fischer, der 1901 auch die »Wandervogelbewegung« ins Leben rief. Die Jugendbewegung lebte von den Grundtendenzen eines neuen Lebensgefühls und einer großen Spannung zur älteren Generation. Sie wehrte sich gegen die Wissenskultur und gegen die Zweckorientierung der Erwachsenenwelt. In diesem Rahmen wendet sie sich auch gegen die Schulen als Anpassungsinstrument der Erwachsenengeneration. Überall verspürt man eine Sehnsucht nach etwas Neuem. Diese Sehnsucht findet ihren typischen Ausdruck in den Wanderfahrten der Jugendlichen. Die Sehnsucht richtet sich auf Freiheit und Ungebundenheit, auf die Natur und auf das Erlebnis echter Gemeinschaften. Es kommt – ähnlich wie im 18. Jahrhundert, aber nicht aus den gleichen aufklärerischen Motiven zur Rationalisierung der Bauernbetriebe – zu einer Hochstilisierung des Bauernlebens. Volkslieder, Volkstanz und Volkskunst werden belebt. Typisch ist auch eine neue Einstellung zur Körperlichkeit und zur Sexualität. Das neue Lebensgefühl wird mit der Kleidung zum Ausdruck gebracht (Wanderkluft, Sandale, offenes Hemd). Mit diesem Lebensgefühl sind auch neue nationalistische Tendenzen verbunden.

Bis 1914 war die Jugendbewegung in dem Sinne unpolitisch, dass sie keiner Partei verpflichtet war. Nach dem Erwachsenwerden der ersten Generation der Jugendbewegung nahm allerdings ihr Schwung deutlich ab. Sie wurde allmählich zu einem Anhängsel der Erwachsenenkultur und für deren politische Zwecke verwendbar. Bekanntlich wurden später in Deutschland viele Elemente der Jugendbewegung für die Zwecke der Hitlerjugend missbraucht. Daran lässt sich die große Ambivalenz dieser starken antirationalen Bewegung erneut erkennen. Einerseits waren die positiven Impulse auf Erziehung, Bildung und Kultur außerordentlich groß. Andererseits wird die ideologische Anfälligkeit einer solchen Bewegung deutlich.

Insbesondere die bereits skizzierten reformpädagogischen Impulse wären ohne die Jugendbewegung nicht denkbar. In dieser Epoche war eigentlich schon alles vorformuliert und größtenteils realisiert, was heute immer wieder als »neue« pädagogische Ideen auftaucht. Ideen der Eigentätigkeit, der Gleichwertigkeit von Kopf, Herz und Hand, des Lernens durch Tun, des Einbezugs von kreativem Arbeiten in die Schule und vieles andere war damals von der Idee her schon eine Selbstverständlichkeit. Vorbilder für einen Schulunterricht, der sich von der Leistungsschule absetzt, finden wir in der Reformpädagogik ohne Schwierigkeiten. Sie wäre noch heute eine Fundgrube für heilpädagogischen Unterricht, aber auch für sozialpädagogisch orientiertes Helfen.

Das Tragische an den epochalen Bewegungen in der ersten Hälfte des zwanzigsten Jahrhunderts ist, dass sie von den Ereignissen der Machtergreifung Hitlers und vom Zweiten Weltkrieg überholt und missbraucht wurden. Nach dem Zweiten Weltkrieg war zunächst ein Anknüpfen an die Reformpädagogik nicht mehr denkbar. Erst mit dem zeitlichen Abstand von den Kriegsereignissen und mit der Jugendbewegung (Studentenbewegung, Heimkampagne usw.) in den sechziger und siebziger Jahren tauchte etwas Vergleichbares auf.

2.9.2 Heilpädagogik und Reformpädagogik

Bis zum Zweiten Weltkrieg war das pädagogische Denken in den deutschsprachigen Ländern von der Reformpädagogik beeinflusst. Gleichzeitig wurde aber insbesondere in Deutschland die Heilpädagogik ab 1920 von der nationalsozialistischen Rasseideologie überschattet. Die Reformpädagogik war einerseits wegweisend für eine individualisierende Sichtweise in der Pädagogik, betonte jedoch andererseits zum Teil einseitig den Gedanken der Selbstentfaltung des gesunden und begabten Kindes. Diese einseitige Sichtweise nahmen Anhänger des Nationalsozialismus als einen willkommenen Beitrag zur Abwertung von kranken, gebrechlichen sowie psychisch und geistig behinderten Menschen auf. Auch die Hinwendung der Reformpädagogik zum gewachsenen Brauchtum des Volkes, zur Volkskunst, zur Volksmusik und zum Volksmärchen konnte für die Zwecke des Nationalsozialismus verbogen werden. Abstruse nationalsozialistische Thesen wie diejenige der Erhaltung der Rassenreinheit des »arischen Volkes« konnten damit verknüpft werden.

Dennoch sind bedeutende positive Auswirkungen von reformpädagogischem Gedankengut auf die Heilpädagogik und die mit ihr verwandte Sozialpädagogik zu beobachten. Insbesondere im Hilfsschulwesen der vom Nationalsozialismus nicht direkt betroffenen Schweiz wurden in den dreißiger und vierziger Jahren reformpädagogische Ideen realisiert. Ideen des individualisierten Unterrichts (z.B. Projektunterricht, Gruppenunterricht), die beispielsweise Peter Petersen im *Jena-Plan* formuliert hatte, wurden von den weniger an Lehrpläne gebundenen Hilfsschullehrern eher aufgenommen als von den Lehrkräften in den staatlichen Regelschulen. In den zwanziger Jahren wurde unter diesen Einflüssen durch Schweizer Hilfsschullehrer in einer großangelegten Selbsthilfeaktion eine erste heilpädagogische Ausbildungsstätte gegründet, welche sich nach dem Zusammenbruch des nationalsozialistischen Regimes für den Wiederaufbau der Heilpädagogik im Nachkriegsdeutschland als wichtig erweisen sollte. Als nämlich auch in der Schweiz gegen Ende des neunzehnten und zu Beginn des zwanzigsten Jahrhunderts immer mehr Hilfsklassen entstanden, mussten Lehrer und Lehrerinnen diese Aufgabe ohne spezielle Vorbereitung übernehmen. Im Jahre 1923 beschlossen Vertreter zahlreicher Verbände die Gründung eines Verbandes »Heilpädagogisches Seminar« (Schweizerische Gesellschaft zur Erziehung und Pflege Geistesschwacher, Schweizerischer Zentralverband für das Blindenwesen, Schweizerischer Taubstummenfürsorgeverein, Schweizerischer Armenerziehungsverein, Lehrerschaft an den Klassen für Schwachbegabte, Verband für Abseh- und Sprachheilunterricht, Schweizerische Gemeinnützige Gesellschaft, Schweizerischer Verein für das Krüppelwesen). Als Standorte des Heilpädagogischen Seminars standen Basel, Bern und Zürich zur Diskussion. Es wurde Zürich gewählt, wo 1924 das Heilpädagogische Seminar unter der Leitung von Heinrich Hanselmann eröffnet wurde. Auch Hanselmann war sehr stark von reformpädagogischen Ideen beeinflusst.

Die Hilfsschulpädagogik wurde insbesondere auch von der Kunsterziehungsbewegung (einer reformpädagogischen Strömung) und der damit verbundenen Rhythmikbewegung befruchtet. Von den reformpädagogisch beeinflussten Personen um Hanselmann entwickelte Mimi Scheiblauer die nach ihr benannte Scheiblauer-Rhythmik für behinderte Kinder. Scheiblauer war Schülerin des reformpädagogischen Musik- und Rhythmiklehrers Dalcroze und erteilte ab 1924 in dem von Hanselmann gegründeten Erziehungsheim Albisbrunn für Schwererziehbare rhythmische Gymnastik. Typisch für den reformpädagogischen Impetus der damaligen Schweizer Heilpädagogik ist beispielsweise, dass Hanselmann häufig selbst auch an den von Mimi Scheiblauer erteilten Übungsstunden in rhythmisch-musikalischer Erziehung teilnahm. Ebenfalls typisch für den reformpädagogischen Geist ist, dass Scheiblauer die Materialien und Instrumente für die rhythmisch-musikalische Erziehung durch die Jugendlichen des Erziehungsheims Albisbrunn selbst anfertigen ließ: Holzstäbe, -klötze, -reifen und -kugeln, Rasselbüchsen u.ä..

Die Gründung des Heilpädagogischen Seminars (HPS) Zürich beschleunigte die Gründung eines Heilpädagogischen Instituts an der Universität Freiburg in der Schweiz, denn die für das Heilpädagogische Seminar zur Diskussion stehenden Standorte Basel, Bern oder Zürich hatten den katholischen Kantonen und den katholischen Wohlfahrtsverbänden wenig Anreiz zur Identifikation geboten. Bald nach der Gründung des HPS Zürich tauchte die Forderung nach einem Heilpädagogischen Institut für die katholische Schweiz auf. Eine 1928 hierzu im Caritasverband vorgelegte Schrift wurde später als die »Charta magna der heilerzieherischen Bestrebungen der katholischen Schweiz« bezeichnet. Auch in Freiburg holten sich nach dem Zusammenbruch Hitlerdeutschlands mehrere Personen das Rüstzeug für den Wiederaufbau der Heilpädagogik in Deutschland.

Das Interesse der Reformpädagogik an der Hilfsschule mit ihren grösseren Freiräumen für eine individualisierende Pädagogik zeigte sich beispielsweise beim Schweizer Reformpädagogen Karl Stieger. Auch die

Entstehung der anthroposophischen Einrichtungen auf der Grundlage der Lehre von Rudolf Steiner ist im Rahmen von reformpädagogischen Bewegungen zu sehen.

Aber nicht nur auf die Hilfsschulpädagogik hatte die reformpädagogische Bewegung einen entscheidenden Einfluss; sondern insbesondere auch die Heimpädagogik für verwahrloste und erziehungsschwierige Kinder (heute teilweise als Sozialpädagogik bezeichnet) erhielt wichtige Anregungen. Zu nennen ist wiederum Hanselmann, der das Landerziehungsheim Albisbrunn für erziehungsschwierige Jugendliche gegründet hatte. Erstmals wurde in der Schweiz in den zwanziger Jahren das herkömmliche Anstaltenwesen kritisiert. 1924 erschien das Büchlein »Anstaltsleben« von Carl Albert Loosli, der selber ein ehemaliger Anstaltszögling war. Er löste mit seiner Anklage in der Öffentlichkeit Empörung und Bestürzung aus. Seine Anklagen waren sehr bitter. »Obwohl die Kinder ›in christlichem Sinne‹ hätten erzogen werden sollen, ›dienten die Andachtsübungen allzu vielen Anstaltserziehern dazu, die Gewissen der Zöglinge weniger zu schärfen als zu knechten. Gott selbst hat sich in der Anstalt ihrer Ordnung zu fügen. Er steht immer auf der Seite der Vorgesetzten‹.« (Schneeberger 1992, 186)

Auch für die Reformpädagogik in Deutschland war typisch, dass sie »über die Schule hinaus in alle Bereiche des öffentlichen Lebens eindringt. Die Erziehung in vielen Institutionen und Vereinigungen außerhalb der Schule und Erziehung in Notlagen, in der Fürsorge, in Gefängnissen, in Behindertenheimen gehören unabtrennbar dazu. Herman Nohl, einer der damaligen einflussreichen deutschen Pädagogikprofessoren, hat in den zwanziger Jahren die Jugendwohlfahrtsarbeit sogar als den Bereich des ›stärksten Lebens‹ der pädagogischen Bewegung bezeichnet...« (Flitner 1992, 156) Flitner (1992) weist insbesondere auf Johannes Trüper, August Aichhorn und Curt Bondy hin.

Für das heil- und sozialpädagogische Lebenswerk von Johannes Trüper (1855-1921) wurde bestimmend, dass er vom Psychiater Binswanger gebeten worden war, einen psychisch kranken und erzieherisch sehr schwierigen Jungen zur Beobachtung zu übernehmen. Darin fand er seine Lebensaufgabe. Bald nahm er einen zweiten Jungen auf. Schließlich baute er in Jena ein sozial- und heilpädagogisches Unternehmen auf (»Sophienhöhe«), das von vielen Reformpädagogen als Musterbeispiel für eine sozial- und heilpädagogische Einrichtung für erziehungsschwierige Kinder und Jugendliche besucht wurde. Wegweisend war sein Modell der Zusammenarbeit verschieden ausgebildeter Mitarbeiter in einem Team. »Solche Formen der Kooperation hatte es bis dahin nicht gegeben. Die Gründung eines Vereins für Kinderforschung und einer Zeitschrift für Kinderforschung, die in großer Breite pädagogische, psychologische und medizinische Probleme des Kindesalters zur Sprache brachte und lange das einzige Organ auf diesen Gebieten blieb, unterstützte die Arbeit und machte die Jenaer Einrichtung und ihre Ergebnisse zusätzlich in aller Welt bekannt.« (Flitner 1992, 158) Man kann in Trüper einen reformpädagogischen Vorläufer der modernen Heimpädagogik sehen.

August Aichhorn hatte 1918 in Wien ein Heim für erziehungsschwierige Jugendliche gegründet und dazu 1925 sein Buch »Verwahrloste Jugend« publiziert. Bei ihm finden wir einen bisher nicht genannten Einfluss auf einige Reformpädagogen: den Einfluss der Psychoanalyse. Die Entwicklung der psychoanalytischen Theorie geschah zeitgleich zur Reformpädagogik. Ihr Einfluss wird bei Darstellungen der Reformpädagogik oft zu wenig gewichtet. Aichhorns psychoanalytische Sicht zeigt sich vor allem in seiner Überzeugung, dass »‹die meisten Dissozialen nie zur Befriedigung ihrer kindlichen Zärtlichkeitsbedürfnisse gekommen sind›. Gefühlsbeziehungen zwischen Zögling und Erzieher sollen darum der tragende Grund für eine Besserung werden. Angenommen zu sein, gemocht und auch ein Stück weit verwöhnt zu werden, ist das Hauptbedürfnis dieser Kinder. ... Das Besondere von Aichhorns Sozialerziehung besteht ... darin, dass die Emotionen der Kinder, aber auch der Erzieher angenommen werden. Auch der Erzieher oder die Erzieherin sollen sich in positiv gestimmter Verfassung befinden, d.h. nicht überlastet, nicht aggressiv und gereizt sein, sondern liebevoll und geduldig auf die Kinder und Jugendlichen zugehen können.« (Flitner 1992, 160)

Ähnliche Ziele wurden von Curt Bondy verfolgt, der in den zwanziger Jahren das Hamburger Jugendgefängnis Hahnöfersand leitete. »Hahnöfersand ist eine Insel in der Elbe, die Gefängnismauern überflüssig macht und so etwas wie einen eigenen Staat der Jugendlichen, eine ›Pädagogische Provinz‹ eigener Gesetzlichkeit bildet. Zwar sind die Jugendlichen nicht frei, die Insel zu verlassen, aber sie bekommen die Unfreiheit doch nicht im Unerbittlichen von Mauern, Stacheldraht und Wärtern fortwährend vorgeführt; sie sind eine Zeitlang in eine Sonderwelt eingebunden, wie es auch bei einer Expedition oder einer größeren Seefahrt der Fall sein kann. In dieser Welt spielt die berufliche Ausbildung, die Fortsetzung oder der Neubeginn einer fachlichen Berufslehre eine zentrale Rolle: dass jeder zu einem Können gelangt, das ihm Selbstbewusstsein gibt und die Aussicht, künftig gebraucht zu werden und Arbeit zu finden; und dass er zu spüren bekommt, dass er hier in dieser Zeit nicht niedergedrückt, sondern aufgerichtet und mit Brauchbarem ausgerüstet werden soll.« (Flitner 1992, 161)

In diesem Zusammenhang außerschulischer Bemühungen auf der Grundlage der Reformpädagogik steht teilweise die Entstehung der Heilpädagogik in der Schweiz. Für Hanselmann war Schule stets nur ein kleiner Teil seines Wirkens; mindestens gleich stark war sein Interesse für die außerschulische Betreuung von erziehungsschwierigen Kindern und Jugendlichen. Von dieser Tradition her ist Heilpädagogik nicht von Sozialpädagogik abtrennbar.

Die Reformpädagogik hat mit ihren Ideen, trotz ihrer Ambivalenz bezüglich biologistisch-selektionistischer Ideologien, die schulische und die außerschulische Pädagogik und Heilpädagogik bis zum Zweiten Weltkrieg stark geprägt. Aber selbstverständlich gab es in dieser Jahrhunderthälfte weiterhin ein breites Bürgertum, das sich *nicht* an den neuen Reformideen orientierte. Die Reformpädagogen und insgesamt die von der Jugendbewegung Getragenen blieben eine Minderheit von engagierten Pädagogen und Intellektuellen.

2.10 Von der Wirtschaftswundereuphorie zum Globalisierungsschock der Gegenwart

Die Ereignisse vor und während des Zweiten Weltkriegs teilen das zwanzigste Jahrhundert. Die Massenmorde in den Konzentrationslagern, die Judenverfolgungen, der Eroberungskrieg der Deutschen in Richtung Westen und Osten und die bei Kriegsende fast völlig zerstörten Großstädte sind Ereignisse, die in der Tradition europäischer Kultur seit der Aufklärung eigentlich unvorstellbar waren.

In Deutschland und in Österreich, die beide direkt unter dem nationalsozialistischen Einfluss gestanden hatten, wurden die Ereignisse während Jahrzehnten verdrängt. Es blieb eine nicht aufgearbeitete Last im Unterbewussten der Bevölkerung. Die Schweiz war zwar vom Krieg verschont geblieben, aber auch hier hätte es sehr viel aufzuarbeiten gegeben: das inhumane Verhalten gegenüber Flüchtlingen; das Faktum der zahlreichen Sympathisanten des Nationalsozialismus auch in diesem Land; der Umgang mit den vermutlich sehr zahlreichen wirtschaftlichen Kriegsgewinnlern u.a.m..

2.10.1 Verdrängung des Schrecklichen

In der Nachkriegszeit wurde die durch den deutschen Nationalsozialismus und den italienischen Faschismus verursachte Katastrophe vorerst verdrängt. Die Ideologie des Anti-Kommunismus sollte nun die westliche Welt während Jahrzehnten zusammenhalten. Damit verbunden war ein vorbehaltloser Pro-Amerikanismus, der erst in den sechziger Jahren durch die Kritik am Vietnam-Krieg der Amerikaner erschüttert wurde.

Im Bereich von Pädagogik, Heilpädagogik und Sozialpädagogik fehlte in den Nachkriegsjahren zunächst eine neue Reformbewegung. Es wurde bei Ideen der Vorkriegszeit, also bei der Reformpädagogik angeknüpft. Aber es fehlten Enthusiasmus und Reformglaube. Der mit der Reformpädagogik bis zurück zu Rousseau verknüpfte Glaube an den sich selbst entfaltenden, guten Kern des Menschen war durch die Ereignisse vor und während des Krieges zu sehr erschüttert worden, als dass er in der Nachkriegspädagogik einfach hätte übernommen werden können. Es wurde mehr der Reformpädagogik nachgetrauert, als dass diese die pädagogische Wirklichkeit prägen konnte.

Bezüglich der Heilpädagogik war während der ersten zwei Jahrzehnte nach Kriegsende im deutschsprachigen Europa die Schweiz führend, weil hier die von Hanselmann initiierten reformpädagogischen Entwicklungen in Heil- und Sozialpädagogik keinen Abbruch erlitten hatten. Es wurden in der Schweiz insbesondere die Hilfsschulen und die Ausbildung der Hilfsschullehrer und -lehrerinnen auch unmittelbar nach dem Krieg weiter ausgebaut. Beispielsweise fiel ins Jahr 1947 die Gründung des Heilpädagogischen Instituts der Universität Freiburg als selbständiges Lehr- und Forschungsinstitut der Philosophischen Fakultät der Universität, nachdem es vorher erst einen Lehrstuhl mit dazugehörigem Seminar gegeben hatte. Die Hilfsschullehrer-Ausbildung wurde in dieser Zeit durch Ausbildungen für Sprachheilpädagogik bzw. Logopädie ergänzt (Freiburg: 1949, Schweizerische Arbeitsgemeinschaft für Logopädie: 1946). Viele deutsche Heil- und Sonderpädagogen aus der Kriegsgeneration verschafften sich in der Schweiz eine heilpädagogische Ausbildung, um dann in Deutschland beim Wiederaufbau des Hilfs- und Sonderschulwesens mitzuwirken. Da die Schweizer Heilpädagogik in der Tradition von Hanselmann auf dem Boden der Reformpädagogik fußte, war in diesem Bereich die Wiederaufnahme reformpädagogischer Ideen besonders naheliegend. Dies erklärt, warum sich nach dem Krieg reformpädagogische Unterrichtsprinzipien im Hilfsschulwesen besser entwickeln konnten als in den Regelschulen der deutschsprachigen Länder.

Wissenschaftstheoretisch dominierte in allen deutschsprachigen Ländern bis in die sechziger Jahre der Nachkriegszeit in Pädagogik und Heilpädagogik das geisteswissenschaftliche Denken. Die Geisteswissenschaft blieb, wie schon in der Reformpädagogik, *die* vorherrschende Wissenschaftsauffassung. Die geisteswissenschaftliche Pädagogik konnte von Idealvorstellungen ausgehen, ohne deren Realisierungsmöglichkeit in der Praxis empirisch zu überprüfen. Aus heutiger Sicht blieb die geisteswissenschaftliche Pädagogik der Nachkriegszeit zu sehr auf einem idealistisch-abstrakten Niveau. Teilweise zeigt sich dies auch im Heilpädagogischen Werk von Paul Moor.

2.10.2 Wirtschaftspolitische Ängste: Effizienz

In den fünfziger Jahren erschienen insbesondere in Deutschland zunehmend Publikationen mit einer bildungsökonomischen Kritik am Bildungswesen. Von Seiten der Bildungsökonomie wurde die Befürchtung geäußert, dass insbesondere Deutschland infolge ungenügender Bildungsinvestitionen und einer vergleichsweise zu geringen Zahl von Schülern mit höherer Schulbildung den Anschluss an die andern Industrieländer nicht schaffen würde. Es wurde errechnet, dass in Deutschland vom Ersten Weltkrieg bis 1960 eine Verdreifachung der Studentenzahlen erfolgt war. In der kommunistischen Sowjetunion hingegen hatte sich diese Zahl im gleichen Zeitraum versiebenfacht. Auslöser der bildungsökonomischen Kritik war der sog. »Sputnik-Schock«: Am 4. Oktober 1957 war der erste Satellit (Sputnik) gestartet worden, und zwar nicht von den Amerikanern, sondern von der Sowjetunion. Der erste amerikanische Satellit folgte erst am 31. Januar 1958 (Explorer I). Als Sündenbock für den technologischen Rückstand wurde die Schule gefunden, die sich zu wenig um die Effizienz der Förderung von wissenschaftlicher und technologischer Leistungsfähigkeit kümmere. Es wurde eine Bildungsreform eingeleitet, welche vorwiegend auf eine wirksamere Förderung der Fähigkeit der Schüler zu Leistungen in Mathematik, Sprache und Naturwissenschaften abzielte. Symptomatisch für den Zeitgeist war das 1964 erschienene Buch von Georg Picht »Die deutsche Bildungskatastrophe«.

> »Picht ging vom Tatbestand aus, dass der Bundesrepublik ein Bildungsnotstand bevorstehe, ›den sich nur wenige vorstellen können‹. Bildungsnotstand aber bedeute wirtschaftlichen Notstand, und deshalb werde der Wirtschaftsaufschwung ohne qualifizierte Nachwuchskräfte ein rasches Ende nehmen. Bei einem Versagen des Bildungswesens aber sei die ganze Gesellschaft in ihrem Bestand bedroht. ...« (Berner 1992, 63)

Unter dem Einfluss der bildungsökonomischen Kritik kam es auch zu einem Wandel des wissenschaftlichen Selbstverständnisses der Pädagogik. Mit der Antrittsvorlesung von Heinrich Roth als Professor für Erziehungswissenschaft an der Universität Göttingen im Jahre 1962 wurde programmatisch das Ende der Vorherrschaft der geisteswissenschaftlichen Pädagogik signalisiert. Sie trug den Titel: »Die realistische Wendung in der Pädagogischen Forschung«. Weitere deutliche Signale in der Entwicklung zu einer empirisch-technologischen Erziehungswissenschaft waren Aufsätze von Wolfgang Brezinka in den Jahren 1966, 1967 und 1968, die dann, zu einem Buch ausgearbeitet, im Jahre 1971 unter dem Titel »Von der Pädagogik zur Erziehungswissenschaft« erschienen. In der Heil- bzw. Sonderpädagogik wurde der Schritt zur empirisch-technologischen Wissenschaftsauffassung erst durch das 1972 erschienene Buch von Ulrich Bleidick »Pädagogik der Behinderten« dokumentiert. Zum Teil handelt es sich um eine Adaptation der Schriften von Brezinka an die Sonderpädagogik.

Die Veränderungen sowohl in den praktischen Reformgedanken bezüglich der Schulen als auch in der wissenschaftlichen Pädagogik lassen sich zusammenfassen als »eine Konzentrierung auf den organisatorischen Ausbau des Bildungswesens, auf eine wissenschaftsorientierte Revision der Lehrpläne, auf die Begabungsförderung und Verwirklichung von mehr Chancengleichheit sowie auf die Selektionsproblematik« (Berner 1992, 68). All dies will man planerisch in den Griff bekommen. Es ist eine Epoche des Glaubens an die Machbarkeit auf wissenschaftlicher Grundlage, also eigentlich ein Wiederanknüpfen an die Aufklärungstradition.

Andere für den Geist der sechziger Jahre typische erziehungswissenschaftliche Erfolgsbücher waren »Lernziele und Programmierte Unterweisung« von Robert Mager und »Bildungsreform als Revision des Curriculum« von Saul B. Robinson. Es handelte sich um Übersetzungen aus dem Amerikanischen. Robinson schlug eine empirische Curriculumforschung vor, deren »Methode sich als ein Prozess fortlaufender Rationalisierung und optimaler Objektivierung« erweise (Robinson 1967, 54). Der Erfolg solcher Bücher ist ein weiterer Beleg für den Fortschrittsglauben und das planungs- und machbarkeitsorientierte, optimistische Zeitgefühl der sechziger Jahre.

Die politische und finanzielle Bereitschaft für Bildungsreformen war in den sechziger Jahren sehr groß. Die Investitionen für den Bildungssektor stiegen in den westeuropäischen Ländern stark an. Es handelte sich fast immer um Reformen, die auf effizientere Organisationsformen und auf leistungsfördernde Lernverfahren ausgerichtet waren. Die Reformen waren durch den Willen zu stärkerer Leistungsorientierung geprägt. Im Rückblick sind die sechziger Jahre als neuer Höhepunkt des aufklärerischen Glaubens an geplante Lehrmethoden und an die Berechenbarkeit der pädagogischen Lehr-Lernprozesse zu werten.

Der Zeitgeist wirkte sich auch auf die Heilpädagogik aus. Schon die breite Umbenennung in Sonderpädagogik oder Behindertenpädagogik dokumentiert den damaligen Willen, vom Alten wegzukommen. Der Wille zu effizienten und leistungsfördernden Organisationsformen äußerte sich in einer verstärkten Ausdifferenzierung des Sonderschulwesens. Man glaubte, dass die Effizienz des Sonderschulwesens größer werde, wenn man Sonderschulklassen nach möglichst ähnlichen Behinderungsformen zusammensetze.

Dies war der Beginn der organisatorischen Gestaltung des Sonderschulwesens nach Behinderungsarten. Vom damals für die Bildungsreformen wichtigen »Deutschen Bildungsrat« wurden derartige Reformen der Sonderschulen empfohlen. Die Empfehlungen prägten das sonderpädagogische Denken nicht nur in Deutschland, sondern auch in den anderen deutschsprachigen Ländern. In der Schweiz reorganisierten insbesondere Kantone mit Großstädten das Sonderschulwesen durch Ausdifferenzierung in Sonderschulen für Lernbehinderte, für Geistigbehinderte, für Verhaltensgestörte, für Sprachbehinderte, für Körperbehinderte, für Hörbehinderte und Gehörlose sowie für Sehbehinderte und Blinde. Es wurden wissenschaftlich fundierte diagnostische Verfahren für die Zuteilung in die Sonderschulen gesucht, und die Unterrichtsverfahren auch in diesen Schulen wurden auf moderne, d.h. effizientere lernpsychologische Grundlagen gestellt. Wie in den andern Bildungsbereichen haben die sechziger Jahre auch im Bereich der Sonderschulpädagogik eine ausgesprochene Fortschrittsgläubigkeit bezüglich der pädagogischen Machbarkeit gebracht. Die Gefahr der mit jeder einseitig rationalistischen Machbarkeitsideologie verknüpften Entsolidarisierung gegenüber Kindern mit schweren Behinderungen wurde zunächst auch in der Heilpädagogik nicht wahrgenommen.

2.10.3 Gesellschaftskritik: Emanzipatorische Pädagogik

Die fortschritts-, wissenschafts- und technologiegläubige Epoche wurde Ende der sechziger Jahre durch eine gesellschaftskritische Bewegung eines großen Teils der Studierenden in westeuropäischen Hochschulen gestört. Mit der 68er Bewegung ereignete sich ein von Massendemonstrationen und Gewalt begleiteter Schub an Kritik einer jungen

Generation am Bestehenden. Schon 1966 hatte eine erste Demonstration von Westberliner Studierenden und von Jugendorganisationen gegen den Vietnamkrieg der Amerikaner stattgefunden. Ende 1966 hatte der Studentenführer Rudi Dutschke zur Bildung einer sog. »außerparlamentarischen Opposition« aufgerufen. Ein die nachfolgenden krawallartigen Demonstrationen der 68er Jahre auslösendes Ereignis war die Berliner Demonstration gegen den Besuch des Schahs von Persien, an welcher in Westberlin der Student Ohnesorg von der Polizei erschossen wurde. Im April 1968 löste ein Attentat auf Rudi Dutschke in zahlreichen Städten europäischer Länder heftige Unruhen aus, bei denen mehrere Menschen ums Leben kamen. In Paris fanden im Mai 1968 heftige, von Studierenden der marxistischen Linken getragene Straßenschlachten statt. Die Bewegung griff auch auf die Schweiz über: Ende 1968 kam es in Zürich zu den Demonstrationen für ein autonomes Jugendzentrum, die als »Globus-Krawalle« in die Lokalgeschichte eingegangen sind.

In der Pädagogik wurden von Anhängern der 68er Bewegung der empirischen Wissenschaft der Marxismus und die Kritische Theorie der Frankfurter Schule entgegengesetzt. Der Begriff der »emanzipatorischen Erziehung« wurde geprägt: Gemeint war eine Erziehung, die Kinder auf die Befreiung von den Zwängen der bürgerlich-kapitalistischen Welt vorbereiten soll. Einige Heil- bzw. Sonderpädagogen griffen die Ideen auf: Von ihnen wurde nun Behinderung in hohem Maße als eine Folge der kapitalistischen Gesellschaftsstruktur gesehen.

In Verbindung mit der Kritischen Gegenbewegung stand die Bewegung der antiautoritären Erziehung. Das Buch »Theorie und Praxis der antiautoritären Erziehung – Das Beispiel Summerhill« von Alexander Sutherland Neill wurde als deutschsprachiges Taschenbuch ab 1969 ein Bestseller. Dabei ist zu bedenken, dass Neill die Schule in Summerhill bereits 1921 unter dem reformpädagogischen Einfluss gegründet hatte, dass damals aber das englischsprachige Buch in den deutschsprachigen Ländern kaum beachtet wurde. Allerdings wurde das Konzept der antiautoritären Erziehung Neills von der klassenkämpferisch-marxistischen Erziehungsbewegung auch stark kritisiert, weil es zu individualistisch, zu liberal und zu wenig politisch im Sinne des Marxismus sei. Es entstanden 1968 zunächst in Westberlin die marxistisch begründeten »antiautoritären Kinderläden«; dies waren Kindergruppen in Kommunen, in denen die Kinder ohne »Repression« und »in völliger Freiheit« zu »Klassenkämpfern« aufwachsen sollten. Es bildete sich sogar ein »Zentralrat der sozialistischen Kinderläden«. Er formulierte seine Aufgabe folgendermaßen: »Der Zentralrat versteht sich bewusst als Teil der sozialistischen Bewegung. Seine zukünftige Aufgabe wird sein, von der Selbsthilfeorganisation der Linken überzugehen zur Initiierung von Selbsthilfeorganisationen in den lohnabhängigen Massen.« (zit. nach Berner 1992) Durch die Erziehung in Kommunen zum Ungehorsam sollten die Kinder sich zu späteren Revolutionären entwickeln. Unter der Schlagzeile »Im ›Kinderladen‹ hat Mao das Rotkäppchen verdrängt« wurde in Tageszeitungen von »den hammerschwingenden Kleinen« berichtet, »die alles kaputtschlagen, was ihnen zerstörenswert erscheint« (Berliner Anzeiger 15.1.1969; zit. nach Berner 1992, 79).

In diesem Zusammenhang ist auch die emanzipatorische Vorschulerziehungsbewegung jener Zeit zu sehen. Ein typisches Dokument dafür ist der 1971 erschienene Aufsatz von Donata Elschenbroich »Von der ›Dummheit‹, die durch kompensatorische Erziehung kuriert werden soll«. Die aus den USA stammende kompensatorische Vorschulerziehung wird als reine Anpassung der Arbeiterkinder an die Mittelschichterwartungen und als Entfremdung der Arbeiterkinder von ihrer Arbeiterkultur entlarvt. Besonders deutlich schien sich dies für Elschenbroich im Boom der neuen vorschulischen Sprachförderung zu zeigen, die sich einzig und allein an der Sprache der Mittelschicht (Duden-Sprache) als richtige Sprache orientiert (vgl. Elschenbroich 1971, 17).

Im Zusammenhang mit der 68er Bewegung und ihrem gesellschaftskritisch-antiautoritären Impetus ist auch die antiautoritäre Heimkampagne zu sehen. Die Heime für sog. verwahrloste und delinquente Jugendliche wurden radikal in Frage gestellt. Die Insassen dieser Heime wurden »als Opfer der gesellschaftlichen Verhältnisse betrachtet. Ihnen konnte letztlich nur über eine (revolutionäre) Veränderung der Bedingungen geholfen werden. Ziel war die Politisierung der Jugendlichen im Sinne von Aufklärung und Emanzipation. Sie sollten sich ihrer unterdrückten Rolle in der kapitalistischen Gesellschaft bewusst werden.« (Stahlmann,1993, 59). Auch der traditionelle Erzieherberuf wurde radikal in Frage gestellt:

> »Die Erzieher in den Fürsorgeheimen sind zumeist unzufriedene, unsichere und schlecht ausgebildete Helfershelfer der Fürsorgebürokratie. Selbst wenn sie anders wollten, sie sind eingespannt in eine Unterdrückerrolle, aus der sie nur herauskommen können, indem sie den Beruf aufgeben. Progressive Erzieher haben daher fast allesamt nach kurzer Zeit eine solche Konsequenz gezogen.« (Brosch 1971, 69; zit. nach Stahlmann 1993, 59)

Das neue Leitbild für den Erzieherberuf wurde der marxistisch-sozialistische Kollektivberater. In der Literatur zur Heimerziehung finden sich deutlich klassenkämpferische Töne und die Hoffnung auf Revolution und Klassenkampf durch ehemalige Heimzöglinge, die in der Regel aus dem sozialen Proletariat stammen. Heimerziehung für verwahrloste und delinquente Jugendliche erhebt nun den Anspruch,»diese Jugendlichen durchs Kollektiv in ihre Klasse zu reintegrieren, ihnen Klassenbewusstsein und die Fähigkeit zu Solidarität zu vermitteln, schließlich sogar den revolutionären Klassenkampf mit ihnen gemeinsam zu führen«. (Knöpp; Swoboda 1972, 219; zit. nach Stahlmann 1993, 60)

2.10.4 Ende des Wirtschaftswachstums: Pädagogischer Antirationalismus

Was Ende der sechziger Jahre das antirationalistische und antiutilitaristische Lebensgefühl einer revolutionären Minderheit von Studenten war, zeigte sich ab der zweiten Hälfte der siebziger Jahre als ein neues gesellschaftliches Klima der Ratlosigkeit und Hilflosigkeit aufgrund einer allgemeinen Erkenntnis der Grenzen des wirtschaftlichen Wachstums. Nach dem »Ölschock« (1973) und angesichts der schwieriger werdenden Wirtschaftslage wurde das optimistische Zeitgefühl der sechziger Jahre mit seinem Glauben an die technische Machbarkeit, die rationale Weltbeherrschung und das ungebremste Wirtschaftswachstum nun auch in breiten Bevölkerungskreisen gebremst. Auch im Bildungsbereich ging die Periode der ökonomisch begründeten Reformen zu Ende.

Ab 1980 war wieder eine breite Kritik an der Leistungspädagogik und an der pädagogischen Machbarkeitsideologie zu vernehmen. Die in den sechziger Jahren entstandene Euphorie der Planung des Lernens und des Curriculums wurde nun von einer Schulkritik abgelöst, die in ähnlicher Weise auch früher immer wieder auf aufklärungsorientierte, rationalistische Epochen gefolgt ist: »Klagen über Schulstress, zunehmende physische und psychische Erkrankungen der Schüler, Schülerselbstmorde, harte Kritik am schulischen Unterricht (bloße Wissensvermittlung, curriculare Verplanung, Verfächerung des Unterrichts etc.) sowie Kritik an einem rücksichtsloser werdenden schulischen Leistungs- und Konkurrenzdruck wurden unüberhörbar.« (Berner 1993, 80) Die neue Bewegung wurde von Personen unterstützt, die teilweise aus hohen Positionen im Wirtschaftsleben »ausgestiegen« waren. Beispiel eines solchen Aussteigers war der ehemalige Manager Hans A. Pestalozzi, der in seinem Buch »Nach uns die Zukunft« (1979) und in vielen Vorträgen auf die Abhängigkeit der Schule vom Wirtschaftssystem hinwies.

Von Vertretern und Vertreterinnen der sog. »Antipädagogik« wurde die gesamte Pädagogik radikal in Frage gestellt. Einige Bücher zur Antipädagogik wurden eigentliche Bestseller: Ekkehard von Braunmühl:

»Antipädagogik – Studien zur Abschaffung der Pädagogik« (1. Aufl. 1975); Maud Mannoni: »Scheißerziehung – Von der Antipsychiatrie zur Antipädagogik« (1. Aufl. 1976; Titel des französischsprachigen Originals: »Education impossible«); Katharina Rutschky: »Schwarze Pädagogik – Quellen zur Naturgeschichte der bürgerlichen Erziehung« (1977). Rutschkys Buch ist eine Sammlung von Zitaten aus der Geschichte der Pädagogik, die sie unter provokativen Titeln einordnet wie »Affenliebe«, »Erziehung als totale Institution«, »Katastrophentraining«, »Erziehung als Rationalisierung des Sadismus« usw. Es sind auch Publikationen von Alice Miller zu nennen: »Das Drama des begabten Kindes«, »Am Anfang war Erziehung« und »Du sollst nicht merken«.

Die Kritik an Planbarkeit, Machbarkeit und Organisierbarkeit von pädagogischen Problemen begann sich auch auf die Heil- und Sonderpädagogik auszuwirken. Ende der siebziger Jahre wurden erste Zweifel an der in den sechziger Jahren vorangetriebenen, organisatorischen Ausdifferenzierung des Sonderschulwesens hörbar. Man wies auf Probleme wie Stigmatisierung und Relativität von Behinderungsformen hin (Haeberlin 1978b). Mit Beginn der achtziger Jahre wurden Tendenzen sichtbar, die bisher als »fortschrittlich« geltende Aufspaltung der Schulsysteme in Regel- und Sonderschulen und der Sonderschulen in mehrere Sonderschularten eher wieder rückgängig zu machen. Die Zeit der Versuche mit integrativen Regelschulen hatte begonnen. Integration statt Separation wurde zum Schlagwort in der Heilpädagogik des ausgehenden zwanzigsten Jahrhunderts.

2.10.5 Die neue Unübersichtlichkeit und deren Folgen

Für die Situation im letzten Jahrzehnt des zwanzigsten Jahrhunderts hatte Habermas den Begriff der »Neuen Unübersichtlichkeit« geprägt. Angesichts der unkontrollierten Verbreitung von Kernwaffen, der menschenunwürdigen Armut in den Entwicklungsländern, der nicht überwindbaren Arbeitslosigkeit und der wachsenden neuen sozialen Ungleichheiten hat sich allgemeine Ratlosigkeit verbreitet (Habermas 1985) In der Heilpädagogik zeigte sich die Ratlosigkeit besonders intensiv in den neu aufkommenden Diskussionen über Euthanasie und pränatale Diagnostik, die im Anschluss an die in deutscher Übersetzung erschienenen Bücher von Peter Singer geführt wurde. Die Frage, wie sich die Heilpädagogik zu der Flut an Literatur zur Frage der Beseitigung von schwerstbehindertem Leben verhalten soll, machte zunächst viele sprach- und ratlos.

Als Umgang mit der »Neuen Unübersichtlichkeit« (Haeberlin 1993b) kann auch der Trend in der Heilpädagogik zum »Systemischen Denken« interpretiert werden. Dadurch erhoffte man sich, dass die unübersichtliche Komplexität wieder geordnet werden kann, ohne dass man die Realität reduzieren muss. Dokumentiert ist der Schritt zum Systemischen in der Heilpädagogik beispielsweise durch das Erscheinen des Buches von Otto Speck »System Heilpädagogik – Eine ökologisch reflexive Grundlegung« im Jahre 1987 (2. Auflage 1991). Auch das 1991 erschienene Buch von Speck »Chaos und Autonomie in der Erziehung – Erziehungsschwierigkeiten unter moralischem Aspekt« repräsentiert die Versuche innerhalb der Heilpädagogik, mit der »Neuen Unübersichtlichkeit« und der Ratlosigkeit insbesondere bezüglich moralischer Maßstäbe im Umgang mit der zunehmenden Gewalt unter Kindern und Jugendlichen fertigzuwerden. Speck ging von seiner subjektiven Erfahrung aus, die vermutlich die Erfahrung vieler ist, »dass die erzieherische Hilflosigkeit immer größer und kritischer wird angesichts eskalierender Erziehungsprobleme, dass die immer differenzierter und anspruchsvoller werdenden Konzepte und Modelle der Erziehungshilfe und Therapie in ihrer Wirkung weithin Endlosschrauben gleichen, und dass die Vernachlässigung oder Ausklammerung der moralischen Dimension dem Ansatz von Erziehungshilfe und Therapie den Boden entzieht und nicht länger hingenommen werden kann.« (Speck 1991b, 14)

Im Rahmen der »Neuen Unübersichtlichkeit« und »Orientierungslosigkeit« wurde durch die wissenschaftstheoretische Strömung des »Postmodernismus« die gesamte rationalistische Wissenschaftradition fragwürdig gemacht. Die Bewegung der »Postmoderne« ging von französischen Autoren aus: Lyotard, Baudrillard und Foucault. Von diesen französischen Vertretern der Postmoderne wurde fast alles, was traditionelle, wissenschaftliche Erkenntnismöglichkeiten betrifft, in Frage gestellt. Insbesondere wird von ihnen verneint, dass irgendetwas aus der Wirklichkeit mit sprachlichen Zeichen adäquat dargestellt werden kann. Damit wurde die rationalistische Wissenschaft erneut suspekt, weil sie auf die Darstellung mit Hilfe von sprachlichen Zeichen angewiesen ist.

Die Postmoderne war zwar schon in den siebziger Jahren als philosophische Strömung entstanden. Aber auf die Pädagogik hatte sie erst Mitte der achtziger Jahre Einfluss. In der Heilpädagogik erschien erst 1994 von Ulrich Bleidick eine erste Publikation zur Postmoderne. Er hatte mit seinem Buch »Pädagogik der Behinderten« 1972 den Rationalismus in die Heilpädagogik eingeführt; jetzt musste er sich mit der grundsätzlichen Infragestellung seines Werks auseinandersetzen:

»Die Zeit der Moderne, die Neuzeit, beginnt mit der Aufklärung vor 250 Jahren. Rationale Aufklärung, die die Herrschaft der Vernunft einleiten will, bedeutet nach Kant den Ausgang des Menschen aus seiner selbstverschuldeten Unmündigkeit. ... Rationale Naturerklärung und Naturbeherrschung im Gefolge der Aufklärung haben jene gewaltigen technischen Errungenschaften des Industriezeitalters freigesetzt, denen heute mit zunehmender Skepsis begegnet wird. ... Das Unbehagen an der modernen Kultur und Zivilisation und die Dialektik der Aufklärung sind Vorboten eines Endes der Moderne. Die Angst vor der zerstörerischen Macht der kalten Rationalität, der allbeherrschenden Technik, vor Kriegsmaschinerie und Umweltzerstörung, vor Mediendiktatur und der Überwachung des gläsernen Menschen – sind zur Gefühlslage der Gegenwart geworden. ... Die Ideologie der Postmoderne lässt sich als Auflösungstendenz schlechthin markieren. Das ist, zugegeben, eine destruktive Charakterisierung. Mit dem Ende der Aufklärung erscheint das Ende der Legitimation durch die Vernunft gekommen. Glaube, Mystik und emotionales Angerührtsein sind in.« (Bleidick 1994a, 2f.)

Es blieb für Bleidick die – allerdings wenig überzeugend tönende – Hoffnung, dass sich die rationalistische Tradition in einer günstigen Form mit der Offenheit des Postmodernismus verbinden wird: »Was soll bleiben in einer postmodernen Behindertenpädagogik? Soweit wir das in der Hand haben: ein kritischer Pluralismus, aber eine flexible und ihrer Kontingenz bewusste Handlungsfähigkeit.« (Bleidick 1994a, 16) Bleidick weiß, dass irrationale Strömungen unter Umständen auch zu extremen politischen Positionen und zur weiteren Entsolidarisierung gegenüber Behinderten führen können (Bleidick 1994c). Er weist darauf hin, dass es dafür Anzeichen gibt: Eine rechtsradikale, faschistische Grundstimmung in bestimmten Bevölkerungsgruppen scheint zuzunehmen. Es werden immer mehr Misshandlungen und Ausgrenzungen nicht nur von Ausländern, sondern auch von Behinderten bekannt.

Das immer wieder zu konstatierende Misslingen der Solidarisierung mit Behinderten und Benachteiligten ist geistesgeschichtlich in vielen Formen des Rationalismus, des Biologismus, des Emotionalismus und des religiösen Fundamentalismus verwurzelt. Jedes neue Misslingen der Solidarisierung verbindet sich mit Tendenzen, welche die Würde und sogar das Lebensrecht von Menschen mit schweren Behinderungen bedrohen. Die Aktualität solcher Tendenzen wurde zwar in den achtziger Jahren mit dem Namen des australischen Bioethikers Singer (1984) verbunden; doch ist inzwischen deutlich geworden, dass diese Personalisierung zu kurz greift. Durch den biotechnischen Fortschritt ist die Machbarkeit des »gesunden«, »normalen«, »nichtbehinderten« Lebens in greifbare Nähe gerückt. Im Kontext der postmodernen Unübersichtlichkeit kann sich rationalistische Machbarkeitsideologie mit biologistischen und emotionalistischen Elementen paaren. »Normales« Leben wird hoch bewertet, gilt zunehmend als durch die Genstrukturen biologisch vorbestimmt und wird zunehmend technologisch machbar. Man nimmt es schon als gesellschaftlich normal hin, »dass menschliches Leben getötet wird und dafür gelegentlich neues, ›besseres‹ Leben entsteht.« (Antor 1991, 217)

Bei besorgten Heilpädagogen reift die Frage heran, ob »Biotechniken Heilpädagogik ersetzen« (Speck 2004, 398) werden. Mit den Fortschritten der Molekularbiologie »zeichnet sich eine paradigmatische Wende im Verständnis und im Bewerten imperfekten Lebens ab, von der die Heilpädagogik nicht unberührt bleiben dürfte: Ihr bisheriges Paradigma, wonach eine Behinderung als soziale Kategorie zu verstehen und über spezielle pädagogische Hilfen zur Selbsthilfe zu beantworten sei, dürfte von einem biotechnologischen Paradigma abgelöst werden, bei dem soziale Faktoren eine untergeordnete Rolle spielen. Dieser Trend wird verstärkt durch die enormen kommerziellen Interessen und Zwänge, die hinter dieser Entwicklung stehen.« (Speck 2004, 398)

Moderne Kulturkritiker entwerfen zur Abschreckung Zukunftsszenarien einer biotechnologisch statt pädagogisch strukturierten Welt. Einer dieser neuen Kulturkritiker, Francis Fukuyama, spricht schon vom »Ende des Menschen« und schildert ein Szenario, in welchem »die Wohlhabenden routinemäßig Embryos vor der Implantation aussortieren, um nur noch optimale Kinder hervorzubringen. In wachsendem Maße erkennt man die soziale Herkunft eines jungen Menschen an Aussehen und Intelligenz; wenn jemand die gesellschaftlichen Erwartungen nicht erfüllt, dann schreibt er die Schuld daran eher den falschen genetischen Entscheidungen seiner Eltern als sich selbst zu.« (Fukuyama 2004, 23)

Unser Überblick über die Kulturgeschichte Europas und das immerwährende erneute Misslingen der Solidarisierung hat deutlich gemacht, dass jeder Zeitgeist immer wieder auf Gegenströmungen stößt. Darauf hofft auch der Kulturkritiker Fukuyama, wenn er seine Überlegungen zum »Ende des Menschen« mit hoffnungsvollen Sätzen abschließt: »Wir müssen uns nicht für Sklaven eines unvermeidlichen technologischen Prozesses halten, wenn dieser Prozess nicht menschlichen Zielen dient. Wahre Freiheit bedeutet die Freiheit politischer Gemeinschaften, die Werte zu schützen, die ihnen am teuersten sind, und es ist genau diese Freiheit, die wir im Hinblick auf die biotechnische Revolution heute praktizieren müssen.« (Fukuyama 2004, 301) Dem ist anzufügen, dass zur Freiheit in Zukunft auch das Ja zum Verzicht auf die Ideologie des wirtschaftlichen Wachstums in den reichen Ländern der Welt gehören muss. Zu diesem Schluss kommt Ulrich Bleidick in Überlegungen zur Zukunftsperspektive der Heilpädagogik im neuen Jahrhundert: »Die Wachstumsfalle bilanziert Vor- und Nachteile: auf der einen Seite wirtschaftlicher Reichtum und Arbeit für alle, auf der anderen Seite Ausplünderung der nicht regenerierbaren Energien, Zerstörung der Umwelt, Freisetzung von Unqualifizierten, Entsolidarisierung gegenüber Hilfsbedürftigen.« (Bleidick 2004, 306) Wir Europäer leben nach wie vor im Reich der Konsumwirtschaft und der davon profitierenden Konzerne und Großbetriebe. »Zivilisiert wird dieser Wirtschaftsraum erst, wenn in diesem riesigen, reichen Raum annähernd ähnliche Lebensbedingungen für ein würdiges Dasein freier Menschen bestehen.« (Schümer 2004, 295) Dies wird sich aber nicht realisieren lassen, wenn sich nicht auch die Vision einer neuen Bescheidenheit durchsetzt. Wenn diese eintrifft, »dann geht sie vermutlich mit der größeren Verantwortung einer strikten Einfachheit einher« (Bleidick 2004, 306).

2.11 Testfragen

Sie können überprüfen, wie aufmerksam Sie das Kapitel gelesen haben, indem Sie a, b, c oder d als das am meisten Zutreffende markieren.

1	In welchem Jahr sind die Quellen zur Situation von Behinderten in der Antike letztmals aufgearbeitet worden? a) 1879 b) 1922 c) 1946 d) 1978	a	b	c	d
2	Die Griechen hatten große Achtung vor a) behinderten Kleinkindern b) Körperbehinderten c) Unfallopfern d) Kriegsinvaliden	a	b	c	d
3	Durch welchen griechischen Arzt wurde die Ethik der Mediziner begründet und wurden auch Grenzen der ärztlichen Pflicht zur Solidarität mit unheilbar schwer Kranken bejaht? a) Hippokrates b) Sokrates c) Aristoteles d) Sophokles	a	b	c	d
4	Welcher griechische Philosoph empfahl, die von älteren Männern gezeugten Kinder präventiv zu beseitigen? a) Herkules b) Hippokrates c) Homer d) Platon	a	b	c	d
5	In der römischen Antike wurden entstellte Menschen als Unterhaltungsobjekte verkauft; sie hießen a) Idioten b) Morionen c) Mongoloide d) Kretinen	a	b	c	d
6	Aus welcher Epoche stammt die Verknüpfung von Behinderung mit Schuld? a) Jugendstil b) Barock c) Mittelalter d) Nationalsozialismus	a	b	c	d
7	Wo hatte ein Gesetz der 12 Tafeln die Tötung missgestalteter Kinder erlaubt? a) im alten Rom b) im alten China c) in Mesopotamien d) bei den Germanen	a	b	c	d
8	Unter welchem Stilbegriff ist das 17. Jahrhundert in der Kunst- und Kulturgeschichte bekannt? a) Rokoko b) Renaissance c) Barock d) Klassik	a	b	c	d
9	Welches Prinzip passt nicht zur Pädagogik des 17. Jahrhunderts? a) Sachunterricht b) Vorbild Griechen c) Naturgemäßheit d) rationelles Lehren	a	b	c	d
10	Aus welchem Jahrhundert stammt die Idee von den homogenen Jahrgangsklassen in Schulen? a) 16. J.H. b) 17. J.H. c) 18. J.H. d) 19. J.H.	a	b	c	d

11	»Weil man nur an jungen Bäumen Äste aufpfropfen kann, muss Unterricht in früher Kindheit anfangen.« – Diese Sicht von »Naturgemäßheit« passt zu a) Rousseau b) Locke c) Hanselmann d) Comenius	a	b	c	d
12	»Das Natürliche ist identisch mit dem Vernünftigen.« – Dieser Satz ist typisch für a) den pädagogischen Realismus b) die Aufklärungspädagogik c) die Romantik d) die Reformpädagogik	a	b	c	d
13	Welcher Pädagoge hat 1571-1635 gelebt? a) Heinrich Pestalozzi b) Friedrich Herbart c) Jean Paul d) Wolfgang Ratke	a	b	c	d
14	Wer vertrat eine extreme pädagogische Methodengläubigkeit? a) Friedrich Fröbel b) Wolfgang Ratke c) Wilhelm von Humboldt d) Rousseau	a	b	c	d
15	Welches sind die Lebensdaten von Jan Amos Comenius a) 1592-1670 b) 1513-1571 c) 1688-1751 d) 1806-1863	a	b	c	d
16	Wessen Pädagogik ist zwar schon stark rationalistisch, bleibt aber im Unterschied zu den späteren Aufklärungspädagogen noch in der Theologie verankert? a) Salzmann b) Francke c) Comenius d) Humboldt	a	b	c	d
17	Worum handelt es sich beim »Orbis Sensualium Pictus« von Comenius? a) Lehrbuch für Latein b) Schulbibel c) Theologiebuch d) Bilderbuch	a	b	c	d
18	Welches Werk stammt _nicht_ von Comenius? a) Grosse Didaktik b) Levana c) Die geöffnete Sprachtür d) Informatorium der Mutterschul	a	b	c	d
19	Die Forderung nach Bildung für alle Kinder und Jugendlichen wurde erstmals formuliert im a) 16. J.H. b) 17. J.H. c) 18. J.H d) 19. J.H.	a	b	c	d
20	Welcher Begriff passt _am wenigsten_ zur Pädagogik des 17. Jahrhunderts? a) Wachsenlassen b) Lehrmethode c) Naturgemäßheit d) Lehrbuch	a	b	c	d
21	Wovon findet man im 17. Jahrhundert noch keine Ansätze und Versuche? a) Gehörlosenpädagogik b) Blindenpädagogik c) Kinderfehlerpädagogik d) Geistigbehindertenpädagogik.	a	b	c	d
22	Die Widersprüchlichkeit des Barockzeitalters erklärt sich aus den widersprüchlichen Traditionen von Humanismus/Renaissance und ...... a) Christentum b) Katholizismus c) Reformation d) Rationalismus	a	b	c	d
23	Der Pietismus überschneidet sich mit dem Weltbild der Aufklärung im .... a) Naturverständnis b) Nützlichkeitsprinzip c) moralischen Prinzip d) Spielverständnis	a	b	c	d
24	Pietistische Pädagogik hat gegenüber dem Kind ein grundsätzliches .... a) Misstrauen b) Vertrauen c) Liebesverlangen d) dialogisches Verhältnis	a	b	c	d
25	Wo realisierte August Hermann Francke beispielhaft pietistische Pädagogik? a) Köthen b) Hamburg c) Berlin d) Halle	a	b	c	d
26	Welches sind die Lebensdaten von August Hermann Francke? a) 1575-1631 b) 1663-1727 c) 1731-1801 d) 1788-1841	a	b	c	d
27	»Vor der nötigen Bestrafung sollen sie zu Gott herzlich seufzen, dass er ihnen dazu die nötige Weisheit gebe.« – Dieser Satz ist von a) John Locke b) Jan Amos Comenius c) August Hermann Francke d) Heinrich Pestalozzi	a	b	c	d
28	Von wem stammt das Buch »Kurzer und einfältiger Unterricht, wie Kinder zur wahren Gottseligkeit und christlichen Klugheit anzuführen sind«? a) Friedrich Fröbel b) Jean Paul c) August Hermann Francke d) Heinrich Hanselmann	a	b	c	d
29	Kunst- und kulturgeschichtlich folgte auf die Zeit des Barock a) Romantik b) Gotik c) Jugendstil d) Rokoko	a	b	c	d

30	Was definierte Kant als »Ausgang des Menschen aus seiner selbstverschuldeten Unmündigkeit«? a) Aufklärung b) Humanismus c) Reformation d) Neuzeit	a	b	c	d
31	Welche Wissenschaftsrichtung stammt _nicht_ aus der Aufklärungszeit? a) Rationalismus b) Systematische Beobachtung c) Hermeneutik d) Empirismus	a	b	c	d
32	Welche Tendenz ist _nicht_ typisch für eine aufklärerische Haltung? a) Neugestaltung der Zukunft b) Argumentieren c) Breitenwirkung d) Achtung vor der Tradition	a	b	c	d
33	Seiner Pädagogik liegt das Menschenbild der »tabula rasa« zugrunde. a) Wolfgang Ratke b) John Locke c) Wilhelm von Humboldt d) Friedrich Fröbel	a	b	c	d
34	Welches Prinzip ist nicht typisch für aufklärerisches Denken? a) Nützlichkeit b) Leid c) Vernunft d) Glück	a	b	c	d
35	Für welchen Pädagogen war körperliche Abhärtung ein ganz zentrales pädagogisches Prinzip? a) Locke b) Fröbel c) Pestalozzi d) Schleiermacher	a	b	c	d
36	Welches Erziehungsziel hatte für den Aufklärungspädagogen Locke letzte Priorität? a) Lebensklugheit b) Tugend c) Kenntnisse d) Lebensart	a	b	c	d
37	»In der Erziehung ist das Argumentieren das Wichtigste.« – Für wen gilt dies _am wenigsten_? a) Basedow b) Locke c) Salzmann d) Francke	a	b	c	d
38	Welches war ein typisch aufklärerisches Erziehungsinternat? a) Dessauer Philanthropin b) Waisenhaus in Halle c) Levana d) Landschulheim Albisbrunn	a	b	c	d
39	Welche Störung passt am besten zur aufklärerischen Lehre der Heilung von Kinderfehlern? a) Neurose b) Frechheit c) Gehörlosigkeit d) Autismus	a	b	c	d
40	Welches sind die Lebensdaten von Jean-Jacques Rousseau? a) 1658-1714 b) 1797-1853 c) 1712-1778 d) 1835-1898	a	b	c	d
41	Welche Gefahr könnte Rousseaus pädagogisches Denken am ehesten enthalten? a) zu starke Anlageorientierung b) zu strenge Körperstrafen c) Methodenstrenge d) Religionszwang	a	b	c	d
42	Welche Strömung ist _am wenigsten_ von Rousseau beeinflusst? a) Reformpädagogik b) Sturm und Drang c) Romantik d) Herbartianismus	a	b	c	d
43	Die Schrift »Geschichte der Kunst des Altertums« (1764) von Joachim Winkelmann begründete den a) Rationalismus b) philologischen Neuhumanismus c) Kantianismus d) klassischen Hellenismus	a	b	c	d
44	Als Begründer des Humanistischen Gymnasiums gilt a) Heinrich Pestalozzi b) Friedrich Fröbel c) Wilhelm von Humboldt d) Johann Gottfried Herder	a	b	c	d
45	Welcher Begriff passt _am wenigsten_ zum Weltbild und zum pädagogischen Denken der Frühromantik? a) Solidarität mit Schwachen b) Hoffnung auf Genies c) Phantasie d) Spontane Entwicklung	a	b	c	d
46	Welches Medium ist für die Pädagogik der Spätromantik besonders wichtig geworden? a) Lehrbücher b) Tafel und Kreide c) Anschauungsmodelle d) Volksmärchen	a	b	c	d
47	Wer hat funktionale Erziehung höher gewertet als intentionale Erziehung? a) Jan Amos Comenius b) Jean Paul c) Friedrich Herbart d) Wilhelm Rein	a	b	c	d

48	Wer betrachtete die Kugel als Urform und deshalb als zentrales Spielmaterial? a) Jan Amos Comenius b) Heinrich Pestalozzi c) Friedrich Fröbel d) Maria Montessori	a b c d
49	Am nächsten zur Tradition der rationalistischen und aufklärerischen Pädagogik steht a) der Herbartianismus b) der Neuhumanismus c) die Reformpädagogik d) die Spätromantik	a b c d
50	An welche Denkweise erinnert die »revolutionäre Pädagogik« von Ellen Key am ehesten? a) Neuhumanismus b) Aufklärung c) Barock d) Frühromantik	a b c d
51	Die Hoffnung auf einen genialen Übermenschen als Retter aus der Kulturkrise stammt von a) Jakob Burckhardt b) Friedrich Nietzsche c) Wilhelm von Humboldt d) Jean Paul	a b c d
52	»Wir dürfen nicht die Minderwertigen mit gleicher Liebe behandeln wie die Tüchtigen« – Dieser Satz stammt von einem a) Neuhumanisten b) Reformpädagogen c) Pietisten d) Philanthropen	a b c d
53	Welche Bewegung ist _nicht_ typisch für die Zeit der Reformpädagogik? a) Volksbildungsbewegung b) Jugendbewegung c) Wirtschaftsbewegung d) Wandervogelbewegung	a b c d
54	Ein Schulmodell ohne Jahrgangsklassen wurde entwickelt und realisiert von a) Peter Petersen b) Heinrich Hanselmann c) Ellen Key d) Friedrich Förster	a b c d
55	In welchem Jahr ist das erste Heilpädagogische Ausbildungsinstitut in der Schweiz gegründet worden? a) 1944 b) 1923 c) 1898 d) 1911	a b c d
56	Die Motive für die Schul- und Bildungsreformen in den Jahren 1960-70 waren vorwiegend a) idealistische b) ethische c) ökonomische d) kindorientierte	a b c d
57	Ein Kämpfer für die Pädagogik als empirische Erziehungswissenschaft ist a) Wolfgang Brezinka b) Herman Nohl c) Wilhelm Flitner d) Hermann Röhrs	a b c d
58	Welcher Wissenschaftsrichtung steht Ulrich Bleidick am nächsten? a) Geisteswissenschaft b) Anthroposophie c) normative Wissenschaft d) empirische Wissenschaft	a b c d
59	Das Buch »Lernziele und Programmierte Unterweisung« ist ein typisches Werk für die Zeit a)1920-30 b) 1940-50 c)1960-70 d) 1980-90	a b c d
60	Welcher Autor gehört zur Strömung der »Antipädagogik«? a) Saul B. Robinson b) Ekkehard von Braunmühl c) Hans Schneeberger d) Otto Speck	a b c d

Lösungen:

1=b	7=a	13=d	19=b	25=d	31=c	37=d	43=b	49=a	55=b
2=d	8=c	14=b	20=a	26=b	32=d	38=a	44=c	50=d	56=c
3=a	9=b	15=a	21=d	27=c	33=b	39=b	45=a	51=b	57=a
4=d	10=b	16=c	22=c	28=c	34=b	40=c	46=d	52=b	58=d
5=b	11=d	17=d	23=b	29=c	35=a	41=a	47=b	53=c	59=c
6=c	12=b	18=b	24=a	30=a	36=c	42=c	48=c	54=a	60=b

58 und mehr richtig = sehr gut
54 bis 57 richtig = gut
47 bis 53 richtig = genügend
weniger als 47 richtig = nochmals aufmerksam durcharbeiten

3 Anthropologie: misslingende Solidarisierung

3.1 Theologisch-fundamentalistische Reduktion

3.1.1 Darstellung am Beispiel des Pietismus

Das pädagogische Werk von August Hermann Francke (1663-1727) kann als historisches Beispiel für eine religiös-fundamentalistische bzw. theologisch dogmatisierte Erziehungslehre betrachtet werden, welche auf nicht kritisierbaren Meinungen über das Wesen des Menschen und speziell des Kindes aufgebaut ist. Diese Einordnung Franckes kommt nicht durch den christlichen Inhalt seiner Ideologie zustande, sondern durch den dogmatischen Allgemeingültigkeitsanspruch seiner fundamentalistischen, pictistischen Theologie. Francke ist ein Vertreter jenes anthropologischen Denkens, welches dem Kind den Status einer minderwertigen Vorstufe des Menschseins zuspricht.

Während die Aufklärer an einen naturgegebenen Trieb des Menschen zu Glück, Vernünftigkeit und Nützlichkeit glauben, zeigt sich in den Schriften Franckes durchgehend Misstrauen gegenüber der »Natur des Menschen«. In seinem Menschenbild erscheint das Kind als ein von Geburt an verdorbenes Wesen. Diese dogmatische Meinung rechtfertigt er mit der pietistischen Deutung des biblischen Sündenfalls: Dem obersten Zweck alles menschlichen Handelns, der Ehrerweisung an Gott, stehe im Wege, dass die Natur des Menschen bei der Geburt durch den Sündenfall unwiderruflich verdorben sei. Deshalb müsse die schlechte menschliche Natur durch strenge Erziehung zurechtgebogen werden. Aus diesem Menschenbild werden der pädagogische Gedanke des frühzeitigen Brechens des Eigenwillens des Kindes und das Ziel des Erlernens von Askese durch Arbeit unmittelbar verständlich. Das Menschenbild ist einfach und rationaler Kritik entzogen. Dies ermöglicht eindeutige, nicht widerlegbare praktische Anweisungen für die Erziehung.

Obschon eine Rechtfertigung durch Bezug auf die Bibel vorliegt, handelt es sich in keiner Weise um den Ansatz einer »Begründungs-Pädagogik«. Eine solche würde offene Kritik und Zweifel an dem zulassen, was als unantastbare Instanz gilt.

Die grundlegenden Merkmale des pietistischen Menschenbildes können in den folgenden Stichworten zusammengefasst werden: grundsätzliches Misstrauen gegenüber der menschlichen Natur; Betonung der persönlichen religiösen Erfahrung auf der Basis des Gefühls; Bewährung in sehr harter und gewissenhafter Arbeit. Diese widersprüchlichen

Merkmale des pietistischen Menschenbildes gehen mit entsprechenden Einstellungen zum Kind einher: absolute Gehorsamsforderung; intensive Pflege des kindlichen Gefühlslebens; frühe Gewöhnung an Arbeit und Fleiß.

3.1.2 Bewertung aus heilpädagogischer Sicht

Die Bedeutung pietistischer Pädagogik ist für den Bereich der Heilpädagogik groß. Zum einen haben sich recht viele Pietisten um die Erziehung von benachteiligten und behinderten Kindern bemüht; ihr missionarischer Eifer wirkte sich im heutigen Sinne nicht kindgerecht aus. Zum andern hat der Pietismus pädagogische Hilfe in Heimen als die Idee von der Rettung verdorbener Seelen begründet.

Inwieweit ist ein solches theologisch-fundamentalistisches Menschenbild für heilpädagogisches Denken förderlich oder hinderlich? Antworten auf diese Frage hängen weitgehend vom Menschenbild des Beurteilenden selbst und vom jeweiligen Zeitgeist ab. Objektiv zutreffend ist sicher, dass Francke einen wichtigen praktischen und ideologischen Beitrag zur Idee geleistet hat, dass benachteiligten Kindern in speziellen Einrichtungen geholfen werden muss. Aber auf der Grundlage seines theologisch reduzierten Menschenbildes wird unerwünschtes Verhalten von Kindern wie Lügen, Stehlen, Aggressivität usw. nie als Reaktion auf Erziehungsfehler und als sprachlose Mitteilung interpretierbar; es wird ausschließlich als Ausdruck der naturgegebenen Verdorbenheit des Kindes gedeutet. Denn es gilt die dogmatische Setzung, dass das Kind von Natur aus schlecht und verdorben sei; störendes Verhalten wird nur als Zeichen des zu brechenden bösen Eigenwillens des Kindes gesehen. Derartige Verbindungen von Religiosität und Dogmatismus tragen zum Misslingen der Solidarisierung bei.

3.2 Rationalistisch-utilitaristische Reduktion

3.2.1 Darstellung am Beispiel der Aufklärung

Eine typisch aufklärerische Anthropologie finden wir in der Pädagogik von John Locke. Ihr liegt das Menschenbild der »tabula rasa« zugrunde. Geist und Psyche des Kindes werden mit einer glattgestrichenen Wachstafel verglichen, auf welche die Erzieher alles hineinritzen können, was man aus dem Kind durch Erziehung machen möchte. Damit setzte sich Locke von einem in der damaligen Philosophie verbreiteten Menschenbild ab: nämlich von der Vorstellung, dass der Mensch mit angeborenen

Kognitionen zur Welt komme. Mit dem Bild der »tabula rasa« hatte Locke einen wichtigen Schritt zur Absage an die Determination des Individuums durch Geburt getan; es kann damit weder das geborene Genie noch den geborenen Verbrecher, aber auch nicht den geborenen privilegierten Adligen geben.

Locke kommt nicht ganz ohne Annahmen von angeborenen Dispositionen aus. Es gibt zwar keine angeborenen Vorstellungen und Ideen, aber der Mensch bringt das Vermögen und das Verlangen mit, zu Vorstellungen, Begriffen und Ideen zu kommen. Angeboren sind auch das Verlangen nach Glück und das Vermeiden von Unglück. Der Mensch kann und soll mit Hilfe seiner Vernunft zum Glück gelangen. Damit deutet sich die utilitaristische Ethik an, welche als gut und nützlich erachtet, was dem Glück eines Menschen dient. Weil die Vernunft – nach der Überzeugung der Aufklärer – immer die Tendenz zum ethisch Guten hat, ist das mit der Vernunft Angestrebte immer das Gute; der vernünftige Mensch strebt das für sich Nützliche an, so dass eine Gleichsetzung zwischen »nützlich« und »gut« naheliegt.

Durch eine falsche, z.B. verwahrlosende oder verwöhnende Erziehung kann das Kind vom Weg zur Vernünftigkeit abgebracht werden. Es muss sorgfältig geplant zur Vernünftigkeit erzogen werden, denn es ist nicht von Geburt an ein vernünftiges Wesen. Aufklärerische Anthropologie beinhaltet, dass der Mensch durch Erziehung weitgehend machbar und dass die Menschheit für ihr eigenes Schicksal selbst verantwortlich ist. Ziel der Pädagogik ist der vernünftige, autonome und gesellschaftlich nützliche Mensch. Weil das Kind zwar zur Vernunft vorbestimmt, aber von Geburt an nicht schon ein vernünftiges Wesen ist, geht der Weg zum Ziel über das vernünftig argumentierende Vorbild der Erzieher sowie über Gehorsam, Konsequenz und Strenge. Erwachsene sind dazu dann legitimiert, wenn sie aus sich selbst vernünftige und nützliche Wesen gemacht haben. Durch vorbildhafte Vernünftigkeit ist die Autorität von Erziehern und Lehrern gerechtfertigt.

In Anbetracht des scheinbaren Widerspruchs zwischen Gehorsams- und Autoritätsforderung einerseits und der Forderung nach Natürlichkeit andererseits ist der Hinweis auf das aufklärerisch gesehene Verhältnis zwischen Vernunft und Natürlichkeit in Erinnerung zu rufen: Der Natur gehorchen heißt für den Aufklärungspädagogen nicht, »den natürlichen Trieben« freie Entfaltung zu lassen. Sondern zur menschgemäßen Natur der Vernunft und Nützlichkeit muss das Kind durch Erziehung und Unterricht geführt werden. Natur bezeichnet das pädagogische Ziel der Vernünftigkeit und der gesellschaftlichen Nützlichkeit. Kennzeichnend für die aufklärerische Auffassung von Natürlichkeit ist, dass die Vernunft des »normal« entwickelten Erwachsenen zu entscheiden hat, was als natürlich, d.h. als vernünftig und nützlich gilt.

3.2.2 Bewertung aus heilpädagogischer Sicht

Derartige aufklärerische Anthropologie enthält die Annahme, dass jeder Mensch mit Hilfe seiner eigenen Vernunft zum eigenen Glück und damit zur gesellschaftlichen Nützlichkeit gelangen kann und soll. Aus aufklärerischer Sicht ist dem Kind das Bedürfnis angeboren, vernünftig und nützlich zu werden. Wenn sich ein Kind nicht zur Vernünftigkeit entwickelt, ist dies auf eine falsche Erziehung zurückzuführen. Die Funktionen des kindlichen Körpers gehorchen von Natur aus den Gesetzmäßigkeiten der Vernunft. Das Menschenbild der Aufklärung enthält einen starken Glauben an die pädagogische Formbarkeit des Kindes zum vernünftig handelnden und denkenden erwachsenen Menschen.

Es stellen sich die grundsätzlichen Fragen, welchen Platz im Rahmen dieses Menschenbildes jene Kinder haben können, welche sich auch bei bestens geplanter Erziehung nicht zur Vernünftigkeit des aufgeklärten Erwachsenen entwickeln können, und wie es um jene Menschen steht, deren Körper aus konstitutionellen Gründen nicht der Vernünftigkeit der Natur gehorcht? Welchen Platz haben schwer Geistigbehinderte und Körperbehinderte in diesem Menschenbild? Als sich die Aufklärungspädagogik im Laufe des 19. Jahrhunderts auch mit den geistigbehinderten Menschen zu beschäftigen begann, konnte sie aufgrund ihres Menschenbildes nicht anders, als mit der Annahme zu arbeiten, ein Geistigbehinderter lasse sich durch geeignete, von der Wissenschaft zu entdeckende (medizinische) Maßnahmen normal, d.h. vernünftig und nützlich machen. Wo die Grenzen der Machbarkeit erreicht sind, hat das aufklärerische Menschenbild keinen Platz mehr für die betroffenen »nicht vernünftig machbaren« Menschen.

Das aufklärerische Menschenbild hat somit für die Entwicklung heilpädagogischen Sehens und Denkens eine zwiespältige Funktion: Einerseits hat es aufgeräumt mit Aberglauben und Dämonisierungen, welche behinderte Menschen in vernichtender Weise treffen konnten, aber auch mit dem Glauben an das schon durch Geburt entschiedene Lebensschicksal jedes Menschen. Andererseits hat es durch die verabsolutierende Gleichsetzung von Natur und Vernunft und durch die Gleichsetzung von Vernünftigkeit und Nützlichkeit die Voraussetzung für die Entstehung einer Restgruppe von unvernünftigen und nicht nützlichen Menschen geschaffen und neue Entsolidarisierungsprozesse ausgelöst.

Die latente Frage nach dem Lebensrecht und Lebenswert von Menschen, die nicht vernünftig und nicht nützlich gemacht werden können, ist im aufklärerischen Menschenbild ungelöst. Durch die Gleichsetzung der menschlichen Natur mit Vernunft und Nützlichkeit hat das aufklärerische Menschenbild ein verabsolutiertes Kriterium für die Qualität eines Menschen entstehen lassen: seine Fähigkeit zu vernünftigem, für die Gesellschaft nützlichem Handeln und Denken. Seit der Aufklärung hat die philosophische Anthropologie immer wieder die Frage danach, was den Menschen von allen anderen Wesen unterscheide, ähnlich beantwortet. Als Kriterien wurden am häufigsten genannt: Vernunft, Geist, Sprache. Stets haben in solchen Menschenbildern die Unvernünftigen, die Geistlosen, die Sprachlosen keinen Platz. Ein solidaritätsstiftendes, heilpädagogisch wirksames Menschenbild kann nicht allein in der Aufklärung wurzeln.

3.3 Reduktion im Natur-Geist-Dualismus

3.3.1 Beispiel: Anthropologie von Max Scheler

Max Scheler (1874-1928) postuliert eine Trennung zwischen »Natur« oder »Leben« auf der einen Seite und »Geist« auf der anderen Seite. Das »Geistige« kann nach Scheler nicht aus dem »Natürlichen«, dem »Biologischen« erklärt werden. Die biologische Evolution stellt er als Entwicklung über vier Stufen des pflanzlichen und tierischen Lebens dar, die zwar alle auch noch im Menschen nachwirken, aber allein das Besondere des menschlichen Wesens nicht erklären können.

Die unterste Stufe des Lebens nennt er »Gefühlsdrang«. Es ist Leben, das noch nichts anderes kennt als ein bloßes »Hinzu« und »Vonweg«. Es ist das psychische Wesen der Pflanze, die keine anderen Regungen als die Orientierung zum Licht, das Schema oben-unten und andere unspezifische Ausrichtungen zeigt. Es fehlt auf dieser Stufe des Lebendigen eine Ausrichtung auf bestimmte Objekte und Bestandteile der Umwelt. Gegenüber den höheren Stufen des Lebendigen weist die Pflanze eine Mangelstruktur auf. Ihr fehlt noch die Möglichkeit einer Rückmeldung eines empfundenen Zustandes an ein Zentrum und damit das an diese Rückmeldung angepasste Verhalten.

Die zweite Stufe des Lebendigen bezeichnet Scheler als »Instinkt«. Diesen fasst er als eine Spezialisierung des Gefühlsdrangs auf. Der Instinkt ist auf spezifische Bestandteile der Umwelt gerichtet. Er ist zweck- und artdienlich, er läuft immer nach einem festen Schema ab. Der schematische Ablauf von Verhalten ist unabhängig von der Zahl der

Versuche. Er wird von einem Reiz ausgelöst. Das wichtigste Kennzeichen des Instinkts ist seine Artgebundenheit. Scheler nennt sechs Merkmale des »instinktiven« Verhaltens: (1) Sinnmäßigkeit, (2) Fester Rhythmus, (3) Artdienlichkeit, (4) Starrheit, (5) Erblichkeit und (6) Unabhängigkeit von Versuchen (Scheler 1928, 18ff.). Erst wenn einzelne Lebewesen aus der Artgebundenheit herausfallen, werden weitere Zerfallsprodukte des Instinkts wie »Trieb« und »Intelligenz« zum Überleben erforderlich.

Die dritte Stufe des Lebendigen ist nach Scheler das »assoziative Gedächtnis«. Es ermöglicht die Aneignung von »gewohnheitsmäßigem« Verhalten, das zwar dem Instinktverhalten noch ähnlich ist, das aber veränderbar ist. Auf dieser Stufe ist den Lebewesen die Möglichkeit gegeben, das Verhalten aufgrund früheren Verhaltens in lebensdienlicher Weise langsam und stetig abzuändern. Durch das assoziative Gedächtnis wird »Tradition« möglich. Dies ist gegenüber der arteigenen Vererbung eine neue Dimension. Das Verhalten einer Art wird durch die Vergangenheit der Lebensgewohnheiten der Artgenossen mitbestimmt. Allerdings handelt es sich nicht um bewusste Erinnerung oder um Überlieferung durch Zeichen.

Die vierte Stufe des Lebendigen nennt Scheler die »organisch gebundene praktische Intelligenz«. Er nennt sie »organisch gebunden«, weil sie immer im Dienste einer Triebregung steht, und »praktisch«, weil sie immer auf ein Handeln abzielt. Das intelligente Verhalten in diesem Sinne löst eine durch Triebe vorgegebene Aufgabe, die weder durch Instinktverhalten noch durch Gewohnheitsverhalten gelöst werden kann und für die keine Probierversuche möglich sind. Die Umwelt wird im Hinblick auf ein vorausgeplantes Triebziel so umstrukturiert, dass der Trieb befriedigt werden kann.

Von der organisch gebundenen Intelligenz gibt es aber nach Scheler keinen Entwicklungsschritt zu dem, was er das »Geistige« nennt. Geist ist nicht triebgebunden; er ist allem »Natürlichen« entgegengesetzt und lässt sich daraus nicht ableiten. Der Mensch als das »geistige« Wesen ist damit nicht aus der Evolution allein erklärbar. Als wichtigste Merkmale des geistigen Wesens nennt Scheler: seine Weltoffenheit, sein Selbstbewusstsein, seine Möglichkeit zur Triebdistanzierung und seine Personhaftigkeit.

Weltoffenheit bedeutet grundsätzliche Entbundenheit vom Organischen, auch von der triebhaft gebundenen Intelligenz. Weltoffenheit gewinnt ein Lebewesen nicht durch seine Intelligenz, sondern nur durch seinen Anteil an jenem Unbekannten, das Scheler »Geist« nennt. Ein

Wesen, das am »Geist« Anteil hat, kann sich von Triebimpulsen und instinktgebundenen Verhaltensschemata befreien und sich gegenüber der Welt offen verhalten; es ist also nicht von Trieben geleitet. Weltoffenheit ermöglicht dem Geistwesen, seine Aufgaben unabhängig von Triebregungen frei, nach ethischen Prinzipien, auszuwählen. Wenn ein Wesen als Geist-Wesen handelt, ist keine biologische Notwendigkeit vorhanden, die es zu seinem Verhalten gegenüber der Umwelt zwingen würde. Scheler sagt, Weltoffenheit sei »die prinzipielle Abschüttelung des Umweltbannes«, und »Menschwerdung ist Erhebung zur Weltoffenheit kraft des Geistes.« (Scheler 1928, 40)

Selbstbewusstsein bedeutet die Möglichkeit des Geist-Wesens, sich selbst zum Gegenstande zu machen. Während das Tier »seine Triebimpulse nicht als seine Triebe, sondern als dynamische Züge und Abstoßungen, die von den Dingen der Umwelt selber ausgehen« (Scheler 1928, 42) erlebt, kann der Mensch sich selbst, auch sein Triebleben, zum Gegenstand erheben. Damit bekommt er die eigene Triebstruktur in den Griff und kann darüber verfügen.

Triebdistanzierung ist damit schon erläutert. Die Vergegenständlichung von sich selbst, einschließlich der eigenen Triebe, setzt natürlich das Vermögen des Geist-Wesens voraus, sich von den eigenen Trieben abzusetzen. Das Geist-Wesen kann sich von der Gebundenheit durch die Triebe befreien und die Umwelt unabhängig davon zum Gegenstand des Betrachtens machen.

Personhaftigkeit meint, dass der Mensch alles in der Welt, einschließlich sich selbst, zum Gegenstand machen kann, mit Ausnahme des »Geistes« selbst. Die Person ist jenes Zentrum im Menschen, das nicht zum Gegenstand des geistigen Betrachtens gemacht werden kann, von dem man somit auch kein Bewusstsein haben kann.

3.3.2 Bewertung aus heilpädagogischer Sicht

Es stellt sich die Frage, wie nah dieses Menschenbild bei einem rationalistischen und utilitaristischen Menschenbild in der Tradition der Aufklärung ist. Es gibt einen grundlegenden Unterschied: In Schelers Menschenbild macht nicht die Vernunft als Intelligenz das Menschsein aus. Der Mensch ist nicht einfach das Tier mit der am besten ausgebildeten Intelligenz. Auch wenn seine Intelligenz geschädigt ist, bleibt er Mensch. Vor dem Gedanken, dass ein Affe eine höhere Intelligenz als ein geschädigter Mensch hat und deshalb vernünftiger und nützlicher ist und mehr Recht auf Leben hat als dieser Mensch, bleibt Schelers Menschenbild bewahrt. Denn die triebgebundene Intelligenz ist und bleibt tierisch, ob sie nun einen Menschen oder ein Tier zum intelligenten Handeln veranlasst. Die Person aber, die den Menschen als Geist-Wesen ausmacht, kann nicht erkannt werden; und kein Tier nimmt am Merkmal der »Personhaftigkeit« teil. Gleichzeitig aber wirkt das, was Scheler über das Geist-Wesen sagt, wie die Beschreibung eines hochgradig intellektuellen Wesens, das durch einen hohen Anteil an Vernunft ausgezeichnet ist. Dies macht sein Menschenbild für die Solidarisierung mit geistigbehinderten Menschen ambivalent. *Positiv* für solidarisierendes Sehen und Denken ist die Ablehnung einer biologistischen und damit tendenziell stets selektionistischen Sicht des Menschseins, die eine Solidarisierung mit schwer geistigbehinderten Menschen zum vornherein verneinen müsste. Ins *Negative*, d.h. zugunsten einer Entsolidarisierung gegenüber Geistigbehinderten, könnte sich aber die intellektualistische Sicht des Geist-Wesens Mensch dennoch wenden.

3.4 Biologistische Reduktion im Evolutionismus

3.4.1 Beispiel: Anthropologie von Arnold Gehlen

Schelers Menschenbild kann als Muster für Sichtweisen gelten, welche eine Ableitung des geistigen Wesens des Menschen aus der natürlichen Entwicklung ablehnen. Der Begriff »Geist« ist eine Bezeichnung für etwas Unerklärliches, für die nicht prognostizierbare Spontaneität des Menschen, für etwas Transzendentes, das die Welt zusätzlich zum Natürlichen durchdringt. Geist steht der Natur unverbunden gegenüber.

Dem stehen evolutionistische Sichtweisen gegenüber, welche das menschliche Wesen aus dem natürlichen Drang zum Überleben zu erklären versuchen. Aus evolutionistischer Sicht ist Geist nichts anderes als höchstentwickelte Intelligenz, mit welcher der Mensch die verlorene Anpassung von Organen und Instinkten ersetzt.

Scheler hat evolutionistische Sichtweisen als »negative Theorien« abgelehnt. Sie negieren die Notwendigkeit eines metaphysischen Begriffs von »Geist«. Sie erklären das Menschsein aus der Tendenz der Evolution zum Abbau der Spezialisierung von Organen, Trieben und Instinkten. Dies macht neue Strategien des Überlebens notwendig wie intelligente Verwendung von Instrumenten und Kommunikation mit Zeichen.

Gehlen (1904-1976) charakterisiert den Menschen als »Mängelwesen«. Aus seinen Mängeln an lebenssichernden Organen wird die hochentwickelte Intelligenz des Menschen als Notwendigkeit des Überlebensprinzips verstehbar.

»Es fehlt das Haarkleid und damit der natürliche Witterungsschutz; es fehlen natürliche Angriffsorgane, aber auch eine zur Flucht geeignete Körperbildung; der Mensch wird von den meisten Tieren an Schärfe der Sinne übertroffen, er hat einen geradezu lebensgefährlichen Mangel an echten Instinkten, und er unterliegt während der ganzen Säuglings- und Kinderzeit einer ganz unvergleichlich langfristigen Schutzbedürftigkeit.« (Gehlen 1962, 33)

Das Mängelwesen »Mensch« musste Möglichkeiten entwickeln, welche sein Überleben sichern konnten. Wäre dies nicht in der Tendenz der natürlichen Evolution gewesen, wäre die Tierart »Mensch« einfach ausgestorben. Aufgabe der Natur war es, die »biologische Mittellosigkeit« des Menschen durch kompensierende Möglichkeiten zu ergänzen. Diesen Vergütungsprozess versucht Gehlen zu beschreiben, indem er viele Ergebnisse aus verschiedensten Forschungsgebieten zusammenträgt.

Die von Scheler beschriebene Weltoffenheit des Menschen ist aus der Sicht Gehlens ein zunächst biologisch negativer Sachverhalt. Damit kann der Mensch nur fertig werden, wenn er über ein Instrument verfügt, das ihm als intelligentem Wesen – gegenüber dem Tier – auf neuartige Weise ermöglicht, die Fülle der Welt zu ordnen und sich dienlich zu machen. Dies geschieht mit Hilfe der Sprache. Mit einer überschaubaren und ordnenden Symbolik kann der Mensch alles Wahrgenommene verarbeiten. Kommunikation durch Sprache wird zum wesensbestimmenden Merkmal des Menschseins.

3.4.2 Bewertung aus heilpädagogischer Sicht

Biologistisch-evolutionistische Anthropologien haben für Menschen mit Behinderungen, insbesondere mit Sprach- und Intelligenzmängeln, schwerwiegend entsolidarisierende Folgen. Dies zeigt sich auch wieder in der neuen Diskussion der Euthanasiefrage: Sprachliche Kommunikation als entscheidendes Merkmal des Personseins findet sich wieder im modernen Präferenz-Utilitarismus. Wenn die Fähigkeiten zur sprachlichen Kommunikation und die darauf basierenden Intelligenzleistungen eines menschlichen Wesens stark geschwächt sind, werden dessen Lebenswert und Lebensrecht in Frage gestellt. In biologistischen Anthropologien lässt sich kaum ein Anker finden, an dem das unbedingte Lebensrecht von Menschen ohne Fähigkeit zur sprachlichen Kommunikation festgemacht werden kann.

Es erstaunt nicht, dass die Erstausgabe des Buches von Gehlen deutlich ausgesprochene Bezüge zur Ideologie des Nationalsozialismus aufwies. Sein Menschenbild kann Ideologien von Elitetum und Selektionismus, von höherwertigen und minderwertigen Menschen, sogar von

Nicht-Menschen, obwohl von Menschen geboren, stützen. Die Ambivalenz unserer westeuropäischen Kultur in diesen Fragen wird deutlich: Gehlen hat sein Buch nach Kriegsende von einigen ideologischen Wendungen gesäubert; es wurde während des ganzen zwanzigsten Jahrhunderts in vielen Auflagen verkauft.

Die beiden dargestellten Beispiele von klassischen philosophischen Anthropologien lassen sich vergleichend folgendermaßen charakterisieren: In Schelers Geist-Anthropologie steckt eine personalistische Sichtweise, die in jedem Menschen eine Person erkennt. Person als Geist ist für Scheler etwas nicht aus der erforschbaren Welt Erklärbares. Weder die eigene noch die Person des Anderen kann zum Gegenstand der Erkenntnis gemacht werden. Ein Urteil darüber, ob der andere Mensch Person sei, kann und darf deshalb kein Mensch fällen. Das Lebensrecht aller Menschen bleibt in diesem Menschenbild in einem metaphysischen oder religiösen Fundament verankert, das dem Zugriff menschlicher Zweckrationalität entzogen ist. In Gehlens evolutionistischer Sprachanthropologie fehlt eine personalistische Verankerung. Es gibt keinen Grund dafür, die Person eines menschlichen Wesens zu achten, das nicht auf ein einigermaßen normales Niveau des sprachlichen Kommunizierens gebracht werden kann. Der Mensch wird unter Berufung auf die natürliche Evolution zum Wesen, das die Welt und sich selbst beherrschen kann und soll. Durch die Anwendung der Sprache erschafft er sich selbst und wird selbsthergestellte Person, die ihr Personsein nicht mehr einem irrationalen Urgrund, einem Geist oder einem Gott zu verdanken hat. Der Schritt zur negativen Bewertung von »nicht intelligent machbaren« und »nicht der Sprache mächtigen« Menschen ist grundsätzlich vorbereitet und Solidarisierung mit Geistigbehinderten zum Misslingen verurteilt.

3.5 Entwicklungs- und lernpsychologische Reduktion

3.5.1 Beispiel: Anthropologie von Heinrich Roth

Roth (1966) versuchte das Problem »Natur – Geist« zu umgehen, indem er die Lern- und Erziehungsbedürftigkeit als das spezifisch Menschliche herausarbeitete. Er stützte sich insbesondere auf die Forschungen des Zoologen Adolf Portmann (1956). Nach Portmann hat der Mensch biologisch eine Zwischenstellung zwischen Nesthocker und Nestflüchter. Er ist ein »hilfloser Nestflüchter«, der zu früh geboren wird, d.h. bei dem die Frühgeburt zum Normalfall geworden ist. Portmann behauptet, dass der Mensch ein Jahr später zur Welt kommen müsste, um wie vergleichbare Tiere das Leben unmittelbar nach der Geburt selbst meistern zu können. Schon vom Körperbau her unterscheide sich der neugeborene Mensch wesentlich vom neugeborenen Tier: Beim menschlichen Neugeborenen überwiegt die Kopfgröße in unverhältnismäßiger Weise. Der Körper wächst in seiner Entwicklung dem Kopfe nach. Der Orientierungspunkt des Wachstums ist der Kopf, d.h. das Gehirn. Aus diesem Grunde ist das Wachstum des Menschen nicht einfach ein Größerwerden, sondern ein eigentlicher Gestaltwandel. Die genitale Geschlechtlichkeit beginnt spät und ist nicht zeitlich begrenzt. Portmann hebt hervor, dass beim Menschen Auge und Ohr die wichtigsten Sinne sind, d.h. jene Sinne, die eine Distanz zum Objekt zulassen.

Nach Portmann ist der Mensch im Unterschied zum Tier im Säuglingsalter der hilfloseste aller Säuglinge. Er hat bis zum Erwachsenenalter die längste Entwicklungszeit. Als Anfangsausstattung zeigt er kaum fertige Verhaltensweisen und Leistungsformen. Er verfügt zwar über einige Reflexe, die ihm den Anschluss an das Leben an der Mutterbrust und mit der Mutter ermöglichen. Aber die Reflexe erlöschen bald wieder wie beispielsweise der Handtellerreflex oder die Säuglingsschwimmfertigkeit. Schon bald vermischen sich der Saugreflex und der Sauginstinkt mit erlerntem und versuchsweisem Probieren. Der Säugling entwickelt eine Ausdruckssprache mit Gebärden und Lauten. Schon von der zweiten Woche an kann er die Stimme der Mutter aus anderen Stimmen erkennen. Er verfolgt Vorgezeigtes, beobachtet wachsam, will greifen, Dinge festhalten usw. Er geht früh emotionale Bindungen ein. Das Kind zeichnet sich dadurch aus, dass es fast stündlich etwas hinzulernt. Es beginnt früh, sich für Dinge um der Dinge willen zu interessieren. Der Laut als Ausdruck, wie er vom Kind verwendet wird, ist etwas typisch Menschliches.

Roth stellte allerdings fest, dass der Auffassung von Portmann Ergebnisse aus Forschungen an Schimpansen gegenüberstehen: Auch Schimpansenkinder schlafen bis zu drei Jahren bei ihrer Mutter, lösen sich erst nach vier Monaten zum ersten Mal nur wenige Meter von ihr und beginnen erst mit einem Jahr, sich spielend anderen Schimpansenkindern zuzuwenden. Oft schließen sie sich erst mit zwölf Jahren den Erwachsenen an. Der Vergleich mit dem Wissen über die Lernfähigkeit von Menschenaffen wird für Roth bei der Definition des spezifisch Menschlichen zum Prüfstein. Folgendes hat er aus der Literatur zu Forschungen über Verhaltensweisen bei Menschenaffen systematisch zusammengetragen: (1) Schimpansen lernen den Gebrauch von Werkzeugen wie Türen öffnen, Zähne putzen, aus einem Glas trinken, mit einem Löffel essen,

Büchsen öffnen usw.. Sie lernen alles viel schneller als gleichaltrige Kinder. (2) Sie lernen bestimmte Worte als Kommandosignale »verstehen«, d.h. sie reagieren richtig auf: komm her, gib die Hand, gib Küsschen, schäm dich, usw.. (3) Man kann sie ein paar Worte aussprechen lehren wie »Papa« und »Mama«, und sie sollen sie richtig gebraucht haben. (4) Sie bemühen sich eine Zeitlang, aufrecht zu gehen, besonders wenn sie mit Menschenkindern aufwachsen. (5) Sie zeigen so etwas wie Staunen oder Einsicht, wenn sie plötzlich die Lösung eines Problems entdecken, beispielsweise zwei Stäbe ineinanderstecken, eine Schachtel öffnen u.a.. Es macht den Anschein, als hätten sie die Lösung im Kopf entdeckt. (6) Sie können solchen Spaß an bestimmten Tätigkeiten finden, z.B. am »Hereinangeln«, dass sie zugunsten des Vergnügens an der »Angeltätigkeit«, die sie entdeckt haben, auf das Verzehren von Früchten verzichten, die ursprünglich der Anreiz für die Tätigkeit gewesen waren. (7) Sie können etwas im Gedächtnis behalten und eine Handlung zu einer späteren Zeit ausführen, z.B. eine Banane holen, die man vor einiger Zeit versteckt hatte. (8) Es scheint sogar, dass sie so etwas wie Symbole oder Begriffe bilden, z.B. wenn sie so handeln, als ob sie wüssten: Man muss immer den Weg gehen, der durch ein Dreieck markiert ist, wobei das Dreieck verschieden groß, verschieden farbig und verschieden geformt sein kann. Man kann sie also auf ein abstraktes Dreieck-Signal dressieren.

Dennoch hält Roth daran fest, dass sich beim Menschen gegenüber dem Menschenaffen eine einmalige Steigerung und Mannigfaltigkeit der Lernmöglichkeiten vorfinden. Den »menschlichen« Zügen an den Menschenaffen seien Merkmale gegenüberzustellen, die den Unterschied zum Menschen zeigen: (1) Der Werkzeuggebrauch beschränkt sich auf einfachste Zusammenhänge. Es zeigt sich kein Fortschritt zum Komplizierteren. (2) Die »verstandenen« Worte sind nichts anderes als »bedingte Signale«. Das Signalisieren des Lautes löst die Handlung aus, nicht der verstandene Sinn. (3) Aus den andressierten Worten wird nie ein Satz. Erst im Satz liegt der eigentliche Sinn menschlicher Sprache. (4) Das Gelernte führt zu keiner Lebensform auf neuer Ebene. Beispielsweise verliert der Affe den aufrechten Gang sofort wieder in freier Wildbahn. (5) Die »Einsichtserlebnisse« sind eng begrenzt. Der Schimpanse hört dort auf, wo das Kind sich zu entwickeln beginnt. (6) Schimpansen zeigen zwar ein kurzfristiges Interesse an Spielhandlungen wie z.B. Radfahren, Klötzchen aufbauen u.a., aber es wird daraus keine eigentliche Spielwelt wie beim Kinde. (7) Schimpansen haben zwar ein Gedächtnis, aber nicht die menschliche Erinnerung, die dank der Sprache in die Vergangenheit und in die Zukunft als Vorstellung reichen kann. (8) Trotz eines gewissen Symbolverständnisses fehlt dem Schimpansen die Möglichkeit der Übertragung von Einsichten auf andere Situationen.

Aus den zusammengetragenen Befunden schließt Roth, dass der Mensch nicht nur Mängelwesen ist, sondern dass die Mängel an Instinkten und Reflexen durch eine positive Gabe mehr als wettgemacht werden: durch Lernfähigkeit und Lernbedürftigkeit. Die Lern- und Dressurfähigkeit des Tieres wirkt als bloße Ergänzung zum instinktgesicherten Verhalten. Für den Menschen ist Lernfähigkeit und -bedürftigkeit das Zentrale. Der Mensch ist als »Gehirnwesen« zu definieren. Die Instinktschwäche bildet die Voraussetzung für die Steigerung der Lernfähigkeit. Die lange Hilflosigkeit des Kindes und seiner Abhängigkeit von der Fürsorge der Erwachsenen ist die Bedingung seiner Entwicklung überhaupt. Es ist gezwungen, sich durch Lernen einer Umwelt anzupassen. Es ist auf Lehrende und Erziehende angewiesen.

3.5.2 Bewertung aus heilpädagogischer Sicht

Auch »pädagogische Anthropologie« beinhaltet nicht automatisch Solidarisierung mit Behinderten, insbesondere nicht mit solchen, welche in ihrer Lernfähigkeit geschwächt oder geschädigt sind. In einem pädagogischen Menschenbild, welches das spezifisch Menschliche gegenüber dem Tier in der Lernfähigkeit und -bedürftigkeit sieht, sind die Menschenwürde und das absolute Lebensrecht beispielsweise von Geistigbehinderten nicht ohne weiteres gewährleistet. Es bleibt die Frage, ob in einer derartigen pädagogischen Anthropologie ein Kind, das nicht über *mehr* Lernfähigkeit verfügt als ein Schimpanse, noch als Mensch gesehen werden kann und Solidarität verdient. Roth hat sich diese Frage vermutlich nicht gestellt. Pädagogische Anthropologie ist nicht automatisch für Schwache parteinehmend und solidarisierend, solange sie das Menschliche aus dem Vergleich zwischen Mensch und Tier zu erschliessen versucht. Die Art von pädagogischer Anthropologie, wie sie von Roth beschrieben worden ist, scheint die Würde von Behinderten mit geringer Lernfähigkeit nicht automatisch verteidigen zu können. Wertgeleitete Heilpädagogik kann ihre ethischen Grundlagen kaum in den traditionellen philosophischen oder pädagogischen Anthropologien im Sinne von übergeordneten »Großtheorien« finden (Jakobs 1997, 250). Anthropologiekritik aus der Sicht Wertgeleiteter (Heil-)Pädagogik wird damit zu einer zentralen Aufgabe wissenschaftlicher Heilpädagogik.

3.6 Testfragen

Sie können überprüfen, wie aufmerksam Sie das Kapitel gelesen haben, indem Sie a, b, c oder d als das am meisten Zutreffende markieren.

		a	b	c	d
1	Pietistische Anthropologie charakterisiert das Kind als a) verdorben b) genial c) lieb d) kleinen Erwachsenen	a	b	c	d
2	Was trifft auf ein pietistisches Menschenbild *nicht* zu? – Wenn ein Kind lügt und stiehlt, ist dies a) eine schlechte Tat b) unmoralisches Verhalten c) böse d) eine verschlüsselte Mitteilung	a	b	c	d
3	Typisch für ein aufklärerisches Menschenbild ist das Bild a) einer Pflanze b) einer Kugel c) einer Tabula rasa d) eines Asinus	a	b	c	d
4	Aufklärungspädagogik nimmt als dem Kinde angeboren an: das Verlangen a) nach Religion b) nach Glück c) nach Engeln d) nach Rache	a	b	c	d
5	Aufklärerische Anthropologie beinhaltet die Tugend der a) Demut b) Bewunderung des Schönen c) Selbstverantwortung d) Heldenhaftigkeit	a	b	c	d
6	Solidarität mit Behinderten hat vor allem Chancen in der Anthropologie der a) Aufklärung b) Romantik c) Jugendbewegung d) Anthropologiekritik	a	b	c	d
7	In der Anthropologie von Max Scheler gilt als höchste Form der natürlichen Evolution der Lebewesen a) die Intelligenz b) das Geistige c) das Lustempfinden d) das Erinnerungsvermögen	a	b	c	d
8	Weltoffenheit verdankt der Mensch nach Max Scheler a) der Technik b) dem guten Sehvermögen c) dem Geist d) der hohen Intelligenz	a	b	c	d
9	Positiv für Solidarisierung mit Behinderten ist in Schelers Anthropologie die Ablehnung a) einer ethischen Grundlage b) einer biologistischen Sicht c) einer religiösen Verankerung d) einer kritischen Haltung	a	b	c	d
10	Arnold Gehlen charakterisiert in seiner Anthropologie den Menschen als a) Mängelwesen b) Geistwesen c) Ebenbild Gottes d) Raubtier	a	b	c	d
11	Der Mensch kompensiert nach Gehlen die fehlenden Instinkte und Organspezialisierungen mit seiner a) Moral b) Tapferkeit c) Ausdauer d) Sprache	a	b	c	d
12	In der Pädagogischen Anthropologie von Heinrich Roth ist der Mensch in erster Linie charakterisiert durch a) seine Mängel b) seine Sexualität c) seine Lernfähigkeit d) seine Ängste	a	b	c	d

Lösungen:

| 1=a | 3=c | 5=c | 7=a | 9=b | 11=d |
| 2=d | 4=b | 6=d | 8=c | 10=a | 12=c |

12 richtig = sehr gut
10 bis 11 richtig = gut
8 bis 9 richtig = genügend
weniger als 8 richtig = nochmals aufmerksam durcharbeiten

4 Wissenschaftstheorie und Heilpädagogik

4.1 Wissenschaftstheorie: Aufgaben und Probleme

4.1.1 Praxis und Theorie

Heilpädagogik befasst sich in Theorie *und* Praxis mit Erziehung und Bildung unter erschwerenden Bedingungen. Praxis findet man sowohl in Institutionen als auch in nicht professionellen Erziehungsumfeldern wie beispielsweise in Familien sowie in Verwandten-, Freundes- und Bekanntenkreisen. Auch Menschen ohne pädagogische Ausbildung haben meistens klare Vorstellungen, wie man Kinder erziehen, belehren, »heilen« und vor »Schaden bewahren« soll. Sie glauben, »intuitiv« zu wissen, welche pädagogischen Prinzipien falsch oder richtig sind. Schon aufgrund der Tatsache, dass jeder Mensch als Kind erzogen und in der Schule unterrichtet worden ist, hat jedermann ein erworbenes Vorverständnis von Erziehung. Oft wird auch von berufsmäßigen Pädagogen und Pädagoginnen, beispielsweise von Lehrerinnen und Lehrern, so unterrichtet und erzogen, wie man es in der eigenen Kindheit und Jugend erlebt hat.

Die Überlieferung von pädagogischem Vorverständnis soll an zwei Beispielen illustriert werden: Im Bereich der Gymnasiallehrerpädagogik hat sich bis in die letzten Jahrzehnte des zwanzigsten Jahrhunderts die Meinung aufrechterhalten, dass ein zukünftiger Gymnasiallehrer vorwiegend in den von ihm unterrichteten Fächern zu wissenschaftlicher Kompetenz ausgebildet sein müsse, womit seine pädagogische und didaktische Kompetenz dann gegeben sei. Diese erziehungswissenschaftlich nicht untermauerte Alltagsmeinung hatte zur Folge, dass junge Gymnasiallehrer ohne pädagogisch-didaktische Ausbildung blieben und häufig ungefähr gleich unterrichteten, wie ihre eigenen Lehrer während der Gymnasialzeit unterrichtet hatten. Dies bewirkte, dass an Gymnasien zwar mit viel fachlicher Kompetenz wissenschaftliche Grundlagen vermittelt wurden, dass sich aber das Wissen über wirksame Lehrmethoden und über Fragen der Sozialpsychologie in Schulklassen oder der Entwicklungspsychologie des Jugendalters erst in den letzten Jahrzehnten des zwanzigsten Jahrhunderts weiterentwickeln konnte. Hinter der mehr fachwissenschaftlich als pädagogisch-didaktisch orientierten Konzeption der Ausbildung zum Gymnasiallehrer stand die im erziehungswissenschaftlichen Sinne weder ausformulierte noch überprüfte »Theorie«, dass sich auf der Grundlage von fachlich-wissenschaftlicher Kompetenz (z.B. der Mathematik oder der Geschichte) das pädagogisch-didaktische Geschick der Vermittlung als Naturbegabung entwickeln werde. Mit anderen Worten: In den Gymnasien ist vermutlich lange Zeit ohne wissenschaftlich begründete und überprüfte Theorie nach dem sogenannten »gesunden Menschenverstand« unterrichtet worden. Diese Gymnasiallehrerpädagogik konnte sich wohl deshalb so lange am Leben erhalten, weil sie zur Grundlage eine ebenfalls wenig reflektierte »Theorie des gesunden Menschenverstandes« über die Vererbung von Begabung hatte. Der nicht reflektierten »Theorie des gesunden Menschenverstandes« lag oft eine Meinung zugrunde, welche beispielsweise im Sprichwort »Der Apfel fällt nicht weit vom Stamm« als Alltagstheorie zum Ausdruck gebracht ist: Es ist die Meinung, dass schulische Begabung von den Eltern geerbt sei, und dass Erfolg oder Misserfolg in erster Linie aus den von den Eltern vererbten Begabungen erklärt werden könne. - Erst als in den sechziger und siebziger Jahren des zwanzigsten Jahrhunderts – einerseits als Folge der gesellschaftskritischen Bewegung und andererseits auch begünstigt durch die bildungsökonomisch motivierte Suche nach neuen Begabungsreserven – soziologische Untersuchungen über die Verteilung der Sozialschichten in den verschiedenen Schulzweigen durchgeführt wurden, erwies sich die Meinung über die Vererbung der schulischen Begabung als eine reflektionsbedürftige Alltagsmeinung (vgl. Haeberlin 1971, 1974).

Auch im Bereich der Familienerziehung kann beobachtet werden, dass Eltern – auch wenn sie früher in Opposition zu ihren eigenen Eltern gestanden haben – erstaunlich oft die von den eigenen Eltern erfahrenen Erziehungsmethoden und auch die Erziehungsziele auf die Erziehung der eigenen Kinder übertragen. Es werden ähnliche Formen des Bestrafens, des Helfens bei Schulaufgaben, des Bestätigens usw. gewählt, wie man sie von den eigenen Eltern erfahren hat. Diese wenig bewusste Tradierung von Erziehungsstilen innerhalb von Familiengenerationen macht aus soziologischer Sicht verständlich, dass sich so etwas wie sozialschichtspezifische Erziehungsstile entwickeln können.

Bleidick (1999) weist darauf hin, dass es sich bei solchem scheinbar »intuitivem« Wissen um »Theorien ersten Grades« im Sinne von Weniger (1952) handelt: »Die Theorie ersten Grades ist situationsunmittelbar in die Praxis ›eingewickelt‹. Eltern erziehen (meist) in der Überzeugung, das für das Kind Richtige zu tun;...« (Bleidick 1999, 91). Schon weil man als Kind selber erzogen und unterrichtet worden ist, hat man ein Vorverständnis von richtiger und falscher Erziehung verinnerlicht. Die im Verlaufe des Lebens erworbenen Meinungen sind oft weder bewusst noch reflektiert. Ihre Verallgemeinerungstendenz ist aber doch schon ein Merkmal von Theorien. Im Unterschied zu wissenschaftlichen Theorien, die weitere Merkmale erfüllen müssen, können wir von »Alltagstheorien« sprechen.

Der in der Praxis oft heraufbeschworene »gesunde Menschenverstand« erweist sich bei genauerer Betrachtung als ein Netz von Urteilen und Vorurteilen über Erziehungsziele, Erziehungsmittel sowie über Möglichkeiten und Grenzen der Erziehbarkeit und Bildbarkeit. Indikatoren für die meist rigiden Meinungen im Alltag sind beispielsweise Redewendungen mit dem verallgemeinernden Wort »man«: »Man darf dies eben nicht tun«, »Man muss sich so und so benehmen«. Generalisierende »Man-Sätze« oder Sprichwörter lassen sich oft als Abkürzungen für »Theorien ersten Grades« deuten, welche die (heil-)pädagogische Praxis prägen.

Mit der Einrichtung von Lehrerbildungsanstalten entstanden Bücher, in welchen verbindliche Erziehungsziele und Anweisungen für das richtige Handeln zusammengetragen und systematisiert wurden. Bis in die Mitte des zwanzigsten Jahrhunderts waren die meisten pädagogischen Bücher Erziehungslehren mit Anweisungen, wie zu erziehen sei und welche Handlungen in der Erziehung als gut oder schlecht zu bewerten seien. Zwar hat diese Art von Theoriebildung im Unterschied zu den »Theorien ersten Grades« die Merkmale der Bewusstmachung und der sprachlichen Ausformulierung, aber es fehlen ihr Merkmale von »wissenschaftlichen« Theorien. Man kann mit Weniger (1952) von »Theorien zweiten Grades« sprechen.

Theorien ersten und zweiten Grades sind Verallgemeinerungen, die als selbstverständlich, problemlos und keiner weiteren Überprüfung bedürftig gelten. Sie bilden sich analog zum Beispiel des Fischers, welcher ein Netz von fünf Zentimeter Maschenweite besitzt und damit zum Fischfang geht. »Zurückgekehrt misst er die Länge der Fische, die ihm ins Netz gegangen sind, und findet, dass alle länger als fünf Zentimeter sind. Er stellt deshalb das Naturgesetz auf: Es gibt keine Fische, die kleiner als fünf Zentimeter sind. – und seine späteren Fänge bestätigen sein Gesetz aufs beste« (Poser 2001, 18). Die Frage, wodurch sich wissenschaftliche Theorien von anderen Meinungen unterscheiden, kann anhand dieses Beispiels eine erste Antwort erhalten: »Drei charakteristische Standpunkte kann man dem Fischer und seinem Gesetz gegenüber einnehmen. Der erste ist ein ganz lapidares ›Was kümmert's mich, ich mag sowieso keinen Fisch‹. Der zweite sieht etwa so aus: ›Wie großartig ist doch die Natur eingerichtet, denn welche Mühe hätten Hausfrauen und

Hausmänner mit Fischen, die kleiner als fünf Zentimeter wären!‹. Der dritte Standpunkt schlägt sich nieder in einer Frage, nämlich: ›Wie hat der Fischer sein Gesetz gewonnen?‹« (Poser 2001, 18). Mit der letzten Frage ist der Standpunkt moderner Wissenschaftstheorie gekennzeichnet: Sie will wissen, welche Kriterien und Methoden angewendet werden, welche zu einer Theorie mit Allgemeingültigkeitsanspruch führen. So gesehen kann in einem »Handlexikon der Behindertenpädagogik« kurz und bündig gesagt werden, dass Wissenschaftstheorie prüfe, »wie wir zu gesichertem Wissen kommen«. Dem wird dann angefügt: »Insofern ist die Wissenschaftstheorie eine wissenschaftliche Methodenlehre (Methodologie, Logik des Forschungsprozesses). Sie geht über den Objektbereich der wissenschaftlichen Inhalte hinaus, indem sie als Metatheorie (griech. meta = nach, hinter) nach den Bedingungen der Möglichkeit wissenschaftlichen Erkennens fragt« (Antor; Bleidick 2001, 167).

Es ist somit eine erste wichtige Aufgabe der Wissenschaftstheorie, der Meinung entgegenzuwirken, dass Theorie erzieherische Spontaneität eher verhindere als fördere. Es muss insbesondere festgehalten werden, dass es »Spontaneität« im Sinne von Handeln ohne Vormeinungen gar nicht geben kann. Dies gilt zumindest für alles zielgerichtete und strukturierte Handeln, was erzieherisches, unterrichtendes und therapierendes Handeln ja sein will. Es gibt grundsätzlich zwei Möglichkeiten des Umgangs mit der vermeintlichen »Spontaneität«: Entweder verschafft man sich Klarheit über die Vormeinungen, welche »spontanes«, d.h. u.a. auch rasches Handeln in Alltagssituationen ermöglichen; oder man belässt die Vormeinungen im Nicht-Bewussten und bleibt damit im Glauben, dass man spontan im Sinne von »ohne Vormeinungen« handle. Mit anderen Worten: Es gibt nur entweder Handeln *ohne* Wissen von den lenkenden Vormeinungen oder Handeln *mit* Wissen davon.

Sobald man sich darum bemüht, die Meinungen, welche das praktische Handeln lenken, bewusst und kritisierbar zu machen, begibt man sich in den Bereich der Theorie, was bereits den ersten Schritt zum wissenschaftlichen Denken bedeutet. Solange man mit nicht-bewussten und damit nicht kritisierbaren Meinungen erzieht, neigt man dazu, an den – möglicherweise für das Kind ungünstigen – Grundsätzen festzuhalten, die sich als Folge einer zufälligen Biographie festgesetzt haben.

Die Vorstellung vom »gesunden Menschenverstand« als spontanes Handeln im Alltag erweist sich demnach als unzulänglich, weil die Spontaneität durch nicht-bewusste leitende Vorstellungen erkauft ist. Wissenschaftliche Theorien bemühen sich darum, handlungsleitende

Vorstellungen bewusst zu machen und möglichst klar sprachlich darzustellen, um sie kritisierbar zu machen. Wenn man die Unzulänglichkeit des nur scheinbar spontanen Alltagshandelns einmal erkannt hat, neigt man gelegentlich dazu, alle Hoffnungen auf die Möglichkeiten der Wissenschaft zu setzen. Es gilt dann zu erkennen, dass und in welcher Weise auch die Wissenschaft in den Möglichkeiten der Erkenntnis allgemeingültiger Wahrheiten begrenzt ist.

4.1.2 Erkenntnis mit Wissenschaftsanspruch

4.1.2.1 Unterscheidung zwischen Objekttheorie und Metatheorie

Heilpädagogik muss als Wissenschaftsdisziplin möglichst allgemeingültige und überprüfbare Erkenntnisse zu Fragen der erzieherischen und therapeutischen Hilfe für Kinder und Jugendliche in erschwerenden Sozial- und Beziehungssituationen anstreben. Man nennt diese Art wissenschaftlicher Erkenntnisse »Objekttheorien«. Sie beziehen sich auf einen bestimmten Gegenstands- bzw. Objektbereich, in der Heilpädagogik auf Erziehung und Bildung unter erschwerenden Umständen.

Allgemeingültigkeit und Überprüfbarkeit von wissenschaftlichen Erkenntnissen sind an einzuhaltende Regeln des präzisen Sprechens, Denkens und Forschens gebunden. Erst dadurch werden die Erkenntnisse zu intersubjektiv überprüfbaren Objekttheorien. Intersubjektive Überprüfbarkeit – und damit »Objektivität« im wissenschaftstheoretischen Sinne – heißt: Bei Anwendung derselben Regeln muss grundsätzlich jeder Wissenschaftler zu denselben Erkenntnissen gelangen, sofern keine Fehler bei der Anwendung der offen gelegten Regeln des Denkens und Forschens gemacht worden sind. Spricht und schreibt man über Fragen der Regeln der Erkenntnisgewinnung, der Forschungsmethoden und der Regeln der sprachlichen Darstellung von Objekttheorien, dann arbeitet man nicht mehr an einer Objekttheorie, sondern an einer Metatheorie. Dies ist eine präzisere und weniger durch Kontroversen belastete Bezeichnung dessen, was meist »Wissenschaftstheorie« heißt. In einer deskriptiven metatheoretischen Abhandlung werden die von verschiedenen Wissenschaftlern verwendeten Verfahren der Erkenntnisgewinnung beschrieben, jedoch nicht als richtig oder falsch gewertet. Eine solche Analyse wird immer zum Ergebnis kommen, dass es innerhalb unseres Wissenschaftsbetriebes einige teils nicht kompatible Typen von Meinungen über die richtigen wissenschaftlichen Regeln und Methoden der Erkenntnisgewinnung, d.h. über die richtige wissenschaftstheoretische Position gibt. In einer präskriptiven bzw. normativen metatheoretischen

Abhandlung wird hingegen Stellung zur Frage bezogen, welches die richtigen und geeigneten Erkenntnis- und Forschungsmethoden sind, und oft werden abgelehnte Positionen kaum erwähnt.

Die Unterscheidung zwischen deskriptiven und normativen Sätzen gibt es im Bereich der Objekttheorien *und* der Metatheorien. Nachfolgend wird zur Illustration je ein Beispiel eines deskriptiven und eines normativen objekttheoretischen Satzes sowie eines deskriptiven und eines normativen metatheoretischen Satzes wiedergegeben:

Deskriptiver objekttheoretischer Satz: Lehrer geben durchschnittlich 30-minütige Hausaufgaben. Sie haben die Erfahrung gemacht (Theorie i. S. von Alltagstheorie), dass die Hausaufgaben dann von den meisten Schülern erledigt sind. *Normativer objekttheoretischer Satz:* Lehrer *sollen* Hausaufgaben von täglich etwa 30 Minuten geben, damit sich die Schüler an regelmäßiges Arbeiten gewöhnen. *Deskriptiver metatheoretischer Satz:* Verschiedene Wissenschaftler gelangen dadurch zu Erkenntnissen, dass sie Hypothesen experimentell überprüfen. *Normativer metatheoretischer Satz:* Wissenschaft *muss* sich darauf beschränken, Hypothesen zu formulieren und diese experimentell zu überprüfen.

4.1.2.2 Minimalkriterien für Wissenschaftlichkeit

Kriterien für Wissenschaftlichkeit sind nicht naturgegeben, sondern werden festgelegt und können sich im Verlaufe der Zeit verändern. In den Auffassungen darüber, was Wissenschaftlichkeit ausmacht, können sich auch unnötig übertriebene und falsche Vorstellungen von Wissenschaftlichkeit verfestigen. So findet man immer noch die Unsitte, eine komplizierte, oft kaum verständliche Sprache als Zeichen für Wissenschaftlichkeit zu missbrauchen. Oft geht es dabei wohl eher um die Imagepflege von Menschen in wissenschaftlichen Institutionen als um das Bemühen um Wissenschaftlichkeit im metatheoretisch reflektierten Sinne. Solange es sich nicht um eindeutig definierte Elemente einer Terminologie handelt, ist zum Beispiel die gehäufte Verwendung von Fremdwörtern kein Kriterium für Wissenschaftlichkeit. Ebenso ist das übertrieben häufige Zitieren von Textstellen anderer Autoren – ohne begründete Notwendigkeit des Zitats – keineswegs schon automatisch ein Zeichen für Wissenschaftlichkeit.

Ein Minimalkonsens über Wissenschaftlichkeit kann nach den wissenschaftstheoretischen Diskussionen der vergangenen Jahrzehnte folgendermaßen umrissen werden: Im Unterschied zu den Alltagsmeinungen müssen wissenschaftliche Objekttheorien bewusst, reflektiert und eindeutig sein.

Für Erkenntnisse mit Wissenschaftsanspruch allgemein, somit auch für solche in der Heil- und Sonderpädagogik, sollen die folgenden Minimalkriterien gelten: (1) Es muss sich um bewusst gemachte, ausformulierte und reflektierte Meinungen handeln. Diese müssen sprachlich so dargestellt sein, dass sie für andere Wissenschaftler in ihrer Argumentationsstruktur nachvollziehbar und kritisierbar werden. (2) Weil Erkenntnisse das Ergebnis eines vorausgegangenen Denk- und Forschungsprozesses sind, kann über die Wissenschaftlichkeit nicht allein aufgrund von mitgeteilten Ergebnissen befunden werden. Sondern entscheidend ist die Offenlegung des Weges, der zur Erkenntnis geführt hat. (3) Der Weg zur Erkenntnis muss systematisch, in allen Entscheidungen begründet und rational nachvollziehbar, wenn möglich mehrmals und von verschiedenen Personen wiederholbar sein.

Intersubjektive Nachvollziehbarkeit, systematisches Vorgehen und Wiederholbarkeit des Weges zur Erkenntnis (d.h. des Forschungsprozesses) unterscheiden wissenschaftliche Theorien von Alltagsmeinungen. Systematisches Vorgehen setzt die Anwendung von eindeutigen Regeln des Forschens und des Denkens voraus, welche allen andern Wissenschaftlern bekannt sind und von diesen in gleicher Weise angewendet werden können. Dadurch werden Erkenntnisse mit Gegenargumenten und Gegenbefunden kritisierbar. Das Postulat der Intersubjektiven Nachvollziehbarkeit schließt nicht rational kontrollierte Intuition als wissenschaftliches Beweismittel aus.

4.1.2.3 Objektivität, Wertfreiheit und Verallgemeinerung

Wissenschaftliche »Objektivität« meint nichts anderes als »Intersubjektive Nachvollziehbarkeit«. Es ist nicht das Finden einer »objektiv gültigen Wahrheit«, sondern ein methodologisches Prinzip gemeint. Intersubjektive Nachvollziehbarkeit bezieht sich auf mehrere Bereiche: (1) auf die Offenlegung der Wertentscheidungen, welche die Auswahl der Fragestellung, die Hypothesenbildung, das Forschungsvorgehen und die Interpretationen strukturieren; (2) auf die eindeutige Formulierung der Fragen, auf welche Antworten gesucht werden; (3) auf die Begründung der ausgewählten Theorien; (4) auf die Begründung der gewählten Forschungsmethodologie; (5) auf die detaillierte Darstellung der Operationalisierungen von Begriffen und Hypothesen (Überführung in beobachtbare Indikatoren); (6) auf die detaillierte Darstellung des methodischen Vorgehens.

Falsche Vorstellungen von wissenschaftlicher »Objektivität« sind oft verbunden mit falschen Vorstellungen von »Wertfreiheit« der Wissenschaft. Auch »Wertfreiheit« ist ein methodologisches Prinzip und steht nicht im Widerspruch zu heil- und sonderpädagogischer Forschung, die sich als »wertgeleitet« versteht. Das Prinzip beinhaltet schlicht die Tatsache, dass man die Richtigkeit von wertenden Aussagen nicht empirisch überprüfen und widerlegen (falsifizieren) kann. Über wertende Aussagen kann man debattieren und sie ideologiekritisch auf dahinter liegende Grundwerte untersuchen. Überprüft werden können jedoch nur Aussagen, welche nicht wertend oder fordernd formuliert sind. Beispiel: Der Satz »Schwache Schüler sollen nicht separiert werden« ist ein wertender, aber kein empirisch überprüfbarer Satz. Überprüfbar ist nur eine Aussage ohne Sollensforderung: »Wenn schwache Schüler nicht in eine Sonderschule eingewiesen werden, finden sie nach der Schule eher einen beruflichen Ausbildungsplatz.« Die methodologische Wertfreiheit bei der Erkenntnisgewinnung verunmöglicht keine Forschung, die sich »wertgeleitet« versteht. Sie bezieht sich auf die methodologische Anleitung dafür, wie Aussagen formuliert werden müssen, welche durch systematisierte Beobachtung überprüft und in eine empirisch bewährte Erkenntnis überführt werden sollen. Sie entbindet jedoch nicht von der Pflicht zur Klärung und Offenlegung der erkenntnis- und forschungsleitenden Werte.

Zur wissenschaftlichen Erkenntnis gehört, dass sie auf eine größere Zahl von Situationen und »Fällen« verallgemeinerbar sein soll. Demgegenüber sind in der heilpädagogischen Praxis singuläre Aussagen anzustreben, damit sie dem Individuum gerecht werden. Einige Vertreter eines Wissenschaftskonzepts, das sie missverständlich »Qualitative Forschung« nennen, lehnen eine methodologisch – beispielsweise durch »ein Verfahren wie das der repräsentativen Stichproben« (Meiring 1990, 12) – begründete Verallgemeinerung ab. Der Verallgemeinerung durch standardisierte Forschungsmethoden müsse die »Subjektivität von Untersuchten und Untersuchern« entgegengesetzt werden (Flick 1996, 15). Menschen seien einmalige Subjekte, welchen man durch Verallgemeinerung nicht gerecht werde; es könne »nur in Einzelfallstudien soziales Leben in der Komplexität belassen werden, in der es real abläuft« (Heinze 2001, 44). Anstelle der methodologischen Sichtweise müsse Verallgemeinerung als »explizite (gesellschafts-)theoretische Interpretation« von einzelfallbezogenen Ergebnissen qualitativer Sozialforschung (Heinze 2001, 38) oder als »schrittweise Verallgemeinerung durch die Forderung nach argumentativer Verallgemeinerung« (Meiring 1990, 13f.) verstanden werden. Gegen die methodologische Verallgemeinerung werden von Seiten der »Qualitativen Sozialforschung« auch immer wieder Zweifel an der Möglichkeit, repräsentative Stichproben bilden zu können, vorgebracht (z.B. Heinze 2001, 38; Meiring 1990, 12). Auch wenn dem so wäre, so trifft das methodologische Verallgemeinerungsprinzip gerade in der Heilpädagogik längst nicht mehr nur auf Gruppenuntersuchungen zu, sondern auch auf statistisch kontrollierte Einzelfallanalysen (Wember 1989, 1994). Die Verallgemeinerung bezieht sich in diesem Fall nicht auf eine Stichprobe von Personen, sondern auf eine an der gleichen Person gewonnene Reihe von Messdaten. Verallgemeinerung heißt in diesem Fall, dass bei der untersuchten Person die Veränderung eines Verhaltens auf eine bestimmte heilpädagogische Behandlung zurückgeführt werden kann.

Wissenschaftstheoretisch muss am methodologischen Verallgemeinerungspostulat festgehalten werden. Es unterscheidet wissenschaftliche Forschung von außerwissenschaftlichen Formen des Erkenntnisgewinns wie Lebenserfahrung, intuitivem Verstehen, religiöser Offenbarung usw.. Intersubjektiv nachvollziehbare Verallgemeinerung wird dann optimal gewährleistet, wenn auf ein gemeinsames Arsenal von explizierten Argumentations- und Prüfmethoden zurückgegriffen wird. Dabei kann die Illustration einer Theorie mit ausführlich beschriebenen Einzelfallstudien genauso dazu gehören wie statistisch kontrollierte Vergleiche von Daten. Entscheidend sind die genaue Explikation des Vorgehens, die intersubjektive Nachvollziehbarkeit, die kritische Beurteilung der Verallgemeinerung und die gewissenhafte Suche nach möglichen Fehlern.

4.1.3 Bedeutungsspektrum von »Wissenschaftstheorie«

Unter dem Begriff *Wissenschaftstheorie* befasst man sich mit metatheoretischen Problemen. Der Begriff »Metatheorie« ist zu bevorzugen, weil sich verschiedene Positionen entwickelt haben, welche dem Begriff »Wissenschaftstheorie« unterschiedliche Bedeutungen zugestehen.

Bedeutung A: Wissenschaftstheorie wird in einem sehr umfassenden Sinne als Theorie einer Wissenschaft verstanden. Es werden bei der Rechtfertigung von Erkenntnismethoden und bei der Bewertung von Ergebnissen erkenntnisphilosophische, ethische und gesellschaftsphilosophische Fragestellungen miteinbezogen, beispielsweise: Welchen Interessen dienen wissenschaftliche Erkenntnisse? Welches Menschen- und Gesellschaftsbild wird von bestimmten wissenschaftlichen Methoden vorausgesetzt? Selbstverständlich umfasst dieses Verständnis auch die im engeren Sinne methodologischen Fragen.

Bedeutung B: Wissenschaftstheorie wird als Lehre von der Logik wissenschaftlicher Verfahren und Aussagen verstanden. In diesem Falle beschränkt sie sich darauf, die Erkenntnisse und Verfahren einer Wissenschaft an den Gesetzmäßigkeiten der Logik zu messen. Es geht beispielsweise um die Frage: Können Erkenntnisse eher durch Deduktion aus obersten Sätzen (Axiomen) oder unmittelbar durch Induktion aus der Beobachtung der Wirklichkeit gewonnen werden? Bei dieser Begriffsbedeutung sollte mit Vorteil der engere Begriff »Wissenschaftslogik« bevorzugt werden.

Bedeutung C: Wissenschaftstheorie wird als Lehre von den Methoden empirischer Forschung im engen Sinne verstanden. Es geht nur um Fragen der richtigen Anwendung von empirischer Methodik wie z.b. experimentelle Versuchsanordnungen, Beobachtungsverfahren, statistische Verfahren u.a.m.. Bei dieser Begriffsbedeutung wäre eher der Begriff »Forschungsmethodologie« angezeigt.

4.1.3.1 Indizien für Zusammenhänge mit Menschenbildern

Die unterschiedliche Verwendung des Wortes »Wissenschaftstheorie« deutet darauf hin, dass auch auf der metatheoretischen Ebene die Frage nach impliziten Anthropologien eine Rolle spielt, und dass die Wertgeleitete Heilpädagogik auch auf dieser Ebene die Pflicht zum Aufdecken versteckter Entsolidarisierungsprozesse wahrzunehmen hat.

Wissenschaftler, welche wissenschaftstheoretische Fragestellungen im Sinne von Bedeutung A ausgedehnt sehen, orientieren sich am Bild des Menschen als autonom und kritisch reflektierendes Wesen. Als derartiges Wesen hat der Wissenschaftler die Verpflichtung, versteckte Interessengebundenheiten in seinen Forschungen und in möglichen Verwendungen seiner Forschungsergebnisse aufzudecken. Erfahrungsgemäß finden wir diesen weiten Gebrauch des Begriffs »Wissenschaftstheorie« und das damit verbundene Menschenbild in der Tradition der Kritischen Theorie der Frankfurter Schule.

Ein anderer Teil von Wissenschaftlern verwendet das Wort »Wissenschaftstheorie« in der eingeschränkteren Bedeutung B. Ein Teil der unter Bedeutung A genannten wissenschaftstheoretischen Fragen, die sich auf das Menschen- und Gesellschaftsbild beziehen, gilt bei dieser Bedeutungseinschränkung als außerwissenschaftlich. Wissenschaftstheoretische Reflexion beschränkt sich darauf, die Erkenntnisverfahren an den Gesetzmäßigkeiten der Forschungslogik zu messen. Fragen nach Interessenzusammenhängen der Forschungsthematik oder nach der Verwendung von Forschungsergebnissen spielen für die Bewertung des wissenschaftlichen Handelns keine wissenschaftstheoretisch verpflichtende Rolle. Der Erfolg von wissenschaftlichem Handeln wird ausschließlich daran gemessen, ob beim Forschen die Regeln der Logik eingehalten worden sind. Hinter dieser Verwendung des Begriffs »Wissenschaftstheorie« steht eher das Bild des Menschen, welcher rational-technologisch denken kann. Der Mensch erscheint in dieser Position in erster Linie als ein instrumentell denkendes Wesen, das mit seiner Fähigkeit zur rationalen Problemlösung in der Lage ist, die Welt zu erfassen und »im Griff der Machbarkeit« zu haben. Im Vordergrund des technologischen Denkens steht die Hoffnung auf Beeinflussbarkeit von Mensch und Umwelt durch Anwendung von wissenschaftlichen Erkenntnissen. Es wird somit eher ein Menschenbild gefördert, das den wissenschaftlich tätigen Menschen als Herrscher durch Wissenschaft sieht (»Wissen ist Macht«). Dieses Verständnis von Wissenschaftstheorie entspricht der Position des Kritischen Rationalismus. Will man dieses Verständnis von einem umfassenderen Verständnis von Wissenschaftstheorie abgrenzen, sollte man an Stelle von »Wissenschaftstheorie« von »Wissenschaftslogik« bzw. »Forschungslogik« sprechen.

Schließlich gibt es eine weitere Gruppe von Wissenschaftlern, welche das Wort »Wissenschaftstheorie« im Sinne von Bedeutung C nur auf die Lehre von der korrekten Anwendung empirischer Methoden reduzieren. Bei dieser Reduktion auf enge Methodenfragen, z.B. auf Fragen nach günstigen experimentellen Versuchsanordnungen, Beobachtungsverfahren, statistischen Verfahren u.a.m., wird die Problematik des Menschenbildes aus dem wissenschaftlichen Gespräch ausgeblendet. Dahinter steht ein Menschenbild, das von der Teilung des Menschen in unterschiedliche Rollen ausgeht. Es handelt sich im Falle des Wissenschaftlers um die Teilung des Menschen in den zum Methodiker reduzierten Wissenschaftler und in den Privatmenschen mit ethischer Verantwortung und Emotionalität. Die Teilung in derartige Segmente beinhaltet allerdings auch wieder versteckte Elemente eines Menschenbildes: der Mensch als ein in soziale Rollen und Funktionen aufspaltbares Wesen. Bei diesem Verständnis wird die Wissenschaftstheorie auf einen Teil der »Wissenschaftslogik«, nämlich auf die »Methodenlehre« reduziert. Man könnte diese Position am ehesten als jene der modernen »Empiristen« bezeichnen.

4.2 Kernproblem: Wissenschaftliche Wertebegründung

Praktiker und Politiker erwarten von der Wissenschaft häufig, dass gültige Antworten auf die Frage nach dem richtigen Handeln in Erziehung und Unterricht und auf die Frage nach den richtigen Zielen von Erziehung und Unterricht gegeben werden. Es wird angenommen, dass Wissenschaftler Experten für Fragen der gültigen Ziele und Werte in der Erziehung sind. Von Wissenschaftstheoretikern wird jedoch bezweifelt, ob mit wissenschaftlichen Methoden Ziele und Werte intersubjektiv nachvollziehbar begründet oder bewiesen werden können. Seit man sich intensiv mit wissenschaftstheoretischen Problemen befasst – also seit der Aufklärungsepoche –, wird diese Frage immer wieder behandelt. Heute ist man sich darüber einig, dass hinter Wertentscheidungen auch Emotionen und Interessen stecken können, welche einer wissenschaftlichen Begründung oder Beweisführung im Wege stehen können.

In einer über Jahrhunderte gepflegten Tradition haben sich Pädagogik und Heilpädagogik in *dem* Sinne verstanden, dass sie die Erwartungen an ihre Kompetenzen in Wertfragen erfüllen wollen, müssen und können. Pädagogische Bücher enthielten traditionellerweise verbindliche Angaben über die allgemeingültigen Erziehungsziele und Anweisungen für das richtige erzieherische Handeln. Derartige Bücher nennt man aus heutiger Sicht »Erziehungslehren«. In Erziehungslehren werden die Wert- und Zielfragen als gelöst behandelt und den Praktikern als scheinbar objektiv gültige Wahrheit vermittelt. Die meisten pädagogischen Bücher aus früheren Jahrhunderten waren Erziehungslehren, in welchen man klare Anweisungen dazu fand, wie zu erziehen und was in der Erziehung als gut oder als schlecht zu bewerten sei.

In den traditionellen Erziehungslehren wurden normative und deskriptive Sätze meist nicht voneinander geschieden. Texte der traditionellen Erziehungslehren sind oft gerade dadurch gekennzeichnet, dass normative Sätze in deskriptiver Form geschrieben sind. Das heißt: Sätze, die richtigerweise ein »soll« enthalten müssten, werden so formuliert, als sei es tatsächlich so. Aus heutiger wissenschaftskritischer Sicht handelt es sich dabei um einen manipulativen Sprachgebrauch. Es wird nämlich mit der bloßen Autorität der Wissenschaftlerrolle dem Leser suggeriert, es handle sich um Tatsachen, obschon es sich in Wirklichkeit um Vorschriften und Wünsche handelt.

4.2.1 Unhaltbar gewordene normative Positionen

4.2.1.1 Erziehungslehren mit theologischen Grundlagen

Ältere Erziehungslehren, die auf theologischen Grundlagen entstanden sind, enthalten in der Regel keine Angaben metatheoretischer Art. Man kann aber beim heutigen metatheoretischen Bewusstsein versuchen nachzukonstruieren, welche nicht-bewussten Erkenntnisregeln in derartigen Erziehungslehren implizit gültig waren. Bezüglich vieler Erziehungslehren auf theologischer Grundlage kann rekonstruiert werden, dass implizit folgende methodologische Grundregel dogmatische Gültigkeit hatte: Jene Aussagen über Erziehung und Unterricht gelten als richtig, welche der jeweils als Dogma vertretenen theologischen Interpretation der schriftlichen Grundlagen des Christentums entsprechen.

Ein typisches Beispiel aus der älteren Geschichte der Pädagogik stellt die Erziehungslehre des Pietisten August Hermann Francke dar. Seine zentrale und alles Denken leitende Regel lautete: Menschliches Handeln muss stets der »Ehre Gottes« dienen. Sein pädagogisches Hauptwerk beginnt folgerichtig mit einem normativen, d.h. mit einem Muss-Satz: »Die Ehre Gottes muss in allen Dingen, aber absonderlich in Auferziehung und Unterweisung der Kinder als der Hauptzweck immer vor Augen sein.« (Francke 1957a, 13) Aus diesem Postulat und der dogmatischen Auffassung, dass die menschliche Natur durch den Sündenfall verdorben sei, leitet er in seiner Erziehungslehre alle praktischen Anweisungen für die Erziehungspraxis ab: Der böse Eigenwille des Kindes muss gebrochen werden. Die Kinder sind stets zu beaufsichtigen. Das Günstigste ist ihre Absonderung in eine Erziehungsanstalt. Von großer Wichtigkeit ist ein katechetischer Unterricht mit Auswendiglernen von Bibelstellen, Lektüre der Bibel u.a.m..

Wissenschaftsgeschichtlich handelt es sich hierbei um den damals üblichen Typus einer normativen Erziehungslehre, die sich über die Erkenntnismethoden, welche zu den Anweisungen für Erzieher führen, noch keine Gedanken gemacht hat.

Während von der Theologie solche Erziehungslehren in früheren Jahrhunderten mit großer Selbstverständlichkeit formuliert werden konnten, wurde es für die Theologie im 20. Jahrhundert zunehmend schwieriger, Grundregeln der skizzierten Art als allgemeingültig zu betrachten. Der *Protestantismus* und der *Katholizismus* haben unterschiedliche Wege beschritten bei der Antwort auf die Frage nach der Beweisbarkeit von normativen Sätzen. Im *Protestantismus* hat die Tradition der dialektischen Theologie (Karl Barth) bewusst die Offenbarung der Wissenschaft entgegengestellt. Offenbarungsglaube habe nichts mit wissenschaftlicher Erkenntnis zu tun; somit könne der Offenbarungsglaube auch nicht wissenschaftlich überprüft oder widerlegt werden. Aus der Offenbarung erfahrene Werte und Ziele bedürften deshalb keiner wissenschaftlichen Begründung. Damit konnte die Frage der wissenschaftlichen Beweisbarkeit von Werten und Zielen als nicht bedeutsam betrachtet werden. Der Wertebereich gehört in das »Offenbarungswissen«, zu dem man nicht durch Wissenschaft, sondern durch den Glauben gelangt. So gesehen, müssen Werte nicht wissenschaftlich bewiesen werden. Im *Katholizismus* wurde eher auf die traditionelle These zurückgegriffen, dass es eine philosophische Beweisbarkeit von biblischen Sätzen und damit von in der Bibel verankerten Werten geben müsse. Im Unterschied zur protestantischen dialektischen Theorie wurde ein grundsätzlicher Gegensatz zwischen Wissen und Glauben auch noch im 20. Jahrhundert lange eher negiert.

Aus modernem, wissenschaftskritischem Verständnis heraus kann man die folgende zusammenfassende These zu impliziten metatheoretischen Erkenntnisregeln in theologisch fundierten normativen Erziehungslehren formulieren: Sie sind in irgendeiner Weise auf der methodologischen Grundregel aufgebaut, dass eine Erziehungslehre nicht im Widerspruch zur jeweils gültigen Interpretation der Bibel stehen soll. Hierbei handelt es sich um die Tradition jener Erziehungslehren, die sich am Grundsatz orientierten, dass die Pädagogik der Theologie unterzuordnen sei.

4.2.1.2 Wertphilosophisch begründete Erziehungslehren

Im Verlaufe des 19. Jahrhunderts entwickelten sich in Fortsetzung der Aufklärung die rationalistischen und empirischen Wissenschaften sehr schnell. Von immer mehr Wissenschaftlern und Philosophen wurde bezweifelt, dass es allgemeingültige Werte gebe, wie dies in traditionellen, christlich fundierten Lehren stets als Selbstverständlichkeit angenommen worden war. Die Wissenschaftsentwicklung und die Entwicklung zu den neuen, offenen Gesellschaftsformen bedeuteten auch eine Entwicklung zu einem Pluralismus im Bereich der Werte. Angesichts dieser Situation zu Beginn unseres Jahrhunderts bildete sich eine Gruppe von meist katholischen Philosophen, welche das Anliegen vereinigte, den drohenden ethischen Relativismus und Wertepluralismus durch eine neue Philosophie zu überwinden, von welcher die Rettung fester Werte erhofft wurde. Diese philosophische Strömung in der ersten Hälfte des zwanzigsten Jahrhunderts wird *Wertphilosophie* genannt. Ihre bekanntesten Vertreter waren Max Scheler (1874-1928) und Nicolai Hartmann (1882-1950).

Die Wertphilosophen wollten allgemeingültige Werte und Wertehierarchien einer wissenschaftlich-philosophischen Begründung zuführen. Es wurde die Annahme postuliert, dass die Menschen von ihrem besonderen Wesen her mit der Möglichkeit ausgestattet sind, die allgemeingültigen Werte und deren Hierarchie erkennen zu können. Es wurde von der spezifisch menschlichen Möglichkeit einer »apriorischen

Erkenntnis« der richtigen Werte gesprochen. Anders ausgedrückt: Es wird ein »Sensorium« der Menschen für die richtigen Werte vorausgesetzt. Dieses ermöglicht sogar die Erfassung der richtigen Rangordnung verschiedener Werte. Die Annahme wurde damit begründet, dass der Mensch ja auch ein Sensorium für die Erkenntnis von mathematischen und logischen Gesetzmäßigkeit mit sich bringe, so dass dies für ethische und ästhetische Gesetzmäßigkeiten ebenfalls angenommen werden dürfe.

Als Hauptproblem für das Kriterium der Intersubjektiven Nachvollziehbarkeit ist der Umstand zu werten, dass bei dem wertphilosophischen Ansatz auf etwas wie »Intuition« als wissenschaftliche Erkenntnisquelle zurückgegriffen werden muss. Die metatheoretische Grundregel für das Aufstellen einer Erziehungslehre würde unter wertphilosophischer Perspektive lauten: Eine Erziehungslehre darf nicht im Widerspruch zur Hierarchie von Werten stehen, welche mit Hilfe des a priori vorausgesetzten Sensoriums des Menschen aufgestellt worden ist. Eine intersubjektiv nachvollziehbare Grundregel dafür, *wie* die Werte mit Hilfe des besonderen »Sensoriums« gefunden werden, kann es naturgemäß nicht geben; deshalb bleibt die Frage der Intersubjektiven Nachvollziehbarkeit beim wertphilosophischen Ansatz offen.

Für Erziehungslehren auf wertphilosophischer Grundlage verschärft sich die metatheoretische Problematik durch folgende Fragen: Wie kann erklärt werden, warum verschiedene Autoren unterschiedliche Wertekataloge und -rangordnungen vorlegen können? Wird dadurch die Möglichkeit eröffnet, dass jemand als obersten Wert beispielsweise die Unterdrückung anderer Menschen als apriorisch erkannt zu haben behauptet und dies dann in die Praxis umsetzt?

In der Heilpädagogik ist insbesondere Linus Bopp (1887-1944) zu den Wertphilosophen zu rechnen; er hat auf dieser Grundlage eine Heilpädagogik verfasst (vgl. Haeberlin 2002, 63ff.). Er stützte sich bezüglich seiner heilpädagogischen Lehre auf die Wertphilosophie von Franz Xaver Eggersdorfer. Dieser hatte folgende Wertehierarchie als allgemeingültig angenommen: (1) sittlich-religiöse Werte wie Tugend und Frömmigkeit, (2) geistige Werte, die sich in den Kulturgütern der Wissenschaft und Kunst, des Rechts und der öffentlichen Wohlfahrt verwirklichen und (3) natürliche Werte wie Genuss und Lustgefühl. Die zentralen Begriffe in Bopps Heilpädagogik sind »Wertsinnshemmung« und »Wertsinnsminderung«. Bopp hat diejenigen Kinder, welche – in seiner Wortwahl – zum »Objekt« der Heilpädagogik werden, folgendermaßen umschrieben: Es zeige sich, »dass bei vielen Objekten der

Heilerziehung der Wertsinn und der Wertwille darum ausfällt oder ernstlich gehemmt ist, weil die betreffenden Individuen mangels der notwendigen seelisch-geistigen Fähigkeiten dazu gar nicht oder nur erschwert fähig sind« (Bopp 1930, 64).

Bei einer derartigen wertphilosophisch begründeten Erziehungslehre handelt es sich, wie bei einer theologischen, um eine (Heil-)Pädagogik, »welche auf einem Bekenntnis zu einer festen Weltanschauung aufbaut. Da es keine Erziehung gibt, die nicht weltanschaulich gebunden ist, ist es von Vorteil, die zugrundegelegte Weltanschauung zu kennen.« (Haeberlin 2002, 65) In der Erziehungslehre von Bopp werden die Wertsinnsgeminderten und die Wertsinnsgehemmten als die »Anormalen« bezeichnet. Die Definition von Behinderten als – bezogen auf bestimmte Werte – »anormal« kann zur Diskriminierung dieser Menschen führen. Der behinderte Mensch wird als eine Person mit einem wertmäßigen Defizit charakterisiert. Diese negative Etikettierung kann zu schwerwiegenden sozialen Vorurteilen behinderten Menschen gegenüber und zur Entsolidarisierung führen.

4.2.1.3 Curriculumforschung der sechziger Jahre

Die im Gefolge der bildungsökonomischen Schulkritik in den sechziger Jahren des zwanzigsten Jahrhunderts aus Amerika zu uns gelangende Curriculumforschung (»Curriculum« in einer bestimmten Bedeutung für den Lehrplan einer Schule) hatte trotz methodologischer Reflektiertheit nur teilweise die Konsequenzen aus dem wissenschaftstheoretischen Dilemma bezüglich der Begründbarkeit von Zielen und Werten gezogen. Als wissenschaftstheoretisch aufgeklärte Disziplin musste die damalige Curriculumforschung anerkennen, dass wissenschaftliche Beweise und Begründungen von obersten Werten und Normen und damit auch von Lehrzielen nicht möglich sind und durch nicht-rationale, teilweise interessengeleitete Entscheidungen zustande kommen. Sie ging davon aus, dass sich oberste Werte und damit Lehrziele durch Vereinbarung (Konvention) bilden können.

Als Folge ihres Anspruchs auf Wissenschaftlichkeit suchte die damalige Curriculumforschung nach wissenschaftlichen Methoden, die innerhalb einer wertepluralistischen Gesellschaft zu einer Vereinbarung über oberste Werte und Lehrziele führen kann. In einer bestimmten Phase der Curriculumforschung wurde eine wissenschaftliche Konsenstechnik entwickelt, die mit Hilfe von kontrollierten und wissenschaftlich erforschten Expertengruppen funktionieren sollte. Der scheinbar hochwissenschaftliche Vorgang bei der Vereinbarung über Werte, Normen, Ziele hatte aber das Hauptproblem ihrer wissenschaftlichen Begründbarkeit lediglich auf eine andere Frage verschoben: Nach welchen Kriterien sollen die Experten ausgewählt werden, welche schließlich zur wissenschaftlich kontrollierten Übereinkunft über die obersten Lehrziele gelangen sollen? Bei einer neutralen und objektiven Zusammenstellung der Experten müsste ja eine Oberexpertengruppe eingesetzt werden, deren Zusammensetzung ihrerseits wieder bestimmter Kriterien bedürfte. Das nicht rationale Element einer normativen, d.h. wertsetzenden Pädagogik ist in diesem Falle einfach auf die Auswahl von Experten verschoben worden.

4.2.1.4 Schlussfolgerung

Zusammenfassend kann man festhalten, dass Versuche zu wissenschaftlich verbindlichen Aussagen über gültige Werte und Ziele stets mit den gleichen, schwer lösbaren Fragen konfrontiert werden: Gibt es Möglichkeiten, mit denen sich Werte, Normen, Ziele wissenschaftlich nachvollziehbar begründen oder beweisen lassen? Gibt es Möglichkeiten, um aus obersten Werten, Normen und Zielen normative Handlungsanweisungen für die Praxis abzuleiten?

Wissenschaftstheoretiker haben im Verlaufe des zwanzigsten Jahrhunderts grundsätzlich in Zweifel gezogen, ob sich wissenschaftliche Erkenntnis auf die Gültigkeit von Werten, Normen und Zielen richten kann. Intersubjektiv nachvollziehbare Forschung richtet sich auf die Erkenntnis von beschreibbaren Phänomenen. Daraus kann sie keine Beweise dafür ableiten, welche Bewertungen der Phänomene richtig und allgemeingültig sind. Wenn dies trotzdem getan wird, spricht man in der Wissenschaftstheorie vom »naturalistischen Fehlschluss«. Er verstößt gegen die Unmöglichkeit, von deskriptiven auf normative Aussagen zu schließen. »Er heißt ›naturalistisch‹, weil man in ihm ein Prädikat wie ›gut‹ auf die selbe Ebene stellt wie Eigenschaftsprädikate vom Typ ›groß‹, ›blau‹, ›spitz‹ etc., um irgend etwas nicht nur mit solchen, die Fakten beschreibenden Prädikaten, sondern gleichermaßen als ›gut‹ ›beschreiben‹ zu können – aber eben um eine Beschreibung handelt es sich keineswegs, sondern um eine Bewertung.« (Poser 2001, 34)

Pädagogik wie Heilpädagogik haben sich bis weit ins zwanzigste Jahrhundert um die »richtigen« Wertentscheidungen bemüht. Aber bereits in der zweiten Hälfte des neunzehnten Jahrhunderts war in andern Disziplinen die wissenschaftstheoretische Kernfrage darüber zum Diskussionsthema geworden, wie sich eigentlich Ziele, Vorschriften, Normen, Werte »wissenschaftlich« begründen oder gar beweisen lassen könnten. Es hatte eine wissenschaftstheoretische Diskussion ihren Anfang genommen, von welcher Wissenschaften wie beispielsweise Pädagogik und Heilpädagogik während des ganzen zwanzigsten Jahrhunderts nicht mehr loskamen. In Auseinandersetzung mit diesen Fragen haben sich verschiedene wissenschaftstheoretische Positionen entwickelt. Diese unterscheiden sich unter anderem in den Antworten auf die skizzierten Fragen voneinander.

4.3 Geisteswissenschaftliche Position: Sinnverstehen

Als Begründer der geisteswissenschaftlichen Position gilt Wilhelm Dilthey (1833-1911). Er war Historiker, wendete seine wissenschaftstheoretischen Grundsätze aber auch auf die Pädagogik an. Die deutschsprachige Pädagogik war bis in die sechziger Jahre des zwanzigsten Jahrhunderts in erster Linie geisteswissenschaftlich orientiert. Bekannte geisteswissenschaftliche Pädagogen waren Eduard Spranger, Herman Nohl, Theodor Litt und Wilhelm Flitner. Auch die Klassiker der Heilpädagogik wie Hanselmann, Montalta und Moor sahen sich – allerdings nur teilweise – der geisteswissenschaftlichen Tradition verpflichtet.

Dilthey hatte sich als vielbeachteter Wissenschaftstheoretiker mit den Grundproblemen einer wertsetzenden Wissenschaft auseinandergesetzt. Dem Anspruch einer normativen Wissenschaft, allgemeingültige Werte und Normen beweisen zu können, hielt er folgendes entgegen: Versuche, allgemeingültige Werte und Normen mit wissenschaftlichen Methoden zu beweisen, werden immer scheitern. Es ist davon auszugehen, dass in den verschiedenen Kulturen und Epochen keine überzeitlichen und kulturunabhängigen Werte und Normen sichtbar sind; sondern diese gelten im Hinblick auf eine bestimmte kulturelle und historische Situation. Es hat deshalb keinen Sinn, dass sich die Wissenschaft um den Nachweis von situationsinvarianten normativen Sätzen bemüht.

Der grundlegende Schritt in Diltheys metatheoretischen Überlegungen ist die Anerkennung der historisch-kulturellen Relativität von Normen und Werten, jedenfalls in ihrem sichtbaren Erscheinungsbild. Damit ist eine metatheoretisch unkritische, normative Pädagogik im Sinne der traditionellen Erziehungslehren wissenschaftlich nicht mehr vertretbar. Jede metatheoretisch reflektierte Pädagogik muss in Kenntnis von Diltheys wegweisenden Publikationen zumindest folgendes beachten: Werte und Normen können nur im Hinblick auf eine bestimmte historisch-kulturelle Situation wissenschaftlich begründet werden. Normative Theorien im Sinne von Erziehungslehren sind an bestimmte historisch-kulturelle Epochen oder Situationen gebunden.

Im Gegensatz zur positivistischen Wissenschaftslehre forderte Dilthey nicht zum Verzicht auf wertende Aussagen in der Wissenschaft auf, sondern er stellte den nicht wertenden (positivistischen) Naturwissenschaften die Geisteswissenschaften gegenüber und äußerte die Meinung, dass alle Geisteswissenschaften Disziplinen mit einer wertenden Dimension bleiben müssen. Aber die Geisteswissenschaften erforschen situationsvariante Werte und Normen, also beispielsweise Werte, welche sich auf eine historisch-gesellschaftliche Situation oder Epoche beziehen.

4.3.1 Hermeneutik als geisteswissenschaftliche Methode

In der Tradition von Dilthey lautet die zentrale metatheoretische Frage: Auf welche Weise, mit welchen Verfahren, nach welchen methodischen Regeln kann man zu wissenschaftlich begründeten, situationsvarianten wertenden Sätzen kommen? – Dilthey ging davon aus, dass zur Lösung dieser Frage die empirischen Forschungsmethoden, die in den Naturwissenschaften angewendet werden, nicht geeignet sind. Die Geisteswissenschaften seien auf eine eigene Erkenntnismethode angewiesen. Die geisteswissenschaftliche Forschungsmethode nannte er Hermeneutik. Während es in den Naturwissenschaften um das Erklären von allgemeingültigen Gesetzmäßigkeiten gehe, müssten die Geisteswissenschaften eine Methode zum Verstehen von sinnvollen Zusammenhängen im menschlichen Leben finden. Bei der Hermeneutik geht es um das verstehende Eindringen in ganzheitliche Sinnzusammenhänge.

Wissenschaftshistorisch war ursprünglich der Begriff »Hermeneutik« ausschließlich für die verstehende Auslegung von Texten reserviert. Historisch hatten sich drei hermeneutische Strömungen entwickelt: (1) »eine philologisch-historische Hermeneutik, die sich im engeren Sinn mit Textauslegung befasst (wie ist etwa die ›Odyssee‹ Homers zu verstehen)«; (2) »eine theologische Hermeneutik (wie müssen das Alte und das Neue Testament ausgelegt werden)«; (3) »eine juristische Hermeneutik, deren Kernfrage die Auslegung und Anwendung von vorgeschriebenen Gesetzen im Hinblick auf konkrete Fälle ist.« (Danner 1989, 33) Eine »allgemeine Hermeneutik« als »Kunstlehre des Verstehens« ist erst durch Schleiermacher (1768-1834) entworfen worden. Durch das Auslegen von Texten soll der normativen Wirklichkeit, d.h. der Sinngebung der Menschen aus normativen Zielen, in einer historisch-kulturellen Epoche näher gekommen werden.

Heute zeigen sich Ausweitungen über die Textauslegung hinaus: Es wird keine Beschränkung auf das Verstehen von Büchern mehr verlangt, sondern es kann sich auch um Bilder und andere Objektivationen

(Werke) von Menschen handeln. Beispielsweise könnten es auch Kinderzeichnungen, Kinderkleider, Bilder von Spielzeugen u.a.m. sein, um die Einstellung zum Kind einer Epoche zu verstehen. Immer geht es aber bei der Hermeneutik um ein Stück Einfühlung in Objektivationen, d.h. in Werke, Produkte des zielgerichteten Handelns von Menschen, auf welches zurückgeschlossen wird. Man versucht, aus Spuren, welche Menschen beim zielgerichteten Handeln hinterlassen haben, auf die Menschen selbst zu schließen. Auch Dokumente aller Art (Gesetze, Reglemente, Briefwechsel, Sitzungsprotokolle usw.) können solche Spuren sein, die es verstehend zu lesen gilt.

Nach positivistisch-naturwissenschaftlicher Auffassung gibt es grundsätzlich für alle Wissenschaftsdisziplinen nur eine einzige Wissenschaftsmethodologie. Dagegen grenzte sich Dilthey ab. Die methodischen Regeln und Qualitätskriterien des hermeneutischen Verstehens sind nicht dieselben wie diejenigen des naturwissenschaftlichen Erklärens von kausalen Zusammenhängen. Bei Kausalzusammenhängen richtet sich das Interesse auf die Erklärung von Wirkungen aus Ursachen. Bei Sinnzusammenhängen richtet sich das Interesse auf das Verstehen von Verhaltensweisen aus den Zielen, die Menschen als für sie sinnvolle Ziele verfolgen.»Zum Erklären liegt der wesentliche Unterschied des Verstehens darin, dass wir dabei mit Dingen und Vorgängen zu tun haben, die noch etwas anderes *bedeuten*. Eine Geste ist ja gerade nicht damit ›verstanden‹, sondern nur ›erklärt‹, dass auf den Weg von Arm und Hand, auf die Muskelkraft, auf die Übertragung durch Sehnen, auf den Energieverbrauch hingewiesen wird.« (Danner 1989, 35) Als Beispiel kann naturwissenschaftliches und archäologisch-sinnverstehendes Erforschen eines Steins dienen: »Die natürlichen Eigenschaften können der Erklärung zugeordnet werden; seine menschliche Verwendung *als* Werkzeug, *als* Baumaterial, *als* Gewicht wird dagegen verstanden.« (Danner, 1989, 35) Erklären ist »das Herleiten von Tat-sachen aus Ursachen, das Ableiten einer Gegebenheit von einem Prinzip: Die Fallgesetze erklären das Fallen des Steines.« Verstehen hingegen ist »das Erkennen von etwas als etwas (Menschliches) und gleichzeitig das Erfassen seiner Bedeutung: Irgendwelche Laute erfasse ich als Worte und erfasse deren Bedeutung.« (Danner 1989, 36)

Wenn sie sich auch nicht kennen müssen und nicht einmal zur gleichen Zeit zu leben brauchen, handelt es sich bei der Hermeneutik um einen Verstehensprozess zwischen zwei oder mehr Personen. Es geht also bei der Anwendung der hermeneutischen Methode nicht in erster Linie um die Frage, wie man zu objektiver, allgemeingültiger Erkenntnis kommt, sondern: Wie kann man – oft vielfach verschlüsselte – Mitteilungen eines andern Menschen so verstehen, wie sie gemeint sind? Somit ist das Ziel der Hermeneutik ein ganz anderes als das Ziel der rational-empirischen Forschungsmethoden. So gesehen, bezieht sich die wissenschaftstheoretische Streitfrage darauf, ob das Verstehen zwischen zwei Menschen in eine wissenschaftliche Methode mit dem Qualitätskriterium der Intersubjektiven Nachvollziehbarkeit überführbar sei.

Im Gegensatz zum naturwissenschaftlichen Erklären muss die geisteswissenschaftliche Metatheorie bis zu einem gewissen Grad Intuition als wissenschaftliches Verfahren zulassen. Damit stellt sich in der gesamten Geisteswissenschaftlichen Tradition immer wieder das Problem der Objektivität, d.h. der Intersubjektiven Nachvollziehbarkeit von Erkenntnisgewinnung.

4.3.2 Die philosophische Begründung der Methode

Damit Intuition als Mittel objektivierter Erkenntnisgewinnung akzeptiert werden kann, bedarf sie einer philosophischen Begründung. Eine solche hat Dilthey gegeben. Sie sieht andeutungsweise folgendermaßen aus (vgl. dazu König 1975): Dilthey ging davon aus, dass die Welt ein sinnvolles, d.h. in ihren Zielen aufeinander abgestimmtes System von Organismen darstellt. Als Organismen bezeichnete er einzelne Lebewesen, Gruppen von Lebewesen, aber auch ganze Gesellschaften. Heute würde man vermutlich den Begriff des »Organismus« in diesem weiten Sinne durch »System« ersetzen; man kann in Dilthey einen Vorläufer des systemtheoretischen Denkens sehen. Allen Organismen – ob einzelne Lebewesen oder ganze gesellschaftliche Gebilde – sprach Dilthey die folgenden Eigenschaften zu: Jeder Organismus ist einer zielgerichteten, d.h. »teleologischen« Entwicklung unterworfen. Wenn die Entwicklung eines Organismus von der ihm eigenen Zielrichtung abkommt, reguliert sich die Entwicklung wieder selbst. Diese Gesetzmäßigkeit gilt für alle Organismen, sowohl für den Menschen als Individuum als auch für soziale und kulturelle Systeme. Für die Begründung der Hermeneutik als Methode der Erkenntnisgewinnung ist folgende Annahme zentral: Sämtliche Organismen unterliegen – an der Oberfläche nicht sichtbaren – konvergenten Entwicklungsgesetzen. Mit anderen Worten: Zwischen der Zielgerichtetheit der Entwicklung eines einzelnen Menschen und der Entwicklung eines gesellschaftlichen Systems (auch in früheren Epochen) besteht eine – an der Oberfläche nicht sichtbare – Übereinstimmung. Die soziokulturelle Varianz der Werte und Normen besteht zwar an der Oberfläche; aber in einer nicht unmittelbar sichtbaren Tiefenstruktur sind die unterschiedlichen Werte und Normen gesellschafts- und zeitbedingter Ausdruck von Zielen, die allen Organismen gemeinsam sind. Weil diese Konvergenz der Entwicklungsziele aller Organismen in einer nicht beobachtbaren Tiefenstruktur angenommen wird, ist Intuition eine mögliche objektive Erkenntnisquelle. Denn es geht ja letztlich um ein Eindringen in die eigenen, verborgenen Tiefenstrukturen über den Weg des Einfühlens in andere Menschen.

In einer verborgenen Tiefenstruktur unterliegt der Wissenschaftler als Individuum gleichen Zielen wie Menschen in einer anderen historisch-gesellschaftlichen Epoche oder in einer anderen soziokulturellen Situation; erst durch das intensive Eindringen in Objektivationen anderer Menschen kann der Wissenschaftler sowohl den Werten anderer Menschen und ihrer Kulturen als auch der eigenen Tiefenstruktur auf die Spur kommen. Einfühlendes Verstehen eines Textes heißt also, gleichzeitig den Text und sich selbst besser zu erkennen. Hermeneutik heißt, versuchsweise in Texte und in andere Objektivationen von Menschen einer anderen soziokulturellen Umwelt einzudringen, sie zu interpretieren und dann wieder zu sich selbst als individuellem Menschen zurückzukehren und das Interpretierte an sich selbst, am eigenen Denken und Empfinden, auszuprobieren. Daraufhin geht der Hermeneutiker wieder zum Text, Bild usw. zurück und überlegt, ob die Interpretation verändert werden muss. Durch dieses fortwährende Hin und Her zwischen dem zu verstehenden Text und dem verstehenden Individuum erhofft sich Dilthey eine allmähliche Annäherung an die Wahrheit, d.h. eine Annäherung zwischen den verborgenen Zielen der Entwicklung des Individuums und der Entwicklung des Schöpfers eines Textes oder einer anderen menschlichen Objektivation. Diesen Annäherungsprozess nennen die Geisteswissenschaftler den Hermeneutischen Zirkel.

Die Vorannahmen, die den Hermeneutischen Zirkel als wissenschaftliche Erkenntnismethode begründen, seien zur Verdeutlichung nochmals genannt: Jedem menschlichen Verhalten ist Zielgerichtetheit und Planmäßigkeit zuzusprechen, auch wenn dies an der Oberfläche nicht sichtbar wird. Auch der Wissenschaftler ist der Zielgerichtetheit und Planmäßigkeit unterworfen, ohne dass er sich dessen bewusst zu sein braucht. Zwar ist die Planmäßigkeit und Zielgerichtetheit des Verhaltens der einzelnen Menschen in jeder historisch-kulturellen Epoche inhaltlich anders ausgeprägt, aber es gibt dennoch in den Tiefen der Seelenstruktur Übereinstimmungen. Aufgrund seiner eigenen – nicht erkennbaren – Zielgerichtetheit kann der Geisteswissenschaftler durch den intensiven Prozess des Hermeneutischen Zirkels in eine ihm zunächst unbekannte gesellschaftliche Wirklichkeit eindringen und sich den für diese gesellschaftliche Wirklichkeit gültigen Werten und Normen intuitiv annähern. Zugleich nähert er sich der Erkenntnis der für ihn selbst geltenden Werte und Normen an.

Für die Geisteswissenschaft gilt somit: Der Glaube an die Erkenntniskraft des Hermeneutischen Zirkels ist an die spekulativ-philosophische Annahme geknüpft, dass aufgrund der versteckten teleologischen (zielbezogenen) Übereinstimmungen zwischen den Organismen eine intuitive Annäherung an die gültigen Werte und Normen möglich ist. Die Nachvollziehbarkeit der Forschungsergebnisse ist an die nicht weiter begründbare Annahme einer versteckten allgemeingültigen Teleologie (Zielgerichtetheit) aller Organismen gebunden und ohne diese Annahme nicht nach rationalen Kriterien nachvollziehbar.

4.3.3 Wissenschaftstheoretisches Kernproblem: Intuition

Hermeneutik hat zum Ziel, durch Menschen geschaffene Gegenstände, Zeichen und Texte so zu untersuchen und zu deuten, dass Schlüsse auf die innere Befindlichkeit und das Sinnerleben von nicht direkt befragbaren Menschen gezogen werden können. Durch das Auslegen von Texten oder von anderen menschlichen Objektivationen soll der normativen Wirklichkeit, d.h. der Sinngebung der Menschen aus ihren inneren Zielen in einer historisch-kulturellen Epoche oder in einem dem Forscher fremden gesellschaftlichen Umfeld näher gekommen werden. »Verstehen richtet sich immer auf Menschliches (Geistiges) und zwar auf Handlungen, sprachliche Gebilde und nicht-sprachliche Gebilde. Im Verstehen wird ein sinnlich Gegebenes als ein Menschliches und dieses in seinem Sinn erkannt.« (Danner 1989, 46)

Die wissenschaftstheoretische Kernfrage ist natürlich, wie der Prozess der Deutung und des Verstehens methodisch abgesichert werden kann. In der geisteswissenschaftlichen Tradition heißt das Verfahren »hermeneutischer Zirkel«. Beschreibungen des hermeneutischen Zirkels beziehen sich in der Regel auf die Interpretation von Texten. Nach König und Zedler (1998, 88) besteht die Kernthese des hermeneutischen Zirkels darin, dass für das Verstehen eines Textes ein bestimmtes Vorverständnis über die Bedeutung einzelner im Text verwendeter Begriffe wirksam ist. Einzelne Passagen des Textes werden vorerst auf der Grundlage dieses Vorverständnisses gedeutet. Umgekehrt wird sich aber auch die Bedeutung der Begriffe im Anschluss an das Verständnis der ganzen Textpassage präzisieren oder gar verändern. Damit wird das vorherige Vorverständnis korrigiert. Auf der Grundlage des sich ändernden

Vorverständnisses über die Bedeutung von Begriffen und von einzelnen Textpassagen wird sich zunehmend auch das Verständnis des Sinns des gesamten Textes verändern. Dieser Prozess ist vergleichbar mit einer spiralförmigen Bewegung, die sich einem präziseren Verständnis des Gesamtsinns des Textes annähert. Wenn man strenge Maßstäbe anlegt, ist der hermeneutische Zirkel keine Forschungsmethode. »Es wird nicht gesagt, wann eine Bedeutungszuweisung ›richtig‹ oder gar zwingend ist, oder welche und wie viele Schritte dazu in Abhängigkeit von einem bestimmten Vorverständnis erforderlich sind.« (König; Zedler 1998, 88)

Bis heute wird nach einer hermeneutischen Methode gesucht, welche dem Kriterium der Intersubjektiven Nachvollziehbarkeit besser entsprechen könnte. Es geht dabei nicht nur um die Suche nach einer Methode für das Verstehen von Texten, sondern allgemein des von Menschen Geschaffenen und Dargestellten. Für die Intersubjektive Nachvollziehbarkeit unbefriedigend bleibt weiterhin der notwendige Teil an Einfühlung in Werke und Produkte des zielgerichteten Handelns von Menschen, auf welche zurückgeschlossen wird.

Hermeneutik als Forschungsmethode bleibt umstritten, weil bis heute eine verbindliche Festlegung von Verfahrensregeln nicht gelungen und an Ergebnissen Intuition beteiligt ist. Dies macht die Unabhängigkeit der Ergebnisse von der Person des Forschers problematisch. Allerdings könnte man einwenden, dass es der Hermeneutik gar nicht in erster Linie um die Frage gehe, wie man zu objektivierter, allgemeingültiger Erkenntnis einer Wirklichkeit komme. Sondern die Fragestellung eines Hermeneutikers laute eher: Wie kann man – vielleicht auch vielfach verschlüsselte – Mitteilungen eines andern Menschen so verstehen, wie sie gemeint sind? Der Einwand würde bedeuten, dass das Ziel der Hermeneutik eben ein ganz anderes sei als das Ziel der auf Verallgemeinerung fixierten kritisch-rationalen Forschungsmethoden.

4.3.4 Varianten der geisteswissenschaftlichen Position

4.3.4.1 Ethnomethodologie

König und Zedler (1998, 141ff.) sehen zwischen der Hermeneutik in der geisteswissenschaftlichen Tradition und der aus dem Symbolischen Interaktionismus hervorgegangenen Ethnomethodologie eine enge Verwandtschaft. Beide gehen von der Grundannahme aus, dass Menschen ihrem Tun bewusst oder nicht bewusst eine Bedeutung geben und auf deren Basis handeln. Die ethnomethodologische Position ist von Vertretern der sozialpsychologischen Richtung entwickelt worden, die als »Symbolischer Interaktionismus« (z.B. Herbert Blumer, Erving Goffman, Harold Garfinkel) bezeichnet wird. Der Ethnomethodologie liegen die folgenden Hauptthesen zugrunde: »Menschen reagieren nicht auf Reize, sondern handeln aufgrund der Bedeutung, die sie einer Situation geben.... Gegenstände, Personen und Situationen besitzen für alle Personen einer Gruppe eine gemeinsame Bedeutung, die durch Regeln festgelegt ist.... Gegenstände, Personen und Situationen besitzen für eine Person darüber hinaus eine ›subjektive Bedeutung‹, bei der allgemeine Verhaltensregeln von der betreffenden Person interpretiert werden.... Unklarheit über die Bedeutung einer Situation führt zu Orientierungsproblemen im praktischen Handeln.« (König; Zedler 1998, 143–145) Forschungsziel ist, den gemeinsamen und subjektiven Bedeutungen auf die Spur zu kommen, welche hinter menschlichem Handeln verborgen sind. Damit steht die Ethnomethodologie ähnlich wie die Hermeneutik in einer ablehnenden Haltung zur kausal erklärenden Wissenschaft. Es wird Offenheit für verschiedenste Wege postuliert, den subjektiven Bedeutungen menschlichen Handelns interpretativ auf die Spur zu kommen. Verfahren sind beispielsweise die direkte Beobachtung, das Interviewen von Personen, das Zuhören bei ihren Gesprächen, die Beschaffung von Lebensgeschichten, der Gebrauch von Briefen und Tagebüchern, das Heranziehen öffentlicher Protokolle, die Durchführung von Gruppendiskussionen (König; Zedler 1998, 147). Es soll erreicht werden, »dass die Akteure durch die Forschungsmethoden veranlasst werden, ihre Interpretationen offenzulegen bzw. preiszugeben« (Kron 1999, 189). Wie in der geisteswissenschaftlichen Hermeneutik zeigt sich als zentrales Problem »die fehlende forschungsmethodische Absicherung des Vorgehens« (König; Zedler 1998, 151).

4.3.4.2 Phänomenologie

Eine allgemeine Charakterisierung kann lauten: »Wir sollen absehen von all dem, was wir beispielsweise bereits über Erziehung wissen, welche Forderungen wir an sie haben oder was Theorien über sie aussagen; wir sollen vielmehr genau hinschauen, wie sich uns diese Gegebenheit ›Erziehung‹ zeigt, wie sie sich beschreiben und wie sich ein Wesentliches an ihr herausstellen lässt.« (Danner 1989, 117) Die Phänomenologie als wissenschaftstheoretische Position geht auf den Philosophen Edmund Husserl zurück. Er hatte ihr die Aufgabe gegeben, das Fundament für alle Wissenschaften zu liefern. Sie solle einen Weg aufzeigen, wie wir alle Vormeinungen und theoretischen Sichtweisen überwinden und zu den Phänomenen selbst vordringen können. »Ihre Aufgabe ist der Rückgang auf eine letzte Gewissheit. Diese Aufgabe besteht für sie darin, dass sie sich weder an theoretische Setzungen hält, die von allen anderen Wissenschaften gemacht werden müssen, noch an das naive Umgehen mit allem, was ist, bei dem es selbstverständlich als das hingenommen wird, als was es gilt.« (Danner 1989, 123) Die von Husserl dargestellten Schritte der Phänomenologischen Methode von der »Ebene der theoretischen Welt der theoretischen Einstellung« bis hin zur »Ebene der Transzendentalen Subjektivität« sind schwer nachvollziehbar. Es ist zu bezweifeln, dass es sich um eine intersubjektiv nachvollziehbare Forschungsmethode handelt. Pädagogen wie Theodor Ballauf, Otto Friedrich Bollnow und Martinus J. Langeveld, die der geisteswissenschaftlichen Pädagogik zugeordnet werden, haben auf die Phänomenologie von Husserl zurückgegriffen und sie unterschiedlich abgeändert; in neuerer Zeit wird eher auf die Phänomenologie von Merleau-Ponty Bezug genommen. – Die von Barbara Fornefeld und Ursula Stinkes in der Heil- und Sonderpädagogik vertretene »Leib-Phänomenologie« zielt geradezu darauf ab, »den Erkenntnisanspruch wissenschaftlicher Pädagogik einzuschränken« und »kritisch gegen Husserls Suche nach absoluter Gewissheit…die lebensweltliche Begrenztheit jeglicher Rationalität zu folgern« (Antor 2001, 202). Damit nähern sich Heil- und Sonderpädagogik einer antirationalistischen Position, welche von der Intersubjektiven Nachvollziehbarkeit eher weiter entfernt ist als die geisteswissenschaftliche Hermeneutik.

4.3.4.3 Dialektik

Es handelt sich weniger um eine wissenschaftstheoretische Position als um eine besondere Form des Argumentierens, welche in der Pädagogik eine lange Tradition hat. Probleme werden so strukturiert, dass Gegensätze sichtbar werden, die sich zu einer höheren Einheit vereinigen lassen. Es handelt sich um das »Methodenschema von These, Negation der These bzw. Antithese und Negation der Negation, das ist die Synthese, mit deren Hilfe Phänomene der Lebenswirklichkeit aufgedeckt werden können« (Kron 1999, 233). Oft handelt es sich jedoch nicht nur um eine Argumentationsform, sondern um eine philosophische Sichtweise des Verhältnisses zwischen Individuum und Welt; hierbei wird unterschieden zwischen der auf Hegel zurückgehenden »idealistischen Dialektik« und der auf Marx basierenden »materialistischen Dialektik«. Während Hegel die dialektische Struktur im menschlichen Bewusstsein verankert sah, verschob Marx diese in die ökonomisch geprägte gesellschaftliche Umwelt, von welcher das Bewusstsein erst geprägt wird.

»Marx geht es in der Begründung seiner ›materiellen Dialektik‹ nicht um die dialektische Entfaltung des Bewusstseins im absoluten Weltgeist, sondern um die Herausarbeitung der ökonomischen Bedingungs- und Wirkungszusammenhänge, in denen die Entwicklung des individuellen Bewusstseins verschränkt ist.« (Kron 1999, 240) Als philosophische Sicht des Verhältnisses zwischen Bewusstsein und Welt kann der Dialektik kaum der Status einer Wissenschaftstheorie in unserem Sinne zugeschrieben werden. Und als Methode des Argumentierens bleibt sie zu sehr nur Denkmethode, als dass sie Wissenschaftlichkeit insgesamt begründen könnte. Die dialektische Denkmethode kann und konnte denn auch in verschiedenen, sonst nicht übereinstimmenden wissenschaftstheoretischen Positionen Eingang finden. In der Tradition geisteswissenschaftlicher Pädagogik war sie erstmals im 19. Jahrhundert von Schleiermacher angewendet worden; im zwanzigsten Jahrhundert galt Theodor Litt als Meister in der Anwendung dieser Denkmethode. Die »materialistische Dialektik« als Gesamtsicht des Verhältnisses zwischen Mensch und Gesellschaft ist insbesondere in die von der Kritischen Theorie der Frankfurter Schule geprägte Tradition der Kritischen Erziehungswissenschaft eingeflossen.

4.3.5 Das implizite Menschen- und Gesellschaftsbild

Die oft geäußerte Kritik an der Hermeneutik, dass sie der Willkür und dem Irrationalismus die Türen öffne, ist nicht völlig widerlegbar. Es ist schwierig, ein objektives Kriterium zu finden, welches zwischen einer guten geisteswissenschaftlichen Arbeit und einem Machwerk zu unterscheiden vermag. Dem ist entgegenzuhalten, dass es hervorragende geisteswissenschaftliche Literatur gibt, welche beispielsweise die Erziehungsprobleme sehr viel adäquater darzustellen scheint als streng empirische Arbeiten. Andererseits konnte die Offenheit für Intuition auch dazu führen, dass unter dem Begriff »Geisteswissenschaft« einfach Ideologien verkauft wurden. Dies brachte die geisteswissenschaftliche Pädagogik – gerade nach den Erfahrungen mit nationalsozialistischer Verdrehung – in Verruf.

Es liegt auf der Hand, dass die von Dilthey gemachten spekulativ-erkenntnisphilosophischen Annahmen für die Begründung der Hermeneutik als geisteswissenschaftliche Forschungsmethode implizite Elemente eines Menschen- und Gesellschaftsbildes enthalten. Denn sie verankern gewisse Möglichkeiten der Erkenntnis im menschlichen Wesen.

Die Allgemeingültigkeit und Intersubjektivität der geisteswissenschaftlichen Methode im Sinne Diltheys gründet auf der These von der

Übereinstimmung der Ziele aller Organismen und Systeme (auch der gesellschaftlichen Systeme) in einer verborgenen Tiefenstruktur. Ein einfühlend verstehendes Vordringen zu diesen Tiefenstrukturen würde zeigen, dass Widersprüche zwischen den Zielen der Menschen und Systeme nur an der Oberfläche als solche erscheinen, jedoch in einer der empirischen Beobachtung verborgenen Dimension nicht mehr vorhanden, sondern aufgehoben und harmonisiert sind.

Die wissenschaftstheoretische Position der Geisteswissenschaft geht von einem harmonisierenden Menschen- und Gesellschaftsbild aus. Letztlich gibt es bei dieser Sichtweise von Mensch und Gesellschaft keinen nicht harmonisierbaren Grundwiderspruch zwischen menschlichen Bedürfnissen und gesellschaftlichen Anforderungen.

Das geisteswissenschaftliche Menschenbild ist deshalb letztlich unkritisch gegenüber gesellschaftlichen Grundwidersprüchen, wie sie gerade für unsere Industriegesellschaft immer wieder dargestellt worden sind (z.B. durch Pestalozzi, Marx oder Vertreter der Kritischen Theorie wie Horkheimer, Adorno, Habermas). Das geisteswissenschaftliche Menschenbild harmonisiert das Verhältnis zwischen gesellschaftlicher Wirklichkeit und menschlicher Psyche. Letztlich unterstützt es das Bild jenes Menschen, der sich in die jeweilige Gesellschaft einordnet, weil er Widersprüche nicht ertragen und Harmonie erleben will. Dass geisteswissenschaftliche Pädagogik einerseits für die nationalsozialistische Erziehungslehre verwendet wurde, andererseits aber viele wertvolle, reformpädagogische Impulse vermitteln konnte, sind Illustrationen für die Anfälligkeit für Missbrauch, aber auch für die Offenheit der geisteswissenschaftlichen Position für neue Ideen. Geisteswissenschaft als wissenschaftstheoretische Position kann letztlich einer misslingenden Solidarisierung mit Schwachen und Behinderten nichts entgegenhalten.

4.4 Kritische Theorie: Ideologiekritik

Die Kritische Theorie der Frankfurter Schule wendete sich, wie die Geisteswissenschaft, gegen die positivistische empirische Forschung nach dem Vorbild der Naturwissenschaften. Aber die Kritische Theorie bekämpfte außerdem die Ideologieanfälligkeit und die Möglichkeit des Missbrauchs der Geisteswissenschaft. Im Gegensatz zum geisteswissenschaftlichen Gedanken der Harmonie zwischen Organismen und Systemen bildet der Gedanke von Grundwidersprüchen, die sich auch in einer Tiefenstruktur nicht in Harmonie auflösen, die Grundlage der Kritischen Theorie.

Zur Entstehungsgeschichte der Frankfurter Schule: 1931 übernahm Max Horkheimer das Direktorium des Instituts für Sozialforschung an der Universität Frankfurt. Ursprünglich wollte man dieses Institut als »Institut für Marxismus« benennen, was aber den Gründern zu provokativ erschien. Um Horkheimer bildete sich ein interdisziplinäres Team von Wissenschaftlern, die sich intensiv mit der marxistischen Gesellschaftskritik auseinandersetzten. Zu diesen Frankfurter Wissenschaftlern gehörten neben Horkheimer Erich Fromm, Theodor W. Adorno, Herbert Marcuse, Walter Benjamin u.v.a.. Auf diese Wissenschaftlergruppe geht die Kritische Theorie zurück. Einer der bekanntesten heutigen Vertreter der Kritischen Theorie ist Jürgen Habermas. Unter den Pädagogen zählen u.a. Klaus Mollenhauer, Wolfgang Klafki und Hermann Giesecke zur Frankfurter Schule. Unter den Sonderpädagogen ist die Bremer Sonderpädagogik zu nennen, am bekanntesten Georg Feuser und Wolfgang Jantzen, aber auch Sonderpädagogen in Frankfurt wie beispielsweise Gerd Iben.

Als Programm einer gesellschafts- und ideologiekritischen Wissenschaft wird postuliert: Kritische Theorie muss Gesellschaft selbst zum Gegenstand haben. Hauptaufgabe ist Ideologiekritik, d.h. systematisches Aufdecken der Ideologieabhängigkeit des gesamten Denkens. Dadurch erhofft man sich eine Entwicklung zu einer Gesellschaft ohne Ausbeutung und Unterdrückung und damit auch ohne Aussonderung und Stigmatisierung von gesellschaftlich Benachteiligten (z.B. Behinderten). Bezüglich der Forschungsmethoden, welche zum Zweck der Ideologiekritik verwendet werden, ist die Kritische Theorie auf keine Doktrin festgelegt.

Kritische Theorie lehnt ein Wissenschaftsverständnis ab, das nicht zum vornherein für die Werte der gesellschaftlichen Gleichheit und Gerechtigkeit sowie der Emanzipation aller Menschen Partei ergreift und die wissenschaftliche Forschung darauf ausrichtet. Dies kommt in ihren Grundprinzipien zum Ausdruck: »(1) Ausgangspunkt für die Kritische Theorie ist die These, dass Wissenschaft Teil der gesellschaftlichen Arbeit ist....(2) Ziel Kritischer Theorie ist es, durch Aufklärung über den gesellschaftlichen Entstehungszusammenhang sozialer Tatsachen zu einer Veränderung der gesellschaftlichen Verhältnisse beizutragen....(3) Methodologische Grundlage der Kritischen Theorie ist ›objektives Sinnverstehen‹....(4) Erkenntnisleitendes Interesse ist Emanzipation....(5) Modell herrschaftsfreier sozialer Praxis und gelingender Aufklärung ist der praktische Diskurs.« (König; Zedler 1998, 115–121) Kritische Theorie ordnet die methodologisch verstandene Intersubjektive Nachvollziehbarkeit einer gesellschaftskritischen Wertorientierung unter. Als Alternative wird das »objektive Sinnverstehen« als methodologische Grundlage für das »Verstehen von Tatsachen in ihrem gesellschaftlichen Entstehungszusammenhang« postuliert. »Objektives Verstehen meint in diesem Sinne, die sozialen, kulturellen, ökonomischen und politischen Hintergründe zu erfassen, die gleichsam ›im Rücken‹ der einzelnen Subjekte dazu führen, dass sie in einer bestimmten Weise denken, sprechen und handeln. Im Unterschied zum Sinnverstehen Geisteswissenschaftlicher Hermeneutik geht es somit nicht nur darum, die Subjekte so zu verstehen, wie sie sich selbst verstehen, sondern vor dem Hintergrund der Regeln und Strukturen, durch die Deutungen und Handlungsweisen hervorgebracht werden.« (König; Zedler 1998, 118)

Ausgangspunkt der Kritischen Theorie bildete eine intensive Auseinandersetzung mit den unterschiedlichen Auffassungen von Dialektik bei Hegel und bei Marx. Für Hegel hatte der Begriff »Dialektik« zwei Bedeutungen: Zum einen sah er in der Dialektik eine Methode des Denkens. Er nahm an, dass Denken grundsätzlich in drei Schritten abläuft, nämlich von der These über die Antithese zur Synthese. Zum andern sah Hegel in der Dialektik auch die angemessene Theorie zur Darstellung von Entwicklungen in Natur und Gesellschaft. Die Theorie der Dialektik enthält die Annahme, dass sich sowohl das organische wie das soziale Leben ebenfalls in den drei Schritten These-Antithese-Synthese entwickelt. Hegel war der Meinung, dass es zwischen dem Denken und dem Sein (Leben) keinen Unterschied gibt, d.h. dass die Entwicklung des Seins (Lebens) nach gleichen Gesetzmäßigkeiten erfolgt wie das Denken. Das Denken hatte nach Hegels Philosophie gegenüber allem anderen die Priorität; dies bedeutet, dass die Gesetze des menschlichen Denkens die Gesetze des Seins bestimmen können; das Leben und die Materie richten sich nach den dialektischen Gesetzen des Denkens. Man nennt diese Art von Dialektik die *idealistische Dialektik*, weil Hegel die Materie, die Dinge, die Gesellschaft den menschlichen Ideen und Vorstellungen, dem Denken, dem Geist unterordnete. Veränderungen des menschlichen Denkens bedeuten auch Veränderungen des Seins.

Die idealistische Dialektik mit ihrer Überordnung des Denkens über das Sein wurde vom *Materialismus* abgelehnt. Marx drehte die Hegelsche Dialektik gleichsam um 180 Grad. Zwar übernahm er die Annahme der dialektischen Gesetzmäßigkeiten, aber er betrachtete nun das Denken, den Geist als das Produkt des Seins und der Materie. Aus der idealistischen Dialektik war damit die materialistische Dialektik geworden. Das Denken ist nichts anderes als der legitimierende Überbau der historisch geformten Wirklichkeit, die sich dialektisch entwickelt. Die materielle Wirklichkeit determiniert das menschliche Denken und nicht umgekehrt. Der Mensch ist in seinem Denken nicht frei und kann nicht nach Belieben denken. Während die Idealisten an eine Verbesserung der Welt durch eine Veränderung des Denkens glauben, können die marxistischen Materialisten nur noch an eine Veränderung des menschlichen Denkens durch eine radikale, d.h. revolutionäre Umgestaltung der Welt glauben.

4.4.1 Merkmale Kritischer Theorie: Beispiel Horkheimer

Eine gewisse Einheitlichkeit der Kritischen Theorie ergibt sich aus der Auseinandersetzung mit dem Marxismus. Aber jeder Vertreter hat den Marxismus in seiner eigenwilligen Weise mit anderen Ansätzen verknüpft. Nachfolgend wird am Beispiel der Entwicklung des Denkens von Max Horkheimer in die Denkweise der Kritischen Theorie eingeführt. Die Entwicklung der Kritischen Theorie von Horkheimer lässt sich in drei Perioden einteilen, die aus der Biographie und der weltgeschichtlichen Entwicklung verstehbar sind.

In der *ersten Periode* kann man Horkheimers Kritische Theorie als Kritik an der traditionellen, neopositivistischen Wissenschaft verstehen. Die Denkweise dieser Periode hat sich im Aufsatz »Traditionelle und Kritische Theorie« (1937) niedergeschlagen. An der traditionellen, d.h. an der empirisch-positivistischen Wissenschaft werden folgende Merkmale kritisiert:

(1) Ziel der traditionellen Wissenschaft sei die Beherrschung der Natur. Die Herrschaftsfunktion von Wissenschaft im Sinne der herkömmlichen Naturwissenschaft werde abgelehnt. Übertragen auf die Sozialwissenschaft verfolge die traditionelle Wissenschaft genau die gleichen Ziele: Beherrschung von sozialen Mechanismen und damit Beherrschung der Menschen.

(2) Die traditionelle Wissenschaft bleibe ideologisch, weil sie den Entdeckungszusammenhang (das Finden von Fragestellungen und Hypothesen) und den Verwertungszusammenhang (die praktische Verwendung der Forschungsergebnisse) im Belieben des Wissenschaftlers belasse. Da dieser gesellschaftlich beeinflusst sei, wähle er Fragen und Hypothesen aus, die im Interesse der Herrschenden seien.

(3) Die traditionelle Wissenschaft sei einer isolierenden Betrachtungsweise verpflichtet. Dadurch werde eine ganzheitliche Betrachtungsweise verhindert, was wiederum im Interesse der Herrschenden sei.

(4) Die traditionelle Wissenschaft unterliege einer unhaltbaren Ideologie der Freiheit von Wissenschaft. Obschon die Wissenschaftler an ihre individuelle Freiheit glauben, seien sie in Wirklichkeit, ohne ihr Wissen, eingespannt in einen komplizierten gesellschaftlichen Mechanismus, der ihnen gar keine individuelle Freiheit lasse.

(5) Die traditionelle Wissenschaft unterliege einem falschen Objektivitätsglauben. Es sei ein positivistischer Irrglaube zu meinen, Tatsachen könnten objektiv erforscht werden. Schon die Sprache der Wissenschaftler sei von subjektiven Faktoren und gesellschaftlichen Interessen behaftet, so dass eine objektive Darstellung von Tatsachen gar nicht möglich sei.

(6) Die traditionelle Wissenschaft sei elitär, weil sie vorwiegend einer Minderheit zugute komme.

Der traditionellen Wissenschaft wird als Programm der Kritischen Theorie folgendes gegenübergestellt: Kritische Theorie muss die Gesellschaft selbst zum Gegenstand haben, da das Denken von der Gesellschaft bestimmt ist. Kritische Theorie hat nicht in erster Linie die Absicht, konkret etwas Besseres aufzuzeigen; sondern es geht in erster Linie um die Kritik der Ideologieabhängigkeit allen Denkens (Aufgabe der Ideologiekritik). Das Ziel der Kritischen Theorie ist in erster Linie die Kritik des gesellschaftlichen Lebens, welches im Kapitalismus durch Ausbeutung, Unterdrückung und Entfremdung charakterisiert ist. Eine bessere Zukunft ist von der Überwindung der Klassenherrschaft abhängig.

Durch Gesellschaftskritik erhoffte sich Horkheimer eine Beschleunigung der gesellschaftlichen Entwicklung zu einer Gesellschaft ohne Ausbeutung und Unterdrückung. Er glaubte in dieser Periode daran, dass die Menschen das Sein mit Hilfe ihrer Vernunft ändern können. Die Triebkraft zur Veränderung sah er in der Elendserfahrung des Proletariats. Er glaubte an die Kraft der emanzipatorischen Vernunft, die den Menschen durch Erkenntnis der ökonomischen Verhältnisse in eine bessere Zukunft führen kann.

Die *zweite Periode* wird repräsentiert durch das Buch »Dialektik der Aufklärung«. Dieses ist während der Kriegsjahre von Adorno und Horkheimer im kalifornischen Exil geschrieben worden. Es ist geprägt von den Erfahrungen der Ereignisse, welche im nationalsozialistischen Deutschland möglich geworden sind. In der ersten Periode hatte Horkheimer noch an die Möglichkeit des Fortschritts durch die emanzipatorische Vernunft im Menschen geglaubt, also daran, dass der Mensch sich aus vernünftiger Einsicht in die Widersprüche der Gesellschaft zum Besseren entwickeln könne. Aufgrund der Erfahrungen mit den schrecklichen Ereignissen in Deutschland hatte er diese Hoffnung verloren. Er sah in der menschlichen Vernunft nur noch das Instrument der bestmöglichen Anpassung an gesellschaftliche Zustände. Der Glaube an die emanzipatorische Vernunft war für Horkheimer zerbrochen; er meinte, dass der Mensch nur noch eine instrumentelle, zweckrationale Vernunft aufweise und die emanzipatorische Vernunft verloren habe. Die Vernunft ist zum Werkzeug für bestimmte Zwecke degradiert worden.

So lässt sich für Horkheimer die Frage immer weniger beantworten, wie unter solchen Voraussetzungen Aufklärung im befreienden Sinne überhaupt möglich sein könnte. Aufklärung als Befreiung durch Vernunft wird in dieser Periode schon sehr pessimistisch gesehen: Jede bürgerliche Aufklärung als Befreiungsversuch durch Vernunft führe notwendigerweise von einer überwundenen Entfremdung in eine neue gesellschaftliche Abhängigkeit. Obschon es das Programm jeder Aufklärung ist, den Menschen durch Vernunft aus der Bindung an irrationale Vorstellungen zu befreien, trägt dieselbe Aufklärung zu einer erneuten Knechtung der Menschen bei. Da die Vernunft des Menschen zweckrational und instrumentell geworden ist, kann sie nicht zur Befreiung aus gesellschaftlichen Zwängen führen, d.h. nicht die Emanzipation des Menschen aus gesellschaftlichen Abhängigkeiten bewirken. Diesen Grundwiderspruch des vernünftigen Menschen nennt Horkheimer die Dialektik der Aufklärung. Jeder Fortschritt durch Vernunft, insbesondere auch durch Wissenschaft, ist begleitet von einem gesellschaftlichen Rückschritt. Technischer Fortschritt durch Wissenschaft bedeutet, dass Menschen immer perfekter manipuliert und unterdrückt werden können. Mit jedem wissenschaftlichen und technischen Fortschritt ist auch etwas Negatives verbunden. Ein einfaches Beispiel kann illustrieren, was mit Dialektik der Aufklärung gemeint ist: Das Auto als Ausdruck des technischen Fortschritts bedeutet einerseits individuelle Befreiung und Mobilität; andererseits wird die Umwelt zerstört, und Lebensqualität geht verloren. Dialektik der Aufklärung bedeutet auch: Der Mensch kann sich nicht aus dem ursprünglichen Naturzustand befreien, ohne sich die Natur mit der Vernunft zu unterwerfen und sie zu beherrschen. Die Entwicklung der Menschheit ist eine endlose Kette von Befreiungsversuchen mit nachfolgender neuer Unterdrückung.

Das Prinzip der Entwicklung zur gesellschaftlichen Herrschaft durch instrumentelle Vernunft erklärt sich Horkheimer aus den sprachlichen Begriffen, welche die Tendenz zur Beherrschung bereits enthalten. Die

Beherrschung der Welt komme dadurch zustande, dass der Mensch die Welt immer mehr den vorhandenen Begriffen anzupassen versuche. Durch das Benennen der Dinge werde die Welt dem instrumentellen Denken des Menschen gleichgemacht. Durch die Angleichung der Welt an die Begriffe, also an das Denken, verliere sie ihre Vielfalt und werde beherrschbar. Dies sei das Ziel der traditionellen Wissenschaft: Sie versuche, die Welt so zu ordnen, dass sie scheinbar widerspruchsfrei werde und technisch beherrschbar erscheine. Nach Horkheimer entspricht das harmonische Denken im Sinne logischer Widerspruchsfreiheit nicht dem tatsächlichen Aufbau und der effektiven Entwicklung der Wirklichkeit. Das Wesen der Wirklichkeit sei gerade in den Widersprüchen zu suchen, welche die traditionelle Wissenschaft nicht zu erkennen vermöge. Die Vernunft sei deshalb zu einem Herrschaftsinstrument geworden, weil sie die Widersprüche in der Wirklichkeit verdecke und eine scheinbare Harmonie vorgaukle. Weil sie die Widersprüche in Harmonie umwandle, sei die wissenschaftliche Vernunft zum Herrschaftsinstrument geworden. Aufgabe einer Kritischen Theorie wäre es demnach, die versteckten und von der traditionellen Wissenschaft beschönigten Widersprüche in unserer Welt aufzudecken.

Damit hat sich schon der Übergang zur *dritten Periode* angedeutet, in welcher die Dialektik der Aufklärung zur *Negativen Dialektik* wird. In dieser letzten Periode seines Philosophierens ist Horkheimer völlig pessimistisch geworden. Um der skizzierten Dialektik der Aufklärung zu entkommen, bedürfe es einer Negativen Dialektik der Erkenntnis. Dies bedeute, dass jede Identität zwischen sprachlichen Begriffen und der Wirklichkeit abgelehnt werden müsse. Negative Dialektik müsse alles Objektive, das durch feste Begriffe identifiziert worden sei, zurückweisen. Nach den inhumanen Ereignissen im nationalsozialistischen Deutschland sieht Horkheimer keine Chance mehr, der totalen Verkehrung des Fortschritts durch die Vernunft zu entkommen. Die Nationalsozialisten seien nichts anderes gewesen als die bewusstlosen Exekutoren des durch begriffliche Vernunft in sein Gegenteil umgeschlagenen Fortschritts.

So stellt sich für Horkheimer in dieser dritten Periode die verzweifelte Frage, wie man die Dialektik der Aufklärung durchbrechen könnte. Es scheint so, als habe er in dieser letzten Periode seines Denkens nur noch den Ausweg in die Schizophrenie als Zustand der völligen Begriffsverwirrung als Lösungsmöglichkeit gesehen. Nur der Schizophrene verfügt über die Chance, die Welt nicht nach den traditionellen Begriffen zu ordnen. Am Ende von Horkheimers Entwicklung ist somit wenig vom ursprünglichen Glauben an die revolutionäre Kraft menschlicher Vernunft geblieben. Konsequenterweise bewegen sich seine letzten Schriften auch auf einer höchst abstrakt-philosophischen Ebene, von der kaum mehr die zersetzende Kraft einer marxistischen Theorie ausgehen konnte.

4.4.2 Das implizite Menschen- und Gesellschaftsbild

Das Programm der Kritischen Theorie hat den Anspruch, die Ideologieabhängigkeit des menschlichen Denkens (auch in der Wissenschaft) durch gesellschaftskritische Analysen nachzuweisen. Ziel der Kritischen Theorie ist in erster Linie die Kritik des gesellschaftlichen Lebens, welches durch Ungleichheiten, Unterdrückung und Entfremdung charakterisiert ist. Durch permanente Ideologiekritik erhofft sich die Kritische Theorie eine Beschleunigung der gesellschaftlichen Entwicklung zu einer gerechteren Gesellschaft. Im Gegensatz zur technologischen (instrumentellen) Vernunft wird die emanzipatorische Vernunft als Wesensmerkmal des Menschen gefordert. Emanzipatorische Vernunft ermöglicht Überwindung bestehender Verhältnisse aufgrund vernünftiger Einsicht; sie ermöglicht also auch Befreiung von technologisch verwendbaren Gesetzmäßigkeiten des menschlichen Verhaltens. Während technologische (instrumentelle) Vernunft angepassten Umgang mit den bestehenden Verhältnissen gestattet, ermöglicht die emanzipatorische Vernunft Distanznahme von den bestehenden Verhältnissen, das Nein-Sagen dazu und den gedanklichen Entwurf visionärer gesellschaftlicher Verhältnisse und alternativer Menschenbilder. Hinter dieser Position steht das Idealbild des Menschen als autonomes Wesen, das sich Kraft der emanzipatorischen Vernunft von Ideologien befreit.

Trotz der Gegensätzlichkeit scheint die Kritische Theorie eine Gemeinsamkeit mit dem Rationalismus zu haben: Beide stellen ein Menschenbild in den Mittelpunkt, das dem Element des vernünftigen Denkens einen sehr hohen Stellenwert gibt. Unter diesem Aspekt scheint auch das Menschenbild, das sich hinter der Kritischen Theorie verbirgt, für heilpädagogisches Sehen und Denken die Gefahr einer intellektualistischen Sichtweise zu beinhalten. Es erscheint schwierig, Menschen mit einem geringen intellektuellen Vermögen (Geistigbehinderte) in dieses Menschenbild einzubeziehen, wenn nicht Sondermenschenbilder entworfen werden. Damit wird auch durch die Kritische Theorie ein Misslingen der Solidarisierung mit Menschen, deren Intelligenzfunktionen geschädigt sind, nicht automatisch verhindert.

4.5 Kritischer Rationalismus: Hypothesenprüfung

4.5.1 Rückblick auf Positivismus und Neopositivismus

Der Positivismus wurzelt in der Wissenschaftsgläubigkeit der Aufklärung; er dominierte im 19. Jahrhundert vorwiegend die Naturwissenschaften, wurde aber auch auf andere Gebiete wie Psychologie oder Soziologie übertragen. Als Begründer des Positivismus des 18./19. Jahrhunderts gelten Auguste Comte, John Stuart Mill und Herbert Spencer. Eine neue positivistische Strömung gab es in den ersten Jahrzehnten des zwanzigstens Jahrhunderts innerhalb einer Gruppe von Wiener Philosophen. Man spricht vom Neopositivismus des Wiener Kreises. Bekannte Vertreter des Wiener Kreises waren u.a. Carnap, Mach, Neurath, Kraft. Mit der positivistischen Strömung in der Wissenschaft des 19. Jahrhunderts war für längere Zeit die Auseinandersetzung zwischen *Empirismus* und *Rationalismus* zugunsten des Empirismus entschieden.

Ein zentrales Problem jeder Wissenschaft war stets das Basisproblem, d.h. die Frage, worin die unumstößliche Grundlage von sicherer Erkenntnis liegt. Das Basisproblem stellt sich deshalb, weil wissenschaftliche Erkenntnis immer über sprachliche Begründungen zustande kommt und jede sprachliche Begründung erneut auf eine weitere Begründung befragt werden kann. Es stellt sich deshalb immer wieder die Frage, ob die endlose Kette von sprachlichen Begründungen auf Unbezweifelbarem, auf »Evidentem« aufbauen kann. In der Wissenschaftsgeschichte findet man im Empirismus und im Rationalismus zwei grundlegend unterschiedliche Lösungen des Basisproblems.

Der *Rationalismus* hat das Basisproblem mit der Annahme gelöst, dass wissenschaftliche Erkenntnis auf evidenten Axiomen aufbauen müsse. Axiome sind sprachliche Sätze, welche keine Begründung und keinen Beweis erfordern. Es handelt sich um evidente Basissätze, aus denen alle weiteren wissenschaftlichen Aussagen logisch abgeleitet werden können. Vorbild einer solchen Wissenschaft sind Mathematik und Geometrie, wo sich alles aus einigen wenigen Axiomen ableiten, beweisen lässt. Den Schlüssel zur Erkenntnis bildet die *Deduktion* aus Basissätzen. Beim Rationalismus liegt somit die Basis der Erkenntnis nicht in den sinnlichen Erfahrungen, sondern in Axiomen. Beispiele von Axiomen im Wissenschaftsbereich von Pädagogik und Psychologie könnten z.B. sein: »Der Mensch hat Emotionen« oder »Der Mensch ist ein intelligentes Wesen«. Traditioneller Rationalismus ist bezüglich der Lösung des Basisproblems dem traditionellen Positivismus und Neopositivismus entgegengesetzt.

Für den *Empirismus* wird die Basis der Wissenschaft durch die Tatsachen gebildet, welche unabhängig von der sprachlichen Darstellung existieren und mit den wissenschaftlich kontrolliert eingesetzten Sinnen systematisch beobachtet und entdeckt werden können. Ausgangspunkt der Erkenntnis bilden nicht Sätze, sondern Beobachtungsdaten über Fakten, welche die Basis einer wissenschaftlichen Theorie bilden müssen. Genau genommen sind es allerdings dennoch Sätze, mit welchen Beobachtungen protokolliert werden (Protokollsätze). Erkenntnisgewinn erhofft man sich durch *Induktion* aufgrund von systematisch gewonnenen, protokollierten Beobachtungen. Zur Illustration ein denkbares Beispiel aus dem Bereich der Psychologie: Es werden in systematischer Weise Beobachtungen protokolliert, dass und wann ein Mensch zittert. Von diesen Beobachtungsprotokollen müsste ein Weg zum allgemeinen Satz führen, dass der Mensch Emotionen hat.

Eine Kurzcharakteristik von Positivismus und Neopositivismus kann folgendermaßen lauten: Das positivistische Wissenschaftsverständnis lässt nur die Erfahrung mit den Sinnen als Quelle der Erkenntnis gelten. Wissenschaftsideal ist die Naturwissenschaft, welche die Erkenntnis allgemeingültiger Gesetzmäßigkeiten zum Ziel hat. Die gültigen Methoden für die Erkenntnisgewinnung sind das streng kontrollierbare Experiment und die systematische Beobachtung. Die Hauptmerkmale der positivistischen und neopositivistischen Wissenschaftsauffassung lassen sich in folgenden Programmpunkten zusammenfassen:

(1) Ziel der Wissenschaft ist die Begründung von Erkenntnissen auf der Basis von Unbezweifelbarem. (2) Das Basisproblem ist im Sinne des Empirismus gelöst. Das Unbezweifelbare wird in den Tatsachen gesehen, die es systematisch zu beobachten gilt. (3) Nur solche Aussagen gelten als wissenschaftlich sinnvolle Sätze, welche auf die Beobachtung von Tatsachen zurückgeführt werden können. Alle Sätze, welche nicht Sätze über Beobachtbares sind, werden als wissenschaftlich sinnlose Sätze ausgeschieden. Beispiele von wissenschaftlich sinnlosen Sätzen: »Im Himmel gibt es Engel«; »Kinder sollen brav sein«. (4) Es gilt die Annahme, dass sich die verborgene Realität als Wahrheit in einer wissenschaftlichen Theorie exakt abbilden lässt. Man nennt dieses Charakteristikum der positivistischen Wissenschaftsauffassung die Abbildthese. (5) Es gilt der Glaube an den Fortschritt der Wissenschaft, der immer näher an ein wahres Abbild der Wahrheit heranführt, bis die Wissenschaft einmal alles weiß. Es wird angenommen, dass die Wahrheit in den Tatsachen versteckt liegt und dass deren Entdeckung einen kontinuierlichen Fortschritt der wissenschaftlichen Erkenntnis bedeutet.

(6) Wertende (normative) Sätze gelten als wissenschaftlich sinnlose Sätze. Denn es kann nicht in den Tatsachen beobachtet werden, was sein soll. Wissenschaft kann nur herausfinden, was in der Wirklichkeit aufgrund welcher Gesetzmäßigkeiten vorgeht. Sie kann aber auf der Basis von Beobachtetem nie zu Sätzen kommen, die beweisbare Angaben darüber enthalten, was sein soll. Normative Sätze, also Soll-Sätze, sind, so gesehen, nicht auf Wahrheit oder Falschheit überprüfbar.

4.5.1.1 Anmerkung zum »Positivismusstreit«

Die Anwendung der positivistischen Wissenschaftsregeln auf sozial- und verhaltenswissenschaftliche Fächer wie beispielsweise Soziologie, Psychologie und Pädagogik führte im zwanzigsten Jahrhundert zu mehreren heftigen Kontroversen, welche unter der Bezeichnung »Positivismusstreit« in die Geschichte der Sozialwissenschaften und der Pädagogik eingegangen sind. In der Pädagogik bzw. in der Pädagogischen Psychologie gab es schon zu Beginn des zwanzigsten Jahrhunderts neopositivistische Strömungen: Wilhelm August Lay, Ernst Meumann, Eduard Claparède. Da die deutschsprachige Pädagogik jedoch bis in die sechziger Jahre von Dilthey-Schülern beherrscht war, konnte sich der Positivismus in diesem Wissenschaftsbereich lange nicht durchsetzen. Der Positivismusstreit in der Pädagogik war deshalb eher eine Wiederholung von Kontroversen, welche in andern sozialwissenschaftlichen Fächern sehr viel früher geführt worden waren. Es wird im Folgenden nur auf den historisch ersten bedeutsamen Positivismusstreit hingewiesen.

Als historisch wichtigster Vertreter einer neopositivistischen Sozialwissenschaft galt der Soziologe Max Weber (1864-1920). Mit seinem Aufsatz »›Die Objektivität‹ sozialwissenschaftlicher und sozialpolitischer Erkenntnis« aus dem Jahr 1904 begann der sog. »Werturteilsstreit« oder »Positivismusstreit«, der im Verlaufe des zwanzigsten Jahrhunderts in den verschiedensten Sozialwissenschaften bis schließlich auch in Pädagogik und Heilpädagogik geführt worden ist. Max Weber wendete damals die positivistische Position auf die Nationalökonomie an. Er vertrat gegenüber seinen Gegnern die Auffassung, dass jedes Werturteil (normative Sätze) Sache der persönlichen Weltanschauung und keiner wissenschaftlichen Beweisführung zugänglich sei. Werturteile seien weltanschauliche Entscheidungen, die man akzeptieren könne oder nicht.

Allerdings ist differenzierend anzumerken, dass Weber bereits damals anerkannt hatte, dass die positivistische Sozialwissenschaft in folgendem Sinne Beiträge an die Wertediskussion leisten könne: (1) Aus vorgegebenen Wertentscheidungen (letzten inneren Überzeugungen) können weitere Konsequenzen für wertende Stellungnahmen nach den Regeln der Logik abgeleitet werden, d.h. wertende Aussagen können auf ihre logische Widerspruchsfreiheit überprüft werden. (2) Die Wissenschaft kann außerdem im folgenden Sinne einen empirischen (technologischen) Beitrag leisten: Bei vorgegebenen Zielen kann sie die Mittel untersuchen, mit denen ein Ziel am besten erreicht werden kann. In der späteren Diskussion über Empirie in der Pädagogik spielte der Begriff der Technologie eine zentrale Rolle. An diesem Begriff haben sich schon viele wissenschaftliche Diskussionen entzündet. Im pädagogischen Bereich begann diese Diskussion jedoch erst etwa in den sechziger Jahren.

4.5.2 Der Kritische Rationalismus

Obschon im Positivismusstreit von den Gegnern der empirischen Wissenschaft häufig wenig differenziert worden ist, gelten Positivismus und Neopositivismus seit vielen Jahrzehnten als überholt. Karl Raimund Popper, ursprünglich ein Vertreter des Wiener Kreises der Neopositivisten, hat die positivistisch-empirischen Positionen zum Kritischen Rationalismus weiterentwickelt. Wie der Name bereits andeutet, handelt es sich um eine Verbindung von Rationalismus und Empirismus, die beide nach Meinung Poppers das Basisproblem nicht zufriedenstellend lösen konnten. Der Kritische Rationalismus geht davon aus, dass man »durch Induktion aus Einzelbeobachtungen nicht zur Erkenntnis allgemeingültiger Gesetzmäßigkeiten kommen« kann (König; Zedler 1998). Er verbindet Merkmale des Empirismus mit solchen des Rationalismus:

(1) Erkenntnis findet in den Tatsachenbeobachtungen keine sichere Basis. Widerlegung durch neue Beobachtung bleibt stets möglich. Eine einzige unvorhersehbare Beobachtung kann eine ganze wissenschaftliche Theorie umstürzen. Popper hat dies mit dem bekannten Beispiel der Schwäne erläutert: Während Jahrzehnten kann die verallgemeinerte Theorie »Alle Schwäne sind weiß« als durch Beobachtungen gesichert gelten; es braucht jedoch nur jemand einen schwarzen Schwan zu beobachten, und schon ist die Theorie nicht mehr richtig. (2) Aber auch Axiome im Sinne des Rationalismus können das Basisproblem nicht lösen. Ihnen kann beispielsweise der Bezug zur Wirklichkeit fehlen, mit der sich eine Wissenschaft zu beschäftigen hat. (3) Dennoch gibt Popper dem Rationalismus insofern den Vorzug, als er sagt: Ein Erkenntnisprozess kann nicht mit der Beobachtung anfangen, sondern er muss immer von sprachlichen Sätzen ausgehen. Sie sind aber nicht Axiome,

sondern Behauptungen über gesetzmäßige Zusammenhänge in der beobachtbaren Wirklichkeit (Hypothesen). (4) Die Wissenschaft muss die Hoffnung auf eine Basis von Unbezweifelbarem generell aufgeben. Die Abbildung der »Wahrheit« wird nie möglich sein. Hypothesen können sich in einer langen Reihe von Forschungen bewähren, bleiben aber grundsätzlich widerlegbar. Anstelle der »Wahrheit« tritt der Begriff »Bewährung« von Hypothesen. (5) Der Fortschritt der wissenschaftlichen Erkenntnis bleibt unsicher und relativ. Auf die Abbildthese ist zu verzichten. (6) Prüfkriterium für sinnvolle Sätze bleibt die systematische Beobachtung. An ihr müssen sich Hypothesen bewähren. In diesem Sinne bleibt im Rationalismus ein Stück Empirismus. (7) Normative Sätze bleiben wissenschaftlich sinnlose Sätze, da sie nicht der systematischen Beobachtung ausgesetzt werden können.

Für den Kritischen Rationalismus ist das Ziel von Forschung, Hypothesen zu überprüfen. Eine Hypothese ist die Behauptung eines gesetzmäßigen Zusammenhangs zwischen zwei oder mehreren Merkmalen (Variablen). Der Zusammenhang ist nach Möglichkeit ein Ursache-Wirkungs-Zusammenhang (kausale Gesetzmäßigkeit). Die behauptete Gesetzmäßigkeit muss grundsätzlich durch systematische, kontrollierte Beobachtung nach dem Vorbild eines Experiments widerlegbar sein. Solange die Widerlegung nicht gelingt, gilt die Hypothese als »bewährt« (Falsifikationsprinzip). Die einzuhaltenden Forschungsschritte sind: (1) Formulieren einer allgemeinen Hypothese (allgemeine Behauptung eines Zusammenhanges), (2) Operationalisierung der Begriffe in der Hypothese (Festlegung von beobachtbaren Indikatoren für die abstrakten Begriffe), (3) Systematischer Versuchsplan zur logisch einwandfreien Widerlegung der Hypothese, (4) Entscheidung über die Beibehaltung der Hypothese (nach wahrscheinlichkeitstheoretischen Kriterien, Inferenzstatistik) und (5) theoriebezogene Interpretation und eventuell Umformulierung und Differenzierung der Hypothese.

Illustration der Forschungsschritte mit einem Beispiel:
Allgemeine Hypothese: »Wenn ein Kind während des Lösens einer einfachen Schulaufgabe den Lösungsweg laut kommentiert, dann ist seine Konzentrationsfähigkeit größer.« In diesem Beispiel wird eine Gesetzmäßigkeit zwischen den Begriffen »aufgabenbezogene Selbstkommentierung« und »Konzentration« behauptet. Die Selbstkommentierung wird hierbei als Ursache der besseren Konzentration betrachtet.

Operationalisierung: »Konzentration« und »Selbstkommentierung« sind abstrakte Begriffe, die als solche nicht beobachtbar sind. Wenn man sagt, dass sich ein Kind konzentriere, dann wird nicht die »Konzentration«, sondern es werden bestimmte Verhaltensweisen des Kindes beobachtet, von welchen man meint, auf »Konzentration« schließen zu können. – Im Alltag geht man immer von einzelnen Beobachtungen aus (z.B. das Kind schaukelt mit dem Stuhl, schaut umher u.a.) und sagt dann etwas über den inneren Zustand dieses Kindes (z.B. es konzentriert sich nicht). Im Alltag ist man sich dieses Vorganges häufig gar nicht bewusst, sondern Praktiker sind oft der Meinung, dass sie tatsächlich die »Konzentration«, die »Angst«, die »Trauer« u.a.m. direkt beobachten könnten. Häufig ist man sich im Alltag nicht im Klaren, von welchen beobachtbaren Verhaltensweisen man darauf schließt, dass ein Kind als »intelligent«, »sensibel«, »kreativ«, »fromm«, »traurig« usw. bezeichnet werden kann. – In einem empirischen Forschungsvorgang ist die Operationalisierung als Festlegung von beobachtbaren Indikatoren für den Rückschluss auf einen abstrakten Begriff (theoretisches Konstrukt) einer der entscheidenden Schritte. Dieser Schritt geht in umgekehrter Richtung als im Alltag: vom abstrakten Begriff (Konstrukt) zum beobachtbaren Verhalten. In unserem Beispiel müssen beobachtbare Indikatoren gefunden werden, von welchen man auf »Konzentration« schließen will. Die Umwandlung von nicht beobachtbaren abstrakten Begriffen in beobachtbare (messbare) Indikatoren nennt man Operationalisierung. Bei diesem Schritt hat die Willkür der Forscher recht viel Spielraum. Im Beispiel wird als beobachtbarer und auszählbarer Indikator für Konzentrationsfähigkeit das Abschreiben eines Textes mit möglichst wenigen Fehlern gewählt. Das Beispiel zeigt, dass sich eine empirische Forschung mit der Operationalisierung sehr stark der Kritik und der Skepsis aussetzen muss. Dies kann gegenüber der geisteswissenschaftlichen Methode als Vorteil gesehen werden, denn der Wissenschaftler ist dazu gezwungen, konkrete Indikatoren anzugeben; er kann nicht bei den abstrakten Begriffen bleiben.

Untersuchungsplan: Es geht darum, einen experimentellen Plan zu finden, der logisch zwingend die behauptete Gesetzmäßigkeit überprüft. Im Beispiel wurde mit einer Experimentalgruppe und einer Kontrollgruppe gearbeitet. Die der Experimentalgruppe zugeteilten Schüler wurden zur lauten Kommentierung des Lösungsweges aufgefordert. Die Schüler der Kontrollgruppe lösten die gleichen Aufgaben still.

Entscheidung über die Beibehaltung der Hypothese: Hierbei handelt es sich nicht um eine absolut sichere Entscheidung, sondern um eine Entscheidung auf einem bestimmten Niveau der Wahrscheinlichkeit. Es hat sich eingebürgert, Hypothesen entweder mit einer Irrtumswahrscheinlichkeit von 1% oder von 5% als widerlegt oder als bewährt zu betrachten (Signifikanz-Niveau).

Eine Objekttheorie ist im Kritischen Rationalismus ein logisch geordnetes System von nicht widerlegten Hypothesen. Es scheint allerdings, dass das »Theorieverständnis des Kritischen Rationalismus, nach dem Theorien immer Behauptungen über Zusammenhänge in der Wirklichkeit aufstellen, in der Pädagogik keineswegs allgemein verbreitet ist« (Wellenreuther 2000, 64). Eine Objekttheorie als System von Hypothesen liefert Erklärungen dafür, wie etwas durch etwas anderes verursacht wird. Aufgrund solcher Erklärungen sind Prognosen möglich. Dies kann zur Ausarbeitung von Technologien für praktisches Handeln genutzt werden. Objekttheorien bieten somit »Informationen über Ursachen einer Situation, über die zu erwartenden Folgen und über geeignete Mittel zur Erreichung von Zielen an« (König; Zedler 1998, 49). Im Unterschied zur umgangssprachlichen Verwendung des Begriffs »Erklärung« beschränkt sich dessen Bedeutung im Kritischen Rationalismus auf Warum-Fragen. »Unberücksichtigt bleiben also beispielsweise die Erklärung der Bedeutung eines Wortes oder eines Textes, die Erklärung als moralische Rechtfertigung des Handelns, die Erklärung des Funktionierens eines komplexen Gebildes oder die Erklärung, wie etwas gemacht wird.« (Poser 2001, 42)

Die Struktur einer wissenschaftlichen Erklärung wird im »Hempel-Oppenheim-Schema« (H-O-Schema) erfasst. Ein Sachverhalt, der erklärt werden soll, wird das »Explanandum« genannt. Beispiel für ein Explanandum ist das Reißen eines Fadens (Poser 2001, 44f.; König; Zedler 1998, 50f.). Die Erklärung, also das »Explanans«, besteht (König; Zedler 1998, 50f.) aus einer generellen Gesetzesaussage (Beispiel: »Jedes Mal, wenn ein Faden mit einer Last von einer bestimmten Mindestgröße belastet wird, zerreißt er.«) und aus singulären Aussagen über Randbedingungen (= »Antecedensaussagen«), die für den betreffenden Fall gelten. (Beispiel: »Für diesen Faden beträgt die Mindestgröße für das Zerreißen ein Kilogramm.« und »Das an diesem Faden angehängte Gewicht beträgt zwei Kilogramm.«). »Das Ereignis E (das Explanandum; das, was zu erklären ist) wird erklärt durch einen Schluss oder eine Ableitung aus den Gesetzesaussagen G_1 bis G_k zusammen mit den Antecedensbedingungen A_1 bis A_n als Prämissen; beide zusammen bilden das Explanans, d.h. das, womit erklärt wird.« (Poser 2001, 45) Damit Wissenschaftlichkeit garantiert wird, ist das H-O-Schema an Adäquatheitsbedingungen (Folgerungs-, Gesetzes-, Signifikanz-, Wahrheitsbedingung) gebunden (vgl. dazu Poser 2001, 47).

Das H-O-Schema kann für Prognosen und Technologien angewendet werden: »Prognosen sind möglich, wenn die Randbedingungen (›Dieser Faden wird mit zwei Kilogramm belastet‹) und die generelle Gesetzesaussage bekannt sind (›Dieser Faden wird in Kürze reißen.‹). ... Technologien orientieren sich an einem vorgegebenen Ziel (›Es soll vermieden werden, dass dieser Faden reißt!‹). Sie orientieren sich an gegebenen Randbedingungen (›Dieser Faden hat eine Belastbarkeit bis ein Kilogramm.‹). Generelle Gesetzesaussagen werden in technologische Regeln formuliert (›Um zu vermeiden, dass dieser Faden reißt, darf er nicht mit einem Gewicht von mehr als einem Kilogramm belastet werden!‹).« (König; Zedler 1998, 50)

Der Kritische Rationalismus ist die heute wahrscheinlich am meisten verbreitete und in ihrer Methodologie am besten ausgearbeitete Wissenschaftsposition. Obschon sie viel Klärung bringen kann, birgt auch ihre Verabsolutierung und Ausschließlichkeit Gefahren in sich. Für die Wertgeleitete Heilpädagogik ist insbesondere zu fordern, dass die Anforderungen der Kritischen Theorie an ideologiekritische Analysen bezüglich Entdeckungs- und Verwertungszusammenhang ebenfalls in die Aufgaben wissenschaftlichen Tuns integriert werden.

4.5.2.1 Kritischer Rationalismus und »gute« Heilpädagogen?

Ein Vertreter des Kritischen Rationalismus hat den »guten« Heilpädagogen ausdrücklich als jene Person beschrieben, welche sich dem Kritischen Rationalismus verpflichtet sieht (Anstötz 1986). Aus der Sicht von Anstötz muss der Heilpädagoge die für seine Arbeit wichtigen Theorien kennen, welche empirisch überprüft sind; und er muss die ihm bekannten, empirisch erforschten Gesetzmäßigkeiten etwa des Lernens und Lehrens geplant so anwenden können, dass er mit den von ihm angewendeten Mitteln (Lehrverfahren, Therapien, Interventionsmethoden) mit hoher Wahrscheinlichkeit die angestrebten Ziele erreicht. Mit anderen Worten: Der »gute« Heilpädagoge ist in erster Linie ein Technologe, der empirisch erforschte Gesetzmäßigkeiten praktisch anzuwenden weiß.

Ausgangspunkt der Argumentation von Anstötz bildet die Unterscheidung zwischen »ethischen« und »nicht-ethischen« Berufen. Mit »nicht-ethischen Berufen« meint er solche Beschäftigungen, deren »gute« Ausübung an einem erfolgreichen »Output« beurteilt werden kann. Er bezeichnet sie als »leistungsbezogene Berufe wie Manager, Vertreter usw.« (Anstötz 1986, 595). Die »gute« Ausübung dieser Berufe kann man an sichtbaren Erfolgen messen; aus Erfolgen wie z.B. Erhöhung des Umsatzes und des Gewinns lässt sich schließen, dass die

Berufstätigen die Mittel zweckdienlich eingesetzt haben. Beispielsweise werde die »Güte« eines Managers im Wesentlichen am »erzielten Umsatz« gemessen; hierbei gehe es »in erster Linie um eine ökonomische und nicht um eine ethische Einschätzung« (Anstötz 1986, 594).

In vergleichbarer Weise sei es bisher nicht möglich, die »Güte« des Heilpädagogen aufgrund messbarer Ergebnisse (des »Outputs«) seines pädagogischen Bemühens einzuschätzen. Dies ergebe sich aus dem Umstand, dass behinderte, insbesondere geistigbehinderte Kinder nicht mit Durchschnittsnormen verglichen werden können, um über Erfolg oder Misserfolg der Berufstätigkeit eines Heilpädagogen entscheiden zu können. Aus diesem Grunde habe der Heilpädagoge immer die Möglichkeit, für das Nicht-Erreichen eines anvisierten Ziels die starke Abweichung des Behinderten verantwortlich zu machen, d.h. »das Scheitern anvisierter Ziele ursächlich in die geistige Behinderung zu verlegen« (Anstötz 1986, 597). Die in diesem Sinne fehlende Möglichkeit einer objektiven Erfolgskontrolle erlaube es dem Heilpädagogen, den Beruf auch ohne Kenntnis der bisher erforschten Gesetzmäßigkeiten zum Lernen von Geistigbehinderten, somit ohne eigentliches technologisches Wissen, auszuüben und vor der Umwelt als erfolgreich zu gelten, obschon hierfür gar keine Erfolgsmessungen vorliegen.

Diese Sichtweise der heilpädagogischen Tätigkeit führt zur These, dass es sich im heilpädagogischen Berufsfeld »um Tätigkeiten handelt, die in einem Maße von ethischen Vorentscheidungen abhängig sind, wie das in den meisten anderen Berufen kaum der Fall sein dürfte« (Anstötz 1986, 593). Als Folge der prinzipiell fehlenden Erfolgskontrollmöglichkeit hat der Heilpädagoge die Alternative, unbemerkt und unerkannt den hohen ethischen Anforderungen seines Berufes auszuweichen und der Umwelt eine Kompetenz vorzuspielen, über welche er in Wirklichkeit gar nicht verfügt.

Der »gute« Heilpädagoge wird bei dieser Sichtweise an Maßstäben beurteilt, welche direkt aus dem kritisch-rationalen Wissenschaftsverständnis entnommen sind. Ziel dieses Wissenschaftsverständnisses ist, Theorien zu konstruieren und empirisch zu überprüfen, welche gesetzmäßig bestimmte Folgen aus bestimmten Ursachen darstellen. Eine Theorie ist dann gut, wenn sie möglichst überzeugend kausale Gesetzmäßigkeiten darstellt und Wirkungen auf Ursachen zurückführen kann. Sie hat in diesem Falle einen hohen Erklärungswert. Eine Theorie mit hohem Erklärungswert hat auch einen hohen Prognosewert; d.h. man kann die Ursachen geplant herbeiführen und mit hoher Wahrscheinlichkeit voraussagen, welche Folgen diese Ursachen haben werden (beispielsweise welchen Erfolg eine bestimmte Interventionsmethode haben wird). Bei dieser konsequenten Anwendung der wissenschaftstheoretischen Position des Kritischen Rationalismus auf die Praxis des heilpädagogischen Berufs wird die Beurteilung allen pädagogischen Handelns der technologischen Anwendung von Kausalitätsgesetzen unterstellt. Weil jedoch insbesondere der Geistigbehinderte zu stark vom Durchschnitt abweiche, sei im Einzelfall eine objektiv vergleichende Beurteilung der Effekte pädagogischen Handelns nicht möglich. Das Kriterium für die richtige Anwendung der richtigen Interventionsmethoden liege ausschließlich darin, wie gut sie sich in bisherigen wissenschaftlichen Untersuchungen bewährt haben. Somit liegt für den Kritischen Rationalisten die »Güte« des Heilpädagogen einzig und allein in Kenntnis und Anwendung von Methoden, deren Wirksamkeit empirisch-experimentell überprüft ist. Anstötz lehnte sich sogar an ein Bibelzitat an: »An den Methoden also, so könnte man das Bibelwort (Matthäus 7, 16) abwandeln, werdet ihr sie erkennen, die guten Sonderpädagogen (...) So wie man im Falle des Managers von dem erzielten Umsatz, den Ergebnissen also, auf die Qualität seiner Arbeit schließen kann, lässt sich beim Sonderpädagogen umgekehrt von der Qualität der Methoden auf optimale pädagogische Wirkungen schließen.« (Anstötz 1986, 600)

Der »gute« Heilpädagoge zeichnet sich im Rahmen einer exklusiv kritisch-rationalen Sichtweise dadurch aus, dass er stets auf dem neuesten Stand der wissenschaftlichen Erkenntnisse über effiziente Lehr-, Therapie- und Interventionsmethoden bleibt und stets bemüht ist, für seine pädagogische Arbeit nur bestes verfügbares technologisches Wissen zu verwenden. Dies allerdings setzt »eine moralische Entscheidung voraus, die sich (...) nicht erzwingen lässt« (Anstötz 1986, 601). Gemeint ist die Entscheidung für den Kritischen Rationalismus und für den Technologiegedanken.

Derartigen vorbehaltlosen und wissenschaftsgläubigen Übertragungen des Technologiegedankens in die Heilpädagogik ist mit Misstrauen zu begegnen. Sie stehen in der Tradition der Aufklärungspädagogik und des Machbarkeitsglaubens mittels geeigneter Methoden. Dabei wird, wie schon in der Aufklärungspädagogik, stillschweigend von Annahmen ausgegangen, die nicht ohne Kritik bleiben dürfen.

Erstens: Die kritisch-rationale Sichtweise geht von der Annahme aus, dass alles pädagogische Handeln unter dem Gesichtspunkt der Kausalität analysiert und beurteilt werden müsse und könne. Der technologische Methodeneinsatz gründet immer auf einem vermuteten Zusammenhang zwischen Ursache und Wirkung. Mit dieser Annahme lässt sich allerdings *ein* pädagogisches Grundproblem nicht lösen: Sollte man als Pädagoge den Wunsch haben, dass der Lebenslauf des Kindes eine fortschreitende Befreiung von den Fesseln kausaler Gesetzmäßigkeiten sei, dann kann man sich nicht vorstellen, wie diese Befreiung durch Anwendung dieser Gesetzmäßigkeiten, d.h. durch Verwendung derselben Fesseln möglich sein soll. Zunehmende Befreiung von kausaler Fremdbestimmung und zunehmende Selbstbestimmung des Kindes müssten mit einer zunehmenden Abnahme der Wirksamkeit von kausalitätsorientierten Methoden verbunden sein. Die scheinbar fortschrittliche kritisch-rationale Sichtweise lässt die pädagogische Grundfrage unbeantwortet, wie das Kind durch Fremdbestimmung, die sich technologisch an festen Gesetzmäßigkeiten orientiert, zur Selbstbestimmung »gebracht« werden kann.

Zweitens: Unsere sozialen Lebenswelten weisen eine ganzheitliche, meist in sich mehrfach widersprüchliche Struktur auf. Diese wird in kritisch-rationaler Sichtweise analytisch vereinfacht, möglichst wenig widersprüchlich gemacht und in eine begrifflich und logisch widerspruchsfrei konstruierte Scheinwelt überführt. Ein Beispiel verdeutlicht dies: Wie gezeigt wurde, veranlasst eine kritisch-rationale Analyse von Berufen die begriffliche Trennung zwischen ethischen und nicht-ethischen Berufen sowie die Unterscheidung zwischen ökonomischer und ethischer Beurteilung unterschiedlicher Berufstätigkeiten. Mit dieser rational nachvollziehbaren begrifflichen Konstruktion haben wir aber einen der Grundwidersprüche fast aller unserer Lebenswelten vertuscht, der gerade die faktische Untrennbarkeit von Ökonomie und Ethik zur Basis hat. Wenn einerseits beispielsweise der Manager seinen Beruf in freier Entscheidung gewählt haben sollte, dann handelt es sich um eine ethische Entscheidung für unser Wirtschaftssystem; wenn er andererseits seinen Beruf nicht aus freier Entscheidung gewählt haben sollte, dann handelt er als Marionette des kapitalistischen Kausalitätsprinzips, und man könnte die Auffassung von Ethik als die »Freiheit, etwas zu tun oder zu lassen« (Anstötz 1986, 595) als Irrtum über Bord werfen.

Ähnliche Fragen stellen sich bezüglich der Freiheit der Heilpädagogen und Heilpädagoginnen: Wenn sie einerseits ihren Beruf in freier Entscheidung gewählt haben sollten, haben sie sich dann zugleich frei gegen das Leistungsprinzip unseres Gesellschaftssystems und für dessen aktive politische Veränderung entschieden? Wenn sie andererseits ihren Beruf nicht frei, sondern unter äußeren Zwängen gewählt haben sollten, können von ihnen dann überhaupt noch ethische Grundentscheidungen im Rahmen ihrer beruflichen Arbeit erwartet werden?

Diese unbeantworteten Fragen veranlassen zu folgender These: Die Entwicklung zum Kritischen Rationalismus bedeutet insofern nur einen scheinbaren Fortschritt, als damit die Dialektik von Freiheit und Unfreiheit, von Ethik und Ökonomie nicht als ganzheitliche Triebfeder erfasst wird, welche menschliches Handeln, Fühlen und Denken in seiner Widersprüchlichkeit in Gang hält.

4.5.3 Das implizite Menschen- und Gesellschaftsbild

Der Kritische Rationalismus ist vermutlich die am meisten verbreitete und in ihrer Methodologie am besten ausgearbeitete Wissenschaftsposition. Wenn man sich dem Kritischen Rationalismus als ausschließliche Position anschließt, legt man sich implizit zumindest auf die folgenden grundlegenden und einschränkenden Forderungen an wissenschaftliche Forschung fest:

(1) Wissenschaftliche Forschung soll sich auf die Formulierung und Überprüfung von kausalen Gesetzmäßigkeiten beschränken. Hinter dieser Forderung steht die erkenntnistheoretische Annahme, dass Wahrheit oder Bewährung von Sätzen von der Überprüfbarkeit mit den Sinnesorganen abhängig ist.

(2) Wissenschaftliche Forschung soll das Setzen von Werten, das Aufstellen von Erziehungszielen und das Verfechten eines normativen Menschenbildes aus der wissenschaftlichen Tätigkeit ausklammern. Die Festlegung auf Werte und Ziele hat im vor- und außerwissenschaftlichen Bereich, z.B. in der Politik, zu erfolgen. (Ein Satz »Unartige Kinder müssen bestraft werden, damit sie gehorsam werden« lässt sich empirisch nicht überprüfen). Dies beinhaltet das vieldiskutierte Postulat der Wertfreiheit von Wissenschaft.

(3) Die Wissenschaftssprache darf keine wertenden oder fordernden Sätze enthalten. Diese lassen sich grundsätzlich nicht durch systematische Beobachtung empirisch überprüfen; sie gehören deshalb beispielsweise in den Kompetenzbereich der Philosophie (Ethik), der Theologie oder der Politik (vgl. die amerikanische Unterscheidung zwischen science of education und philosophy of education). Auch diese Forderung entspricht dem Wertfreiheitspostulat.

(4) Wissenschaftler sollen bereit sein, Forschungsergebnisse grundsätzlich als widerlegbar zu betrachten. Wissenschaft im Sinne des Kritischen Rationalismus muss von der methodischen Kritik leben, da der einzelne Wissenschaftler die eigenen Forschungsfehler oft nicht selbst aufdecken kann. Die Objektivität der kritisch-rationalen Wissenschaft besteht in der intersubjektiven Kritik des Vorgehens beim Forschen.

(5) Es soll zwischen Entdeckung einer Hypothese (Entdeckungszusammenhang), sprachlogischer und empirischer Überprüfung (Begründungszusammenhang) sowie Verwendung der Ergebnisse (Verwertungszusammenhang) unterschieden werden. Zum Entdeckungszusammenhang und zum Verwertungszusammenhang darf es keine wissenschaftsmethodische Vorschriften geben: Man darf auf beliebige Art und Weise zu Hypothesen kommen, und man ist nicht in der Rolle des Wissenschaftlers, sondern in der Rolle des ethischen Prinzipien verpflichteten Privatmenschen für die Verwertung von Forschungsergebnissen verantwortlich.

Diese Forderungen basieren letztlich auf zwei Grundentscheidungen über die Aufgabe von wissenschaftlicher Forschung: (1) Das einzige Ziel von Wissenschaft soll ausschließlich die Überprüfung von theoretisch abgeleiteten und behaupteten Gesetzmäßigkeiten sein. (2) Die Funktion der Wissenschaft für die Praxis soll darin bestehen, weltanschaulich und wertmäßig neutrale Alternativangebote für die Lösung von Problemen anzubieten.

Wissenschaft auf der Grundlage des Kritischen Rationalismus versteht sich in ihrer Bedeutung für die Praxis als Technologie. Sie erarbeitet geeignete Mittel für die Lösung von Problemen, die von außen vorgegeben sind. In der pädagogischen Fachliteratur findet sich der Technologiegedanke in augenfälligster Weise in der »Einführung in die Erziehungswissenschaft« von Felix von Cube folgendermaßen formuliert: »Erziehungswissenschaft als wertneutrales Instrument kann ebenso im Dienste des Kapitalismus stehen wie des Kommunismus, im Dienste von Demokratie oder Diktatur. Die Frage, wer das Instrument der Erziehungswissenschaft benutzt, ist keine wissenschaftliche, sondern eine politische.« (von Cube 1977, 7)

Hinter der wissenschaftstheoretischen Position des Kritischen Rationalismus verstecken sich verschiedene Elemente eines Menschen- und Gesellschaftsbildes, die es unter den Ansprüchen der Wertgeleiteten Heilpädagogik zu reflektieren gilt: (1) Der Mensch wird als ein in soziale Rollen (Wissenschaftler, Privatmensch, Politiker u.a.) aufspaltbares Wesen gesehen. Es wird angenommen, dass der Mensch die Fähigkeit hat, über gewisse Zeitspannen hinweg, z.B. während der Forschungstätigkeit, sich nur in *einer* Rolle zu bewegen und andere Teile der eigenen Person beiseite zu legen. (2) Durch die Erforschung von naturwissenschaftlichen sowie psychologischen und soziologischen Gesetzmäßigkeiten wird die Natur als beherrschbar und der Mensch als weitgehend durch technologische Anwendung von Gesetzmäßigkeiten beeinflussbar gesehen.

Zwischen den Wissenschaftlern, welche die Gesetzmäßigkeiten erforschen und kennen, und den übrigen Menschen, welche die Kenntnisse nicht haben, besteht ein Wissens- und Machtgefälle; den kritisch-rational aufgeklärten Wissenschaftlern stehen die übrigen, nicht aufgeklärten Menschen gegenüber. Je weniger kritisch-rationale Fähigkeiten ein Mensch aufweist, umso mehr ist er der technologischen Anwendung von wissenschaftlicher Erkenntnis ausgeliefert. (3) Wenn Grenzen der technologischen Beeinflussung von Menschen sichtbar werden, beispielsweise bei schwer Geistigbehinderten oder bei psychisch Behinderten, können Zweifel an der Brauchbarkeit und Nützlichkeit auftauchen, und damit kann der Lebenswert von Menschen zur Diskussion gestellt werden. Damit hat auch diese Wissenschaftsposition entsolidarisierende Elemente.

4.6 Beispiele aus der Vielfalt ungeklärter Positionen

4.6.1 Konstruktivismus

In dieser gegen Ende des zwanzigsten Jahrhunderts durch den sog. »Postmodernismus« aktualisierten Position wird die im Kritischen Rationalismus vorhandene Idee der theoretischen Konstruktion von Realität überspitzt hervorgehoben. Es wird unterschieden zwischen dem von Paul Lorenzen und Wilhelm Kamlah sprachphilosophisch begründeten »methodischen Konstruktivismus« und dem »radikalen Konstruktivismus« in der biologisch begründeten Variante von Humberto R. Maturana oder in der wissenschaftstheoretischen Variante von Ernst von Glasersfeld (König; Zedler 1998, 224ff.). Konstruktivistisch gesehen, stellen wissenschaftliche Theorien sprachliche »Konstruktionen« von Wirklichkeit dar. So verstandene heil- und sonderpädagogische Theorien sind in keiner Weise mehr als Abbilder der Wirklichkeit (Objektwelt), auch nicht einer ökonomisch vorstrukturierten Wirklichkeit (wie im marxistischen Materialismus) zu behandeln. In Abhängigkeit von den Forschungs- und Erkenntnismethoden sind unterschiedliche Konstruktionen der gleichen »Wirklichkeit« denkbar und möglich. Der Zusammenhang zwischen theoretischer Konstruktion und realen Problemen droht sich aufzulösen.

Der Konstruktivismus hat keine Forschungsmethodologie entwickelt, die sich von derjenigen des Kritischen Rationalismus wesentlich unterscheidet. Hingegen hat er verdeutlicht, dass es keine von einem Beobachter unabhängige Erkenntnis gibt und dass jede Beobachtung und

Beschreibung von Unterscheidungen ausgeht, welche vom Beobachter getroffen werden (König; Zedler 1998, 225ff.). Mit seiner Tendenz zur Relativierung hat er gerade in der Heil- und Sonderpädagogik eine Bewegung in Gang gesetzt, die kaum mehr zwischen dem Alltagsdenken und dem Konstruieren von Wirklichkeit nach Wissenschaftskriterien zu unterscheiden bereit ist. Als Folge wird die Kritik an wissenschaftlichen Begriffskonstruktionen oft mit der Kritik an Wirklichkeitskonstruktionen durch Sprachverwendungen in der Praxis vermischt. Wenn beispielsweise durch den Begriff »lernbehindert« Mitmenschen so konstruiert werden (Bleidick 1999, 20f.), dass sozialpsychologisch gesehen ein Etikettierungsvorgang abläuft, dann handelt es sich um einen Begriff der sonderpädagogischen Praxis. Wir müssten ihn somit als »pseudowissenschaftlich« bewerten und aus der wissenschaftlichen Terminologie streichen. Die gegenwärtige Hochkonjunktur des Konstruktivismus in der sonder- und heilpädagogischen Fachliteratur ist bisher noch zu wenig wissenschaftstheoretisch analysiert und kritisiert worden. Aber es liegen doch erste Versuche vor, »erstens auf die Unzulänglichkeiten einer radikal-konstruktivistischen Erkenntnistheorie hinzuweisen, zweitens die Problematik einer Theorie aufzuzeigen, die Kultur biologisch erklärt, und drittens auf die normativen Unzulänglichkeiten der Theorie hinzuweisen, die vor allem ihren ethischen Relativismus betreffen« (Dederich 2001, 57).

4.6.2 Systemtheorie

Es ist metatheoretisch nicht geklärt, ob, nach welchen besonderen Regeln und mit welchen Methoden unter systemtheoretischer Perspektive geforscht werden soll. Wenn Systemtheorien eine wissenschaftstheoretische Position darstellen würden, wären Aussagen über Regeln des Erkennens und Methoden des Forschens zu erwarten. Systemtheorien bieten jedoch der Heil- und Sonderpädagogik lediglich Suchschemata an, die das Sammeln und Einordnen von Phänomenen ermöglichen. Aber »von den Wissenschaften erwarten wir mehr als das Sammeln sogenannter Fakten; selbst ein Ordnen der Fakten ist immer noch ein Frühstadium. Entscheidend ist vielmehr eine begriffliche Durchdringung, welche eine Erklärung des jeweils Vorliegenden zu geben vermag. Die eigentlich vorantreibende Frage ist darum die Erklärung heischende Frage: Warum ist dies so und so?« (Poser 2001, 42) Die Beschränkung auf die Ordnungsfunktion macht die Nähe der Systemtheorien zum Konstruktivismus verstehbar; denn dieser beinhaltet eine Relativierung aller Erklärungen.

Wesentliche Ursprünge der systemtheoretischen Sichtweise findet man in der Kybernetik der vierziger Jahre. Kybernetische Systeme orientieren sich am Modell von Maschinen, die sich durch das Prinzip der Rückkoppelung selbststeuernd in einem bestimmten Zustand halten können (Beispiele: Thermostate zur Temperaturregelung, Dampfmaschinen). Auf der Grundlage des kybernetischen Systembegriffs bauen Systemtheorien auf, welchen biologische Organismen (Maturana) oder menschliche Sinnstrukturen im Sozialen (Luhmann) als Modell dienen. In der heutigen systemtheoretischen Literatur wird der Begriff »System« meistens sehr global für physikalische Abläufe, für biologische Organismen und für menschliche Sprach- und Sinnstrukturen verwendet. Durch unkritische Orientierung an Maturana ergibt sich oft eine unreflektierte Nähe zur Tradition phylogenetischer Evolutionstheorien, welche einer biologistischen Denkweise entstammen. Modellfall für alle – auch soziale und geistige – Systeme wird die Selbsterhaltung und Selbsterzeugung nach dem Muster biologischer Organismen. Systemtheoretischer Kernbegriff wird damit die »Autopoiesis« als die Fähigkeit von Systemen, sich selbst zu erhalten und zu erzeugen (vgl. dazu Krieger 1996). Die Theorie der Weiterentwicklung von Systemen zu immer höherer Komplexität durch autopoietische »Selbstorganisation« erinnert an biologische Theorien der Anpassung von Lebewesen zum Zwecke des Überlebens. Der Verdacht einer geheimen Verwandtschaft aktueller Systemtheorie mit biologistisch-selektionstischen und darwinistischen Ideen müsste vor ihrer Anwendung auf heil- und sonderpädagogisches Denken überprüft werden. Dies wäre allerdings Aufgabe der heil- und sonderpädagogischen Ethik und nicht der Wissenschaftstheorie.

4.6.3 Qualitative Forschung

Obschon dies immer wieder mit großem Eifer getan wird, ist es falsch, hinter diesem Begriff eine wissenschaftstheoretische Position zu sehen. Es handle sich gegenüber Forschung, die Beobachtungen quantifizierend zu ordnen versucht, um Forschung auf höherem Qualitätsniveau, wäre eine unhaltbare Meinung. Obschon sich quantifizierende Forschung längst davon gelöst hat, wird sie immer wieder mit leiser Arroganz als »positivistisch« und »den Naturwissenschaften entliehen« abgewertet. So wird etwa in einem aktuellen Lehrbuch fälschlicherweise behauptet, wer im sozialwissenschaftlichen Bereich Beobachtungen quantifiziere, sehe »die soziale Welt als ›naturwüchsig‹ an und definiere sie damit als Objektwelt«; wer demgegenüber »qualitativ« forsche, »betrachte die soziale Welt als einen von Individuen, Institutionen und Organisationen strukturierten gesellschaftlichen Zusammenhang«. Die Vorstellung, dass es sich bei der so genannten »qualitativen Forschung« um etwas »qualitativ Besseres« handle, kommt zum Ausdruck, wenn im selben Lehrbuch zur Wissenschaftstheorie der Pädagogik im Weitern zu lesen ist, »das Interesse an der quantifizierenden Erforschung sozialer Wirklichkeit werde durch das Interesse an der symbolisch vermittelten gesellschaftlichen und individuellen Wirklichkeit erweitert, das in der qualitativen Sozialforschung realisiert werde« (Kron 1999, 175f.). In einem anderen aktuellen Lehrbuch, einer Einführung in die »Qualitative Sozialforschung«, ist zu lesen, dass der Eindruck, es handle sich bei den »qualitativen Richtungen« um eine Alternative zu den »positivistischen Richtungen«, insofern richtig sei, »als qualitative Daten, z.B. Texte, anders sind und anders analysiert werden als quantitative Formen, z.B. Tabellen« (Heinze 2001, 16). Die Gleichsetzung von quantifizierender Forschung mit Tabellen ist schlicht unhaltbar und benützt manipulierend die Abneigung vieler Personen gerade in Pädagogik wie in Heil- und Sonderpädagogik gegen Tabellen mit Zahlen. Selbstverständlich werden nicht Tabellen analysiert; sondern Tabellen dienen der ordnenden Übersicht über quantifizierte Beobachtungen. Und selbstverständlich lassen sich auch Texte analysierend nach bestimmten Merkmalen ordnen; auch das Unterscheiden zwischen Merkmalen innerhalb von Texten ist durchaus quantifizierend.

»Qualitative Forschung« wird geradezu verherrlicht, wenn angehende Sozialwissenschafter, Pädagogen und auch Heilpädagogen lernen, dass das Besondere der »qualitativen« gegenüber der »quantitativen« Forschung »die Gegenstandsangemessenheit von Methoden und Theorien, die Berücksichtigung und Analyse unterschiedlicher Perspektiven sowie die Reflexion des Forschers über die Forschung als Teil der Erkenntnis« sei (Flick 1996, 13). Jeder vernünftige Wissenschaftler wird sich doch darum bemühen, beim Gewinnen von Erkenntnissen diese Postulate zu berücksichtigen! Er wird sich aber auch bemühen, beobachtete Merkmale zu ordnen und zu klassifizieren. Beim Unterscheiden, Ordnen und Klassifizieren werden immer Quantifizierungen gemacht – auch das Unterscheiden zwischen Kategorien ist eine Quantifizierung.

Natürlich gibt es Problemstellungen, welche komplex und wissenschaftlich nur bedingt analysierbar sind. Dass dann zunächst mit interpretativer Analyse von Einzelfällen gearbeitet wird, liegt auf der Hand. Gleichzeitig müssen jedoch die Grenzen von versuchsweisen Einzelfallinterpretationen im Bewusstsein bleiben. Wir werden zwar möglicherweise durch – teils auch hermeneutische – Interpretationen der Ganzheitlichkeit eines Individuums oder einer bestimmten Situation gerecht, aber wir geben gleichzeitig einen Teil der angestrebten Intersubjektiven Nachvollziehbarkeit und Generalisierbarkeit preis.

Je weiter sich Forscher – aus oft notwendigen Gründen – vom Wissenschaftsideal maximaler Objektivierbarkeit und Generalisierbarkeit entfernen, umso geringer wird die Genauigkeit und Intersubjektive Nachvollziehbarkeit der Systematisierung und Klassifizierung von Beobachtungseinheiten. Oft muss man sich dann mit der Einordnung von Beobachtungsdaten in eine Nominalskala, also mit einer einfachen Klassifikation begnügen. Dies gibt dem Begriff »qualitative Forschung« jedoch keinen wissenschaftstheoretischen Sinn.

4.6.4 Handlungsforschung

Der Mythos »Handlungsforschung« (auch »Aktionsforschung« genannt) scheint nicht ausrottbar zu sein. Mit diesem Begriff wird beansprucht, »Forschung als praktischen Veränderungsprozess zu organisieren und sie als gesellschaftliches Handeln zu verstehen« (Heinze 2001, 80). Immer wieder von Neuem wird mit diesem Wort die Irrmeinung aus den siebziger Jahren aufgenommen, dass unter dem Deckmantel von wissenschaftlicher Forschung während eines laufenden Forschungsprozesses aktiv verändernd auf das Schul-, Erziehungs- oder Sozialwesen eingewirkt werden solle. »Ein solches Konzept von Handlungsforschung stellt im Grunde keine Forschung mehr dar: Es geht hier nicht um die Gewinnung von Erkenntnissen, die für andere Situationen nutzbar gemacht werden. Stattdessen geht es um die Durchführung einer ganz konkreten Aktion.« (König; Zedler 1998, 133) Forschungslogisch ist eine Kopplung von methodengeleitetem Forschen und veränderndem Handeln nicht möglich. Sondern Phasen der wissenschaftlichen Analyse und Phasen des verändernden Handelns müssen zeitlich oder räumlich voneinander getrennt geplant sein und durchgeführt werden. Wissenschaftskriterien verbieten eine Verknüpfung von Forschen und praktischem Handeln (Haeberlin 1975). Handlungsforschung ist weder eine wissenschaftstheoretische Position noch eine eigenständige Forschungsmethodologie. Ohne ihr polemisches Potential kann sie sich ohne weiteres durch das ersetzen lassen, was »Wissenschaftliche Begleitung« genannt wird. Handlungsforschung nach dem Zuschnitt der siebziger Jahre auch noch in den neunziger Jahren als einen eigenständigen »Untersuchungsplan qualitativer Forschung« neben »Einzelfallanalyse«, »Dokumentenanalyse« und »qualitativem Experiment« einzureihen (Meiring 1990, 34ff.), ist nur wissenschaftshistorisch richtig.

4.7 Schlussfolgerungen für die Heilpädagogik

4.7.1 Annäherungs- und Auflösungsprozesse

Nach dem Überblick über die wichtigsten wissenschaftstheoretischen Positionen des zwanzigsten Jahrhunderts stellt sich die Frage, ob sich Wertgeleitete Heilpädagogik auf eine dieser Positionen festlegen kann und soll. Jede Position scheint den Ansprüchen Wertgeleiteter Heilpädagogik nur teilweise zu entsprechen. An der Geisteswissenschaft erscheint positiv, dass sie sich der rationalistischen Reduktion widersetzt, negativ hingegen, dass sie sich in der Folge teilweise zur realitätsfernen Träumerei und zur unkritischen Anpasserei entwickeln kann. Am Kritischen Rationalismus erscheint positiv, dass sich wissenschaftliche Forschung der Kritik durch andere Wissenschaftler (Wissenschaftlergemeinschaft) stellen und deshalb Intersubjektive Nachvollziehbarkeit des Vorgehens gewährleisten muss, negativ hingegen, dass keine Verpflichtung zur ethischen, ideologiekritischen und gesellschaftskritischen Auseinandersetzung mit Forschung besteht. An der Kritischen Theorie erscheint positiv, dass sie gerade die im Kritischen Rationalismus ausgeklammerte Verpflichtung ins Zentrum wissenschaftlicher Erkenntnis rückt, negativ hingegen, dass Fragen der Intersubjektiven Nachvollziehbarkeit von angewendeten Forschungsmethoden eher vernachlässigt bleiben und die Gefahren der hohen Bewertung von Intellekt und Reflektion für den gesellschaftlichen Status von Lern- und Geistigbehinderten kaum selbstkritisch erkannt werden.

So stellt sich erneut die Frage, was denn eigentlich Wissenschaft sei. Gehört zur Wissenschaft zwingend das Bekenntnis zu einer einzigen von mehreren konkurrierenden wissenschaftstheoretischen Positionen? Gibt es vielleicht andere Möglichkeiten, eine für die Wertgeleitete Heilpädagogik zweckmäßige Wissenschaft zu definieren?

Gelegentlich neigt man einer inhalts- und kriterienfreien Definition von Wissenschaftlichkeit der folgenden Art zu: Alle Äußerungen, welche von anerkannten Mitgliedern einer Universität mit dem Anspruch auf Wissenschaftlichkeit versehen werden, sind Teil der Wissenschaft. Damit würde für die Wissenschaft das pluralistische Prinzip im Sinne von »anything goes« ohne weitere einschränkende Kriterien als die Zugehörigkeit zur Institution Wissenschaft gelten. Jeder Wissenschaftler könnte sich aus dem Angebot von Wissenschaftskriterien beliebig jene auswählen, welche der Legitimation des eigenen Tuns als Wissenschaft am ehesten dienen können. Die kriterienlose Freigabe der Definition von Wissenschaftlichkeit an die Willkür der einzelnen Wissenschaftler könnte zu einem Zustand der Orientierungslosigkeit führen, welcher nicht wünschenswert ist. Umgekehrt ist eine Wiederherstellung der überschaubaren Zustände, wie sie in der allgemeinen Pädagogik bis zu Beginn der siebziger Jahre und in der Heilpädagogik noch länger vorherrschten, nicht mehr möglich und wahrscheinlich auch nicht wünschenswert.

Durch ihre Anbindung an die Pädagogik sind für die Heilpädagogik die Entwicklungen in der allgemeinen Erziehungswissenschaft von Interesse. Dort hatte Ende der siebziger Jahre ein Auflösungsprozess begonnen, welcher die Orientierung an einer der traditionellen wissenschaftstheoretischen Positionen immer schwieriger werden ließ. Nach König gab es für die wissenschaftstheoretischen Auflösungsprozesse zwei wesentliche Gründe: das Scheitern praktischer Erwartungen und die allgemeine Grundlagenkrise der Sozialwissenschaften, in welcher die »traditionelle Auffassung von Wissenschaft als einem Fundament gesicherter Erkenntnis brüchig« wurde (König 1990, 923).

Ein wichtiges Ereignis im Auflösungsprozess der festen wissenschaftstheoretischen Positionen war die auch in der Heilpädagogik rezipierte Paradigmendiskussion im Anschluss an Kuhn (1981). Die in der neuen Diskussion als unmöglich betrachtete rationale Entscheidung zwischen konkurrierenden wissenschaftlichen Paradigmen führte zu den Thesen von Feyerabend, »dass die Hexenlehre des 16./17. Jahrhunderts kein ›bloßer Ausfluss des Wahnsinns‹, sondern systematisch aufgebaut, rational formuliert und empirisch bewährt« ist (König 1990, 923). Für die allgemeine Erziehungswissenschaft bedeutungsvoll wurde dann in den achtziger Jahren auch die zersetzende Kritik an der Wissenschaft vom Konzept der »Postmoderne« her, von welcher negiert wird, dass irgendein sprachliches Zeichen (auch nicht ein Zeichen moderner Wissenschaft) auf eine Realität verweise; ebenso verunsichernd wirkte sich die Kritik an der Wissenschaft von Seiten des Konstruktivismus aus (z.B. Maturana, Foerster, von Glasersfeld, Gerhard, Roth), von welcher ebenfalls »die klassische Auffassung, dass Wissenschaft ›die Wirklichkeit‹ abbilde und erkläre«, bestritten wird (vgl. König 1990, 923f.). Durch diese neuen wissenschaftstheoretischen Argumentationen drohte die Wissenschaft gegen Ende des zwanzigsten Jahrhunderts allmählich eher zu einem wirklichkeitsfernen Spiel als zu einem Mittel für die Wahrheitsfindung zu werden.

Mit Blick auf die allgemeine Erziehungswissenschaft hatte König (1990) die unterschiedlichen Reaktionen auf die wissenschaftstheoretischen Auflösungserscheinungen aufgezeigt: Es sei eine inflationär ansteigende Zahl neuer wissenschaftstheoretischer Konzepte zu beobachten. Symptomatisch erscheine die verstärkte Betonung der historischen Pädagogik, was man auch als Ausweg aus der aktuellen Verunsicherung deuten könne. Häufig stelle man einen Rückzug aus theoretischen Überlegungen zugunsten unmittelbarer praktischer Anwendungen und praktischer Rezepte oder sogar die Überflüssigerklärung der Theoriebildung überhaupt fest. Allerdings haben sich neben diesen Auflösungsprozessen auch Prozesse der Annäherung und Integration der in den siebziger Jahren noch unverbunden und unverbindbar nebeneinander stehenden wissenschaftstheoretischen Positionen angebahnt. Als Belege für den Annäherungsprozess wären etwa zu nennen: das zunehmende Gewicht hermeneutischer Fragestellungen in unterschiedlichen wissenschaftstheoretischen Konzepten, die zunehmenden Annäherungen zwischen früher unverbindbaren wissenschaftstheoretischen Konzepten auf der Ebene der Forschungsmethodik und die zunehmenden Annäherungen zwischen wissenschaftstheoretischen Konzepten hinsichtlich der Sicht des Theorie-Praxis-Verhältnisses.

Entsprechende Annäherungsprozesse zwischen den traditionellen wissenschaftstheoretischen Positionen – wenn auch noch nicht gehäuft – konnten im letzten Jahrzehnt des zwanzigsten Jahrhunderts auch in der Heilpädagogik gefunden werden. Beispielsweise begann sich der Kritische Rationalist Franz B. Wember ernsthaft mit Fragen der Hermeneutik, d.h. mit der Methode der Geisteswissenschaft zu beschäftigen. Auf die Frage, ob sich die heilpädagogische Forschung vor Hermeneutik als Einfühlendes Verstehen hüten solle, kam er zu folgender Antwort:

»Keineswegs. Die Sonderpädagogik ist keine Naturwissenschaft und keine technische Disziplin, sondern eine Humanwissenschaft. Sie hat es schließlich mit Menschen zu tun, zumeist mit Menschen in besonders schwierigen Lebenslagen, und angesichts dieses Forschungsgegenstandes wäre es geradezu fatal, wollte man den vorsichtig suchenden, einfühlenden verstehenden Zugang als gangbaren Weg verbieten. Nur: Wer diesen Weg in wissenschaftlicher Absicht beschreitet, muss wissen, dass dieser nicht immer und schon gar nicht automatisch zum angestrebten Ziel führt. Wer diesen Weg beschreitet, muss um die Tücken des Weges wissen.« (Wember 1992, 373)

4.7.2 Wertgeleiteter Kritischer Rationalismus

Für die Heilpädagogik erscheint – wie bereits beschrieben – an der Geisteswissenschaft positiv, dass sie sich gegen Gefahren des Rationalismus stellt, negativ hingegen, dass sie zu realitätsfernen Träumereien und zu gesellschaftspolitischer Abstinenz tendiert. Am Kritischen Rationalismus erscheint positiv, dass Forschung der Kritik durch die Wissenschaftlergemeinschaft ausgesetzt und dass Intersubjektive Nachvollziehbarkeit gewährleistet werden müssen, negativ hingegen, dass die ethische, ideologiekritische und gesellschaftskritische Auseinandersetzung mit Forschung als Regel nicht vorgeschrieben ist. An der Kritischen Theorie erscheint positiv, dass sie gerade die im Kritischen Rationalismus ausgeklammerte Regel ins Zentrum wissenschaftlicher Erkenntnis rückt, negativ hingegen, dass Fragen der methodologischen Intersubjektiven Nachvollziehbarkeit eher vernachlässigt bleiben und die Überbewertung von intellektuellem Reflexionsvermögen den gesellschaftlichen Status von »Lern- und Geistigbehinderten« abwerten kann.

Für die Wissenschaftstheorie der Heilpädagogik ist vor allen methodologischen Übereinkünften ein ethisches Fundament notwendig. Dieses wird durch Entscheidungen für praxiswirksame Grundwerte gebildet. Im praktischen und politischen Handeln muss Heilpädagogik die Verantwortung für die Werte der Unverletzlichkeit, der Gleichwertigkeit bei extremer Verschiedenartigkeit und der Würde von Menschen in ungewöhnlicher Abhängigkeit von Anderen tragen. Auch als Wissenschaftsdisziplin bleibt Heil- und Sonderpädagogik ein Teil der Praxis und muss sich wie diese als »wertgeleitet« verstehen.

Es bleibt die Frage, welche Verantwortung Heilpädagogik als Wissenschaft zusätzlich zur praxiswirksamen Verantwortung haben muss. Sie soll nicht den Status einer Wissenschaftsdisziplin beanspruchen wollen, ohne sich auf eine Übereinkunft über Wissenschaftlichkeit einzulassen und Verantwortung für Wissenschaftlichkeit zu tragen. Dies bedeutet: Heilpädagogik als Wissenschaft muss sich dem Kriterium der methodologischen Intersubjektiven Nachvollziehbarkeit unterstellen. Als Wissenschaftsdisziplin übernimmt sie damit Verantwortung für die Befreiung des Denkens von Dogmatismus und ideologieanfälligem Antirationalismus. Ihre Verantwortung wird damit eine Doppelte und Widersprüchliche: einerseits für die Grundwerte praktischer Heilpädagogik, andererseits für die Werte rationaler Argumentation und methodologischer Intersubjektiver Nachvollziehbarkeit. Ihr Weg zwischen der ethischen Verpflichtung in der Praxis und der Wissenschaftsethik ist durchaus eine Gratwanderung. Einerseits würden die Wissenschaftsinstitutionen ohne Anerkennung rationalistischer Minimalkriterien antirationalistischen Kräften preisgegeben, die auf dem Boden eines neuen Mystizismus Solidarisierung misslingen lassen würden. Andererseits würde wissenschaftliche Heilpädagogik ohne moralische Verpflichtung für Lebensrecht, Gleichwertigkeit und Würde im bereits genannten Sinne in den Kreis der Mittäterschaft an Entsolidarisierungsprozessen gegenüber hilfsbedürftigen Menschen gelangen.

Unter Berücksichtigung ihrer doppelten Wertgebundenheit ist für die Heilpädagogik ein »wertgeleiteter Kritischer Rationalismus« sinnvoll. Allerdings wäre ihre Anbindung an den Kritischen Rationalismus zu einschränkend, wenn sie ihre Forschung auf das Überprüfen von Gesetzmäßigkeiten beschränken müsste. Als Folge ihrer zweifachen Verantwortung hat sie darüber hinaus die Aufgabe, im Rückgriff auf Postulate der Kritischen Theorie praxisleitende Ideologien und Alltagstheorien rational diskutierbar und somit veränderbar zu machen. Damit die Richtung der anzustrebenden Veränderungen transparent wird, sind vor, während und nach jedem Forschungsprozess die Wertentscheidungen und das darauf aufbauende Menschen- und Gesellschaftsbild (Haeberlin 2003) offen zu legen. Daran sollen die Auswahl der Fragestellungen, die Durchführung der Forschungen, die Beurteilung der Forschungsergebnisse sowie die Einflussnahme der Wissenschaftler auf Veränderungen in Praxis und Politik gemessen werden. Dies bedeutet: Nicht nur die Forschungsmethodologie soll intersubjektiv nachvollziehbar sein, sondern der Prozess von der Fragestellung bis zur Praxisverwendung soll bezüglich der leitenden Werte und des leitenden Menschenbildes transparent dargestellt sein.

4.7.3 Wertgeleiteter Methodenpluralismus

Aus der durch die doppelte Wertverpflichtung relativierten Orientierung am Kritischen Rationalismus folgt das Postulat des Methodenpluralismus: Forschung soll in der Wahl der Forschungsmethoden insoweit frei und flexibel sein, als die Kriterien der Intersubjektiven Nachvollziehbarkeit, der Transparenz der forschungsleitenden Wertentscheidungen und der Grundwerte praktischer Heilpädagogik eingehalten bleiben. Ob es sich um problemsuchende, theorieillustrierende oder hypothesenprüfende Methoden handelt, ist von der jeweiligen Fragestellung abhängig und wissenschaftstheoretisch dann nicht von Bedeutung, wenn die Frage der Intersubjektiven Nachvollziehbarkeit für jede der angewendeten Methoden geklärt ist. In der so präzisierten wissenschaftstheoretischen Position wird die unbefriedigende Unterscheidung zwischen »quantitativen« und »qualitativen« durch »der Problemstellung angemessene« Forschungsmethoden ersetzt.

In jedem Forschungsprozess zu heilpädagogischen Fragestellungen sind die Wertentscheidungen und das darauf aufbauende visionäre Menschen- und Gesellschaftsbild offen zu legen. Damit wird auch der Aspekt der Normativen Pädagogik in das vorliegende Wissenschaftsverständnis integriert. Die vorgängige Offenlegung von Wertentscheidungen und Visionen soll die Auswahl der Fragestellungen, die Durchführung der Forschungen, die Beurteilung der Forschungsergebnisse sowie die Einflussnahme des Wissenschaftlers auf Praxis und Politik bestimmen. Dies bedeutet: Nicht nur die Forschungsmethodologie, sondern der ganze Prozess von der Fragestellung bis zur Praxisverwendung soll bezüglich der leitenden Werte und des leitenden Menschenbildes intersubjektiv nachvollziehbar sein.

Wertgeleiteter Methodenpluralismus als Wissenschaftsposition bedeutet dann, dass wissenschaftliche Forschung in der Wahl der Forschungsmethoden insoweit frei und flexibel sein kann, als sich ihre Forschungsmethodologie an den Kriterien der Intersubjektiven Nachvollziehbarkeit, der Offenlegung der forschungsleitenden Wertentscheidungen und der Grundwerte praktischer Wertgeleiteter Heilpädagogik misst. Ob es sich um »qualitative« oder um »quantitative« Methoden handelt, ist von der jeweiligen Problemstellung abhängig und wissenschaftstheoretisch dann nicht von Bedeutung, wenn die Frage der Intersubjektiven Nachvollziehbarkeit geklärt ist. Ein Rückfall auf Positionen des »Positivismusstreits« ist dann nicht zu befürchten, wenn wir im Auge behalten, dass die Vorteile der klassischen empirischen Forschung bezüglich Reliabilität sowie Durchführungs- und Auswertungs-Objektivität durch Nachteile der Praxisrelevanz und eines »erheblichen Mangels an ökologischer Validität« (Brunner 1989, 237) erkauft werden müssen.

4.7.4 Dialektik zwischen Wissenschaft und Praxis

Mit der doppelten Verantwortung steht Heilpädagogik als Wissenschaft mitten im Widerspruch zwischen verallgemeinerbarer Forschung und situationsspezifischem Handeln. Forschung muss unter allen Bedingungen optimal das Ziel anstreben, methodologisch objektivierbar und theoriegeleitet generalisierbar zu sein. Handeln hingegen muss ebenso unbedingt auf das nicht wiederholbare und nicht generalisierbare Einzelproblem gerichtet bleiben. In praxiorientierten Wissenschaften, wie sie die Heil- und Sonderpädagogik darstellt, kann und soll man diesen Widerspruch nicht aufheben und nicht harmonisieren. Wer Praxis wissenschaftlich begleiten muss, wird immer wieder das von Ulf Preuss-Lausitz bezüglich seiner Tätigkeit als wissenschaftlicher Begleiter der Uckermark-Grundschule beschriebene Dilemma zwischen teilnehmender Nähe und objektivierender Distanz verspüren: »Wird die Nähe zu groß, werden die Begleiter/innen von den Lehrern (und den Eltern) voll für ihre alltäglichen Handlungsbedürfnisse vereinnahmt. ... Wird die Distanz zu groß, so dass sich die Tätigkeit auf das Sammeln und Auswerten quantifizierbarer Daten beschränkt, gehen zahlreiche und zugleich entscheidende Informationen über nur hermeneutisch interpretierbare Interaktionsprozesse verloren.« (Preuss-Lausitz 1990, 26)

In Anerkennung des Widerspruchs ist es zweckmäßig, objektivierende Forschung und subjektiv-spontanes Handeln als idealtypische Pole eines Kontinuums zu sehen (Haeberlin u.a. 2003, 159ff). Je mehr man sich vom Pol der objektivierenden Forschung entfernt, umso stärker nimmt der Druck zum praktischen Handeln zu. Je mehr man sich umgekehrt vom Handlungsdruck entfernen kann, umso eher werden objektivierende Forschung und generalisierende Theoriebildung möglich. Aufhebung der Spannung durch Bevorzugung eines der beiden Pole hat schwerwiegende Folgen: Einerseits kann Beschränkung auf situationsspezifisches Handeln zur theoretischen und ideologiekritischen Blindheit führen; dadurch können Wünsche und Realitäten verwechselt werden. Andererseits kann Beschränkung auf objektivierende Forschung und theoriegeleitete Generalisierung Blindheit für die Nöte und Probleme der einzelnen Menschen in den einmaligen Situationen zur Folge haben; es wird übersehen, dass Menschen nicht generalisierbar und nicht aus Durchschnittswerten prognostizierbar sind. Daraus folgt, dass heil- und sonderpädagogische Forschungsplanung Projekte in unterschiedlichen Zonen des Kontinuums zwischen verallgemeinerbarer Erkenntnis und einzelfallbezogenem Handeln vorsehen muss. Die Notwendigkeit von Forschungen mit unterschiedlichen Graden der Objektivierbarkeit und Generalisierbarkeit zwischen den beiden Polen begründet den problemorientierten Methodenpluralismus wissenschaftlicher Heil- und Sonderpädagogik.

Wertgeleitete Heilpädagogik als Wissenschaft soll darauf abzielen, Forschungsprojekte in unterschiedlichen Zonen des Kontinuums zwischen verallgemeinerbarer Erkenntnis und einzelfallbezogenem Handeln durchzuführen. Je nach Lage zwischen den Extrempolen handelt es sich um unterschiedliche Typen von Forschung. Die Berücksichtigung von mehreren Forschungstypen mit unterschiedlichen Graden der methodischen Objektivierbarkeit und Generalisierbarkeit zwischen den idealtypischen Polen ist ein wichtiges methodologisches Prinzip für die wertgeleitete, methodenpluralistische heilpädagogische Erforschung eines Problembereichs.

Wissenschaftliche Forschungsprojekte, welche in der Nähe des Pols der Forschung im Sinne des traditionellen Kritischen Rationalismus angesiedelt sind, ergeben hochgradig verallgemeinerbare und objektivierbare Ergebnisse. Aber diese basieren in der Regel auf Durchschnittsbefunden und liefern damit zumeist kein Wissen, das direkt auf eine situationsspezifische, einzelfallorientierte Beratungs- und Handlungssituation angewendet werden kann. Der unmittelbare Handlungsdruck von hochgradig generalisierten und objektivierten Forschungsergebnissen ist als gering zu erkennen. Hingegen kann deren ideologiekritische Funktion wichtig werden. Sie können eine Verwischung des Widerspruchs zwischen erforschter Realität und gewünschten Zuständen verhindern. Ohne empirisch klärende Forschung könnte allzu leicht Wunsch mit Realität verwechselt werden. Insbesondere könnte übersehen werden, dass sich eine hoffnungsvolle Wertorientierung einer Gruppe von reformfreudigen Forschern und Praktikern in einem heilpädagogischen Reformprojekt nicht ohne weiteres in der Realität wiederfindet.

Empirische Forschungen nach dem traditionellen Konzept des Kritischen Rationalismus erhalten jedoch ihr Potential zur Ideologiekritik nur, wenn die üblichen fünf Forschungsschritte wie Hypothesenformulierung, Operationalisierung, Versuchsplan, Entscheidung über die Beibehaltung der Hypothese und Interpretation der Ergebnisse verbindlich um wichtige Forschungsschritte erweitert werden. Eine wertgeleitete und ideologiekritisch orientierte empirische Forschung umfasst die folgenden Forschungsschritte: (1) Thematik, Problematik, (2) Forschungs- und interpretationsleitende Wertentscheidungen; Soll-Vorstellungen; richtungweisende »Visionen«, »Wunschvorstellungen«, (3) Theoretischer Rahmen zur Interpretation von Ist-Zuständen, (4) Entscheidung über den Grad der anzustrebenden Verallgemeinerung und Objektivierung, (5) Hypothesen über systematische Zusammenhänge im Ist-Zustand, (6) Operationalisierung der Begriffe in der Hypothese (= Festlegung von beobachtbaren Indikatoren für die Begriffe), (7) Systematischer Versuchsplan zur logisch einwandfreien Widerlegung der Hypothese, (8) Entscheidung über die Beibehaltung der Hypothese, (9) Einordnung der Ergebnisse in die Theorie(n) zum Ist-Zustand, (10) Beurteilung der Ergebnisse mittels Bezug auf die Soll-Vorstellungen, (11) Entscheidungen über praktisches und politisches Handeln bezüglich Teilschritten in Richtung Soll-Vorstellung (vgl. Haeberlin 1991b). Die Forschungsschritte 2 und 10 sind erforderlich, weil nur in Konfrontation mit einer Wunschvorstellung des pädagogisch Besseren beurteilt werden kann, ob empirische Ergebnisse zu einer heilpädagogischen Problemstellung als die Soll-Vorstellung begünstigend oder als Fortsetzung der Entsolidarisierung zu interpretieren sind. Die Bedeutung von Forschungsschritt 4 liegt darin, dass er auffordert, bei jedem Forschungsprojekt das Verhältnis zwischen wissenschaftlicher Distanz und praktischem Handlungsdruck angemessen abzuschätzen. Schritt 11 verweist auf die Forderung nach parteinehmender Wissenschaft, als welche sich Wertgeleitete Heilpädagogik verstehen muss.

Je weiter wir uns vom Pol der methodologisch objektivierbaren quantitativ-empirischen Forschung in Richtung qualitativer Einzelfallforschung bewegen, umso mehr steigt die unmittelbare praktische Handlungsrelevanz, umso mehr müssen aber auch die kritisch-rationalen methodologischen Ansprüche gesenkt werden. Die Hinwendung zu qualitativen Forschungsmethoden beruht auf dem Motiv, auf Kosten der Verallgemeinerbarkeit eher dem Einzelfall gerecht werden zu wollen (vgl. Haeberlin u.a. 1992). Aber Qualitative Forschungsmethoden bedeuten immer abnehmende Objektivierbarkeit und Generalisierbarkeit. Dadurch muss zunehmend mit subjektiv verzerrten Interpretationen gerechnet werden. Auch bei situationsspezifischen qualitativ beschreibenden Dokumentationen ist Wissenschaftlichkeit dadurch anstrebbar, dass durch nachvollziehbare Darstellung von Planungs- und Denkprozessen und durch theoriebezogene Interpretationen der einzelnen Vorgänge Hinweise auf Generalisierungsmöglichkeiten gegeben werden (vgl. als Beispiel: Freiburger Projektgruppe 1993).

Das vorliegende methodenpluralistische Wissenschaftskonzept soll nicht als Plädoyer für »anything goes« missverstanden werden. Es handelt sich vielmehr um ein Plädoyer für die Durchsetzung und Aufrechterhaltung des Wertes der Intersubjektiven Nachvollziehbarkeit wissenschaftlicher Erkenntnisprozesse trotz aller Einschränkungen und aller Erkenntnisse von Unzulänglichkeiten im Rationalismus (vgl. Haeberlin 1993a). Der Begründer der Heilpädagogik als wissenschaftliche Disziplin, Heinrich Hanselmann, hat schon 1932 in einfacher und einprägsamer Form Gültiges zur Rationalität der Heilpädagogik als Wissenschaft gesagt: »Das Wort Wissenschaft wird vielsinnig gebraucht. Wissen heißt Erfahrungen sammeln; Wissenschaft heißt Erfahrungen planmäßig machen, sammeln und unter bestimmten Gesichtspunkten ordnen zu dem Zwecke, daraus Richtlinien für ein Handeln zu erlangen.« (Hanselmann 1932a, 36) Er hat sich auch schon damals eindeutig über das Verhältnis zwischen Wertorientierung und Wissenschaftlichkeit der Heilpädagogik und damit zur Unzulänglichkeit der Rationalität als praktischer Wert geäußert: »Sollten (...) Wertung und Wissenschaft unvereinbar miteinander sein, so ist damit noch nichts gegen die Berechtigung und Notwendigkeit wertender Tätigkeit gesagt, sondern höchstens gegen die Zulänglichkeit der Wissenschaft.« (Hanselmann 1955, 33)

4.8 Testfragen

Sie können überprüfen, wie aufmerksam Sie das Kapitel gelesen haben, indem Sie a, b, c oder d als das am meisten Zutreffende markieren.

1	Das Sprichwort »Der Apfel fällt nicht weit vom Stamm« ist eine pädagogische a) Alltagstheorie b) Unwahrheit c) Dummheit d) Lüge	a	b	c	d
2	Spontanes Handeln in der Erziehung basiert immer auf oft nicht bewussten a) Aggressionen b) sexuellen Wünschen c) Vormeinungen d) Ängsten	a	b	c	d
3	Der Satz »Wissenschaft ist verpflichtet, mit empirischen Forschungsmethoden Hypothesen zu überprüfen« entstammt einer a) Objekttheorie b) Erziehungstheorie c) Fehlmeinung d) Metatheorie	a	b	c	d
4	Wissenschaftliches Forschen muss Kriterien erfüllen. Welches kann _am ehesten weggelassen_ werden? a) überzeugend b) systematisch c) begründet d) nachvollziehbar	a	b	c	d
5	Gegenstand einer metatheoretischen Untersuchung sind a) Mittel der Erziehung b) Regeln des Forschens c) Behinderungsarten d) Verhaltensstörungen	a	b	c	d
6	»Wissenschaftliche Erkenntnis ist objektiv.« – Damit ist gemeint: a) sie ist wahr b) sie ist mit viel Mühen gewonnen c) sie ist für immer gültig d) sie ist intersubjektiv nachvollziehbar gefunden worden	a	b	c	d
7	Das Prinzip der Wertfreiheit ist notwendig, weil a) wertende und fordernde Sätze nicht überprüft werden können b) Wissenschaft neutral sein muss c) Wissenschaftler nichts mit Moral zu tun haben d) es so vereinbart ist	a	b	c	d
8	In wissenschaftstheoretisch wenig reflektierten Erziehungslehren findet man oft eine Vermischung von a) Dichtung und Wahrheit b) Medizin und Theologie c) normativen und deskriptiven Sätzen d) Kultur und Zivilisation	a	b	c	d
9	Wie wird der logisch unzulässige Schluss von empirisch erforschten Phänomenen auf die Wertung genannt? a) unlogischer Sollschluss b) naturalistischer Fehlschluss c) Denkfehler d) Rationales Abdriften	a	b	c	d
10	Wie wird die sinnverstehende Methode geisteswissenschaftlicher Forschung genannt? a) Dialektik b) Phänomenologie c) Hermeneutik d) Empirie	a	b	c	d
11	Welcher Begriff bezeichnet die Frage nach den sicheren Grundlagen wissenschaftlicher Erkenntnis? a) Wissenschaftsproblem b) Metatheorie c) Signifikanz d) Basisproblem	a	b	c	d
12	Was ist der Satz »Lernbehinderte müssen in Regelklassen integriert werden« mit Bestimmtheit _nicht_? a) eine Hypothese b) eine Forderung c) eine These d) eine Zukunftsvision	a	b	c	d
13	Als Begründer der geisteswissenschaftlichen Position gilt a) Wilhelm Dilthey b) Max Horkheimer c) Karl Marx d) Wolfgang Brezinka	a	b	c	d
14	Zur Hermeneutik als geisteswissenschaftliche Methode passt einer der folgenden Begriffe am besten: a) werten b) verstehen c) sich vertiefen d) genau hinhören	a	b	c	d
15	Auf welchen Aspekt menschlichen Handelns richtet sich das Interesse der geisteswissenschaftlichen Forschung in erster Linie? a) Verursachung b) moralische Bewertung c) Ziele der Handelnden d) Beobachtung	a	b	c	d

16	Wer war kein Vertreter der Kritischen Theorie der Frankfurter Schule? a) Erich Fromm b) Max Horkheimer c) Walter Benjamin d) Arnold Gehlen	a	b	c	d
17	Die Kritische Theorie kritisiert an der traditionellen empirischen Wissenschaft die Ausklammerung des a) Entdeckungszusammenhangs b) Ästhetischen c) Bildungszusammenhangs d) Andersartigen	a	b	c	d
18	Der Rationalismus löste das Basisproblem mit der Annahme, das Fundament wissenschaftlicher Erkenntnis seien a) genaue Beobachtungen b) moralische Werte c) evidente Axiome d) tradierte Weisheiten	a	b	c	d
19	Eine Behauptung über gesetzmäßige Kausalzusammenhänge in der beobachtbaren Wirklichkeit ist wissenschaftstheoretisch a) ein Axiom b) eine Hypothese c) eine Grundthese d) ein Modell	a	b	c	d
20	Der Unterschied zwischen sogenannter »qualitativer« und sogenannter »quantitativer« Forschung besteht darin, dass qualitative Forschung a) moralisch besser ist b) menschlicher ist c) ungeeignet ist d) nominal klassifizierend ist.	a	b	c	d

Lösungen:

1=a	3=d	5=b	7=a	9=b	11=d	13=a	15=c	17=a	19=b
2=c	4=a	6=d	8=c	10=c	12=a	14=b	16=d	18=c	20=d

19 und mehr richtig = sehr gut
17 bis 18 richtig = gut
14 bis 16 richtig = genügend
weniger als 14 richtig = nochmals aufmerksam durcharbeiten

5 Die Tradition Wertgeleiteter (Heil-)Pädagogik

5.1 Pestalozzis gesellschaftskritische Grundlegung

5.1.1 Hinweise zur Biographie von J.H. Pestalozzi

Die Familie Pestalozzi war im Rahmen der Reformationsvorgänge als evangelische Einwandererfamilie aus Oberitalien in Zürich aufgenommen und von der Stadt eingebürgert worden. Der Vater von Johann Heinrich Pestalozzi (1746-1827), von Beruf »Wundarzt«, starb, als dieser erst fünf Jahre alt war. Bedeutungsvoll für die Entwicklung von Pestalozzis sozialer Einstellung ist der Umstand, dass seine Mutter aus einer Familie vom Zürcher Lande stammte. Er konnte bei den Aufenthalten beim Großvater mütterlicherseits die Benachteiligung der Landbevölkerung gegenüber den Herren aus der Stadt miterleben. Nach dem Tode des Vaters kümmerte sich neben der Mutter ein Dienstmädchen um die Erziehung. Diese Person spielte in Pestalozzis späterem pädagogischen Denken eine wesentliche Rolle. Er führte seine scheinbare Ungeschicklichkeit in praktischen Dingen und das Misslingen vieler seiner Unternehmungen oft auf die ausschließliche Erziehung durch Frauen zurück. Wegen seiner Ungeschicklichkeit sei er von den Mitschülern ausgelacht worden, bei denen er den Übernamen »Heiri Wunderli aus Thorlikon« hatte.

Als Sohn eines Stadtbürgers hatte Pestalozzi das Privileg, von der renommiertesten Lateinschule Zürichs, dem »Carolinum«, aufgenommen zu werden. Hier wirkten berühmte Vertreter der Zürcher Aufklärungsbewegung als Lehrer: Bodmer, Breitinger, Steinbrüchel. Sie waren an der Gründung der »Helvetischen Gesellschaft« beteiligt, die sich als gesamtschweizerisches Forum für die Verbreitung der Ideen der Aufklärung verstand. Diese Gesellschaft stand in Beziehung zur »Ökonomischen Gesellschaft« unter der Leitung von Rudolf Tschiffeli, welche die Aufklärungsidee auf eine besser und vernünftiger gestaltete Landwirtschaft anwenden wollte. Dies führte zum Wunsch vieler Jugendlicher, den Beruf eines Bauern zu ergreifen und die neuen Ideen in einem Musterbauerngut zu realisieren.

Pestalozzi war schon als Lateinschüler der »Helvetischen Gesellschaft« beigetreten und eiferte sich für die aufklärerischen Ideen. Er gehörte zu den Gründern einer politisch radikaleren Untergruppe dieser Gesellschaft; sie nannte sich »Patriotenbund«. In den Zusammenkünften dieses Bundes wurden fortschrittliche Schriften wie z.B. Rousseau oder Montesquieu gelesen und diskutiert, und es wurden Vorträge mit politischem Inhalt gehalten. In der Zeitschrift des Patriotenbundes »Der Erinnerer« erschien Pestalozzis erste Veröffentlichung »Wünsche«. Noch im gleichen Jahr veröffentlichte er einen weiteren Text, in welchem er in verschlüsselter Form die ungerechten politischen Zustände im Kanton Zürich öffentlich anprangerte. Es ist das einzige Werk, in welchem er direkt zur Anwendung von Gewalt aufrief.

Aufgrund dieser Veröffentlichung und anderer politischer Aktivitäten kam er zusammen mit Freunden des »Patriotenbundes« bei der Zürcher Regierung in den Ruf eines Aufwieglers und unbequemen Schnüfflers. Angehörige des Patriotenbundes, u. a. auch Pestalozzi, hatten versucht, mehrere Fälle von Korruption in der städtischen Verwaltung an die Öffentlichkeit zu bringen. Im Zusammenhang mit einem anonymen Drohbrief an einen Pfarrer, dem Veruntreuung vorgeworfen wurde, waren neben anderen auch Pestalozzi und sein bester Freund Bluntschli verhört worden. Die Affäre einer Flugblattaktion hatte sogar zur Folge, dass Pestalozzi als etwa Zwanzigjähriger für einige Tage wegen Fluchthilfe in Haft gesetzt wurde.

Pestalozzi hatte als Folge seines politisch engagierten Verhaltens bei der Obrigkeit einen schlechten Ruf. Möglicherweise als Folge seines politischen Engagements verließ er das renommierte Gymnasium »Carolinum« vorzeitig ohne einen eigentlichen Schulabschluss. Sein Weggang von der Schule war verbunden mit dem Wunsch, Bauer zu werden. Dabei handelte es sich nicht einfach um den Wunsch, ein alternatives, zurückgezogenes Leben auf dem Lande führen zu können; sondern es ging um die aufklärerisch geprägte Absicht, nach der Lehre als Bauer ein Mustergut zu führen, von dem die traditionellen Bauern Neues und Fortschrittliches lernen könnten. Für kurze Zeit war Pestalozzi zur Ausbildung auf dem Mustergut von Jakob Gujer in Katzenrüti bei Zürich (genannt »Kleinjogg, der philosophische Bauer«). Die eigentliche Lehre machte er aber auf dem Mustergut von Johann Jakob Tschiffeli bei Kirchberg im Kanton Bern. In diese Zeit fällt auch die Verheiratung mit der um acht Jahre älteren Anna Schulthess, der Tochter einer vermögenden Familie aus der Stadt Zürich. Aus dem der Heirat vorausgegangenen Briefwechsel geht hervor, wie sehr die beiden sich mit Vorurteilen der damaligen Gesellschaft auseinanderzusetzen hatten: Vorurteile bezüglich des Standesunterschiedes, bezüglich des fehlenden Schulabschlusses von Pestalozzi und bezüglich des unüblichen Altersunterschiedes. Die Eltern von Anna Schulthess versuchten alles, um die Heirat zu verhindern.

Die Eheschließung erfolgte im Jahre 1769, nachdem Pestalozzi einen Bauernhof in Mülligen (Birrfeld, zwischen Aare und Reuss) gemietet hatte. Um sich eigenes Land kaufen zu können, nahm er einen Bankkredit auf. Wegen des Misstrauens der umliegenden alteingesessenen Bauern wurde ihm schon ein Jahr später der Kredit gekündigt. Damit war ihm die finanzielle Basis für sein Unterfangen entzogen. Als zusätzliches Unglück kam dazu, dass die Jahre 1771 und 1772 für die ganze europäische Landwirtschaft Katastrophenjahre waren; infolge von Missernten drohte überall Hungersnot. Somit scheiterten Pestalozzis Pläne endgültig, ein Gut als Musterbauer zu betreiben.

In seinem Hause, das er dank seiner wohlhabenden Schwiegereltern immerhin hatte erwerben können, plante er nun die Einrichtung einer Anstalt für Armenerziehung. Er glaubte an die Möglichkeit einer Erziehungsanstalt, die sich durch die Arbeit der Kinder finanziell würde erhalten können. Er fand Spender für sein Unternehmen. Doch auch dieses konnte sich nicht lange halten; dafür gab es verschiedene Gründe: die Vernichtung der ganzen Ernten im Jahre 1777; die Abwanderung der Kinder, sobald sie neu eingekleidet, ausreichend verpflegt waren und eine erste Einführung in die Arbeiten im Betrieb erhalten hatten; das immer häufigere Ausbleiben von Spenden.

Im Jahre 1779 stand Pestalozzi endgültig vor dem Konkurs, nachdem das Erbteil seiner Frau zur Deckung von Schulden vollständig aufgebraucht war. Ab 1780 lebte er vereinsamt und mittellos auf dem Neuhof.

Während dieses pädagogischen Neuhoferlebnisses hatte er erstmals seine (sozial-)pädagogischen Gedanken zu Papier gebracht. In Briefen an Tscharner finden sich erste Gedanken zur Armenerziehung.

> »Der Menschenfreund muss hinabsteigen in die unterste Hütte des Elends, muss den Armen in seiner dunkeln Stuben, seine Frau in der Küche voll Rauch und sein Kind am vast unmöglichen Tagwerk sehen - Das ist die Hütte in der ein öffentlich erzogener Sohn einst wohnen muss -.....« (aus der Kritischen Pestalozzi-Ausgabe von Buchenau u.a., Bd. 1, 143)

Mit dem endgültigen Scheitern des Neuhof-Erlebnisses begann Pestalozzis langjährige schriftstellerische Tätigkeit, bei der er wiederum von einem Gönner unterstützt wurde. Sein erster schriftstellerischer Entwurf (mit einem Umfang von 20-30 Seiten) erschien 1780 in einer aufklärerischen Zeitschrift und trug den Titel *Abendstunde eines Einsiedlers*. Von 1780 bis 1798 war Pestalozzi zur Untätigkeit und zum Schreiben von Büchern gleichsam »gezwungen«. Erst 1798 fand er Gelegenheit, seine Ideen der Hilfe für verwahrloste Kinder zu realisieren.

In das Jahr 1798 fällt seine nur neun Monate dauernde Zeit als Betreuer der Kinder im Waisenhaus zu Stans. Hier finden wir ihn als den typischen sozialpädagogischen und heilpädagogischen Helfer. In höchster Aufopferung und doch mit bewussten pädagogischen Zielsetzungen nahm er sich der Kriegswaisen an. Von diesem Zeitpunkt an gelangte Pestalozzi im Rahmen seiner Schulleitungen in Münchenbuchsee und Iferten zu europäischem Ansehen als Erzieher und Lehrer. Lange Zeit kannte man ihn vor allem als berühmten Didaktiker und Methodiker.

Seine bekanntesten Schriften aus der Zeit zwischen Neuhof und Stans sind: Lienhard und Gertrud (1781); Christoph und Else (1782, eigentlich eine Erläuterungsschrift zu Lienhard und Gertrud); Ja oder Nein (1793, eine Auseinandersetzung mit der Französischen Revolution); Meine Nachforschungen über den Gang der Natur in der Entwicklung des Menschengeschlechts (1797, ein äußerst anspruchsvolles philosophisches Werk).

Dieser kurze und unvollständige Exkurs über Pestalozzis Biographie macht die Widersprüchlichkeit des aufklärerischen Denkens deutlich: Aufklärung heißt einerseits Betonung des Nützlichkeitsdenkens; andererseits ermöglicht Aufklärung die Bereitschaft zur Kritik und zum radikalen Umdenken. Dieser zweite Aspekt hat sich im sozialpolitischen und sozialpädagogischen Engagement Pestalozzis exemplarisch realisiert.

5.1.2 Dilemma zwischen Gesellschaft und Sittlichkeit

Pestalozzi schrieb während zwanzig Jahren an seinem gesellschaftsphilosophischen Hauptwerk, in welchem er sich mit der Frage des Menschenbildes in einem sehr umfassenden Sinne beschäftigte. Das Produkt der zwanzigjährigen Denkarbeit erschien 1797 unter dem Titel »Meine Nachforschungen über den Gang der Natur in der Entwicklung des Menschengeschlechts«. Aus verschiedenen Gründen handelt es sich um ein schwer lesbares Buch: Zum einen wirkt Pestalozzis Sprache für unsere Ansprüche unbeholfen und wenig präzise; zum anderen hat Pestalozzi seine Ansichten im Verlaufe der zwanzig Jahre teilweise geändert, was sich im Buch als Widersprüche oder Ungereimtheiten niederschlägt. Während dieser Zeit war Pestalozzi Zeuge eines so bedeutenden Weltereignisses wie der Französischen Revolution. Zu Beginn war er ein begeisterter Anhänger der Revolution; er publizierte Schriften, in welchen er die revolutionäre Gewalt zunächst vehement befürwortete; er erhielt sogar die Auszeichnung eines Ehrenbürgers der Französischen Revolution. Als er jedoch deren verheerenden Folgen für Europa miterlebte, ging er gegenüber der Frage von Gewalt auf Distanz. Diese Entwicklung hat sich auch in den »Nachforschungen« niedergeschlagen, in welchen er unter anderem Fragen politischer Gewalt und der Rechtmäßigkeit des Mordes an Machthabern nachging.

Im Zentrum von Pestalozzis Überlegungen zum Gesellschafts- und Menschenbild steht seine Lehre von den drei Zuständen, in welchen man sich den Menschen vorstellen kann: tierischer Zustand, gesellschaftlicher Zustand und sittlicher Zustand. In Abhängigkeit vom jeweiligen Zustand lässt sich menschliches Verhalten unterschiedlich erklären und bewerten. Pestalozzi erklärt sich die komplizierte Situation des Menschseins daraus, dass Menschen immer in allen drei Zuständen zugleich sind. Als Folge der Verflechtung dieser drei Zustände wird menschliches Handeln unberechenbar, widersprüchlich und kompliziert.

5.1.2.1 Komplikation: das doppelte Verständnis von »Zustand«

Die lange Entstehungsgeschichte der »Nachforschungen« hat dazu beigetragen, dass Pestalozzi den Begriff der »Zustände« in zwei unterschiedlichen Bedeutungen verwendet, ohne dies deutlich auszusprechen. Bei der Lektüre des Buches muss man sich immer wieder fragen, in welcher Bedeutung er an dieser oder jener Stelle den Begriff gebraucht.

Erste Bedeutung: Mit den drei Zuständen wird eine dreistufige Abfolge in der Gesamtentwicklung (*Phylogenese*) der Menschheit dargestellt. Es geht um die geschichtsphilosophische Spekulation, dass sich die Gesamtentwicklung der Menschheit historisch in drei Phasen vollziehe. Nachdem die Menschheit den Zustand der Tiere verlassen hat, befindet sie sich jetzt im gesellschaftlichen Zustand und wird in ferner Zukunft in den sittlichen Zustand eintreten. Die Vorstellung von einer dreiphasigen Entwicklung der Menschheit ist in der abendländischen Tradition verankert und findet sich beispielsweise auch in der christlichen Vorstellung von der Vertreibung aus dem Paradies, dem Leben im widersprüchlichen und oft ungerechten Diesseits und der Hoffnung auf die Rückkehr in eine bessere Welt. Gesamthistorische Entwicklungslehren, die in der Regel immer durch einen Dreischritt gekennzeichnet sind, haben nicht nur eine theologische, sondern auch eine philosophische Tradition. Innerhalb der deutschsprachigen Philosophie kann man auf zahlreiche berühmte Philosophen hinweisen, die vor oder zusammen mit Pestalozzi gelebt haben: Fichte, Hegel, Herder, Schiller, Schlegel.

Zweite Bedeutung: Mit den drei Zuständen ist ein *ontogenetisches* Modell gemeint, auf dessen Grundlage sich die innere Situation des einzelnen Menschen verstehen lässt. Weil der Mensch keinen dieser Zustände in seiner ontogenetischen Entwicklung ganz überwinden oder abwerfen kann, wird das Gesamtverhalten eines Menschen komplex und schwer verstehbar. Bei diesem Verständnis wird die geschichtsphilosophische Spekulation zu einer »Hilfskonstruktion«, mit welcher die Situation des einzelnen Menschen beschrieben werden soll. Auch in dieser Beziehung befindet sich Pestalozzi in einer abendländischen Tradition, welche immer wieder von Parallelen zwischen der phylogenetischen und der ontogenetischen Entwicklung ausgegangen ist.

Beide Bedeutungen lassen sich in den »Nachforschungen« nachweisen. In der ersten Hälfte des Buches überwiegt eher die phylogenetische Bedeutung des Begriffs; in der zweiten Hälfte des Buches tritt jedoch die ontogenetische Bedeutung – bezogen auf die Situation des einzelnen Menschen – in den Vordergrund. Der Übergang von der einen zur anderen Bedeutung hängt möglicherweise mit der sehr langen Entstehungsgeschichte der »Nachforschungen« zusammen. Die ontogenetische, individuumbezogene Bedeutung, auch als philosophisch-anthropologische Bedeutung zu sehen, scheint für Pestalozzi zentraler zu sein als die geschichtsphilosophischen Aspekte. Er war eher am Schicksal des Menschen als Einzelwesen interessiert als an geschichtsphilosophischen Spekulationen. Wahrscheinlich hat er sich im Verlaufe der langen Entstehungsgeschichte der »Nachforschungen« erst allmählich von den Einflüssen der Geschichtsphilosophen seiner Zeit gelöst.

5.1.2.2 Der tierische Zustand

Dieser Zustand wird unterteilt in den unverdorbenen tierischen Zustand und den verdorbenen tierischen Zustand. Ein unverdorbener tierischer Zustand des Menschen ist dadurch gekennzeichnet, dass eine ungebrochene und nicht gefährdete Übereinstimmung zwischen den individuellen Bedürfnissen und der Bedürfnisbefriedigung besteht. In diesem Zustand wäre der Mensch weder ein bösartiges Raubtier noch mit den Merkmalen des Menschseins belastet, insbesondere nicht mit dem zukunftsorientierten Denken und Handeln. Die äußeren Umstände des Überflusses würden ihn davon befreien.

Der verdorbene tierische Zustand ist somit dadurch gekennzeichnet, dass die individuellen Bedürfnisse und die Möglichkeiten der Bedürfnisbefriedigung nicht mehr in einem unmittelbaren Verhältnis zueinander stehen und dass dazwischen eine mit Mühen zu überwindende Kluft entstanden ist. Nach Pestalozzi tritt der verdorbene tierische Zustand ein, sobald sich die Menschen um die Befriedigung ihrer eigenen Bedürfnisse bemühen müssen.

»Solange er einfach und harmlos an der Hand des Instinkts leichten Sinnengenuss findet, nennen wir ihn einen unverdorbenen Naturmenschen; wenn er aber diesen Sinnengenuss nicht mehr sorgenlos und leicht findet und dadurch seine Harmlosigkeit und sein tierisches Wohlwollen dahingeht, so heißen wir ihn einen verdorbenen Naturmenschen.« (Pestalozzi 1968, 56)

Den unverdorbenen tierischen Zustand kann es nach Pestalozzis Meinung nur noch in der Fantasie der Menschen geben, gleichsam als Sehnsucht nach einem verlorengegangenen Zustand des Glücks. Wenn er vom tierischen Zustand spricht, kann dies zwangsläufig nur der *verdorbene* tierische Zustand sein.

Pestalozzi erklärte mit Hilfe einer zeitgenössischen Psychologie, warum der Mensch zwangsläufig in den verdorbenen Zustand eintritt: Er griff auf die damals verbreitete Triebpsychologie aus der englischen Ethik des 18. Jahrhunderts zurück. Auf der Grundlage dieser Triebpsychologie ging er von der Annahme aus, dass der Mensch mit zwei Grundtrieben ausgestattet sei: dem Trieb der Selbstsucht (bezogen auf die eigenen Bedürfnisse) und dem Trieb des Wohlwollens (entsprechend dem Pflegeinstinkt bei Tieren).

Wenn zwischen den von außen gegebenen Möglichkeiten der Befriedigung von eigenen Bedürfnissen und dem Anspruch der eigenen Bedürfnisse ein Bruch besteht, d.h. wenn die eigenen Bedürfnisse nicht restlos befriedigt werden können, gewinnt nach Pestalozzis Theorie der Trieb der Selbstsucht das Übergewicht und verdrängt den Trieb des Wohlwollens, soweit die eigenen Bedürfnisse nicht befriedigt sind. Mit anderen Worten: Der Mensch kümmert sich immer zuerst um die Befriedigung der eigenen Bedürfnisse, bevor er sich zum Wohle anderer Menschen einsetzt. In der phylogenetischen Entwicklung der Menschheit muss irgendeinmal ein Ereignis stattgefunden haben, durch welches dieses Ungleichgewicht der Triebe eingetreten ist und mit dem der definitive Übergang vom unverdorbenen zum verdorbenen Zustand der Menschheit stattgefunden hat. Eine Parallele zur Phylogenese vermutet Pestalozzi in der Ontogenese jedes Menschen, der mit der Geburt vom unverdorbenen zum verdorbenen tierischen Zustand übertritt.

5.1.2.3 Der gesellschaftliche Zustand

Ein Überleben der Menschheit, die sich nur im verdorbenen tierischen Zustand befindet, wäre nicht gesichert. Der definitive Eintritt in den verdorbenen tierischen Zustand macht den Übertritt in den gesellschaftlichen Zustand erforderlich. Dieser ist gekennzeichnet durch kollektive Regeln, welche den Trieb der Selbstsucht der Individuen so eingrenzen, dass eine Disziplinierung des verdorbenen Naturmenschen stattfindet. Allerdings ist an den gesellschaftlichen Zustand keine Veränderung des Übergewichts des Triebes der Selbstsucht geknüpft. Auch im gesellschaftlichen Zustand sind die Handlungsmotive der Menschen dieselben wie im verdorbenen tierischen Zustand, d.h. jeder versucht, zuerst die eigenen Bedürfnisse zu befriedigen. Beim gesellschaftlichen Zustand handelt es sich vorerst um nicht mehr als eine reglementierte Fortsetzung des Lebens im verdorbenen Naturzustand.

> »Der gesellschaftliche Zustand ist in seinem Wesen eine Fortsetzung des Krieges aller gegen alle, der im Verderben des Naturstandes anfängt und im gesellschaftlichen nur die Form ändert, aber um deswillen nicht mit weniger Leidenschaft geführt wird, im Gegenteil, der Mensch führt ihn in diesem Zustand mit der ganzen Schiefheit und Härte seiner verstümmelten und unbefriedigten Natur.« (Pestalozzi 1968, 64)

Um die Ausführungen Pestalozzis zum gesellschaftlichen Zustand besser nachvollziehen zu können, erscheint eine Interpretationshilfe notwendig, die sich aus textkritischer Sicht aufdrängt: Es fällt auf, dass Pestalozzi bei der Beschreibung des gesellschaftlichen Zustandes unkontrolliert hin- und herwechselt zwischen der Beschreibung vorfindbarer gesellschaftlicher Zustände und der Darstellung von wünschbaren gesellschaftlichen Verhältnissen. Bei einer Interpretation der »Nachforschungen« ist stets die Frage zu stellen, ob er jeweils von den realen gesellschaftlichen Verhältnissen seiner Zeit oder aber von erwünschten, erst noch zu schaffenden gesellschaftlichen Verhältnissen spricht. In diesem Sinne führe ich eine Unterscheidung ein, die in Pestalozzis Werk in dieser expliziten Form nicht vorzufinden ist: die Unterscheidung zwischen dem *realen* gesellschaftlichen Zustand der Zeit aus Pestalozzis Sicht und dem *idealen* gesellschaftlichen Zustand, wie ihn sich Pestalozzi wünscht.

Im realen gesellschaftlichen Zustand seiner Zeit findet Pestalozzi vorwiegend Habgier, Macht und Unterdrückung, welche durch gesellschaftliche Regelungen geschützt werden. Bei der Deutung der gesellschaftlichen Verhältnisse seiner Zeit kommt Pestalozzi zur Schlussfolgerung, dass bisher gesellschaftliche Regeln stets einseitig zugunsten der Privilegierten gehandhabt wurden. Wenn sich der Trieb der Selbstsucht mit gesellschaftlicher Macht verbindet, kommt es in der Regel zu ungerechten, einseitigen gesellschaftlichen Verhältnissen. Die Kunst einer besseren Staatsform wäre es, diese fast zwangsläufige Entwicklung zu stoppen.

Pestalozzi kommt zur Erkenntnis, dass es in den gesellschaftlichen Bedingungen seiner Zeit bestimmte bewährte Strategien gibt, welche die Machthaber zur Absicherung der einmal gewonnenen Macht anwenden.

Seine Ausführungen hierzu lassen sich relativ leicht auf Strategien von Politikern und Regierenden in unserer Zeit übertragen. Solche Strategien der Machthaber sind beispielsweise die folgenden:

Als bewährte Strategie der Machtsicherung zeigt sich immer wieder die Verbreitung einer Ideologie vom sittlichen Staatsbürger. Die Machthaber versuchen mit geeigneten Mitteln, das Denken und Fühlen der Untertanen so zu beeinflussen, dass diese meinen, die faktisch ungleichen Machtstrukturen seien gerecht. D.h. es wird versucht, die objektiv ungleichen Machtstrukturen im Wertsystem der einzelnen Menschen zu verankern.

> »Inzwischen liegt der Macht freilich alles daran, dass ich ein sittlicher Mensch sei und sie nie in den Fall komme, dass mein Tiersinn sich an dem ihrigen reibe. Sie leitet es deswegen auf der ganzen Erde dahin, dem Menschengeschlecht das Verhältnis zwischen ihr und dem Volk, und zwar einseitig, als ein sittliches in die Augen fallen zu machen. Aber die Neigung der Macht, sich für ein sittliches Verhältnis auszugeben, ändert die wahre Lage ihres Verhältnisses gegen das Volk nicht, und wann das Personale der Macht diese Neigung, von innerer Unsittlichkeit gereizt, nur für eigenen Vorteil nähret und sie nur zum Deckmantel ihrer bürgerlichen Gesetzlosigkeit und ihres gesellschaftlichen Unrechts braucht, so tut sie hierin nichts anders, als was der Wolf und der Fuchs, wann sie könnten, auch tun würden, um das Schaf und die Henne zu einem unbedingten Zutrauen zu bewegen. Indessen tut die Henne wohl, wenn sie des Nachts auf den Bäumen schläft, und das Schaf, wenn es trotz allem, was der Wolf sagt, sich an den Hirten hält.« (Pestalozzi 1968, 12)

Eine andere bewährte Strategie findet Pestalozzi darin, dass die Machthaber Appelle an die irrationalen Gefühle richten, d.h. das Verhältnis zwischen Machthabern und Untertanen als eine positive emotionale Beziehung erscheinen lassen nach dem Motto »Wir lieben uns ja alle«. Auch damit können Machtstrukturen versteckt und in den Emotionen der Individuen abgesichert werden.

Von den real existierenden würden sich die von Pestalozzi gewünschten idealen gesellschaftlichen Verhältnisse wesentlich unterscheiden. Sie müssten sich grundsätzlich an folgendem Prinzip orientieren: Für *jedes* Mitglied der Gesellschaft soll sich die Bedürfnisbefriedigung leichter und besser erweisen, als wenn es nicht Mitglied dieser Gesellschaft wäre.

Nun ist an die Triebpsychologie zu erinnern, nach welcher sich das Handeln der Menschen erklären lässt. In jedem gesellschaftlichen Zustand bleibt das stärkste Motiv der Menschen der Trieb der Selbstsucht; d.h. auch in einer besseren Gesellschaftsform bleibt das Hauptmotiv der Beteiligten die selbstsüchtige Hoffnung auf Bedürfnisbefriedigung.

> »Das Verhältnis der Menschen im Staat gegeneinander ist ein bloß tierisches Verhältnis. Der Mensch als Geschlecht, als Volk, unterwirft sich dem Staat gar nicht als ein sittliches Wesen; er tritt nichts weniger als deswegen in die bürgerliche Gesellschaft, damit er Gott dienen und seinen Nächsten lieben könne. Er tritt in die bürgerliche Gesellschaft, seines Lebens froh zu werden und alles zu genießen, was er als ein sinnliches tierisches Wesen unumgänglich genießen muss, um seine Tage froh und befriedigt auf dieser Erde zu durchleben.« (Pestalozzi 1968, 14)

Er warnt ausdrücklich vor der Meinung, dass eine Annäherung an bessere gesellschaftliche Verhältnisse eine Frage des Gefühls und des Vertrauens sei. Es geht vielmehr in erster Linie um die Frage nach der Gesetzgebung, welche den Spielraum der Macht hinreichend einschränken kann.

5.1.2.4 Der sittliche Zustand

Im gesellschaftlichen Zustand nimmt der Mensch Einschränkungen in Kauf, um gesichert leben zu können. Als besonders schwerwiegend stellt Pestalozzi die Einschränkungen dar, welche sich aus der gesellschaftlichen Arbeitsteilung ergeben. Dadurch werden die Menschen von ihren ursprünglichen Möglichkeiten stark deformiert, reduziert und funktionalisiert. Damit er gesichert seine Bedürfnisse befriedigen kann, muss der Mensch die Deformationen und Einschränkungen in Kauf nehmen.

> »Er sucht tierischen Genuss und verliert in dieser Rücksicht unendlich. Die Unbehaglichkeit, die er flieht, wird das Fundament des Lebens, in das er sich stürzt. Er will die Wonne des verlorenen Naturlebens wieder herstellen, dafür wird der eine ein Schneider, der andre gelehrt, einer treibt dafür Esel über den Berg, ein anderer Bauern in den Wald, einer putzt dafür dem andern den Bart, einer sucht diese Wonne mit dem Kopfe, ein anderer mit dem Herzen, einer mit Künsten gegen den Kopf, ein anderer mit Künsten gegen das Herz. Schon in diesem Unterschied liegen unsägliche Quellen der Unbehaglichkeit unseres Geschlechts. Der Gelehrte hat von dem Scheitel bis zu den Füßen einen schwerfälligen Leib, der Schmied einen Arm, der stärker ist als seine beiden Füße, der Schneider wackelt, wenn er geht, und der Bauer hat einen Schritt wie ein Ochs. Ob der Mensch will oder ob er nicht will, er ist im Joch des gesellschaftlichen Lebens gezwungen, das Glied am Leib und die Kraft der Seele, auf die ihm sein Brot und sein Haarpuder im gesellschaftlichen Zustand angewiesen sind, vorzugsweise und zum Nachteil aller seiner übrigen Glieder und Kräfte zu gebrauchen.« (Pestalozzi 1968, 62f.)

Aufgrund der Feststellung der notwendigen Deformationen und Reduktionen der Menschen im gesellschaftlichen Zustand kommt Pestalozzi zum Schluss, dass das Leben im gesellschaftlichen Zustand zwar für uns Menschen notwendig geworden ist, dass es aber für den einzelnen Menschen immer mit einem Gefühl der Unzufriedenheit verbunden bleibt.

Das Unbefriedigt-Bleiben im gesellschaftlichen Zustand veranlasst Pestalozzi, den sittlichen Zustand als weitere Möglichkeit menschlichen Seins einzuführen. Der sittliche Zustand ist dadurch gekennzeichnet, dass für das Individuum das unbefriedigende Sein im gesellschaftlichen Leben überwunden werden kann. Die Triebpsychologie wird nun ausgeweitet. Als psychologische Grundlage für den Übergang in den sittlichen Zustand nimmt Pestalozzi ein typisch menschliches Vermögen an (er spricht von einer »Kraft«); es ist das Vermögen, sich von den realen Gegebenheiten gedanklich zu distanzieren, darüber und über sich selbst nachzudenken und sich als ein anderes als das gesellschaftliche Wesen gedanklich vorzustellen.

»Ich besitze eine Fähigkeit, mich selbst im Genuss der vollen Kraft meines Instinkts und der ganzen Reinheit meines Wohlwollens zu denken, wie ich mich, wenn ich einen Arm oder ein Bein im Mutterleib verloren hätte, dennoch im Besitz dieses Gliedes denken könnte.
Durch diese Fähigkeit erzeuge ich in mir selbst das Bild der Unschuld, die ich verloren, das ist: eine Vorstellung von der Beschaffenheit meiner selbst außer meinem Verderben. Diese Unschuld aber fällt mir in einem gedoppelten Gesichtspunkt ins Auge.
Im ersten, wie ich beschaffen sein würde, wenn der Eindruck des Übels gar nicht auf mich gewirkt hätte.
Im andern, wie ich beschaffen sein würde, wenn der Eindruck des Übels wieder in mir ausgelöscht wäre.
Wenn ich dann mit dem letzten Gesichtspunkt die Kraft verbinde, zu streben nach dem Edelsten, Besten, das ich erkenne und das ich suchen soll, so wird dieses Bild der Unschuld in mir das Ziel der Vollkommenheit, wornach ich strebe, das ist, das Fundament meines sittlichen Zustands.« (Pestalozzi 1968, 58)

Pestalozzi spricht damit etwas an, was später im Zusammenhang mit dem Emanzipationsbegriff der Kritischen Theorie eine wesentliche Rolle spielen sollte: Es ist in moderner Terminologie die Reflexivität des Menschen. Reflexivität meint die Fähigkeit, sich von den eigenen und den gesellschaftlichen Verhältnissen gedanklich zu distanzieren und diese kritisch zu betrachten und zu diskutieren. Diese Fähigkeit des Menschen sehen die Vertreter der Kritischen Theorie als die Grundlage zur Gesellschaftsveränderung.

Die gedankliche Distanzierung von den realen Verhältnissen und das Sich-Vorstellen von etwas Besserem kann zunächst immer nur jeder Mensch als Einzelner vollziehen. Er kann zwar darüber mit anderen sprechen, aber den eigentlichen Akt des Denkens in diesem Sinne vollbringt immer nur der Einzelne. Es kann niemand dazu gezwungen werden, denn es geht in erster Linie darum, sich selbst zum Gegenstand des eigenen Nachdenkens zu machen. Da jeder ein Individuum mit eigener Biographie und in einer einmaligen Situation ist, ist die Leistung des Sich-selbst-zum-Objekt-Machens nur als individueller Akt denkbar.

>»Die Sittlichkeit ist ganz individuell, sie bestehet nicht unter zweien.
> Kein Mensch kann für mich fühlen, ich bin.
> Kein Mensch kann für mich fühlen, ich bin sittlich.« (Pestalozzi 1968, 84f.)

Vermutlich hat Pestalozzi in diesem Zusammenhang viel von Kants Ethik übernommen, aber seine Auffassung vom sittlichen Zustand ist doch nicht einfach eine Übernahme von Kants Lehre. Im Gegensatz zu Kant ist bei Pestalozzi der sittliche Zustand nicht nur an die Rationalität gebunden, sondern er steht in enger Verbindung zu den Begriffen »Liebe« und »Religion«. Pestalozzi weitet seinen Gedankengang in folgendem Sinne aus: Durch den Übergang in den sittlichen Zustand stellt sich für den einzelnen Menschen die Möglichkeit ein, zeitüberdauernde Bindungen im Sinne der Liebe zum Du und von religiöser Bindung einzugehen. Das psychologische Fundament dieser Möglichkeit des Menschen sieht Pestalozzi im Trieb des Wohlwollens. Aus diesem kann sich durch den Übergang in den sittlichen Zustand Liebe und Religion entwickeln. – Das zentrale Anliegen Pestalozzis ist gerade nicht die Idee einer Ethik als Handeln aus Pflicht, sondern der Eintritt in einen Zustand, welcher dem Einzelnen ermöglicht, zeitüberdauernde, nicht auf einen gesellschaftlichen Zweck gerichtete Ich-Du-Beziehungen einzugehen; dies kann er im gesellschaftlichen Zustand nicht, weil er dort immer an den Zweck der eigenen Bedürfnisbefriedigung denkt. Mit dem pestalozzianischen Begriff der Liebe ist diese enge, zweckfreie und dauerhafte Ich-Du-Beziehung gemeint.

> »Die Liebe wählt sich den kleinen Ort, auf den sie scheinen will, alles übrige steht bei ihr im Schatten.
> Sie ruht als Werk meines Geschlechts auf meiner Kraft, dem Augenblick Dauer zu verleihen.« (Pestalozzi 1968, 120)

Mit Religion ist die Bindung im Sinne einer individuellen Ich-Gott-Beziehung gemeint. Pestalozzi hat das Vermögen des Menschen, eine Beziehung außerhalb der Menschen einzugehen, den »salto mortale außer sich selbst« (Pestalozzi 1968, 32) genannt.

5.1.3 Widersprüchliche Funktionen von Erziehung

Von besonderem Interesse für die Wertgeleitete (Heil-)Pädagogik ist Pestalozzis Sicht des Verhältnisses zwischen Individuum und Gesellschaft sowie seine Sicht der Funktion von Erziehung für das Individuum und die Gesellschaft. Aus den bereits skizzierten psychologischen und gesellschaftsphilosophischen Grundannahmen zieht Pestalozzi die folgenden Schlussfolgerungen zum gesellschaftlichen Leben: Weil die Menschen im Staat lediglich als halbwegs disziplinierte, selbstsüchtige Wesen zusammenleben, wird jeder nach Möglichkeit versuchen, den anderen zugunsten der eigenen Bedürfnisse zu täuschen und auszubeuten. Pestalozzi geht davon aus, dass er wahrscheinlich selbst genauso handeln würde, käme er in den Besitz von gesellschaftlicher Macht.

Beim Versuch der Rekonstruktion von Pestalozzis Gedanken über die Gesellschaft lassen sich einige wenige Grundannahmen (Theoreme) ausmachen, mit denen er arbeitet, die von ihm selbst jedoch nicht in dieser Klarheit herausgestellt werden:

Menschliche Handlungen sind in erster Linie vom Trieb der Selbstsucht gesteuert. Dies bedeutet: Die Menschen sind von Geburt an so disponiert, dass ihre Regungen vom Trieb der Selbstsucht beherrscht werden. Nach Pestalozzis Philosophie richtet sich die Selbstsucht eines jeden Menschen gegen die Mitmenschen, wenn sie nicht in paradiesischen bzw. schlaraffenlandähnlichen Verhältnissen mit herrschendem Überfluss leben. Pestalozzi drückt dies aus, indem er schreibt, »harmlose Behaglichkeit« gebe es nur dort, »wo der Sinnengenuss des Menschen erquickend und leicht« sei (Pestalozzi 1968, 28). Da ein solcher Traum nicht der Realität entspricht, ist mit folgendem Sachverhalt zu rechnen: Sobald sich die Menschen um die Beschaffung und Herstellung materieller Güter selbst bemühen müssen, besiegt der Trieb der Selbstsucht den ursprünglich in den Anlagen ebenfalls vorhandenen Trieb des Wohlwollens.

Das Leben in einer geregelten Gesellschaftsform (Staat) ist für die Menschen eine existentielle Notwendigkeit. Unter Bezugnahme auf philosophische Anthropologien des zwanzigsten Jahrhunderts kann man diese Grundannahme Pestalozzis auf die (auch von ihm implizit angenommene) mangelhafte Ausstattung des Menschen mit lebenssichernden Instinkten im Vergleich zu den Tieren zurückführen. Wenn die spezifisch menschliche Intelligenz nicht in vereinigter Form zur Lebensbewältigung eingesetzt würde, wäre die Menschheit längst ausgestorben. Was Pestalozzi den »verdorbenen tierischen Zustand« nennt, ist weitgehend identisch mit dem, was wir auch als Verlust der Instinktsicherheit bezeichnen können. Mit dem Verlust der lebenssichernden Instinkte wird das egoistische Interesse an der Selbsterhaltung und damit an der eigenen Bedürfnisbefriedigung zum Hauptmotiv für das Leben und die Einordnung in gesellschaftlich geregelte Verhältnisse. Der Trieb der Selbstsucht hat damit eine doppelte, in sich widersprüchliche Funktion: Einerseits ist er Motiv zum gesellschaftlichen Leben, andererseits ist er aber auch Ursache der gesellschaftlichen Missstände (Selbstsucht, verursacht bei ungleicher Machtverteilung, Ungleichheiten und Ungerechtigkeiten). Für Pestalozzis Gesellschaftsphilosophie erscheint typisch, dass der psychologisch dem Individuum zugeschriebene Trieb der Selbstsucht eng mit dem gesamtgesellschaftlichen Aspekt verknüpft ist.

Die Bildung von individuellem Eigentum ist eine zwangsläufige Folge aus den beiden vorherigen Annahmen und kann mit keinem Mittel endgültig rückgängig gemacht werden. Diese Annahme ist eine Folgerung aus der Verbindung der Annahme des Triebes der Selbstsucht und der Annahme des Zwangs zur Vergesellschaftung.

> »Der Besitzstand ist geheiliget, weil wir gesellschaftlich vereiniget sind - und wir sind gesellschaftlich vereiniget, weil der Besitzstand geheiliget ist. Welchen Ursprung er auch immer gehabt habe, das geht uns weiter nichts an, wir müssen ihn respektieren, weil er ist und größtenteils wie er ist, oder unsre Bande alle auflösen.« (Pestalozzi 1968, 10)

Die Anwendung der drei genannten Grundannahmen führt zu Pestalozzis Gesamtsicht der Gesellschaft. Diese Gesamtsicht wirkt einerseits hoffnungslos, andererseits ermöglicht sie einen kritischen, aber doch akzeptierenden Umgang mit der gesellschaftlichen Realität. Seine Gesamtsicht lässt sich folgendermaßen zusammenfassen: Weil jedes Gesellschaftsmitglied primär selbstsüchtig und an der Sicherung und Vermehrung von Eigentum auf Kosten anderer interessiert ist, strebt jeder in Verbindung mit Interessengruppen so viel Macht wie möglich an, um offene oder versteckte Herrschaft zu den eigenen Vorteilen ausüben zu können. Wer immer in den Besitz von unkontrollierter Macht kommt, neigt zur Ausbeutung der Schwächeren zu den eigenen Gunsten.

Diese Gesamtsicht der Gesellschaft veranlasste Pestalozzi dazu, sich mit der Frage des revolutionären Umsturzes zu beschäftigen. Seine Haltung hierzu war einerseits klar, andererseits bezüglich der Anwendung von Gewalt im Verlaufe der Arbeit an den »Nachforschungen« wechselnd. Für Pestalozzi ist es offensichtlich, dass Menschen nicht jede Ausbeutung auf Dauer ertragen werden; wenn diese eine bestimmte Grenze überschreitet, kann es zu Revolutionen kommen, welche zu einer Neuverteilung der Macht führen. Durch Revolutionen werden die Grundvoraussetzungen des gesellschaftlichen Lebens nicht aufgehoben. Deshalb wird keine Revolution verhindern, dass auf der Grundlage neuer Machtverteilung neue Machthaber zu Ausbeutern und Unterdrückern werden. Da Pestalozzi über diese Erkenntnis nicht hinauskommt, muss seine Haltung zur Französischen Revolution ambivalent bleiben.

Wenn Pestalozzi vom Missbrauch der gesellschaftlichen Macht spricht, denkt er nicht ausschließlich an die Machthaber auf der obersten Stufe; sondern er betont immer wieder, dass sich die Tendenz zum Ausbeuten und Unterdrücken auf allen Stufen des Machtbesitzes zeigt.

Aus der pessimistischen Sicht des gesellschaftlichen Menschen zieht Pestalozzi die Schlussfolgerung, dass besonderer Verdacht bei den Bürgern eines Staates aufkommen müsse, wenn Machthaber und Regierende an Gefühl und Vertrauen des Volkes appellieren. Darin vermutet Pestalozzi eine der erfolgreichsten Taktiken von offen oder versteckt Herrschenden, welche ihre Macht und ihren Besitz festigen und erweitern möchten. Ein Staat, welcher möglichst gerechte Machtverteilungen aufweisen soll, darf deshalb nicht in erster Linie auf Gefühlsbindungen und Vertrauen zwischen Volk und Regierung aufgebaut werden.

Im Rahmen von Pestalozzis Vorstellung vom idealen Staat wäre die Organisation einer Gesellschaft umso besser, je mehr für jeden Bürger sichergestellt ist, dass seine Bedürfnisse besser befriedigt werden, als wenn er nicht Bürger dieses Staates wäre. In jedem Staat ist jeder Bürger gemäß seiner selbstsüchtigen Natur darauf ausgerichtet, die eigenen Bedürfnisse so weit als möglich und auch auf Kosten anderer zu befriedigen; deshalb kann ein Staat nur durch geeignete Gesetzgebungen und nicht durch Appelle an das Gefühl des Volks verbessert, d.h. gerechter werden. Bei der Einrichtung von gesellschaftlichem Recht und bei der Organisation seiner Überwachung muss davon ausgegangen werden, dass die Selbstsucht zugleich Motiv zur Gesetzgebung (Sicherung von Bedürfnisbefriedigung, Privilegien und Besitz) *und* zur Gesetzesübertretung sein kann. Durch eine geeignete Organisation von Gesetz, Kontrolle und Sanktion müsste verhindert werden, dass der latente Krieg aller gegen alle je zugunsten einer Einzelgruppe entschieden werden kann. Je besser dieser anfällige Schwebezustand in einem Staat gewährleistet ist, umso positiver sind dessen gesellschaftliche Verhältnisse zu beurteilen. Wo die Selbstsucht aller Bürger nicht hinreichend eingeschränkt ist oder Einschränkungen sanktionslos missachtet werden können, werden sich leicht Unterdrücker und Privilegierte mit einem zu hohen Machtanteil entwickeln. Auf der Grundlage dieser gesellschaftsphilosophischen Sicht stellt sich für Pestalozzi die dringliche Aufgabe der Suche nach Rechtsordnungen, die das selbstsüchtige Streben aller Gruppierungen im Staat hinreichend einschränken können. Ist es einmal gelungen, in einem Staat eine in den Ansätzen günstige Organisation von Gesetz, Kontrolle und Sanktion zu schaffen, dann geht es darum, das Erreichte zu erhalten und das Mangelhafte weiter zu verbessern.

Damit gewinnt der dritte Begriff neben Individuum und Gesellschaft an Bedeutung: *Erziehung*. Für Pestalozzi ist die Funktion der Erziehung in den großen gesellschaftsphilosophischen Rahmen eingebettet: Wenn sich die gesellschaftliche Welt nicht in ein Chaos auflösen soll, dann muss jede neue Generation dazu gebracht werden können, solche gesellschaftliche Ordnungen zu erhalten und zu verbessern, die das selbstsüchtige Streben aller Gruppierungen hinreichend einschränken. In der Sicherung der Erhaltung und Verbesserung solcher gesellschaftlicher Ordnungen sieht Pestalozzi eine wesentliche Funktion der Erziehung (nicht die einzige). Jeder heranwachsenden Generation soll durch Erziehung die gesellschaftliche Ordnung »übergestülpt« werden. Wird diese Erziehungsfunktion vernachlässigt, droht ein neuer Triumph uneingeschränkten, selbstsüchtigen Treibens. Pestalozzi meint damit jedoch nicht die Erziehung zum angepassten Untertan, sondern die Erziehung zum mündigen Staatsbürger, der sich aus eigener Einsicht in die latente Gefahr des Missbrauchs von unkontrollierter Macht durch jeden Mitbürger der gesellschaftlichen Ordnung unterstellt und an deren Weiterentwicklung mitwirkt.

Für Pestalozzi stellte sich allerdings die grundlegende Frage, inwiefern man durch Erziehung im Sinne von Sozialisation die Individualität des Kindes zerstören darf. Ist die Aufrechterhaltung gesellschaftlicher Ordnung eine hinreichende Rechtfertigung dafür, dass jede Generation von neuem unter das Joch der gesellschaftlichen Ordnung gezwungen wird? Wird damit nicht eine Deformation der Seele des Kindes in Kauf genommen, die eigentlich doch nicht verantwortet werden kann?

Für Pestalozzi steht außer Zweifel, dass die Erziehung zum bürgerlichen Leben, auch in einer gerechteren Gesellschaftsordnung, eine gewisse Deformierung des ursprünglichen Menschen bedeutet. Ginge es einzig und allein um die Erhaltung der gesellschaftlichen Ordnung, wäre für Pestalozzi die gesellschaftliche Disziplinierung des Kindes durch Erziehung nicht gerechtfertigt. Die gesellschaftliche Disziplinierung kann nach Pestalozzis Überzeugung auch anders gerechtfertigt werden: Hierbei geht er von der eigenen Person aus und überlegt, was er seiner Erziehung als Disziplinierung außer der gesellschaftlichen Anpassung zu verdanken habe. Er macht bezüglich der eigenen Person die Feststellung, dass er vermutlich wesentliche Dinge nicht hätte erleben können, wäre er nicht in eine äußere Ordnung hineingeführt worden. Er verweist auf die eigene Erfahrung, dass er sich zu Regungen fähig hält, welche nicht aus der Selbstsucht erklärt werden können und welche der Selbstsucht geradezu widerstreben. Im Rahmen dieser Selbstbeobachtung entdeckt er eine ganz neue Funktion der Erziehung und der Anpassung an eine äußere Ordnung. Mit der Entdeckung dieser neuen Funktion von Erziehung macht er den Schritt zum individuell-sittlichen Zustand, welchem Menschen sich anzunähern versuchen können.

Diese Funktion von Erziehung als Anpassung an eine äußere Ordnung lässt sich interpretierend folgendermaßen umschreiben: Wenn das selbstsüchtige Wesen eines Menschen durch eine äußere Ordnung eingeschränkt wird, dann können sich dem Individuum Möglichkeiten eröffnen, welche sich von der Selbstsucht entfernen. Es können zeitüberdauernde Beziehungen und auch religiöse Bindungen eingegangen werden. Zeitüberdauernde Ich-Du-Beziehungen können den Menschen als Individuum erfüllen; für Pestalozzi genügt hierzu das Wort »Liebe«. Liebe und religiöse Bindung können sich nur entfalten, wenn die Disziplinierung der natürlichen Selbstsucht erfolgreich ist; diese Disziplinierung muss durch die Unterwerfung unter die Ordnung einer möglichst gerechten Gesellschaftsform geschehen, weil Erziehung immer auch *diese* Funktion wahrnehmen muss. Ohne die Aufrechterhaltung und Verbesserung der gesellschaftlichen Ordnung würden die menschlichen Regungen des Wohlwollens von der Selbstsucht im Keim erstickt und überwuchert. Würde andererseits die gesellschaftliche Ordnung nur zum Selbstzweck, dann könnte sich die Liebe nicht entfalten, und die Menschen würden in Lieblosigkeit verhärten. Die Disziplinierung von Menschen durch Anpassung an eine gesellschaftliche Ordnung kann somit entweder zur Selbstentfremdung des Menschen führen, oder sie kann Voraussetzung für erfüllende Ich-Du-Erlebnisse werden.

Damit hat für Pestalozzi die gesellschaftliche Disziplinierung – man könnte von Sozialisation sprechen – eine neue anthropologische Begründung: Zeitüberdauernde Ich-Du-Beziehungen sind nur möglich, wenn das übermächtige, selbstsüchtige Streben des Kindes durch den äußeren Zwang einer gesellschaftlichen Ordnung in Schranken gewiesen wird. Diese erinnert an das von Paul Moor thematisierte Verhältnis zwischen Äußerem und Innerem Halt. Die von Pestalozzi vertiefte Sinngebung von Erziehung und Sozialisation hat nichts zu tun mit einem resignierten Rückzug in die Privatsphäre. Denn gemeint ist nicht die untertänige Furcht vor jeder beliebigen Staatsordnung, sondern die Unterordnung mündiger Staatsbürger, die stets in verbesserndes, politisches Handeln umschlagen kann, falls gesellschaftliche Gruppierungen versuchen, durch Lücken in der Staatsordnung zu unkontrollierter Macht zu kommen und Entsolidarisierungsprozesse voranzutreiben.

5.2 Paul Moor: Äußerer Halt und Innerer Halt

Mit der Lehre vom »Inneren Halt« von Paul Moor ist die pestalozzianische Denkweise in eingeengtem Rahmen bezogen auf das Ideal des individualisierten »sittlichen Zustandes« in einer heilpädagogischen Anthropologie wiederzufinden. Hingegen ist darin die gesellschaftsphilosophische Seite pestalozzianischen Denkens fast vollständig ausgeblendet. Beide Seiten der pestalozzianischen Tradition finden sich hingegen bei Heinrich Hanselmann, als dessen Schüler Moor bezeichnet werden kann.

5.2.1 Zur Biographie von Paul Moor

Paul Moor gilt als Schüler von Heinrich Hanselmann und neben diesem als Hauptvertreter jener Schweizer Heilpädagogik, welche bis Ende der sechziger Jahre die deutschsprachige Heil- und Sonderpädagogik geprägt hat. Mit dem 1972 erschienenen Buch »Pädagogik der Behinderten« von Ulrich Bleidick wurde eine Periode der Diskreditierung Moors eingeleitet. Da sich Bleidick am empirisch-analytischen Wissenschaftsmodell orientierte, verlieh er Moor den Ruf eines Autors, welcher den wissenschaftlichen Standards nicht genügt: »Den empirisch forschenden Psychologen hat Moors Heilpädagogische Psychologie nie befriedigen können. Sein Programm, eine ›dem heilpädagogischen Gegenstand angemessene Psychologie‹ zu schaffen, wie es später heißt (Moor 1965, 259), ist methodisch mit den Grundlagen einer Feststellungswissenschaft unvereinbar. Es will nicht wissen, was ist, sondern was sein soll. Eine solche Psychologie basiert auf Vorannahmen, wenn nicht auf Vorurteilen.« (Bleidick 1983, 143)

Moor wurde am 27. Juli 1899 in Basel als ältestes von fünf Kindern geboren. Sein Vater war Angestellter bei der Schweizerischen Bundesbahn. Nach seiner Schulbildung in Basel studierte Moor Mathematik und Naturwissenschaften an der Universität Basel. Von 1920 bis 1922 war er Assistent an der Astronomischen Anstalt der Universität Basel. Nach einem Auslandsemester an der Universität Hamburg promovierte er 1924 an der Universität Basel in den Fächern Mathematik, theoretische Physik und Astronomie zum Doktor Phil. II, d.h. zum Doktor der Naturwissenschaften. Im Anschluss daran war er während zwei Jahren als Gymnasiallehrer tätig. Er begann dann ein zweites Studium in den Fächern Religionsgeschichte und Philosophie. In Basel besuchte er die Vorlesungen des Philosophen Paul Häberlin, der neben den philosophischen auch pädagogische Vorlesungen hielt. Damit fühlte sich Moor immer stärker mit pädagogischen Fragen konfrontiert, insbesondere auch mit Fragen der Erziehung und Unterrichtung von schwierigen Kindern. Paul Häberlin machte ihn auf Heinrich Hanselmann, den ersten Professor für Heilpädagogik an der Universität Zürich und Leiter des Heilpädagogischen Seminars Zürich aufmerksam. Moor entschloss sich zum Besuch des Jahreskurses 1929/30 am Heilpädagogischen Seminar Zürich. Nach Abschluss dieses Kurses übernahm er zusammen mit seiner Frau die Leitung eines Kinderheimes für schwierige Kinder in Deutschland. Die politischen Voraussetzungen für seine Tätigkeit wurden infolge der faschistischen Tendenzen in Deutschland zunehmend schlechter. Das Erziehungsheim musste im Jahre 1931 geschlossen werden. Moor kehrte in die Schweiz zurück. Hier übernahm er am 1. August 1931 die Leitung der neu eröffneten Beobachtungsstation im Landerziehungsheim Albisbrunn, eine Gründung von Hanselmann. Es handelte sich um ein Heim für schwererziehbare Jugendliche. Nach zweijähriger praktischer Tätigkeit in Albisbrunn wurde er am 1. Oktober 1933 wissenschaftlicher Assistent von Heinrich Hanselmann an der Universität Zürich. Als Assistent setzte er hier sein Zweit- bzw. eigentlich sein Drittstudium fort und promovierte im Herbst 1935 in den Fächern Philosophie und Heilpädagogik zum Dr. phil. I. Das Thema seiner Dissertation lautete: »Die Verantwortung im heilpädagogischen Helfen«. 1940 wurde er als Nachfolger von Heinrich Hanselmann zum Rektor des Heilpädagogischen Seminars Zürich gewählt; Hanselmann hatte sich von diesem Posten frühzeitig zurückgezogen, um sich mehr der Universitätsprofessur widmen zu können. Moor habilitierte sich 1942 für das Fach Heilpädagogik und wurde 1951 als Nachfolger Hanselmanns als Professor für Heilpädagogik an die Universität Zürich berufen. Ähnlich wie Hanselmann trat er vorzeitig als Rektor des Heilpädagogischen Seminars (HPS) Zürich zurück und konzentrierte sich bis zu seiner Pensionierung auf die Universitätsprofessur. Sein Nachfolger am HPS Zürich wurde Fritz Schneeberger, ebenfalls ein Hanselmann-Schüler. Moor lebte im Alter immer zurückgezogener, wobei er unter den übrigen Professoren der Universität schon vorher als Einzelgänger gegolten hatte. Nach seiner Pensionierung soll er sich intensiv seinen religionsphilosophischen Interessen gewidmet und sich in das Studium der Bibel in der Ursprache vertieft haben. Vor seinem Tod im Jahre 1977 soll er in höchst aufopfernder Weise seine schwer kranke Ehefrau jahrelang gepflegt haben, obschon er selbst bereits unter seiner eigenen Krankheit litt.

5.2.2 Die Grundwerte: Religiosität und Ganzheitlichkeit

Die Grundlage von Moors heilpädagogischem Denken bilden die Werte der emotionalen Empfänglichkeit für Lebensinhalte und Lebenssinn (im weiten Sinne als Religiosität interpretierbar) und der Ganzheitlichkeit von Gefühl und Intellekt des Menschen.

5.2.2.1 Religiosität auf emotionaler Grundlage

Obschon in Moors heilpädagogischen Schriften der Gottes- und der Religionsbegriff selten verwendet werden, lässt sich der Wert der »emotionalen Empfänglichkeit« als Religiosität interpretieren. Damit ist die Möglichkeit des Menschen gemeint, Lebensinhalte durch emotionale Öffnung von einer transzendenten Instanz empfangen zu können. Empfänglichkeit für Lebensinhalte, d.h. Religiosität, ist für Moor in erster Linie in der Emotionalität und nicht im Intellekt des Menschen verankert. In seinem Menschenbild fällt durchgehend die hohe Bewertung des Gefühls bzw. des »Gemüts« (wie es von Moor in der Regel genannt wird) auf. In beinahe mystischer Ausdrucksweise nennt er die Lebensinhalte, die dem emotional empfangsbereiten Menschen von einer transzendenten Kraft geschenkt werden, das »Verheißene«. Wenn sich der Mensch dem Transzendenten, dem »Verheißenen« öffnen kann, fließt ihm Lebensinhalt, d.h. Lebenssinn zu.

Wie für Hanselmann Religiosität Sehnsucht nach verlorener Ganzheitlichkeit bedeutete, die für den Menschen nie voll erreichbar ist, ist für Moor das »Verheißene« durch Menschen nur ahnbar, fühlbar, erhoffbar, nicht aber erreichbar – schon gar nicht mit willentlicher menschlicher Anstrengung. Ein zentraler Begriff dafür, was interpretierend »Religiosität« genannt werden kann, ist bei Moor das Wort »Ergriffenheit«. Mit diesem Wort will er deutlich machen, dass der Mensch nach Lebensinhalten und nach Lebenssinn *nicht* einseitig aktiv und willentlich greifen kann. Es soll sprachlich angedeutet sein, dass sich der Mensch im buchstäblichen Sinne des Wortes von transzendenten Kräften »ergreifen« lassen muss, wenn er die Frage nach dem Sinn des Lebens stellt. Es handelt sich um »Ergriffenwerden« über das emotionale Geschehenlassen bzw., im Moor'schen Begriffsrahmen, über das Gemüt.

Trotz der unverkennbaren religiösen Verankerung ist Moor mit dem Gebrauch des Wortes »Gott« zurückhaltend. Er konzentriert sich auf Begriffe, welche den psychischen Zustand des religiös gebundenen Menschen bezeichnen, beispielsweise: »Ergriffenheit als Zuversicht der Erwartung des Verheißenen (Hochgemutheit)« und »Sehnsucht als unendliches Verlangen des Verheißenen (Hoffnung)« (Moor 1960, 305).

Obschon er es kaum nachweislich ausspricht, ist durchwegs eindeutig interpretierbar, dass das »Ergriffen-Werden« eine transzendente Kraft voraussetzt. Anders lässt sich der Begriff »Verheißenes« nicht verstehen. In welch einfacher Weise sich religiöse Empfänglichkeit im heilpädagogischen Umgang äußern kann, illustriert Moor in seiner Einführung in die Heilpädagogik am Beispiel des »mongoloiden« Martin, den er als 18jährigen jungen Mann kennenlernte. Moor wirft in den folgenden Textpassagen (alle aus Moor 1965, 167-169) die Frage auf, ob man bei einem geistigbehinderten Menschen wie Martin von einem religiösen Leben sprechen könne? (Dies ist damals den Geistigbehinderten von zeitgenössischen Autoren offenbar abgesprochen worden. Moors Darstellung versteht sich als Gegenposition zu solchen Meinungen seiner Zeit).

»Verschiedentlich durfte Martin Bekannte in den katholischen Gottesdienst begleiten. Aufmerksam verfolgt er die liturgischen Handlungen. Die Messbuben, ihre Gewänder, Geräte und Aufgaben beeindruckten ihn nachhaltig. Anschließend erkundigt er sich genau über die Bedeutung dessen, was er gesehen hatte. Und es ist sein innigster Wunsch, auch solch ein Messbub zu werden. - Ein andermal wohnte er in einem Kloster dem Chorgebet der Nonnen bei. Erst gegen Ende des Gebets kam der Priester mit zwei Ministranten, um den Segen zu erteilen. Später sagte uns Martin, er habe immer gespannt darauf gewartet, bis der Pfarrer und die Messbuben kämen. Und als sie so lange nicht erschienen, habe er Angst gehabt, sie könnten am Ende gar nicht mehr kommen.«

Moor vertritt die Meinung, dass sich trotz der berichteten Äußerlichkeiten bei diesem geistigbehinderten jungen Mann das beginnende religiöse Erleben als emotionales Angesprochensein von den kirchlichen Handlungen zeige. Auf seiner Entwicklungsstufe äußere sich das emotionale Angesprochensein im nachahmenden Wunsch, auch solche Gewänder tragen zu dürfen und wie die Messbuben an dem Spiel teilnehmen zu können. Moor wehrt sich gegen die Meinung eines Autors seiner Zeit, der über die Religiosität von Mongoloiden folgendes geschrieben habe: »Ästhetische und religiöse Gefühlsregungen fehlen fast vollständig. Darum ist es schwer, sie für religiöse Werte zu begeistern. Sie versagen auch vollständig im Verstehen abstrakter Begriffe. Sie kennen nur das Konkrete ... Abstrakte religiöse Begriffe werfen sie einem immer wieder durcheinander ...« Diesem Autor wirft er vor, dass er das religiöse Leben am falschen Ort suche. Für diesen Autor ist Religiosität in erster Linie eine kognitive Leistung und hängt mit der Fähigkeit zur abstrakten Begriffsbildung zusammen. Für Moor hingegen ist die Wurzel der Religiosität das Gefühl, auch wenn die Entwicklung zu weiteren Formen von Religiosität kognitive Entwicklungen erforderlich machen, welche bei Geistigbehinderten nicht immer erfolgen können. Er entgegnet dem von ihm zitierten Autor:

>»Es hat nichts mit abstrakten Begriffen zu tun; und es bedeutet keinen Mangel an Religiosität, wenn der Mongoloide ›einem‹ die abstrakten Begriffe durcheinanderwirft. Martin Buber sagt: ›Mancher Gläubige weiß zu Gott, aber nicht von ihm zu reden.‹ Und er unterscheidet zwischen Menschen, ›die unbeschränkt denkfähig sind‹, und anderen, ›die begegnungsfähig sind‹. Er sieht das Wesen der Religiosität darin, ›der geglaubten unbedingten Wesenheit zugewandt zu leben‹«.

Moor interpretiert die Worte Bubers in seinem Sinne: Zugewandtheit zu Gott sei in erster Linie emotionale Zugewandtheit, die weder mit intellektueller Leistung noch mit einem Willensakt erkämpft werden kann.

In welcher konkreten (für Intellektuelle naiv wirkenden) Art und Weise sich der geistigbehinderte Martin emotional dem »Verheißenen« zu- und hinwendet, erzählt Moor mit Beispielen aus dem Leben dieses jungen Mannes:

>»Martin steht vor seinen Kanarienvögeln und beginnt ihnen zu predigen. ›Gott der Herr ist allmächtig. Friede von Gott unserem Vater, dass wir ihn stets vor Augen haben. Amen. Unser Text ist Chronik 1-2. Selig die Gottes Wort hören und es bewahren. Liebe Vögel! Was Gott der Herr bringt. Morgen ist Muttertag. Den schönen Tag schenkt uns die Schöpfung dar. Nehmen wir das Wort Gottes an, glauben wir dem göttlichen Wort, was er uns sagt, der Meister und Herr. Selig sind, meine Vögel, die das Wort Gottes hören und es bewahren. Nun noch die Mitteilungen. Amtswoche hat Pfarrer X. Zwei Kinder wurden getauft. 5000 Fr. Kollekte gingen ein. Wir danken euch dafür. Gestern wurde Pfarrer Y nach Z versetzt. Wenn ihr noch Fragen habt, so wendet euch an das Pfarramt.‹ - Eine weitere Predigt: ›Dein Name werde geheiligt. Was soll das heißen? Das heißt, man soll Gott loben und den Herrn auch. Man soll Gott seinen Namen brauchen, aber nur mit guten Worten und nicht mit bösen Worten. Amen‹.«

Dazu Moors Interpretation:

>»In solchen ›Predigten‹ ist enthalten: das einfache kleinkindliche Rollenspiel; die Hinwendung zu den Vögeln, die nie unfreundlich gegen ihn sind; die Freude an den religiösen Dingen, die wohl nichts von ihrem Sinn versteht (der nur in abstrakten Begriffen gestammelt werden kann) und mit ihnen auf die gleiche Weise spielt wie mit allen anderen Dingen. Eine Entwicklung ist hier nicht möglich; das Kind bleibt bei den Anfängen stehen. Wir sehen aber, was diese Anfänge alles enthalten und sehen es besonders deutlich, gerade weil es uns vor Augen stehen bleibt. Und wir mögen uns fragen, warum aus diesen Anfängen bei unseren begabten Kindern so wenig wird.«

An einem weiteren Beispiel im Zusammenleben mit dem geistigbehinderten Martin zeigt er die Anfänge – oder eher die Wurzeln – von Religiosität:

»Wir beobachten im Garten eine Amsel, die gerade einen Maikäfer zerhackt. Martin fragt: ›Warum haben eigentlich die Tiere Angst vor uns?‹ Wir wussten nichts darauf zu antworten. Für ihn ist es unverständlich, weil er ja den Tieren gutgesinnt ist.« Dazu sagt Moor nur einen Satz: »Dass die Tiere Angst vor uns Menschen haben, das ist ein Rätsel für einen Menschen, der zu ihnen nur freundlich ist, der nichts Böses will, der im Stande der Unschuld lebt.«

5.2.2.2 Ganzheit von Gefühl und Intellekt

Während Hanselmann von einem Ganzheitsbegriff mit sehr vielen Elementen ausging, konzentrierte sich Moor auf die Gleichwertigkeit von Verstand und Gefühl. Mit dem Verstand handelt und gestaltet der Mensch sein Leben; mit dem Gefühl kann er den Sinn und den Inhalt für sein verstandesmäßiges Handeln empfangen. Dies ist eine Kurzformel für die Moor'sche Verknüpfung zwischen Verstand und Gefühl. Die Entwicklung von Verstand und Gefühl als Einheit des Menschseins zu höheren Formen der Ganzheitlichkeit bildet den Kern von Moors Lehre der Entwicklung zum Inneren Halt. Darauf konzentriert sich sein zweibändiges Hauptwerk »Heilpädagogische Psychologie«.

Bleidick hat in seinem für die Rezeption von Moor folgenreichen Buch »Pädagogik der Behinderten« dessen Versuch zur Zusammenführung von Verstand und Gefühl in der menschlichen Entwicklung als »romantisches System« abgetan (Bleidick 1983, 153). Mit Bezug auf zentrale Stellen in Moors Ausführungen zum Inneren Halt schreibt Bleidick: »Wir dürften hiermit jene Stelle erreicht haben, wo sich die Pädagogik der Behinderten am weitesten von Wissenschaft zu Poesie entfernt hat.«(Bleidick 1983, 155) Der Vorwurf von Romantizismus und Poesie hat mehreren Generationen von Heil- und Sonderpädagogen die Bereitschaft genommen, sich auf Moor einzulassen.

Dass man Moor in die Tradition der Romantik einordnen kann, ist durchaus zutreffend. Der Wert der Ganzheit von Gefühl und Verstand kann als romantisierender Wunsch nach Annäherung zwischen Intellekt und Emotionalität gesehen werden. Der Kritik kann entgegengehalten werden, dass die Tradition der Romantik auch als pädagogisch wichtige Korrektur der Aufklärung verstanden werden kann. Moors Aufwertung des Emotionalen und des Aspekts der pädagogischen Zurückhaltung könnte dann als Relativierung des Machbarkeitsdenkens in der aufklärungsorientierten Pädagogik gewertet werden.

Auf die Tradition der Romantik deutet beispielsweise auch seine Verwendung des Begriffs der Phantasie hin (vgl. Haeberlin 1969). Phantasie ist in Moors Begriffssystem die dem Menschen gegebene Möglichkeit, sich Gefühlen hinzugeben und darin aufzugehen; sie ist für ihn die notwendige Ergänzung zur Intelligenz, die dem Menschen ermöglicht, willentlich Ziele zu realisieren. Phantasie ist die Grundlage der emotionalen Empfänglichkeit; Intelligenz ist die Grundlage des zielstrebigen Handelns. Diese dem Intelligenzbegriff entgegengesetzte Verwendung des Phantasiebegriffs entspricht nicht dem heutigen Begriff der Kreativität, der stets auf eine möglichst originelle, neuartige kognitive Leistung abzielt, d.h. letztlich ein Anhängsel zum Intelligenzbegriff darstellt. Es ist ein Phantasiebegriff, der sich in der Romantik findet und den man beispielsweise beim Frühromantiker Novalis im Leitmotiv der »blauen Blume«, nach der sich Novalis sehnt, nachweisen könnte. Der Wert der Ganzheit von Gefühl und Intellekt im Sinne von Moor kann auch als Wunsch nach Annäherung zwischen Intelligenz und Phantasie gesehen werden, ohne dass eine von den beiden menschlichen Möglichkeiten einseitig die Oberhand gewinnt. In der »romantisierenden« Sprache von Moor tönt dies folgendermaßen:

> »Das Reifen aber der Intelligenz zur Sachlichkeit und der Phantasie zur Tiefe vollzieht sich auf dieselbe Weise wie dasjenige von Wille und Gemüt, in welchen die beiden Fähigkeiten ja gleichsam eingebettet sind: Es vollzieht sich nur schrittweise in der Wechselwirkung von Intelligenz und Phantasie, in der Wechselwirkung von Wille und Gemüt. Es gibt in der Phantasie wie im Gemüte keine Tiefe ohne Sachlichkeit der Intelligenz und des Wollens; und es gibt keine Sachlichkeit von Wille und Intelligenz ohne Tiefe des Gemütes und der Phantasie. Was uns innerlich erfasst hat und in der Phantasie aufblüht, das muss überfließen, überströmen in unser tätiges Leben, muss unserem Wollen Inhalt werden und von unserer Intelligenz mit der Wirklichkeit des tätigen Lebens in Beziehung gesetzt werden. Hier hat es seine Bewährungsprobe zu bestehen; es kann nicht reifen, wo das ergriffene Herz es nicht wagt, sich zu verschenken, zu verschwenden. Aber dieses Verschwenden würde ein Vergeuden, wenn kein entsprechend gereiftes Wollen zur Verfügung stünde. Wo aber in dieser Bewährungsprobe das Wollen an die Grenzen dessen gelangt, was uns einmal innerlich erfüllt hat, wo sich der Gehalt im tätigen Leben nicht mehr zu bewähren vermag, da scheidet sich nicht nur oft Wille und Intelligenz des sachlich Verlässlichen von der unverbindlichen Schwärmerei, sondern da wächst und vertieft sich auch die Sehnsucht nach dem erfüllenden Gehalt, da reifen Gemüt und Phantasie, dass sie in kommenden Begegnungen tiefere Gehalte nicht mehr übersehen und von bereits bekannten Gehalten tiefer ergriffen werden, weil in der Verwirklichung der Besitz eines Tieferen zur inneren Notwendigkeit geworden ist.« (Moor 1960, 314f.)

In der schwer fassbaren Sprache dieses Textbeispiels deutet sich Moors Tendenz an, in einem Absatz sprachlich immer alle Aspekte der Ganzheitlichkeit zu berücksichtigen. Dies macht den Zugang zu Moors Werk schwierig. Einfacher wird es, wenn er zu Illustrationen mit konkreten Situationen übergeht. Beispielsweise – so schreibt er an einer Stelle konkretisierend und illustrierend – verlange das Schreiben eines Aufsatzes in der Schulklasse eine intellektuelle Anstrengung, aber auch so etwas wie phantasievolle Einfälle im Sinne des emotionalen Empfangens, d.h. die Verknüpfung von Wille und Gemüt oder auch von Intelligenz und Phantasie:

> »Wenn nach der Schulreise keine Einfälle für den Aufsatz da sind, dann hat eben das Gefühl nichts erlebt, es war nur Betrieb und vorübergehende Sensation; oder es spricht jetzt, da der Aufsatz geschrieben werden sollte, das Gefühl nicht an, weil es kein tiefes und darum nachwirkendes gewesen ist, oder weil der Anstrengung des sich Besinnen-, Formulieren- und Schreiben-Müssens kein geübter Wille zur Verfügung steht, so dass die Mühe und Last der Aufgabe zum vorherrschenden Erlebnis und das auch vorhandene nachschwingende Gefühl davon zugedeckt wird... womit eben bereits wieder gesagt ist, dass auch hier die Phantasie nicht vollbringen kann, was wir von ihr erwarten, wenn nicht die Tiefe des Gemütes hinter ihr und das gereifte sachliche Wollen ihr zur Verfügung steht, das heißt eben: wenn in ihr nicht nur ein ganzes, sondern auch ein wohlgeordnetes und mit eigenem Gehalt erfülltes Leben steht.« (Moor 1960, 313)

Die Entwicklung des Verstandes (des intelligenten Handelns) muss nach Moor die Durchsetzungskraft des eigenen Willens zum Ziel haben. Im Verstandesbereich geht es um die Entwicklung zum autonom handelnden und handlungsfähigen Menschen. Die Entwicklung der Emotionalität (der phantasievollen Empfänglichkeit) jedoch hat eine innere Gelassenheit und Unbeirrbarkeit des von Lebenssinn erfüllten Gemüts zum Ziel. Im emotionalen Bereich geht es um die Entwicklung zum emotional erfüllten und glaubenstiefen Menschen.

Das Postulat der Entwicklung zur Ganzheitlichkeit als Einheit von Verstandesentwicklung und Gemütsentwicklung verlangt auch eine ganzheitliche Erziehung. Diese stellt Moor als Einheit zwischen dem »Aspekt des pädagogischen Zugriffs« und dem »Aspekt der pädagogischen Zurückhaltung« dar. Die Entwicklung von Verstand und verstandesgeleitetem Willen des Kindes ist auf den »pädagogischen Zugriff«, d.h. auf geplante Erziehung und methodische Unterrichtung angewiesen. Die Entwicklung von Gemütstiefe und Phantasiereichtum ist auf »pädagogische Zurückhaltung« angewiesen, d.h. auf absichtsloses Mitsein und Mitfühlen mit dem Kinde. Gemütstiefe ist nicht machbar; Gemütsentwicklung lässt sich nicht planen. Der Erzieher kann lediglich als Partner mit eigener emotionaler Empfänglichkeit und mit Gemütstiefe beim Kinde und mit dem Kinde sein.

5.2.3 Der »Innere Halt« als leitende Zielvorstellung

Mit dem Begriff »Innerer Halt« bezeichnet Moor seine visionäre Zielvorstellung, an der sich Bildung und Erziehung als Hilfe zur menschlichen Entwicklung orientieren sollen. Die Zielvorstellung bleibt insofern immer Vision, als sie von keinem Menschen voll erreicht werden kann. Charakteristisches Merkmal des »Inneren Halts« ist, dass jeder Mensch stets in Entwicklung auf dieses Ziel hin ist und zugleich mehr oder weniger weit entfernt davon bleibt. In diesem Sinne ist »Innerer Halt« die Bezeichnung für etwas nicht Erreichbares, aber dennoch Erstrebenswertes. Gerade das Zugeständnis, stets Werdende, Sich-Entwickelnde und oft Irrende zu sein, ist ein entscheidendes Merkmal von Menschen mit »Innerem Halt«.

Wie es für Hanselmann undenkbar war, dass man »Religiosität« besitzen und verwalten kann, genauso undenkbar ist es für Moor, dass irgendein Mensch den »Inneren Halt« besitzen und verwalten kann. Insofern ist »Innerer Halt« eine Bezeichnung für jene Ganzheitlichkeit, die auch nach Hanselmann für die Menschen verloren ist und nur noch von einer transzendenten Macht, die von Hanselmann unbefangener als von Moor »Gott« genannt wurde, erwartet werden kann.

Die menschliche Entwicklung zum Inneren Halt wird von Moor mit folgendem Satz eingeführt: »Entwicklung ist für den Erzieher dasjenige Werden, das auf ein erfülltes Leben, auf eine Erfülltheit des Lebens hinführt.« (Moor 1960, 224) Eine Darstellung des Inneren Haltes muss drei Aspekte berücksichtigen: den biologischen, den moralischen und den sinngebenden Aspekt. Der biologische Aspekt bezieht sich auf Fragen nach der Ausstattung des Menschen mit Anlagen, welche wir dem Säugling als angeborene Dispositionen zuschreiben. Hanselmann hatte in seiner reformpädagogisch geprägten Denkweise die Tendenz, alle menschlichen Besonderheiten biologistisch zu behandeln. Sowohl den moralischen Willen als auch die Suche nach religiösem Sinn hatte er in anlagemäßig gegebenen Bedürfnissen des Menschen verankert. Diese noch zu wenig durchdachte biologistische Sichtweise Hanselmanns ist von Moor dadurch korrigiert worden, dass er moralische Willensstärke und religiöse Gemütstiefe eindeutig auf die Ebene der Ziele menschlicher Entwicklung verlegte. Die natürlichen Dispositionen als anlagemäßige Voraussetzung sind für Moor elementarerer Art.

Wenn der Innere Halt ein visionäres Leitbild ist, zu dem sich Menschen entwickeln sollen, dann können nicht alle Elemente dieses Leitbildes in der biologisch gegebenen Ausstattung des Menschen bereits als vorgegeben angenommen werden. Wären Moralität und Religiosität mit den natürlichen Anlagen gegeben, müsste die Vorstellung von einem freien Willen des Menschen absurd werden. Denn biologisch Vorgegebenes, anlagemäßig Angeborenes determiniert den Menschen in seinen Entwicklungsmöglichkeiten und macht ihn unfrei. Auch die Vorstellung, dass der Mensch ein verantwortliches Wesen ist, verträgt sich eigentlich nicht mit biologistischen Denkweisen. (Dass Hanselmann die biologistische Denkweise mit dem Leitbild des autonomen und gefühlstiefen Menschen vereinigen konnte, spricht für die Kreativität und menschliche Größe dieses Pioniers der Heilpädagogik. Hanselmann ist als Initiant der neuen Heilpädagogik noch eher intuitiv und mit der Kraft des genialen Begründers eines neuen Faches zu zentralen Einsichten gekommen. Moor als sein Schüler ist eher derjenige gewesen, der die Ideen zu systematisieren versuchte.)

Vor dem Hintergrund des Wertes der Ganzheitlichkeit kann von Moor der biologische Aspekt nur künstlich, d.h. im Sinne einer analytischen Darstellung, von den anderen Aspekten getrennt werden. Keiner der drei Aspekte darf einen Eigenwert erhalten; sondern jeder erhält seine Bedeutung nur im Zusammenspiel mit den anderen Aspekten. Unter jedem Aspekt stellen sich spezifische Fragen, die nachfolgend angedeutet werden.

Unter dem biologischen Aspekt stellt sich die Frage, womit der Mensch anlagemäßig ausgestattet sein muss, damit seine Entwicklung in Richtung des Inneren Halts überhaupt möglich wird. In der Moor'schen Begrifflichkeit stellt sich unter dem biologischen Aspekt die Frage nach dem »Gegebenen«. Priorität in Moors Systematisierung hat das Leitbild des Inneren Haltes und nicht ein Vergleich des Menschen als Tier mit anderen Tierarten. Es interessiert unter biologischer Perspektive in erster Linie die Frage, ob die für die Entwicklung zum Leitbild des Inneren Haltes erforderlichen biologischen Voraussetzungen überhaupt als plausibel belegbare Anlagen des Menschen angenommen werden können. Es interessiert nicht, ob eventuell daneben ganz andere Anlagen angenommen werden könnten, die andere Entwicklungsleitbilder erforderlich machen würden. In Moors Systematik wird somit das biologische Bild des Menschen aus der Sicht des Leitbildes des Inneren Haltes konstruiert. Dies ist nicht als negative Kritik an Moors Systematisierung zu verstehen, sondern er folgt damit einer – ihm möglicherweise nicht bewussten – wissenschaftstheoretischen Erkenntnis, dass Theorien nie etwas anderes sein können als gedankliche Konstruktionen der Wirklichkeit mit Hilfe der Sprache.

Unter dem moralischen Aspekt stellt sich die Frage, unter welchen Bedingungen ein Mensch Willensstärke im Sinne von moralisch gefestigtem Entscheiden und Handeln entwickeln kann. Willensstärke ist kein Element der biologischen Ausstattung des Menschen, sondern ein zu entwickelndes Element des Leitbildes des Inneren Haltes. In der Moor'schen Terminologie geht es um die Frage nach dem »Aufgegebenen«, um die Übernahme und Ausübung von Aufgaben, die sich einem Menschen aus seinen Lebensidealen heraus stellen.

Unter dem sinngebenden Aspekt stellt sich die Frage, unter welchen Bedingungen ein Mensch Gefühlstiefe im Sinne von emotionaler Empfänglichkeit für Lebensinhalte entwickeln kann. Es geht um die Frage nach der Entwicklung einer emotionalen Verankerung des einzelnen Menschen. Die emotionale Verankerung kann in einem nicht konfessionellen oder kirchlichen Sinne als religiöse Verankerung gesehen werden. Nach Moor'scher Begrifflichkeit bedeutet dies die Frage nach dem »Verheißenen«.

Das normative Leitbild des Inneren Haltes hat für Moor zwei Seiten, die untrennbar und aufeinander angewiesen sind: Halt kann von der einen Seite als Willensstärke und von der anderen Seite als Gemütstiefe charakterisiert werden.

Im Sinne des Leitbildes ist erst dann von Willensstärke zu sprechen, wenn ein Mensch sein Handeln für Ideale und Aufgaben einsetzt, die für ihn im Gefühl als Lebenssinn und -inhalt verankert sind. Willensstärke folgt nicht in erster Linie Zielen und Motiven, welche der natürlichen Trieb-, Bedürfnis- oder Interessenstruktur entsprechen. Halt als Willensstärke ist für Moor die Bereitschaft zu moralischem Handeln, ohne dass dafür eine Motivierung im Sinne der Weckung von Bedürfnissen oder Interessen notwendig ist. Der bedürfnis- und interessefrei für Lebensideale handelnde Mensch wäre unter moralischer Perspektive der Mensch mit optimalem Innerem Halt.

Als eines der wichtigsten Merkmale des Haltes als Gemütstiefe bezeichnet Moor »die Fähigkeit, Bindungen einzugehen«. Er meint damit wie Pestalozzi sowohl emotionale Bindungen an Mitmenschen als auch Bindungen transzendenter Art. Bindungen im Sinne der emotionalen Seite des Inneren Haltes haben nichts zu tun mit moralischer Überwindung; Bindungen als Ausdruck von Gemütstiefe kann man nicht erkämpfen, sondern man empfängt sie wie ein Geschenk von unbekannten

Wohltätern. Der Innere Halt als Gemütstiefe wird am Beispiel des Begriffs der »Nächstenliebe« erläutert:

>»Die aus Ergriffenheit hervorgehende Nächstenliebe bedarf des Opfers nicht, um vom Selbst loszukommen. Ja, die innere Haltung der Selbstüberwindung, des Opfers verträgt sich so wenig mit ihr, dass die aus Ergriffenheit stammende Nächstenliebe unmöglich wird, wo die moralistische herrscht. Die aus Ergriffenheit stammende Form der Nächstenliebe ist also zu kennzeichnen als etwas, das gerade nicht aus einer Bemühung hervorgeht, nicht erkämpft und errungen werden muss noch kann, sondern im Gegenteil einem nur zufallen und geschenkt werden kann, wenn man sich entspannt, wenn man aufhört zu wollen und sich anzustrengen, wenn man nur noch offen und empfangsbereit ist, wenn man den Mut hat, zu warten und hinzunehmen, wenn das Fragen dem Staunen gewichen ist.« (Moor 1960, 249)

Die analytische Aufteilung des Leitbildes des Inneren Haltes in Willensstärke und Gemutstiefe (als zwei Seiten einer Ganzheit) veranlasst Moor, die Entwicklung des Menschen zum Inneren Halt unter den entsprechenden zwei Perspektiven darzustellen. Unter der einen Perspektive zeigt sich die Entwicklung als Entwicklung des tätigen Lebens, unter der anderen Perspektive als Entwicklung des empfangenden Lebens (Letzteres nennt er gelegentlich auch das »pathische Leben«). Es handelt sich dabei stets nur um Perspektiven der ganzheitlichen Entwicklung zum Inneren Halt.

5.2.3.1 Innerer Halt unter biologischem Aspekt

Unter biologischem Aspekt müssen anlagemäßige Grundlagen angenommen werden können, welche sowohl die Entwicklung des aktiven Lebens zur Willensstärke als auch die Entwicklung des empfangenden Lebens zur Gemütstiefe ermöglichen können. Die anlagemäßigen Grundlagen nennt Moor in der Regel »Dispositionen«. Er nimmt im Rahmen des Systems des Inneren Halts folgende dispositionellen Voraussetzungen beim Menschen an:

(1) Seelische Regungen mit Antrieben und Stimmungen: Von Geburt an bewirkt jeder Reiz eine Antwort (»seelische Regung«) mit doppelter Eigenschaft: einerseits eine Antwort als Reaktion mit Antriebscharakter und andererseits eine Antwort mit dem Charakter eines affektiven Zustands. Die antriebsmäßige Reaktion hat den Charakter eines zielorientierten Begehrens; Ziel ist die Befriedigung eines natürlichen Antriebs (z.B. wird für den Säugling die Flasche zum Reiz; er reagiert mit dem Begehren, an der Flasche zu saugen). Der affektive Zustand hat den Charakter einer angenehmen oder unangenehmen Stimmung. Moor

spricht von den zwei Seiten jeder seelischen Regung: Antrieb und Stimmung, Vorgang und Zustand, Erregung und Zumutesein.

(2) Dispositionen der Intelligenz und der Phantasie: Antriebsziele können mit Hilfe einer anlagemäßigen Fähigkeit erreicht werden, die von Moor »natürliche Intelligenz« genannt wird. Als Beispiel einer Intelligenzleistung bei Tieren, ein Antriebsziel zu befriedigen, gelten die Affenexperimente von Köhler: Eine durch das Gitter nicht ergreifbare Banane bildet den Reiz und weckt den Antrieb, die Banane zu essen; mit seiner Disposition der Intelligenz merkt der Affe, dass er zwei Stäbe zusammenstecken kann, um die Banane zu erreichen. Die Intelligenzfähigkeit im noch völlig unentwickelten Zustand nennt Moor die »natürliche Intelligenz«. Um in einen affektiven Zustand versetzt werden zu können, benötigt der Mensch zusätzlich zur natürlichen Intelligenz eine Disposition, welche Moor als »Phantasie« bezeichnet. Ist sie noch völlig unentwickelt, nennt er sie die »reine Phantasie« (analog zur »natürlichen« Intelligenz).

5.2.3.2 Innerer Halt unter moralischem Aspekt

Willensstärke als eine gefestigte moralische Haltung entsteht in Moors Menschenbild nicht nach dem Modell der biologischen Entwicklung. Moralische Entwicklung kann nicht auf einen Reifungs- und Entfaltungsprozess der Anlagen allein zurückgeführt werden. Als Voraussetzung für die Realisierbarkeit von Willensstärke hat als erstes eine Formung der natürlichen Dispositionen für zielgerichtetes Handeln, also des Antriebslebens und der natürlichen Intelligenz, durch Erziehung und Unterrichtung zu erfolgen. Die Formung im Bereich der Willenserziehung nennt Moor den »pädagogischen Zugriff«. Die erzieherische Formung der Dispositionen betrachtet Moor als notwendige, jedoch nicht als ausreichende Bedingung für die Realisierung von Willensstärke. Ziel des auf das dispositionell Gegebene gerichteten pädagogischen Zugriffs ist eine Mäßigung und Disziplinierung der natürlichen Antriebe und eine Schulung der natürlichen Intelligenz.

Die Mäßigung und Disziplinierung der natürlichen Antriebe muss ihre Begründung vom Ziel der moralischen Willensstärke her erhalten und darf nicht Selbstzweck sein: Ein moralisch haltstarker Mensch muss seine Kraft und seine Fähigkeiten in den Dienst der Bewältigung von lang dauernden, aus eigener Entscheidung übernommenen Lebensaufgaben stellen können. Damit ihm dies möglich ist, muss er Techniken erworben haben, mit welchen er die fortwährend störenden Begehren, Wünsche, Bedürfnisse – kurz: die Antriebe – zugunsten seiner Lebensaufgabe zurückweisen kann. Mit anderen Worten: Er muss eine gewisse Technik der Askese erworben haben, welche ihm das längerfristige, willentlich konzentrierte Verweilen bei einer Aufgabe ermöglicht. Um für die Bewältigung von sich selbst gestellten moralischen Aufgaben frei zu sein, muss er durch Erziehung eine Lebenstechnik vermittelt bekommen haben, die ihm eine ökonomische Abwehr von störenden Antrieben ermöglicht.

Bezüglich der Mäßigung und Disziplinierung der Antriebe bilden die Gewohnheiten einen zentralen Bestandteil der Lebenstechnik. Als »Gewohnheiten« bezeichnet Moor erworbene Automatismen, die ein Verhalten steuern, ohne dass man sich bewusst um diese Verhaltenssteuerung bemühen muss. Beispielsweise ermöglichen es rhythmisierte Eßgewohnheiten, in den Zeiten zwischen den Mahlzeiten weitgehend von Gelüsten befreit und fur eine Aufgabe bereit zu sein. Für die Realisierung von Willensstärke können sich sowohl günstige als auch ungünstige Gewohnheiten entwickeln. Bei den günstigen spricht Moor von »guten Gewohnheiten«, die uns dort zu Hilfe kommen, »wo ein Willensziel über längere Zeit hin im Auge zu behalten ist«. Die Entlastungsfunktion von »guten« Gewohnheiten beschreibt Moor folgendermaßen:

> »Wir vermöchten in den wenigsten unserer Werke zu einem ersprießlichen Ziel zu gelangen, wenn gute Vorsätze und reges Interesse allein unsere Arbeit in Gang halten müssten, wenn nicht zweckmäßige Gewohnheiten über die Strecken hinwegtrügen, in welchen der Vorsatz vergessen und das Interesse ermattet oder gesättigt ist. Wohl ist solches gewohnheitsmäßiges Weiterführen einer Arbeit selber keine Willensleistung; aber ohne die Stütze, ja den Rückgrat guter Gewohnheiten, bleibt der Wille, einer Molluske vergleichbar, ohne diejenige Festigkeit, welche nicht nur in der Gesinnung, sondern auch im äußeren Werk, in der Verwirklichung des Ideals zum Ausdruck zu kommen vermag. Das Fehlen guter Gewohnheiten lässt auch bei standfester Gesinnung das Handeln kurzatmig und schwächlich bleiben. Nur auf dieser Basis kann ein Mensch überhaupt einen moralischen Willen realisieren.« (Moor 1960, 235)

Der Erwerb von Gewohnheiten (aber auch von Fertigkeiten usw.) bildet innerhalb des Inneren Halts ein pädagogisches Teilziel. Es handelt sich bei diesem Teilziel um eine Voraussetzung für die Realisierbarkeit von moralischen Willensakten. Moor verwendet häufig anstelle des Wortes »Lebenstechnik« die kurze Bezeichnung »Können«. Vielfach liegt das Versagen eines Kindes an der mangelhaften Entwicklung seines »Könnens«. Als einen häufigen und verhängnisvollen Erziehungsfehler sieht Moor die Tendenz vieler Eltern und Lehrer zu behaupten: »Das Kind könnte schon, aber es will nur nicht.«

Solche Pauschalurteile über ein Kind können deshalb verhängnisvoll sein, weil es häufig umgekehrt ist: Das Kind möchte schon wollen, aber es kann nicht, es hat noch nicht die Lebenstechnik erworben, die es für das eigene Wollen entlasten könnte. Mit dem falschen Urteil der Erzieher wird das moralische Wollen für das Kind etwas Unangenehmes, weil aufgrund der Voraussetzungen nicht Erfüllbares.

Im Erziehungsberatungsbuch »Kinderfehler – Erzieherfehler« erklärt Moor den Eltern, die sich über Ungehorsam ihrer Kinder beklagen, das Problem von Können und Wollen in folgender Weise:

> »Das Kind hört und sagt vielleicht innerlich ja dazu; es möchte auch von sich aus, was von ihm verlangt wird. Aber es bringt es nicht über sich. Sein Wünschen und Begehren hat sich nicht einzuordnen gelernt; es kann nicht warten auf seine Befriedigung, es ist nicht befriedet. Das ist gerade bei einem lebhaften und aufgeweckten Kind leicht zu verstehen. Es ist auch gar zu viel, was da von einem verlangt wird. Alle Augenblicke sollte man wieder an etwas denken, wo einem doch so vieles andere einfällt und so viel anderes in einem angeregt wird und nun drängt, über dem das innerlich schon bejahte und übernommene Gebot wieder vergessen wird: ›...nach der Schule sofort heimkommen..., beim Betreten der Wohnung die Schuhe abputzen..., den Mantel an den richtigen Ort hängen...‹, und das alles, wenn man das Herz voll und Unendliches zu berichten und zu tun hat. - Warum eigentlich ärgert man sich und schimpft hundert Mal, nachdem man doch schon beim 10. Male hätte sehen können, dass ›alles nichts nützt‹? - Gerade bei diesen alltäglichen Kleinigkeiten, die doch ganz und gar nicht unwichtig sind, weil sie nämlich dem Wichtigeren im Wege stehen können, gerade bei ihnen käme es darauf an, eben da zu sein und zu helfen, indem man gleichzeitig eingeht auf das, was das Kind nach Hause bringt, es annimmt, es sich schenken lässt und für die Einhaltung jener kleinen Gebote sorgt mit unmerklichen Handgriffen und halblauten Anweisungen, welche die Flut dessen, was dem Kinde jetzt wichtiger ist, gar nicht stören und doch alles in seine richtige Bahn lenken. Gewöhnung entsteht nicht dadurch, dass man immer wieder ein paar Minuten später schimpfend feststellt, dass wieder einmal das Rechte nicht geschehen ist, sondern dass man ein paar Minuten vorher schon bereit ist, das Kind in Empfang nimmt, wenn es heimkommt und ganz nebenbei und unauffällig mit sanftem Zwang dafür sorgt, dass das Gebotene geschieht, jeden Tag wieder. So lange, bis man spürt, dass das Kind anfängt, sich selber in der oft beschrittenen Bahn wohl zu fühlen; das ist dann das Zeichen dafür, dass sich die gewünschte Gewohnheit eingestellt hat.« (Moor 1969, 22)

Systematischer als in dem praktischen Beratungsbuch wird das Können als Disziplinierung der Antriebe in der »Heilpädagogischen Psychologie« dargestellt:

> »Die natürlichen Antriebe bedürfen einer Formung, damit innerer Halt möglich wird. Sie müssen sich derjenigen Ordnung fügen lernen, welche durch die Entscheidungen und Entschlüsse des Wollens als Lebensaufgabe anerkannt

wird. Da sie sich nicht von ihren eigenen Zielen ablenken lassen, müssen sie erlernen, auf ihre Befriedigung zu warten, zeitweilig oder dauernd darauf zu verzichten und das Unbefriedigtbleiben zu ertragen bis zu dem Zeitpunkt, da ihr Beitrag zur Lösung der Lebensaufgabe von der Lebensführung anerkannt wird. Noch mehr: Sie müssen sich auch dann mit demjenigen *Maß* von Befriedigung zufrieden geben, das der Lösung der Aufgabe dienlich ist. Erst diejenigen natürlichen Antriebe tragen zum inneren Halt bei, die *Maß* zu halten vermögen; und dieses *Maß*, als Ausmaß der Befriedigung, wird bestimmt durch die Lebens-*Aufgabe*.« (Moor 1960, 298, kursiv im Original)

Um Missverständnisse zu vermeiden, sei insbesondere auf den letzten Gedanken des Zitates hingewiesen: Disziplinierung der natürlichen Antriebe um der Disziplin und Ordnung selbst willen wäre ganz und gar nicht im Sinne des Menschenbildes von Moor. Mäßigung und Disziplinierung sollen jeweils nur so weit gehen, als sie vom Individuum selbst für das Bewältigen von Aufgaben als notwendig und sinnvoll erlebt werden können. Askese um der Askese willen ist nicht im Sinne von Moor; Askese um einer großen Lebensaufgabe willen hingegen wäre durchaus in seinem Sinn.

Ganzheitlich gedacht, d.h. bezogen auf die Einheit von Verstand und Gefühl, bedeutet »Maß« im Antriebsleben: Das Ausmaß der Disziplinierung der natürlichen Antriebe ist als Dienst am Bewältigen von Lebensaufgaben zu sehen; der Wille zur Bewältigung von Lebensaufgaben hängt seinerseits jedoch wiederum von der Sinnfindung im emotionalen Leben ab, was dann unter dem sinngebenden Aspekt in den Vordergrund der Betrachtung rücken wird. Wenn die Lebensaufgaben nicht mit Verankerung im Emotionalen gesehen werden, ist die Disziplinierung der Antriebe eine leere Ordnung und führt den Betroffenen zu Haltschwächen wie Neurosen und Süchtigkeiten. Wenn die Lebensaufgabe als groß und wichtig wahrgenommen wird, kann die Disziplinierung der Antriebe eine Befreiung für den Betroffenen bedeuten. »Wo es dabei um etwas Großes geht, da kann wohl auch einmal das Übermaß das echte Maß sein, nur das Unmaß bedeutet eine Störung des inneren Haltes.« (Moor 1958, 298)

Der zweite wesentliche Bestandteil der Lebenstechnik (neben den Gewohnheiten) muss in den zu erwerbenden Fähigkeiten und Fertigkeiten gesehen werden. Die *Schulung der natürlichen Intelligenz* lässt jene Fähigkeiten und Fertigkeiten entstehen, welche für die Bewältigung von Aufgaben in unserer komplexen Welt erforderlich sind.

> »Durch das Maß werden aber nicht nur die Antriebe, sondern auch die zu ihnen gehörigen Fähigkeiten bestimmt. Sollen auch sie zum inneren Halt beitragen, so müssen sie als die Leistungsmöglichkeiten gelernt haben, der Le-

bensaufgabe und nicht bloß der Befriedigung der natürlichen Antriebe zu dienen. Sie müssen durch Übung zu solchen Fähigkeiten werden, welche die Durchführung dessen gewährleisten, was der Wille beschlossen hat.« (Moor 1960, 299)

Das bisher erläuterte »Können« umfasst somit zwei Dinge: die Disziplinierung der Antriebe (Moor: »Genügsamkeit der Antriebe«) und die Schulung der Fähigkeiten und Fertigkeiten (Moor: »Tüchtigkeit der Fähigkeiten«). Dieses »Können« ist eine notwendige, aber nicht ausreichende Voraussetzung für die Realisierung von moralischer Willensstärke.

Eine ganz andere, ebenfalls notwendige Voraussetzung für die Entwicklung von Halt als moralische Willensstärke ist die Entwicklung der emotionalen Empfänglichkeit für Lebensinhalte, welche den gestellten moralischen Aufgaben und der dafür erforderlichen Disziplinierung der natürlichen Antriebe und der Ertüchtigung von Fähigkeiten und Fertigkeiten einen »Sinn« geben. Damit zeigt sich erneut die ganzheitliche Verknüpfung der Aspekte des Inneren Halts: Unter Beachtung des moralischen Aspekts stößt man zunächst auf notwendige Voraussetzungen des pädagogischen Zugriffs im Bereich des »Gegebenen«, also auf den biologischen Aspekt. Unter diesem Aspekt stößt man auf die Disziplinierung der Antriebe durch Gewohnheiten und auf die Ausbildung von Fähigkeiten und Fertigkeiten aufgrund der natürlichen Intelligenz. Nun tritt die Seite der emotionalen Entwicklung ins Blickfeld; man stößt auf den sinngebenden Aspekt, unter dem Moor den Begriff des »Verheißenen« einführt. (Es bleibt zu erwähnen – um den Ganzheitlichkeitscharakter des Menschenbildes zu vervollständigen –, dass der sinngebende Aspekt seinerseits wiederum nicht unabhängig von Entwicklungen des »Gegebenen«, also von Notwendigkeiten unter biologischem Aspekt, betrachtet werden kann.)

Dass es für Moor bei der »Empfänglichkeit« um etwas geht, das wir im weitesten Sinne des Wortes als »religiöse Offenbarung« bezeichnen könnten, belegt beispielsweise der folgende Satz: »Zu solchem Wagemut kommt das Wollen aber dadurch, dass es sich die Aufgabe nicht willkürlich stellt, sondern auf etwas hört, das ihm verheißt, auf diesem Wege etwas Besseres zu finden als die bloße Befriedigung des Begehrens; und dieses andere ist die Empfänglichkeit des Gemütes, ist die Ergriffenheit des Herzens.« (Moor 1960, 232)

Die Verankerung von Appellen an den Willen des Kindes in einer verheißungsvollen Emotionalität ist für Moor ein zentraler Erziehungsgrundsatz. Er sieht dies schon von früher Kindheit an als Notwendigkeit.

Es braucht dazu allerdings keine religiöse Gelehrsamkeit und auch kein großes Gerede von transzendenten Dingen. Eltern, die sich über den »Ungehorsam« ihrer Kinder beklagen, versucht er dies in einem praktischen Beratungsbuch so zu erklären:

»›...es sollte doch endlich wissen...‹, lässt sich der Erzieher vernehmen. Aus dem Tonfall ist zu hören, wie es ihm innerlich zumute ist: Er ist des ewigen Gebieten-Müssens müde und überdrüssig; er möchte die Sorgen ›endlich‹ einmal los sein. – Und da soll das Kind innerlich miterfasst sein von dem, was den Erwachsenen in seinem Herzen bewegt? Hat denn das auch bloß etwas Verlockendes, wenn die Mutter – oder gar der Lehrer – sich jedesmal ärgert? Soll das Kind etwa ihren Ärger mitmachen? Was die Mutter erfüllt, sollte ja viel mehr sein als nur verlockend. Das Kind müsste das Gefühl bekommen können, es gehe um etwas Wichtiges, um etwas vielleicht, das es nicht versteht, aber von dem es spürt, dass es der Mutter nicht nur wichtig ist, sondern dass sie reich ist daran, so reich, dass sie selbst dort noch, wo sie etwas von einem verlangt, eigentlich und unbegreiflicherweise etwas verschenkt damit. Dass man ›nach der Schule sofort heimkomme, dass man beim Betreten der Wohnung die Schuhe abputze, dass man den Mantel an den richtigen Ort hänge...‹ – und hunderte von anderen Dingen dazu, das sind lauter Kleinigkeiten. Aber aus der Art, wie die Mutter diese Kleinigkeiten tut oder mit sanftem Zwang und lächelnder Unnachgiebigkeit veranlasst, ist zu verspüren, dass das ja alles so ist, wie wenn ein Tisch gedeckt oder ein Fest gerüstet wird. Wo aber nichts Verheißungsvolles mitschwingt, da werden diese Anforderungen kleinlich und pedantisch; sie werden dazu noch jeden Tag wiederholt und brechen immer mit Geschimpf über einen herein, wenn man sich schon seinen eigenen Beschäftigungen zugewandt hat. Und warum? Bloß weil die Mutter die Sache nicht selber tun will, weil sie die Plackerei los sein möchte, weil sie sich ärgert darüber, dass sie nicht mehr Meister wird über die Kinder. Wo wäre da eine Verlockung, zu ›hören‹ auf das, was die Mutter sagt.« (Moor 1969, 23)

Zusammenfassend lässt sich sagen, dass Innerer Halt als moralische Willensstärke an zwei scheinbar sehr unterschiedliche, ja widersprüchliche Voraussetzungen geknüpft ist: *erstens* an die Formung der Dispositionen im Sinne einer Disziplinierung der natürlichen Antriebe und einer Schulung der natürlichen Intelligenz zur Lebenstechnik (bzw. zum Können); *zweitens* an die Entfaltung des emotionalen Lebens zur Empfänglichkeit für Lebenssinn aus einer transzendenten Quelle. Von der Entwicklung dieser Voraussetzungen hängt es ab, wie weit ein Mensch sich dem Halt als Willensstärke annähert.

Eine *dritte* entscheidende Bedingung ist außerdem, dass sich ein Mensch seiner eigenen Unvollkommenheit bewusst bleibt und dass er die Begrenztheit des eigenen Willens akzeptiert. Solange ein Mensch sich selbst gegenüber zugeben kann, dass er den Halt nicht besitzt und nur in sehr unzulänglicher Weise zu realisieren imstande ist, so lange bleibt sein moralischer Wille »echt«. Mit dem Begriff »Echtheit« des Willens bezeichnet Moor die hier zur Diskussion stehende Bedingung für die Entwicklung zum Inneren Halt.

An dieser Stelle erweist sich die Erläuterung der Moor'schen Begriffe »innerer Gehorsam« und »Dienen« als sinnvoll. Mit dem Begriff des »inneren Gehorsams« charakterisiert Moor den Zusammenhang zwischen dem biologischen Aspekt und dem moralischen Aspekt: Wenn durch autonome Entscheidung eine Aufgabe übernommen wird, dann müssen die Antriebe und Fähigkeiten dem Willen gehorchen und für das Lösen der Aufgabe fruchtbar gemacht werden; die Unterordnung der Antriebe und Fähigkeiten unter ein Ziel, das sich ein Mensch autonom gesetzt hat, ist mit dem Begriff des »inneren Gehorsams« gemeint. Der Begriff des »Dienens« charakterisiert den Zusammenhang zwischen dem moralischen Aspekt und dem sinngebenden Aspekt: Der autonome Wille ist nur so weit echt und haltgebend, als er der Realisierung von emotional empfangenem Lebenssinn dient; darauf bezieht sich der Begriff des »Dienens«. In der Erziehung ist »äußerer Gehorsam« so weit legitimiert, als es um Vorbereitung des »inneren Gehorsams« und der dem Lebenssinn »dienenden Haltung« geht.

> »Soweit ich wollen kann, bedarf ich der Anstrengung nicht mehr, weil ich aus innerer Ergriffenheit zum Dienenden geworden bin. Daran liegt es, dass gerade das Dienen den freien Menschen kennzeichnet – den innerlich freien, meinen wir; aber es gibt keine andere Freiheit – ja, dass schöpferisches Schaffen nur als solches Dienen möglich ist. Alles Schaffen hebt an mit einem Empfangen; und es bleibt nur schöpferisch, so lange es im Banne eines Empfangens steht.« (Moor 1960, 282)

5.2.3.3 Innerer Halt unter sinngebendem Aspekt

Unter diesem Aspekt geht es um die Entwicklung von Gemütstiefe als emotionale Empfänglichkeit für sinngebende Lebensinhalte. Genauso wenig wie Willensstärke entsteht Gemütstiefe nach dem Modell der Reifung und Entfaltung der Anlagen. Die Entwicklung des emotionalen Lebens zur Sinnfindung ist an Voraussetzungen gebunden, die man als »Formung« des natürlichen Stimmungslebens und der Phantasie bezeichnen kann; allerdings ist deren »Formung« nicht durch aktive, zielorientierte Erziehung und Unterrichtung möglich, sondern für die Erzieher geht es hier um die Kunst der pädagogischen Zurückhaltung. Moor nennt als eines der wichtigsten Merkmale des Gemüts »die Fähigkeit, Bindungen einzugehen« (Moor 1960, 248). Aus Erfahrung wissen wir, dass man einem anderen Menschen den Zustand einer emotionalen

Bindung weder mit Gewalt noch mit klug geplanten Strategien aufdrängen kann; Moors Begriff der »pädagogischen Zurückhaltung« ist vor dem Hintergrund dieser Erfahrung zu verstehen.

Was dem planungsgewohnten und zielstrebigen Erzieher verwirrend und paradox erscheinen muss, ist die Notwendigkeit einer Formung und »Disziplinierung« der zunächst sehr labilen und ständig wechselnden Stimmungen des Kindes, obschon diese Formung dem aktiven pädagogischen Zugriff nicht zugänglich ist. Gemütstiefe hat nämlich zur Voraussetzung, dass der Mensch die Möglichkeit und die Bereitschaft gewinnt, über längere Zeit von ein und derselben Stimmung angesprochen zu sein. Um in diesem Sinne dauerhaft für bestimmte Inhalte emotional ansprechbar zu sein, müssen die von den natürlichen Anlagen her laufend wechselnden natürlichen Stimmungen jeweils für längere Zeit abgewehrt werden können.

Es muss also durch eine geeignete Ausgestaltung des erzieherischen Klimas – damit zeigt sich wieder das Paradoxon – zunächst Ruhe in das chaotische Stimmungsleben eintreten können. Wie die natürlichen Antriebe durch Gewohnheiten im Sinne einer entlastenden Technik diszipliniert werden müssen, sollte das labile, oft chaotisch wechselhafte natürliche Stimmungsleben des Kindes zu stabileren Grundstimmungen beruhigt werden. Man könnte von der Notwendigkeit einer »Gewöhnung« an emotionale Rhythmen sprechen (Tagesrhythmen, aber auch Jahresrhythmen im Sinne von »Ritualen« als äußeres Gefäß für emotionale Reifung). In Entsprechung zur Lebenstechnik durch Gewohnheiten und Fertigkeiten im aktiven Leben ist es der Lebensrhythmus, welcher Entlastungsfunktion für die Reifung des emotionalen Lebens unter sinngebendem Aspekt übernimmt. Wenn durch die Rhythmisierung des emotionalen Lebens ein den Augenblick überdauerndes Verweilen bei einzelnen Stimmungen möglich wird, so dass andere Stimmungen aufgeschoben werden, dann erst spricht Moor von »Angesprochensein«. Das Angesprochensein als Verweilen-Können bei einigen Grundstimmungen ist im Gefühlsleben gleichsam die Parallele zum Können im Willensleben.

Wie das »Können« ein notwendiges, aber nicht ausreichendes Teilziel der Willenserziehung ist, bildet das »Angesprochensein« ein notwendiges, aber nicht ausreichendes Teilziel der Gemütserziehung.

»Das natürliche affektive Angesprochensein bildet den ersten Grad. In ihm spricht überhaupt erst der Gehalt an, beginnt die Begegnung mit ihm, der vorher in mir schwieg oder überhaupt nicht da war. Noch ist er das Andere, das auf mich zukommt; und ohne solches Aufmichzukommen eines zunächst von mir Unterschiedenen gibt es keine Begegnung im dualen Modus. Alle Begegnung und alles Erfülltsein des Gemütes hebt an mit einem Zusammentreffen von mir und einem anderen. So, wie das Wollen anhebt mit dem Begehren, das erst noch unter das Gebot des Entscheidens sich fügen muss, so beginnt das Erleben und Empfangen des Gemütes mit dem einfachen affektiven Angesprochensein, das nun aber zum Ausgangspunkt einer Durchbrechung des Tätigseins wird. Schon im affektiven Angesprochensein selber ist es das Angenommene, das Hingenommene, das sich mir schenkende Andere, das keinen Antrieb in mir weckt, bei dem ich vielmehr verweilen mag und über dem mein Handeln und Tätigsein inne hält oder doch neben oder über meinem Handeln etwas zur Ruhe kommt. Statt dass sich in mir ein Begehren, Gelüsten, Wünschen regt, lasse ich es geschehen, dass ich innerlich verwandelt werde, und ich verweile in dieser mir geschehenden inneren Verwandlung und neuen Gefühlsqualität, ich überlasse mich der Stimmung.« (Moor 1960, 260)

In diesem Zitat wird die mühsame Suche nach Worten, mit denen sich der nicht-aktive Gehalt des Begriffs »Angesprochensein« einigermaßen ausdrücken lässt, deutlich. Beispiele, die Moor von sich selbst berichtet, konkretisieren das Gemeinte:

»Ich verweile mich, vergesse, was ich selber vorhatte, gerate mit meinen Angehörigen ins Plaudern, das heißt in ein Gespräch, das keinen Zweck verfolgt, zu keinen Zielen führt und zu keinem Ziel führen will, sich selber genügt. Oder ich beantworte einen Brief, nicht weil dies aus einem inneren oder äußeren Grunde nötig wäre, sondern weil ich gerne verweile in dem, was mich da angesprochen hat; und ich muss mich schließlich mit einem Ruck daraus zurückholen zur unterbrochenen Arbeit. Oder ich greife beim Blick auf die bereits liegenden Arbeiten eine auf und lese in den bereits geschriebenen oder blättere auch einfach darin ohne Absicht und Zweck, lasse mich nur eben hineinziehen in den mich ansprechenden Gehalt. In all dem kommt ein Tun in Gang, das unmittelbar getragen und erfüllt ist von dem, was mich eben angesprochen hat.« (Moor 1960, 260-261)

Unter Bezugnahme auf den moralischen Aspekt des Inneren Haltes ist Folgendes bedeutsam: Zum Können als Lebenstechnik gehört nicht nur die Disziplinierung der Antriebe, sondern auch die Schulung der natürlichen Intelligenz zu Fähigkeiten und Fertigkeiten. Mit seinem Hang zu schematischen Parallelsetzungen finden sich in Moors Darstellung auch beim Angesprochensein als Lebensrhythmus wiederum zwei Dinge: »Stimmungen als innerer Reichtum« und »Bilder als inneres Bewegtsein«. Innerer Reichtum der Stimmungen ist bedingt durch das Verweilen-Können bei Stimmungen, entspricht also in der Parallelsetzung dem, was im Willensbereich die Disziplinierung der Antriebe zur Genügsamkeit bedeutet. Die »Bilder« sind Ausformungen der angeborenen Phantasie, wie die Fähigkeiten und Fertigkeiten Ausformungen der natürlichen Intelligenz sind. Verschiedentlich weist Moor allerdings darauf hin, dass er den Begriff »Bild« für etwas gewählt habe, das sich sprachlich gar nicht fassen lasse, ohne dass damit schon etwas Falsches gemeint sei. Das »Angesprochensein« ist der Darstellbarkeit durch unsere Sprache weitgehend entzogen. Festgehalten werden soll jedoch, dass im Moor'schen Menschenbild »innerer Reichtum der Stimmungen« und »inneres Bewegtsein von Bildern« eine notwendige, aber nicht ausreichende Voraussetzung für die Reifung der Gemütstiefe ist. Eine andere Voraussetzung für die Entwicklung von Halt als Gemütstiefe ist die Bereitschaft und Möglichkeit zur Verwirklichung von Inhalten, die das Gemüt ansprechen. Was mich emotional als »sinngebend« anspricht, muss sich verschenken können an die realisierende Willensstärke; andernfalls verhindert der Bruch zwischen moralischen Entscheidungen und emotionaler Sinngebung die Entwicklung zum ganzheitlichen Inneren Halt; er produziert dann Menschen mit Identitätsspaltungen wie beispielsweise Moralisten, die Moral als Selbstzweck und nicht als emotional erlebten Lebenssinn betreiben. Zur moralistischen Haltung und zum Moralisten sagt Moor :

> »Moralistische Haltung besteht darin, dass der Halt in der Pflichterfüllung des tätigen Lebens allein gesucht wird. Dem Wollen fehlt die Empfänglichkeit für die Ergriffenheit des Gemütes und Sehnsucht des Herzens. Soweit ihm diese Empfänglichkeit fehlt, ebensoweit kann sich das Wollen nicht vollenden, kann es nicht Halt werden, sondern lässt gerade diese Art seines Suchens nach Halt eine spezifische Haltschwäche entstehen.« (Moor 1958, 59)

Die Tragik des Moralisten besteht darin, dass er sich vor der emotionalen Leere bezüglich der Sinnfindung durch Flucht in immer noch strengere moralische Forderungen an sich und an andere schützen muss.

> »Er übertreibt dann wohl die Strenge gegen sich selbst und meint im Festhalten an der Unnachgiebigkeit der sittlichen Forderung doch schon so etwas wie eine sittliche Leistung zu vollbringen; seine Haltung wird rigoristisch. Er versteift sich auf seine Ziele, wird darüber blind für das Mögliche, wie er ohnehin schon blind ist für das, was sich ihm schenken könnte, will mit dem Kopf durch die Wand, weil er im geheimen weiß, dass mit der Preisgabe des einen Zieles ihm gleich alle Ziele fragwürdig würden: er wird fanatisch. (...) Der Moralist kennt nur die strenge Unnachgiebigkeit der sittlichen Forderung und entbehrt des inneren Gleichmuts. Er steht beständig unter der Fuchtel seiner Pflichten und kennt selbst Erfolg und Gelingen nur als Anlässe, die Forderungen zu erhöhen. Er wird von keiner Freude beschwingt; seine Interessen sind jederzeit etwas ihn Beunruhigendes, Aufjagendes. Er kann an keinem Staunen reich werden, da er immer nur die wachsende Unermesslichkeit der Aufgabe vor sich sieht. Liebe ist für

ihn die schwerste aller Aufgaben, weil er sie nur durch Selbstüberwindung und Opfer zu ermöglichen, zu erkämpfen vermag, für das Geschenk der Begegnung und des Miteinanders aber blind ist. Was er schließlich seinen Glauben und vielleicht gar seine Religiosität nennt, ist bloße ethische Überzeugung, erkämpft, aber nicht geschenkt...« (Moor 1958, 60-61)

Zusammenfassend lässt sich festhalten, dass Halt als sinngebende Gemütstiefe wiederum an zwei Voraussetzungen geknüpft ist: erstens an die Entwicklung der Dispositionen (natürliche Stimmungen und Phantasie) zum Lebensrhythmus (als Angesprochensein); zweitens an die Erziehung des Willenslebens zur Bereitschaft und Fähigkeit zur Verwirklichung von Gehalten, die als sinngebend erlebt werden. Damit ist die Verbindung zwischen den Aspekten als Einheit gefunden.

Erneut ist an dieser Stelle auf die Bedingung der Echtheit des Willens hinzuweisen. Die Echtheit zeigt sich darin, dass sich ein Mensch seiner eigenen Unvollkommenheit und der Begrenztheit des Könnens und Wollens bewusst bleibt; diese Echtheit fehlt dem vorher erwähnten Moralisten. Im emotionalen Bereich, also unter dem sinngebenden Aspekt, entspricht der Echtheit des Willens die Gelassenheit des Erfülltseins. Gelassenheit ist nicht Selbstgenügsamkeit des in der Entwicklung Stehengebliebenen, sondern sie ist Hoffnung auf Weiterentwicklung im Wissen, dass man nie am Ziel sein wird, dass die Entwicklung aber doch innerlich bereichernd sein wird; sie ist auch als Ausdruck einer hoffnungsvollen religiösen Bindung verstehbar.

Unter dem Aspekt der Gelassenheit kann auch der Begriff der »Inneren Bindung« verstehbar werden. Eine gereifte Innere Bindung zeigt sich darin, dass neue Gefühle bei dem, wovon ich schon erfüllt bin, Resonanz finden und damit an meine Gesamtperson gebunden werden, d.h. neue emotionale Eindrücke werden an das haltgebende Grundgefühl gebunden. »An dieser inneren Bindung liegt es, dass wir um so ungefährdeter durch äußere Ablenkungen, Versuchungen und Störungen hindurch gehen, je tiefer und erfüllter unser Gemüt ist.« (Moor 1958, 182)

Damit stellt sich die Frage, was Erzieherinnen und Erzieher unter dem sinngebenden Aspekt tun können. Die kürzeste Antwort lautet: »Nichts«. Während unter dem moralischen Aspekt aktive Erziehung wichtig ist, lautet unter dem sinngebenden Aspekt die Devise »pädagogische Zurückhaltung«. Mit anderen Worten: Gewohnheiten können und müssen »erzwungen« werden, Fertigkeiten und Fähigkeiten können und müssen durch geplante Unterrichtung entwickelt werden; aber zum Angesprochensein kann das Kind weder gezwungen noch unterwiesen werden.

Zur pädagogischen Zurückhaltung gehören allerdings das Mitleben und das innerliche Dasein für das Kind. Um zur inneren Bindung reifen zu können, ist das Kind auf äußere Bindungen angewiesen.

Wenn man äußere Bindung als emotionales Vertrauen definiert, so lautet die einfache pädagogische Frage: »Wie gewinnt man Vertrauen?« Moor wendet gegen diese Fragestellung ein: »Die Frage ist falsch gestellt. Es gilt nicht, das Vertrauen des Kindes zu gewinnen, sondern es gilt zuerst einmal, sein Vertrauen nicht zu verlieren, wo es aber verloren ist, es wiederzugewinnen. Niemand vertraut so gern und so selbstverständlich, so vollständig und bedingungslos wie ein Kind. Es schenkt uns sein Vertrauen, ob wir es verdient haben oder nicht.« (Moor 1969, 84)

Damit ist die pädagogische Frage nicht mehr auf das Kind gerichtet, sondern auf den Erzieher selbst: »Wozu soll sich der Erzieher selbst erziehen, damit er des Kindes würdig ist und damit das Kind in der emotionalen Bindung an ihn reifen kann?« Im Zentrum von Moors Heilpädagogik steht letztlich immer die Frage nach der Selbsterziehung des Erziehers. In der Erziehung unter sinngebendem Aspekt gibt es eigentlich nichts anderes als die Hoffnung auf das emotionale Erfülltsein der Erzieher (Lehrer/innen, Heilpädagogen/innen, Logopäden/innen u.a.) selbst und deren Vorbildfunktion:

> »Wir dürfen das Vertrauen des Kindes nicht missbrauchen, dann werden wir es nicht verlieren. Haben wir es verloren, so dürfen wir auf all das neu wieder erwachende Verlangen, vertrauen zu dürfen und vertrauen zu können, hoffen, müssen ihm aber Zeit lassen, zu wachsen und uns unterdessen bemühen, dieses Vertrauens wert und würdig zu werden. Inzwischen schenken wir ihm unser Vertrauen; dadurch wird es in eben dem Sinne reich, dass es sich selber gleichsam wieder leisten kann, andern zu vertrauen. Die allgemeinste und umfassendste Form aber, Vertrauen zu schenken, besteht darin, dass wir nicht nur das Versagen und die Unarten des Kindes sehen, sondern auch auf das eingehen, was es gut kann, was es gerne tut, was es recht gemacht hat, und dass wir das, was ihm zur Last gelegt wird, nicht mehr betonen, als unbedingt nötig ist, ruhig und sachlich davon sprechen, es zwar nicht beschönigen, aber auch nicht richterlich werden. Auch das Loben aber braucht Takt: Wir dürfen das Kind durch unser Lob nicht bloßstellen. Es kann ja sein, dass es lieber mit seinen Kameraden ungehorsam ist als gehorsam ohne oder gar gegen sie. Das Geheimnis des Vertrauens, die Pflege der Bindung ist so nicht eine besondere Maßnahme. Vielmehr hat jede Beeinflussung des Kindes das vorhandene Vertrauen vorsichtig und taktvoll in Rechnung zu stellen und bei allen Maßnahmen zu schonen; wo aber das Vertrauen fehlt, haben wir uns bewusst zu sein, dass alles, was wir am Kinde tun, etwas nur Vorbereitendes bleibt und den Charakter des Vorläufigen behält so lange, bis das Vertrauen des Kindes wieder da ist. – Man hört etwa, dass jeder Zwang das Vertrauen des Kindes beeinträchtige oder gar zerstöre. Das ist nicht wahr. Müssen wir

einmal einen Zwang ausüben, so muss das Kind dabei verspüren, dass wir es gut meinen. Das heißt nicht, dass wir ihm sagen: Ich meine es ja nur gut, wenn ich dir jetzt Unangenehmes zumute; oder dass wir einen Befehl in sentimentales Getue verkleiden oder eine Strafe mit Beteuerungen unseres Gutmeinens verhängen; sondern es heißt, dass das, was wir zwangsweise angeordnet haben, auf alle Fälle gut herauskommen muss. Wo wir unserer Sache nicht sicher sind, wo wir nicht genau wissen, dass der gewünschte Erfolg auch tatsächlich eintreten wird, da sollen wir keinen Zwang ausüben. – Versuchen wir, das Interesse des Kindes zu gewinnen für das, was wir von ihm wollen, so müssen wir vermeiden, dass es uns eine heimliche Nebenabsicht zutraut; wir müssen also gerade in diesem Fall offen vorgehen, dürfen dem Kinde nichts leichter hinstellen, als es ist, und ihm nicht Tatbestände vortäuschen, die es nicht gibt (es tue nicht weh beim Zahnarzt, oder es brauche nur ein paar Tage im Heim zu bleiben). – Wenn wir an seinen eigenen Willen appellieren, dürfen wir ihm nicht Aufgaben oder Stellungnahmen zumuten, die wir selber nicht leisten oder nicht innehalten. Nicht durch Worte, sondern durch unser Vorbild sollen wir den Appell ausüben. Das wirkliche Vorbild aber ist kein für die Zwecke der Erziehung besonders arrangiertes Theater, sondern unser alltägliches Verhalten in unseren eigenen Angelegenheiten. – Und wenn wir das Kind über etwas aufklären oder belehren, so müssen wir die Sache auch wirklich kennen oder dann zugeben, dass wir auch nichts wissen. Werden wir ertappt, so ist das Vertrauen dahin.« (Moor 1969, 85f.)

5.2.4 Zur Klassifikation der Haltschwächen

Moor ist vermutlich bisher der einzige heilpädagogische Autor, der in der skizzierten Ausführlichkeit ein Menschenbild entworfen und dann auch versucht hat, die für die Heilpädagogik besonderen Formen von Erziehungserschwernissen aus diesem Menschenbild abzuleiten. Mit seiner Klassifikation der Erziehungserschwernisse nach Haltschwächen hat er sich völlig von der üblichen, auf die Psychopathologie zurückgehenden Klassifikation der Heilzöglinge entfernt. Obschon er sich in seiner Einführung in die Heilpädagogik doch wieder an traditionelle Einteilungen anlehnt, verdienen in der Diskussion seines Menschenbildes die »Haltschwächen« eine besondere Erwähnung. Im Rahmen seiner Lehre vom Inneren Halt vermutet er drei grundlegende Kategorien von Haltschwächen:

(A) Haltschwächen, die als Verbleiben im Gegebenen, also auf der Stufe der natürlichen Antriebe und Stimmungen erklärt werden können: »Das Leben bleibt dem Vitalen, dem bloß Natürlichen verhaftet, sei es, dass es sich nicht davon abzulösen vermag, oder sei es, dass es dahin zurückgedrängt wird.« (Moor 1958, 22) Dazu gehören folgende Formen von Haltschwächen: (1) geistige Dürftigkeit, (2) Gehemmtheit und (3) Süchtigkeit.

(B) Haltschwächen, die als einseitige Entwicklung – entweder nur des Willens oder nur des Gemüts – erklärt werden können: »Das Leben greift über das Vitale hinaus, erhebt sich über das Gegebene auf das Aufgegebene oder auf das Verheißene hin. Zum Können und Angesprochensein tritt deutlich ausgeprägtes und distanziertes Wollen und Erfülltsein hinzu. Aber es wird nur eines von beiden, nur das Wollen oder nur das Erfülltsein, gelebt. Entweder nur in der Tatkraft oder nur in der Leidenschaft wird der Halt gesucht; Begeisterung bleibt in beiden Fällen unmöglich.« (Moor 1958, 22) Es sind dies: (4) moralistische Haltung und (5) Selbstgenügsamkeit.

(C) Haltschwächen, die, nach einer Phase gelingender Entwicklung zum Inneren Halt, als nachträgliche Vernachlässigung eines Aspektes des Inneren Halts erklärt werden können. »Das Leben schwingt sich auf bis zur Begeisterung, die darin besteht, dass das Wollen zu einem Dienen wird gegenüber den Gehalten, die das Gemüt erfüllen, und das erfüllte Gemüt sich verschenkt an das verwirklichende Wollen. Dabei aber wird eine der beiden Seiten vernachlässigt, so dass entweder die Tatkraft oder die Leidenschaft zurückbleibt und der Wechselwirkungsvorgang der Begeisterung nur von der einen der beiden zusammengehörigen Seiten her sich vollzieht; oder es verliert die Begeisterung den Kontakt mit dem Vitalen, wodurch Tatkraft und Leidenschaft verfallen.« (Moor 1958, 23) Dazu gehören folgende Formen: (6) leere Betriebsamkeit, (7) unverbindliche Schwärmerei und (8) wirkungslos gewordene Geistigkeit.

Zu (1): geistige Dürftigkeit. Es handelt sich um eine angeborene oder durch Schädigung erworbene allgemeine Schwäche der Dispositionen, sei es eine dispositionelle Schwäche der Intelligenz und/oder der Phantasie, sei es eine dispositionelle Antriebsschwäche und/oder Stimmungsarmut. Zur geistigen Dürftigkeit zählt Moor einerseits die von den Anlagen (durch Vererbung oder organische Schädigung) her erklärbare »Geistesschwäche«. Davon unterscheidet er jene geistige Dürftigkeit, die als Folge einer frühkindlichen Verwahrlosung entstanden ist (eine weitere Unterteilung bleibt an dieser Stelle aus). Er weist darauf hin, dass man der geistigen Dürftigkeit in zwei klassischen Bereichen der Heilpädagogik begegne: im Bereich der Geistesschwäche und im Bereich der Verwahrlosung. Dem fügt er an: »Halten wir jetzt schon fest, dass im einen Fall die geistige Dürftigkeit Schicksal ist, im andern aber Schuld.« (Moor 1958, 28)

Zu (2): Gehemmtheit. In diesem Falle wird die Entwicklung zum Inneren Halt nicht durch eine allgemeine Schwäche der Dispositionen verhindert, sondern durch eine untaugliche Erziehung und/oder Selbsterziehung, welche sich auf das Teilziel der Lebenstechnik, also Disziplinierung der Antriebe und Schulung von Fähigkeiten und Fertigkeiten beschränkt und die Reifung des Gemütslebens vernachlässigt. Es wird Selbstbeherrschung angestrebt, ohne dass diese sich in den Dienst emotionaler Sinnfindung stellen kann.

Gehemmtheit ist nicht dasselbe wie Gehorsam, obschon das gehemmte Kind häufig ein äußeres Verhalten zeigt, welches als gehorsames Verhalten interpretiert werden kann. Gehorsam im positiv gemeinten Sinne stellt sich in den Dienst der willentlichen Bearbeitung von Aufgaben, mit denen sich das gehorchende Kind in irgendeiner Form – und sei es auch nur aufgrund seiner Bindung zum Erzieher – identifizieren kann. Gehemmtheit hingegen ist für das Kind quälend, weil hier die Antriebe um des Gehorsams willen unterdrückt werden und dies nicht im Dienste einer emotional irgendwie als verlockend erlebten Aufgabe geschieht.

Moor beschreibt den gehemmten Menschen als einen Menschen, der sich einerseits in der Realität nichts mehr zu erstreben getraut, und der andererseits in einer privaten Traumwelt Riesenansprüche an sich und die Umwelt hat, die realitätsfremd sind. Aus dieser Charakterisierung folgt, dass sich zur Gehemmtheit häufig eine andere Form der Haltschwäche gesellt: die Süchtigkeit.

Zu (3): Süchtigkeit. Der süchtige Mensch (im Sinne von Moor) ist aufgrund seiner Erfahrungen mit der Umwelt und falscher oder falsch interpretierter Vorbilder der Meinung, dass man emotionales Erfülltsein im Vitalen selbst, also im Ausleben natürlicher Triebe, z.B. der Sexualität, finden könne. Aufgrund dieser Verwechslung findet er für die Disziplinierung der Antriebe keinen Sinn. Es kann sich damit keine Lebenstechnik entwickeln, welche benötigt wird, um andere Lebensinhalte zu realisieren als solche, welche in der Triebbefriedigung gesehen werden. Moor sagt einmal, dass jede Sucht eine verkommene Sehnsucht sei; damit meint er, dass der süchtige Mensch aufgrund früherer Erlebnisse eine Ahnung davon hat, was emotionales Erfülltsein sein könnte; die Verwechslung der Triebbefriedigung mit emotionaler Erfüllung hat ihm aber den Weg zum Angesprochensein und zur Gemütstiefe verbaut. Damit er sich selbst gegenüber diese verhängnisvolle Verwechslung nicht zugeben muss, erhöht er die Intensität und Häufigkeit seiner Sucht andauernd; er gerät immer mehr in den Teufelskreis der Süchtigkeit. Typisch für die Süchtigkeit ist außerdem, dass sie sich in der Regel auf die Befriedigung eines sehr eng umschreibbaren Bedürfnisses konzentriert, z.B. Rauchen, Drogen, aber auch krankhafter Fernsehkonsum, unter Umständen auch ein Hobby. Dieses Merkmal macht den Zusammenhang zwischen Gehemmtheit und Süchtigkeit deutlich: Der gehemmte Mensch verbaut sich mit seinen Hemmungen einerseits die Möglichkeit der Bedürfnisbefriedigung, andererseits aber auch die Möglichkeit der emotionalen Reifung; wenn er zu irgendeiner eng begrenzten Ersatzbefriedigung Zuflucht nehmen kann, wird er leicht darin seine ihm sonst nicht mögliche Triebbefriedigung suchen und Ersatz für die in ihm nicht gereifte emotionale Erfüllung erstreben.

Neben anderen zu berücksichtigenden Aspekten sei – so Moor – Süchtigkeit letztlich Sehnsucht nach einem wirklichen Lebensinhalt, was die Therapie so komplex und schwierig mache. Auch der gelingende Entzug erreiche das *eine* nicht: dass der Süchtige seine Mittel nicht mehr braucht.

> »Er braucht es aber! Und wird darum das eine Mittel ganz einfach durch ein anderes ersetzen, wenn es ihm entzogen wird, das nun auf dieselbe Weise und aus denselben Gründen ebenso zur Sucht wird, vielleicht äußerlich andere und weniger schädliche Auswirkungen hat, innerlich aber, wo erst die große und totale Schädigung beginnt, dieselben Verheerungen anrichtet. Will man wirklich helfen, dann bedarf es der Befriedung der Antriebe, der Reifung des Wollens und der Vertiefung des Gemütes, dann muss man herausbekommen, an welchem Punkt die erste Hilfe einzusetzen hat – und hüte sich vor allem davor, zu hoch zu greifen!« (Moor 1958, 53)

Moors Beschreibung der heilpädagogischen Aufgabe gegenüber dem süchtigen Kind ist eine Beschreibung der Teilziele des Inneren Halts:

> »Der bloße Reizhunger muss vertieft werden zum Verlangen nach erfüllendem Leben.
> Das Verlangen nach erfüllendem Leben muss erfahren, dass man Erfüllendes nicht begreifen und nicht ergreifen kann, sondern sich von ihm muss ergreifen lassen.
> Die Ergriffenheit muss lernen, dass sie sich zur Tiefe erst noch zu läutern hat, dass sie Tiefe nur gewinnen kann, wenn sich das ergriffene Herz verschenkt an das tätige Leben.
> Das tätige Leben kann nur zur Bewährungsprobe und Läuterungsmöglichkeit werden für den in Ergriffenheit empfangenen Gehalt, wenn es echt bleibt, redlich vor sich selber und in Bescheidenheit den Gehalten des Herzens dienend. Die Möglichkeit der Redlichkeit vor sich selber und der Echtheit des Wollens besteht nur da, wo eine stützende Lebenstechnik in zweckmäßigen Gewohnheiten und geübten Fertigkeiten dem führenden Wollen gehorcht und die Reifung zur Sachlichkeit durch die Tat möglich macht.« (Moor 1958, 57)

Zu (4): Moralistische Haltung. Der moralistische Mensch sucht seinen Halt nur noch in der Verbissenheit des moralischen Willens, ohne dass dieser seinen Gehalt vom Gemüt geschenkt bekäme.

Zu (5): Selbstgenügsamkeit des Herzens. Im Gegensatz zum Moralisten pflegt dieser Mensch nur seine Emotionalität unter Vernachlässigung der Selbsterziehung des Willens.

> »Wir bezeichnen mit dem Ausdruck ›Genügsamkeit des Herzens‹ die gläubige Erfülltheit dessen, der sich für auserwählt hält, und dies so, dass er sich am Ziele wähnt und im Besitz des endgültigen und allein seligmachenden Lebensinhaltes. Sie ist ein Zerrbild der Gelassenheit des Gemütes, so wie der Moralismus, die moralistische Einstellung, ein Zerrbild der Echtheit des Wollens ist. Im Moralismus ist an die Stelle der kämpfenden, reifenden Echtheit, die in Bescheidenheit darauf wartet, dass ihrer zunehmenden Reife das reinere Ideal geschenkt werde, und die dem Vorläufigen dient, um für das Bessere reif zu werden, eine feste Moral getreten und wird in der Unterwerfung unter sie das Heil gesucht. So ist im empfangenden Leben an die Stelle der in Erwartung reifenden Gelassenheit, welche in der Gewissheit, dass ihr Unendliches versprochen ist, das bereits Empfangene verschenkt, damit in der Erprobung des tätigen Lebens alles Vorläufige von ihm abfalle und die Erwartung des Reineren selber sich läutere, ein fester Gehalt getreten, in dessen Besitz und Bewahrung man sich am Ziele glaubt. Für die Zuständlichkeit selbst, für die Verfassung des Gemütes, ist dann kennzeichnend, dass sie sich selbst genug ist. Sie ist hochmütige Seelenruhe, Gefühl der absoluten Überlegenheit, innere Unerschütterlichkeit, wie sie für keinen ... Willen ... jemals erreichbar ist.« (Moor 1958, 64)

Die weiteren von Moor aufgeführten Haltschwächen wie (6) leere Betriebsamkeit, (7) unverbindliche Schwärmerei und (8) wirkungslos gewordene Geistigkeit werden in diesem Zusammenhang nicht näher erläutert, da es sich um Erscheinungen handelt, die eher im Erwachsenenbereich anzusiedeln sind als im Bereich der Kinder und Jugendlichen.

5.3 Heinrich Hanselmann: Wider die Entganzung

5.3.1 Zur Biographie von Heinrich Hanselmann

Hanselmann (1885-1960) wuchs als Sohn eines Bergbauern in Wald bei St. Peterszell (Kanton St. Gallen) auf. Der Vater gehörte zu jenen Bauern, die sich ihren Lebensunterhalt durch Arbeit in der Stickereifabrik verdienten; die Mutter war als Heimarbeiterin für die Stickerei tätig.

Seine Jugend-Biographie hat Hanselmann in einem zweibändigen Roman verarbeitet: Die Biographie der Romanfigur Jakob Himmelberger scheint weitgehend diejenige von Hanselmann selbst zu sein. Der Roman beginnt mit Tagebucheintragungen des Dorfarztes; über die Geburt von Jakobli Himmelberger – das ist Heinrich Hanselmann. In einem Tagebucheintrag lässt Hanselmann den Dorfarzt zur Charakterisierung von Jakoblis Vater und Mutter aufschreiben:

»Erzählt mir der Himmelberger, dass er für das Heizen der Fabrik – morgens vier fängt er an und um zehn abends muss er das letzte Mal nachschauen – die armselige Dachwohnung mit drei Zimmern und einem elenden Küchlein frei hat. Den ganzen Tag stickt er. Lächelnd meint er: ›Und dann heißt es immer noch: geh geschwind und komm bald wieder! Abwärts kann man die Treppen besser springend nehmen und aufwärts wird man weniger müd, wenn man nur auf jedem andern Tritt absteht. Gib acht zum heiligen Geldlein!‹ Die Frau Himmelberger hat verdammt strenge Erziehungsgrundsätze ihrem Mann gegenüber; wenn sie mit dem Büblein auch so umgehen möchte, kämen wir zwei vermutlich bald hintereinander.« (Hanselmann 1931a, 17)

Auf den Erziehungsstil der dominanten Mutter hinweisend, unter dem Jakobli aufgewachsen ist, heißt es:

»25. Dezember (1886). Dieser verdammte Schlittelunfall hat mich beinahe verhindert, dem Jakobli Himmelberger mein Weihnachtsgeschenk zu bringen. Der Bub ist munter, wenn auch nach meinem Begriff zu still. Ein Wort redet er überhaupt nicht; die Frau behauptet zwar, dass er ›sonst‹ schon sozusagen alles pappeln könne. Hübscher Kerl mit seinen schwarzen Augen und dem schwarzen Kraushaar. Als ich ihm eine Schachtel mit Farbstiften hinhalte, nimmt er sie zögernd, unentwegt auf die Mutter blickend. Soll dann ›vielmal vergelts Gott‹ sagen, es kommt nicht heraus, ungemütliche Stille, die ich lachend unterbreche: ›Zwei Männer brauchen keine Worte, Handschlag und Blick genügt.‹ Er gibt die Hand und weint. Büblein, Büblein, keine Sentimentalitäten. Aber weiß der Teufel, was die Frau da schlecht dressiert.« (Hanselmann 1931a, 19)

Der in derartig ärmlichen Verhältnissen aufgewachsene Heinrich Hanselmann konnte nach der obligatorischen Schulzeit das Lehrerseminar besuchen. Schon als kleiner Bauernbub träumte er davon, den Beruf eines Musikers, im Speziellen eines Geigers, erlernen zu können. Erst im Lehrerseminar wurde er im Geigenspiel geschult – es wurde ihm dort eine musikalische Berufsausbildung vorgeschlagen. Durch einen Turnunfall wurde ihm dieser Weg jedoch verbaut. Hanselmann war trotzdem nie ganz von seinem Traum weggekommen: Er sammelte später von Schweizern gebaute Geigen und schenkte 1944 der Schweizerischen Geigenbauerschule in Brienz eine Sammlung von rund 200 Instrumenten.

Nach der Ausbildung zum Volksschullehrer war er von 1905 bis 1908 als Lehrer an der Taubstummenanstalt St. Gallen tätig. Darauf folgte das Studium an den Universitäten Zürich, Berlin und München, das er 1911 mit dem Doktorat in Experimenteller Psychologie abschloss. Er ging als wissenschaftlicher Assistent an das Psychologische Institut der Universität Frankfurt, wo er 1912 zur Überraschung der Professoren seine erfolgreiche akademische Laufbahn abbrach und die Leitung der

Beobachtungsstation für Schwererziehbare »Steinmühle« bei Frankfurt übernahm. Hier verheiratete er sich. 1916 kehrte er in die Schweiz zurück, wo er eine Stelle bei der neu gegründeten »Pro Juventute« übernahm; von 1918 bis 1923 war er deren Zentralsekretär. 1923 schrieb er seine autobiographischen Jakob-Romane, die eine relativ große Leserschaft fanden. Nach der Gründung des Heilpädagogischen Seminars Zürich 1924 wurde er Leiter dieses ersten heilpädagogischen Ausbildungsinstituts in der Schweiz, das bis heute nicht in die Universität integriert ist. Im gleichen Jahr habilitierte er sich für das Fach »Heilpädagogik« an der Universität Zürich; 1925 gründete er mit Hilfe des Geldes eines großzügigen Spenders das Landerziehungsheim Albisbrunn. 1931 wurde an der Universität Zürich für Hanselmann die erste europäische Professur für Heilpädagogik geschaffen. Er wurde ein international bekannter Gelehrter, der an vielen europäischen Kongressen als führende Kapazität auftrat.

Neben seiner wissenschaftlichen Tätigkeit und seiner Aufgabe als Leiter des Heilpädagogischen Seminars führte er eine Erziehungs- und Eheberatungsstelle und schrieb wöchentlich für eine Illustrierte (»Sie und Er«) Antworten auf Leserfragen. Neben seinen wissenschaftlichen Werken verfasste er eine große Zahl von volkstümlichen Beratungsbüchern. Die Zahl seiner Publikationen ist fast unüberschaubar. Sie können in vier Kategorien aufgeteilt werden: *A) Bücher zur Heilpädagogik:* Einführung in die Heilpädagogik (1930), Grundlinien zu einer Theorie der Sondererziehung (1941), Sorgenkinder daheim, in der Schule, in der Anstalt, in der menschlichen Gesellschaft (1954); *B) Bücher zur Erwachsenenbildung:* Andragogik – Wesen, Möglichkeiten, Grenzen der Erwachsenenbildung (1951); *C) Populärwissenschaftliche Beratungsbücher:* Erziehung zur Geduld (1930), Vom Umgang mit Anderen (1930), Vom Umgang mit sich selbst (1931), Vom Umgang mit Gott (1931), Die geschlechtliche Erziehung des Kindes (1931), Fröhliche Selbsterziehung (1933), Vom Sinn des Leidens (1934), Vom Umgang mit Frauen (1936), Heinrich ... aber er geht nicht gern zur Schule. Lernmüde Kinder (1936); *D) Romane:* Jakobli. Aus einem Büblein werden zwei (1931), Jakob. Sein Er und sein Ich (1931).

Besonders erwähnenswert ist Hanselmanns Interesse an der Erwachsenenbildung. Als stets auf praktische Realisierungen ausgerichteter Pragmatiker war er maßgeblich an der Gründung der Migros-Klubschule beteiligt. Seine Zielformulierung für die Erwachsenenbildung lautet: »Ziel der Andragogik ist: erstens eine allseitige Unterstützung des Erwachsenen in seinem Streben zur Selbsterziehung durch freigewählte

Selbstweiterbildung und zweitens die Wiedererweckung dieses Strebens, wo es irregeführt geworden oder unter der Wucht der Zivilisation erstarrt ist.« (Hanselmann 1951, 59) Zivilisation war für ihn ein notwendiges Übel, aber kein positiver Wert. Weil der heutige erwachsene Mensch von der Zivilisation aufgefressen wird, hat die Erwachsenenbildung die Aufgabe, ihn zu etwas anderem zu führen, was Hanselmann »Kultur« nannte. Derartige Zivilisationskritik erfasste zu Beginn des zwanzigsten Jahrhunderts sehr viele Pädagogen. »Zivilisiert ist, wer mit Löffel, Gabel und Messer isst, die Zahnbürste, den Rasierapparat braucht, sich nach der Mode kleidet, das Fahrrad brauchen und Autofahren kann, eine Zentralheizung, elektrisches Licht und eine Badewanne hat und benützt und ein WC. Aber dies alles und noch vieles mehr an Apparaten- und Maschinen-Handhabungen verbürgt noch in keiner Weise ein kultiviertes Leben.« (a.a.O., 28) Zur Zivilisation gehört Wissen; aber Wissen ist noch nicht Kultur. Kultur zeigt sich erst in der »rechten« Anwendung von Wissen. »Wissen schützt vor Dummheit nicht! Wissen und Immermehrwissen ist nur ein Mittel, das zu sehr verschiedenen Zwecken angewendet werden kann, zum Guttun wie zum Verbrechen. Wissen und Mehrwissen führt auch nicht zu dem ›Glück‹, wie es so häufig dem Wissensdurstigen versprochen wird.« (a.a.O., 62)

Dieser kurze Einblick in Hanselmanns Biographie macht deutlich, dass er sich mit sehr viel mehr Problemen auseinandergesetzt hat als nur mit Fragen der Heilpädagogik. Aber hinter all seinem Tun und Denken spürt man so etwas wie »Heilpädagogische Haltung« bzw. ein seine Einstellung gegenüber Benachteiligten lenkendes Menschenbild.

5.3.2 Die Grundwerte in Hanselmanns Menschenbild

Hanselmann hat weder sein Menschenbild noch seine Wertentscheidungen in irgendeinem seiner Bücher systematisch dargestellt. Die folgenden fünf Werte prägen meines Erachtens sein Denken: ideologische Offenheit, Religiosität, Ganzheitlichkeit, politische Freiheit und Gemeinschaft.

5.3.2.1 Ideologische Offenheit

Man kann nicht deutlich genug hervorheben, dass für Hanselmann über allen Werten der Wert der *ideologischen Offenheit* steht. Nie dürfen die anderen Werte zu einem festen und geschlossenen Menschenbild führen, sondern an erster Stelle muss die Offenheit für die Wirklichkeit des anderen Menschen stehen. Vor Menschenbildern im Sinne von verfestigten Ideologien hat Hanselmann immer wieder gewarnt:

»Unser Blick richtet sich zuerst und zuletzt auf die ewig ferne Idee vom Menschen, statt auf den Menschen, der neben uns geboren wird, weint, lacht, leidet und stirbt.« ... »Wer als Heilpädagoge helfen will, muss zunächst wagen, die gegenwärtige Wirklichkeit anzuerkennen. Sie ist ihm mehr als bloße Erscheinung, mehr als bloße Relation zur Idee.« (Hanselmann 1932b, 16)

5.3.2.2 Religiosität

Mit diesem Begriff dürfen *nicht* Merkmale wie Kirchentreue oder konfessionelles Bekenntnis assoziiert werden. Für Hanselmann ist Religiosität eine durch Bescheidenheit, Anerkennung der eigenen Begrenztheit und Sehnsucht nach dem Transzendenten gekennzeichnete Grundhaltung, die nicht von irgendeiner Kirche oder Konfession gepachtet ist. Diese Grundhaltung hat er in einer seiner volkstümlichen Beratungsschriften als Inwendige Heiterkeit charakterisiert:

»Inwendige Heiterkeit ist das beste und verlässlichste Gut, das der Mensch in dieser Welt erwerben kann. Er kann sie mitbringen, wohin ihn das Leben führt; selbst im Armenhaus kann sie ihm niemand nehmen; weder Mode noch irgend eine Polizei kann sie verbieten. Die inwendige Heiterkeit macht weit und führt hinaus über das Ich, zu andern hin und auch über die andern hinaus. Sie macht dich zum Führer über deinen Hunger und über deine Liebe; du hast beides, aber beides hat nicht dich. Inwendige Heiterkeit ist zwar noch nicht das dauernde Glück; sie bleibt etwas Vorletztes; denn sie ist Abschluss und Vorbereitung zugleich, ist immer Schluss- und Eingangsbilanz in einem. Wer durch planvollen Umgang mit sich und andern inwendig heiter geworden ist, der kann aufhören und anfangen, wie, wann und wo er will. Er lässt sich nicht durch sich und nicht durch andere gefangen nehmen. Inwendige Heiterkeit ist fröhliche Sehnsucht.« (Hanselmann 1931b, 52)

Einer kirchlich verwalteten Religiosität steht Hanselmann distanziert und kritisch gegenüber. Besonders skeptisch und ablehnend äußert er sich gegenüber Menschen – nach seiner Erfahrung häufig Kirchenvertreter –, die sich als Besitzer des Glaubens und als Besitzer Gottes benehmen. Weder Besitzanspruch auf den wahren Glauben noch daraus hervorgehender Stolz sind mit Hanselmanns Wert der Religiosität vereinbar. Religiosität bedeutet nach seinem Verständnis weder Besitz noch Sicherheit, sondern Suche und Sehnsucht. Sie ist nicht ein Haben des Glaubens, sondern ein Suchen ohne Gewissheit. »Der Mensch wird nicht reif an dem, was er hat, sondern an dem, was er sucht.« (Hanselmann 1931c, 29)

Hanselmanns Wert der Religiosität bedeutet somit ein Bekenntnis zur grundsätzlichen Unfertigkeit und damit zur nicht abschließbaren Offenheit des Menschen. Der Mensch ist immer ein Werdender und ein Sich-

Wandelnder. Wer nicht mehr zu Wandlungen und Entwicklungen bereit ist, hat auch die Religiosität im Hanselmann'schen Sinne verloren.

Die Zentralität der Religiosität in Hanselmanns Menschenbild wird äußerlich daran ersichtlich, dass er fast alle wissenschaftlichen Vorträge, welche schriftlich vorliegen, mit einem Glaubensbekenntnis enden lässt. Als Beispiel dient der letzte Satz seines Plenarvortrages am 3. Internationalen Kongress für Heilpädagogik in Wien:»Jeder Erziehungsversuch und jeder Heilungsversuch kann seine unerschütterliche Grundlegung – ich wage dieses Bekenntnis in Ihrer illustren Versammlung – allein finden im Glauben an die Gotteskindschaft des Menschen!« (Hanselmann 1955)

5.3.2.3 Ganzheitlichkeit

In seinem Buch zur Erwachsenenbildung beklagt Hanselmann den Verlust der Ganzheitlichkeit in der heutigen Zivilisation. Er prägte in diesem Zusammenhang den Begriff der »Entganzung« des Menschen.

> »Er kann nicht mehr ganz bei einer Sache sein, sich nirgends mehr ganz hingeben. Die Welt verlangt von ihm nur noch einzelne Fähigkeiten der Hand oder des Hirns. Mit allem, was er daneben auch noch ist und hat, bleibt er brach liegen. Oder er ist darauf angewiesen, jene durch die Welt nicht beanspruchten ›Teile‹ seiner Gesamtpersönlichkeit auf mehr oder weniger heimlichen Wegen in seiner Freizeit zu betätigen. So ist der Mensch zweispurig bis vielspurig geworden, zwiespältig bis vielfach aufgespalten. Er kann immer weniger sich zusammennehmen. Er kann nicht mehr sein ganzes Ich-selbst um eine Sache ›versammeln‹ und einsetzen, nicht einmal mehr in seiner von ihm zu diesem Zwecke doch so sehr ersehnten Freizeit am Abend und am Sonntag oder gar in den Ferien. So sehr er sich nach freier Zeit auch sehnen mag, ›vertreibt‹ er sie wieder, so bald er sie haben könnte. Seine Klage wird deutlich hörbar: Ich bin ja nur noch ein halber Mensch!« (Hanselmann 1951, 39)

Zur Ganzheitlichkeit des Menschen gehört für Hanselmann unter anderem die Gleichwertigkeit von Verstand und Gefühl: »Auseinandergefallen sind ›Kopf‹ und ›Herz‹, Verstand und ›Gemüt‹, Klugheit und Güte, Wissen und Glaube, ›Trieb und Geist‹.« (Hanselmann 1951, 41) Die Ganzheitlichkeit ist für Hanselmann mit Religiosität verbunden. Der Gottesbegriff ist eine Metapher für die vollkommene Ganzheit, die der Mensch verloren hat. Die religiöse Sehnsucht des Menschen ist somit als Sehnsucht nach der verlorenen Ganzheitlichkeit zu verstehen. Hanselmann schreibt jedem Menschen einen ursprünglichen Drang nach Ganzheitlichkeit zu. Er spricht vom Drang zur »Wieder-Ergänzung«, der den Menschen unter Umständen zu schwer verstehbaren Verhaltensweisen veranlassen kann, wenn er unterdrückt wird.

»Nun lässt aber nicht nur Gott seiner nicht spotten, sondern auch die Natur der menschlichen Seele ihrer nicht. Sie wehrt sich gegen die ihr von außen her aufgezwungene Aufteilung in Teile. Denn Seelenleben ist wie alles Leben Bewegung, und alle Entganzung eines Lebendigen führt zu seiner Aufhebung, zum Stillstand, zum Fertigsein und schließlich zum Tod, seelisch so wie leiblich, wo ja auch die Anatomisierung den Leib tötet. So auch würde die Seele an ihrer Zerteilung sterben, wenn sie nicht Mittel und Wege aus eigener Kraft fände, sich dagegen zu wehren und die Wieder-Erganzung zu suchen, der Desintegration die Grundtendenz zur Reintegration entgegenzustellen. Jenes Suchen, das wie ein Unbehagen und eine Unruhe im Menschen ist, nennen wir Sehnsucht, in diesem Zusammenhang die Sehnsucht, wieder als ganzer Mensch leben und arbeiten zu dürfen.« (Hanselmann 1951, 41f.)

Ganzheitlichkeit bezogen auf den Menschen umfußt mindestens folgende Elemente: *Erstens* bezieht sie sich auf einen Rhythmus zwischen den Prozessen des »Aufnehmens«, des »Verarbeitens« von Aufgenommenem und des »Ausgebens« von Verarbeitetem. Ein Aspekt der Entganzung durch die Zivilisation besteht darin, dass der Rhythmus zwischen Aufnehmen, Verarbeiten und Ausgeben schon durch die Arbeitsteilung und Spezialisierung im Berufsleben gestört ist. *Zweites* Element der Ganzheitlichkeit ist das Aufnehmen mit allen fünf Sinnesorganen. Keines unserer Aufnahmeorgane – Augen, Ohren, Geruchsinn, Geschmacksinn, Tastsinn – soll als höherwertig behandelt werden. *Drittens* umfasst die Ganzheitlichkeit die Verarbeitung des Aufgenommenen durch Denken *und* Fühlen. Die einseitig kognitive Verarbeitung von Aufgenommenem ist ein wesentlicher Faktor der Entganzung. *Viertens* gehört zur Ganzheitlichkeit die gleichwertige Ausgabe von Verarbeitetem über alle dem Menschen möglichen Kanäle: Haltung, Gehen, Gebärde, Mimik und Sprache.

5.3.2.4 Politische Freiheit

Verbunden mit diesem Wert ist für Hanselmann das Bekenntnis zur direkten Demokratie als ideale Staatsform. Politische Freiheit sieht er verbunden mit dem Anspruch auf Selbstverantwortung des einzelnen Menschen, die er nicht an den Staat – auch wenn er demokratisch ist – delegieren darf. In den »Grundlinien zu einer Theorie der Sondererziehung« schrieb Hanselmann, dass nach seiner »Auffassung menschliche Instanzen (Gesellschaft, Staat, Behörden) im besten Falle Vor-Instanzen für die Verantwortlichkeit des einzelnen, niemals aber endgültig sein können. Es gibt nur eine endgültige und absolute Instanz für den wahrhaft freien Menschen: Gott in seiner Offenbarung.« (Hanselmann 1941, 163) Damit zeigt sich, dass die hier analytisch getrennt dargestellten Werte nicht unabhängig nebeneinander stehen. Politische Freiheit und

Religiosität stehen für Hanselmann in einem inneren Zusammenhang, ebenso wie Ganzheitlichkeit und Religiosität. Mit der politischen Freiheit ist die Pflicht verbunden, sich gegen einen Staat dort aufzulehnen, »wo die menschliche Gesellschaftsform einzelne oder Gruppen missbraucht und vergewaltigt« (Hanselmann 1941, 162). Zur Frage der Politischen Freiheit und des Bürgerseins in einer Demokratie hat sich Hanselmann relativ ausführlich in seinem Buch zur Erwachsenenbildung geäußert:

> »Das [von uns vorhin formulierte] Ziel der Andragogik wird den Menschen, Mann und Frau, auch reif machen zur Politik, das will heißen zur Gestaltung und fortwährenden Ausgestaltung nicht nur des eigenen, persönlichen Lebens, sondern auch des Zusammenlebens mit andern in der Gemeinde, im Volke, im Staate, beginnend schon in der Familie. Ein durch die freie Zusammenarbeit freier Einzelmenschen geschaffener Staat wird immer zu einer Demokratie werden, niemals ein Macht- und Diktaturstaat sein können und nie ein Staat um des Staates willen. So wenig, wie der Bürger für die Gesetze da ist, sondern die Gesetze für den Bürger da sind, so muss auch ein Staat für die Bürger und nicht der Bürger für den Staat da sein. Eine wahre Demokratie aber kann nur entstehen und auf die Dauer bestehen, wenn jeder Demokrat ein Aristokrat der Gesinnung ist. Diese aristokratische Gesinnung aber erwächst allein aus dem Selbsterziehungsstreben, welches auch zu einer Schau der Begriffe ›Freiheit, Gleichheit, Brüderlichkeit‹ zu führen vermag. – So hoch ist das Ziel der Andragogik!« (Hanselmann 1951, 61)

5.3.2.5 Gemeinschaft

Im obigen Zitat wird auch auf den Wert der Gemeinschaft hingewiesen. Der drohende Verlust dieses Wertes wird von Hanselmann beispielsweise mit den folgenden Worten beklagt:

> »Wenn der Mensch heute ›wir‹ sagt, so meint er dies immer relativ, immer wird die Bedingung hinzugedacht, dass eine irgendwie geartete Gemeinschaft dem Ich vorübergehend oder dauernd berechenbar nützlich sei. Darum sind im nüchternen Alltag Ehe, Familie, Vaterland und Volk nur noch Nützlichkeitsanstalten, nicht mehr Gemeinschaften auf Leben und Tod. So, wie die Möglichkeit der Scheidbarkeit der Ehe ihren wahrhaften und ihren ganzen Sinn aufgehoben hat, so ist auch jede Gemeinschaft heute nur noch auf Zusehen hin und als jederzeit lösbar gemeint.« (Hanselmann 1951, 46)

Der Wert der Gemeinschaft ist Gegenpol zur Freiheit; mit dem Wert der Gemeinschaft meint Hanselmann das lebenslange Gebundensein und die Beachtung der Freiheit der anderen Menschen. In der Gemeinschaft soll jeder Dazugehörige lebenslänglich gebunden sein, aber kein Gemeinschaftsmitglied soll das andere zu seinem Objekt machen. Zum Leben in der Gemeinschaft gehört »jene Bescheidenheit, welche alle Egozentrizität individueller oder kollektivistischer Form als hinfällig erschaut und weise wird, einzusehen, dass der Mensch weder sich selbst noch irgend einen anderen Menschen als ›Über-Menschen‹ anerkennen kann« (Hanselmann 1949, 54). Der Wert der Gemeinschaft meint ein zweckfreies und herrschaftsfreies Miteinanderleben von Menschen: »Der Mensch unter Menschen und der Mensch über Menschen führt nie zu der engsten menschenmöglichen Gemeinschaft.« (Hanselmann 1930b, 37) – »Miteinandersein ist anders als befehlen und gehorchen, anders als herrschen oder dienen, anders als führen oder geführt werden, anders als erziehen und erzogen werden.« (Hanselmann 1930b, 38)

5.3.3 Psychologische und soziologische Annahmen

Wie bereits skizziert, arbeitet Hanselmann mit einem Modell der psychischen Prozesse, das drei Elemente umfasst: Aufnehmen – Verarbeiten – Ausgeben. Was den Menschen vom Tier unterscheidet, ist der Prozess der Verarbeitung, der sich zwischen das Aufnehmen und das Ausgeben schieben kann. Es sind die komplexen Formen des Verarbeitens, welche das Besondere des Menschen gegenüber allen anderen Lebewesen ausmachen. Tiere haben sehr oft viel spezialisiertere und schärfere Sinnesorgane zum Aufnehmen und spezialisiertere Ausführungsorgane, z. B. spezielle Zähne oder Krallen, als die Menschen. Dennoch ist der Mensch durch seine Möglichkeiten der inneren Verarbeitung und damit der Planung von Handlungen als Reaktionen auf Aufgenommenes dem Tier überlegen. Zur Verarbeitung und Planung dient dem Menschen als Hilfsmittel insbesondere die Sprache.

> »Die Aufnahmeeinrichtung und der Beantwortungsapparat sind beim höheren Tier in manchen Beziehungen besser gebaut und leistungsfähiger als beim Menschen. Denken wir nur an das ungeheuer fein aufnehmende Auge des Mäusebussards in den Lüften, an die feine Geruchswitterung der Raubtiere. Der Mensch steht aber auch in einzelnen seiner Äußerungsmöglichkeiten weit hinter dem Tiere zurück, zum Beispiel im Laufen, Fliegen. Andrerseits hat er freilich einen ungeheuren Vorsprung allen Tieren gegenüber dadurch, dass er sich durch das Mittel der Sprache äußern kann. - Die Verarbeitungseinrichtung hingegen bleibt auch beim hochentwickelten Tier immer eine kümmerliche. Das Gehirn des Tieres steht weit hinter dem des Menschen zurück. Hier setzt übrigens ein neues Rätsel ein, das die Wissenschaft noch nicht gelöst hat. Von welcher Stufe an in der großen Reihe der Entwicklung alles Lebens, in die der Mensch auch eingereiht werden kann und muss, dürfen wir von einem Seelenleben sprechen?« (Hanselmann 1931b, 8)

Hanselmann nennt das Tier ein »Kurzschlusswesen«, weil es sich weitgehend nach dem Modell »Aufnehmen – Ausgeben« verstehen lässt; man könnte in einer moderneren Terminologie auch von einem Reiz-

Reaktions-Wesen sprechen. Demgegenüber nennt er den Menschen ein »Verarbeitungswesen«; denn er kann zwischen den Reiz und die darauffolgende Reaktion eine Phase des inneren Verarbeitens, des Überlegens, des Auswählens und des Entscheidens einfügen. Hanselmann nimmt an, dass sowohl das Tierkind als auch das Menschenkind als Kurzschlusswesen, das dem kurzgeschlossenen Reiz-Reaktions-Schema folgt, zur Welt kommt. Im Gegensatz zum spezialisierten und fertigen Kurzschlusswesen Tier ist aber das Menschenkind auf die Entwicklung seines Verarbeitungsapparates und damit auf Erziehung und Bildung angewiesen.

»Der Weg der Erziehung aber ist lang. Denn jedes neugeborene Kind fängt das Leben ganz von vorne an. Es wird geboren als ein Kurzschlusswesen mit der tierischen Kreislauf-Reiz-Reaktion. Aber das Menschenkind ist im Unterschied zum Tierkind begabt zur Überwindung des Kurzschlusses durch die Schaffung der menschlichen Zwischenstufe zwischen bloßem Aufnehmen und Sofort-Ausgeben, begabt mit der Möglichkeit, das Aufgenommene seelisch zu verarbeiten und erst nach dieser Verarbeitung menschenwürdig zu handeln. Für diesen Einbau der Zwischenstufe ist eine lange Entwicklung und eine geleitete Bildung notwendig.« (Hanselmann 1954, 163)

In einem anderen Zusammenhang beschreibt er die Entwicklung des Kindes vom Kurzschlusswesen zum Verarbeitungswesen folgendermaßen:

»Der Säugling ist ein kurzschlüssiges Wesen. Wenn er Hunger oder Schmerzen hat, schreit und strampelt er. Nach der erfolgten Abhilfe ›macht‹ er nicht mehr so lange, bis die Unlustgefühle wieder aufkommen. Zwischen seinem Gefühl und dem Ausdruck seiner Gefühle ist gleichsam noch kein Widerstand eingeschaltet. Weder Überlegung noch Rücksicht oder Anpassung an besondere Umstände macht sich geltend: Er fühlt – er tut etwas. Die Ausbildung jenes Widerstandes, einer Zwischenphase zwischen Fühlen und Angetriebenwerden, ist Aufgabe der Erziehung des Kindes; ihr ständiger Aus- und Umbau in der Erwachsenheit ist nur möglich durch Selbsterziehung.« (Hanselmann 1933, 11)

Aus dem Modell des Menschen als Verarbeitungswesen hat Hanselmann die verschiedenen Problembereiche abgeleitet, mit denen sich die Heilpädagogik als spezielle Pädagogik befassen muss: mit Aufnahmegeschädigten, mit Verarbeitungsgeschädigten und mit Ausgabegeschädigten.

Bis hierher wurde Hanselmanns Modell der psychischen Prozesse so dargestellt, als handle es sich um ein psychologisches Modell, das unabhängig von den vorher genannten Wertentscheidungen ist. Das bisher skizzierte psychologische Modell hat weitgehend deskriptiven und erklärenden Charakter; d.h. auf seiner Grundlage lässt sich die besondere

Stellung des Menschen unter den übrigen Lebewesen relativ wertfrei beschreiben und erklären. Man kann mit hoher Plausibilität sagen, dass mit dem Merkmal des Verarbeitens die Überlebensfähigkeit des Menschen beschrieben und erklärt ist. Wenn der Mensch aufgrund seiner fehlenden Spezialisierung bei den Aufnahme- und Ausgabeorganen nicht mit Hilfe der ihm eigenen Fähigkeit der Verarbeitung, und damit der intelligenten Planung von Verhalten, überlebensfähig geworden wäre, gäbe es die Tierart »Mensch« gar nicht mehr. Der Philosoph Arnold Gehlen hat den Menschen als ein »Mängelwesen« bezeichnet, das längst ausgestorben wäre, könnte es die Mängel gegenüber dem Tier nicht mit Hilfe der Sprache und der damit gegebenen intelligenten Verhaltensplanung kompensieren. Mit dieser zunächst nur das Überleben erklärenden Anthropologie deckt sich zwar Hanselmanns These vom Verarbeitungswesen, aber sein Menschenbild wird stets ergänzt bzw. umgeformt durch einen wertenden Teil. Mit anderen Worten: Hanselmann arbeitet mit einem Menschenbild, das nicht nur beschreibende und erklärende Funktion hat; sondern sein Menschenbild ist stets auch in Beziehung gesetzt zu den vorher erläuterten Werten Religiosität, Ganzheitlichkeit, Freiheit, Gemeinschaft und Offenheit, die ihrerseits nicht unabhängig voneinander existieren.

Die wertgeleitete Qualität des Menschenbildes von Hanselmann ergibt sich insbesondere aus der bereits erläuterten Forderung nach Ganzheitlichkeit. Diese besagt unter anderem: Die Phasen des Aufnehmens, Verarbeitens und Ausgebens müssen in einem ausgewogenen Verhältnis zueinander stehen. Das Übergewicht eines dieser Elemente kann zu einer Abweichung vom Wert der Ganzheitlichkeit führen. Das gleiche gilt, wenn nicht mit allen verfügbaren Sinnen aufgenommen wird, wenn nicht mit Verstand, Gefühl und Handlung verarbeitet wird, oder wenn nicht über alle Ausgabekanäle (Sprache, Gestik, Mimik, Bewegung, Tanz usw.) ausgegeben wird.

Die wertgeleitete Sichtweise Hanselmanns lässt sich daran erkennen, dass er den Wert eines ganzheitlichen Menschenbildes in der modernen arbeitsteiligen Industriegesellschaft immer wieder als gefährdet darstellt. Er zeigt dies an verschiedenen Berufsarten. In den Bedingungen der arbeitsteiligen Industriegesellschaft sieht er den eigentlichen Grund für die verlorene Ganzheitlichkeit, die das ideale Menschenbild kennzeichnen würde.

»Das Leben von Millionen Menschen, denen die Arbeit keine oder nur eine zu dürftige Gelegenheit gibt, Neues aufzunehmen, zu verarbeiten und das Verarbeitete zur rechten Zeit und in angemessener Weise herausgeben zu dürfen, ist tragisch. Es gefährdet die seelische Gesundheit. Die Lösung dieses Problems ist bei der heutigen Produktionsweise und Lebenshaltung leider viel schwieriger, als die meisten Lebensreformer und Weltverbesserer es sich vorstellen und prophezeien. Aber eine Lösung muss kommen, sollen nicht wie jetzt die großen Massen um ihre Seele betrogen werden und seelisch sterben, ehe sie leiblich tot sind!« (Hanselmann 1931b, 29)

Der Wert der Ganzheitlichkeit ist für Hanselmann in der natürlichen Veranlagung bzw. in der natürlichen Bedürfnisstruktur des Menschen verankert. Dies entspricht seiner biologistischen Denkweise, d.h. einer Denkweise, welche Prozesse in der organischen Natur (z.B. das Wachsen von Pflanzen) als Modell nimmt. Mit anderen Worten: Es wird im Menschenbild von Hanselmann ein naturgegebenes, also in der Veranlagung jedes Menschen vorgegebenes Grundbedürfnis nach Ganzheitlichkeit angenommen. Dieses Grundbedürfnis kann durch die gesellschaftlichen Strukturen nicht völlig zerstört, sondern lediglich in »falsche«, Hanselmanns Wertvorstellungen widerstrebende Bahnen gelenkt werden. Der Mensch beginnt, einen Ersatz für die verlorene ideale Ganzheitlichkeit in verschiedensten Süchten, Ersatzwerten, abstrusen Weltanschauungen und -ismen zu suchen.

»Dem einen bedeutet Sexualgenuss das höchste ›Glück‹, dem andern ist Essen alles. Geldbesitz wird zur Besessenheit, Geld erwerben und anhäufen ist oberstes Lebensziel; Ruhm, Ehre und Machtinhaberschaft wird zum Wert aller Werte. Und so weiter! Es gibt schlechterdings nichts an Urtrieben oder an kluggewordenen, klug maskierten Trieben im Menschen, das nicht schon zum höchsten, absolut geltenden und endgültig entscheidenden Maßstab des Lebens erklärt worden wäre.« (Hanselmann 1951, 37) ... »Die Geschäftstüchtigkeit Einzelner erkannte diese Notlage lange vor den Psychologen, vor den Andragogen, vor den Sozialpolitikern und auch vor den Theologen, und sie verstanden und verstehen es noch, an der Not der andern viel Geld zu verdienen. Wenn doch ›das Glück‹ des Menschenlebens ausschließlich in der Befriedigung dieses oder jenes Triebes, dieses oder jenes Gelüstes besteht, dann musste daraus die Konsequenz gezogen werden. Alles, so lehrt diese Lehre scheinbar folgerichtig weiter, was den Menschen das Leben und das ›Seligwerden nach eigener Façon‹ noch erschwere und behindere, könne mit einem einzigen Mittel kuriert und überwunden werden. Die Forderung lautet: ›Du musst nur ...!‹ Du musst nur kein Fleisch essen, keinen Alkohol trinken, nicht rauchen, das ›Konzert der Hormone und Vitamine‹ richtig dirigieren lernen. Zu diesen negativen Anweisungen kommen die positiven: Du darfst ›lieben‹, soviel du kannst und magst! Werde energisch! ›Auf den Willen kommt es an!‹. – Ein ganzes ›Warenhaus der Weltanschauungen‹ hat sich aufgetan und bietet in wendigem, einschmeichelndem Dienst am Kunden ihm immer gerade das an, was diesem zur Zeit als das Wichtigste und als das Wertvollste zu sein scheint.« (Hanselmann 1951, 37f.)

Das gemessen an seinem Menschenbild durch die ungünstigen gesellschaftlichen Bedingungen verkommene, aber dennoch nicht abtötbare Bedürfnis nach Ganzheitlichkeit, also die Grundlage der Religiosität, die »Sehnsucht« nämlich, wie sie von Hanselmann häufig genannt wird, ist in der folgenden Textpassage sehr eindrücklich beschrieben:

> »Die Augen und die ganze Haltung sagen uns auf verschiedene Weise von dieser Sehnsucht am Montagmorgen, wenn die Menschen zur Arbeit gehen und am Samstagmittag, wenn anderthalb Tage volles Leben winken. – So viele Bureauangestellte und Fabrikarbeiter ›leben‹ nur in ihrer Freizeit und in ihren Ferien! – Alles Eigene hat nicht Platz im Berufsleben. Wenn aber doch Eigenes in einem Menschen vorhanden ist, und es ist in fast allen Menschen, dann muss es fliehen ins Abend-, Nacht- und Wochenendleben hinein. Es war ja nur das Stichwort Week-end notwendig, um eine ganze Welt in Bewegung zu setzen: Hinaus aus dem ewigen Einerlei! Selbstaufnehmen, Neues suchen und selbst entdecken für die Verarbeitung, um von all diesem dann zu seiner Zeit andern berichten zu können, selbst auch etwas Eigenes berichten zu dürfen. – Auch Lieblingsbeschäftigungen, die Liebhaberei, das Steckenpferd, sind Folgen jener Flucht ins Leben während der Freizeit. Markensammeln, Fischen, Musizieren, Sport und so vieles andere wird zur Leidenschaft. Ihr gibt der seelisch im Beruf Verarmte sich hin, in ihr gibt er sich, er, der im Bureau und in der Fabrik eine bloße Nummer immer war und wieder wird. Wer keine Lieblingsbeschäftigung findet, der wartet und wartet, staut und staut zu einer einzigen großen Sehnsucht alles zusammen, was er könnte und möchte. Er hofft auf das ›Glück‹, das doch nie kommen will. Entweder verzweifelt er oder aber er wird zu ungeheuren Entladungen gezwungen. Endlich erfolgt dann die furchtbare Explosion der Spannung; ›das hätte man nicht erwartet von ihm‹, dass er eine solche ›Dummheit‹ machen könnte. Er selbst hat es auch nicht gewusst und steht zumeist in gleichem Erstaunen vor sich selbst. Nicht wenige Verbrechen haben ihre tiefsten Wurzeln in einem solchen Seelengrund.« (Hanselmann 1931b, 25f.)

Der Zustand des entganzten Menschen, gesehen als Folge seines Eingezwängtseins in die Funktionsstrukturen der arbeitsteiligen Industriegesellschaft, wird in der marxistischen Kapitalismustheorie als »Entfremdung« des Menschen bezeichnet. Allerdings wird in der marxistischen Theorie mit einer sehr viel systematisierteren Theorie der kapitalistischen Industriegesellschaft gearbeitet, als dies Hanselmann tut. In der marxistischen Theorie wiederum würde ihm die Offenheit fehlen, und er würde wohl auch hier auf die Gefahr aller -ismen hinweisen: nämlich Ersatz für die religiöse Sehnsucht zu werden und damit zum zerstörerischen Dogmatismus zu verkommen. Dennoch scheint ein Bezug zwischen Hanselmanns Begriff der »Entganzung« und dem marxistischen Begriff der »Entfremdung« nicht abwegig zu sein. Der entfremdete Mensch im marxistischen Verständnis ist *erstens* Objekt der verselbständigten und auf Funktionen verteilten Warenproduktion geworden, *zweitens* wird er als Objekt der Eigentümer von Produktionsmitteln gesehen. Der zweite Aspekt wird von Hanselmann weniger deutlich thematisiert. Hingegen finden sich viele Hinweise auf die Umstände, wie sich die Entfremdung in der Gestaltung der Beziehungen zwischen den Menschen äußert: Sie sind – wie in der marxistischen Sichtweise – in erster Linie von abstrakten Merkmalen wie Geldbesitz, Status, Funktion gestaltet. Die Menschen sind als Träger von Funktionen und sozialen Rollen ohne freie Gestaltungsmöglichkeit miteinander verbunden. Begegnungen im Sinne eines Dialogs können unter diesen Umständen nicht mehr stattfinden.

5.3.4 Die Bedeutung des Gefühls

In Hanselmanns Menschenbild hat das Gefühl einen sehr hohen Stellenwert. Dies hängt *erstens* damit zusammen, dass die Entganzung des Menschen unter den Anforderungen unserer Arbeitswelt speziell in der Vernachlässigung des Gefühlslebens besteht. Die entganzende Wirkung unserer Arbeitswelt wird mit folgenden Worten geschildert:

> »Mit allen seinen Bedürfnissen, Gefühlsmäßiges zu erleben und Gefühle auszugeben, anzuwenden, abzuladen, kommt der berufstätige, modern gebildete Mensch in hohem Maße zu kurz. Die heutige Zeit mit ihrer Überschätzung der bloßen Verstandes- und Muskelleistungen wertet alles Gefühlsleben niedrig ein und zwingt es dadurch auf Neben- und Abwege. Der Mensch geht heimlich und nach und nach öffentlich überall dorthin, wo er vermutet, für seine Gefühle Nahrung zu finden. Die überfüllten Kinos zeigen es uns; der Zug nach ausschmückendem, romantischem Gottesdienst, nach möglichst geheimnisvollen Religionen, der in allen Schichten und Kreisen lebt, zeigt es ebenfalls.« (Hanselmann 1931b, 28)

Zweitens hat das Gefühl in Hanselmanns Menschenbild deshalb Priorität, weil er es als Basis aller Entwicklung sieht; d.h. die einfachen Gefühle der Lust und der Unlust sind Anfang und Ursprung der psychischen Entwicklung eines Menschen. Hanselmann sieht auch die Ambivalenz in der Bedeutung von Gefühlen: Sie geben *einerseits* der Entwicklung eines Menschen die erforderliche Kraft. *Andererseits* stoßen die Gefühle auf Grenzen der Gemeinschaften und auf Grenzen gesellschaftlicher Anforderungen. Sie werden deshalb im Laufe der Entwicklung eines Menschen diszipliniert.

Gelegentlich hat man den Eindruck, als werde das Gefühl durch Hanselmann mystifiziert. Er betont immer wieder in beschwörender Weise, dass alles Leben darauf aufbaue; Verstandesleben ohne Gefühlsleben sei eine menschliche Tragödie. In den Gefühlen findet Hanselmann nicht nur den »Mutterboden« für die Entwicklung des einzelnen Menschen, sondern auch für die Entwicklung von Gemeinschaften, sofern diese das Miteinander von ganzheitlichen Menschen darstellen sollen.

»Die Aufspaltung des Menschen in ›Seele und Geist‹ und die Überwertung des ›Geistes‹, immer gemeint als Verstand, macht den Menschen einsam, alleinstehend. Denn alle Vergemeinschaftung der Menschen, die anders und mehr ist als eine ›Aktiengesellschaft‹, geht über den Weg der Gefühle. Der Kluge, nichts als klug-sein-wollende Mensch aber wird ein Einzelner, ein ›Einziger und sein Eigentum‹, losgelöst von jenem tiefen Untergrund, aus dem er doch herkommt, abgespalten von aller Urverbundenheit, vom Mutterboden, der Familie, von der Gemeinde, vom Volk. Gefühle sind die Mächte, die die Menschen untereinander und miteinander lebensstark, ›auf Tod und Leben‹, verbinden, nicht aber das Denken, das ja sofort voller Bedenken ist. Das Denken trennt die Menschen, macht aus Individuen Dividuen.« (Hanselmann 1951, 45f.)

5.3.5 Das Dialogische

Zu Hanselmanns Menschenbild gehört auch der Gedanke der vorbehaltlosen Annahme jedes anderen Menschen in seiner ihm eigenen Ganzheit und Einmaligkeit. Dies deutet auf eine Verwandtschaft mit Bubers Idee des »Dialogischen Prinzips«. Hanselmann hat immer wieder darauf hingewiesen, dass es nicht auf der einen Seite normale Menschen und auf der anderen Seite anormale Menschen geben darf. Bereits in seiner Antrittsvorlesung, gehalten an der Universität Zürich am 20. Juni 1925, setzte er sich mit dem Normalitätsproblem auseinander. In den »Grundlinien zu einer Theorie der Sondererziehung« findet sich folgende Zusammenfassung seiner Meinung zum Normalitätsbegriff:

> »Entweder wird Norm als Durchschnitt aufgefasst, wobei nicht gesagt wird, wie dieser Durchschnitt beschaffen ist; zudem lässt sich für ein so kompliziertes leibseelisches Wesen, wie der Mensch und namentlich das in Entwicklung sich befindende Kind es sind, ein Durchschnittsmaß aller Zustands- und Verhaltensweisen nicht aufstellen. – Zweitens kann der Begriff normal teleologisch gemeint sein und darunter die ›lebensgerechte‹ Angepasstheit eines Menschen verstanden werden; doch können alle Bestimmungen dessen, was lebensgerecht sei, nur relativ sein, sie wandeln sich von Zeit zu Zeit, von Volk zu Volk, von Rasse zu Rasse. – Endlich kann Norm heißen: Ideal-, Höchst- oder Vollkommenheitsnorm und vollkommene Verhaltensweise. In diesem Falle aber dürfte kein lebender Mensch als normal bezeichnet werden.« (Hanselmann 1941, 66)

In der Antrittsvorlesung mit dem provokativen Titel »Wer ist normal?« beschrieb Hanselmann die drei möglichen Bedeutungen des Begriffs »normal« folgendermaßen:

Erstens können damit jene Merkmalsausprägungen gemeint sein, welche am häufigsten vorkommen. So gesehen, wäre es ein statistisch beschreibender Begriff. Allerdings ist mit der Tatsache zu rechnen, dass in unserem realen gesellschaftlichen Leben mit den Begriffen »normal« und »anormal« stets wertende Urteile gefällt werden. Bei diesem Verständnis ist jenes Merkmal das wertvollste, das am häufigsten vorkommt. Man macht also die stillschweigende Annahme, dass sinnvoll und wertvoll ist, was am häufigsten vorkommt. In einem späteren Werk zur Heilpädagogik hat Hanselmann deutlich gezeigt, zu welchen Vorstellungen vom Erziehungsziel man mit diesem Normalitätsbegriff kommt: »Erziehen zum Durchschnitt menschlicher Leistungswilligkeit und Leistungsfähigkeit« (Hanselmann 1941, 31). Der Wert der größten Häufigkeit ist von ihm schon in dieser frühen Antrittsvorlesung mit dem Argument abgelehnt worden, dass jedes menschliche Individuum eine einmalige Ganzheit und Einheit darstelle. Dieses Menschenbild ist unvereinbar mit dem Wert des Durchschnittlichen. Der diesbezügliche Satz in seiner Antrittsvorlesung lautete: »Die Seele als Ganzes, als lebendige Einheit, ist aber erst recht nicht statistisch, d.h. mit Maß und Zahl nicht erfassbar.« (Hanselmann 1928, 254)

Zweitens können mit der Bezeichnung »normal« auch jene Merkmale gemeint sein, welche in der bestehenden Gesellschaft als gültig gelten, weil sie für die Erhaltung der Gesellschaft am zweckdienlichsten sind. Würde man sich allerdings auf diesen Normalitätsbegriff festlegen, dann wären alle menschlichen Verhaltensweisen als anormal zu bezeichnen, welche auf gesellschaftliche Veränderungen und Verbesserungen abzielen: »Die Normalität lässt keinen Fortschritt zu; sie ist immer und überall gleichsam nur Reaktion auf Bestehendes, sie schafft niemals höhere als die schon geltenden Werte. Es bleibt ewig alles beim Alten, wenn es in der Welt nur Normale gibt.« (Hanselmann 1928, 256) Bei diesem Normalitätsbegriff wird angenommen, dass sinnvoll und wertvoll ist, was der Erhaltung der bestehenden gesellschaftlichen Verhältnisse dient. Hanselmann hat in einem späteren heilpädagogischen Werk aufgezeigt, welchem Erziehungsziel sich die Pädagogik bei diesem Normalitätsbegriff unterzuordnen hätte: »Erziehen ... zur Fähigkeit und zum Willen zur dauernden Anpassung an die zu einer Zeit gegebene menschliche Gesellschaftsordnung« (Hanselmann 1941, 31). Normalität als Anpassung an die bestehende Gesellschaftsordnung lehnt er mit folgenden Argumenten ab: *Erstens* wird dadurch der gesellschaftliche Fortschritt verhindert; dies ist unzulässig, weil es keine Beweise dafür gibt, dass die gerade bestehende Gesellschaftsordnung nicht Stadium einer

Weiterentwicklung ist. *Zweitens* ist die Relativität jeder Gesellschaftsordnung daran zu erkennen, dass zu verschiedenen Zeiten und in verschiedenen Kulturen sehr unterschiedliche Werte und Normen Gültigkeit haben. *Drittens* erweist sich die Relativität und Vorläufigkeit unserer Gesellschaftsordnung auch darin, dass die Möglichkeiten der Anpassung an die gesellschaftlichen Normen von der sozialen Herkunft mitbeeinflusst werden. Zu diesem Aspekt der sozialen Ungleichheit macht Hanselmann sozialkritische Bemerkungen, die bis heute aktuell geblieben sind: »Der Ausgangspunkt für die Anpassung an jene allgemeinen Lebenszwecke der Selbsterhaltung und Selbstentfaltung und der Einordnung in die sozialen Gemeinschaften ist für die einzelnen Menschen zufolge der Verhältnisse, in die sie hineingeboren werden, ein außerordentlich verschiedener. Der Start zum Leben ist zu ungleich.« (Hanselmann 1928, 259) Er illustriert die soziale Ungleichheit bei diesem Normalitätsbegriff auch an der Relativität von Behinderungen:

> »Endlich kommt hinzu, dass jene Angepasstheit im Einzelfall sich oft nur als trügerischer Schein erweist. Der notorisch leicht geistesschwache Sohn eines finanziell wohlbestellten Vaters kann jene dem Sohne selbst nicht mögliche Anpassung erkaufen und erschleichen. Eine erheblich psychopathische Tochter kann doch als normal gelten, wenn vermögende Eltern mit Hilfe verschiedener Mittelchen und Praktiken eine Angepasstheit vortäuschen. Standeszugehörigkeit, Geld, Beziehungen und vieles andere noch können zu Schutzeinrichtungen für eine tatsächlich erheblich beschränkte Lebenstüchtigkeit, ja der tatsächlichen sozialen Unbrauchbarkeit werden. – Umgekehrt kann der völlige Mangel der genannten äußeren Faktoren, welche gar nicht die individuelle Tüchtigkeit eines Menschen, eines Kindes schon betreffen, weil sie gar nicht im Individuum liegen, jene Anpassungsmöglichkeit sehr stark beschränken oder sie gar aufheben. Die genauere Untersuchung aber ergibt in solchen Fällen des Scheiterns sehr oft, dass tatsächlich nur die Verhältnisse schuld sind. Es ist nicht ohne Vorbehalt wahr – nicht einmal in unserem, stellenweise ach so demokratischen Vaterland –, dass Talent, Begabung und Fleiß in jedem Falle sich Bahn brechen können. Insbesondere finden wir hierfür die betrübenden Beispiele in den Scharen der verwahrlosten und der mangelhaft oder falsch erzogenen Kinder.« (Hanselmann 1928, 258f.)

Drittens kann unter Normalität oder Norm auch die gedankliche Vorstellung eines vollkommenen Menschen, den es in der Realität so nie geben wird, gemeint sein. Es handelt sich hierbei um ein Ideal, um ein Leitbild, welches trotz seines utopischen Charakters dem Menschen Sinn und Ziel bedeuten kann. Es ist das, was als Menschenbild, und zwar als normatives Menschenbild zu bezeichnen wäre. Hanselmann anerkennt nur diese Bedeutung des Normalitätsbegriffs: »Der Begriff der Norm kann, zumal in seiner Anwendung auf das Seelenleben der Menschen, nur den Sinn eines Vorbildes, eines ›Ideals‹ haben.« (Hanselmann 1928, 285) So gesehen, wird Normalität zu einer Vorstellung vom Menschen, welche in der Realität niemand erfüllen kann – kein Mensch ist hinsichtlich dieser dritten Bedeutung normal.

Die Überzeugung, dass es Normalität nicht geben kann und nicht geben darf und dass somit kein Anlass und kein Recht zur Klassifikation von anderen Menschen nach diesem Kriterium besteht, bildet wohl die Grundlage für Hanselmanns Bereitschaft zur Annahme anderer und andersartiger Menschen als gleichwertige Ganzheiten und Einheiten. Sie bildet die Grundlage seiner Bereitschaft zur »Dialogischen Haltung«. Der Begriff des Dialogischen ist insbesondere mit dem Namen des Philosophen Martin Buber verbunden. Vieles, was Hanselmann über die Beziehungen zu anderen Menschen und insbesondere auch zum Kinde geschrieben hat, erinnert an dessen Darstellungen des Dialogischen.

In Hanselmanns Schriften wurde bisher lediglich eine einzige namentliche Erwähnung Martin Bubers gefunden (Hanselmann 1976, 133). Weitere direkte Belege für die vermutbaren Beziehungen Hanselmanns zu den Schriften von Buber zu finden, dürfte deshalb schwierig sein, weil Hanselmann in seinen wissenschaftlichen Büchern vorwiegend »medizinisch-psychiatrische Literatur seiner Zeit« zitiert, pädagogische und philosophische Werke hingegen in sehr geringer Zahl lediglich erwähnt, ohne darauf einzugehen (Mürner 1985, 191). Die lebensberatenden Schriften enthalten überhaupt keine Literaturangaben oder Anmerkungen zu verwendeten Büchern.

Die wesentlichen Merkmale der dialogischen Haltung im Sinne von Buber sind die »Echtheit«, die »personale Vergegenwärtigung« und die »Erschließung«. Diese Begriffe sind von Hanselmann nicht oder nur gelegentlich verwendet worden. Dennoch lassen sich die mit diesen Begriffen von Buber verbundenen Inhalte in den Schriften von Hanselmann überzeugend nachweisen.

Echtheit: In seinem Roman »Jakobli – aus einem Büblein werden zwei« schildert Hanselmann die Entwicklung eines Kindes, das mit neun Jahren nach vielen unangenehmen Zusammenstößen mit der Erwachsenenwelt zur Erkenntnis kommt, dass man mit einer kontrollierten und verfälschenden Ausgabe von Informationen über sich selbst im gesellschaftlichen Leben besser fährt als mit Offenheit und Echtheit. Jakobli erkennt eines Tages den Unterschied zwischen Sein und Schein (wie es von Buber ausgedrückt worden wäre); er erzählt von seinem Schritt zum Scheinen in folgender Weise: »In der Schule, daheim, auf dem Rundgang, oben in der Villa, überall wo ich mit anderen Menschen zusammenkam, machte ich den flinken, den dummen, den braven, den freundlichen, den stillen Jakob, immer so, wie es mir das beste in einem Falle schien.« Allerdings bleibt Jakobli bestrebt, zwischen dem äußeren Scheinen und der inneren Echtheit zu unterscheiden; und glücklicherweise findet er eine Person, die Hausangestellte Kathri, der er noch ein dialogisches Vertrauen entgegenbringen kann. Seine kindlich-einfache Erfahrung des in der Welt vorherrschenden Scheinens ist von Hanselmann einprägsam beschrieben: »Draußen will ich für euch sein, was ihr grad haben wollt. Mein Inwendiges gehört mir und niemand darf hineinsehen, als vielleicht einmal die Kathri, wenn ich ihr einst alles sage, wie es ist.« (Hanselmann 1931a, 380)

Der Zwiespalt des Menschen zwischen Sein und Scheinen, zwischen Echtheit und dem Spielen einer Rolle geht wie ein Leitmotiv durch die Schriften von Hanselmann. So ist auch die sehr viel später erschienene Schrift zur Erwachsenenbildung davon geprägt; von der Erwachsenenbildung erhoffte er sich eine Möglichkeit, die Menschen wieder zur Echtheit führen zu können. Die Verwandtschaft zu Bubers Denken ist offensichtlich: Menschen, welche beim Umgang mit anderen Menschen in erster Linie auf das Scheinen achten, nennt Buber »Bildmenschen«. Wie sich »Bildmenschen« den Weg zum Dialog verbauen, zeigt Buber an den fiktiven Personen Peter und Paul:

> »Da sind erst mal der Peter, wie er dem Paul erscheinen will, und der Paul, wie er dem Peter erscheinen will; sodann der Peter, wie er dem Paul wirklich erscheint, Pauls Bild von Peter also, das gemeiniglich keineswegs mit dem von Peter gewünschten übereinstimmen wird, und vice versa; dazu noch Peter, wie er sich selbst, und Paul, wie er sich selbst erscheint; zu guter Letzt der leibliche Peter und der leibliche Paul. Zwei lebende Wesen und sechs gespenstische Scheingestalten, die sich in das Gespräch der beiden mannigfaltig mischen! Wo bliebe da noch Raum für die Echtheit des Zwischenmenschlichen!« (Buber 1979, 279)

Der Mensch mit der Tendenz zur Echtheit wird von Buber im Unterschied zum »Bildmenschen« als »Wesensmensch« bezeichnet.

> »Der Wesensmensch sieht den andern so an, wie man eben jemand ansieht, mit dem man sich persönlich abgibt; es ist ein ›spontaner‹, ein ›unbefangener‹ Blick, er ist zwar selbstverständlich nicht unbeeinflusst von der Absicht, sich dem andern verständlich zu machen, aber er ist unbeeinflusst von einem Gedanken darüber, welche Vorstellung von der Beschaffenheit des Blickenden er in dem Angeblickten erwecken kann oder soll.« (Buber 1979, 278)

Personale Vergegenwärtigung: Mit diesem Begriff meint Buber, dass der andere Mensch als Partner in seiner Eigenständigkeit und Andersartigkeit vorbehaltlos angenommen werden soll. Hanselmann spricht vom Verzicht auf berechenbare Nützlichkeit für das eigene Ich, wenn eine echte Vergemeinschaftung als Begegnung von echten Menschen entstehen solle. Er beklagt immer wieder die Unfähigkeit des zivilisationsgeschädigten Menschen zu einer derartigen Vergemeinschaftung, damit auch die Unfähigkeit zu dialogischen Beziehungen: »Wenn der Mensch heute ›Wir‹ sagt, so meint er dies immer relativ, immer wird die Bedingung hinzugedacht, dass eine irgendwie geartete Gemeinschaft dem Ich vorübergehend oder dauernd berechenbar nützlich sei.« (Hanselmann 1951, 45f.) Annahme des anderen Menschen als Partner heißt für Hanselmann auch, das eigene Ich des Partners zu respektieren: »Die andern Menschen haben auch ein Ich, jeder hat sein Ich, und für jeden ist sein Ich ihm das nächste, was er hat. Er hat mit seinem Ich dieselbe Freude und dieselbe Plage wie wir.« (Hanselmann 1933, 83)

Erschließung: Hanselmanns Wahl des Begriffs »Entwicklungshemmung« für das zentrale Problem der Heilpädagogik deutet darauf hin, dass er von biologistischen Vorstellungen ausgeht; damit gehört er in jene Tradition der Pädagogik, welche den Begriff »Naturgemäßheit« verwendet hat. In dieser Tradition, die ins 17. Jahrhundert (Comenius) zurückgeht, wird eine Entsprechung zwischen der inneren seelisch-geistigen Entwicklung des Menschen und der Entwicklung in der Natur außerhalb des Menschen postuliert; das traditionelle Bild ist in der Regel die Pflanze, die in ihrem Keim auf ihre Ausgestaltung vorbereitet ist und sich bei sorgfältiger Pflege durch einen Gärtner besonders gut entwickeln kann. Dieses Bild beinhaltet auch, dass die Pflege des Gärtners aus dem Keim nur herauswachsen lassen kann, was ohnehin auf Entwicklung wartet, d.h. er kann nicht nach eigenem Belieben etwas daraus hervorbringen.

Die skizzierte Verankerung Hanselmanns in der Tradition biologistischer Vorstellungen von Entwicklung ermöglicht ihm die Bereitschaft zum Warten auf die Erschließung des Partners, sei er Kind oder Erwachsener. Der Keim einer Pflanze kann ja nicht mit Gewalt zum Wachstum gezwungen werden. Zwang und Beeinflussung im Sinne des »Auferlegens« (Buber) passten demnach nicht in Hanselmanns Vorstellung von Entwicklung. Das Modell der Propaganda wird von ihm genauso abgelehnt wie von Buber. In vielen kulturkritischen Textstellen bekämpfte er die Tendenz zur Beeinflussung von Menschen nach dem Muster der Propaganda: »Ein ganzes ›Warenhaus der Weltanschauungen‹ hat sich aufgetan und bietet in wendigem, einschmeichelndem Dienst am Kunden ihm immer gerade das an, was diesem zur Zeit als das Wichtigste und als das Wertvollste zu sein scheint.« (Hanselmann 1951, 38)

Was in den Schriften Bubers »Erschließung« heißt, drückt Hanselmann mit dem pädagogischen Begriff »erzieherisches Helfen« aus; davon grenzt er die »Vergewaltigung durch Erziehung« ab, welche »aus der Selbstsucht und Machtsucht des Erziehers stammt« (Hanselmann 1954, 125). Ein Erzieher, der sich als Machthaber und Vergewaltiger verhält, kann nicht wartend erschließen. »Alle Vergewaltigung aber stammt aus der Selbstsucht und der Machtsucht des Erziehers; er fühlt sich durch das Kind gestört, angegriffen, bedrängt und verdrängt, während er doch Herrscher sein will und ›sehen will, wer Meister ist‹.« (Hanselmann 1954, 125)

Aufgrund der skizzierten Sichtweise ergibt sich für Hanselmann ein hoher Stellenwert des Gesprächs. Damit steht er auch in einer gewissen Nähe zur Tradition der Aufklärungspädagogik. Allerdings weist er immer wieder darauf hin, dass ein Gespräch auch »Geschwätz« werden könne. Davon grenzt er sorgfältig das Gespräch als »Zwiesprache« ab. Es ist durch die Merkmale des Dialogischen charakterisiert. Das echte Gespräch als »Zwiesprache« wird zu einem zentralen Element in der Erziehung von Kindern. Solche Gespräche Erwachsener mit Kindern hält Hanselmann für eine besonders schwierige Kunst. »Gespräche mit Kindern zu führen, die nicht Monologe des Erziehers, sondern wirklich Zwiesprache (Gespräche) mit dem Kinde sind, ist eine Kunst, in der wir nie auslernen können, die wir darum immer üben müssen.« (Hanselmann 1954, 136) Das echte Gespräch soll in der Erziehung einen breiten Raum haben; oberflächlich hingeworfene Sätze wirken insbesondere in heilpädagogischen Situationen kontraproduktiv und für die »Entwicklungshemmung« des Kindes eher noch förderlich.

5.3.6 Anmerkungen zum biologistischen Denken

Hanselmanns biologistisches Denken hat zur Konsequenz, dass das Anlage-Umwelt-Problem in ausgeprägtem Maße zugunsten der Anlagen entschieden ist. Ganze Generationen von deutschen Sonderpädagogen haben in den vergangenen zwei Jahrzehnten in dem Buch von Ulrich Bleidick »Pädagogik der Behinderten« gelernt, dass Hanselmanns Ansatz eine »Anthropologie von Entwicklung« sei, welche durch »vage biologisch-vitalistische Vorstellungen« gestützt werde, und dass Hanselmanns »ideologische Überschätzung des Anlagefaktors ... heute als völlig überholt« zu gelten habe (Bleidick 1983, 136-139). Mit einem derartig vereinfachten Hanselmann-Klischee ausgerüstet, sind natürlich auch ganze Generationen davon abgehalten worden, sich auf die Schriften dieses vielseitigen Heilpädagogen einzulassen! Bleidick hatte sein Urteil mit dem folgenden Hanselmann-Zitat belegt: »Ein anlagemäßig vollentwicklungsfähiges Kind ist durch eine noch so verwahrlosende Umwelt seelisch-geistig nicht umzubringen.« (Hanselmann 1941, 155) Im Sinn ähnliche Zitate lassen sich fast in allen Schriften von Hanselmann wiederfinden; beispielsweise viele Jahre später in folgendem Satz: »Auch das vollentwicklungsfähige Kind wird durch Verzärtelung und durch Vergewaltigung reaktionsabwegig, aber mit dem unüberschätzbaren Vorteil im Vergleich mit dem schwererziehbaren, psychopathischen, dass es später ›durch Schaden selbst noch klug‹ werden, d.h. selbst die sozial und ethisch richtige Reaktion zu finden vermag.« (Hanselmann 1954, 287)

Bleidicks Hinweis, Hanselmann arbeite mit einer biologistischen Anthropologie, ist richtig. Er geht zweifelsohne von der Annahme aus, dass das Kind einen ganz erheblichen Anlagefaktor im Sinne eines Entwicklungspotentials mitbringt, das sich in einer vorgegebenen Weise entwickeln wird. Eine biologistische und anlageorientierte Anthropologie kann Gefahren in sich bergen, etwa biologistisch-selektionistische Lehren vom »unwerten Leben«. Wenn den Anlagen so viel Gewicht gegeben wird, wie dies Hanselmann tut, besteht die Gefahr, dass Menschen mit einem weniger kräftigen Anlagepotential als minderwertig bewertet werden. Es stellt sich deshalb die Frage, wodurch Hanselmanns Anthropologie im Hinblick auf das heilpädagogisch wirksame Menschenbild so ergänzt wird, dass diese Gefahr gebannt ist.

Für Hanselmann ist die anthropologische Grundentscheidung zugunsten des Anlagepotentials nicht trennbar von einer *zweiten* anthropologischen Grundentscheidung. Diese bezieht sich auf die Religiosität: Der Mensch kann letztlich sein Schicksal nie selbst in die Hand nehmen, sondern er ist in jeder seiner Varianten ein von einer transzendenten Macht als einmalige Ganzheit geschaffenes und ausgestattetes Wesen. Der Glaube an die Geschöpflichkeit und Gottebenbildlichkeit jedes von Menschen gezeugten Wesens ist der religiöse Kern in Hanselmanns Menschenbild. Die Priorität dieses Aspekts lässt sich in allen seinen Schriften und Vorträgen finden. Seine Bereitschaft zur dialogischen Haltung, und damit seine heilpädagogische Haltung, basiert auf der Verschmelzung der hohen Einschätzung des Anlagefaktors mit dem religiös verankerten Glauben an die gottgewollte Einmaligkeit und Ganzheit jedes Menschen, in welcher Variation er auch immer vor uns steht.

Vergleichbares finden wir wiederum in Martin Bubers Menschenbild. Auch von ihm ist das Anlage-Umwelt-Problem eindeutig zugunsten der Anlagen entschieden worden, die sich in einem dialogischen Klima entwickeln. Die Machbarkeit des Menschen durch erzieherisch geplante Umwelteinflüsse wird mit dieser Entscheidung ausgeschlossen. Für das Erzieherische bedeutet diese anthropologische Grundentscheidung: Der echte Erzieher »kann nicht auferlegen wollen, denn er glaubt an das Wirken der aktualisierenden Kräfte, das heißt, er glaubt, dass in jedem Menschen das Rechte in einer einmaligen und einzigartigen personhaften Weise angelegt ist.« (Buber 1979, 289) Damit treffen wir auch in Bubers Menschenbild auf den religiösen Kern, welcher der Idee von der Machbarkeit des Menschen durch menschliche Macht den Glauben an eine transzendente Macht entgegenstellt. »Der erschließende Erzieher glaubt an die Urmacht, die sich in all die Menschenwesen ausgestreut hat und ausstreut, um in jedem zu einer eigentümlichen Gestalt zu erwachsen; er vertraut darauf, dass dieses Wachstum jeweils nur jener in den Begegnungen gegebenen Hilfe bedarf, die eben auch er herzugeben berufen ist.« (Buber 1979, 289)

Der Gedanke des Erschließens von Anlagen bildet nur in Koppelung mit dem Glauben an die Geschöpflichkeit und Gottebenbildlichkeit jedes Menschen in allen Erscheinungsvariationen die Grundlage einer dialogischen und heilpädagogischen Haltung. Andernfalls besteht immer die Gefahr, dass Anlagen je nach Variante und Ausprägung nach einer Durchschnittsnorm oder einer gesellschaftlichen Norm bewertet werden. Jeder Versuch, das Dialogische Prinzip aus seiner religiösen Verankerung herauszulösen, scheint bereits die Gefahr der Verletzung dieses Prinzips zu beinhalten.

5.3.7 Anmerkungen zum heilpädagogischen Konzept

Heilpädagogik befasst sich nach dem Sprachgebrauch von Hanselmann mit den entwicklungsgehemmten Kindern und Jugendlichen. Dahinter steckt - wie bereits skizziert - eine biologische Vorstellung von Entwicklung. Das »vollentwicklungsfähige« Kind ist nach dieser Vorstellung mit einem Entwicklungspotential ausgerüstet, aufgrund dessen sich das Kind, ähnlich wie eine Pflanze, von selbst entwickelt. Gemäß Hanselmanns psychologischem Modell können Entwicklungshemmungen auf Schädigungen der Aufnahmeorgane, Schädigungen der Verarbeitungsmöglichkeiten und Schädigungen in der Ausgabe beruhen.

> »Die Gruppierung des Heeres der sogenannten anormalen und verwahrlosten Kinder und Jugendlichen geschieht unseres Erachtens am besten nach kausalen psychologisch-somatologischen Gesichtspunkten. Ich selbst lege dabei den drei-einheitlichen Grundprozess alles Lebens und aller Entwicklung zugrunde: Aufnehmen von Reizen endogener und exogener Herkunft, Verarbeitung des

Aufgenommenen und Ausgeben der Verarbeitungsprodukte. So bin ich dazu gekommen, vier Arbeitsfelder der Heilpädagogik zu unterscheiden:
1. Aufnahmegeschädigte (blinde, taube, sehgestörte und schwerhörige Kinder);
2. Verarbeitungsgeschädigte (Schwachsinnige);
3. Ausgabegeschädigte (Kinder mit neuropathischer oder psychopathischer Konstitution, neurotische, sprachgestörte, körperlich behinderte) und
4. Umweltgeschädigte (verwahrloste Kinder).« (Hanselmann 1955, 34)

Seine »Einführung in die Heilpädagogik« enthält folgende Grobeinteilung der »Entwicklungshemmungen«: *Mindersinnigkeit und Sinnesschwäche.* Diese Gruppe ist identisch mit den Aufnahmegeschädigten. *Geistesschwäche.* Da es sich hierbei um eine Schädigung des Zentralen Nervensystems handelt, entspricht dies den Verarbeitungsgeschädigten. *Sprachleiden.* Dies ist für Hanselmann keine klar abgrenzbare Gruppe; es kann sich um Ausgabegeschädigte, aber auch um Verarbeitungsgeschädigte oder um Folgen von Aufnahmeschädigungen handeln. *Schwererziehbare.* Dabei handelt es sich größtenteils um Ausgabegeschädigte.

Hanselmanns Hauptinteresse galt den Schwererziehbaren. Seine »Einführung in die Heilpädagogik« ist zu mehr als der Hälfte den Schwererziehbaren gewidmet. Er unterscheidet zwischen Schwererziehbaren mit neuropathischer Konstitution, Schwererziehbaren mit psychopathischer Konstitution, und Schwererziehbaren mit Umweltfehlern.

Die Begriffe der Neuropathie und der Psychopathie übernahm Hanselmann relativ unbesehen aus der psychiatrischen Literatur seiner Zeit. Neuropathie definiert er mit Bezug auf den Psychiater Cimbal:

»Wir verstehen unter Neuropathie im engeren Sinne diejenigen rein symptomatisch abgegrenzten Krankheitsbilder mit umschriebenem Symptomenbild, die sich überwiegend auf körperliche Krankheitserscheinungen und überwiegend auf einen umgrenzten Teil des Nervensystems, also etwa die Sprache, die Schrift, die Bewegungssysteme, das Empfindungssystem, das vegetative System beschränken.« (Hanselmann 1976, 255)

Es werden im Anschluss an diese Definition verschiedenste spezielle Formen von *Neuropathien* dargestellt, unterteilt nach Neuropathien des Bewegungssystems (z.B. Tic, Spasmus, Linkshändigkeit), Neuropathien des Empfindungsnervensystems (z.B. Kopfschmerzen, Wachstumsschmerzen) und Neuropathien des vegetativen Nervensystems (z.B. Anorexie, Kreislaufschwäche).

Zur *Psychopathie* gibt er folgende Definition: »Eine psychopathische Konstitution ist eine körperlich-seelische Gesamtverfassung, bei welcher zwischen denkendem, fühlendem und wollendem Verhalten ein Missverhältnis dauernd besteht, ohne dass die Disharmonie sozial untragbar sein muss.« (Hanselmann 1976, 276) Dabei unterscheidet er zwischen Hysterie, abwegigem Gefühlsleben und Störungen im Willensleben. Aufgrund seines Menschenbildes widmet er sich besonders intensiv dem »abwegigen Gefühlsleben«: »Gefühlsüberreiche« nennt er Kinder, die sich durch übertriebene Empfindlichkeit und ein überstarkes Gefühlsleben auszeichnen. Sie binden sich zu rasch und zu intensiv an Menschen und Dinge. »Gefühlsblöde« nennt er Kinder, die gefühlsmäßig nicht oder kaum ansprechbar sind. Dazu gehören z.B. Tierquäler, kühldenkende Verstandesmenschen. »Gefühlseinseitige« sind einerseits die »Immerlustigen« und andererseits die »Ewigseufzenden«. Die Ersteren nehmen alles von der leichtesten Seite, zeichnen sich durch Flatterhaftigkeit und Clownerien aus, sind in der Regel beliebt. Die Zweiten sehen alles andauernd in Grau und Schwarz, sie sind einsam und unbeliebt.

Besonderes Gewicht erhalten schließlich die »Schwererziehbaren mit Umweltfehlern«. Dabei handelt es sich um Kinder, welche auf ungünstige Erziehungsumwelten mit Fehlverhalten reagieren. Hanselmann beschreibt vier Hauptformen von kindlichen Reaktionen auf Umweltfehler:

> »a) Das Kind passt sich bedingungslos an, es unterwirft sich vorbehaltlos und ist das Musterkind. Dieser Fall ist selten, und wo ich ihn antreffe, bin ich für die Zukunft besorgt, zum großen Erstaunen der Eltern. ...
> b) Es passt sich mit Vorbehalt und nur von mal zu mal an. Dadurch wird es zwiespältig, das heißt, es bildet ein heimliches Ich und ein offizielles; es ist einerseits ein Kind, wie man es ›draußen‹ gerne haben möchte, und andrerseits ein Kind, wie es inwendig selbst sein möchte. ... Die Neigung ist groß, dass aus dieser kindlichen Kompromiss- plus Trotzeinstellung für die ganze Lebenszeit auch bei relativ einwandfreier Umwelt die Lebenslüge, die Lebensmaske wird. ...
> c) Die dritte Form der Reaktion auf die Einwirkung der Umwelt kann die Ich-Entziehung sein. Das Kind entzieht sich der Umwelt und flieht in sich hinein. Es sind die einsamen, die verschlossenen Kinder. ...
> d) Die vierte Form der kindlichen und jugendlichen Reaktionen auf die Umwelt ist die Abwehr und die Auflehnung. ... Wir können eine direkte, unmittelbare Auflehnung von einer indirekten unterscheiden. Je indirekter seine Auflehnung ist, umso schwerer erziehbar ist ein Kind. Zu den indirekten Auflehnungserscheinungen müssen vor allem gewisse ›Rache‹-handlungen gerechnet werden, wie z.B. Diebstahl, Brandstiftung, Zerstörung usw.« (Hanselmann 1976, 331f.)

Hanselmann beschrieb seine eigene Reaktion auf die Fehler seiner Erziehungsumwelt im Jakobli-Roman; so kann man diesen autobiographischen Roman auch als ausführliche Beschreibung einer Form der Schwererziehbaren mit Umweltfehlern zuordnen: Anpassung an die Umwelt im Rahmen eines Zwiespaltes, der darin besteht, dass das Kind ein offizielles und ein heimliches Ich bildet. In seinem Jakobli-Roman beschreibt er, wie Jakobli als Folge des Zwiespaltes eine Doppelrolle zu spielen und sich gegenüber der Umwelt zu verstellen beginnt. Im Rückblick wird von Jakob die Phase, in der er merkte, dass er mit der Doppelrolle bedeutend besser durchs Leben kommt, mit einfachen Worten beschrieben. Das letzte Kapitel des ersten Bandes der Jakobli-Romane (1931a) hat die Überschrift

»Aus einem Büblein werden zwei«
»Daheim in der Fabrikstube in Gutgrund machte ich nun, so gut es mir möglich war, den braven Jakob. ›Hast es ja viel schöner, du Närrlein‹, tröstete ich mich. Beide Eltern sprachen lobend über mich schon am ersten Abend, als ich am Türschloss mit schmerzendem Bein horchte. ....
In der Schule, daheim, auf dem Rundgang, oben in der Villa, überall wo ich mit anderen Menschen zusammenkam, machte ich den flinken, den dummen, den braven, den freundlichen, den stillen Jakob, immer so, wie es mir das beste in einem Falle schien.
›Früher haben sie mit mir gemacht, was sie wollten. Jetzt mache ich mit euch, was ich will, ohne dass ihr es merkt. Ihr Geizigen, Bösen, Steitsüchtigen und ihr Dummen. Aber wenn ich allein bin, dann bin ich der Ich. Draussen will ich für euch sein, was ihr grad haben wollt. Mein Inwendiges gehört mir und niemand darf hineinsehen, als vielleicht einmal die Kathri, wenn ich ihr einst alles sage, wie es ist.‹
Mit solchen Gedanken ging ich fast froh in den Winter hinein, fand immer neue Bestätigung meiner früheren Erkenntnis, dass die großen Menschen logen, sich stritten, einander verschimpften, dass sie im geheimen manches taten, was verboten war.
Mein Tag war bis auf wenige freie Weilchen ausgefüllt mit dem, was ich tun musste oder mir selbst vorgenommen hatte. Sehnsüchtig erwartete ich die Gelegenheit zum Geigen ab und auf das ›Ganz-allein-sein‹ in der Stube, auf dem Dachboden, bei meinen geheimen Sachen, besonders aber während der lauschig dunklen Zeit vor dem Einschlafen. ...
Aus den gelegentlich am Türschloss erlauschten Besprechungen der Eltern wusste ich zumeist, wie ich mich als braver Jakob im einzelnen zu verhalten hatte. ›Ich würde es gerne sehen, wenn er weniger den Kopf stützen und etwas mehr lachen und hin und wieder ein Stücklein örgelen möchte‹, meinte der Vater. Die Mutter sagte, man könnte fast zufrieden sein mit mir, wenn ich nur nicht immer so ein ernstes Gesicht machen wollte. ›Wenn man so hört, wie scheints der Lehrer am Wirtstisch prahlt von Jakobs gescheiten Antworten, so könnte es einem fast Angst werden. Denn es hat schon früher immer geheißen, dass gar so leichtlernende Kinder nicht alt werden. Woher hat er's nur, all das Bücherzeug?‹
›Von mir nicht‹, lachte der Vater; ›er weiß heute schon haufenweise mehr über alles, was es auf der Welt gibt, als ich.‹
›Oh, ihr dürft schon lachen, wenn ihr wollt. Ich habe das fremde gelehrte Buchzeug einfach in den Büchern gelesen, welche der William in seinen Stunden braucht. Dort unter meinem Kopfkissen ist gerade jetzt eines und heißt:

Kleiner Leitfaden der allgemeinen Naturgeschichte! Da steht mehr drin als vielleicht unser Lehrer weiß. Aber deswegen sage ich in der Schule, wenn er erzählt, wie die Berge und Täler entstanden sind, doch wie alle aufmerksamen Schüler: au! Herr Lehrer, ist das möglich! Denn solche Bemerkungen freuen ihn‹«.

5.4 Die Frage nach der Wissenschaftlichkeit

Wenn man Bleidicks Bewertungen folgt, erscheint die auf Hanselmann und Moor und letztlich auf Pestalozzi zurückgehende Tradition als Grundlage für eine moderne Heilpädagogik wegen mangelnder Wissenschaftlichkeit unbrauchbar. Weder Hanselmann noch Moor haben eine bloße »Feststellungswissenschaft« angestrebt. (Selbstverständlich auch nicht Pestalozzi, der aber in einer historisch so weit zurückliegenden Epoche gelebt hat, dass ihn niemand mit modernen wissenschaftstheoretischen Kategorien beurteilen würde.) Hanselmann und Moor wollten beide eine Heilpädagogik entwerfen, die nicht der Psychologie oder Erziehungswissenschaft als bloße Beschreibungs- und Erklärungswissenschaft unterstellt war, sondern die im Dienste einer wertbestimmten Pädagogik stehen sollte. Heilpädagogik wurde von beiden als wertgeleitete Wissenschaft verstanden, für welche die wertfrei arbeitende Empirische Psychologie und Erziehungswissenschaft ihrer Zeit nicht das gültige Vorbild sein konnte.

Hanselmann hat selbst bereits das Dilemma der Heilpädagogik als Wissenschaft zwischen Anspruch auf empirische Forschung und Verpflichtung gegenüber Werten in der Praxis erschwerter Erziehung thematisiert. Die Frage nach dem Verhältnis zwischen Wertorientierung und Wissenschaftlichkeit der Heilpädagogik darf nach Meinung Hanselmanns auf keinen Fall unter Aufopferung der Wertorientierung entschieden werden:

> »Wenn die Enthaltsamkeit von Ethos und Pathos, also das Streben nach strikter Neutralität und Objektivität, zum Wesen einer Wissenschaft gehören sollte, dann ist Heilpädagogik keine Wissenschaft. Denn unsere Arbeit kommt ohne Wertung des Seienden nicht aus. Sollten aber Wertung und Wissenschaft unvereinbar miteinander sein, so ist damit noch nichts gegen die Berechtigung und Notwendigkeit wertender Tätigkeit gesagt, sondern höchstens gegen die Zulänglichkeit der Wissenschaft.« (Hanselmann 1955, 33)

Heilpädagogik erhält durch ihre notwendige Wertorientierung eine Dimension, welche dem Zugriff der empirisch-analytischen Wissenschaft entzogen zu sein scheint. Dennoch muss sie einen Weg finden, sich als wertgeleitete Wissenschaft zu konstituieren und zu behaupten. Heilpädagogik wird in der wertorientierten Grundlegung zwangsläufig verbunden mit einer schwer fassbaren menschlichen Haltung. Man kann sich von Derartigem entweder abgrenzen oder aber nach einer wissenschaftstheoretischen Lösung für eine wertgeleitete Wissenschaft suchen. Der zweite Weg bedeutet nicht, dass man auf eine Heilpädagogik, die sich an forschungsmethodologischen Standards orientiert, zu verzichten hat. Er bedeutet jedoch, dass man die Offenlegung der forschungsleitenden Wertentscheidungen als obligatorischen Bestandteil im Forschungsprozess akzeptiert und respektiert. Wer den Aufbruch zu einer (Heil-)Pädagogik im Sinne einer wertgeleiteten Wissenschaft wagt, wird immer wieder auf Pestalozzi, Hanselmann und Moor zurückgreifen.

5.5 Testfragen

Sie können überprüfen, wie aufmerksam Sie das Kapitel gelesen haben, indem Sie a, b, c oder d als das am meisten Zutreffende markieren.

		a	b	c	d
1	Pestalozzi unterscheidet drei Zustände des menschlichen Seins. – Welcher Begriff ist *nicht* von Pestalozzi? a) sittlicher Zustand b) paradiesischer Zustand c) tierischer Zustand d) gesellschaftlicher Zustand				
2	»Aber die Neigung der Macht, sich für ein sittliches Verhältnis auszugeben, ändert die wahre Lage ihres Verhältnisses gegen das Volk nicht ...«– Wer hat das geschrieben? a) Fröbel b) Humboldt c) Pestalozzi d) Goethe				
3	»Das Verhältnis der Menschen im Staat gegeneinander ist ein bloß .... Verhältnis.« – Welches Wort gehört in die Lücke dieses Satzes von Pestalozzi? a) sittliches b) vernünftiges c) menschliches d) tierisches				
4	»Menschliche Handlungen sind im gesellschaftlichen Zustand ....gesteuert.« – Wie ist im Sinne von Pestalozzis Gesellschaftstheorie die Lücke zu füllen? a) vom Trieb der Selbstsucht b) von Nächstenliebe c) von selbstloser Moral d) vom Zufall				
5	»Der gesellschaftliche Zustand ist in seinem Wesen eine Fortsetzung .....« – Was folgt in diesem Zitat von Pestalozzi? a) des Zusammenlebens b) der historischen Phylogenese c) des Krieges aller gegen alle d) des Zufalls				
6	»Sittlichkeit ist ....« – Was ist im Sinne Pestalozzis zu ergänzen? a) gemeinschaftlich b) individuell c) schön d) allgemeingültig				
7	Pestalozzi konnte ins »Carolinum« eintreten, weil sein Vater .... war. a) Stadtbürger b) Gelehrter c) reicher Kaufmann d) politisch einflussreich				
8	Welches Wort passt *nicht* zur Denk- und Schreibweise von Paul Moor? a) Gemüt b) Glückstrieb c) Ergriffen-Sein d) Verheißenes				
9	In welchem Fach hatte Paul Moor *kein* Studium abgeschlossen? a) Mathematik b) theoretische Physik c) Astronomie d) Psychologie				
10	Paul Moor spricht von zwei Aspekten des Erziehens. Welches ist einer davon? a) pädagogische Geduld b) pädagogische Hilfe c) pädagogische Zurückhaltung d) Unterstützung				

11	Die angeborene Disposition für die emotionale Entwicklung nannte Paul Moor: a) Lusttrieb b) natürliches Bedürfnis c) Urgefühl d) reine Phantasie	a b c d
12	Welches ist nach Paul Moor *keine* zwingende Voraussetzung für Willensstärke? a) körperliche Gesundheit b) Lebenstechnik c) Innerer Gehorsam d) Empfänglichkeit für Lebensinhalte	a b c d
13	Welches Charakteristikum ist nach Paul Moor für die Reifung zur Gemütstiefe wichtig? a) Sexualtrieb b) Verwirklichung c) Fanatismus d) Bedürfnisbefriedigung	a b c d
14	Wenn ein Kind Triebbeherrschung als Selbstzweck erlebt, ist es nach Moors Lehre vom Inneren Halt von einer Haltschwäche bedroht. – Wie nennt er die Haltschwäche? a) Verhaltensstörung b) Triebunterdrückung c) Gehemmtheit d) Abraxie	a b c d
15	Welcher Begriff kennzeichnet Hanselmanns Verständnis von Religiosität am nächsten? a) Kirchentreue b) Fester Glaube c) Moralische Überzeugung d) Inwendige Heiterkeit	a b c d
16	Was gehört *am wenigsten* zum Begriff der Ganzheitlichkeit in Hanselmanns Denken? a) nach Gesetzen der Natur b) Gefühl und Verstand c) mit allen Sinnen d) alle Ausgabekanäle	a b c d
17	Welche kindliche Reaktion auf Umweltfehler ist nach Hanselmann am günstigsten? a) Anpassung b) offene Auflehnung c) innerer Zwiespalt d) Rückzug	a b c d
18	Mit welchem Begriff charakterisierte Hanselmann den Menschen gegenüber dem Tier? a) Sprachwesen b) Geistwesen c) Verarbeitungswesen d) Glaubenswesen	a b c d
19	Welcher Begriff findet sich in der Klassifizierung von Hanselmann *nicht*? a) Ausgabegeschädigte b) Intelligenzgeschädigte c) Verarbeitungsgeschädigte d) Aufnahmegeschädigte	a b c d
20	In welcher Institution ist Heinrich Hanselmann *nicht* tätig gewesen? a) Heilpädagogisches Seminar b) Pro Juventute c) Migros-Klubschule d) Seraphisches Liebeswerk	a b c d

Lösungen:

1=b	3=d	5=c	7=a	9=d	11=d	13=b	15=d	17=b	19=b
2=c	4=a	6=b	8=b	10=c	12=a	14=c	16=a	18=c	20=d

19 und mehr richtig   = sehr gut
17 bis 18 richtig   = gut
14 bis 16 richtig   = genügend
weniger als 14 richtig = nochmals aufmerksam durcharbeiten

6 Berufsethik für die Heilpädagogik

6.1 Grundtypen ethischer Argumentation

In der neuzeitlichen Ethik kann man im Wesentlichen zwischen zwei Grundtypen ethischer Argumentation unterscheiden: »reiner Konsequentialismus« und »eingeschränkter Konsequentialismus« (Wolf 1994).

6.1.1 Reiner Konsequentialismus und Utilitarismus

Der reine Konsequentialismus berücksichtigt bei der moralischen Bewertung von Entscheidungen und Handlungen ausschließlich folgenorientierte Argumente. Fragen nach der moralisch guten Gesinnung oder der Orientierung an abstrakten Prinzipien werden nicht berücksichtigt.

Einen Idealtyp konsequentialistischer Ethik stellen in der Philosophiegeschichte die glückszentrierten Moralsysteme der klassischen aufklärerischen Utilitaristen im 18. Jahrhundert dar. Sie postulierten eine Gleichsetzung »von dem, was für eine Person gut ist, mit dem, was für sie nützlich ist.« (...) »Die Begriffe Nutzen und Glück werden austauschbar verwendet.« (Wolf 1993, 18) Nach Auffassung des klassischen Utilitarismus bringt dem Menschen alles Nutzen und Glück, was ihm Lust und Freude bereitet. Als Utilitarist mit einem ausgeprägt wertmonistischen Lustsummen-Denken (Hedonismus) gilt Jeremy Bentham, nach dessen Auffassung Glück den Überschuss an Lust gegenüber Unlust darstellt.

Es gibt heute auch Utilitaristen, welche weder wertmonistisch noch notwendigerweise hedonistisch sein wollen. Unter diesen setzt sich beispielsweise Wolf für ein Utilitarismus-Verständnis ein, das sich auf differenziertere Formen von moralisch guten Folgen des Handelns bezieht. Falls sich ein Utilitarismus mit einer erweiterten Wertbasis, in welche sogar auch »die positive Rolle von Leiden« (Wolf 1993, 20) miteinbezogen werden könnte, realisieren und durchsetzen sollte, würde seine Bewertung aus der Sicht Wertgeleiteter Heilpädagogik anders ausfallen, als es in der nachfolgenden Argumentation geschieht.

Im ursprünglichen Utilitarismus gelten Handlungen als moralisch gut, wenn ihre Folgen der Optimierung des Glücks und des Nutzens für beteiligte Menschen dienen. Die ungenaue Definition dessen, was »Glück« genannt wird, bildet das inhaltliche Grundproblem. Neben der inhaltlichen Unklarheit des Glücksbegriffs ergibt sich eine weitere Frage, von deren Beantwortung die moralische Praxis abhängt: »Das größtmögliche Glück streben alle Utilitaristen an; auf die Frage, für wen – für die

Menschheit, für eine größtmögliche Zahl von Menschen, für Gruppen von ihnen, für das Individuum – geben die Utilitarismusschulen unterschiedliche Antworten.« (Heese 1989, 124)

Auf der Tradition des Utilitarismus baut die aktuelle präferenz-utilitaristische Ethik (z.B. Singer 1984) auf. In lexikonartig zusammenfassendem Stil hat Heese die Besonderheit der präferenz-utilitaristischen Auffassung bezüglich Glücksoptimierung wie folgt umschrieben:

> »Glück für alle Menschen ist angesichts der Situation der Menschheit nicht herstellbar. Also beschränkt man sich auf das Ziel größtmöglichen Glücks für eine möglichst große Gruppe von Menschen, den ›Personen‹, deren Glücksansprüchen Präferenz zukommen soll. Hauptsächliches Ziel der negativen Präferenz Singers sind die geistig behinderten Säuglinge. Falls die Eltern ein neugeborenes missgebildetes Kind nicht aufziehen wollen, empfiehlt er aus ethischen (!) Überlegungen, dieses töten zu lassen; die gesetzliche Strafandrohung stehe dem freilich noch entgegen.« (Heese 1989, 124)

Anspruch auf Optimierung des Glücks als Folge von moralisch guten Entscheidungen haben in der präferenz-utilitaristischen Ethik jene Menschen, welche ein gewisses Minimalmaß an Intelligenz, Explorationsdrang, Selbstbewusstsein, Zeitgefühl und sprachlicher Kommunikationsfähigkeit erfüllen. Wer das Minimum unterschreitet und damit das Kriterium des Personseins nicht erfüllt, hat keinen ethisch begründbaren Anspruch auf Optimierung des eigenen Glücks; er steht der Glücksoptimierung anderer Personen im Wege und hat deshalb auch kein Lebensrecht.

Diese ethische Argumentationsfigur veranlasste Singer zu Formulierungen, welche in der heilpädagogischen Welt einen Schock erzeugten: Viele Tiere würden weit besser funktionieren und kämen deshalb den Kriterien des Personseins näher als schwerbehinderte Menschen. Schweine, Kühe und Hühner hätten mehr Fähigkeiten zur Kontaktaufnahme und zur Kommunikation sowie mehr Neugierverhalten, als die meisten schwerbehinderten menschlichen Wesen zeigten. Es sei deshalb nicht rational begründbar, warum man die Schweine, Kühe und Hühner als Nicht-Personen töten dürfe, schwerbehinderte Menschen jedoch nicht (vgl. Darstellung bei Stolk 1988).

> »Singer ist ein unerschrockener Utilitarist: In seinen Augen besteht der einzige relevante Maßstab für Ethik in der Minimierung der Gesamtsumme des Leids für alle Lebewesen. Die Menschen sind Bestandteile eines ununterbrochenen Lebenszusammenhangs und haben in seiner erklärtermaßen darwinistischen Weltsicht keinen herausgehobenen Status. Das führt ihn zu zwei vollkommen logischen Schlussfolgerungen: der Notwendigkeit von Tierrechten, da Tiere ebenso wie Menschen Schmerz verspüren und leiden können, und zur Herabstufung der Rechte von Kindern und älteren Menschen, denen es an bestimmten Schlüsselmerkmalen, wie etwa Selbstwahrnehmung, fehlt, die es

ihnen möglich machen würden, Schmerz zu antizipieren. Seiner Ansicht nach verdienen die Rechte mancher Tiere größeren Respekt als die gewisser Menschen. « (Fukuyama 2004, 216f.)

Singers oft schockierend wirkende, bioethisch einzuordnende Formulierungen sind in der präferenz-utilitaristischen Argumentationslogik konsequent und stimmig. Die Entwertung von Menschen mit schwerer geistiger Behinderung zu Nicht-Personen ist innerhalb dieser ethischen Argumentation nicht unmoralisch. Es ist im Rahmen dieser Argumentation kein ethischer Einwand dagegen möglich, dass Menschen mit schweren Behinderungen zugunsten der Optimierung des Glücks nicht oder weniger stark behinderter Menschen das Lebensrecht abgesprochen wird. Es handelt sich bei der präferenz-utilitaristischen Ethik grundsätzlich um eine Selektionsethik. Sie wird heute in vielen Ländern als ein Begründungselement für die Lockerung des Euthanasie-Verbots benützt.

Die Angst davor, dass die Tendenz zur Liberalisierung der Euthanasie in Verbindung mit dem präferenz-utilitaristischen Selektionsdenken zu einem eigentlichen Dammbruch führen könnte, hat namhafte Mediziner, Philosophen, Juristen, Theologen, Künstler und Politiker veranlasst, dagegen Stellung zu nehmen und Manifeste zu unterzeichnen (z.B. Kinsauer Manifest 1992). Die besorgten Stimmen darüber, wohin die präferenz-utilitaristische Denkweise in Zukunft führen könnte, sind angesichts der kaum mehr abschätzbaren Entwicklungen von biotechnologischen Möglichkeiten nicht zum Schweigen gekommen.

»In der nächsten Zukunft werden die großen ethischen Kontroversen, die durch die Biotechnologie aufgeworfen werden, die Würde des normalen erwachsenen Menschen nicht bedrohen, wohl aber die Würde jener, die nicht über den vollständigen Satz der Fähigkeiten verfügen, die wir als charakteristisch für die menschliche Eigenart definiert haben. Die größte Gruppe von Geschöpfen in dieser Kategorie sind die Ungeborenen, man kann aber auch die Kleinkinder, die unheilbar Kranken, die Hinfälligen unter den Alten und die Behinderten dazu rechnen.« (Fukuyama 2004, 242)

Die skizzierten Entwicklungen zeigen, dass gewisse Formen des Utilitarismus anfällig für selektionsethische Argumentationen sind. Allerdings besteht auch die Möglichkeit, dass der Utilitarismus durch die von Wolf (1992, 1993) vorgeschlagene Ausweitung der Wertbasis und Differenzierung des Glücksbegriffs zu einer Ethik führen könnte, welche nicht am Selektionsgedanken, sondern am Grundgedanken der gleichen Menschenwürde und des Lebensrechts aller Menschen bei größter Verschiedenartigkeit orientiert wäre. Wolf dehnt den Grundgedanken der Würde und des Lebensrechts sogar auf alle empfindungsfähigen Lebewesen aus und formuliert die These, dass es »aus den gleichen Gründen unmoralisch ist, Menschen und Tiere grausam zu behandeln und zu töten« (Wolf 1992, 19). Es gibt jedoch wenig Hoffnung, dass sich diese Umdrehung der utilitaristischen Denkweise gegenüber dem präferenz-utilitaristischen Selektionsdenken in der derzeitigen gesellschaftlichen Moral durchsetzen wird.

6.1.2 Eingeschränkter Konsequentialismus und Deontologie

In Abhebung vom reinen Konsequentialismus in utilitaristischer Tradition handelt es sich beim eingeschränkten Konsequentialismus stets um ethische Argumentationsweisen, »die den Zusammenhang zwischen dem Richtigen und Guten komplizieren und von der reinen Folgenorientierung abweichen« (Wolf 1994, 93). Die Angst vor den Folgen des aktuellen Präferenz-Utilitarismus kann die Wertgeleitete Heilpädagogik veranlassen, dem Utilitarismus eher deontologische Bekenntnisse zu nicht folgenorientierten und glückszentrierten Grundprinzipien wie beispielsweise »Hoffnung« und »Verantwortung« (vgl. Leyendecker 1992) entgegenzusetzen. Ein eindrückliches Bekenntnis zu einem nicht folgenorientierten Grundprinzip in der Heilpädagogik hat Bleidick abgelegt:

> »Behinderte müssen wissen, dass sie zu dieser Gemeinschaft gehören, mit gleichen Rechten und Chancen, ohne Unterschied der Person und der Ausprägung ihrer Persönlichkeit, als Menschen wie wir alle, die wir je verschiedene Individuen sind. Die Haltung der Sonderpädagogik muss für die ihr anvertrauten Menschen Garantie stehen, ohne Wenn und Aber, ohne Abstriche und Bedingungen. Dies ist eine Basisnorm, zu deren Verpflichtung wir uns erklären. Sie bedarf keiner weiteren Begründung. Der unverbrüchliche Grundsatz stellt das ethische Fundament dar: Einer trage des anderen Last. Es ist unser geringer Dank, die wir die Kraft haben, für andere da zu sein. Das schulden diejenigen, die weniger belastet sind, als kleinen Dank dem Leben.« (Bleidick 1990, 532)

Dies ist das Programm für eine deontologische Ethik mit dem Grundprinzip einer unumstößlichen Verpflichtung. Die Verpflichtung besteht auch unabhängig von den Folgen des Handelns. Zwar soll sie nicht von der moralischen Bewertung der Folgen unseres Tuns entbinden; aber die innere Verpflichtung an sich wird ebenfalls als moralisch notwendig und gut bewertet. Deshalb handelt es sich um »eingeschränkten Konsequentialismus«. Im Zentrum der Tradition eingeschränkt konsequentialistischer, deontologischer Ethik stehen die autonomiezentrierten, kantianischen Moralsysteme. Für Kant »steht die Personenbewertung im Zentrum, Handlungen sind nur insofern gut, als sie aus sittlichen Maximen folgen, die sich jemand zu eigen gemacht hat« (Wolf 1994, 98).

Autonomiezentrierte Moralsysteme gehen in der Regel von der normativen Setzung aus, dass es die allgemeinverbindliche Vernunft ist, welche den Menschen auszeichnet. Er ist dazu befähigt, sich auf der Grundlage seiner allgemeinen »Vernunftnatur« für deckungsgleiche, allgemeinverbindliche und zugleich individuumverbindliche Maximen zu entscheiden. Für Kant galt vermutlich die rationalistisch-idealistische These einer hundertprozentigen Deckungsgleichheit zwischen Vernunft und Moral. In der Begründung der Menschenwürde durch Kant »ist die Menschheit mit einem Vernunft-, Moral- und Freiheitsvermögen begabt, und dieses ist das Fundament der Würde – der Würde der menschlichen Gattung und, darin impliziert, der Würde der einzelnen Menschen« (Dederich 2004, 265). Die Menschen gelten im aufklärerisch idealisierten Sinne als jene ausgezeichneten Wesen, welche sich die moralische Gesetzgebung in voller Übereinstimmung mit der letztlich unfehlbaren und allgemeinmenschlichen Ratio selbst auferlegen. Die aufklärerisch idealisierte Vernunft befähigt die Menschen, sich von subjektiven Wünschen und verzerrenden privaten Interessen zunehmend zu befreien. Sie können sich damit einem ausschließlich durch die Vernunft begründeten moralischen Willen annähern. Moralische Entscheidung und Handeln als Vernunftwesen waren für Kant deckungsgleich: »Das Sittliche ist das Vernünftige, und das Vernünftige ist das Sittliche. Unser Vernunftwesen garantiert eine Unabhängigkeit von Fremdbestimmung aller Art.« (Wolf 1994, 100)

Hinter der rationalistisch idealisierten Gleichsetzung von Vernunft und Moral verbirgt sich eine Gefahr der deontologischen kantianischen Moralsysteme. Sie vermögen mit dieser Gleichsetzung insbesondere die Würde und das Lebensrecht von Menschen mit Geistiger Behinderung nicht zu begründen; denn es handelt sich bei diesen Menschen um die »Unvernünftigen«. So ist die Vermutung nicht von der Hand zu weisen, dass nicht nur der Utilitarismus, sondern auch der Kantianismus zur Selektionsethik führen kann.

6.1.3 Weitere Ethiktypen

6.1.3.1 Verhandlungsethiken

Sowohl deontologischer Kantianismus als auch folgenorientierter Utilitarismus können Formen einer Verhandlungsethik mitenthalten. Wolf (1994) zeigt, dass Verhandlungsethiken keine eigenständigen Grundpositionen bilden. Entsprechend den Grundtypen von Moralsystemen gibt es zwei entgegengesetzte Grundformen von Verhandlungsethiken:

Auf der Basis des folgenorientierten Utilitarismus ist es eine »Ethik des strategischen Handelns« im Sinne des »Hobbes'schen Kontraktualismus« (Wolf 1994, 104). Dabei geht es um das Finden von einvernehmlichen Lösungen, die einem im Hinblick auf das Prinzip der Glücksoptimierung am meisten nützen, wobei mögliche Ungleichheiten zwischen den Verhandlungspartnern nicht Thema einer kritischen Philosophie sind.

Auf der Basis des maximenorientierten Kantianismus ist es eine »Ethik des kommunikativen Handelns«, welche Ungleichheiten zwischen den Verhandlungspartnern und Verzerrungen in der Gleichberechtigung der Verhandlungspositionen zu vermeiden versucht, sich somit »nicht mit maximaler Interessenbefriedigung begnügt, sondern im Ansatz die Anerkennung des Eigenwertes der Personen verlangt« (Wolf 1994, 105). In dieser Tradition steht die Diskursethik von Habermas und von Apel.

6.1.3.2 Tugendethiken

Alle Moralsysteme haben in der Regel auch in irgendeiner Form den Charakter einer sogenannten »Tugendethik«. Mit einleuchtender Argumentation kommt Wolf (1994) zum Ergebnis, dass Tugendethik ebenfalls keinen eigenständigen Grundtyp ethischer Argumentation darstellt. Denn keine Ethik kommt ohne explizit oder implizit vorausgesetzte »Tugenden« aus. Sie bilden die psychologischen Triebkräfte für die Möglichkeit der praktischen Umsetzung eines ethisch begründeten Moralsystems. Tugenden wie Tapferkeit, Freundschaft, Liebe, Partnerschaft, Achtung, Fairness, Mitleid, Dankbarkeit usw. bezeichnen – nicht nur kognitiv, sondern auch motivational – verankerte Haltungen und Grundeinstellungen, welche eigentlich jede Moralphilosophie in irgendeiner Art voraussetzen muss. Angewendet auf die Frage nach einer Berufsethik für Heilpädagogen bedeutet dies, dass sie unter anderem auch explizite Aussagen über die für ein bestimmtes Berufsverständnis erwünschten Tugenden machen sollte.

Die von Gröschke (1993) skizzierte »Berufsethik des Heilpädagogen« enthält mit Recht auch ein Kapitel »Kleine heilpädagogische Tugendlehre«. Er versteht mit Rückgriff auf das von Höffe herausgegebene »Lexikon der Ethik« Tugend als »›die Disposition (Charakter) der emotionalen und kognitiven Fähigkeiten und Kräfte, das sittlich Gute zu verfolgen‹ [Höffe 1992, 281]« (Gröschke 1993, 134).

Auch Kleinbach (1994) verwendet in seinem Versuch »Zur ethischen Begründung einer Praxis der Geistigbehindertenpädagogik« den Tugend-Begriff und widmet ein langes Abschlusskapitel der Geduld als moralische Tugend in der Geistigbehindertenpädagogik.

Es kann vermutet werden, dass viele Beiträge zu ethischen Grundfragen in der heilpädagogischen Literatur schwerpunktmäßig tugendethische Beiträge sind. Leist kritisiert dies und meint, dass in der Sonderpädagogik möglicherweise ein Übergewicht an idealisierten, mitfühlenden Tugenden zu finden sei:

> »Eine ganze Palette von Begriffen wird in der Sonderpädagogik aufgeboten, bis hin zum anspruchsvollen Begriff der Liebe. Muss nicht tatsächlich in der Erziehung, im einfühlsamen und kompetenten Umgang mit einem Kind, und besonders einem behinderten, ein Element von Liebe und Hingabe enthalten sein? So formuliert möchte ich dem zustimmen, aber wichtig ist die Betonung des ›Elements‹. Eine naheliegende Befürchtung ist nämlich, dass sonst die Berufsrolle überfordert und die Realität mit einem übersteigerten Ideal verdeckt wird. Eine etwas nüchternere, vielleicht aber dennoch angemessene Beschreibung wäre die des mitfühlenden Helfens. Während die liebevolle Zuwendung ihr Motiv nur aus der Zuwendung selbst bezieht, ist das mitfühlende Helfen durchaus damit vereinbar, dass man dafür bezahlt wird – also ein zusätzliches und vielleicht sogar insgesamt wichtigeres Motiv akzeptabel ist.« (Leist 1994, 54)

Über die Bedeutung von Tugenden als psychologische Grundlage jedes ethisch begründeten Moralsystems scheint man sich heute wieder einig zu sein; selbstverständlich trifft die Einigkeit nicht auf inhaltliche Aspekte der Tugendauswahl und der qualitativen Beschreibung von Tugenden zu. Tugenden sind eigentlich eher Gegenstand einer Moralpsychologie und Moralpädagogik als einer Ethik im Sinne von Moralphilosophie. Dies ist wohl auch der Grund dafür, warum der Begriff der Tugend während langer Zeit in der moralphilosophischen Diskussion weitgehend verschwunden war und erst vor wenigen Jahren rehabilitiert wurde.

Die Aktualität der auf Platon und Aristoteles zurückgehenden Tradition des Begriffs der Tugend ergibt sich vermutlich auch daraus, dass die aktuelle und in der Heilpädagogik verschiedentlich rezipierte Diskursethik von Habermas und Apel ebenfalls wesentliche Elemente einer Tugendethik zu enthalten scheint. Ein Diskurs basiert auf Tugenden wie beispielsweise der Bereitschaft der Diskursteilnehmer zur »Wahrheit«, zur »Richtigkeit« und zur »Wahrhaftigkeit« (Antor 1985, 246). Damit der Diskurs unter den idealisierten Bedingungen von Gleichheit, Transparenz und Herrschaftsfreiheit ablaufen kann, müssen die Diskursteilnehmer eine entsprechende Haltung als psychologische Voraussetzung für das Gelingen des Diskurses mitbringen. Für Wolf handelt es sich sogar um nichts anderes als um Tugendethiken, »die bereits den Inhalt einer Diskussionsmoral voraussetzen« (Wolf 1994, 105).

6.2 Anwendung auf die Heilpädagogik

Im Hinblick auf die Anwendung traditioneller ethischer Argumentationsfiguren auf die Berufsethik für Heilpädagogen und Heilpädagoginnen stellt sich stets erneut die Grundfrage, welches die angemessenen Kriterien sein sollen, nach welchen berufliches Handeln in der heilpädagogischen Praxis als moralisch richtig und gut bewertet wird. Die Tradition der philosophischen Ethik hält zwei Kriterien bereit: (1) die Optimierung von individuellem Glück und individueller Lust als Folge von Handlungen und (2) die Autonomie des Handelns nach allgemeingültigen Grundsätzen, die den Handlungsfolgen übergeordnet sind.

6.2.1 Grenzen einer utilitaristischen Berufsethik

Vorerst soll die Diskussion des utilitaristischen Kriteriums »Glücksoptimierung als Folge von Handlungen« mit Blick auf die Heilpädagogik vertieft werden. Die Definition von »Glück« ist zwar oft unklar, aber in der Regel ist damit etwas gemeint, was sich von Leid, Schmerz, Unglück und allgemein als negativ erlebter Befindlichkeit abhebt. Handlungen gelten als moralisch gut, wenn ihre Folgen für die Handelnden einen Beitrag zur Vermeidung negativer Befindlichkeit bedeuten und damit der Erhaltung und Steigerung einer positiven Befindlichkeit dienen. Darin zeigt sich das Grundprinzip utilitaristischer Moral. Auch ein rein folgenorientiertes utilitaristisches Moralsystem kommt nicht ohne die Voraussetzung eines Grundprinzips für die Beurteilung der Folgen von Handlungen aus. Reiner Konsequentialismus besteht nicht darin, dass die Folgen von Handlungen unsystematisch nach zufälliger Laune als moralisch gut bezeichnet werden; aber er zeichnet sich in utilitaristischen Moralsystemen häufig durch Eindimensionalität und Monismus des Grundprinzips des Wertvollen aus.

Allerdings kann die Eindimensionalität wahrscheinlich auch im simpelsten utilitaristischen Moralsystem nicht durchgehalten werden. Denn es muss stets implizit oder explizit entschieden sein, ob das Prinzip der Glücksoptimierung für das jeweils handelnde Individuum, für eine Gruppe oder für mehrere Gruppen von Individuen, für eine möglichst große Mehrheit aller Menschen oder absolut gesetzt für alle Menschen gelten soll. Die Eindimensionalität des Grundprinzips wird zwangsläufig durch Fragen der folgenden Art entweder explizit oder implizit gesprengt: Für wen soll das Prinzip der Glücksoptimierung Geltung haben? Soll es moralisch erlaubt sein, dass Glücksoptimierung für ein Individuum oder eine Gruppe von Individuen zum Abbau von Glück und zur Vermehrung von Leid und Unglück anderer Individuen führt?

Moderne Vertreter von utilitaristischen Moralsystemen auf liberaldemokratischer Grundlage scheinen sich darin einig zu sein, dass möglichst alle Menschen in den Geltungsbereich des Prinzips der Glücksoptimierung einbezogen sein sollen. Die Vertreter von präferenz-utilitaristischen Moralsystemen definieren den Geltungsbereich für alle Menschen, welche speziestypische menschliche Fähigkeiten wie beispielsweise Intelligenz und Selbstbewusstsein bis zu einem – schwer präzisierbaren – minimalen Grad zu entwickeln in der Lage sind. Grundsätzlich bezieht sich in den liberal-demokratisch verankerten Moralsystemen der Geltungsbereich auf alle am Leben gebliebenen Menschen.

Aus dieser Definition des Geltungsbereichs geht hervor, dass für die präferenz-utilitaristische Ethik auch das normative Grundprinzip von Gleichheit und Gerechtigkeit für alle gilt. Folgerichtig konzentriert sich ein wesentlicher Teil der ethischen Argumentationen in der präferenzutilitaristischen Ethik auf die Frage, wer kein Anrecht darauf haben soll, lebender Mensch mit Anspruch auf Gleichheit und Gerechtigkeit bei der Glücksoptimierung zu sein. Nur das Nicht-am-Leben-Bleiben befreit von diesem Anspruch. Deshalb geht es sehr konkret und tabubefreit um Argumentationen bezüglich Schwangerschaftsabbruch nach positivem Befund pränataler Diagnostik, bezüglich Verweigerung von medizinischer Hilfe für Säuglinge mit schweren Missbildungen und Schädigungen, bezüglich passiver und aktiver Sterbehilfe bei voraussichtlich definitivem Verlust der wesentlichen Funktionen und/oder angesichts von Schmerzen von Todkranken ohne begründete Hoffnung auf Besserung u.a.. »Mit Blick auf die Präimplantationsdiagnostik (PID) und die Stammzellenforschung hat sich in jüngster Vergangenheit die Diskussion auf den Status von Embryonen konzentriert. Während die PID die Verwerfung geschädigter Embryonen impliziert, greift die Forschung an embryonalen Stammzellen auf totipotente Zellen zurück, die im Reagenzglas vervielfältigt, aber im Dienste der Forschung an ihrer menschlich-biologischen Entwicklung gehindert werden.« (Dederich 2004, 264) Wenn es sich bei Embryonen um »Zellhaufen« handelt, welchen noch kein potentieller Person-Status zugebilligt werden muss, dann sind diese Entwicklungen aus präferenz-utilitaristischer Sicht zu begrüßen. Denn sie können zu Fortschritten bei der »Verbesserung« der zukünftigen Menschen führen. Diese Fortschritte werden allerdings von Kritikern der präferenz-utilitaristischen Ethik als Weg in eine aus ihrer Sicht menschenunwürdige Zukunft dargestellt. Sie entwerfen »das Szenario einer Zukunft, in der eine Frau ungefähr hundert Embryonen produziert, die sie danach auf ihr ›genetisches Profil‹ hin analysieren lässt. Mit ein paar Mausklicks wählt sie dann einen Embryo aus, der nicht nur keine Defekte aufweist, die auf einzelnen Genen beruhen wie Mukoviszidose, sondern auch über die gewünschten Charakteristiken bei Körpergröße, Haarfarbe und Intelligenz verfügt.« (Fukuyama 2004, 113)

Wenn sich eine Berufsethik für Heilpädagogen im Rahmen eines präferenz-utilitaristischen Moralsystems konstituieren will, kommt sie um eine Entscheidung bezüglich der Grenze zwischen Beeinträchtigungen von menschlichen Funktionen und Fähigkeiten, die zum Leben berechtigen, und solchen schwerer Art, die den Schwangerschaftsabbruch, das Töten oder die medizinische Hilfeverweigerung rechtfertigen, nicht herum. Von den »Dimensionen einer Ethik der Behindertenpädagogik« (Leist 1994) bezieht sich die logisch erste auf die Fragestellung: »Nach welchen ethisch relevanten Gesichtspunkten kann oder darf behindertes Leben gezeugt werden?« (Leist 1994, 47) Der zitierte Autor meint mit »Zeugung« das Austragen des Fötus bis zur Geburt mit. Die logisch nachgeordneten Fragestellungen einer derartigen Ethik der »Behindertenpädagogik« würden sich zum einen darauf richten, welche besondere pädagogische Förderung von Behinderten moralisch richtig ist, und zum andern darauf, wie das Dilemma zwischen dem Anspruch auf Selbstentscheidung und der Notwendigkeit von stellvertretender Entscheidung für nur bedingt oder nicht entscheidungsfähige Behinderte ethisch gelöst werden soll.

Das Eigentümliche einer heilpädagogischen Berufsethik auf der Basis eines präferenz-utilitaristischen Moralsystems sehe ich insbesondere darin, dass sie sich auf die Frage nach dem Lebenswert oder -recht von Schwerstbehinderten zwingend einlassen muss. Sie muss bezüglich dieser Frage als ethisch gerechtfertigt zulassen, dass schwere Schädigungen oder Behinderungen vom Anspruch auf Leben ausschließen können. Aus der Sicht einer solchen Ethik muss das rational nicht begründbare Tabu der Unantastbarkeit jedes – auch noch so geschädigten – Lebens gebrochen werden.

In einer präferenz-utilitaristisch begründeten Berufsethik für Heilpädagogen wäre die Ablehnung des in der christlich-jüdischen Tradition verankerten Speziesismus mitenthalten, d. die Ablehnung der aus präferenz-utilitaristischer Sicht »ungerechtfertigten Bevorzugung unserer eigenen gegenüber anderen Spezies« (Fukuyama 2004, 203). Der Speziesismus lebt von der Annahme, dass jedes von Menschen gezeugte Lebewesen einen allen anderen Lebewesen (Tieren und Pflanzen) nicht zukommenden absoluten Anspruch auf Leben und Hilfe zum Leben hat. Dieser auf das Menschsein qua Zeugung durch Menschen gründende Sonderanspruch auf absolutes Lebensrecht wird als Grundprinzip eines präferenz-utilitaristischen Moralsystems als rational nicht begründbar abgelehnt. Die präferenz-utilitaristische Ethik richtet sich gegen »die offizielle Linie der westlichen Philosophie«, welche »die Differenz und das Subordinationsverhältnis von Mensch und Tier betont« (Wolf 1992, 9). Der Speziesismus der westlichen Philosophie wird sogar mit moralisch besonders verwerflichen Erscheinungen wie »Rassismus« und »Sexismus« gleichgesetzt (Wolf 1992, 15).

Solche Ethik löst sich von ihrer Eingrenzung auf die absolute Priorität des Wohls der Menschen. Es gibt keine begrundbaren moralischen Prinzipien mehr, die sich exklusiv nur auf Menschen oder nur auf Tiere anwenden lassen. Der bisher für Menschen reservierte Absolutheitsanspruch auf Respektierung des Rechts auf Leben, Würde und Achtung hätte, wenn er schon zu einem moralischen Grundprinzip erhoben werden sollte, Gültigkeit sowohl für alle Menschen wie auch für alle Tiere: »Für eine Ethik ohne Speziesismus ist Tierethik keine Sonderethik. Es gibt nämlich keine moralischen Prinzipien, die sich nur auf Tiere anwenden ließen.« (Wolf 1992, 19) Durch die Ablehnung der Speziesismus-These wird die moderne utilitaristische Ethik eine von Tierschützern geschätzte Ethik. Tierschützerische Hinweise finden sich auch in utilitaristischen Beiträgen zur Ethik in der Heilpädagogik, indem beispielsweise bezüglich des von den meisten Heilpädagogen vertretenen Euthanasieverbots angemerkt wird:

> »Dabei halten wir Euthanasie bei nichtmenschlichen Lebewesen unter Umständen für eine ausgesprochen humane Entscheidung, gerade wenn wir unseren Hund oder unsere Katze oder unser Pferd lieb gewonnen haben und nicht wollen, dass das Tier vor seinem nahen Tod noch unnötig leidet; die prinzipielle Fehlbarkeit menschlicher Entscheidungen hält uns auch in solchen Situationen nicht davon ab, sie in die Tat umzusetzen, wenn wir sie wirklich gewissenhaft nach allen Seiten hin geprüft haben.« (Anstötz 1993, 85)

Es wurde bereits an Beispielen gezeigt, dass Utilitarismus zur Selektionsmoral führen kann. Insbesondere Singers präferenz-utilitaristische Ethik unterstützt gesellschaftliche Tendenzen zur pränatalen Selektion nach dem Kriterium »Schwere Schädigung« sowie zur selektiven passiven oder aktiven Sterbehilfe für Säuglinge mit schweren, nicht heilbaren Schädigungen. Im Rahmen einer präferenz-utilitaristischen Berufsethik für Heilpädagogen müsste überzeugend gezeigt werden, wie die mit der Selektion geschädigter Säuglinge einhergehende abwertende Diskriminierung von lebenden Menschen mit Behinderungen verhindert werden kann. Dies ist deshalb erforderlich, weil die aktuellen utilitaristischen Moralsysteme Anspruch auf Gleichheit und Gerechtigkeit für alle lebenden Menschen erheben. Dies bedeutet Anspruch auf Glücksoptimierung für alle lebenden Menschen. Selbstverständlich ist damit auch der Anspruch aller lebenden Behinderten auf optimale Betreuung und Förderung gemeint. Dadurch soll ihnen ein möglichst glückliches Leben ermöglicht werden. Dieser moralische Anspruch der lebenden Behinderten wird beispielsweise von Anstötz (1993, 86) bekräftigt.

Für die Widerlegung des Zusammenhangs zwischen Selektion durch Euthanasie und zunehmender Entsolidarisierung gegenüber Behinderten schlägt Leist (1994) eine Argumentation folgender Art vor: Er geht von der Frage nach möglichen Bewertungsdimensionen einer Schädigung aus und erörtert dies im Rahmen der ethischen Diskussion über pränatale Diagnostik. Bei einem Schwangerschaftsabbruch in der Folge einer positiven pränatalen Diagnose spielen einerseits angenommene Lebenserschwernisse für die Eltern, andererseits aber auch der Wunsch, einem behinderten Kind ein unzumutbar unglückliches Leben in einer ablehnenden Gesellschaft zu ersparen, eine Rolle. Bezüglich des zweiten Arguments lässt sich jedoch nicht einmal als Wahrscheinlichkeitsaussage prognostizieren, ob sich im zukünftigen subjektiven Erleben eines noch ungeborenen Menschen durch eine Schädigung seine Glücksfähigkeit verringern wird. Man kann sogar von der gegenteiligen Annahme ausgehen, dass jeder behinderte Mensch seine schwierigen Lebensumstände zu glücksbringenden machen kann, wenn ihm entsprechende Hilfe zukommt. Die Argumentation mit voraussichtlichem subjektivem Unglücklich-Sein von Behinderten führt nicht zum erwünschten Argumentationsziel.

Somit muss sich die Argumentation auf die Frage konzentrieren, ob es eine von der subjektiven Glücksfähigkeit unabhängige, gleichsam objektive negative Wertung von bestimmten Schädigungen geben kann. Wie kann es zu einer derartigen Wertung von Schädigungen kommen? Leist argumentiert:

>»Eine Werteigenschaft entsteht dadurch, dass sich Schädigungen auf körperliche und geistige Funktionen beziehen, und zwar genauer auf speziestypische Funktionen. Werten heißt hier eben die konkret vorliegende Fähigkeit eines Menschen auf eine biologisch vorgegebene Funktion beziehen, oder anders, die konkrete Ausprägung einer Funktion an ihrem durchschnittlichen spezies-

typischen Niveau messen. .... Speziestypische Schädigungen lassen sich an den Funktionen und Leistungen beurteilen, die Menschen im statistischen Durchschnitt zeigen.« (Leist 1994, 50)

Für die Entscheidung darüber, ob eine Schädigung so negativ gewertet werden kann, dass das Am-Leben-Lassen nicht mehr ausreichend wertvoll ist, müsste man allerdings Kriterien für die »Auswahl und Gewichtung bestimmter Funktionen als relevant« (Leist 1994, 50) haben. Diesbezüglich kommt Leist zum Schluss, dass die »Biologie allein nicht sagen kann, welche für unser Leben wichtigen Körperfunktionen die wichtigsten sind« (Leist 1994, 50); zusätzlich werde deshalb eine soziale Wertung notwendig. Diese müsse durch Konsensus erreicht werden, der sich darin äußert,»dass eine Funktion so beurteilt wird, wie die Mehrzahl der über diese Funktion verfügenden Menschen sie beurteilen« (Leist 1994, 50). Aus einer derartigen konsensuellen Negativ-Bewertung bestimmter Schädigungen bzw. Schädigungsgrade ergibt sich das Kriterium für die stellvertretende Entscheidung für oder gegen den Lebenswert eines selbst (noch) nicht urteilsfähigen Individuums.

Leist ist der Meinung, dass sich durch dieses Konsensverfahren bezüglich der Bewertung von Schädigungen »kaum eine Diskriminierung von lebenden Behinderten ableiten« lasse, weil »für jeden lebenden und erfahrungsfähigen Behinderten die subjektive Dimension der Glückserfahrung als entscheidend gelte« (Leist 1994, 51). Im übrigen verdanke ohnehin die Sonderpädagogik dem Zusammentreffen des moralischen Postulats für den Anspruch aller Menschen auf Hilfe zur Glückserfahrung und der negativen Bewertung von Behinderungen ihre Existenz; die Inanspruchnahme der Hilfen der Sonderpädagogik durch Behinderte wäre unverständlich,»wenn sie die Schädigung in keiner Weise negativ oder gar positiv bewerten würde« (Leist 1994, 51).

Ich komme zum Ergebnis, dass sich eine Berufsethik für Heilpädagogen auf der Basis des Präferenz-Utilitarismus für drei normative Grundannahmen entscheiden müsste: *erstens* für das ethische Grundprinzip der Glücksoptimierung als Folge von Handlungen, *zweitens* für die Aufhebung der Speziesismus-These und *drittens* für die negative Bewertung von menschlichem Leben mit schweren Schädigungen. Ich finde keine Argumente dafür, wie eine Ethik mit dieser Grundlegung vor dem Umschlagen in eine gesellschaftliche Selektionsmoral schützen kann. In der gesellschaftlichen Realität wird zunehmend sichtbar, dass »gegenüber der allseits betonten und hochgehaltenen Menschenwürde, wie Pickert (2002) festhält, gegenwärtig die fundamentalrechtliche Absicherung des konkreten Menschenlebens mehr und mehr ausgehöhlt« wird (Dederich

2004, 266). Für den Präferenz-Utilitaristen ist es ausdrücklich moralisch vertretbar, dass eine Mehrheit die Optimierung des Glücks durch ihr Handeln erreicht, obschon eine kleine Minderheit, wie insbesondere die Schwerstbehinderten, unter Umständen zugunsten der Mehrheit selektiv davon ausgeschlossen und physisch beseitigt werden muss. Dabei erscheint die physische Beseitigung bei dieser Sichtweise als die ethisch gerechtfertigte Handlung, weil das Leben eines Schwerstbehinderten ohne Anspruch auf Glücksoptimierung unmoralisch wäre. Wenn er am Leben gelassen würde, müsste ihm dieser Anspruch – nach präferenzutilitaristischer Meinung – aufgrund der nicht unerschöpflichen Ressourcen versagt bleiben.

Die drei erwähnten ethischen Grundentscheidungen sollen und dürfen in der Wertgeleiteten Heilpädagogik nicht gefällt werden. Für eine Ablehnung der Grundentscheidungen sprechen die folgenden Argumente:

Erstens: Die Ausschließlichkeit des Grundprinzips der individuellen Glücksoptimierung ist abzulehnen, weil nicht begründbar ist, warum zur Sinngebung menschlichen Lebens nicht auch Leid, Schmerz und Trauer gehören sollen. Es scheint eher plausibel, dass sich von einem Menschen subjektiv empfundenes Glück nur weiterentwickeln kann, wenn sich diese Empfindung von andern sich ebenfalls entwickelnden subjektiven Befindlichkeiten abheben kann. Es gilt zu bedenken, »dass Behinderung und chronische Krankheit, ja, alle möglichen Formen menschlichen Leides, wie von Görres (1989, 176) feinsinnig dargelegt, durchaus notwendige und heilsame Realitäten darstellen und zum innersten Lebenssinn eines Menschen werden können« (Wilken 1992, 189).

Es ist allerdings anzumerken, dass auch im Rahmen der Utilitarismus-Diskussion gelegentlich auf die Bedeutung von Leiden hingewiesen wird: »Ein großes Problem für das einfache Lustsummendenken stellt die positive Rolle von Leiden dar – nicht nur als evolutionär erfolgreiches Warnsystem, sondern auch als Element der Charakterreifung. Tatsächlich ist Leiden nicht in jeder Hinsicht wertlos und einfach als Negativwert gegen Lust aufrechenbar.« (Wolf 1993, 20) Falls es gelingen sollte, den Leidensbegriff schlüssig in den utilitaristischen Glücksbegriff zu integrieren, wäre in diesem Punkt auf die vorliegende Argumentation zurückzukommen. Es wird sich jedoch immer die Frage stellen, ob es sinnvoll ist, in den utilitaristischen Begriff des Glücks alles zu verpacken, was dem menschlichen Leben neben Lust und Freude auch noch Sinn geben kann.

Zweitens: Die Entscheidung gegen den Speziesismus ist deshalb abzulehnen, weil es keine einleuchtenden, empirischen Argumente dafür gibt, dass außer der Spezies »Mensch« eine Gattung von Lebewesen existiert, welche die Freiheit der Entscheidung für Übernahme von Verantwortung für sich selbst, für die ganze Menschheit, für die Tiere, für die Pflanzen und für die ganze Natur hat. Speziesismus bedeutet »nicht notwendigerweise ein auf Ignoranz und Eigeninteresse beruhendes Vorurteil von Menschen, sondern dahinter verbirgt sich ein Glaube an die menschliche Würde, der aufgrund empirisch gestützter Ansichten über die humanen Besonderheiten vertretbar erscheint« (Fukuyama 2004, 207). Die Freiheit der Entscheidung schließt allerdings auch die Möglichkeit der Entscheidung gegen die Verantwortung und für die Grausamkeit gegenüber andern Menschen und andern Lebewesen mit ein, welche bis hin zur Vernichtung von Teilen der Natur oder der ganzen Welt gehen kann. Das Kriterium der Entscheidungsmöglichkeit für oder gegen Verantwortung widerlegt meines Erachtens die Argumente gegen den Speziesismus; es ist aber kein ausreichendes inhaltliches Kriterium für die moralische Bewertung von Entscheidungen und Handlungen. Die Überzeugung von Kant, dass durch die »Vernunftnatur« des Menschen abgesichert sei, dass seine Autonomie des Entscheidens zu moralisch guten Entscheidungen und Handlungen führe, ist in meiner Begründung der Aufrechterhaltung des Speziesismus allerdings nicht enthalten. Ein Appell an meine Verantwortung ist nie allein vernunftgeleitet, sondern basiert auf einer Haltung, wie sie sich im Satz eines auf seine pädagogische Tätigkeit zurückblickenden Sonderschullehrers im Ruhestand andeutet: »Halten wir uns in aller Verunsicherung doch wenigstens jederzeit für zuständig im Sinne unserer personalen Verantwortlichkeit.« (Haeberlin; Suter 2004, 60)

Aussagen zur Entscheidungsfreiheit des Menschen qua autonome Vernunft müssen immer durch gesellschaftskritische Untersuchungen relativiert werden. Aber keine Erkenntnis von gesellschaftlichen Abhängigkeiten unserer Freiheit wird dazu führen, die Freiheit der Entscheidung des Individuums ganz zu negieren, weil der Mensch sogar die Entscheidung treffen kann, ob er unter zu sehr freiheitsberaubenden gesellschaftlichen Bedingungen überhaupt am Leben bleiben will. Die Möglichkeit zur Flucht aus dem Leben unter freiheitsbeschränkenden Bedingungen ist ebenfalls ein Beleg für die grundsätzliche Freiheit der Entscheidung.

Drittens: Die negative Bewertung und Freigabe zur Tötung von menschlichem Leben mit schweren Schädigungen ist meines Erachtens deshalb abzulehnen, weil es sich hierbei um eine Verknüpfung von statistischer Häufigkeit des Auftretens eines Phänomens mit dessen Wertung handelt. Dies ist nicht ohne inhaltliches ethisches Prinzip begründbar. Es müsste somit das implizite moralische Prinzip, dass menschliches Leben mit zunehmenden Intelligenzfähigkeiten aufsteigend moralisch höher zu bewerten sei, entweder begründet oder aber als nicht begründbare Wertentscheidung offengelegt werden. Diese Wertentscheidung ist meines Erachtens schon deshalb abzulehnen, weil mir keine plausiblen Belege für einen ursächlichen Zusammenhang zwischen der Höhe der Intelligenzfunktionen und der moralischen Entscheidung für Verantwortung bekannt sind. Außerdem sind Menschen mit einer schweren Schädigung des Gehirns deswegen keine Wesen anderer Art, wie wir dies von Tiergattungen außer der menschlichen Gattung sagen können.

> »Wir können sie nur als defekt, als krank beschreiben. Das heißt, sie sind nicht in einer eigenen ökologischen Nische angesiedelt, die ihnen eine nichtpersonale Natur gestattete. Sie besitzen nicht, wie die nichtmenschlichen Lebewesen, Instinkte, die statt der Vernunft ihre Weltorientierung sicherstellten. Es fehlt ihnen einfach etwas. Ihre Natur ist defekt, und wenn wir könnten, würden wir sie zu heilen versuchen, weil wir davon ausgehen, dass sie eigentlich eine menschliche Natur haben. Sie sind auf unsere Hilfe angewiesen. Unsere eigene Würde als Personen wird durch nichts deutlicher als dadurch, dass wir diesen Wesen zu Hilfe kommen, obgleich vielleicht nichts in ihnen geeignet ist, unsere spontane Sympathie zu wecken.« (Spaemann 1992, 100)

6.2.2 Grenzen einer deontologischen Berufsethik

Die Ablehnung einer einseitig utilitaristisch begründeten Berufsethik für Heilpädagogen und Heilpädagoginnen bedeutet allerdings nicht automatisch, dass man in der formalen kantianischen Pflichtethik eine geeignetere Grundlage für die gesuchte Berufsethik finden kann. Eine Berufsethik, die ausschließlich auf dieser Basis gründet, würde sich erstens für ein einseitig rationalistisches Idealbild vom Menschen und zweitens für Abstinenz von inhaltlichen Aussagen über moralische Normen entscheiden. Beide Entscheidungen sollen in einer Berufsethik der Wertgeleiteten Heilpädagogik nicht getroffen werden müssen. Denn die erste Entscheidung enthält kein Argument gegen die gesellschaftliche Selektionsmoral nach dem Kriterium einer minimalen Vernunftbegabung. Und die zweite Entscheidung vermag der Gefahr der inhaltlichen Perversionen der zwar rationalistisch-idealistisch begründeten, aber rein formalen Lehre von moralischen Grundgesetzen und Maximen zur Selektionsethik nichts Inhaltliches entgegenzusetzen. Aus heilpädagogischer Sicht stellt sich bezüglich Kants Begründung der Menschenwürde die Frage, »ob und wie die Idee der Menschheit mit Andersheit oder Differenz zusammen denkbar ist« (Dederich 2004, 266).

Es gibt Argumente dafür, dass eine kantianische Ethik durch ihre absolute Priorität der Vernunft eine selektionistische Einstellung insbesondere gegenüber Menschen mit geistiger Behinderung fördern kann. Der Vorwurf, dass eine kantianische Ethik einseitig von einer Vernunftanthropologie (vgl. auch Gröschke 1993, 63) ausgeht und damit Menschen mit – zumindest hochgradiger – geistiger Behinderung weitgehend vom Menschsein auszugrenzen droht, ist kaum widerlegbar. Es gibt zeitgenössische Philosophen, die sich gerade aufgrund ihres Engagements für Gewaltfreiheit, Antirassismus, Naturschutz und Würde aller empfindungsfähigen Lebewesen gegen den dem Kantianismus inhärenten vernunftzentrierten Selektionismus und für den Utilitarismus entschieden haben. Denn sie versprechen sich davon mehr Gerechtigkeit für alle empfindungsfähigen Lebewesen und mehr ökologisch orientierte Vernunft:

> »Eine Ethik, in deren Zentrum jene Wesen stehen, denen aufgrund ihrer Vernunftnatur Würde zukommt, lässt sich nicht direkt auf den Schutz von Tieren anwenden. Bereits die Aufnahme von neugeborenen Kindern in die Rechtsgemeinschaft lässt sich im Rahmen des Kantianismus nicht elegant begründen. Zu den aus der einseitigen rationalistischen Metaphysik Verbannten gehören neben den Tieren auch die Kinder.« (Wolf 1992, 19)

Sinngemäß scheinen zu den »aus der rationalistischen Metaphysik Verbannten« auch die Menschen mit schwerer geistiger Behinderung zu gehören. Wolf kommt nämlich zur Schlussfolgerung: »Denn in einer utilitaristischen Ethik oder in einer Mitleidsethik, die nicht ausschließlich und primär Autonomie bewertet, haben Tiere und Behinderte eine weitaus bessere Chance, als empfindungsfähige Wesen Beachtung zu finden. In Entscheidungen über Leben und Tod dürfen Intelligenzunterschiede nicht gewichtet werden.« (Wolf 1992, 40)

Kant hat nach ethischen Gesetzen gesucht, die rein formal und auf jeden beliebigen Inhalt anwendbar sind. In dieser Absicht ist er zum Grundgesetz der praktischen Vernunft gekommen: »Handle so, dass die Maxime deines Willens jederzeit zugleich als Prinzip einer allgemeinen Gesetzgebung gelten könne.« (zit. nach Störig 1961, 284) Eine Entscheidung für moralisch gutes Handeln in heilpädagogischen Berufsfeldern aufgrund bloß formaler ethischer Grundsätze und Maximen erscheint mir nicht möglich. Denn jedes (heil-)pädagogische Handeln ist auf inhaltliche Ziele hin orientiert; jedes pädagogische Ziel basiert auf Werten, die nicht nur formal fassbar sein können. Bloßer Formalismus, wie ihn schon Scheler am Kantianismus kritisiert hat, kann nicht den Charakter einer Berufsethik für Heilpädagogen bestimmen.

Wenn ich beispielsweise das allgemeingültige formale Grundgesetz der praktischen Vernunft auf die Frage des Lebensrechts von Menschen beziehe, kann ich es inhaltlich unterschiedlich füllen. Ich nenne zwei Beispiele von Anwendungsmöglichkeiten, die mit unterschiedlichem Inhalt beide zur Frage des Lebensrechts von Säuglingen mit einer schweren Schädigung Stellung nehmen: (1) Wenn ich unsicher bin, ob ich einen schwer geschädigten Säugling umbringen oder bei einer positiven pränatalen Diagnose den Schwangerschaftsabbruch herbeiführen soll, so muss ich mich fragen, ob ich selbst wollen kann, dass alle Menschen das Töten von Säuglingen mit schweren Schädigungen zu ihrem Prinzip machen. (2) Wenn ich unsicher bin, ob ein von Menschen gezeugtes Lebewesen umgebracht werden soll, so muss ich mich fragen, ob ich selbst wollen kann, dass alle Menschen das Töten von menschlichen Lebewesen zu ihrem Prinzip machen. In beiden Sätzen ist formal ähnlich nach dem Verhältnis meiner individuellen Maxime zu einem allgemeinen Gesetz gefragt. Die beiden Sätze unterscheiden sich aber wesentlich durch inhaltliche Vorentscheidungen, die formal nicht begründbar sind: In Formulierung (1) wird die Antwort auf die gestellte Frage davon abhängen, welche inhaltliche Entscheidung ich bezüglich der Definition einer schweren Schädigung treffe. Wenn ich bestimmte Schädigungsformen und -grade als gravierenden Mangel für die Qualität von Menschsein werte, kann ich zum Schluss kommen, dass das Töten von schwer geschädigten Säuglingen zu einem allgemeinen Prinzip erhoben werden kann oder gar soll. In Formulierung (2) habe ich vermutlich bereits die Wertentscheidung getroffen, dass alle von Menschen gezeugten Lebewesen gleich zu behandeln sind. Möglicherweise ist die Entscheidung metaphysisch begründet. Beispielsweise könnte die Wertentscheidung auf dem Glauben an die »Heiligkeit« alles von Menschen gezeugten Lebens basieren. Oder sie könnte auf einen Glauben daran zurückgeführt werden, dass es unsterbliche »Seelen« gibt, die sich unterschiedlichste menschliche Körper suchen. Es gibt aber auch Vertreter des Grundsatzes des Lebensrechts aller Menschen, die lieber auf metaphysische Begründungen verzichten: »Dies ist die Basisnorm, zu deren Verpflichtung wir uns erklären. Sie bedarf keiner weiteren Begründung.« (Bleidick 1990, 532)

Man kann auch Beispiele von Anwendungsmöglichkeiten nennen, die mit unterschiedlichem Inhalt zur Frage des Rechts auf Bildung von Kindern mit Behinderungen Stellung nehmen: (1) Wenn ich unsicher bin, ob ich ein schwer geistigbehindertes Kind von Bildung ausschließen soll, so muss ich mich fragen, ob ich selbst wollen kann, dass alle Menschen das Ausschließen geistigbehinderter Kinder von Bildung zu ihrem Prinzip machen. (2) Wenn ich unsicher bin, ob ein von Menschen gezeugtes Wesen von Bildung ausgeschlossen werden soll, so muss ich mich fragen, ob ich selbst wollen kann, dass alle Menschen das Ausschließen von menschlichen Lebewesen von Bildung zu ihrem Prinzip machen. Diese beiden Sätze unterscheiden sich wiederum wesentlich durch inhaltliche Vorentscheidungen mit wertendem Charakter insbesondere über den Bildungsbegriff. In Formulierung (1) ist vermutlich bereits die Vorentscheidung zugunsten eines Bildungsbegriffs getroffen, welcher auf Kinder mit Geistiger Behinderung nicht anwendbar ist. In Formulierung (2) wird offenbar davon ausgegangen, dass unsere tradierte Vorstellung von schulischer, vielleicht sogar gymnasialer Allgemeinbildung revisionsbedürftig ist. Aufgabe einer neuen pädagogischen Berufsethik wäre in diesem Falle auch die radikale Revision des Bildungsbegriffs.

Zusammenfassend lässt sich sagen, dass eine Berufsethik für Heilpädagogen nicht einfach durch eine Entscheidung für oder gegen konsequentialistischen Utilitarismus oder deontologischen Kantianismus entsteht. Außerdem ist es auch nicht sinnvoll, ihr die Basis einer modernen Verhandlungsethik zu geben. Diese strebt ja an, sich formal auf Verfahrensregeln des Diskurses und der vernünftigen Konsensbildung zu beschränken (vgl. Gröschke, 1993, 66). Aus der Sicht einer allgemein-pädagogischen Ethik gibt es mehrere kritische Einwände gegen eine Diskursethik etwa in der Prägung von Habermas: Weil sie formal sein will und doch auf inhaltliche Prämissen angewiesen ist,»unterliegt ihre diskursethische Moralbegründung einem Begründungszirkel«; als normative Ethik könnte sie nicht, wie sie beansprucht,»ohne Letztbegründung auskommen«; außerdem ist die »Unterstellung einer idealen Sprechsituation fragwürdig« (vgl. die Auseinandersetzung mit der Diskursethik durch Reichenbach 1994, 83ff.). Aus der speziellen Perspektive der Geistigbehindertenpädagogik ist außerdem anzumerken, dass die Diskursethik von einer Vorstellung von durchschnittlichen Intelligenz- und Sprachfähigkeiten auszugehen scheint, wodurch der Einbezug von Menschen mit geistiger Behinderung in einen Diskurs von vornherein ausgeschlossen ist. Die Gefahr einer Selektionsmoral wäre somit auch durch das Diskursverfahren nicht gebannt.

6.3 Hoffnung: Ethik der anerkannten Abhängigkeit

Eines der schwierigsten Probleme, mit welchem die ethische Grundlegung der Heilpädagogik konfrontiert ist, ist die präferenz-utilitaristische Einstellung zum Speziesismus. Sie hat zu einer neuen Diskussion über Lebenswert und Lebensrecht von Menschen mit schweren Behinderungen geführt. Weil die Gefahr des Dammbruchs groß ist, müssen die Grundlagen des Präferenzutilitarismus bekämpft werden. Aber die traditionellen Denkmuster zum Speziesismus sind dafür nicht mehr geeignet.

Die Tatsache, dass Menschen mit einigen Tieren sehr viel Ähnlichkeiten haben und dass es zwischen den Tierarten größere Unterschiede gibt als beispielsweise zwischen Menschenaffen oder zwischen Delfinen und Menschen, spricht gegen einen Speziesismus, der weiterhin am harten Schnitt zwischen dem Menschen einerseits und nicht-menschlichen Tieren andererseits festhält. »Seit Darwin hat sich ein unaufhaltsamer Umdenkprozess angebahnt, dass unsere frühere Gewissheit, eine ausgewählte, einzigartige, von der übrigen Natur prinzipiell abgehobene Art zu sein, jeder Begründung entbehrt. Unser genetisches Material ist zu 95% identisch mit dem unserer nächsten Verwandten im Tierreich (Bonobos, Schimpansen). Wir haben einen gemeinsamen Vorfahren mit den Menschenaffen, und wir besitzen in der weiteren Linie der Säugetiere irgendwo ein mausgroßes Tier als uns allen gemeinsamen Vorfahren. Es waren Evolutions- und Auswahlprozesse, die letzten Endes aus diesem Ausgangspotential zu uns geführt haben, und dieser Weg beinhaltet manche überraschende Verzweigung.« (Radermacher 2000, 79) Eine so überspitzt ausgesprochene Sichtweise wirkt zwar ärgerlich, aber wir können ihr mit rationalen Argumenten immer nur unbefriedigend beikommen. Verweise auf die lange Tradition des jüdischen und christlichen Weltbildes befriedigen nicht mehr, weil sich die konfessionelle Verankerung bei zunehmend mehr Mitgliedern unserer Gesellschaft auflöst. Immer sichtbarer sind »die religiösen Argumente für viele Menschen nicht überzeugend, weil sie die Glaubensprämissen nicht akzeptieren« (Fukuyama 2004, 134).

Wenn wir uns auf die Ebene der rationalen Argumentation mit Präferenzutilitaristen begeben, um den Speziesismus zu verteidigen, kommen wir fast zwingend in einen argumentativen Notstand. Es scheint deshalb notwendig, nach einer ethischen Grundlegung der Heilpädagogik zu suchen, welche das Recht auf Leben, Bildung, Achtung und Würde jedes Menschen mit einer revidierten Einstellung zum traditionellen Speziesismus ethisch begründen kann. Dies ist zwar auf der Basis des Präferenzutilitarismus nicht möglich, aber der amerikanische Philosoph Alasdair MacIntyre (2001) deutet einen nicht-präferenz-utilitaristischen Weg an.

In den Überlegungen MacIntyres bildet die Kritik der traditionellen scharfen Grenzziehung zwischen der menschlichen Spezies und allen nicht-menschlichen Tieren den Ausgangspunkt. Insofern greift er die präferenz-utilitaristische Kritik am Speziesismus auf. Im Speziesismus der abendländischen Philosophie sei der Fehler gemacht worden, dass die Abstufungen zwischen den verschiedenen Tierarten als unbedeutend behandelt worden sind. Beispielsweise wird an Heideggers Philosophie kritisiert, dass dieser »die entscheidenden Unterschiede zwischen den nicht-menschlichen Tieren aus dem Blick verloren hat, weil er sie alle der selben Seinsweise subsumiert. Die Unterschiede zwischen Regenwürmern, Krabben und Spechten einerseits – wobei die Unterschiede zwischen diesen Arten nicht unwichtig sind – und Affen, Hunden und Delphinen andererseits – und auch hier sollten die Unterschiede zwischen ihnen nicht ignoriert werden – sind nicht bloß an sich von Bedeutung, vielmehr werden wir, sollten wir sie nicht ausreichend beachten, auch nicht richtig verstehen, worin die Bedeutung des Unterschieds zwischen Menschen und einigen anderen intelligenten Spezies liegt« (MacIntyre 2001, 61f.).

Eine scharfe Trennungslinie zwischen der Spezies Mensch und allen andern nicht-menschlichen Tieren entspricht nicht der Vielfalt von Verhaltensunterschieden zwischen den Tierarten. Insbesondere gibt es einige Tierarten, deren Verhalten dem menschlichen Verhalten sehr ähnlich ist und welche in differenzierte Interaktionen mit Menschen treten können. So zeigen beispielsweise Beobachtungen an Delfinen, dass deren kognitiv gesteuertes Verhalten und deren Sozialverhalten sehr viele Analogien zu menschlichem Verhalten aufweisen. Es ist deshalb angebracht, »das Verhältnis von Menschen zu Angehörigen anderer intelligenter Spezies nach dem Muster einer Skala oder eines Spektrums zu verstehen, statt uns eine einzige Trennungslinie zwischen ›ihnen‹ und ›uns‹ zu denken« (MacIntyre 2001, 70). Die Skala beginnt mit Tierarten, welche sinnliche Wahrnehmungen nicht innerlich deuten und verarbeiten. »Mit Schimpansen und Delphinen haben wir eine Stelle auf der Skala erreicht, an der wir jene Spezies finden, deren Angehörige in unterschiedlicher Weise fähig sind, differenzierte Interaktionen mit Menschen einzugehen. Dazu zählen Interaktionen, bei denen Wahrnehmungen, Meinungen, Handlungsgründe und Intentionen seitens der nicht-menschlichen Teilnehmer weitgehend dieselbe Funktion erfüllen wie die Wahrnehmungen, Meinungen, Gründe der Handlungen und Intentionen bei den menschlichen Teilnehmern.« (MacIntyre 2001, 71)

Trotz Verzicht auf die traditionelle Grenzziehung Mensch – Tier kommt MacIntyre bezüglich der Bewertung von Behinderten und Gebrechlichen zu völlig anderen Schlussfolgerungen als die Präferenzutilitaristen. Was der Mensch neben Anderem mit den ihm nahe stehenden Tierarten gemeinsam hat, ist die Tatsache der zumindest zeitweisen Abhängigkeit von andern Speziesangehörigen. Ein neugeborener Mensch ist genauso total abhängig wie ein neugeborener Delfin oder ein neugeborener Schimpanse. Aber die Entwicklung des zunächst total abhängigen Menschen wird sich in der Regel von derjenigen eines Delfins oder eines Schimpansen unterscheiden. Sie ist charakterisiert als Übergang von »der Abhängigkeit der Kindheit zur Unabhängigkeit eines praktisch überlegenden Subjekts« (MacIntyre 2001, 91). Unser Weg zur Unabhängigkeit des Subjekts ist nicht anders möglich als dadurch, dass wir zunächst abhängig sind und von andern Menschen umsorgt werden. Die Abhängigkeit von Fürsorge und Pflege gilt für das Menschenkind genauso wie für das Delfin- oder das Gorillakind. Delfine und Gorillas wie Menschen werden in der Regel andern wieder Fürsorge zukommen lassen. Dieses Merkmal gehört zur Identität von vielen mit dem Menschen nah verwandten Tierarten.

Aber Menschen können den Sachverhalt der Abhängigkeit und der Fürsorge in der Regel nach fortgeschrittener Entwicklung zum Gegenstand der Beurteilung machen. »Anders als Delphine haben sie jedoch die Möglichkeit, ihre tierische Identität im Strom der Zeit zu verstehen, von den Anfängen bis zum Tod, und damit ihr mit den verschiedenen vergangenen und zukünftigen Lebensstadien verbundenes Bedürfnis nach der Fürsorge anderer, das heißt, sie können sich als Wesen begreifen, die, nachdem für sie gesorgt worden ist, bei Gelegenheit aufgefordert sind, nun ihrerseits für andere zu sorgen, und jene, die gegeben haben, werden mitunter selbst wieder der Zuwendung und Fürsorge anderer bedürfen.« (MacIntyre 2001, 98)

Auf der Dialektik von Abhängigkeit und Unabhängigkeit baut MacIntyre eine philosophische Ethik auf, in welcher die bedingungslose Annahme und Achtung von behinderten und gebrechlichen Menschen zentral ist: Jeder Mensch ist im Hinblick auf den Übergang zur Unabhängigkeit zunächst auf die Hilfe durch andere Menschen angewiesen. Kein Mensch weiß, ob er in späteren Jahren zeitweise wieder in Abhängigkeit gerät, weil er krank, behindert oder alt wird. Es ist deshalb eine Grundkategorie menschlichen Erlebens, sich in einem Zusammenhang des gegenseitigen Gebens und Nehmens zu verstehen. Wer den Zustand der Unabhängigkeit erreicht, ist aufgrund der Tatsache, dass ihm beim Übergang von der Abhängigkeit zur Unabhängigkeit geholfen worden ist, in der Pflicht, seinerseits wieder abhängige Menschen zu unterstützen. Dies können eigene Kinder, alte oder kranke Eltern oder andere alte oder kranke Menschen und auch Menschen mit Behinderungen sein, welche dauernde Abhängigkeit bedeuten können.

Das entscheidend Neue in MacIntyres Philosophie ist, dass er die Sicht von Behinderten gegenüber den meisten bisherigen Philosophen revidiert. Wenn in moralphilosophischen Büchern überhaupt einmal von Behinderten die Rede ist, »dann nahezu ausschließlich unter dem Blickwinkel, dass sie mögliche Subjekte der Wohltätigkeit moralisch Handelnder sind, die ihrerseits als durchgängig rational, gesund und unbeeinträchtigt dargestellt werden. Wir werden also, wenn wir über Behinderte nachdenken, dazu aufgefordert, von den ›Behinderten‹ als von ›den anderen‹, als von ›uns‹ Verschiedenen zu denken, als von einer besonderen Klasse, nicht aber, als hätten wir nicht auch einmal dazugehört, als könnten wir nicht manchmal heute und vermutlich in der Zukunft dazugehören.« (MacIntyre 2001, 13) Zum moralisch guten Leben eines unabhängig gewordenen Menschen gehört zwingend die Anerkennung der Abhängigkeit, in der wir einmal waren, in die wir jederzeit wieder gelangen können und die bei Krankheit und Altersgebrechen auf jeden von uns wieder wartet. »Die Anerkennung der Abhängigkeit ist der Schlüssel zur Unabhängigkeit.« (MacIntyre 2001, 100)

Bezogen auf die Sichtweise von Behinderung gelangt MacIntyre damit – trotz seiner Zweifel am Speziesismus – zu einer Position, welche für die Wertgeleitete Heilpädagogik grundlegend sein kann:

> Wir »sollten uns daran erinnern, dass es eine Skala von Behinderungen gibt, auf der wir alle einen Ort haben. Behinderung ist eine Frage von mehr oder weniger, sowohl was den Grad der Behinderung betrifft als auch die Zeitspanne, in der wir behindert sind. In verschiedenen Phasen unseres Lebens werden wir uns selbst, oft unvorhersagbar, an verschiedenen Stellen der Skala wieder finden. Wenn sich unsere Position auf dieser Skala verändert, kann es sein, dass wir andere brauchen, um zu erkennen, dass wir dieselbe Person geblieben sind, die wir vor dem Vollzug des Übergangs (gemeint ist der Übergang von der kindlichen Abhängigkeit zur Unabhängigkeit, U.H.) waren.« (MacIntyre 2001, 88)

Durch die Erfahrungen von Abhängigkeiten und die Ansprüche auf ein Leben in Unabhängigkeit erfahren die Beziehungen zwischen Menschen ihre Prägung.

»Wir wachsen zu unabhängigen, praktisch überlegenden Subjekten heran, weil wir in Beziehungen mit bestimmten anderen Menschen verwickelt sind, die uns das, was wir brauchen, geben können. Haben wir dieses Stadium erreicht, werden wir oft das erworben haben, was wir brauchen, um anderen, die es nötig haben, zu geben, was auch wir früher benötigten. Wir finden uns an einem bestimmten Ort innerhalb eines Beziehungsgeflechts von Geben und Nehmen wieder, und was und wie viel wir fähig sind zu geben, hängt im Allgemeinen auch davon ab, was und wie viel wir bekommen haben.« (MacIntyre 2001, 117)

Das durch solches Geben und Nehmen moralisch gute Leben von Menschen ist jedoch auf überschaubare Gemeinschaften ohne störende Gefälle der Ungleichheit und der Machtverteilung angewiesen.

»Die Tugenden, die wir brauchen, um sowohl das für uns Gute als auch das für andere Gute durch Teilhabe an derartigen Netzen zu verwirklichen, sind nur dann als echte Tugenden wirksam, wenn wir uns bei ihrer Ausübung bewusst sind, wie es um die Verteilung der Macht bestellt ist und welchen Formen der Korruption ihr Einsatz unterliegt.« (MacIntyre 2001, 120)

Es liegt auf der Hand, dass die in den Nationalstaaten realisierten modernen Gesellschaftsstrukturen, welche mehr der Entfremdung der Menschen als der Bildung von herrschafts- und weitgehend interessefreien Gemeinschaften dienen, für die Entwicklung des moralischen Guts eines Netzes von Abhängigkeit und Unabhängigkeit als selbstverständliches Beziehungsgefüge des Gebens und Nehmens wenig geeignet sind. Notwendig ist eine Gesellschaft, »in der es als selbstverständlich gilt, dass Behinderung und Abhängigkeit von andern etwas ist, was jeder von uns zu irgendeinem Zeitpunkt in seinem Leben selbst erfährt, und zwar in einem nicht vorhersagbaren Ausmaß, und dass folglich unser Interesse daran, wie sich die Bedürfnisse der Behinderten angemessen artikulieren und erfüllen lassen, kein Sonderinteresse ist, nicht das Interesse einer bestimmten politischen Gruppe gegenüber anderen Gruppen, sondern das Interesse der ganzen politischen Gemeinschaft, ein Interesse, das ein Wesensbestandteil unserer Idee des gemeinsamen Guts ist.« (MacIntyre 2001, 155)

Weder der Staat noch die von den Gesellschaftsstrukturen geprägte Familie können jene ideale Gemeinschaft bieten, welche die Tugend der allgemein anerkannten Abhängigkeit lebendig erhalten kann. »Stattdessen muss es sich um irgendeine Form lokaler Gemeinschaft handeln, innerhalb deren die Tätigkeiten in der Familie, am Arbeitsplatz, in der

Schule, im Krankenhaus, im Debattierklub, im Sportverein und in der religiösen Kongregation allesamt ihren Ort finden.« (MacIntyre 2001, 160) Dies bedeutet jedoch nicht, dass wir den Staat als Gesellschaftsform abschaffen sollen. Unsere demokratischen, vom modernen Kapitalismus geprägten Staatsformen stellen notwendige Ressourcen bereit, die für die Realisierung der Hilfen für Menschen in Abhängigkeit oft unverzichtbar und eine wichtige materielle Grundlage sind. Aber der Staat bringt nicht automatisch die Gemeinschaften hervor, in welchen das Geben und Nehmen zwischen Menschen in mehr oder weniger Abhängigkeit und Unabhängigkeit zur moralischen Routine geworden ist. Solche Gemeinschaften sind dadurch gekennzeichnet, dass jedes Individuum Anerkennung erhält. Jeder Angehörige dieser Gemeinschaft – auch wenn es sich um eine schwer behinderte, kranke oder aus anderen Gründen abhängig gewordene Person handelt – wird als jemand anerkannt, »von dem man etwas über das gemeinsame und unser persönliches Gut lernen kann und lernen sollte, und der uns jederzeit über die Güter eine Lektion erteilen könnte, die wir an anderer Stelle nicht lernen können.« (MacIntyre 2001, 160)

Dass in einer Moralphilosophie das Phänomen der Behinderung als ein Beispiel dargestellt wird, welches andere Menschen lehren kann, Fehlurteile zu revidieren, ist ein in der philosophischen Literatur kaum dagewesenes Novum. Beispielsweise kann die Begegnung mit Menschen, welche extrem entstellt sind und unseren ästhetischen Normvorstellungen widersprechen, uns bewusst machen, wie sehr wir unsere Werturteile über Menschen von der Erscheinung abhängig machen. »Wenn wir unfähig sind, diese Fehlerquellen auszuradieren, werden wir verkennen, worauf wir sowohl bei uns selbst als auch bei anderen reagieren sollten, und damit werden wir weiterhin ein verblendetes Leben führen.« (MacIntyre 2001, 162) Im Weiteren stellt sich MacIntyre die Frage, ob denn das Argument des Fehlerlernens auch auf Behinderung und Abhängigkeit schwerster Art anwendbar sei. Er charakterisiert diese als dauerhafte Beeinträchtigung der Möglichkeiten, rational und affektiv zu reagieren. Die Antwort auf die Frage, warum auch die Beziehung zu Schwerstbehinderten als Geben und Nehmen verstanden werden kann und für die Entwicklung und Erhaltung der gemeinsamen Tugend der anerkannten Abhängigkeit genauso wichtig ist wie alle andern Beziehungen in einer Gemeinschaft, ist in ihrer Einfachheit überzeugend:

> »Was sie uns geben, ist die Möglichkeit, etwas Wesentliches zu lernen, nämlich was es bedeutet, dass jemand ganz und gar in unsere Fürsorge gegeben ist und wir für sein Wohlergehen verantwortlich sind. Jeder von uns war als Kind

in die umfassende Fürsorge eines anderen gestellt, der für unser Wohl Verantwortung trug. Nun haben wir die Gelegenheit zu lernen, was wir diesen Menschen schulden, indem wir lernen, was es heißt, anderen anvertraut zu sein.« (MacIntyre 2001, 164)

Solche Beziehungen innerhalb einer Gemeinschaft sind für die Entwicklung der gemeinsamen Tugend der Anerkennung der Abhängigkeit durch alle Gemeinschaftsmitglieder, die zeitweise unabhängige und praktisch überlegende Subjekte geworden sind, von großer Bedeutung. Die Möglichkeit von Beziehungen zu Schwerkranken und Schwerbehinderten wird in dieser Ethik geradezu konstitutiv für eine Gemeinschaft des selbstverständlichen Gebens und Nehmens. MacIntyre gibt – auch aus heilpädagogischer Sicht – wichtige Hinweise auf die Gestaltung solcher Beziehungen:

> Sie »haben zwei Aspekte. Der eine betrifft all die Maßnahmen, die ein Leben erhalten und den körperlichen Schmerz lindern, und manchmal auch die psychologische Betreuung, das ganze schmutzige und ermüdende Geschäft mit den Bettpfannen, dem Erbrochenen, dem Wechseln der Laken, dem Umgang mit wundem Fleisch, der Gereiztheit oder dem zusammenhanglosen Gerede, dem Verabreichen der Medizin und Verbinden von Wunden. Der andere Aspekt bezieht sich auf die Rolle des Stellvertreters für die Behinderten, die nicht selbst für sich sprechen können. Die Aufgabe des Stellvertreters besteht darin, für den Behinderten innerhalb und außerhalb der Gemeinschaft das Wort zu ergreifen, und zwar so, wie er oder sie es selbst getan hätten, wären sie noch dazu in der Lage. Der Schwerbehinderte braucht jemanden, der für ihn sozusagen als ein zweites Ich spricht. Und da wir alle potentiell in diesen extremen Zustand geraten können, mögen wir alle jetzt oder später jemanden als unser zweites Ich benötigen, der für uns die Stimme erhebt.« (MacIntyre 2001, 164)

Die These, dass die Entwicklung der Tugend der Anerkennung der Abhängigkeit als gemeinsames Gut nur in kleinen, lokalen Gemeinschaften eine reale Chance hat, ist für das Nachdenken über die Zukunft der Heilpädagogik sehr bedeutungsvoll. Eine Heilpädagogik, die sich von den Werten der menschlichen Vielfalt und der Partnerschaft leiten lässt, ist auf die Anerkennung der Abhängigkeit als gemeinsames und nicht nur individuelles Gut angewiesen. Eine solche Gemeinschaft ist dadurch gekennzeichnet, dass sie weder das für das Individuum Gute dem für die Gemeinschaft Guten noch das für die Gemeinschaft Gute dem Individuellen unterordnet. Dies bedeutet eine nicht hierarchisierte Gleichheit von individuellem und gemeinschaftlichem Gut.

> »Damit das Individuum das für es Gute nicht nur anstreben, sondern überhaupt erst in konkreten Begriffen definieren kann, muss es zunächst die Güter der Gemeinschaft, die es zu seinen eigenen machen muss, als solche anerkennen. Das gemeinsame Gut ist daher nicht als Summe der Güter aller einzelnen

oder als daraus konstruiert zu verstehen. Zugleich gilt, dass das Verfolgen des für die Gemeinschaft Guten zwar für alle, die dazu ihren Beitrag leisten können, selbst ein wesentlicher Bestandteil des für sie Guten ist, dass das Gut jedes einzelnen Individuums aber mehr ist als das gemeinsame Gut.« (MacIntyre 2001, 128)

Es reicht allerdings nicht aus, dass in einer Gemeinschaft die Tugend der Anerkennung der Abhängigkeit anerkannt ist, sondern das Beziehungsnetz von Geben und Nehmen in einer Gemeinschaft muss auch durch Regeln gestützt sein. Regeln bringen erst Sicherheit in die Beziehung und stabilisieren das gegenseitige Vertrauen in einer moralisch stets unvollkommen bleibenden Gemeinschaft. Den Leser direkt ansprechend, sagt MacIntyre:

»Soll ich vertrauenswürdig und verlässlich sein, müssen Sie mir auch dann vertrauen und sich auf mich verlassen können, wenn es mir zum Vorteil gereicht, Ihr Vertrauen zu verraten, oder es unbequem für mich ist, das zu tun, worauf Sie sich verlassen. Ich muss Ihnen nicht nur in den Routinegeschäften des Alltags, so wichtig sie auch sein mögen, vertrauen und mich auf Sie verlassen können, sondern gerade dann, wenn ich aufgrund meiner Behinderung eine Last und eine Plage bin. Ich muss daher wissen, dass Sie zu den versprochenen Zeiten wirklich da sein werden. Ich muss wissen, dass Sie keine gedankenlosen Versprechungen machen, die Sie dann nicht einhalten. Ich muss wissen, dass Sie in Notfällen das Nötige tun werden und dass Sie nicht zurückschrecken, wenn die Aufgabe, die Sie übernommen haben, sich als sehr viel unangenehmer – etwa weil sie mit Erbrechen, ständigen Blutungen und Schreien zurechtkommen müssen – oder als sehr viel anstrengender denn erwartet herausstellt.« (MacIntyre 2001, 130)

Allerdings dürfen wir uns nicht auf die Organisation der Verlässlichkeit durch Regeln allein verlassen, weil sie lediglich Stützen für das Verhalten sind, das die Anerkennung der Abhängigkeit als Tugend und Grundhaltung voraussetzt. Die Vertrauenswürdigkeit und Verlässlichkeit muss auch dann bleiben, wenn die für die Situation passende Regel fehlt. Beispiel:

»Wenn es in Ordnung ist, dass ich Ihnen eine gewisse Mitteilung mache, dann lasse ich es an Vertrauenswürdigkeit fehlen, wenn ich gegen das Lügenverbot verstoße. Doch wenn ich vor der Frage stehe, ob ich diese besondere Information über Sie an einen anderen weitergeben soll, wird es Situationen geben, in denen keine Regel mir die Antwort darauf gibt. Fälle ich jedoch nicht das richtige Urteil, habe ich mich nicht als vertrauenswürdig erwiesen, ohne dass ich eine Regel gebrochen hätte.« (MacIntyre 2001, 131)

Diese eigenwillige Ethik der Tugend der Anerkennung der Abhängigkeit bedeutet für die Zukunft der Heilpädagogik deshalb Hoffnung, weil MacIntyre ein Gewährsmann dafür ist, dass »immer wieder und mit großem Nachdruck Positionen vertreten werden, die sich gegen den biopolitischen Strom stellen und sich der Tendenz verweigern, dass sich die Ethik vor den Verhältnissen zu rechtfertigen hat und nicht umgekehrt« (Dederich 2004, 269).

6.4 Ethische Prinzipien und Tugenden in der Heilpädagogik

Eine Berufsethik für die Wertgeleitete Heilpädagogik kann weder im Utilitarismus noch im Kantianismus, aber auch nicht in einer modernen Diskursethik ihre sichere Grundlage finden. Weil Wertgeleitete Heilpädagogik auf inhaltliche Wertentscheidungen angewiesen ist, kann kaum ein berufsethisches Prinzip formuliert werden, das nicht zugleich auf Tugenden oder Haltungen der Menschen, welche einen heilpädagogischen Beruf ausüben, verweist. Tugenden scheinen in der praktischen Berufsmoral eine zwingende Ergänzung zu den ethischen Prinzipien zu sein. Weil Tugenden ohne Folgenorientierung kaum als solche erkannt werden können, hat eine Berufsethik keinen rein deontologischen Charakter, sondern stets auch einen konsequentialistischen Aspekt. Allerdings können Tugenden keinen Beitrag zur besseren Begründung der Prinzipien leisten. Auf die Frage der Begründbarkeit von inhaltlichen ethischen Prinzipien gibt es keine die Ansprüche des Rationalismus zufrieden stellende Antwort. Keiner philosophischen Tradition ist die rational argumentierende Begründung von inhaltlichen ethischen Grundnormen zwingend gelungen. Aus diesem Grunde hat das abschließende Kapitel des vorliegenden Buches ein – möglicherweise der Natur der Sache immanentes – Begründungsdefizit und deshalb mehr subjektiv-plausiblen als intersubjektiv-rationalistischen Charakter.

In ihren rückschauenden Reflexionen über ihre Identität als Heilpädagogin in der ehemaligen DDR weist Ute Angerhoefer darauf hin, dass mit dem Scheitern des sozialistischen Systems ein Verlust von Werten erlebt worden sei, der eine Neuorientierung bezüglich der »weltanschaulich begründeten Bildungsideale, Leitbilder, Sinn-Normen und Visionen« notwendig mache (Angerhoefer 1994, 13). Mit diesen vier Begriffen ist der Charakter von Grundprinzipien umschrieben, auf welchen eine heilpädagogische Berufsethik fußen soll. In der Fortsetzung heißt es dann: »Menschen haben Menschen immer auch nach ihren jeweiligen Idealen vom Menschen erzogen. Die mehr oder weniger abstrakt gehaltenen, immer aber wertenden Aussagen über das Wesen und die Bestimmung des Menschen haben wohl einen wesentlichen und orientierenden, keinesfalls aber einen mechanistischen Einfluss auf Erziehung.« (Angerhoefer 1994, 13) Gemeint ist, dass wir für die Bewertung unseres heilpädagogischen Handelns nicht ohne Orientierung gebende Prämissen bezüglich »Wesen und Bestimmung« des von uns zu erziehenden Kindes auskommen.

Dennoch ist der Zusammenhang zwischen abstrakten, wertorientierten Prämissen und alltäglicher Realität des heilpädagogischen Handelns auch zu relativieren. Darauf machen ebenfalls rückblickende Reflexionen eines Heilpädagogen aus der ehemaligen DDR aufmerksam: »In beiden deutschen Teilstaaten lebten ›persons with special educational needs‹. Überall hat man sich schwer getan, solche Schüler eindeutig zu erkennen, zu erfassen und begreifbar zu markieren. Die wertgeleitete Sonderpädagogik versuchte immer wieder mit priesterlichem Eifer, sich über unikate Terminologie zu profilieren. Die Subjekte der sonderpädagogischen Mühen, die Kinder und Jugendlichen, blieben und bleiben ungeachtet dessen, was und wer sie sind.« (Bröse 1994, 72)

6.4.1 Ideologische Offenheit

Die angedeutete Relativierung der Gewichtung inhaltlicher wertorientierter Prämissen für die Realität der heilpädagogischen Praxis veranlasst mich, als prioritäres Grundprinzip zur moralischen Bewertung heilpädagogischen Handelns die folgende Forderung zu formulieren: Wer einen heilpädagogischen Beruf ausübt, soll sich um Distanz zu jeder ideologischen Festschreibung bemühen und als höchste Tugend die Offenheit gegenüber den konkreten Bedürfnissen und Nöten der hilfsbedürftigen Kinder, Jugendlichen und Erwachsenen anstreben. Das Grundprinzip der ideologischen Offenheit findet sich sehr deutlich im Gesamtwerk von Hanselmann (vgl. Haeberlin 1990b).

Bereits bei der Formulierung dieses ersten normativen Grundprinzips kann man feststellen, dass es nicht gelingt, es unabhängig vom tugendethischen Aspekt darzustellen. Bei der Forderung nach ideologischer Offenheit handelt es sich offensichtlich um ein ethisches Grundprinzip *und* eine ethische Tugend zugleich. Möglicherweise ist die Verknüpfung von Grundprinzipien mit Tugenden gerade das Typische einer Berufsethik für die Heilpädagogik.

6.4.2 Differenzierender Speziesismus und Lebensrecht

Wer einen heilpädagogischen Beruf ausübt, soll zwar nicht dem traditionellen dualistisch klassifizierenden, sondern dem differenzierenden Speziesismus im Sinne einer reflektierten Anerkennung der Abhängigkeit verpflichtet sein. Ein differenzierender Speziesismus muss die Grundlage sowohl der Verantwortung für das absolute Lebensrecht aller von Menschen gezeugten Lebewesen als auch der verantwortungsvollen Achtung vor der gesamten Natur bilden: »Das Prinzip ›Verantwortung‹ und nicht das an Utopien oder Ideologien orientierte Prinzip ›Hoffnung‹ ist Gebot der Stunde angesichts globaler Zeit- und Raumhorizonte, in die hinein sich menschliche Handlungen heute und in Zukunft erstrecken.« (Thimm 1989, 9) Die Pflicht zur Verantwortung gegenüber den nicht menschlichen Lebewesen und gegenüber der globalen Naturordnung soll sich nicht mit dem Bruch des Tabus des Lebensrechts jedes menschlichen Wesens verbinden. An der Unzerstörbarkeit des Humanitätsgedankens müssen wir festhalten, auch wenn wir wissen, dass dieser Gedanke stets wieder pervertiert und zur Entwürdigung von Menschen benützt wird. Dieses Risiko liegt in der Entscheidungsfreiheit des Menschen begründet. Der Bruch mit dem Tabu würde daran nichts ändern.

Selbstverständlich darf die Aufrechterhaltung des Speziesismus nicht die Aufrechterhaltung einer anthropozentrischen und technologisch-instrumentellen Herrschaft über die Natur bedeuten. Es soll ein Speziesismus sein, der die Verflechtung des menschlichen Seins mit dem Ganzen der Natur anerkennt und der sich als Einheit mit dem Ganzen der Welt versteht. Verantworteter Speziesismus verlangt einen Aufbruch und Ausbruch aus dem engen, nur rationalistisch-instrumentellen Menschen- und Weltbild, das uns seit der Aufklärung leitet. Solche Perspektiven eines nicht anthropozentrisch verengten Speziesismus deutet Jantzen mit einem Rückblick auf die Philosophie von Spinoza an: »Alles, was ein Mittel darstellt, zu der Einsicht zu gelangen, dass alles, was geschieht, nach ewiger Ordnung und Naturgesetzen geschieht, ist ein wahres Gut. Das höchste Gut ist jedoch die Erkenntnis der Einheit, die den Geist mit der gesamten Natur verbindet.« (Jantzen 1994, 213)

Eine zentrale Begründung des Speziesismus basiert einerseits auf dem inhaltlich nicht festlegenden Argument der menschlichen Freiheit der Entscheidung für *oder* gegen Verantwortung. Andererseits kann für die Wertgeleitete Heilpädagogik nur eine speziesistische Berufsethik Gültigkeit haben, in welcher die Entscheidung *für* und nicht gegen die Verantwortung ausfällt. Damit zeigt sich das Dilemma bei der Formulierung ethischer Grundprinzipien deutlich darin, dass formale Argumente mit inhaltlichen Wertentscheidungen verknüpft werden müssen. Dadurch entsteht ein eigentlicher Begründungsnotstand, aus dem möglicherweise aus rationalistischer Perspektive nur entweder eine dezisionistisch-überzeugungsmäßige Einstellung, ein Ausweichen in metaphysische Begründungen oder ein Rückzug auf psychologisierende Argumentationen führt. Dieser Begründungsnotstand kann dazu veranlassen, dass manchmal das Prinzip des Lebensrechts qua Menschsein als nicht zu begründendes Axiom eingeführt wird:

> »Wir halten hier axiomatisch, d.h. prinzipiell empirisch nicht überprüfbar, daran fest, dass jeder Mensch Mensch im Sinne der Zugehörigkeit zur menschlichen Gemeinschaft ist, und dass deshalb sein Lebensrecht nicht in Frage gestellt werden darf. Diese unbedingte oder kategorische Zugehörigkeit ist ein Kulturgut, d.h. ein Gut, von dem die Qualität einer Kultur abhängt, und zu dem wir uns ausdrücklich bekennen.« (Speck 1994, 411)

Auch mit dem Grundprinzip des verantworteten Speziesismus verbindet sich der tugendethische Aspekt: Bereitschaft zur Übernahme von Verantwortung ist als Tugend interpretierbar. Es gelingt nicht, das ethische Grundprinzip von der Verknüpfung mit dessen psychologischer Verankerung als Tugend oder als »Haltung und Grundeinstellung« (Wolf 1993, 107) zu lösen. Als Beleg dafür, dass dies die Eigentümlichkeit einer praktischen Berufsethik sein könnte, dient der Hinweis, dass im Rahmen von Bleidicks Behindertenpädagogik mit explizit kritisch-rationalem Wissenschaftsanspruch eine tugendethische Lösung der Frage nach dem ethischen Grundprinzip bleibt:

> »Unsere Haltung – und dies ist weitgehend eine Haltung der nichtbehinderten Gesellschaft – ist ebenso grundsätzlich wie einfach und selbstverständlich formuliert: Behinderte müssen wissen, dass sie zu dieser Gemeinschaft gehören, mit gleichen Rechten und Chancen, ohne Unterschied der Person und der Ausprägung ihrer Persönlichkeit, als Menschen wie wir alle, die wir je verschiedene Individuen sind. Die Haltung der Sonderpädagogik muss für die ihr anvertrauten Menschen Garantie stehen, ohne Wenn und Aber, ohne Abstriche und Bedingungen. Dies ist eine Basisnorm, zu deren Verpflichtung wir uns erklären. Sie bedarf keiner weiteren Begründung. Der unverbrüchliche Grundsatz stellt das ethische Fundament dar: Einer trage des andern Last.« (Bleidick 1994b, 423)

6.4.3 Bildbarkeit und Bildungsrecht

Wenn verantworteter Speziesismus als Grundprinzip die Forderung nach absolutem Recht auf Leben aller gezeugten und geborenen Menschen enthält, dann muss damit als weiteres Grundprinzip die Forderung nach absolutem Recht auf Erziehung und Bildung aller Menschen damit verbunden sein. Der Satz »Recht auf Erziehung ist Recht auf Leben« (Haeberlin 1989, 30) gilt auch in der Umkehrung. Ein Kind wird nur durch Erziehung und Bildung zum (über-)lebensfähigen Menschen; deshalb ist Recht auf Leben ohne Recht auf Erziehung und Bildung nicht menschenwürdig. Durch Bildung wird nicht nur das Leben des einzelnen Menschen gesichert, sondern durch Bildung wird auch die Kultur einer Gemeinschaft erhalten und weiterentwickelt. Recht auf Leben ist Recht auf Bildung, und Recht auf Bildung ist auch Recht auf Teilhabe an der Kultur. Hilfe zur Teilhabe an Bildung für *jeden* Menschen, unabhängig vom Grad der individuellen Erschwernisse, ist der zentrale berufsethische Auftrag der Heilpädagogen und Heilpädagoginnen.

Erwartungsgemäß kommt auch das Grundprinzip des absoluten Bildungsrechts nicht ohne tugendethischen Aspekt aus: Es ist die Tugend des Vertrauens in die Bildbarkeit eines jeden Menschen oder des »Vertrauens in das Potential des Partners« (Haeberlin 2003, 70). Der an dieser Tugend orientierte Erzieher glaubt – in einer Formulierung der dialogischen Philosophie von Buber – »an das Wirken der aktualisierenden Kräfte, d.h. er glaubt, dass in jedem Menschen das Rechte in einer einmaligen und einzigartig personhaften Weise angelegt ist; keine andere Weise darf sich diesem Menschen auferlegen, aber eine andere Weise, die dieses Erziehers, darf und soll das Rechte, wie es eben hier werden will, erschließen und dazu helfen, dass es sich entfalte« (Buber 1979, 289). Bezeichnend für die Unzulänglichkeit unserer Möglichkeit der rationalistisch-intersubjektiven Begründungen von ethischen Grundprinzipien und der offenbar damit korrespondierenden Tugenden erscheint mir, dass Bleidick als dem Kritischen Rationalismus verpflichteter Heilpädagoge auf die nur bedingt rationalistische Philosophie von Buber zurückgreift und die These formuliert: »Die Ich-Du-Philosophie von Martin Buber liefert angesichts der Wertunsicherheit und Orientierungskrise der postmodernen Welt einen Haltepunkt, den die Behindertenpädagogik – auch ohne der chassidischen Religionsüberzeugung Bubers anzuhängen – für ihre Ethik benötigt.« (Bleidick 1994b, 424)

Die mit dem Grundprinzip des absoluten Rechts auf Bildung für alle Menschen verbundene Tugend hat Leyendecker (1992) als das »Zutrauen in Künftiges« und die »Hoffnung auf Entwicklung« bezeichnet. Die beschriebene Tugend wird nur wirksam in der Verbindung mit einer Tugend, die als Bereitschaft zur unbedingten Annahme jedes Gegenübers als Partner bezeichnet werden kann. Dem steht oft die »Untugend« im Wege, Denken, Fühlen und Verhalten des anderen Menschen vorwiegend auf die eigenen Probleme und Wünsche zu beziehen und deshalb den anderen Menschen eher als Teil von sich selbst, statt als eigenwertige Ganzheit zu sehen (vgl. Haeberlin 2003, 69f.). Beschreibungen solcher Tugenden oder Haltungen – nach Wolf (1994, 107) kann »Tugendethik« mit »Haltungsethik« gleichgesetzt werden – können in modernen Publikationen mit empirischem Wissenschaftsanspruch kaum gefunden werden (vgl. dazu Haeberlin 1988a). Dennoch handelt es sich um eine unverzichtbare Dimension Wertgeleiteter Heilpädagogik.

Eine bezogen auf die Pädagogik für schwer geistigbehinderte Menschen klärende Beschreibung des im vorliegenden Zusammenhang diskutierten Tugendbereichs findet sich bei Fröhlich. Er betont die Notwendigkeit, »sich zunächst einmal ganz auf das *eine* Kind einzulassen. Pauschalierungen, Typisierungen, einfache Zuordnungen zu bestimmten ›Behinderungsbildern‹ werden nur selten den Bedürfnissen eines Kindes gerecht. Gerade bei Kindern mit schwersten Behinderungsformen würde ein einfaches Feststellen der derzeitigen Fähigkeit und des derzeitigen Entwicklungsstandes nur ein sehr vordergründiges Bild ergeben.« (Frohlich 1989, 9) Damit wird auch deutlich, dass das absolut gesetzte ethische Grundprinzip des Rechts auf Bildung die Verpflichtung enthält, den Bildungsbegriff derart zu erweitern, dass er ausnahmslos auf jeden Menschen anwendbar ist.

6.4.4 Selbständigkeit und Lebensqualität

Das Bildungsprinzip verlangt nach einem weiteren inhaltlichen ethischen Grundprinzip, welches eine allgemeingültige Aussage über Ziel und Zweck von Bildung macht. In der Formulierung von Gröschke soll das Ziel von Bildung der »höchstmögliche Stand an Selbständigkeit und Lebensfülle« (Gröschke 1993, 59) sein. Da der Begriff der Lebensfülle zurzeit wenig gebräuchlich ist, ersetze ich ihn durch »Lebensqualität«.

Wie viel negative Lebensqualität ihre soziale Abhängigkeit den schwerbehinderten Menschen beschert, ist in der Untersuchung von Hahn (1981) deutlich geworden. Er hat für die Umschreibung von »Lebensqualität« eine Brücke zwischen dem utilitaristischen Glücksprinzip und dem Prinzip der Selbständigkeit geschlagen. »›Glücklichsein‹ ist nach Hahn die Balance zwischen größtmöglicher Unabhängigkeit, die der eigenen Verantwortung angemessen ist, und der Abhängigkeit von anderen Menschen, die ausschließlich der eigenen Bedürfnisbefriedigung dient.« (Seifert 1994, 223) Dass Selbstbestimmung einen wesentlichen Aspekt für das individuelle Glück darstellt, begründet Hahn unter anderem mit dem Argument, dass Menschen mit Entzug der Möglichkeit zur Selbstbestimmung bestraft werden (Hahn 1994, 81).

Eine weitere inhaltliche Definition dessen, was mit Selbständigkeit und Lebensqualität gemeint ist, dürfte außerordentlich schwierig sein. Mangels einer adäquaten Lösung schlage ich deshalb vor, dass sich der ethisch handelnde (Heil-)Pädagoge an Kants Grundgesetz der praktischen Vernunft orientiert und sich in der realen Einzelsituation jeweils die Frage nach dem Verhältnis zwischen dem Einzelfall und seiner Bedeutung gegenüber einer Verallgemeinerung in der folgenden Weise stellt: Wenn ich unsicher bin, ob dieser Mensch in seiner derzeitigen Unselbständigkeit und sozialen Abhängigkeit sein soll, so muss ich mich fragen, ob ich selbst wollen kann, dass alle Menschen die festgestellte Unselbständigkeit und soziale Abhängigkeit zu ihrem Prinzip machen. Ebenso kann mit der Frage nach der Lebensqualität verfahren werden. Sowohl bezüglich Selbständigkeit als auch bezüglich Lebensqualität wird zwar ein großer Anteil an subjektiver Sichtweise des Heilpädagogen oder der Heilpädagogin die inhaltliche Antwort beeinflussen, aber die dauerhafte Verpflichtung zum Bezug der konkreten Einzelsituation auf die allgemeine Erwartung an Selbständigkeit und Lebensqualität vermag das Bewusstsein für überwindbare Abhängigkeiten und verbesserbare Lebensqualität für Menschen mit großen Erschwernissen zu schärfen.

In verblüffender Einfachheit ist die Anwendung des kantianischen Grundsatzes der praktischen Vernunft auf Selbständigkeit und Lebensqualität von Menschen mit Behinderungen durch Nirje unter dem Begriff des »Normalisierungsprinzips« formuliert worden: »Das Normalisierungsprinzip bedeutet, dass man richtig handelt, wenn man für alle Menschen mit geistigen oder anderen Beeinträchtigungen oder Behinderungen Lebensmuster und alltägliche Lebensbedingungen schafft, welche den gewohnten Verhältnissen und Lebensumständen ihrer Gemeinschaft oder ihrer Kultur entsprechen oder ihnen so nahe wie möglich kommen.« (Nirje 1994, 13) Aufgrund dieses einfachen Prinzips kann nach Meinung von Nirje die Lebensqualität von behinderten Menschen annäherungsweise evaluiert werden. Er berichtet, dass das Normalisierungsprinzip in Schweden mit einem von Siri Naess entwickelten Instrument zur Bewertung von Lebensqualität erfolgreich realisiert worden sei. Das Instrument basiert auf der These, »dass vier Komponenten für die Lebensqualität bestimmend sind: a) Handlungsmöglichkeiten – einschließlich persönliches Engagement, Mitsprache, Selbstverwirklichung und Wahlfreiheit; b) zwischenmenschliche Beziehungen – sowohl zu nahen Bezugspersonen wie auch zu Menschen im weiteren Umfeld; c) Selbstachtung, Selbstsicherheit und Selbstanerkennung; d) Lebensfreude – positive Erfahrungen und das Gefühl von Sicherheit und einer guten Lebensführung« (Nirje 1994, 29).

Es wird immer wieder kritisiert, das Normalisierungsprinzip enthalte die Tendenz zur unkritischen Anpassung an gesellschaftliche Standards.

Dies trifft deshalb nicht zu, weil gerade die Pflicht zum Bezug der Situation Behinderter auf das Allgemeine zur kritischen Auseinandersetzung mit den gesellschaftlichen Standards veranlasst. »Normalisierung mit ihrem ethischen Postulat nach gleichberechtigten Lebenschancen zielt notwendigerweise auf eine Offenlegung und Veränderung solcher sozialer Strukturen ab, welche die Lebenschancen eines Teils der Mitglieder einer Gesellschaft beschneiden.« (Thimm u.a.1985, 22)

6.4.5 Pädagogische Effizienzkontrolle und Selbstkritik

Die gemeinsame Aufgabe heilpädagogischer Berufe besteht darin, durch spezialisiertes pädagogisches Handeln Menschen mit individuellen Erschwernissen den Weg zur optimalen Selbständigkeit und Lebensqualität zu ermöglichen. Um diese Aufgabe zu erfüllen, benötigen Heilpädagogen und Heilpädagoginnen nicht nur die bisher genannten Tugenden, sondern sie müssen auch das erforderliche spezielle Wissen und Knowhow erworben haben. Damit das richtige Wissen in der richtigen Situation angewendet wird, sind die unternommenen Schritte zum Ziel fortlaufend zu überprüfen. Dahinter steht das Prinzip der pädagogischen Effizienzkontrolle. Diese verbindet sich mit Tugenden wie Bereitschaft zur Selbstkritik, zur empirisch-rationalen Überprüfung des eigenen Tuns und zur Ehrlichkeit gegenüber eigenen Fehlern. Selbstverständlich gehört dazu auch die Tugend, Wissen und Kompetenzen laufend verbessern zu wollen.

Anstötz hat darauf aufmerksam gemacht, dass insbesondere für den Geistigbehindertenpädagogen die Beurteilung der »Güte« des pädagogischen Handelns aufgrund der Ergebnisse schwierig sei, weil wir für geistigbehinderte Kinder keine Durchschnittsnormen zur Entscheidung über Erfolg oder Misserfolg haben; deshalb habe dieser spezialisierte Heilpädagoge in besonderem Maße die Möglichkeit, der Kritik des eigenen Handelns auszuweichen und »das Scheitern anvisierter Ziele ursächlich in die geistige Behinderung zu verlegen« (Anstötz 1986, 597). Die fehlende Möglichkeit einer objektiven Erfolgskontrolle durch Vergleich an Durchschnittswerten hatte Anstötz zur These veranlasst, dass es sich im Berufsfeld des Geistigbehindertenpädagogen (und vermutlich auch anderer Heilpädagogen) »um Tätigkeiten handelt, die in einem Maße von ethischen Vorentscheidungen abhängig sind, wie das in den meisten anderen Berufen kaum der Fall sein dürfte« (Anstötz 1986, 593). Er hat in erhöhtem Maße die Alternative, unbemerkt und unerkannt den hohen ethischen Anforderungen seines Berufes auszuweichen. Anstötz spricht von den beiden Möglichkeiten, »sich zu drücken«

oder »sich zu täuschen«. Im einen Fall werde der Heilpädagoge zum »Scharlatan«, im andern Fall sitze er in pädagogischen Irrtümern fest. Als Fazit formuliert Anstötz als einziges berufsethisches Grundprinzip: Der »gute« Sonderpädagoge zeichnet sich dadurch aus, dass er auf dem neuesten Stand der wissenschaftlichen Erkenntnisse über effiziente Lehrmethoden bleibt und stets bemüht ist, für seine pädagogische Arbeit nur bestes verfügbares Wissen zu verwenden.

Die Reduktion auf das Effizienzprinzip ist zwar für die Berufsethik im Rahmen der Wertgeleiteten Heilpädagogik zu einseitig und zu vereinfachend, aber der Verzicht auf dieses Prinzip wäre eine fatale Fehleinschätzung verantworteter Pädagogik. Die Suche nach Evaluationsmethoden für nicht am Durchschnitt messbare Effekte heilpädagogischer Interventionen hat inzwischen zu Alternativen zu Gruppenvergleichsstudien geführt: zur quasi-experimentellen statistischen Einzelfallanalyse (Wember 1989, 1994). Jeder Heilpädagoge und jede Heilpädagogin müsste mit Bezug auf das berufsethische Prinzips der Effizienzkontrolle diese Evaluationsmethode kennen und anzuwenden wissen. Damit würde Erforschung der Effizienz des eigenen Tuns möglich.

6.5 Schlusswort

Weder Grundprinzipien noch Tugenden der Wertgeleiteten Heilpädagogik sind in diesem Rahmen abschließend aufgezählt. Das vorliegende Buch soll vielmehr dazu anregen, wie Heilpädagogen und Heilpädagoginnen im Rahmen ihrer Arbeit Überlegungen zur eigenen Berufsethik strukturieren könnten. Da sich gezeigt hat, dass die Wertgeleitete Heilpädagogik ohne Hinweis auf Tugenden oder Haltungen nicht auskommen kann, würde sich auch noch die Frage nach Möglichkeiten und Grenzen der berufsethischen Ausbildung stellen. Diese Frage ist seit der Verwissenschaftlichung der Ausbildungsgänge wenig diskutiert worden. Die Verknüpfung der Rolle des rationalistisch-wissenschaftlichen Forschers mit der Rolle des moralisch parteinehmenden Ausbildners für die heilpädagogische Praxis scheint für viele Dozierende nicht einfach zu sein. Erinnern wir uns doch einfach an Heinrich Hanselmann:

> »Wenn die Enthaltsamkeit von Ethos und Pathos, also das Streben nach strikter Neutralität und Objektivität, zum Wesen einer Wissenschaft gehören sollte, dann ist Heilpädagogik keine Wissenschaft. Denn unsere Arbeit kommt ohne Wertung des Seienden nicht aus. Sollten aber Wertung und Wissenschaft unvereinbar miteinander sein, so ist damit noch nichts gegen die Berechtigung und Notwendigkeit wertender Tätigkeit gesagt, sondern höchstens gegen die Zulänglichkeit der Wissenschaft.« (Hanselmann 1955, 33)

6.6 Testfragen

Sie können überprüfen, wie aufmerksam Sie das Kapitel gelesen haben, indem Sie a, b, c oder d als das am meisten Zutreffende markieren.

#	Frage	a	b	c	d
1	In welchem Ethiktyp haben die Folgen einer Handlung erste Priorität bei der moralischen Beurteilung? a) Deontologie b) Tugendethik d) Diskursethik d) Utilitarismus	a	b	c	d
2	Eine Ethik, die sich in erster Linie für handlungsleitende Prinzipien interessiert, nennt man a) deontologisch b) teleologisch c) ökologisch d) theologisch	a	b	c	d
3	»Für eine Ethik ohne Speziesismus ist Tierethik keine Sonderethik.« – Dieser Satz stammt von einem a) Kantianer b) Präferenzutilitaristen c) Deontologen d) Kulturkritiker	a	b	c	d
4	Was gehört *nicht* zu einer präferenz-utilitaristischen Ethik? a) Glücksoptimierung b) Speziesismus-Ablehnung c) Religiosität c) Rationalitätskriterien	a	b	c	d
5	Die philosophische Disziplin, welche die gesellschaftlich gültige moralische Praxis untersucht, heißt a) Anthropologie b) Moral c) Kybernetik d) Ethik	a	b	c	d
6	»Jeder Mensch hat einen den Tieren nicht zukommenden absoluten Anspruch auf Leben und Hilfe zum Leben.« – Dieser Satz wird vom Präferenz-Utilitarismus abgelehnt als a) Speziesismus b) Humanismus c) Anthropologismus d) Emotionalismus	a	b	c	d
7	Wodurch will Diskursethik zu moralischen Übereinkünften kommen? (das am meisten Zutreffende?) a) Gruppenarbeit b) regelgeleitete Gespräche c) Partnerarbeit d) regelmäßige Zusammenkünfte	a	b	c	d
8	»Die (xxx) Behinderter ist die Balance zwischen größtmöglicher Unabhängigkeit und kleinstmöglicher Abhängigkeit.« – Was kann für (xxx) am ehesten eingesetzt werden? a) Gesundheit b) Begabung c) Lebensqualität d) Fähigkeit	a	b	c	d
9	Als Instrument für die Evaluation heilpädagogischer Maßnahmen eignet sich a) Glaube an das Kind b) Vertrauen c) Intelligenztest d) statistische Einzelfallanalyse	a	b	c	d
10	Die Verantwortung für die Berufsethik in der Heilpädagogik liegt bei a) den Sozialpolitikern b) mir selbst c) den Berufsverbänden d) der Direktion	a	b	c	d

Lösungen:

1=d   3=b   5=d   7=b   9=d
2=a   4=c   6=a   8=c   10=b

Entscheiden Sie über Ihren Erfolg selbst!

Lösungen zum Abschlusstest:

1=d	19=b	37=b	55=a	73=a	91=a	109=d	127=b	145=a	163=c
2=b	20=c	38=d	56=c	74=d	92=c	110=b	128=c	146=a	164=b
3=b	21=a	39=a	57=c	75=a	93=d	111=b	129=b	147=d	165=a
4=d	22=d	40=d	58=b	76=d	94=a	112=a	130=a	148=a	166=a
5=d	23=d	41=a	59=c	77=d	95=b	113=b	131=a	149=a	167=b
6=a	24=d	42=c	60=b	78=c	96=c	114=b	132=d	150=d	168=c
7=a	25=a	43=c	61=c	79=d	97=a	115=d	133=c	151=b	169=c
8=d	26=b	44=c	62=a	80=c	98=b	116=c	134=b	152=d	170=d
9=c	27=d	45=a	63=a	81=b	99=c	117=d	135=c	153=b	171=b
10=b	28=d	46=c	64=d	82=d	100=c	118=b	136=a	154=a	172=a
11=a	29=b	47=c	65=d	83=c	101=b	119=a	137=c	155=a	173=b
12=b	30=c	48=a	66=a	84=a	102=a	120=c	138=b	156=b	174=d
13=b	31=b	49=a	67=a	85=c	103=a	121=c	139=c	157=b	175=a
14=c	32=a	50=b	68=a	86=c	104=d	122=c	140=c	158=b	176=d
15=c	33=d	51=c	69=b	87=c	105=b	123=b	141=b	159=d	177=d
16=d	34=a	52=c	70=c	88=a	106=c	124=d	142=a	160=c	178=b
17=d	35=a	53=c	71=c	89=b	107=b	125=b	143=b	161=d	179=b
18=b	36=c	54=d	72=a	90=d	108=d	126=d	144=d	162=d	180=b

Sie können Ihr Ergebnis im Abschlusstest mit der Beurteilung vergleichen, welche der Autor bei der Prüfung seiner Studierenden anwendet:

176 und mehr richtig = sehr gut bestanden
166 bis 175 richtig = gut bestanden
150 bis 165 richtig = bestanden
weniger als 150 richtig = nicht bestanden

Abschlusstest

1	Die philosophische Disziplin, welche die gesellschaftlich gültige moralische Praxis untersucht, heißt a) Anthropologie b) Moral c) Kybernetik d) Ethik	a	b	c	d
2	Was ist nach Paul Moor für die Reifung zur Gemütstiefe wichtig? a) Sexualtrieb b) Verwirklichung c) Fanatismus d) Bedürfnisbefriedigung	a	b	c	d
3	»Sittlichkeit ist ....« – Was ist im Sinne Pestalozzis zu ergänzen? a) gemeinschaftlich b) individuell c) schön d) allgemeingültig	a	b	c	d
4	Welcher Begriff bezeichnet die Frage nach den sicheren Grundlagen wissenschaftlicher Erkenntnis? a) Wissenschaftsproblem b) Metatheorie c) Signifikanz d) Basisproblem	a	b	c	d
5	Welche Tendenz ist _nicht_ typisch für eine aufklärerische Haltung? a) Neugestaltung b) Argumentieren c) Breitenwirkung d) Achtung vor Tradition	a	b	c	d
6	»(xxx) ist ein Merkmal, welches einer Person als Eigenschaft zugeschrieben wird.« Was kann für (xxx) _nicht_ eingesetzt werden? a) Ein Stigma b) Bosheit c) Fleiß d) Prestige	a	b	c	d
7	Kommunitarismus fordert Rückkehr zur Gemeinschaft. Dies ist notwendig für die Heilpädagogik, beinhaltet aber die Gefahr der a) Intoleranz b) Naivität c) Emotionalität d) Apathie	a	b	c	d
8	Wie wird Behinderung in den amerikanischen Forschungsarbeiten mit der Bezeichnung »Disability Studies« zur Hauptsache betrachtet? a) psychologisch b) psychiatrisch c) philosophisch d) sozialwissenschaftlich	a	b	c	d
9	Die Heilpädagogik griff anfangs des 21. Jahrhunderts die bereits vorher in der Erziehungswissenschaft diskutierte Frage nach dem Verhältnis zwischen Profession und a) Berufsprestige b) Lebenswelt c) Disziplin d) Sonderschule	a	b	c	d
10	Für die Heilpädagogik von Hanselmann ist der folgende Begriff typisch: a) Behinderung b) Entwicklungshemmung c) Fehler d) Erziehungshemmung	a	b	c	d
11	Wer machte die Unterscheidung zwischen »Heilpädagogik« für medizinisch heilbare Erscheinungen und »Sonderpädagogik« für medizinisch nicht heilbare Erscheinungen? a) Allers b) Strümpell c) Hanselmann d) Heinrichs	a	b	c	d
12	»Jedes Kind entwickelt sich von Natur aus richtig.« – Dieser Satz drückt folgendes aus: a) eine sichere Wahrheit b) eine handlungsleitende Meinung c) eine Tatsache d) eine Utopie	a	b	c	d
13	»Behinderung ist durch eine Schädigung des Individuums verursacht.« – Welchem der Paradigmen nach Bleidick entspricht dies? a) interaktionistisches b) individualtheoretisches c) systemtheoretisches d) homöostatisches	a	b	c	d
14	Spontanes Handeln in der heilpädagogischen Praxis a) entspringt dem hohlen Bauch b) ist immer gut c) ist von Vormeinungen geleitet d) ist vorurteilsfrei.	a	b	c	d
15	Der typische Hilfsschüler wurde ursprünglich nicht »lernbehindert« genannt, sondern a) a-intellektuell b) agil c) leicht debil d) cerebral gestört	a	b	c	d
16	Welcher griechische Philosoph empfahl, die von älteren Männern gezeugten Kinder zu beseitigen? a) Herkules b) Hippokrates c) Homer d) Platon	a	b	c	d
17	Welcher Pädagoge hat 1571-1635 gelebt? a) Heinrich Pestalozzi b) Friedrich Herbart c) Jean Paul d) Wolfgang Ratke	a	b	c	d
18	Welches Prinzip passt nicht zur Pädagogik des 17. Jahrhunderts? a) Sachunterricht b) Vorbild Griechen c) Naturgemäßheit d) rationelles Lehren	a	b	c	d

19	Die Schrift »Geschichte der Kunst des Altertums« (1764) von Joachim Winkelmann begründete den a) Rationalismus b) philologischen Neuhumanismus c) Kantianismus d) klassischen Hellenismus	a	b	c	d
20	Wer betrachtete die Kugel als Urform und deshalb als zentrales Spielmaterial? a) Comenius b) Pestalozzi c) Fröbel d) Montessori	a	b	c	d
21	Als Begründer der geisteswissenschaftlichen Position gilt a) Wilhelm Dilthey b) Max Horkheimer c) Karl Marx d) Wolfgang Brezinka	a	b	c	d
22	Der Satz »Wissenschaft ist verpflichtet, mit empirischen Forschungsmethoden Hypothesen zu überprüfen« entstammt einer a) Objekttheorie b) Erziehungstheorie c) Fehlmeinung d) Metatheorie	a	b	c	d
23	Die angeborene Disposition für die emotionale Entwicklung nannte Paul Moor: a) Lusttrieb b) natürliches Bedürfnis c) Urgefühl d) reine Phantasie	a	b	c	d
24	Als Instrument für die Evaluation heilpädagogischer Maßnahmen eignet sich a) Benotung b) Vertrauen c) Intelligenztest d) statistische Einzelfallanalyse	a	b	c	d
25	Was gehört *am wenigsten* zur Ganzheitlichkeit in Hanselmanns Denken? a) nach der Natur b) Gefühl und Verstand c) alle Sinne d) alle Ausgabekanäle	a	b	c	d
26	Welches Wort passt *nicht* zur Denk- und Schreibweise von Paul Moor? a) Gemüt b) Glückstrieb c) Ergriffen-Sein d) Verheißenes	a	b	c	d
27	Wo war Heinrich Hanselmann *nicht* tätig ? a) Heilpädagogisches Seminar b) Pro Juventute c) Migros-Klubschule d) Seraphisches Liebeswerk	a	b	c	d
28	Welcher Wissenschaftsrichtung steht Ulrich Bleidick am nächsten? a) Geisteswissenschaft b) Anthroposophie c) normative Wissenschaft d) empirische Wissenschaft	a	b	c	d
29	Positiv für Solidarisierung mit Behinderten ist in Schelers Anthropologie die Ablehnung a) einer ethischen Grundlage b) einer biologistischen Sicht c) einer religiösen Verankerung d) einer kritischen Haltung	a	b	c	d
30	Von wem stammt das Buch »Kurzer und einfältiger Unterricht, wie Kinder zur wahren Gottseligkeit und christlichen Klugheit anzuführen sind«? a) Fröbel b) Jean Paul c) Francke d) Hanselmann	a	b	c	d
31	Was ist von den Möglichkeiten am zutreffendsten? Wertentscheidungen sind a) zu beweisen b) offen zu legen c) zu glauben d) zu vermeiden	a	b	c	d
32	Das schweizerische Invalidenversicherungsrecht legt Geistige Behinderung fest bei einem IQ a) unter 75 b) unter 65 c) unter 55 d) unter 85	a	b	c	d
33	Heilpädagogik = Lehre vom Unterricht, von der Erziehung und Fürsorge aller jener Kinder, deren körperlich-seelische Entwicklung dauernd durch individuale und soziale Faktoren gehemmt ist. – Diese Definition stammt von a) Moor b) Bleidick c) Speck d) Hanselmann	a	b	c	d
34	Eine materialistische Behindertenpädagogik vertritt a) Wolfgang Jantzen b) Otto Speck c) Ulrich Bleidick d) Heinz Bach	a	b	c	d
35	Das Lehrbuch »Pädagogische Pathologie oder die Lehre von den Fehlern der Kinder'«(1890) ist von a) von Strümpell b) Niemeier c) Allers d) Asperger	a	b	c	d
36	Die erstmalige Verwendung des Begriffs »Heilpädagogik« geht zurück auf a) Moor und Hanselmann b) Pestalozzi c) Georgens und Deinhardt d) Kobi und Schneeberger	a	b	c	d
37	Der Anteil von Schülern in Sonderklassen an der Gesamtschülerzahl liegt zwischen 1% und a) 4% b) 8% c) 12% d) 16%	a	b	c	d

		a	b	c	d
38	Hengstenberg analysierte Motive zum heilpädagogischen Helfen. Welche Motive sind von Hengstenberg _nicht_ genannt worden? a) sozial-utilitäre b) altruistische c) personale d) berufspolitische Motive				
39	Pietistische Pädagogik hat gegenüber dem Kind ein grundsätzliches .... a) Misstrauen b) Vertrauen c) Liebesverlangen d) dialogisches Verhältnis				
40	An welche Denkweise erinnert die »revolutionäre Pädagogik« von Ellen Key am ehesten? a) Neuhumanismus b) Aufklärung c) Barock d) Frühromantik				
41	Welche Gefahr könnte Rousseaus pädagogisches Denken am ehesten enthalten? a) zu starke Anlageorientierung b) zu strenge Körperstrafen c) Methodenstrenge d) Religionszwang				
42	Wie wird die sinnverstehende Methode geisteswissenschaftlicher Forschung genannt? a) Dialektik b) Phänomenologie c) Hermeneutik d) Empirie				
43	»Die .... Behinderter ist die Balance zwischen größtmöglicher Unabhängigkeit und kleinstmöglicher Abhängigkeit.« – Was kann am ehesten eingesetzt werden? a) Gesundheit b) Begabung c) Lebensqualität d) Fähigkeit				
44	Was gehört _nicht_ zu einer präferenz-utilitaristischen Ethik? a) Glücksoptimierung b) Speziesismus-Ablehnung c) Religiosität d) Rationalität				
45	»Menschliche Handlungen sind im gesellschaftlichen Zustand ......gesteuert.« Wie ist im Sinne von Pestalozzis Gesellschaftstheorie die Lücke zu füllen? a) vom Trieb der Selbstsucht b) von Nächstenliebe c) von Moral d) Zufall				
46	Paul Moor spricht von zwei Aspekten des Erziehens. Welches ist einer davon? a) pädagogische Geduld b) pädagogische Hilfe c) pädagogische Zurückhaltung d) Unterstützung				
47	Die Motive für die Schul- und Bildungsreformen in den Jahren 1960-70 waren vorwiegend a) idealistische b) ethische c) ökonomische d) kindorientierte				
48	Pietistische Anthropologie charakterisiert das Kind als a) verdorben b) genial c) lieb d) kleinen Erwachsenen				
49	Arnold Gehlen charakterisiert in seiner Anthropologie den Menschen als a) Mängelwesen b) Geistwesen c) Ebenbild Gottes d) Raubtier				
50	Der Pietismus überschneidet sich mit dem Weltbild der Aufklärung im .... a) Naturverständnis b) Nützlichkeitsprinzip c) moralischen Prinzip d) Spielverständnis				
51	Wessen Pädagogik ist zwar schon stark rationalistisch, bleibt aber im Unterschied zu den späteren Aufklärungspädagogen noch in der Theologie verankert? a) Salzmann b) Francke c) Comenius d) Humboldt				
52	»Für die Betreuung behinderter, aber für das Volksleben noch aussichtsvoller Schüler haben wir in angemessener Form verantwortungsbewusst zu wirken; das völlig Unwerte auszumerzen verlangt die Selbsterhaltungspflicht der Nation.« – Aus welchem Jahr ist das Zitat? a) 1845 b) 1094 c)1934 d) 1971				
53	Als behindert im pädagogischen Sinne gelten Kinder, Jugendliche und Erwachsene, deren Lernen und deren soziale Eingliederung erschwert sind. Diese Definition stammt von a) Moor b) Speck c) Bleidick d) Kobi				
54	Welches Merkmal charakterisiert den _pädagogischen_ Therapiebegriff gegenüber dem medizinischen am ausgeprägtesten? a) Heilen b) Ursachen bekämpfen c) Helfen d) Aufbau von Strukturen				
55	Wo hatte ein Gesetz der 12 Tafeln die Tötung missgestalteter Kinder erlaubt? a) im alten Rom b) im alten China c) in Mesopotamien d) bei den Germanen				

351

56	»Behinderung ist Folge eines/einer ....« – Welcher Begriff ist einzusetzen? a) komplizierten Geburt b) schweren Unfalls c) Schädigung d) psychischen Defekts	a	b	c	d
57	»Alle Kinder in Klassen für Lernbehinderte haben einen tieferen IQ und zeigen schlechtere Schulleistungen als Regelschüler.« – Dies stimmt a) völlig b) nur für den IQ c) nicht d) nur für Ausländer	a	b	c	d
58	»Der Begriff ›Mehrfachbehinderung‹ ist häufig an den Begriff ›.......‹ gekoppelt.«– Setzen Sie ein: a) Hörbehinderung b) Schwerste Behinderung c) Rollstuhlabhängigkeit c) Geburtsgebrechen	a	b	c	d
59	Als Begründer des Humanistischen Gymnasiums gilt a) Heinrich Pestalozzi b) Friedrich Fröbel c) Wilhelm von Humboldt d) Johann Gottfried Herder	a	b	c	d
60	Gegenstand einer metatheoretischen Untersuchung sind a) Erziehungsmittel b) Regeln des Forschens c) Behinderungsarten d) Verhaltensstörungen	a	b	c	d
61	Typisch für ein aufklärerisches Menschenbild ist das Bild a) einer Pflanze b) einer Kugel c) einer Tabula rasa d) eines Asinus	a	b	c	d
62	Welches ist nach Paul Moor *keine* zwingende Voraussetzung für Willensstärke? a) körperliche Gesundheit b) Lebenstechnik c) Innerer Gehorsam d) Empfänglichkeit für Lebensinhalte	a	b	c	d
63	»Jeder Mensch hat einen den Tieren nicht zukommenden absoluten Anspruch auf Leben und Hilfe zum Leben.« Dies lehnt der Präferenz-Utilitarismus ab als a) Speziesismus b) Humanismus c) Anthropologismus d) Emotionalismus	a	b	c	d
64	In welchem Ethiktyp haben die Folgen einer Handlung erste Priorität bei der moralischen Beurteilung? a) Deontologie b) Tugendethik d) Diskursethik d) Utilitarismus	a	b	c	d
65	Welcher Begriff kennzeichnet Hanselmanns Verständnis von Religiosität am nächsten? a) Kirchentreue b) Fester Glaube c) Moralische Überzeugung d) Inwendige Heiterkeit	a	b	c	d
66	Die Kritische Theorie kritisiert an der traditionellen empirischen Wissenschaft die Ausklammerung des a) Entdeckungszusammenhangs b) Ästhetischen c) Bildungszusammenhangs d) Andersartigen	a	b	c	d
67	Ein Kämpfer für die Pädagogik als empirische Erziehungswissenschaft ist a) Wolfgang Brezinka b) Herman Nohl c) Wilhelm Flitner d) Hermann Röhrs	a	b	c	d
68	Welches war ein typisch aufklärerisches Erziehungsinternat? a) Dessauer Philanthropin b) Waisenhaus in Halle c) Levana d) Landschulheim Albisbrunn	a	b	c	d
69	»Wir dürfen nicht die Minderwertigen mit gleicher Liebe behandeln wie die Tüchtigen« – Dieser Satz stammt von einem a) Neuhumanisten b) Reformpädagogen c) Pietisten d) Philanthropen	a	b	c	d
70	Das Buch »Lernziele und Programmierte Unterweisung« ist ein typisches Werk für die Zeit a)1920-30 b) 1940-50 c)1960-70 d) 1980-90	a	b	c	d
71	Welche Bewegung ist *nicht* typisch für die Zeit der Reformpädagogik? a) Volksbildungsbewegung b) Jugendbewegung c) Wirtschaftsbewegung d) Wandervogelbewegung	a	b	c	d
72	Was definierte Kant als »Ausgang des Menschen aus seiner selbstverschuldeten Unmündigkeit«? a) Aufklärung b) Humanismus c) Reformation d) Neuzeit	a	b	c	d

73	Welches sind die Lebensdaten von Jan Amos Comenius a) 1592-1670 b) 1513-1571 c) 1688-1751 d) 1806-1863	a	b	c	d
74	»Bildung und Erziehung ist Pädagogik und nichts anderes« - Welcher Heilpädagoge wird gerne mit diesem Satz in Verbindung gebracht? a) August Aichhorn b) Rudolf Steiner c) Eduard Montalta d) Paul Moor	a	b	c	d
75	Der Begriff »Heilpädagogik« wurde erstmals verwendet im Jahr a) 1861 b) 1835 c) 1798 d) 1931	a	b	c	d
76	Welcher Begriff ist mit dem Dialogischen Prinzip _un_vereinbar? a) Bindung b) personale Vergegenwärtigung c) Erschließung d) Auferlegung	a	b	c	d
77	Wer hat 1885-1960 gelebt? a) Pestalozzi b) Fröbel c) Herbart d) Hanselmann	a	b	c	d
78	Unter welchem Stilbegriff ist das 17. Jahrhundert in der Kunst- und Kulturgeschichte bekannt? a) Rokoko b) Renaissance c) Barock d) Klassik	a	b	c	d
79	Die Griechen hatten große Achtung vor a) behinderten Kleinkindern h) Körperbehinderten c) Unfallopfern d) Kriegsinvaliden	a	b	c	d
80	Welches sind die Lebensdaten von Jean-Jacques Rousseau? a) 1658-1714 b) 1797-1853 c) 1712-1778 d) 1835-1898	a	b	c	d
81	»Für eine Ethik ohne Speziesismus ist Tierethik keine Sonderethik.« – Dieser Satz stammt von einem a) Kantianer b) Präferenzutilitaristen c) Deontologen d) Kulturkritiker	a	b	c	d
82	Solidarität mit Behinderten hat vor allem Chancen in der Anthropologie der a) Aufklärung b) Romantik c) Jugendbewegung d) Anthropologiekritik	a	b	c	d
83	Auf welchen Aspekt menschlichen Handelns richtet sich das Interesse der geisteswissenschaftlichen Forschung in erster Linie? a) Verursachung b) moralische Bewertung c) Ziele der Handelnden d) Beobachtung	a	b	c	d
84	Welcher Begriff passt _am wenigsten_ zur Pädagogik des 17. Jahrhunderts? a) Wachsenlassen b) Lehrmethode c) Naturgemäßheit d) Lehrbuch	a	b	c	d
85	»Weil man nur an jungen Bäumen Äste aufpropfen kann, muss Unterricht in früher Kindheit anfangen.« – Diese Sicht von »Naturgemäßheit« passt zu a) Rousseau b) Locke c) Hanselmann d) Comenius	a	b	c	d
86	Einer der folgenden Begriffe ist _un_typisch für das Normalisierungsprinzip. a) sexuelle Lebensmuster b) Tagesrhythmus c) Gottesdienst d) Lebenszyklus	a	b	c	d
87	»Die Werte ›Ungleichwertigkeit‹ und ›Lebensuntauglichkeit von behinderten Menschen‹ sind gemäß wissenschaftlichen Untersuchungen falsch.« – Für diese Aussage gilt: a) noch Forschung nötig b) stimmt c) stimmt nicht d) ist nahezu bewiesen	a	b	c	d
88	Heilpädagogik = die Lehre von der Erziehung derjenigen Kinder, deren Entwicklung durch individuale oder soziale Faktoren dauernd gehemmt ist. Diese Definition stammt von a) Moor b) Bleidick c) Bopp d) Montalta?	a	b	c	d
89	In welchem Land wird anstatt von Heilpädagogik von Orthopädagogik gesprochen? a) Russland b) Holland c) England d) Österreich	a	b	c	d
90	In der Aufklärungsepoche wurde vom »Heilen von Kinderfehlern« gesprochen. Welches von den nachfolgenden Beispielen ist typisch für einen solchen Kinderfehler? a) Erbrechen b) Schielen c) Stottern d) Fluchen	a	b	c	d
91	»Ein von einer Bezugsgruppe einem Menschen zugeschriebenes ...... Merkmal wird ›Stigma‹ genannt.« – Was ist bei den Punkten einzusetzen? a) negativ bewertetes b) unästhetisches c) auffälliges d) virtuell abweichendes	a	b	c	d

92	Hanselmann sprach von einer »Spaltung der Persönlichkeit in zwei Lebenshaltungen, in ein geheimes Ich-selbst und in ein nach außen gewendetes xxx« – Welchen Begriff verwendet er für xxx? a) Wesens-Ich b) Existenz-Ich c) Verkehrs-Ich d) Egozentrum	a	b	c	d
93	Kunst- und kulturgeschichtlich folgte auf die Zeit des Barock a) Romantik b) Gotik c) Jugendstil d) Rokoko	a	b	c	d
94	Für welchen Pädagogen war körperliche Abhärtung ein ganz zentrales pädagogisches Prinzip? a) Locke b) Fröbel c) Pestalozzi d) Schleiermacher	a	b	c	d
95	Welches sind die Lebensdaten von August Hermann Francke? a) 1575-1631 b) 1663-1727 c) 1731-1801 d) 1788-1841	a	b	c	d
96	Aufklärerische Anthropologie beinhaltet die Tugend der a) Demut b) Bewunderung des Schönen c) Selbstverantwortung d) Heldenhaftigkeit	a	b	c	d
97	Das Sprichwort »Der Apfel fällt nicht weit vom Stamm« ist eine pädagogische a) Alltagstheorie b) Unwahrheit c) Dummheit d) Lüge	a	b	c	d
98	Pestalozzi unterscheidet drei Zustände des menschlichen Seins. – Welcher Begriff ist _nicht_ von Pestalozzi? a) sittlicher Zustand b) paradiesischer Zustand c) tierischer Zustand d) gesellschaftlicher Zustand	a	b	c	d
99	In wissenschaftstheoretisch wenig reflektierten Erziehungslehren findet man oft eine Vermischung von a) Dichtung und Wahrheit b) Medizin und Theologie c) normativen und deskriptiven Sätzen d) Kultur und Zivilisation	a	b	c	d
100	Wenn ein Kind Triebbeherrschung als Selbstzweck erlebt, ist es nach Paul Moor von einer Haltschwäche bedroht. – Wie nennt er die Haltschwäche? a) Verhaltensstörung b) Triebunterdrückung c) Gehemmtheit d) Abraxie	a	b	c	d
101	Welcher Begriff findet sich in der Klassifizierung von Hanselmann _nicht_? a) Ausgabegeschädigte b) Intelligenzgeschädigte c) Verarbeitungsgeschädigte d) Aufnahmegeschädigte	a	b	c	d
102	»Man muss die richtigen Werte für die Heilpädagogik beweisen, so dass sie von allen Menschen akzeptiert werden.« – Diese Aussage ist eine a) fehlerhafte Argumentation b) Wahrheit c) Lüge d) alte Weisheit.	a	b	c	d
103	Bleidick definiert Behinderung als variable Folge einer ...... a) Schädigung b) Beeinträchtigung c) Fehlentwicklung d) Hirnverletzung	a	b	c	d
104	Der Philosoph Alasdair MacIntyre schrieb ein für die ethische Grundlegung der Heilpädagogik wichtiges Buch mit dem Titel »Die Anerkennung der ....« a) menschlichen Freiheit b) Einfachheit c) Toleranz d) Abhängigkeit	a	b	c	d
105	Wer kann eindeutig _nicht_ zur Tradition der Heil**s**erziehung gezählt werden. a) Montalta b) Bleidick c) Bopp d) Schlaich	a	b	c	d
106	Aus welcher Epoche stammt die Verknüpfung von Behinderung mit Schuld? a) Jugendstil b) Barock c) Mittelalter d) Nationalsozialismus	a	b	c	d
107	In der römischen Antike wurden entstellte Menschen als Unterhaltungsobjekte verkauft; sie hießen a) Idioten b) Morionen c) Mongoloide d) Kretinen	a	b	c	d
108	Wovon findet man im 17. Jahrhundert noch keine Ansätze und Versuche? a) Gehörlosenpädagogik b) Blindenpädagogik c) Kinderfehlerpädagogik d) Geistigbehindertenpädagogik.	a	b	c	d
109	Worum handelt es sich beim »Orbis Sensualium Pictus« von Comenius? a) Lehrbuch für Latein b) Schulbibel c) Theologiebuch d) Bilderbuch	a	b	c	d
110	Welche Störung passt am besten zur aufklärerischen Lehre der Heilung von Kinderfehlern? a) Neurose b) Frechheit c) Gehörlosigkeit d) Autismus	a	b	c	d

111	Seiner Pädagogik liegt das Menschenbild der »tabula rasa« zugrunde. a) Wolfgang Ratke b) John Locke c) Wilhelm von Humboldt d) Friedrich Fröbel	a	b	c	c
112	Der Satz »Lernbehinderte müssen in Regelklassen integriert werden« ist sicher _keine_? a) Hypothese b) Forderung c) These d) Zukunftsvision	a	b	c	d
113	Wodurch will Diskursethik zu moralischen Übereinkünften kommen? (das am meisten Zutreffende?) a) Gruppenarbeit b) regelgeleitete Gespräche c) Partnerarbeit d) regelmäßige Zusammenkünfte	a	b	c	d
114	Welche kindliche Reaktion auf Umweltfehler ist nach Hanselmann am günstigsten? a) Anpassung b) Auflehnung c) innerer Zwiespalt d) Rückzug	a	b	c	d
115	»Das Verhältnis der Menschen im Staat gegeneinander ist ein bloß .... Verhältnis.« – Welches Wort gehört in die Lücke dieses Satzes von Pestalozzi? a) sittliches b) vernünftiges c) menschliches d) tierisches	a	b	c	d
116	Der Rationalismus löste das Basisproblem mit der Annahme, das Fundament wissenschaftlicher Erkenntnis seien a) genaue Beobachtungen b) moralische Werte c) evidente Axiome d) tradierte Weisheiten	a	b	c	d
117	Martin Hahn (1981) hat eine schwere Behinderung charakterisiert als a) Schicksalsschlag b) Lebensereignis c) negative Befindlichkeit d) soziale Abhängigkeit	a	b	c	d
118	Aus der Sicht Wertgeleiteter Heilpädagogik sollten wir ein Menschenbild speziell für Behinderte a) suchen b) vermeiden c) in Theorien einbauen d) wissenschaftlich fundieren	a	b	c	d
119	Das Wort »Behinderung« wurde in einem heilpädagogischen Werk erstmals verwendet von a) Egenberger (1958) b) Bleidick (1972) c) Homburger (1928) d) Hanselmann (1941)	a	b	c	d
120	In welchem Jahr ist das Buch von Binding und Hoche »Die Freigabe der Vernichtung lebensunwerten Lebens« erschienen? a) 1835 b) 1882 c) 1920 d) 1985	a	b	c	d
121	1841 wurde bei Interlaken eine »Heilanstalt für Kretinen und blödsinnige Kinder« gegründet und zwar von a) Pestalozzi b) Itard c) Guggenbühl d) Wichern	a	b	c	d
122	Comenius sprach im 17. Jahrhundert von »Heilmitteln« (lateinisch Remedium) zur Heilung von Kinderfehlern. Er meinte damit: a) Heilkräuter b) magische Beschwörungen c) pädagogische Maßnahmen d) Hypnosen	a	b	c	d
123	Die Forderung nach Bildung für alle Kinder und Jugendlichen wurde erstmals formuliert im a) 16. J.H. b) 17. J.H. c) 18. J.H d) 19. J.H	a	b	c	d
124	»In der Erziehung ist das Argumentieren das Wichtigste.« – Für wen gilt dies _am wenigsten_? a) Basedow b) Locke c) Salzmann d) Francke	a	b	c	d
125	Wer hat funktionale Erziehung höher gewertet als intentionale Erziehung? a) Jan Amos Comenius b) Jean Paul c) Friedrich Herbart d) Wilhelm Rein	a	b	c	d
126	Was trifft auf ein pietistisches Menschenbild _nicht_ zu? – Wenn ein Kind lügt und stiehlt, ist dies a) eine schlechte Tat b) unmoralisches Verhalten c) böse d) eine verschlüsselte Mitteilung	a	b	c	d
127	In welchem Jahr ist das erste Heilpädagogische Ausbildungsinstitut in der Schweiz gegründet worden? a) 1944 b) 1923 c) 1898 d) 1911	a	b	c	d
128	In der Pädagogischen Anthropologie von Heinrich Roth ist der Mensch in erster Linie charakterisiert durch a) seine Mängel b) seine Sexualität c) seine Lernfähigkeit d) seine Ängste	a	b	c	d

129	Zur Hermeneutik als geisteswissenschaftliche Methode passt einer der folgenden Begriffe am besten: a) werten b) verstehen c) sich vertiefen d) genau hinhören	a b c d
130	Das Prinzip der Wertfreiheit ist notwendig, weil a) wertende und fordernde Sätze nicht überprüft werden können b) Wissenschaft neutral sein muss c) Wissenschaftler nichts mit Moral zu tun haben d) es so vereinbart ist	a b c d
131	Eine Ethik, die sich in erster Linie für handlungsleitende Prinzipien interessiert, nennt man a) deontologisch b) teleologisch c) ökologisch d) theologisch	a b c d
132	In welchem Fach hatte Paul Moor *kein* Studium abgeschlossen? a) Mathematik b) theoretische Physik c) Astronomie d) Psychologie	a b c d
133	Als was charakterisierte Hanselmann den Menschen gegenüber dem Tier? a) Sprachwesen b) Geistwesen c) Verarbeitungswesen d) Glaubenswesen	a b c d
134	Eine Behauptung über gesetzmäßige Kausalzusammenhänge in der beobachtbaren Wirklichkeit ist wissenschaftstheoretisch a) ein Axiom b) eine Hypothese c) eine Grundthese d) ein Modell	a b c d
135	»Der gesellschaftliche Zustand ist in seinem Wesen eine Fortsetzung .....« – Was folgt in diesem Zitat von Pestalozzi? a) des Zusammenlebens b) der historischen Phylogenese c) des Krieges aller gegen alle d) des Zufalls	a b c d
136	In der Anthropologie von Max Scheler gilt als höchste Form der natürlichen Evolution der Lebewesen a) die Intelligenz b) das Geistige c) das Lustempfinden d) das Erinnerungsvermögen	a b c d
137	Spontanes Handeln in der Erziehung basiert immer auf oft nicht bewussten a) Aggressionen b) sexuellen Wünschen c) Vormeinungen d) Ängsten	a b c d
138	In welchem Jahr sind die Quellen zur Situation von Behinderten in der Antike letztmals aufgearbeitet worden? a) 1879 b) 1922 c) 1946 d) 1978	a b c d
139	Welche Wissenschaftsrichtung stammt *nicht* aus der Aufklärungszeit? a) Rationalismus b) Systematische Beobachtung c) Hermeneutik d) Empirismus	a b c d
140	Eine der folgenden Eigenschaftszuschreibungen für Geistig Behinderte geht auf die typische Sichtweise der Aufklärungsepoche zurück: a) hilfsbedürftig b) unselbständig c) krank d) andersartig	a b c d
141	Wie kann der Schritt der Weltgesundheitsorganisation zur Unterscheidung zwischen *impairment, disability* und *handicap* charakterisiert werden? Als a) medizinisch b) sozialwissenschaftlich c) ethnologisch d) juristisch	a b c d
142	Am *problematischsten* ist die Erklärung von »Behinderung« aus einer »Schädigung« für a) Lernbehinderung b) Sehbehinderung c) Hörbehinderung d) Geistige Behinderung?	a b c d
143	Welches Prinzip ist nicht typisch für aufklärerisches Denken? a) Nützlichkeit b) Leid c) Vernunft d) Glück	a b c d
144	Der Mensch kompensiert nach Gehlen die fehlenden Instinkte und Organspezialisierungen mit seiner a) Moral b) Tapferkeit c) Ausdauer d) Sprache	a b c d
145	Pestalozzi konnte ins »Carolinum« eintreten, weil sein Vater .... war. a) Stadtbürger b) Gelehrter c) reicher Kaufmann d) politisch einflussreich	a b c d
146	Welcher Begriff passt *am wenigsten* zum Weltbild und zum pädagogischen Denken der Frühromantik? a) Solidarität mit Schwachen b) Hoffnung auf Genies c) Phantasie d) Spontane Entwicklung	a b c d

		a	b	c	d
147	Was kann heilpädagogische Berufspolitik für Behinderte bedrohlich machen? a) Gewalttätigkeit gegen Behinderte b) Lieblosigkeit c) Disqualifizierung d) Instrumentalisierung der Behinderten				
148	Durch welchen griechischen Arzt wurde die Ethik der Mediziner begründet und wurden auch Grenzen der ärztlichen Pflicht zur Solidarität mit unheilbar Kranken bejaht? a) Hippokrates b) Sokrates c) Aristoteles d) Sophokles				
149	Wissenschaftliches Forschen muss Kriterien erfüllen. Welches kann man *weglassen*? a) überzeugend b) systematisch c) begründet d) nachvollziehbar				
150	Wer war kein Vertreter der Kritischen Theorie der Frankfurter Schule? a) Erich Fromm b) Max Horkheimer c) Walter Benjamin d) Arnold Gehlen				
151	Wie wird der logisch unzulässige Schluss von empirisch erforschten Phänomenen auf die Wertung genannt? a) unlogischer Sollschluss b) naturalistischer Fehlschluss c) Denkfehler d) Rationales Abdriften				
152	Welche Strömung ist *am wenigsten* von Rousseau beeinflusst? a) Reformpädagogik b) Sturm und Drang c) Romantik d) Herbartianismus				
153	Welche Therapierichtung ist am stärksten am Modell der Kausaltherapie orientiert? a) Gesprächstherapie b) Psychoanalyse c) Verhaltenstherapie d) Gestalttherapie				
154	Johann Friedrich Herbart brachte in Anlehnung an die aufklärerische Kinderfehlerlehre das folgende »Heilmittel« in die pädagogische Diskussion: a) spezielle Übungsklassen b) Sitzenbleiben c) leichtes Schlagen d) Beten				
155	An welcher Universität heißt unser Fach »Rehabilitationspädagogik«? a) Humboldt Universität Berlin b) Universität Zürich c) Universität München d) Universität Wien				
156	Aus welchem Jahrhundert stammt die Idee von den homogenen Jahrgangsklassen in Schulen? a) 16. J.H. b) 17. J.H. c) 18. J.H. d) 19. J.H.				
157	Welches Werk stammt *nicht* von Comenius? a) Grosse Didaktik b) Levana c) Die geöffnete Sprachtür d) Informatorium der Mutterschul				
158	Die Hoffnung auf einen genialen Übermenschen als Retter aus der Kulturkrise stammt von a) Jakob Burckhardt b) Friedrich Nietzsche c) Wilhelm von Humboldt d) Jean Paul				
159	Welches Medium ist für die Pädagogik der Spätromantik besonders wichtig geworden? a) Lehrbücher b) Tafel und Kreide c) Anschauungsmodelle d) Volksmärchen				
160	»Aber die Neigung der Macht, sich für ein sittliches Verhältnis auszugeben, ändert die wahre Lage ihres Verhältnisses gegen das Volk nicht ...«– Wer hat das geschrieben? a) Fröbel b) Humboldt c) Pestalozzi d) Goethe				
161	Der Unterschied zwischen sogenannter »qualitativer« und sogenannter »quantitativer« Forschung besteht darin, dass qualitative Forschung a) moralisch besser ist b) menschlicher ist c) ungeeignet ist d) nominal klassifizierend ist.				
162	»Wissenschaftliche Erkenntnis ist objektiv.« – Damit ist gemeint: a) sie ist wahr b) sie ist mit viel Mühen gewonnen c) sie ist für immer gültig d) sie ist intersubjektiv nachvollziehbar gefunden worden				
163	Weltoffenheit verdankt der Mensch nach Max Scheler a) der Technik b) dem guten Sehvermögen c) dem Geist d) der hohen Intelligenz				

164	Aufklärungspädagogik nimmt als dem Kinde angeboren an: das Verlangen a) nach Religion b) nach Glück c) nach Engeln d) nach Rache	a b c d
165	Am nächsten zur Tradition der rationalistischen und aufklärerischen Pädagogik steht a) der Herbartianismus b) der Neuhumanismus c) die Reformpädagogik d) die Spätromantik	a b c d
166	Ein Schulmodell ohne Jahrgangsklassen wurde entwickelt und realisiert von a) Peter Petersen b) Heinrich Hanselmann c) Ellen Key d) Friedrich Förster	a b c d
167	Welcher Autor gehört zur Strömung der »Antipädagogik«? a) Saul B. Robinson b) Ekkehard von Braunmühl c) Hans Schneeberger d) Otto Speck	a b c d
168	Welches Erziehungsziel hatte für den Aufklärungspädagogen Locke letzte Priorität? a) Lebensklugheit b) Tugend c) Kenntnisse d) Lebensart	a b c d
169	»Vor der nötigen Bestrafung sollen sie zu Gott herzlich seufzen, dass er ihnen dazu die nötige Weisheit gebe.« – Dieser Satz ist von a) John Locke b) Jan Amos Comenius c) August Hermann Francke d) Heinrich Pestalozzi	a b c d
170	Wo realisierte August Hermann Francke beispielhaft pietistische Pädagogik? a) Köthen b) Hamburg c) Berlin d) Halle	a b c d
171	Wer vertrat eine große pädagogische Methodengläubigkeit? a) Friedrich Fröbel b) Wolfgang Ratke c) Wilhelm von Humboldt d) Rousseau	a b c d
172	Im interaktionistischen Paradigma werden »Behinderungen« erklärt als a) soziale Etikettierung b) vererbt c) Kindheitstrauma d) Unfallfolge	a b c d
173	Die aktuellen Veränderungen in den Klassen für Lernbehinderte sind am zutreffendsten umschrieben mit a) weniger Schüler b) mehr Ausländer c) mehr Mädchen d) bessere Lernerfolge	a b c d
174	Mit dem Begriff »personale Vergegenwärtigung« meint Martin Buber a) Heilung b) Religion c) Belehrung des Kindes d) Annahme des Partners	a b c d
175	Kobi leitet seine Vorstellung von Personalismus aus einer alten Lehre ab: a) Imago-Dei-Lehre b) Fiat-Lux-Lehre c) Buddhismus d) Schamanismus	a b c d
176	»Viele Tiere funktionieren besser und kommen deshalb den Kriterien des Menschseins näher als schwerbehinderte Menschen.« – Welche Philosophie könnte diesen Satz am ehesten vertreten? a) Materialismus b) Existenzialismus c) Kantianismus d) Präferenzutilitarimus	a b c d
177	Gestützt auf die »Pädagogik der Behinderten« von Bleidick werden neun Behinderungsarten voneinander unterschieden. Welche gehört *nicht* dazu? a) Körperbehinderung b) Sehbehinderung c) Hörbehinderung d) Bewegungsbehinderung	a b c d
178	Welche heilpädagogische Zielsetzung wird von Bengt Nirje vertreten? a) Integration b) Normalisierung c) Entpsychiatrisierung d) Pädagogisierung	a b c d
179	Für das nicht bewertete So-Sein eines Menschen verwendet Kobi den Begriff a) Wesen b) Person c) Existenz d) Persönlichkeit	a b c d
180	»Das Natürliche ist identisch mit dem Vernünftigen.« – Dieser Satz ist typisch für a) den pädagogischen Realismus b) die Aufklärungspädagogik c) die Romantik d) die Reformpädagogik	a b c d

Literaturverzeichnis

Ackermann, K.-E. (2004): Heilpädagogik als Profession und als Disziplin. In: Vierteljahresschrift für Heilpädagogik und ihre Nachbargebiete VHN 73, 344-349
Allers, R. (1937): Heilerziehung bei Abwegigkeit des Charakters. Einsiedeln
Angerhoefer, U. (1994): Gedanken zum pädagogisch wirksamen Menschenbild in der DDR und sein Einfluss auf die Sonderpädagogik. Reflexionen und Ausblicke. In: Bleidick, U.; Ellger-Rüttgardt, S. (Hrsg.): Behindertenpädagogik im vereinten Deutschland. Über die Schwierigkeiten eines Zwiegespräches zwischen Ost und West. Weinheim, 11-27
Anstötz, Ch. (1986): Der »gute« Lehrer für Geistigbehinderte. Ein Beitrag zur Berufsethik des Sozialpädagogen. In: Zeitschrift für Heilpädagogik 37, 593-601
Anstötz, Ch. (1989): Kritische Anmerkungen zu Johannes Stolks Artikel »Euthanasie und die Frage nach der Lebensqualität geistig behinderter Kinder«. In: Vierteljahresschrift für Heilpädagogik und ihre Nachbargebiete VHN 58, 123-128
Anstötz, Ch. (1993): Grenzfragen der Euthanasie und der frühen Förderung bei schwerstgeschädigten Neugeborenen. Antworten aus sonderpädagogisch-ethischer Sicht. In: Sonderpädagogik 23, 80-87
Antor, G. (1985): Legitimationsprobleme sonderpädagogischen Handelns. In: Bleidick, U. (Hrsg.): Theorie der Behindertenpädagogik. Handbuch der Sonderpädagogik, Band 1. Berlin, 235-250
Antor, G. (1987): Von Sinn und Ziel heilpädagogischen Tuns. In: Zeitschrift für Heilpädagogik 38, 34-39
Antor, G. (1991): Die Förderung schwerstbehinderter Menschen. Ethische und pädagogische Fragen. In: Zeitschrift für Heilpädagogik 42, 217-229
Antor, G. (2001): Lebenswelt. In: Antor, G.; Bleidick, U. (Hrsg.): Handlexikon der Behindertenpädagogik. Schlüsselbegriffe aus Theorie und Praxis. Stuttgart, 202-205
Antor, G. (2003): Behinderung und Menschenwürde. In: Dederich, M. (Hrsg.): Bioethik und Behinderung. Bad Heilbrunn
Antor, G.; Bleidick, U. (1995): Recht auf Leben – Recht auf Bildung. Aktuelle Fragen der Behindertenpädagogik. Heidelberg
Antor, G.; Bleidick, U. (Hrsg.) (2001): Handlexikon der Behindertenpädagogik. Schlüsselbegriffe aus Theorie und Praxis. Stuttgart
Antor, G.; Bleidick, U. (2001): Wissenschaftstheorie. In: Antor G.; Bleidick, U. (Hrsg.): Handlexikon der Behindertenpädagogik. Schlüsselbegriffe aus Theorie und Praxis. Stuttgart, 167-170
Asperger, H. (1968): Heilpädagogik. Einführung in die Psychopathologie des Kindes für Ärzte, Lehrer, Psychologen, Richter und Fürsorgerinnen. 5. Aufl.. Wien/New York
Assheuer, Th. (2001): Der künstliche Mensch. In: DIE ZEIT, Onlineausgabe, 12
Bach, H. (1991): Zum Begriff »Schwerste Behinderung«. In: Fröhlich, A. (Hrsg.): Pädagogik bei schwerster Behinderung. Handbuch der Sonderpädagogik, Band 12. Berlin, 3-14
Basedow, J. B. (1965): Das in Dessau errichtete Philanthropinum, eine Schule der Menschenfreundschaft. In: Reble, A. (Hrsg.): Ausgewählte pädagogische Schriften. Paderborn, 215-220
Beck, I. (2001): Normalisierung. In: Antor, G.; Bleidick, U. (Hrsg.): Handlexikon der Behindertenpädagogik. Schlüsselbegriffe aus Theorie und Praxis. Stuttgart, 82-85

Beckmann, H.-K. (1976): Schulreform. In: Speck, J. (Hrsg.): Problemgeschichte der neueren Pädagogik I. Wissenschaft–Schule–Gesellschaft. Stuttgart
Berg, Ch.; Ellger-Rüttgardt, S. (Hrsg.) (1991): »Du bist nichts, Dein Volk ist alles«. Forschungen zum Verhältnis von Pädagogik und Nationalsozialismus. Weinheim
Berner, H. (1992): Aktuelle Strömungen in der Pädagogik und ihre Bedeutung für den Erziehungsauftrag der Schule. Bern
Beuys, B. (1984): Am Anfang war nur Verzweiflung. Reinbek b. Hamburg
Binding, K.; Hoche, A. (1920): Die Freigabe der Vernichtung lebensunwerten Lebens. Ihr Maß und ihre Form. Leipzig
Biskamp, K. (1986): Lebenssituationen geistig behinderter Menschen, persönliche Vorstellungen und fachlicher Anspruch als Herausforderung an die Mitarbeiter. In: Zur Orientierung 10, 347-357
Bleidick, U. (1977): Pädagogische Theorien der Behinderung und ihre Verknüpfung. In: Zeitschrift für Heilpädagogik 28, 207-229
Bleidick, U. (1984): Pädagogik der Behinderten. Grundzüge einer Theorie der Erziehung behinderter Kinder und Jugendlicher. 5. Aufl.. Berlin
Bleidick, U. (1985): Wissenschaftssystematik der Behindertenpädagogik. In: Handbuch der Sonderpädagogik, Band 1. Berlin, 48-86
Bleidick, U. (1990): Die Behinderung im Menschenbild und hinderliche Menschenbilder in der Erziehung von Behinderten. In: Zeitschrift für Heilpädagogik 41, 514-534
Bleidick, U. (1991): Die Sprache der Behindertenpädagogik. Ein Essay. In: Zeitschrift für Heilpädagogik 42, 759-776
Bleidick, U. (1994a): Pädagogik der Behinderten auf dem Weg in die Postmoderne. In: Die Sonderschule 39, 2-17
Bleidick, U. (1994b): Menschenbild und dialogisches Handeln. Grundlagenprobleme der sonderpädagogischen Förderung. In: Die Sonderschule 39, 420-429
Bleidick, U. (1994c): Gewalt gegen Behinderte. Tatsachen, Deutungen, Folgerungen. In: Zeitschrift für Heilpädagogik 45, 399-411
Bleidick, U. (1999): Behinderung als pädagogische Aufgabe. Behinderungsbegriff und behindertenpädagogische Theorie. Stuttgart
Bleidick, U. (2001a): Behinderung. In: Antor, G.; Bleidick, U. (Hrsg.): Handlexikon der Behindertenpädagogik. Schlüsselbegriffe aus Theorie und Praxis. Stuttgart, 59-60
Bleidick, U. (2001b): Behindertenpädagogik. In: Antor, G.; Bleidick, U. (Hrsg.): Handlexikon der Behindertenpädagogik. Schlüsselbegriffe aus Theorie und Praxis. Stuttgart, 60-63
Bleidick, U. (2004): Zukunftsperspektive. In: Vierteljahresschrift für Heilpädagogik und ihre Nachbargebiete VHN 73, 305-307
Bleidick, U.; Hagemeister, U. (1992): Einführung in die Behindertenpädagogik. Band I. Allgemeine Theorie der Behindertenpädagogik. 4. Aufl.. Stuttgart
Bless, G.; Kronig, W. (1999): Wie integrationsfähig ist die Schweizer Schule geworden? Eine bildungsstatistische Analyse über schulorganisatorische Maßnahmen bei »Normabweichungen«. In: Vierteljahresschrift für Heilpädagogik und ihre Nachbargebiete VHN 68, 414-426
Bopp, L. (1930): Allgemeine Heilpädagogik in systematischer Grundlegung und mit erziehungspraktischer Einstellung. Freiburg
Braunmühl von, E. (1988): Antipädagogik. Studien zur Abschaffung der Erziehung. 5. Aufl.. Weinheim

Brezinka, W. (1974): Grundbegriffe der Erziehungswissenschaft. München
Brezinka, W. (1978): Metatheorie der Erziehung. 4. Aufl.. München
Bröse, B. (1994): Gibt es Chancen für eine produktive Berührung des sonderpädagogischen Bemühens in den west- und ostdeutschen Ländern? In: Bleidick, U.; Ellger-Rüttgardt, S. (Hrsg.): Behindertenpädagogik im vereinten Deutschland. Über die Schwierigkeiten eines Zwiegespräches zwischen Ost und West. Weinheim, 64-78
Brosch, P. (1971): Fürsorgeerziehung, Heimterror und Gegenwehr. Frankfurt a.M.
Brunner, E. (1989): Quantifizierende und qualitativ interpretierende Analysen von Familienberatungsgesprächen. In: Bos, W.; Tarnai, Ch. (Hrsg.): Angewandte Inhaltsanalyse in empirischer Pädagogik und Psychologie. Münster/New York, 229-238
Buber, M. (1979): Elemente des Zwischenmenschlichen. In: Buber, M. (Hrsg.): Das dialogische Prinzip. 4. Aufl.. Heidelberg, 268-298
Bundschuh, K. (1999): Behinderung. In: Bundschuh, K.; Heimlich, U.; Krawitz, R. (Hrsg.): Wörterbuch Heilpädagogik. Ein Nachschlagewerk für Studium und pädagogische Praxis. Bad Heilbrunn, 38-40
Bundschuh, K. (Hrsg.) (2002): Sonder- und Heilpädagogik in der modernen Leistungsgesellschaft. Krise oder Chance? Bad Heilbrunn
Bundschuh, K.; Heimlich, U.; Krawitz, R. (1999): Heilpädagogik. In: Bundschuh, K.; Heimlich, U.; Krawitz, R. (Hrsg.): Wörterbuch Heilpädagogik. Ein Nachschlagewerk für Studium und pädagogische Praxis. Bad Heilbrunn, 123-126
Comenius, J. A. (1966): Grosse Didaktik. Übersetzt und herausgegeben von Andreas Flitner. Düsseldorf
Comenius, J. A. (1962): Informatorium der Mutterschul. Herausgegeben von Joachim Heubach. Heidelberg
Cube von, F. (1977): Erziehungswissenschaft. Stuttgart
Danner, H. (1989): Methoden geisteswissenschaftlicher Pädagogik. München
Dauzenroth, E. (1978): Janusz Korczak, der Pestalozzi aus Warschau. Zürich
Dederich, M. (2000): Behinderung–Medizin–Ethik. Behindertenpädagogische Reflexionen zu Grenzsituationen am Anfang und Ende des Lebens. Bad Heilbrunn
Dederich, M. (2001): Menschen mit Behinderung zwischen Ausschluss und Anerkennung. Bad Heilbrunn
Dederich, M. (Hrsg.) (2003): Bioethik und Behinderung. Bad Heilbrunn
Dederich, M. (2004):»Bioethik«, Menschenwürde und Behinderung. In: Vierteljahresschrift für Heilpädagogik und ihre Nachbargebiete VHN 73, 260-270
Diederich, J.; Tenorth, H.-E. (1997): Theorie der Schule. Ein Studienbuch zu Geschichte, Funktionen und Gestaltung. Berlin
Dilling, H.; Mombour, W.; Schmidt, M.H. (Hrsg.) (1999): Internationale Klassifikation psychischer Störungen (ICD-10). Bern
Dilthey, W. (1969): Über die Möglichkeit einer allgemeingültigen pädagogischen Wissenschaft. In: Nicolin, F. (Hrsg.): Pädagogik als Wissenschaft. Darmstadt
Dörr, G.; Günther, H. (2003): Sonderpädagogik. Baltmannsweiler
Egenberger, R. (1958): Heilpädagogik. Eine Einführung. Berlin-Charlottenburg
Ellger-Rüttgardt, S. (1991): Außerhalb der Norm. Behinderte Menschen in Deutschland und Frankreich während des Faschismus. In: Berg, Ch.; Ellger-Rüttgardt, S. (Hrsg.):»Du bist nichts, Dein Volk ist alles.« Forschungen zum Verhältnis von Pädagogik und Nationalsozialismus. Weinheim, 88-104

Ellger-Rüttgardt, S.: (Hrsg.) (2003): Lernbehindertenpädagogik. Studientexte zur Geschichte der Behindertenpädagogik, Band 5. Weinheim
Ellger-Rüttgardt, S. (2004): Sonderpädagogen im Dritten Reich. Der Versuch einer Annäherung. In: Vierteljahresschrift für Heilpädagogik und ihre Nachbargebiete VHN 73, 350-364
Elschenbroich, D. (1973): Von der »Dummheit«, die durch kompensatorische Erziehung kuriert werden soll. In: Redaktion betrifft:erziehung (Hrsg.): Wider die falsche Vorschulerziehung. Weinheim
Etzioni, A. (1998): Die Entdeckung des Gemeinwesens. Das Programm des Kommunitarismus. Frankfurt a.M.
Fend, H. (1980): Theorie der Schule. München
Feyerabend, P. K. (1976): Wider den Methodenzwang. Skizze einer anarchischen Erkenntnistheorie. Frankfurt a.M.
Flick, U. (1996): Qualitative Forschung. Theorie, Methoden, Anwendung in Psychologie und Sozialwissenschaften. 2. Aufl.. Reinbek bei Hamburg
Flitner, A. (1992): Reform der Erziehung. Impulse des 20. Jahrhunderts. München
Fornefeld, B. (1998): Das schwerstbehinderte Kind und seine Erziehung. Beiträge zu einer Theorie der Erziehung. 2. Aufl.. Heidelberg
Fornefeld, B. (2001): Schwerstbehinderung, Mehrfachbehinderung, Schwerstbehinderte, Schwerstbehindertenpädagogik. In: Antor, G.; Bleidick, U. (Hrsg.): Handlexikon der Behindertenpädagogik. Schlüsselbegriffe aus Theorie und Praxis. Stuttgart, 132-134
Francke, A. H. (1957): Kurzer und einfältiger Unterricht, wie Kinder zur wahren Gottseligkeit und christlichen Klugheit anzuführen sind (1698). In: Francke A. H.: Pädagogische Schriften. Paderborn, 13-65
Francke, A. H. (1957): Ordnung und Lehrart im Waisenhaus (1702). In: Francke A. H.: Pädagogische Schriften. Paderborn, 67-87
Freiburger Projektgruppe (1993): Heilpädagogische Begleitung in Kindergarten und Regelschule. Dokumentation eines Pilotprojektes zur Integration. Bern
Fröhlich, A. (1986): Die Mütter schwerstbehinderter Kinder. Heidelberg
Fröhlich, A. (1989): Grundzüge der Förderung von Kindern mit schwersten Behinderungen. Eine Einführung. In: Fröhlich, A. (Hrsg.): Lernmöglichkeiten. Aktivierende Förderung für schwer mehrfachbehinderte Menschen. Heidelberg, 7-15
Fröhlich, A. (2003): Mehrfache Schädigungen und schwerste Behinderungen. In: Leonhardt, A.; Wember, F.B. (Hrsg.): Grundfragen der Sonderpädagogik. Bildung, Erziehung, Behinderung. Weinheim, 661-683
Fukuyama, F. (2004): Das Ende des Menschen. München
Gehlen, A. (1962): Der Mensch. Seine Natur und seine Stellung in der Welt. 7. Aufl.. Frankfurt
Georgens, J.D.; Deinhardt, H.M. (1861, 1863): Die Heilpädagogik mit besonderer Berücksichtigung der Idiotie und der Idiotenanstalten, Band 1 und Band 2. Leipzig
Goebel, S. (2002): Gesellschaft braucht Behinderung. Der behinderte menschliche Körper in Prozessen der sozialen Positionierung. Heidelberg
Görg, Ch. (2004): Globalisierung. In: Bröckling, U.; Krasmann, S.; Lemke, T. (Hrsg.): Glossar der Gegenwart. Frankfurt a.M., 105-110
Görres, A. (1989): Brauchen wir die Behinderten? In: Thimm, W. u.a.: Ethische Aspekte der Hilfen für Behinderte. Unter besonderer Berücksichtigung von Menschen mit geistiger Behinderung. Marburg, 172-180

Grohnfeldt, M. (1992): Die Sprachheilpädagogik im sonderpädagogischen Bezugssystem. In: Sonderpädagogik 22, 56-66.
Gröschke, D. (1993): Praktische Ethik der Heilpädagogik. Individual- und sozialethische Reflexionen zu Grundfragen der Behindertenhilfe. Bad Heilbrunn
Gross, P. (1994): Die Multioptionsgesellschaft. Frankfurt a.M.
Guggenberger, B. (2001): Ernstfall Freizeit. In: Teufel, E. (Hrsg.): Von der Risikogesellschaft zur Chancengesellschaft. Frankfurt a.M., 105-107
Habermas, J. (1985): Die neue Unübersichtlichkeit. Frankfurt a.M.
Haeberlin, U. (1971): Schulreform – zwischen Praxis, Politik und Wissenschaft. Basel/ Weinheim
Haeberlin, U. (1975): Empirische Analyse und pädagogische Handlungsforschung. In: Zeitschrift für Pädagogik 21, 653-676
Haeberlin, U. (1988a): Heilpädagogische Haltung. In: Blickensdorfer, J.; Dohrenbusch, H.; Klein, F. (Hrsg.): Ethik in der Sonderpädagogik. Festschrift zum 65. Geburtstag von Prof. Dr. Heinz Bach. Berlin, 117-135
Haeberlin, U. (1988b): Zielfindung und Sinngebung in der heilpädagogischen Arbeit. In: Vierteljahresschrift für Heilpädagogik und ihre Nachbargebiete VHN 57, 1-13
Haeberlin, U. (1989): Heilpädagogik zwischen Realität und Utopie. In: Zeitschrift für Heilpädagogik 40, 75-82
Haeberlin, U. (1990a): Umwelt und Menschenwürde. Gedanken zur Bedrohung der Würde behinderter Menschen durch die Umwelt. In: Geistige Behinderung 29, 322-329
Haeberlin, U. (1990b): Werte und Normen bei Heinrich Hanselmann. In: Heese, G.; Jeltsch, B.; Stoffel, A.-M. (Hrsg.): Über Hanselmann nachdenken. Zürich, 81-91
Haeberlin, U. (1990c): Menschenbild und Diagnostik. Eine begründete Bitte um Verzicht auf behindertenpädagogische Zuweisungsdiagnostik. In: Vierteljahresschrift für Heilpädagogik und ihre Nachbargebiete VHN 59, 411-418
Haeberlin, U. (1991a): Vom Nutzen und Schaden der pietistischen Pädagogik August Hermann Franckes für die Entwicklung heilpädagogischen Denkens. In: Vierteljahresschrift für Heilpädagogik und ihre Nachbargebiete VHN 60, 131-136
Haeberlin, U. (1991b): Wertgeleitete Integrationsforschung: dargestellt an einem Forschungsprojekt zur empirischen Evaluation von Maßnahmen zur Integration von Lernbehinderten in der Schweiz. In: Heilpädagogische Forschung 17, 34-42
Haeberlin, U. (1993a): Die Verantwortung der Heilpädagogik als Wissenschaft. In: Zeitschrift für Heilpädagogik 44, 170-182
Haeberlin, U. (1993b): Orientierung und Orientierungslosigkeit in der Heilpädagogik. In: Vierteljahresschrift für Heilpädagogik und ihre Nachbargebiete VHN 62, 277-287
Haeberlin, U. (1997): Gesellschaftlicher Wandel: Chance für den Umbruch zur gemeinsamen Schule für alle Kinder oder für die Weiterentwicklung des Sonderschulunterrichts? In: Vierteljahresschrift für Heilpädagogik und ihre Nachbargebiete VHN 66, 163–171
Haeberlin, U. (1998): Im Lernen beeinträchtigte Schüler fördern und integrieren und nach der Schule in Arbeits- und Perspektivenlosigkeit entlassen. In: Angerhoefer, U.; Dittmann, W. (Hrsg.): Lernbehindertenpädagogik: Eine institutionalisierte Pädagogik im Wandel. Neuwied, 19-32.
Haeberlin, U. (Hrsg.) (2000): Paul Moor als Herausforderung. Anfragen an die Aktualität seiner Schriften zur Heilpädagogik und Erinnerungen von Zeitzeugen an seine Person. Bern

Haeberlin, U. (2001a): Schule, Schultheorie, Schulversuche. In: Antor, G.; Bleidick, U. (Hrsg.): Handlexikon der Behindertenpädagogik. Schlüsselbegriffe aus Theorie und Praxis. Stuttgart, 53-56

Haeberlin, U. (2001b): Identität. In: Antor, G.; Bleidick, U. (Hrsg.): Handlexikon der Behindertenpädagogik. Schlüsselbegriffe aus Theorie und Praxis. Stuttgart, 191-193

Haeberlin, U. (2002): Allgemeine Heilpädagogik. 6. Aufl.. Bern

Haeberlin, U. (2003): Das Menschenbild für die Heilpädagogik. 5. Aufl.. Bern

Haeberlin, U.; Bless, G.; Heimlich, U. (2004): Editorial der Herausgeber. In: Vierteljahresschrift für Heilpädagogik und ihre Nachbargebiete VHN 73, 253-255

Haeberlin, U.; Bless, G.; Moser, U.; Klaghofer, R. (2003): Die Integration von Lernbehinderten. Versuche, Theorien, Forschungen, Enttäuschungen, Hoffnungen. 4. Aufl.. Bern

Haeberlin, U.; Imdorf, Ch.; Kronig, W. (2004): Von der Schule in die Berufslehre. Untersuchungen zur Benachteiligung von ausländischen und von weiblichen Jugendlichen bei der Lehrstellensuche. Bern

Haeberlin, U.; Jenny-Fuchs, E.; Moser Opitz, E. (1992): Zusammenarbeit – Wie Lehrpersonen in integrativen Kindergärten und Schulklassen Kooperation zwischen Regel- und Sonderpädagogik erfahren. Bern

Haeberlin, U.; Niklaus, E. (1978): Identitätskrisen. Theorie und Anwendung am Beispiel des sozialen Aufstiegs durch Bildung. Bern

Haeberlin, U.; Suter, E. (2004): Macht pädagogische Verantwortung hilflos? Ein Briefwechsel über Integration und Separation. In: Boban, I.; Hinz, A. (Hrsg.): Gemeinsamer Unterricht im Dialog. Weinheim, 51-69

Hahn, M. (1981): Behinderung als soziale Abhängigkeit. Zur Situation schwerbehinderter Menschen. München

Hahn, M. (1994): Selbstbestimmung im Leben, auch für Menschen mit geistiger Behinderung. In: Geistige Behinderung, 81-93

Hanselmann, H. (1928): Wer ist normal? In: Schweizerische Pädagogische Zeitschrift 38, 251-259 und 283-287

Hanselmann, H. (1930a): Geschlechtliche Erziehung. Erlenbach-Zürich

Hanselmann, H. (1930b): Vom Umgang mit andern. Erlenbach-Zürich

Hanselmann, H. (1931a): Jakobli – aus einem Büblein werden zwei. Erlenbach-Zürich

Hanselmann, H. (1931b): Vom Umgang mit sich selbst. Erlenbach-Zürich

Hanselmann, H.(1931c): Vom Umgang mit Gott. Erlenbach-Zürich

Hanselmann, H. (1932a): Heilpädagogik als Wissenschaft. Randbemerkungen zu einer Theorie der Heilpädagogik. In: Die Hilfsschule 25, 34-39

Hanselmann, H. (1932b): Was ist Heilpädagogik? Antrittsvorlesung an der Universität Zürich am 30.1.1932. Zürich

Hanselmann, H. (1933): Fröhliche Selbsterziehung. Erlenbach-Zürich

Hanselmann, H. (1941): Grundlinien einer Theorie der Sondererziehung. Erlenbach-Zürich

Hanselmann, H. (1949): Über die Ausbildung von Heilpädagogen. In: Bericht des 2. Internationalen Kongresses für Orthopädagogik. Amsterdam

Hanselmann, H. (1951): Andragogik. Wesen, Möglichkeiten, Grenzen der Erwachsenenbildung. Zürich

Hanselmann, H. (1954): Sorgenkinder – daheim, in der Schule, in der Anstalt, in der menschlichen Gesellschaft. 2. Aufl.. Zürich

Hanselmann, H. (1955): Heilpädagogik. Wesen, Möglichkeiten und Grenzen. In: Asperger, H.; Heeger, J.; Radl, H. (Hrsg.): Bericht des 3. Internationalen Kongresses für Heilpädagogik vom 8.-12. Juni 1954 in Wien. Wien
Hanselmann, H. (1976): Einführung in die Heilpädagogik. 9. Aufl.. (1. Aufl. 1930) Zürich
Hanselmann, H. (o.Jg.): Wer bin ich? SJW-Heft
Heese, G. (1989): Der neue Terminus: Infantizid, Präferenz-Utilitarismus. In: Sonderpädagogik 19, 124-127
Heiderich, R.; Rohr, G. (1999): Wertewandel. Aufbruch ins Chaos oder neue Wege? München
Heimlich, U. (2003): Integrative Pädagogik. Eine Einführung. Stuttgart
Heimlich, U. (2004): Heilpädagogische Kompetenz. Eine Antwort auf die Entgrenzung der Heilpädagogik. In: Vierteljahresschrift für Heilpädagogik und ihre Nachbargebiete VHN 73, 256-259
Heinze, T. (2001): Qualitative Sozialforschung. Einführung, Methodologie und Forschungspraxis. München
Hengstenberg, H. E. (1966): Zur Anthropologie des geistig und körperlich behinderten Kindes und Jugendlichen. In: Hilfe für das behinderte Kind. Stuttgart
Höffe, O. (Hrsg.) (1992): Lexikon der Ethik. 4. Aufl.. München
Holert, T. (2004): Intelligenz. In: Bröckling, U.; Krasmann, S.; Lemke, T. (Hrsg.): Glossar der Gegenwart. Frankfurt, 125-131
Homburger, A. (1926): Vorlesungen über Psychopathologie des Kindesalters. Berlin
Honneth, A. (1997): Individualisierung und Gemeinschaft. In: Kommunitarismus in der Diskussion. 2. Aufl.. Hamburg, 16-23
Horkheimer, M. (1937): Traditionelle und Kritische Theorie. In: Zeitschrift für Sozialforschung 6, 245-292
Horst ter, W. (1983): Einführung in die Orthopädagogik. Stuttgart
Hoyningen-Süess, U.; Amrein, Ch. (Hrsg.) (1995): Entstellung und Hässlichkeit. Beiträge aus philosophischer, medizinischer, literatur- und kunsthistorischer sowie aus sonderpädagogischer Perspektive. Bern
Huntington, S. P. (1998): Kampf der Kulturen. Die Neugestaltung der Weltpolitik im 21. Jahrhundert. München
Isserlin, M. (1925): Fragen der heilpädagogischen Ausbildung. In: Bericht über den zweiten Kongress für Heilpädagogik 1924 in München. Berlin
Jakobs, H. (1997): Heilpädagogik zwischen Anthropologie und Ethik. Eine Grundlagenreflexion aus kritisch-theoretischer Sicht. Bern
Jantzen, W. (1987, 1990): Allgemeine Behindertenpädagogik. 2 Bände. Weinheim
Jantzen, W. (1994): Perspektiven der Behindertenpädagogik nach dem Systemwandel in Ost und West. In: Vierteljahresschrift für Heilpädagogik und ihre Nachbargebiete VHN 63, 201-215
Jegge, J. (1987): Der Siegfried-Komplex oder Rede über die Mittelmäßigkeit der Lehrer. In: Vierteljahresschrift für Heilpädagogik und ihre Nachbargebiete VHN 56, 169-174
Kinsauer Manifest (1992): In: Frensch, M.; Schmidt, M.: (Hrsg.): Euthanasie. Sind alle Menschen Personen? Schaffhausen, 143-155
Kirmsse, M. (1922): Der Schwachsinnige und seine Stellung im Kulturleben der Vergangenheit und der Gegenwart. In: Zeitschrift für die Behandlung Schwachsinniger 42, 81-88 und 103-110

Kleinbach, K. (1994): Zur ethischen Begründung einer Praxis der Geistigbehindertenpädagogik. Bad Heilbrunn

Knöpp, E.; Swoboda, H. (1972): Zur Rolle und Funktion von Kollektivberatern. In: Liebel, M. u.a. (Hrsg.): Jugendwohnkollektive. Alternativen zur Fürsorgeerziehung? München, 211-231

Kobi, E.E. (1983): Grundfragen der Heilpädagogik. Eine Einführung in heilpädagogisches Denken. 4. Aufl.. Bern

Kobi, E. E. (1985): Personorientierte Modelle der Heilpädagogik. In: Handbuch der Sonderpädagogik, Band 1: Theorie der Behindertenpädagogik. Berlin, 273-294

Kobi, E.E. (2001): Person, Persönlichkeit. In: Antor, G.; Bleidick, U. (Hrsg.): Handlexikon der Behindertenpädagogik. Schlüsselbegriffe aus Theorie und Praxis. Stuttgart, 165-167

König, E. (1975): Theorie der Erziehungswissenschaft. Band 1: Wissenschaftstheoretische Richtungen in der Pädagogik. München

König, E. (1990): Bilanz der Theorieentwicklung in der Erziehungswissenschaft. In: Zeitschrift für Pädagogik 36, 919-936

König E.; Zedler, P.: (1998): Theorien der Erziehungswissenschaft. Einführung in Grundlagen, Methoden und praktische Konsequenzen. Weinheim

Krieger, D.J. (1996): Einführung in die allgemeine Systemtheorie. München

Kronig, W. (2001): Probleme der Selektion in den Grundschuljahren. In: Schweizerische Zeitschrift für Bildungswissenschaften 23, 357-364

Kronig, W. (2003): Das Konstrukt des leistungsschwachen Immigrantenkindes. In: Zeitschrift für Erziehungswissenschaft 6, 124-139.

Kronig, W.; Haeberlin, U.; Eckhart, M. (2000): Immigrantenkinder und schulische Selektion. Pädagogische Visionen, theoretische Erklärungen und empirische Untersuchungen zur Wirkung integrierender und separierender Schulformen in den Grundschuljahren. Bern

Kuhn, Th.S. (1981): Die Struktur wissenschaftlicher Revolutionen. 5. Aufl.. Frankfurt a. M.

Lasch, M. (2003): Ein Jahr jüdische Hilfsschule (1940). In: Ellger-Rüttgardt, S. (Hrsg.): Lernbehindertenpädagogik. Studientexte zur Geschichte der Behindertenpädagogik, Band 5. Weinheim, 318-320

Leist, A. (1994): Dimensionen einer Ethik der Behindertenpädagogik. In: Heilpädagogische Forschung 20, 45-55

Leonhardt, A.; Wember, F.B. (Hrsg.) (2003): Grundfragen der Sonderpädagogik. Bildung, Erziehung, Behinderung. Weinheim

Lévinas, E. (1985): Wenn Gott ins Denken entfällt. Diskurse über Betroffenheit von Transzendenz. Freiburg

Leyendecker, Ch. (1992): Zutrauen und Verantworten: Ein praxisnaher Essay und empirischer Aufweis der Prinzipien »Hoffnung« (Bloch) und »Verantwortung«(Jonas) in der Pädagogik Körperbehinderter. In: Zeitschrift für Heilpädagogik 43, 656-666

Locke, J. (1966): Gedanken über Erziehung (1693). Übersetzt und herausgegeben von H. Wohlers. Bad Heilbrunn

Lorenzen, H. (1957): Werk und Persönlichkeit des Lehrers und Erziehers August Hermann Francke. In: Pädagogische Schriften von A. H. Francke. Paderborn, 133-138

MacIntyre, A. (2001): Die Anerkennung der Abhängigkeit. Über menschliche Tugenden. Hamburg

Mager, R. F. (1969): Lernziele und Programmierter Unterricht. 3. Aufl.. Weinheim
Malbin, I. (1922): Historische Betrachtungen zur Frage der Vernichtung lebensunwerten Lebens. In: Archiv für Frauenkunde und Eugenik, Sexualhygiene und Vererbungslehre 8, 127-141.
Mannoni, M. (1976): "Scheißerziehung" – Von der Antipsychiatrie zur Antipädagogik. Frankfurt a.M.
Meiring, Ph. (1990): Einführung in die qualitative Sozialforschung. München
Meyer, H. (1983): Geistigbehindertenpädagogik. In: Solarová, S. (Hrsg.): Geschichte der Sonderpädagogik. Stuttgart, 84-119
Miller, A. (1983a): Am Anfang war Erziehung. Frankfurt a.M.
Miller, A. (1983b): Du sollst nicht merken. Frankfurt a.M.
Miller, A. (1983c): Das Drama des begabten Kindes und die Suche nach dem wahren Selbst. Frankfurt a.M.
Möckel, A. (1991): Behinderte Kinder im Nationalsozialismus. Lehren für das Verhältnis von Pädagogik und Sonderpädagogik. In: Berg, Ch.; Ellger-Rüttgardt, S. (Hrsg.): »Du bist nichts, Dein Volk ist alles« – Forschungen zum Verhältnis von Pädagogik und Nationalsozialismus. Weinheim, 74-87
Moor, P. (1958): Heilpädagogische Psychologie. Band 2. Bern
Moor, P. (1960): Heilpädagogische Psychologie. Band 1. 2. Aufl.. Bern
Moor, P. (1965): Heilpädagogik. Ein pädagogisches Lehrbuch. Bern
Moor, P. (1969): Kinderfehler–Erzieherfehler. Bern
Morf, H. (1968): Zur Biographie Pestalozzis. Winterthur
Moser, V. (2003): Konstruktion und Kritik. Sonderpädagogik als Disziplin. Opladen
Mürner, Ch. (1985): Die Pädagogik von Heinrich Hanselmann. Zum Verhältnis von Entwicklung und Behinderung. Luzern
Neill, A. S. (1969): Theorie und Praxis der antiautoritären Erziehung. Das Beispiel Summerhill. Reinbek bei Hamburg
Nirje, B. (1994): Das Normalisierungsprinzip – 25 Jahre danach. In: Vierteljahresschrift für Heilpädagogik und ihre Nachbargebiete VHN 63, 12-32
Opitz, P. J. (2001): Migration – eine globale Herausforderung. In: Opitz, P. J. (Hrsg.): Weltprobleme im 21. Jahrhundert. München, 261-285
Pestalozzi, H. A. (1979): Nach uns die Zukunft. Bern
Pestalozzi, J.H. (1968): Meine Nachforschungen über den Gang der Natur in der Entwicklung des Menschengeschlechts. 1797. Ausgabe bei Klinkhardts Pädagogische Quellentexte. Bad Heilbrunn
Picht, G. (1965): Die deutsche Bildungskatastrophe. München
Pickert, E. (2002): Menschenwürde und Menschenleben. Das Auseinanderdriften zweier fundamentaler Werte als Ausdruck der wachsenden Relativierung des Menschen. Stuttgart
Popper, K. R. (1984): Logik der Forschung. 8. Aufl.. Tübingen
Portmann, A. (1956): Zoologie und das neue Bild des Menschen. Hamburg
Poser, H. (2001): Wissenschaftstheorie. Eine philosophische Einführung. Stuttgart
Prengel, A. (1995): Pädagogik der Vielfalt. Verschiedenheit, Gleichberechtigung in Interkultureller, Feministischer und Integrativer Pädagogik. 2. Aufl.. Opladen

Preuss-Lausitz, U. (1990): Aufgaben und Tätigkeiten der Wissenschaftlichen Begleitung. In: Heyer, P.; Preuss-Lausitz, U.; Zielke, G. (Hrsg.): Wohnortnahe Integration. Gemeinsame Erziehung behinderter und nicht-behinderter Kinder in der Uckermark-Grundschule in Berlin. Weinheim/München, 25-30

Probst, H. (2003): Unterrichtsbegleitende Diagnostik im schriftsprachlichen Lernbereich. In: Leonhardt, A.; Wember, F.B. (Hrsg.): Grundfragen der Sonderpädagogik. Bildung, Erziehung, Behinderung. Weinheim, 244-268

Radermacher, F. J. (2000): Und sie bewegt sich noch – die Welt im Jahr 2050. In: Holderegger, Adrian (Hrsg.): Aufbruch ins dritte Jahrtausend. Freiburg/Schweiz, 75-109

Ratke, W. (1957): Die neue Lehrart. Pädagogische Schriften Wolfgang Ratkes. Berlin

Reble, A. (1964): Geschichte der Pädagogik. 7. Aufl.. Stuttgart

Reichenbach, R. (1994): Moral, Diskurs und Einigung. Zur Bedeutung von Diskurs und Konsens für das Ethos des Lehrerberufs. Bern

Reissel, R. (2000): Von Heinrich Hanselmann zu Paul Moor. In: Haeberlin, U. (Hrsg.): Paul Moor als Herausforderung. Bern, 15-24

Riedo, D. (2000):»Ich war früher ein sehr schlechter Schüler ...« – Schule, Beruf und Ausbildungswege aus der Sicht ehemals schulleistungsschwacher junger Erwachsener. Bern

Robinsohn, S. B. (1967): Bildungsreform als Revision des Curriculums. Berlin

Rödler, P. (1999): Behindertenpädagogik. In: Bundschuh, K.; Heimlich, U.; Krawitz, R. (Hrsg.): Wörterbuch Heilpädagogik. Ein Nachschlagewerk für Studium und pädagogische Praxis. Bad Heilbrunn, 34-36

Roth, H. (1962): Die realistische Wendung in der Pädagogischen Forschung. In: Neue Sammlung 2, 481-490

Roth, H. (1966): Pädagogische Anthropologie. Band 1: Bildsamkeit und Bestimmung. Hannover

Rutschky, K. (1977): Schwarze Pädagogik – Quellen zur Naturgeschichte der bürgerlichen Erziehung. Frankfurt

Scheler, M. (1962): Die Stellung des Menschen im Kosmos. 6. Aufl.. Bern

Schlaich, L. (1974): Erziehung und Bildung geistig Behinderter durch Eltern und Erzieher. Neuburgweiher

Schmeichel, M. (1982): Behinderte Menschen – lebensunwert für das Dritte Reich. In: Zeitschrift für Heilpädagogik 33, 87-99

Schneeberger, F. (1992): Über die Beziehungen von Hanselmann und Moor zur Öffentlichkeit. In: Vierteljahresschrift für Heilpädagogik und ihre Nachbargebiete VHN 61, 181-196

Schneider, H.-D. (2000): Schweizerinnen und Schweizer werden immer älter. In: Holderegger, A. (Hrsg.): Aufbruch ins dritte Jahrtausend. Freiburg/Schweiz, 49-74

Schümer, D. (2004): Das Gesicht Europas. München

Seifert, M. (1994): Autonomie als Prüfstein für Lebensqualität von Menschen mit schwerer geistiger Behinderung in Wohneinrichtungen. In: Hofmann, Th.; Klingmüller, B. (Hrsg.): Abhängigkeit und Autonomie. Neue Wege in der Geistigbehindertenpädagogik. Berlin, 223-252

Sennett, R. (2000): Der flexible Mensch. Die Kultur des neuen Kapitalismus. 3. Aufl.. Berlin

Singer, P. (1984): Praktische Ethik. Stuttgart

Solarová, S. (Hrsg.) (1983): Geschichte der Sonderpädagogik. Stuttgart

Spaemann, R. (1992): Sind alle Menschen Personen? In: Frensch, M.; Schmidt, M.: (Hrsg.): Euthanasie. Sind alle Menschen Personen? Schaffhausen, 91-105

Speck, O. (1979): Geschichte der Geistigbehindertenpädagogik. In: Handbuch der Sonderpädagogik. Band 5. Berlin

Speck, O. (1991a): System Heilpädagogik. Eine ökologisch reflexive Grundlegung. München

Speck, O. (1991b): Chaos und Autonomie in der Erziehung. Erziehungsschwierigkeiten unter moralischem Aspekt. München

Speck, O. (1994): Bildung, ein Grundrecht – wirklich für alle? In: Die Sonderschule 39, 405-419

Speck, O. (2004): Werden Biotechniken Heilpädagogik ersetzen? In: Vierteljahresschrift für Heilpädagogik und ihre Nachbargebiete VHN 73, 398-399

Stahlmann, M. (1993): Die berufliche Sozialisation in der Heimerziehung. Bern

Stolk, J. (1988): Euthanasie und die Frage nach der Lebensqualität geistig behinderter Kinder. In: Vierteljahresschrift für Heilpädagogik und ihre Nachbargebiete VHN 57, 118-131

Störig, H. J. (1961): Kleine Weltgeschichte der Philosophie. Stuttgart

Strümpell, L. v. (1890): Die Pädagogische Pathologie oder die Lehre von den Fehlern der Kinder. Leipzig

Tenorth, H.-E. (1990): Profession und Disziplin. Bemerkungen über die krisenhafte Beziehung zwischen pädagogischer Arbeit und Erziehungswissenschaft. In: Drerup, H.; Terhart, E. (Hrsg.): Erkenntnis und Gestaltung. Vom Nutzen erziehungswissenschaftlicher Forschung in praktischen Verwendungskontexten. Weinheim, 81-97

Tenorth, H.-E. (1994): Profession und Disziplin. In: Krüger, H.-H.; Rauschenbach, T. (Hrsg): Erziehungswissenschaft. Die Disziplin am Beginn einer neuen Epoche. Weinheim/München, 17-28

Theunissen, G. (1991): Heilpädagogik im Umbruch. Über Bildung, Erziehung und Therapie bei geistiger Behinderung. Freiburg

Thimm, W. (1985): Das Normalisierungsprinzip – eine Einführung. Marburg

Thimm, W. (1989): Einführung in das Tagungsthema. In: Thimm W. u.a.: Ethische Aspekte der Hilfen für Behinderte. Unter besonderer Berücksichtigung von Menschen mit geistiger Behinderung. Marburg , 3-11

Thimm, W. (2001): Leid, Leiden. In: Antor, G.; Bleidick, U. (Hrsg.): Handlexikon der Behindertenpädagogik. Schlüsselbegriffe aus Theorie und Praxis. Stuttgart, 80-82

Thimm, W.; von Ferber, Ch.; Schiller, B.; Wedekind, R. (1985): Ein Leben so normal wie möglich führen. Zum Normalisierungskonzept in der Bundesrepublik Deutschland und in Dänemark. Marburg

Thoms, E.-M. (2001): Graue Zellen kneten. Lernen ältere Mitarbeiter noch dazu? In: DIE ZEIT, Onlineausgabe, 11

Ulrich, R. E. (2001): Globale Bevölkerungsdynamik. In: Opitz, P. J. (Hrsg.): Weltprobleme im 21. Jahrhundert. München, 21-38

Vliegenthart, W. E. (1968): Anders-sein und Mitmachen-wollen: Ein Spannungsfeld in der Erziehung behinderter Kinder. In: Bracken, H. (Hrsg.): Erziehung und Unterricht behinderter Kinder. Frankfurt a.M., 18-33

Voswinkel, S. (2004): Kundenorientierung. In: Bröckling, U.; Krasmann, S.; Lemke, T. (Hrsg.): Glossar der Gegenwart. Frankfurt, 145-151

Waldschmidt, A. (2004): »Behinderung« revisited. Das Forschungsprogramm der Disability Studies aus soziologischer Sicht. In: Vierteljahresschrift für Heilpädagogik und ihre Nachbargebiete VHN 73, 365-376

Weinmann, U. (2003): Normalität und Behinderung. Historisch und normalismustheoretisch rekonstruiert am Beispiel repräsentativer Werke von Jan Daniel Georgens, Heinrich Marianus Deinhardt, Heinrich Hanselmann, Linus Bopp und Karl Heinrichs. Opladen

Wellenreuther, M. (2000): Quantitative Forschungsmethoden in der Erziehungswissenschaft. Eine Einführung. Weinheim

Wember, F. B. (1989): Die quasi-experimentelle Einzelfallstudie als Methode der empirischen sonderpädagogischen Forschung. In: Vierteljahresschrift für Heilpädagogik und ihre Nachbargebiete VHN 58, 176-189

Wember, F.B. (1992): Über Möglichkeiten und Grenzen des Einfühlenden Verstehens als Methode der sonderpädagogischen Forschung I: Versuch einer Explikation. In: Vierteljahresschrift für Heilpädagogik und ihre Nachbargebiete VHN 61, 353-375

Wember, F. B. (1994): Möglichkeiten und Grenzen der empirischen Evaluation sonderpädagogischer Interventionen in quasi-experimentellen Einzelfallstudien. In: Heilpädagogische Forschung 20, 99-117

Wember, F. B. (2003): Bildung und Erziehung bei Behinderungen. Grundfragen einer wissenschaftlichen Disziplin im Wandel. In: Leonhardt, A.; Wember, F.B. (Hrsg.): Grundfragen der Sonderpädagogik. Bildung, Erziehung, Behinderung. Weinheim, 12-57

WHO World Health Organisation (1980): International Classification of Impairments, Disabilities an Handicaps: A Manual Classification Relating to the Consequences of Deseases. Geneva

WHO Weltgesundheitsorganisation (1998): Internationale Klassifikation der Schäden, Aktivitäten und Partizipationen (ICIDH-2). Ein Handbuch der Dimensionen von gesundheitlicher Integrität und Behinderung. Genf

Wilken, U. (1992): Professionelle Moral und das Ethos verantwortlicher Elternschaft. Anfragen zu Anthropologie und Ethik der pränatalen Diagnostik. In: Zeitschrift für Heilpädagogik 43, 183-190

Wisotzki, K. H. (2000): Integration Behinderter. Stuttgart.

Wocken, H. (2000): Der Zeitgeist: Behindertenfeindlich? In: Albrecht, F.; Hinz, A.; Moser, V. (Hrsg.): Perspektiven der Sonderpädagogik. Neuwied, 283-306

Wolf, J.-C. (1992): Tierethik. Neue Perspektiven für Menschen und Tiere. Freiburg/Schweiz

Wolf, J.-C. (1993): Utilitarismus, Pragmatismus und kollektive Verantwortung. Freiburg

Wolf, J.-C. (1994): Grundpositionen der neuzeitlichen Ethik. In: Hastedt, H.; Martens, E. (Hrsg.): Ethik. Ein Grundkurs. Reinbek, 82-113

Personenverzeichnis

Ackermann, K.-E., 13
Adorno, T.W., 200f., 204
Aichhorn, A., 97, 141f.
Allers, R., 16, 94f.
Amrein, Ch., 103
Angerhoefer, U., 338
Anstötz, Ch., 30, 215ff., 321f., 345
Antor, G., 26, 30, 154, 176, 198, 317
Aristoteles, 100, 317
Asperger, H., 23, 95
Assheuer, T., 359

Bach J.S., 104
Bach, H., 39, 71
Bacon, F., 121
Ballauf, T., 198
Bank-Mikkelsen, N., 46, 48
Barth, K., 185
Basedow, J.B., 125, 126
Baudrillard, J., 152
Beck, I., 47
Becker, K.P., 21
Beckmann, H.-K., 137
Benjamin, W., 201
Berg, Ch., 100, 246
Berner, H., 145f., 149f.
Beuys, B., 35
Binding, K., 27, 96, 100f., 135
Binswanger, L., 141
Biskamp, K., 80
Bleidick, U., 13f., 26, 69f., 146, 152f., 174, 176, 222, 254, 259, 302f., 308, 314, 328, 341f.
Bless, G., 68

Blumer, H., 197
Bodmer, J.J., 125, 237
Boethius A.M.S., 42
Bollnow, O.F., 198
Bondy, C., 141f.
Bopp, L., 24, 187f.
Braunmühl von, E., 150
Breitenbach, M., 28
Breitinger, J.J., 125, 237
Brentano von, C., 130
Brezinka, W., 146, 158, 235
Brosch, P., 149
Bröse, B., 339
Brunner, E., 231
Bruno, Giordano, 43
Buber, M., 36ff., 44, 258, 296, 299ff., 342
Bundschuh, K., 12, 51
Burkhardt, J., 134

Campe, J.H., 125
Carnap, R., 208
Claparède, E., 210
Comenius, J.A., 21, 104ff., 301
Comte, A., 208
Cube von, F., 220
Cusanus, Nikolaus, 43

Dalcroze, J., 136, 140
Danner, H., 191f., 195, 197
Dauzenroth, E., 33
Dederich, M., 31, 53, 222, 315, 319, 323, 326, 338
Deinhardt, H.M., 21
Descartes, R., 120
Diederich, J., 78
Dilling H., 74

Dilthey, W., 190ff., 199
Dörr, G., 12
Dutschke, R., 148

Eckhart, M., 68, 70
Egenberger, R., 68
Eggersdorfer, F.X., 187
Eichendorff von, J., 130f.
Ellger-Rüttgardt, S., 27f., 31
Elschenbroich, D., 149
Etzioni, A., 65

Fend, H., 62
Feuser, G., 201
Feyerabend, P.K., 227
Fichte, J.G., 43, 241
Fischer, K., 137, 175
Flick, U., 180, 224
Flitner, A., 141ff.
Flitner, W., 158, 190
Foerster von, H., 227
Foerster, F.W., 136
Forel, August, 53
Fornefeld, B., 45, 71, 198
Foucault, M., 152
Francke, A.H., 113ff., 160, 185
Fröbel, F., 132, 309
Fröhlich, A., 37, 39, 343
Fromm, E., 201
Fukuyama, F., 154, 313, 320, 325, 330

Galilei, Galileo, 120
Garfinkel, H., 197
Gehlen, A., 166f., 292
Georgens, J.D., 21
Glasersfeld von, E., 221, 227
Goebel, S., 15

Goethe von, J.W., 127, 129, 309
Goffman, E., 77, 197
Görg, Ch., 79, 90
Görres, A., 324
Greyerz von, O., 136
Grohnfeldt, M., 67
Gröschke, D., 316, 327, 329, 343
Gross, P., 61, 78, 87f.
Guggenberger, B., 52
Guggenbühl, J.J., 23, 126
Günther, H., 12

Habermas, J., 151, 200f., 316f., 329
Haeberlin, U., 14, 20, 23f., 33, 35, 60, 68, 70, 77f., 87, 90, 103, 118, 151f., 174, 187f., 225, 230ff., 260, 325, 339ff.
Hagemeister, U., 13f.
Hahn, M., 46, 72, 343
Hanselmann, H., 11f., 19f., 37ff., 140f., 143f., 190, 234, 254, 255, 256, 259, 262, 263, 282ff., 339, 346
Hartmann, N., 186
Hauptmann, G., 133
Haydn, J., 118
Heese, G., 312
Hegel, G.W.F., 198, 202, 241
Heiderich, R., 52, 54
Heimlich, U., 14, 19, 78
Heinze, T., 180, 224f.
Hengstenberg, H.E., 44
Herbart, J.F., 22, 132f.
Herder, J.G., 129, 241
Herzog, Roman, 56
Hippokrates von Kos, 99, 102
Hoche, A., 100f., 135

Höffe, O., 316
Holert, T., 90
Homburger, A., 23
Honneth, A., 66
Horkheimer, M., 200ff.
Horst ter, W., 20
Hoyningen-Süess, U., 103
Humboldt von, W., 129, 309
Huntington, S.P., 57
Husserl, E., 197

Iben, G., 201
Ibsen, H., 133
Isserlin, M., 23
Itard, J., 23

Jakobs, H., 171, 307
Jantzen, W., 15, 201, 340
Jean Paul, 131, 156f.
Jegge, J., 36

Kamlah, W., 221
Kant, E., 43, 119, 153, 248, 314f., 325, 327
Kausen, R., 24
Key, E., 134f.
Kirmsse, M., 99, 101f.
Klafki, W., 201
Kleinbach, K., 316
Klopstock, F.G., 129
Knöpp, E.E., 150
Kobi, E.E., 18, 24, 40ff., 103, 135
König, E., 193, 195f., 201, 211, 214f., 221f., 225, 227
Korczak, J., 32
Krieger, D.J., 223
Kronig, W., 68, 70
Kuhn, Th.S., 227

Langeveld, M.J., 198
Lasch, M., 32
Lay, W.A., 210
Leist, A., 317, 320, 322f.
Leonhardt, A., 21
Lessing, G.E., 118, 129
Lévinas, E., 45
Leyendecker, Ch., 31, 38, 314, 342
Litt, T., 190, 199
Locke, J., 121ff., 125, 160f.
Loosli, C.A., 141
Lorenzen, H., 115
Lorenzen, P., 221
Luther, M., 108
Lutz, J., 24
Lyotard, J.-F., 152

Mach, E., 208
MacIntyre, A., 63f., 331ff.
Mager, R.F., 146
Malbin, I., 99, 100f.
Mannoni, M., 151
Marcuse, H., 201
Marx, K., 198ff., 202
Maturana, H.R., 221, 223, 227
Meinertz, F., 24
Meiring, Ph., 180, 225
Mendelssohn, F., 130
Merleau-Ponty, M., 198
Meumann, E., 210
Meyer, H., 102f.
Milde, V.E., 22, 135
Mill, J.St., 208
Miller, A., 151, 367
Möckel, A., 27, 30
Mollenhauer, K., 201
Mombour W., 74
Montalta, E., 24, 190

Montessori, M., 137, 158
Moor, P., 11f., 19f., 69, 145, 190, 253ff., 308ff.
More, M., 59
Moser, V., 13, 68
Mozart, W.A., 118
Mürner, Ch., 299

Neill, A.S., 148
Neurath, O., 208
Niemeyer, A.H., 22
Nietzsche, F., 133ff.
Nirje, B., 46ff., 344
Nohl, H., 141, 158, 190
Novalis, 130f., 260

Opitz, P.J., 57

Pestalozzi, H.A., 150
Pestalozzi, J.H., 130, 200, 237ff., 264, 308f.
Petersen, P., 136, 139
Picht, G., 145
Pickert, E., 323
Plato, 100, 102, 317
Popper, K.R., 121, 211
Portmann, A., 168f.
Poser, H., 175, 189, 214, 222
Prengel, A., 78
Preuss-Lausitz, U., 231
Probst, H., 74

Radermacher, F.J., 52, 58, 330
Ratke, W., 104ff.
Reble, A., 112
Reichenbach, R., 329
Rein, W., 133

Reissel, R., 12
Riedo, D., 78
Robinson, S.B., 146
Rochow, F.E., 125
Rödler, P., 15
Rohr, G., 52, 56, 57, 365
Roth, H., 146, 168ff., 227
Rousseau, J.J., 85, 123, 127f., 130f., 135, 144
Ruckau, P., 27
Rutschky, K., 151

Salzmann, Ch.G., 22, 125
Scheiblauer, M., 140
Scheler, M., 163ff., 186, 327
Schiller, F., 127f., 241
Schlaich, L., 24
Schlegel, A.W., 131, 241
Schleiermacher, F.E.D., 191, 199
Schmeichel, M., 28, 135
Schmidt, M.H., 74
Schneeberger, F., 141, 255
Schneider, H.-D., 56, 123, 246
Schumann, R., 130
Séguin, E., 23
Seifert, M., 46, 343
Seneca L.A., 102
Sennett, R., 60ff., 65, 78
Singer, P., 29f., 59, 64, 151, 153, 312f., 321
Solarová, S., 102f.
Spaemann, R., 326
Speck, O., 21, 23f., 68, 70f., 102, 152 341
Spencer, H., 208
Spranger, E., 190
Stahlmann, M., 149f.

Stangl, F.P., 33
Stieger, K., 140
Stinkes, U., 198
Stolk, J., 30, 312
Störig, H.J., 327
Strümpell, L. von, 22f., 94f.
Swoboda, H., 150

Tenorth, H.-E., 13, 78
Theunissen, G., 17
Thimm, W., 45, 48, 340, 345
Tieck, L., 131
Trapp, E.Ch., 125
Trüper, J., 141

Ulrich, R.E., 52ff.

Vliegenthart, W.E., 20
Voswinkel, S., 79

Wackenroder, W.H., 131
Waldschmidt, A., 11, 16
Weber, M., 210
Weinmann, U., 15
Wellenreuther, M., 214
Wember, F.B., 21, 181, 228, 346
Weniger, E., 174f.
Wieland, Ch.M., 129
Wilken, U., 324
Winkelmann, J., 128
Wisotzki, K.H., 55
Wocken, H., 53
Wolf, J.-C., 245, 311ff., 321, 324, 327, 341f.

Zedler, P., 195f., 201, 211, 214f., 221f., 225
Ziller T., 133
Zinzendorf, N.L. Graf von, 113

Sachverzeichnis

Abbildthese, 209, 212
Abhängigkeit soziale, 46, 72, 343f.
Absolutismus, 112
Aggressivität, aggressiv, 142, 160
Allgemeine Heilpädagogik, 24, 67
Allgemeingültigkeit, allgemeingültig, 85, 90, 121, 177, 184ff., 189ff., 195f., 199, 209, 211, 309, 318, 328
Alltagsmeinung, 20, 173, 178f.
Alltagstheorie, 174f., 178, 230
Altertum, 100, 102, 128
Anerkennung der Abhängigkeit, 63, 65, 333, 336f., 339
Anthropologie, anthropologisch, 42, 58, 130, 159ff., 166ff., 171, 182, 249, 253f., 292, 302ff.
Antiautoritäre Erziehung, 148
Antike, 99f., 102, 104, 128f.
Antipädagogik, 150
Arbeitsteilung, 246, 288
Askese, asketisch, 112, 116f., 122, 159
Aufklärung, aufklärerisch, 21, 23, 59, 85, 87, 104, 111ff., 138, 143, 147f., 153, 160ff., 184, 186, 201, 205f., 208, 237ff., 259, 311, 315, 340
Ausländerkinder, 70, 77

Autonomie, autonom, 43, 46, 69, 92, 118f., 122, 148, 152, 161, 182, 207, 261f., 272, 318, 325f.
Autorität, 120, 122f., 161, 184
Axiom, 208, 211, 341

Barock, 103
Basisproblem, 208f., 211
Bedürfnis, 13, 50f., 84f., 91, 92, 113, 123, 125, 162, 242ff., 246, 249f., 264, 266, 280, 293f., 310, 332, 334
Bedürfnisbefriedigung, 46, 90, 242, 245, 248f., 251, 281, 310, 343
Begabung, 43, 68, 105, 174, 298
Begründung, 25, 28, 35, 38, 57f., 78, 80, 108, 111, 179, 184ff., 193, 199, 208f., 253, 266, 314ff., 325f., 328, 330, 338, 340ff.
Begründungszusammenhang, 220
Behinderte, behindert, 13ff., 23ff., 44ff., 60, 64ff., 77ff., 99, 101ff., 111f., 118f., 126ff., 131, 134f., 139f., 153, 160f., 171, 188, 216, 221, 259, 305, 312ff., 320ff., 327, 332ff., 341ff.
Behindertenpädagogik, 13ff., 20, 26, 69, 71, 103, 147, 176, 320, 341f.

Behindertsein, 35, 84
Behinderung, 11ff., 20, 22, 26f., 34f., 39, 43ff., 53, 59, 67ff., 99, 100, 103, 126f., 147f., 153f., 167, 216, 298, 313, 315, 320ff., 327ff., 344ff.
Behinderungsparadigmen, 69
Berufsethik, berufsethisch 311, 316, 318, 320ff., 326ff., 338ff., 346
Berufspolitik, berufspolitisch, 18f., 79, 80
Bestrafung, bestrafen, 111, 116, 125
Bildbarkeit, bildbar, 105, 175, 341f.
Bildsamkeit, 105
Bildungsbedürftigkeit, 105
Bildungsökonomie, bildungsökonomisch, 145f., 174, 188
Bildungsrecht, 341f.
Bildungsunfähigkeit, bildungsunfähig, 34
Bindung emotionale, 62, 65, 95, 169, 205, 248, 253, 264, 272, 276f.
Bioethiker, 153
Biologie, biologisch, 59f., 154, 163f., 221f., 262ff., 270, 272, 322f.
Biologismus, biologistisch, 128, 131, 135, 153, 166f., 223, 262f., 293, 301ff.
Biotechniken, 154
Biotechnologie, biotechnologisch, 29, 154, 313
Blinde, blind, 11, 25, 108, 111, 127, 147, 275f., 305
Blindenpädagogik, 67

Blindheit, 16, 20, 22, 232
Bürokratie, bürokratisch, 77ff.

Christentum, 40, 42, 102, 116, 117, 185
christlich, 33, 40ff., 83, 99, 102, 108, 113, 116ff., 135, 141, 159, 186, 241, 330
Curriculumforschung, 146, 188

Dammbruch, 26, 59, 63, 313, 330
Dämonisierung, 103
Debilität, debil, 72
Deduktion, 182, 208
Defektologie, 21
Demokratie, demokratisch, 90ff., 220, 288f., 298, 335
Deontologie, deontologisch, 314f., 326, 329, 338
Deutscher Bildungsrat, 147
Diagnose, 81f., 322, 328
Diagnostik, diagnostisch, 81f., 147, 319
Diagnostizierung, 81
Dialektik der Aufklärung, 153, 204ff.
Dialektik, dialektisch, 64, 153, 185, 198f., 202, 204f., 219, 231, 332
Dialog, dialogisch, 37ff., 65, 92f., 295, 299ff., 342
Didaktik, didaktisch, 108, 133, 173
Disability, 14f.
Disability Studies, 15
Diskurs, 201, 317, 329
Diskursethik, 316f., 329, 338

Disposition, 161, 262, 265f., 271, 276, 279, 310, 316
Disziplin (als Fach), 11ff., 16, 21, 35, 188ff., 228, 234
Disziplin (als Gehorsam) 136
Disziplinierung, 244, 252f., 266ff., 280
Dogmatismus, dogmatisch, 45, 112f., 159f., 185, 229, 294
Down-Syndrom, 30

Effizienz, 145, 147
Effizienzkontrolle, 345f.
Eigentätigkeit, 138
Einzelfallanalyse, 181, 225, 346
Einzelfallforschung, 234
Einzelfallstudie, 180f.
Eltern, 18, 35, 110f., 123f., 154, 231, 267f., 271, 298, 306f., 322, 333
Emanzipation. emanzipatorisch, 148f., 201, 204f., 207
Emanzipatorische Pädagogik, 147
Embryo, 31, 59, 154, 320
Emotionalismus, emotionalistisch, 133, 153
Emotionalität, emotional, 57, 82, 86, 115, 128, 153, 169, 183, 245, 256ff., 264, 269ff., 280, 282, 310, 316
Empirie, empirisch, 38, 86, 145ff., 180ff., 186, 191, 199f., 211ff., 219f., 227, 231f., 254, 308, 324, 341ff.
Empirismus, empiristisch, 120f., 208f., 211f.
Entdeckungszusammenhang, 203, 220

Entfremdung, entfremdet, 149, 204ff., 294, 334
Entwicklung, 11f., 38, 67, 82, 94, 105f., 128, 169ff., 193f., 257ff., 270ff., 275f., 290f., 295f., 299ff. 332, 342
Entwicklungshemmung, entwicklungsgehemmt, 11, 94, 301ff.
Entwicklungspsychologie, 173
Entwürdigung, 28ff., 33, 77, 340
Erkenntnis, 120f., 177ff., 189, 192ff., 204ff., 208ff., 217, 221, 224, 229, 232ff.
Erkenntnisinteresse, 99
Erkenntnismethode, 121, 181, 185, 191, 194, 221
Erkenntnisquelle, 187, 194
Erklärung, erklären, 191ff., 292
Erwachsenenbildung, 47, 284, 287, 289, 300
Erwachsener, 14, 34, 47ff., 63, 81f., 85, 122f., 126, 161f., 169, 171, 271, 284, 301f., 339
Erzieher, Erzieherin, 81, 84, 106, 113, 117, 121ff., 142, 149, 160f., 185, 240, 262, 268, 271ff., 276f., 280, 302f., 342
Erziehung, 11ff., 32f., 37f., 41ff., 67ff., 82f., 94, 97, 105, 108, 114ff., 137ff., 148ff., 159ff., 173ff., 183ff., 248, 252ff., 261f., 266f., 272, 276ff., 279, 291, 308, 317, 339, 341
Erziehungsfehler, 22, 160, 267

379

Erziehungslehre, 135, 159, 175, 184ff., 190, 200, 235
Erziehungsmittel, 22, 119, 123ff., 127, 175
Erziehungspraxis, 185
Erziehungswissenschaft, 12f., 146, 199, 220, 227, 308
erziehungswissenschaftlich, 11, 35, 146, 173
Erziehungsziel, 123, 174f., 184, 297
Ethik, ethisch, 10, 29, 43, 59, 63f., 82, 88, 96, 99, 102, 161, 165, 171, 181, 183, 186f., 215ff., 226, 229, 243, 248, 311ff., 336ff.
Ethnomethodologie, 196
Etikettierung, 70, 188
Euthanasie, 151, 167, 313, 321f.
Evidenz, evident, 208, 236
Evolution, 60, 163ff., 172
Evolutionismus, evolutionistisch, 166, 168
Experiment, 120f., 209, 212, 225
experimentell, 120, 178, 183, 213

Falsifikationsprinzip, 212
Familie, 63, 74, 237f., 289, 296, 334
Fanatismus, 85, 112, 114, 310
Förderung, 136, 145, 320, 322
Forschung, 25, 31, 54, 146, 168f.,, 180ff., 189, 200f., 212f., 219f., 223ff., 308, 319
Forschungsgegenstand, 228
Forschungslogik, 182

Forschungsmethode, 177, 180, 191, 193, 196ff., 201, 226, 230ff.
Forschungsmethodik, 228
Forschungsmethodologie, 179, 182, 221, 225, 230f.
Frankfurter Schule, 148, 182, 199, 200f., 236
Fremdbestimmung, fremdbestimmt, 60, 218, 315
Früherziehung, Frühförderung, 19, 137
Frühromantik, 130f., 134, 137, 157f., 260
Fundamentalismus, 57, 85, 153
Funktionale Erziehung, 130, 132

Ganzheit, ganzheitlich, 33, 35ff., 42f., 93, 191, 203, 218ff., 259ff., 265, 270, 275, 285f., 292f., 296f., 303, 310
Gedächtnis, 164, 170
Gefühl, 113ff., 127ff., 136, 159, 245f., 251, 256ff., 264, 269, 271, 276, 287, 291f., 295f., 310, 344
Gefühlsdrang, 163
Gehemmtheit, gehemmt, 11f., 94, 188, 278ff., 310
Gehörlose, gehörlos, 25, 27, 111, 127, 147
Gehörlosenpädagogik, 67, 111
Gehörlosigkeit, 157
Gehorsam, gehorsam, 113, 122f., 161, 219, 272, 277, 280, 310

Geist, 59, 103, 109, 114ff., 140, 146, 160, 163ff., 172, 202, 287, 296, 340
Geist-Anthropologie, 168
Geisteswissenschaft, 145, 158, 191, 195, 199, 200, 226, 228
geisteswissenschaftlich, 145f., 190f., 193ff., 198f., 200, 213, 235
geistig, 13ff., 27ff, 47ff., 84, 92, 122, 164ff., 187, 223, 278f., 322
geistig behindert, 81, 104, 136, 162, 166, 216, 257ff., 328, 343, 345
Geistigbehinderte, 19, 25f., 47, 51, 72ff., 80f., 95, 147, 162, 207, 217
Geistigbehindertenpädagogik, 23, 25, 46ff., 67, 316, 329
Geistige Behinderung, 17, 20, 23, 76, 94, 97, 127
Gemeinschaft, 40, 47f., 51, 64ff., 136, 138, 154, 285, 289, 292, 295ff., 301, 314, 334ff., 341f., 344
gemeinschaftlich, 64f., 309, 336
Gemüt, 256, 260f., 272, 275f., 279, 281, 287, 309
Gender Studies, 15
Generalisierbarkeit, generalisierbar, 225, 231f., 234
Generalisierung, generalisieren, 71, 232f.
Gerechtigkeit, gerecht, 37, 58, 82, 90, 109, 180, 201, 225, 234, 245, 251, 253, 319, 322, 327, 343

Gesellschaft, gesellschaftlich, 13ff., 30, 34f., 39ff., 44ff., 62f., 70ff., 77ff., 85ff., 99ff., 108, 124, 127ff., 139, 145, 149f., 154, 161ff., 188, 193, 195, 198ff., 224ff., 229, 237f., 240ff., 284, 288, 293ff., 304, 309, 314, 321ff., 330, 334, 341, 344
Gesellschaftsform, 90, 186
Gesellschaftskritik, gesellschaftskritisch, 15, 130, 147, 174, 201ff., 207, 226, 229, 237, 325
Gesellschaftsphilosophie, gesellschaftsphilosophisch, 130, 181, 240, 249ff.
Gesellschaftsreform, 92, 245, 249, 253, 289, 335
Gesellschaftsveränderung, 85, 247, 297
Gesetz, 48, 75, 101, 155, 175, 192, 202, 214, 251, 289, 328
Gesetzmäßigkeit, 105, 121, 182, 187, 191f., 202, 207ff., 230
Gewohnheit, 119, 122, 267ff., 273, 276, 281
Gleichheit, 31, 35, 78, 90, 201, 289, 317, 319, 322
Gleichwertigkeit, gleichwertig, 33, 40, 78, 85f., 91, 104, 138, 229, 259, 287f., 299
Globalisierung, 60, 79, 90
Glück, 29, 46, 119ff., 159, 161f., 243, 285f., 293f., 311ff., 318f., 324, 343
Glücklichsein, 46, 343
Glücksoptimierung, 312, 316, 318f., 322ff.

381

Gott, 32, 41f., 44, 59, 106, 114ff., 124, 141, 156, 159, 168, 172, 185, 246, 256, 258, 262, 283f., 286, 288
Gottebenbildlichkeit, 41f., 303f.
Griechen, griechisch, 99ff., 128
Grundbedürfnis, 91, 293
Grundhaltung, 32, 117ff., 124, 286, 337
Grundwert, 31f., 53, 58, 85f., 90ff., 180, 229ff., 256, 285
Grundwiderspruch, 39, 200, 205, 218
Gymnastik, 136, 140

Haltschwäche, 269, 275, 278ff., 282
Haltung, 32, 35ff., 44f., 58, 91, 93, 104, 116ff., 123, 265f., 272, 275, 279, 281, 285, 288, 294, 299, 303f., 309, 314, 316f., 325, 338, 341f., 346
Handicap, 14, 94
Handlungsforschung, 9, 225, 363
Harmonie, harmonisch, 48, 56, 200, 206
Hedonismus, hedonistisch, 311
Heilende Erziehung, 21
Heilpädagoge, Heilpädagogin, 18f., 24, 27, 31, 34ff., 59, 80, 84, 92, 97, 154, 215ff., 224, 277, 286, 302, 316, 318, 320ff., 326ff., 338f., 342ff.
Heilpädagogik, 11ff., 34ff., 43ff., 51ff., 65ff., 111, 117f., 126f., 133, 139f., 143ff., 151ff., 160, 171, 173, 177, 181, 184, 187ff., 210, 217, 226ff., 234, 255, 257, 263, 277ff., 284ff., 291, 297, 301, 304f., 308, 311, 314, 317f., 321, 330, 336ff., 343, 346
Heilserziehung, 21, 24, 95
Heilung, 16, 22ff., 27, 95f., 102, 108, 111, 126, 157
Heim, 18, 47ff., 80, 114, 142, 149, 160, 255, 278
Heimbewohner, 80
Heimerziehung, 19, 25, 34, 115, 149
Hempel-Oppenheim-Schema, 214
Herbartianismus, 132f.
Hermeneutik, hermeneutisch, 191ff., 198f., 202, 224, 228, 232, 235
Hermeneutischer Zirkel, 194f.
Hilfsschule, 27, 32, 72, 75f., 133, 140, 144
Hilfsschullehrer, 139, 144
Hörbehinderte, 25, 147
Hörbehinderung, 94, 96f.
H-O-Schema, 214f.
Humanismus, humanistisch, 81, 112, 128f., 134
Hypothese, 178f., 203, 212ff., 220, 233ff.
Hypothesenbildung, 179
Hypothesenprüfung, 208

Ich-Du-Beziehung, 92
Ich-Du-Philosophie, 342
ICIDH, 15
Idealismus, idealistisch, 46, 198, 202

Identität, 79f., 206, 332, 338
Ideologie, ideologisch, 27, 44, 66, 83, 100, 136f., 143f., 153, 154, 159f., 167, 199, 203f., 207, 230, 245, 285, 302, 339f.
Ideologiekritik, ideologiekritisch, 180, 200f., 204, 207, 215, 226, 229, 232f.
Ideologische Offenheit, 285, 339
Idiotie, 72
Imago-Dei-Lehre, 41, 43f.
Imbezillität, 72
Immigranten, 57f.
Immigrantenfamilie, 68
Impairment, 14
Individualität, 129, 252
individualtheoretisch, 70
Induktion, 121, 182, 209, 211
Industrialisierung, 130
Industriegesellschaft, 200, 292, 294
Inklusion, 65
Innerer Halt, 254, 262ff., 279f.
Instinkt, 163, 166f., 171f., 243, 247f., 326
Institution, 17f., 26, 48f., 60, 66ff., 73, 77ff., 114, 117f., 141, 151, 173, 178, 223, 226, 310
Institutionalisierung, 80, 108
Integration, 19, 30, 62f., 78, 96, 151, 228
Intellekt, intellektuell, 68, 72f., 86, 113, 117, 166, 207, 226, 229, 256ff.
intellektuelle Behinderung, 72f.

Intelligenz, intelligent, 29, 68, 90f., 154, 164ff., 172, 208, 213, 249, 260f., 266, 269ff., 274, 279, 292, 312, 319f., 329f.
Intelligenzmangel, 74
Intelligenzquotient, 68, 74, 76, 96f.
Intelligenzschwäche, 78
Intelligenztest, 74
Interaktionismus, interaktionistisch, 70, 96f., 196
Intersubjektive Überprüfbarkeit, 177
Intersubjektivität, intersubjektiv, 85f., 177, 181, 184, 187, 198f., 219, 230f.
Intuition, intuitiv, 173f., 179, 181, 187, 193, 195f., 199, 263
Invalidenversicherung IV, 76f.
Irrationalismus, 133, 199
Irrationalität, irrational, 136, 153, 168, 205, 245

Jahrgangsklasse, 104, 110, 137
Jena-Plan, 136, 139
Jugendbewegung, 134, 136ff., 143

Kantianismus, 315f., 327, 329, 338
Kapitalismus, kapitalistisch, 60ff., 78, 89, 90, 148f., 204, 218, 220, 294, 335
Katholizismus, 185
Kausalität, kausal, 192, 197, 212, 216f., 219, 304

383

Kausalzusammenhang, 236
Kinderfehler, 22f. 111, 125f., 268
Kinderfehlerlehre, 126f.
Kindergarten, 48, 132
Klassifikation (von Behinderungen), 41, 81f., 225, 278, 299
Klassik, klassisch, 99, 102, 104, 113, 128f., 134
Kognition, kognitiv, 90, 161, 257, 260, 288, 316, 331
Kommunikation, 29, 166f., 312
Kommunitarismus, 65
Kompensatorische Erziehung, 149
Konsequentialismus, konsequentialistisch, 311, 314, 318, 329, 346
Konstrukt, 15, 213
Konstruktivismus, 221f., 227
Kontextabhängigkeit (von Behinderung), 69f.
Körperbehinderte, körperbehindert, 25f., 74, 147, 162
Körperbehindertenpädagogik, 67
Körperbehinderung, 67, 71
Körperstrafe, 123, 125
Kreativität, 90, 260, 263
Kriegsinvalide, 99, 102
Kriterien für Wissenschaftlichkeit, 178
Kritische Theorie, 148, 182, 199f., 206f., 215, 226, 229f.
Kritischer Rationalismus, 121, 183, 208, 211ff., 217, 219f., 226ff., 342

Kultur, 46f., 57f., 78, 128, 131ff., 138, 143, 153, 168, 190, 194, 285, 298, 341ff.
Kulturkritik, Kulturkritiker, 127, 133f., 154
Kunsterziehungsbewegung, 136, 140

Lautspracherziehung, 111
Lebensaufgabe, 141, 266ff.
Lebensinhalt, 256, 264, 270, 272, 280f., 310
Lebensqualität, 46, 205, 343ff.
Lebensrecht, 26, 28, 30f., 45, 153, 163, 167f., 171, 229, 312f., 315, 321, 328, 330, 339ff.
Lebensrhythmus, 273f., 276
Lebenssinn, 60, 256, 261, 264, 271f., 275, 324
Lebenstechnik, 267ff., 271, 273, 274, 280f., 310
Lebenswelt, 218, 349, 359
Lebenswert, 163, 167, 221, 320, 323, 330
Legasthenie, 74
Lehrbuch, 22, 82, 95, 104, 109f., 223
Lehrer, Lehrerin, 27, 84, 107, 110, 116, 133, 139, 173, 231, 285, 307f.
Lehrmethode, 104ff., 109, 147, 173, 346
Lehrmittel, 104, 109f.
Lehrplan, 70, 139, 146, 188
Lehrziel, 188
Leid, Leiden, 17f., 34f., 157, 284, 311, 318f., 324

Leistungsfähigkeit, 34, 78, 145, 297
Leistungsgesellschaft, 35, 51, 78f.
Leistungsmotivation, 78
Leistungsschule, 138
Leistungsschwache, 16, 60, 85, 105, 107, 111, 128f., 135
Leitbild, 31, 34, 43, 149, 263ff., 298, 338
Lernbedürftigkeit, 171
Lernbehinderte, lernbehindert, 20, 25f., 63, 68, 70, 72ff., 81, 147, 222
Lernbehindertenpädagogik, 25, 67, 362
Lernbehinderung, 69, 72, 74, 76
Lernfähigkeit, 169, 171f.
Lese-Rechtschreibstörung, 74
Liebe, 32, 116f., 124, 135, 248, 253, 258, 275, 286, 316f.
Lob, 22, 110, 124f., 127, 277
Logopädie, 25, 34, 144
Lügen, 160

Machbarkeit, 38, 41, 107f., 110, 121, 126, 133, 146f., 150f., 153, 162, 183, 304
Machbarkeitsideologie, 104f., 111, 118f., 147, 150, 153
Machbarkeitspädagogik, 132
Macht gesellschaftliche, 60f., 102, 244ff., 334
Machtstruktur, 245
Makrokosmos, 106, 108
Mängelwesen, 166f., 171, 292
Märchen, 130

Marktwirtschaft, marktwirtschaftlich, 78f., 87, 89ff.
Marxismus, marxistisch, 148, 201, 203, 207, 221, 294
Materialismus, materialistisch, 198f., 202, 221
Medico-Pädagogik, 21, 23
Medizin, medizinisch, 14, 16, 17, 22f., 26, 56, 70, 73, 126, 142, 162, 319f., 336
Mediziner, 11, 22f., 313
Mehrfachbehinderte, 37, 47, 51
Mehrfachbehinderung, 69, 71
Menschenaffen, 169f., 330
Menschenbild, 27, 30, 43f., 46, 67, 81f., 90, 92, 116, 118, 121f., 128, 157ff., 171, 182f., 200, 207, 219, 230f., 240f., 256, 266, 269f., 275, 278, 285, 287, 292ff., 303, 306
Menschlichkeit, 12, 31, 35
Metaphysik, metaphysisch, 166, 168, 327f., 341
Metatheorie, metatheoretisch, 176ff., 181f., 184, 186f., 190f., 193, 222
Methodenpluralismus, 230ff.
Methodologie, methodologisch, 176, 179, 180f., 185f., 188, 201, 215, 219, 229ff.
Mikrokosmos, 106, 108
Mittelalter, 102f., 131
Molekularbiologie, 56, 154
Mongolismus, mongoloid, 30, 73, 257

Moral, moralisch, 31, 64f., 152, 172, 214, 217, 229, 262ff., 281f., 309ff., 333ff., 346
Moralist, 275f., 282
Moralphilosophie, 316f., 335
Moralsystem, 311, 314ff., 320ff.
Multioptionsgesellschaft, 61, 78, 87ff.
Mutter, 28, 30, 34f. 169, 307
Muttersprache, 104, 110

Nächstenliebe, 31, 40, 79, 103, 113, 118, 124, 265, 309
Nachvollziehbarkeit, nachvollziehbar, 85f., 179f., 184, 187f., 193ff., 225f., 229ff.
Nationalsozialismus, nationalsozialistisch, 27, 84, 139, 143f., 167
Natur-Geist-Dualismus, 163
Naturgemäßheit, naturgemäß, 104ff., 113, 126, 187, 301
Neopositivismus, 208f., 211
Neuhumanismus, 128f., 157f.
Neuzeit, 104, 153
Norm, 41, 44, 49, 188ff., 193, 195, 296, 298, 304, 326
Normalisierung, 46ff., 96, 345
Normalisierungsprinzip, 47ff., 96, 344
Normalität, normal, 27ff., 40, 47ff., 60, 74, 77, 81, 84, 127, 153, 162, 168, 296ff., 313
Normativer Satz, 178, 184f., 190, 210
Nützlichkeit, nützlich, 33f., 45, 110, 118, 127, 159, 161ff., 221, 289, 301, 311

Nützlichkeitsdenken, 127, 240
Nützlichkeitsprinzip, 118, 156

Objektivität, objektiv, 13, 70, 99, 177, 179, 184, 189, 192ff., 199, 201, 204, 210, 216ff., 245, 308, 322, 345f.
Objekttheorie, 177, 178, 214
Offenbarung, 108, 114ff., 181, 185, 270, 288
Ökologie, ökologisch, 52, 152, 231, 326, 327
Ölschock, 150
Ontogenese, ontogenetisch, 241ff.
Operationalisierung, 179, 212, 233
Orthopädagogik, 20

Pädagogik, 11f., 26, 39ff., 55, 58, 65, 78, 104ff., 113, 114, 115, 117, 121, 125ff., 184ff., 198ff., 208ff., 237ff., 346
Pädagogik der Behinderten, 13ff., 20, 26, 69, 71, 103, 146f., 152f., 176, 254, 259, 302, 320, 341f.
Pädagogik der Geistigbehinderten, 23, 25, 46ff., 67, 111, 156, 316, 329
Pädagogische Anthropologie, 171
Pädagogische Psychologie, 210
Pädagogischer Realismus, 103, 113
Paradigma, 70, 154, 227
Person, 34, 40ff., 165ff., 311ff., 326, 333, 335, 341

Personalismus, personalistisch, 40ff., 168
Personhaftigkeit, 164ff.
Persönlichkeit, 39f., 49, 314, 341
Personsein, 168
Pflege, 56, 64, 101, 113f., 139, 160, 243, 301, 332
Phänomenologie, 197, 235
Phantasie, 130, 243, 260f., 266, 272, 274, 276, 279
Philanthropen, 22, 125, 158
Philosoph, 29, 44, 59, 63, 85, 90, 100, 121, 127, 132, 155, 186, 197, 208, 241, 254, 292, 299, 313, 327, 331f.
Philosophie, 29, 36ff., 95, 121, 134, 160, 186, 202, 219, 241, 249, 254, 316, 321, 331f., 340f.
Phylogenese, phylogenetisch, 223, 241ff., 309
Pietismus, pietistisch, 108, 112ff., 128, 132, 159f., 172
Politik, politisch, 34, 46, 55, 65, 92, 138, 146, 148, 153, 154, 202, 218ff., 229ff., 237ff., 253, 255, 285, 289, 309, 334
Positivismus, positivistisch, 191, 200, 204, 208ff., 223
Positivismusstreit, 210f.
Postmoderne, 152f., 227
Postmodernismus, 152f., 221
Präferenz-Utilitarismus, präferenz-utilitaristisch, 29, 43, 59, 63f., 167, 312ff., 319ff., 330f.
Präimplantationsdiagnostik PID, 29f., 319

Pränatale Diagnostik, 26, 29, 151, 322
Praxis, 16, 67, 83, 97, 117, 136, 145, 148, 173ff., 180, 189, 217, 220, 222, 229ff., 308, 311, 316, 318, 339, 346
Profession, professionell, 13, 35, 65f., 80, 84, 92, 173
Professionalisierung, 79f., 108
Protestantismus, 114, 185
Psychiater, 11, 17, 22f., 53, 141, 305
Psychiatrie, 17, 72
Psychoanalyse, psychoanalytisch, 17, 142
Psychologie, 17, 40ff., 67, 208ff., 243, 254, 259, 268
Psychopathologie, 23, 278
Puritanismus, 112

Qualitative Forschung, 180, 223ff., 234
Qualitative Sozialforschung, 180, 224

Rationalismus, rationalistisch, 40f., 104f., 118f., 132ff., 147, 150ff., 165, 186, 207f., 211, 214f., 219, 226ff., 234, 315, 326f., 338ff.
Rationalität, rational, 30, 35, 38, 85f., 107, 110, 115, 131f., 150, 153, 159, 179, 183, 189, 195, 198, 218, 227ff., 234, 248, 312, 320f., 330ff., 338
Recht, 33, 47ff., 55, 121, 127, 134, 165, 251, 312, 321, 328, 330, 341ff.

Reflex, 169
Reflexion, reflektieren, 47, 65, 83, 174f., 178f., 182, 190, 220, 224
Reflexivität, 247
Reformation, 112
Reformpädagogen, 133, 140ff.
Reformpädagogik, 127, 133, 135ff.
Regelklasse, 68, 73, 235
Regelschule, 70ff., 139, 144, 151
Rehabilitation, 21, 26
Rehabilitationspädagogik, 20
Religion, 44, 88, 96, 102, 115, 119, 121, 136, 172, 248, 295
Religiosität, religiös, 24, 45, 49, 57, 108, 112ff., 117, 124, 153, 159f., 168, 181, 248, 253, 256ff., 262, 263f., 270f., 276, 285ff., 292, 294, 303f., 310, 330, 335
Renaissance, 112
Rhythmik, 136
Rokoko, 155f.
Rolle soziale, 39, 149, 183, 220, 295, 300, 336, 346
Romantik, romantisch, 22, 113, 127, 130ff., 259f., 295
Römer, römisch, 99ff.

Säugling, 29, 167, 169, 262, 265, 291, 312, 319, 321, 328
Schädigung, 13f., 16, 20, 22, 69, 70ff., 279, 281, 304f., 319ff.
Schimpansen, 58, 169ff., 330ff.
Schulbuch, 107

Schule, 11, 20, 26, 28, 32, 34, 40, 48ff., 62f., 66ff., 73, 75, 78, 81, 108ff., 127, 134ff., 173, 180, 188
Schulleistung, 68, 79
Schulleistungsschwäche, 78
Schulleistungstest, 68
Schulversagen, 20, 74
Schwachsinn, 23, 101
Schwangerschaftsabbruch, 29, 319f., 322, 328
Schweizer Heilpädagogik, 140, 144, 254
Schwerstbehinderte, schwerstbehindert, 38, 49, 51, 55
Schwerste Behinderung, 39, 71
Schwerstmehrfachbehinderung, 71
Sehbehinderte, sehbehindert, 25, 147
Sehbehindertenpädagogik, 67
Sehbehinderung, 94, 96
Selbständigkeit, 46, 343ff.
Selbstbestimmung, 46f., 50, 218, 343
Selbstbewusstsein, 29, 142, 164f., 312, 319
Selbsterziehung, 277, 291
Selektion, 59, 62, 78f., 321f.
Selektionismus, selektionistisch, 27, 81, 128, 166f., 327
Selektionsethik, 313, 315, 326
Selektionsmoral, 321f., 329
Separation, 79, 151
Sinn, 91ff., 195f., 256, 258f., 262, 269ff., 298, 324
Sinnbedürftigkeit, 91
Sinnesschädigung, 67, 71

Sinnfindung, 45, 91f., 269, 272, 275, 280
Sinnfrage, 88, 91
sinngebend, 44, 262f., 269ff.
Sinnverstehen, 190, 201
Sittlichkeit, sittlich, 109, 122f., 135, 240ff., 275, 314, 316
Solidarität, 99, 111, 131, 135, 150, 171
Sonderklasse, 68, 73ff., 81
Sonderpädagogik, 12, 15f., 19, 21, 25ff., 79, 81, 146f., 151, 179, 198, 201, 222f., 228ff., 254, 314, 317, 323, 339f.
Sonderschule, 19f., 25f., 38, 63, 68, 70, 73f., 147, 151, 180
Sonderschullehrer, 19, 25, 27, 34, 80
Sozialarbeit, 11f., 67
Sozialisation, 252f.
Sozialpädagogik, 20, 25, 139ff.
Sozialpsychologie, 173
Sozialschicht, 174
Sozialwissenschaft, 203, 210, 227
sozialwissenschaftlich, 14f., 62, 210, 223
Soziologie, soziologisch, 41, 174, 208, 210, 220, 290
Spätromantik, 130f.
Spekulation, spekulativ, 241f.
Spezielle Heilpädagogik, 67
Speziesismus, 59, 320ff., 330ff., 339f.
Spontaneität, spontan, 83, 130, 166, 176, 326
Sprachanthropologie, 168
Sprachbehinderte, sprachbehindert, 25, 81, 147

Sprachbehindertenpädagogik, 67
Sprachstörung, 20, 67, 111
Sprachunterricht, 104, 109
Stammzellenforschung, 29f., 319
Stehlen, 160
Stigma, 56, 77, 81
Stigmatisierung, 56, 71, 77, 80, 82, 151, 201
Stigmatisierungsgefahr, 69f.
Stottern, 22, 111
Strafe, 125f., 278
Strenge, 115, 117f., 122, 161, 275
Sturm und Drang, 113, 127, 132, 137
Subjekt, 64, 91f., 180, 202, 332f., 336, 339
Süchtigkeit, Sucht, 278, 280f.
Symbolischer Interaktionismus, 197
Systematische Beobachtung, 121, 209, 212, 219
Systemtheorie, systemtheoretisch, 70, 96, 193, 222f.

Tabula rasa, 121 160, 172
Tadel, 22, 124f.
Taubheit, 14, 16
Technologie, technologisch, 29, 30, 59, 60, 145, 154, 183, 207, 211, 214ff., 220
Theologie, theologisch, 24, 59, 83, 107f., 111, 114, 159, 160, 184ff., 191, 219, 241
theoretisch, 180, 197, 213, 220f., 228, 232

Theorie, 62, 67, 173ff., 186, 190, 197, 200ff., 214ff., 221ff., 233
Theoriebildung, 175, 228, 232
Therapeut, 18, 80
Therapie, therapeutisch, 16ff., 37, 49, 67, 152, 177, 215, 217, 281
Trieb, 116ff., 123, 159, 161, 164ff., 243ff., 264, 280, 287, 293
Triebdistanzierung, 164ff.
Triebpsychologie, 243ff.
Tugend, 62, 65, 124, 187, 316f., 334ff.
Tugendethik, 316f., 343

Überprüfbarkeit, 177, 219
Umwelt, 33f., 70, 77, 80ff., 163ff., 183, 194, 198, 205, 216, 280, 303, 306
Ungehorsam, 149, 268, 271
Ungerechtigkeit, 250
Unterdrückung, 136, 187, 201, 204ff., 244
Unterricht, 11, 32, 49, 66, 72, 104, 107, 109f., 115f., 124, 133, 136, 138, 150
Unterrichtsmethode, 124, 133
Untersuchungsplan, 213, 225
Unverletzlichkeit, 33, 85f., 90f., 229
Ursache, 17, 20, 73, 94, 103, 192, 212, 214, 216f., 250
Utilitarismus, utilitaristisch, 81, 121, 161, 165, 311ff., 324ff., 338, 343
Utopie, 91f., 96, 340, 349, 363

Variable, 212
Vater, 36, 258, 298, 307
Verallgemeinerung, 175, 179ff., 196, 233
Verhaltensauffälligenpädagogik, 127
Verhaltensgestörte, 20, 25, 81, 147
Verhaltensgestörtenpädagogik, 67
Verhaltensstörung, 20, 70, 235, 310
Verhaltenstherapie, 17, 94
Vernunft, vernünftig, 82, 85, 105, 112, 115, 118ff., 127f., 153, 161ff., 165, 204ff., 237, 325ff., 344
Vernunftanthropologie, 327
Vernünftigkeit, 116, 119f., 122, 130, 159, 161f.
Verstand, 128, 259, 261, 269, 287, 292, 295f.
Versuchsplan, 212, 233
Verwertungszusammenhang, 203, 215, 220
Vision, 35, 78, 82, 231, 233, 262, 338
Volksbildung, 134
Volkshochschule, 134
Volkskunst, 138f.
Volksmärchen, 131, 139
Volksmusik, 136, 139
Volkstanz, 138
Vorbild, 128, 161, 208, 278, 280, 299
Vorurteil, 63f., 84f., 103, 119, 175, 188, 325

Wahrheit, 86, 96f., 119ff., 177f., 184, 194, 209f., 212
Wandervogelbewegung, 134, 137, 158
Weltgesundheitsorganisation WHO, 14, 94
Weltkrieg, 138, 145
Weltoffenheit, 164, 167, 172
Wert, 30ff., 49f., 78, 85f., 89ff., 154, 184ff., 229ff., 256ff., 285ff., 292ff., 308, 322, 327, 336, 338
Wertbasis, 85, 311, 313
Wertentscheidung, 86, 91, 179, 184, 211, 230ff., 285, 291, 309, 326, 328, 338, 340
Wertfreiheit, 179, 219, 235
Wertgeleitete Heilpädagogik, 46, 55ff., 63, 82, 85f., 90, 92, 105, 130, 171, 182, 215, 220, 226, 232, 314, 324, 326, 333, 338, 340, 346
Wertgeleitete Pädagogik, 11, 18, 26, 65f.
Wertphilosophie, wertphilosophisch, 186f.
Werturteil, 210, 335
Willensstärke, 262ff., 270ff., 275, 310
Wissenschaft, wissenschaftlich, 11ff., 21ff., 35f., 120f., 126f., 145ff., 152, 162, 171, 173ff., 197, 201ff., 283f., 308, 346
Wissenschaftlichkeit, 8, 10, 178, 179, 188, 199, 214, 226, 229, 234, 308
Wissenschaftsgläubigkeit, 208
Wissenschaftslogik, 182f.
Wissenschaftstheorie, wissenschaftstheoretisch, 152, 173ff., 188ff., 217, 220ff., 225ff., 235f., 264, 308f.
Würde, 26f., 31ff., 44ff., 79ff., 86, 91, 153, 171, 229, 313, 315, 321ff., 330

Zentrales Nervensystem, 20, 73, 305
Zivilisation, 123, 133, 153, 285ff.
Zivilisationskritik, 123, 133, 285
Zugriff pädagogischer, 261, 266, 270
Zurückhaltung pädagogische, 259, 261, 272, 276, 309
Zusammenarbeit, 141, 289
Zuschreibungsprozess, 70
Zuweisungsdiagnostik, 70
Zweiter Weltkrieg, 75, 138f., 143